© Jon Arnold Images/hemis.fr

Le Routard

Pologne

Cofondateurs : Philippe GLOAGUEN et Michel DUVAL

Directeur de collection et auteur
Philippe GLOAGUEN

Rédacteurs en chef adjoints
Amanda KERAVEL
et Benoît LUCCHINI

Directrice de la coordination
Florence CHARMETANT

Directrice administrative
Bénédicte GLOAGUEN

Directeur du développement
Gavin's CLEMENTE-RUIZ

Direction éditoriale
Catherine JULHE

Rédaction
Isabelle AL SUBAIHI
Mathilde de BOISGROLLIER
Thierry BROUARD
Marie BURIN des ROZIERS
Véronique de CHARDON
Fiona DEBRABANDER
Anne-Caroline DUMAS
Géraldine LEMAUF-BEAUVOIS
Olivier PAGE
Alain PALLIER
Anne POINSOT
André PONCELET

Conseiller à la rédaction
Pierre JOSSE

Administration
Carole BORDES
Éléonore FRIESS

2017/18

hachette

TABLE DES MATIÈRES

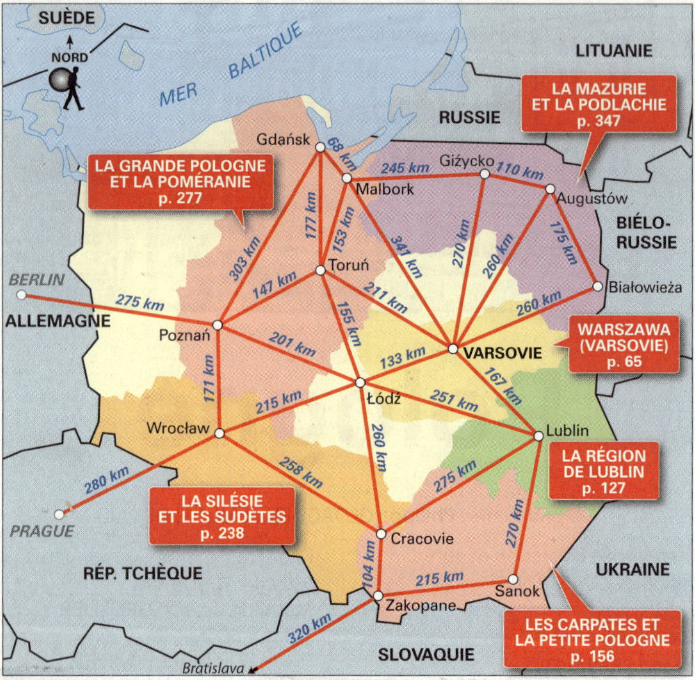

PRÉAMBULE

COMMENT Y ALLER ? 35

POLOGNE UTILE 42

Pictogrammes du Routard

Établissements

- Hôtel, auberge, chambre d'hôtes
- Camping
- Restaurant
- Boulangerie, sandwicherie
- Glacier
- Café, salon de thé
- Café, bar
- Bar musical
- Club, boîte de nuit
- Salle de spectacle
- Office de tourisme
- Poste
- Boutique, magasin, marché
- Accès Internet
- Hôpital, urgences

Sites

- Plage
- Site de plongée
- Piste cyclable, parcours à vélo

Transports

- Aéroport
- Gare ferroviaire
- Gare routière, arrêt de bus
- Station de métro
- Station de tramway
- Parking
- Taxi
- Taxi collectif
- Bateau
- Bateau fluvial

Attraits et équipements

- Présente un intérêt touristique
- Recommandé pour les enfants
- Adapté aux personnes handicapées
- Ordinateur à disposition
- Connexion wifi
- Inscrit au Patrimoine mondial de l'Unesco

Concert de musique de Chopin dans le parc Lazienski

Palais de la Culture et de la Science à Varsovie

LA RÉDACTION DU ROUTARD

(sans oublier nos 50 enquêteurs, aussi sur le terrain)

© R. Delalande et E. Dessons

Thierry, Anne-Caroline, Éléonore, Olivier, Pierre, Benoît, Alain, Fiona, Gavin's, André, Véronique, Bénédicte, Jean-Sébastien, Mathilde, Amanda, Isabelle, Géraldine, Marie, Carole, Philippe, Florence, Anne.

La saga du *Routard* : en 1971, deux étudiants, Philippe et Michel, avaient une furieuse envie de découvrir le monde. De retour du Népal germe l'idée d'un guide différent qui regrouperait tuyaux malins et itinéraires sympas, destiné aux jeunes fauchés en quête de liberté. 1973. Après 19 refus d'éditeurs et la faillite de leur première maison d'édition, l'aventure commence vraiment avec Hachette. Aujourd'hui, le *Routard*, c'est plus d'une cinquantaine d'enquêteurs impliqués et sincères. Ils parcourent le monde toute l'année dans l'anonymat et s'acharnent à restituer leurs coups de cœur avec passion.

Merci à tous les Routards qui partagent nos convictions : liberté et indépendance d'esprit ; découverte et partage ; sincérité, tolérance et respect des autres.

NOS SPÉCIALISTES POLOGNE

Fabrice Doumergue : tous ses chemins mènent… au bout du monde. Passionné d'histoire(s), d'architecture, d'art et de gastronomie, il ouvre à qui veut ses coins secrets, côté nature et côté culture. Et chaque bout du monde en appelant un autre, il a parcouru en 30 ans 70 contrées sur les 5 continents. Son pays préféré ? Heu… tous !

Pierre Mitrano : fils de Marseille, petit-fils des congés payés, Pierre plante sa première tente à 6 mois… et endosse son premier sac à l'âge de la carte InterRail. Puis, de pirogue en cargo, de cheval en van ou en montgolfière, il rejoint l'équipe du *Routard,* conscient de passer de l'autre côté du miroir pour faire partager à d'autres les pays des merveilles.

Claude Hervé-Bazin : passionné d'îles perdues et de nature très sauvage, il décline le voyage et l'écrit depuis l'âge de 17 ans. Un métier ? Non, une pulsion qui pousse à additionner les heures de vol, les *road trips* et les formules de politesse (dans toutes les langues) pour vérifier si l'herbe est plus verte ailleurs, si les couettes sont plus douillettes et les hommes plus heureux.

UN GRAND MERCI À NOS AMI(E)S SUR PLACE ET EN FRANCE

Pour cette nouvelle édition, nous remercions particulièrement :

- **Elżbieta Janik,** de l'office national polonais du tourisme pour sa passion contagieuse ;
- **Roman Fossurier,** qui décline l'histoire de Pologne avec un petit et un grand H ;
- **Kinga Lebec,** de l'office de tourisme de Varsovie ;
- **Dominika Ostrowska et Karolina Drużkowska,** de l'office de tourisme de Łodz ;
- **Monika Wójcik** et toute l'équipe de l'office de tourisme de Lublin ;
- **Alexandra Bielak et Agnieszka Szynkarczuk,** de l'office de tourisme de Zamość ;
- **Beata Pytelewicz et Marcin Borzęcki,** de l'office de tourisme de Sandomierz ;
- **Katarzyna Sokolik,** pour son accueil francophone à Łancut ;
- **Robert Bankosz,** de l'office de tourisme de Sanok et **Jaroslaw Serafin** pour son guidage dans le Musée historique ;
- **Bożena Zaremba-Marcych,** de l'office de tourisme de Cracovie ;
- **Jean-Pierre Meillan,** pour ses bons tuyaux sur Wrocław, mais pas seulement ;
- **Radosław Solawa,** pour une visite du moulin de Dusniki Zdrój qu'on gardera dans nos petits papiers ;
- **Wojciech Mania, Adam Orlicz** et toute l'équipe très francophile de l'office de tourisme de Poznań pour leurs informations très (très) appréciables ;
- **Szymon Wiśniewski,** de l'office de tourisme de Toruń ;
- **Michał Brandt,** de l'office de tourisme de Gdańsk ;
- **Zejno Wieslaw,** bison futé francophone de Białowieża.

Important : dernière minute

Sauf rare exception, le *Routard* bénéficie d'une parution annuelle à date fixe. Entre deux dates, des événements fortuits (formalités, taux de change, catastrophes naturelles, conditions d'accès aux sites, fermetures inopinées, etc.) peuvent modifier vos projets de voyage. Pour éviter les déconvenues, nous vous recommandons de consulter la rubrique « Guide » par pays de notre site *• routard.com •* et plus particulièrement les dernières ***Actus voyageurs.***

☎ **112 :** c'est le numéro d'urgence commun à la France et à tous les pays de l'UE, à composer en cas d'accident, agression ou détresse. Il permet de se faire localiser et aider en français, tout en améliorant les délais d'intervention des services de secours.

Tout au long de ce guide, découvrez toutes les photos de la destination sur *• routard.com •* Attention au coût de connexion à l'étranger, assurez-vous d'être en wifi !

Le *Routard* est imprimé sur un papier issu de forêts gérées.

I.S.B.N. 978-2-01-279959-2

NORD
MER BALTIQUE
Parc national de Słowiński
Presqu'île de Hel
Westerplatte
Łeba
Lębork
Gdynia
Sopot
Oliwa
Gdańsk
Słupsk
Golfe de Poméranie
Koszalin
Szczecinek
LA GRANDE POLOGNE ET LA POMÉRANIE p. 277
Szczecin
Golieniów
Chełmno
Piła
Bydgoszcz
Toruń
Wisła
Oder
Ciechocinek
Gorzów Wielkopolski
Biskupin
BERLIN
Gniezno
Poznań
Swarzędz
Rogalin
Kórnik
Konin
ALLEMAGNE
Zielona Góra
Kalisz
Sieradz
Trzebnica
Dresden
Jelenia Góra
Jawor
Wrocław
Églises de la Paix
Bolków
LA SILÉSIE ET LES SUDÈTES p. 238
Kluczbork
Swidnica
Karpacz
Wałbrzych
Opole
Karłów
Kudowa
Paczków
Kłodzko
Gliwice
Bystrzyca Kłodzka
Kletno
PRAHA
RÉPUBLIQUE TCHÈQUE
0
50
100 km
sites inscrits au Patrimoine mondial de l'Unesco
les incontournables
Brno

Pour les cartes détaillées des régions, voir les chapitres concernés.
RUSSIE
LITUANIE
BIÉLORUSSIE
UKRAINE
SLOVAQUIE
Baie de Gdańsk
Kaliningrad
La Mazurie p. 349
Frombork
Elbląg
Malbork
Tanière du Loup
Reszel
Giżycko
Suwałki
Lac de Wigry
Augustów
Olsztyn
Mikołajki
LA MAZURIE ET LA PODLACHIE p. 347
Parc national de Biebrza
Sokołka
Bohoniki
Kruszyniany
Łomża
Białystok
Brodnica
Golub-Dobrzyń
Ostroleka
Zambrów
Ostrów Mazowiecka
Hajnówka
(Forêt)
Białowieża
Włocławek
Płock
Pułtusk
Bug
Grabarka
WARSZAWA (VARSOVIE) p. 65
Żelazowa Wola
Siedlce
Biała Podlaska
A 2 E 30
Łódź
S8
A 1 E 75
Wisła
LA RÉGION DE LUBLIN p. 127
Piotrków Trybunalski
Radom
Puławy
Kozłówka
Lublin
Kazimierz Dolny
Majdanek
Chełm
Częstochowa
Kielce
Olsztyn
Mirów-Bobolice
Ujasd
Sandomierz
Zamość
Ogrodzieniec
LES CARPATES ET LA PETITE POLOGNE p. 156
Baranów Sandomierski
Sosnowiec
Pieskowa Skała
Leżajsk
Katowice
Kraków (Cracovie)
Nowa Huta
Łańcut
GALICIE
Tarnów
Rzeszów
Markowa
Oświęcim (Auschwitz)
Wieliczka
Krasiczyn
Przemyśl
L'viv
Bielsko Biała
Krosno
Kalwaria Pacławska
Nowy Sacz
Arłamów
Églises en bois de la Petite Pologne
Sanok
Bieszczady
Czorsztyn
Niedzica
Zakopane
Les Carpates
Kasprowy Wierch
Les Bieszczady p. 171

LA POLOGNE

Le centre-ville de Gdańsk

Pologne, une slave aux accents de Méditerranée.

Après 123 ans de disparition de la carte du monde (1795-1918), quelques brèves années d'indépendance, puis 6 ans de barbarie nazie (1939-1945) et 45 ans de totalitarisme communiste (1945-1989), la Pologne compte parmi les nations qui ont le plus souffert en Europe. Les nations heureuses n'ont pas d'histoire, dit-on. Les souffrances de la Pologne l'ont blessée mais ne l'ont pas détruite, la rendant encore plus attachante au voyageur. Le pays s'est modernisé à grands pas et prend chaque année un peu plus de couleurs. Finies, les grises mines qui prévalaient après la chute du mur. Ici, les jeunes sortent, rient, s'amusent. Les bars débordent de vitalité. Les Polonais ont un petit côté latin bien sympa. Fiers de leur pays, ils sont honorés que vous veniez découvrir leur (belle) Histoire. Que vous marchiez, chevauchiez ou pagayiez dans leurs superbes parcs nationaux, en quête des derniers bisons sauvages d'Europe ou des ours des Carpates. Que vous parcouriez les rues de leurs villes, superbes. Même celles que la guerre a détruites ont su reconstruire à l'identique leur noble architecture de jadis. Vous découvrirez de véritables perles, au premier rang desquelles Cracovie, l'une des plus belles cités d'Europe centrale.

La Pologne a fini de devoir cacher ses trésors à force d'invasions : elle a redoré les lambris de ses magnifiques châteaux et raccroché les tableaux de maîtres aux murs. Et si Woody Allen disait non sans humour : « Quand j'entends Wagner, j'ai une irrépressible envie d'envahir la Pologne », alors OK, allons-y, mais pacifiquement !

Le lac Morskie Oko dans les Carpates

NOS COUPS DE CŒUR

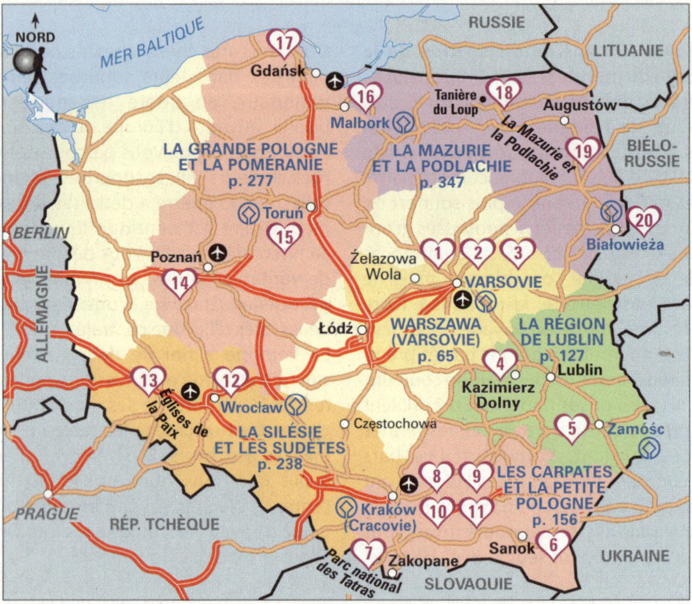

1 Fredonner Brel en se promenant sur les remparts de Varsovie.
Ville détruite à 90 % durant la Seconde Guerre mondiale, elle a su panser ses plaies et reconstruire fidèlement et avec goût son centre historique. Bâtiments classiques ou baroques, château, grand-place, colonnes et statues, tout y est : certains monuments ont été reconstitués grâce à des photos voire des tableaux. La patine du temps aidant, on s'y croirait ! *p. 91*

© Anna Stowe/Loop Images/Photononstop

2 Faire une crise d'Ostalgie (la nostalgie de l'ancien bloc de l'Est), en visitant Varsovie à bord d'une vieille Trabant.

Passer devant l'indéboulonnable palais de la Culture stalinien qui, depuis 1950, domine toujours le ciel varsovien du haut de ses 237 m. Puis longer la place de la Constitution bordée d'édifices d'après-guerre avec leurs mosaïques et cariatides à la gloire du Peuple. Avant de filer au musée de la Vie sous le communisme qui regorge de petits objets quotidiens de ces années rouges. Et rentrer à son hôtel en se disant que c'est heureusement une époque révolue… *p. 65*

***Bon à savoir :** réserver à l'avance. • adventurewarsaw.pl •*

© Dirk Renckhoff Alamy/Hemis

3 Prendre son pain quotidien dans un bar à lait…

Ces incroyables *bar mleczny,* rares héritages positifs de la dictature communiste, sont à mi-chemin entre le resto populo et la cantoche. Un immense tableau propose une litanie de plats roboratifs à prix modique, on passe commande à une cantinière pas toujours aimable et l'on attend l'annonce de son plat (en polonais, *of course*). En fin de repas, on rapporte sagement ses couverts au comptoir de la plonge. *p. 373*

***Bon à savoir :** les* bar mleczny *ouvrent en semaine principalement et rarement au-delà de 17h. C'est à Varsovie qu'ils sont les plus nombreux.*

Se mettre au vert à Kazimierz Dolny, le « Pont-Aven » polonais, une délicate bourgade qui a inspiré les peintres de la fin du XIXe s et du début du XXe s.

Lovée dans un méandre de la Vistule, Kazimierz Dolny apparaît par petites touches, entre deux collines, l'une portant la grandiose silhouette du couvent des Franciscains, l'autre les ruines du château fort médiéval. La croix et l'épée. Le *Rynek* (place centrale) aligne de mignonnes façades de maisons à pans, au côté de nobles demeures de style Renaissance. *p. 127*

Arpenter la « ville idéale » de Zamość, bâtie au XVIe s selon le modèle de la Renaissance italienne.

On fait inlassablement le tour de son *Rynek* pour en détailler les façades colorées du XVIe s, perchées sur des galeries à arcades, peuplées de statues, rehaussées d'attiques tous plus ouvragés les uns que les autres. Impossible de ne pas mettre chapeau bas en passant devant la statue équestre de son géniteur, le magnat Jan Zamoysci ! *p. 142*

6 **Égrener le chapelet d'églises en bois du sud-est de la Pologne.**
Des édifices émouvants, datant souvent de 4 à 5 siècles, parfois méditatifs dans des clairières bucoliques et reculées. Du mobilier aux décorations et autres objets du culte, tout y est en bois. Simples chapelles dans les environs de Sanok (dans les Bieszczady) ou de Zakopane, elles sont pour beaucoup rattachées à l'étonnant rite gréco-catholique. Une Église atypique qui se réclame du pape tout en pratiquant les anciennes liturgies byzantines. *p. 168, 178*

7 **Monter à l'assaut des contreforts des Carpates à partir de Zakopane et séjourner dans le parc national des Tatras, où vivent encore des ours.**
Les plus hauts sommets des Carpates se partagent entre Pologne et Slovaquie. Côté polonais, Zakopane est la station la plus connue et le point de départ idéal des plus belles escapades vers de riantes vallées ou des lacs d'une beauté à couper le souffle. Chaussez les godillots et hardi du mollet ! *p. 178*
***Bon à savoir :** dans la région, les nuits sont froides même en été, prévoir des vêtements chauds !*

8 Arpenter le splendide Rynek Główny de Cracovie, caractéristique de l'âge d'or.

Avec ses 200 m de côté, cette place carrée est l'une des plus grandes et des mieux conservées que le Moyen Âge ait léguées à l'Europe. Au centre, magnifique halle aux draps du XVIe s, superbe tour de l'hôtel de ville du XIVe s et une basilique somptueuse (dehors comme dedans) dont s'échappe chaque midi la sonnerie d'une trompette brusquement interrompue (une légende que l'on vous racontera plus loin…). Ceinturé aujourd'hui de façades néoclassiques, le *Rynek* s'enorgueillit d'une unité qui le « place » parmi les plus belles places d'Europe ! *p. 207*

9 **À Cracovie, écouter battre le cœur historique du pays, entre les murs du Wawel, ancienne résidence royale et lieu de sépulture des rois de Pologne.**

Cathédrale constellée de chapelles et tombeaux somptueux. Appartements royaux d'une richesse inouïe (pas fous, les Polonais ont toujours planqué les bijoux de famille à l'approche des ennemis !). Appartements d'État non moins riches. Et puis, trésor des trésors, La *Dame à l'hermine*, peinte par Léonard de Vinci au XVIe s, hante ce lieu depuis le XVIIIe s avec un sourire presque aussi énigmatique que celui de la *Joconde*… *p. 217*

Bon à savoir : *prévoir une bonne journée pour tout visiter. Ou s'y prendre en plusieurs fois.*

10 Partir sur les traces de la mémoire juive polonaise à Cracovie et aux alentours.

Un voyage dans le passé meurtri des juifs de Pologne et dans les pas de Władysław Szpilman (*Le Pianiste* de Roman Polanski), d'Oskar Schindler (qui a inspiré le fameux film de Spielberg) et de Martin Gray (auteur d'*Au nom de tous les miens*). Terre d'accueil des juifs durant près de 700 ans, la Pologne a subi aussi l'enfer de la Shoah. Impossible de comprendre ce pays sans passer par la fabrique Schindler, les anciens ghettos (Cracovie, Varsovie, Łodz), voire les camps d'Auschwitz-Birkenau (près de Cracovie) ou de Majdanek (proche de Lublin, ancienne Jérusalem polonaise). Ne pas manquer, non plus, le centre Polin à Varsovie. *p. 103, 230, 240*

Bon à savoir : *infos sur la fabrique Schindler, • mhk.pl • ; sur Polin, • polin.pl •*

11 Visiter les entrailles de la terre dans les mines de sel de Wielicska.

À une dizaine de kilomètres de Cracovie seulement, cet incroyable réseau souterrain va chercher ses racines au XIIIe s et n'a cessé de faire son trou depuis. En tout, 30 km de galeries sur 9 niveaux, jusqu'à une profondeur de 327 m… Accessoirement, des dizaines de chapelles y ont été excavées, dont certaines datant de plusieurs siècles, ainsi qu'une cathédrale souterraine longue de 54 m sur 12 m de haut, avec une reproduction de *La Cène* de Léonard de Vinci tatouée en bas-reliefs, à même la croûte de sel de ses murs. De quoi mettre un peu de sel dans la découverte de cette région. *p. 236*

Bon à savoir : *prévoir une bonne demi-journée de visite. • kopalnia.pl •*

© Guiziou Franck/hemis.fr

(12) **À Wrocław, tourner sur soi-même à en perdre la tête, face au *Panorama,* une incroyable fresque historique à 360°, peinte au XIXe s.**
Elle brosse le soulèvement héroïque de 1794 mené par Kościuszko face aux Russes. Neuf mois d'un espoir maté par les troupes du tsar. Une œuvre quasi unique au monde, d'un incroyable réalisme, longtemps gardée sous le coude par des autorités (russes, allemandes, communistes) qui n'ont pas osé la détruire tout en redoutant les élans patriotiques qu'elle pouvait susciter ! *p. 266*
Bon à savoir : *visite commentée par audioguide ttes les 30 mn. • panoramaraclawicka.pl •*

© Jon Arnold Images/hemis.fr

(13) **Approcher le génie de l'architecture religieuse dans les églises de la Paix des Sudètes.**
Bâties aux XVIIe-XVIIIe s, après la guerre de Trente Ans, elles illustrent à merveille l'art de contourner la règle. Interdits d'ériger des lieux de culte utilisant d'autres matériaux que le bois, les protestants parvinrent à créer ces immenses églises, d'un luxe intérieur exceptionnel, fait de riches décors baroques imitant marbre ou pierre taillée… mais toujours en bois. Une véritable extase architecturale ! *p. 268*

14 **Attraper un torticolis sur le Rynek de Poznań en scrutant l'horloge animée du beffroi de l'hôtel de ville.**

Elle met en scène deux boucs s'affrontant à midi de douze coups de corne. Hommage rendu à une légende qui a la vie dure dans la ville. En attendant le spectacle, rien n'empêche d'admirer les harmonieuses façades colorées qui bordent la place. *p. 286*

15 **Garder la tête dans les étoiles et l'esprit dans la lune à Torùn en se baladant au cœur de la vivante ville natale de Copernic.**
Finir sa journée au planétarium pour scruter le même ciel que le petit Nicolas en personne. Le scientifique démontra la rotondité de la terre mais, prudent, ne fit publier ses écrits que post mortem, pour ne pas affronter le dogme de l'Église. Il est célébré ici plus qu'ailleurs. *p. 292*

16 **Investir la forteresse de Malbork, le plus grand château médiéval d'Europe, tout en brique, édifié par les moines-chevaliers Teutoniques et jamais conquis !**

Monastère fortifié datant du XIIIe s, il fut largement agrandi et embelli après 1309, quand le siège de l'ordre fut transféré de Venise à Malbork. Exemple parfait du château médiéval tout en brique, il s'est ensuite délabré, mais a été méticuleusement restauré au XIXe et au début du XXe s. Après de graves dégâts subis en 1939-1945, le château a été à nouveau rendu à l'admiration de tous. *p. 303*
***Bon à savoir :** prévoir au moins 3h de visite. • zamek.malbork.pl •*

17 **À Gdańsk – perle de la Baltique –, s'embourgeoiser dans la ville historique, de majestueux perrons en statues dorées couronnant les maisons à pignons ornées de fresques.**

Une ville magnifique, par sa richesse architecturale, son site sur le delta de la Vistule, son passé. Mais, plus que tout, Gdańsk a une âme. Cosmopolite, elle a fait cohabiter pacifiquement diverses nationalités et croyances durant des siècles. Il s'en dégage cette atmosphère particulière que l'on retrouve seulement dans les villes portuaires : ouverture, mélange, tolérance. *p. 309*

© Yvan Travert/Photononstop

18 Se jeter, incrédule, dans… la Tanière du Loup. Cette incroyable ville-fantôme faite de bunkers couverts de mousse fut le quartier général ultra-secret de Hitler…

Là où il vécut reclus les deux dernières années de la Seconde Guerre mondiale. Là aussi où fut perpétré contre lui le fameux attentat dont il réchappa miraculeusement. D'immenses constructions si bien camouflées que les avions alliés n'y ont vu que du feu. Les Russes l'ont découverte fortuitement à la fin de la guerre… *p. 353*

© Gardel Bertrand/hemis.fr

19 Faire le plein de zénitude et caboter dans la région des lacs de Mazurie, à la rencontre de castors, loups, lynx et autres cigognes noires…

La Mazurie est faite pour les randonnées à travers des allées ombragées de tilleuls et de bouleaux. Entre les troncs brillent des lacs innombrables, reliés entre eux par un réseau de canaux navigables. En canoë, à vélo, à pied ou même à cheval, la Mazurie comprend pas moins de 600 km de pistes balisées. *p. 347*

20 **Tomber nez à nez avec un impavide bison sauvage dans la réserve naturelle de Białowieża…**

Attenante à la Biélorussie, cette immense forêt primaire reste sans doute la dernière quasiment vierge d'Europe, raison de son classement au Patrimoine mondial de l'Unesco. Elle abrite une faune remarquable, et en particulier le loup, le lynx et la loutre, ainsi que les derniers troupeaux de bisons sauvages du Vieux Continent. Voici donc l'occasion rêvée de partir faire de magnifiques randonnées animalières dans un environnement exceptionnel. *p. 364*

Bon à savoir : *• bpn.com.pl •*

Lu sur routard.com

Cracovie, la belle Polonaise
(tiré du carnet de voyage de Jean-Philippe Damiani)

Cracovie est l'un des joyaux d'Europe centrale. Moins connue que Prague, la belle Polonaise n'a rien à envier à sa consœur tchèque. Capitale de cœur des Polonais, Cracovie regorge d'églises, de musées et de palais, déployant un formidable éventail de styles, du gothique au baroque. Et, pour ne rien gâcher, cette ville étudiante possède un nombre impressionnant de cafés et de restos sympas. Qu'attendez-vous pour y aller ?

Première bonne surprise : Cracovie se visite à pied. Se balader dans son centre, presque entièrement piétonnier, se révèle fort agréable. Toute promenade dans le vieux Cracovie se doit de commencer par le ***Rynek Główny,*** la place du Marché, qui est la plus grande place médiévale d'Europe avec ses 200 m de côté. Aujourd'hui, il ne s'y tient plus de marché, mais on y trouve à toute heure de la journée beaucoup d'animation en raison des nombreux cafés qui l'entourent. On peut même s'y restaurer rapidement dans l'un des chalets en bois de la place. Sur le Rynek Główny s'élèvent l'ancienne halle aux draps du XIVe s et l'église Notre-Dame-Sainte-Marie, l'un des symboles de la ville. Elle recèle un retable monumental de Veit Voss, chef-d'œuvre du XVe s.

Ensuite, il faut musarder dans les rues du vieux Cracovie, construit sur un plan en damier au XIIIe s. Un festival de ***beautés architecturales*** gothique, Renaissance et baroque : Cracovie est un pur concentré d'art mitteleuropéen, qui démontre magistralement la pleine appartenance de la Pologne à l'Europe.

Capitale de la Pologne jusqu'au XVIe s, ville de Jean-Paul II, Cracovie occupe une place à part dans le cœur des Polonais. C'est ici que fut couronné le premier roi de Pologne, Boleslas le Vaillant, en 1025. Au-dessus de la vieille ville, au bout de la voie royale, trône la ***colline de Wawel.*** C'est le berceau de la Pologne.

À quelques minutes à pied de Wawel, entre les rives de la Vistule et le vieux Cracovie, un autre coup de cœur : le ***quartier juif de Kazimierz,*** qui ne fut rattaché à la ville qu'au XVIe s. Juif, ou ce qu'il en reste… Car, de 80 000 habitants avant la Seconde Guerre mondiale, Kazimierz, où ont vécu Roman Polanski et Helena Rubinstein, ne compte aujourd'hui plus que quelques centaines de juifs. Laissé à l'abandon par les communistes, le quartier connaît depuis une dizaine d'années un important processus de revitalisation. Aujourd'hui, les nombreux bars, cafés, restos et établissements de nuit de Kazimierz sont plébiscités par les gourmets et les fêtards. Le quartier juif, à la fois bohème et branché, est désormais le plus vivant de Cracovie.

Retrouvez l'intégralité de ce reportage sur

routard.com

Et découvrez plein d'autres récits et infos

ITINÉRAIRES CONSEILLÉS

Idée week-end (2-3 jours) à Varsovie

➢ Vols directs depuis Beauvais, Bruxelles, Genève, Marseille et Paris.

Principaux centres d'intérêt : la ***vieille ville*** et son château royal pour se plonger dans le Moyen Âge, le ***palais Wilanów*** pour le faste des XVIIIe et XIXe s, le ***palais de la Culture et de la Science*** si l'on est (ou pas) amateur d'architecture stalinienne et les grands musées comme le ***Musée national*** et le ***musée Frédéric-Chopin.*** Sans oublier les lieux de mémoire tels que le ***musée de l'Insurrection, l'ancien ghetto*** et le ***centre Polin,*** dédié à la mémoire des juifs de Pologne.

Extension possible : le ***manoir natal de Frédéric Chopin*** à Żelazowa Wola.

Idée week-end (2-3 jours) à Cracovie

➢ Vols directs depuis Beauvais, Bâle-Mulhouse, Bruxelles, Paris et Zürich.

S'il n'y en avait qu'une à visiter en Pologne, ce serait bien Cracovie ! Principaux centres d'intérêt : la ***vieille ville,*** son *Rynek* et sa splendide halle aux draps pour faire une cure de charme et de romantisme en toute saison. La ***basilique Notre-Dame-Sainte-Marie*** et l'***université Maius,*** plongée gothique sur les traces de Copernic. Le ***château de Wavel,*** cœur historique de la Pologne et Panthéon polonais des rois et grands du pays. Pour se recueillir sur les lieux mémoriels, l'ancien ghetto juif de ***Kazimierz*** qui reprend vie et ***l'usine d'Oskar Schindler*** convertie en musée.

Extension possible : les ***mines de sel de Wieliczka.***

De 5 jours à 1 semaine

Au pied des Carpates : le cœur de la Pologne historique

Tout débute par la romantique ***Cracovie (1 ; 2-3 j.)*** (voir plus haut), les incroyables mines de sel de Wieliczka en activité depuis le XIIIe s et dotées d'une cathédrale souterraine, puis les camps d'***Auschwitz-Birkenau (2 ; 1 j.),*** triste et incontournable haut lieu de mémoire, ***Zakopane (3 ; 1-2 j.),*** point de chute idéal pour de magnifiques randonnées dans les Carpates, ***Sanok (4 ; 2 j.),*** pour découvrir son superbe musée ethnographique, son musée des Icônes assez unique et la région des Bieszczady qui égrène un sublime chapelet d'églises en bois. Retour ensuite à Cracovie, ou bien enchaîner sur l'itinéraire « La Pologne de la Renaissance et du Baroque ».

Les grands espaces

Commençons par découvrir ***Varsovie (5 ; 2-3 j.)*** avant de partir s'immerger dans les grands espaces encore vierges de Mazurie et de Podlachie. En tout, plus de 9 000 lacs destinés à la voile, la pêche et l'observation des oiseaux. On peut débuter par ***Białowieża (6 ; 1 j.)*** abritant dans ses forêts les derniers bisons d'Europe centrale. Cap vers le nord en traversant une région où essaiment les derniers villages tatars avec leurs typiques mosquées, pour découvrir les environs lacustres des paisibles petites villes d'***Augustów (7 ; 1 j.), Mikołajki (8 ; 1 j.)*** et ***Giżycko (9 ; 1 j.),*** sans oublier la fameuse « Tanière du Loup », quartier général de Hitler aux confins du pays. Retour à Varsovie ou continuer vers Gdańsk pour enchaîner sur l'itinéraire « Les villes de l'ancienne Prusse ».

Le parc national des Tatras, près de Zakopane

© Robert Harding/hemis.fr

De 8 à 15 jours

Les villes de l'ancienne Prusse

Invitation au voyage dans une sélection de cités que les guerres n'ont eu de cesse de détruire… et les hommes de rebâtir. De véritables petits joyaux de façades, frontons, frises ; de superbes églises ; d'imposantes forteresses. Voyageurs pour un riche passé : en voiture, s'il vous plaît !

Comme il faut bien commencer par un bout, on partira de Varsovie (5 ; 2-3 j.), voir plus haut, pour rejoindre ensuite Łódź (10 ; 1 j.), la ville du cinéma dont l'interminable rue Piotrkowska célèbre l'Art nouveau et la Manufaktura illustre un bel exemple de reconversion industrielle… ***Wrocław (11 ; 2 j.),*** son *Rynek,* ses églises et une petite escapade dans les Sudètes pour découvrir les grandioses églises de la Paix, tout en bois. Ensuite, cap au nord-est vers ***Poznań (12 ; 1 j.)*** et la trépidante vie étudiante de son centre historique, puis direction ***Toruń (13 ; 1 j.),*** ville de Copernic aux rues médiévales charmantes. On découvre ensuite (juste au passage) ***Malbork (14 ; ½ j.)*** à l'impressionnante forteresse teutonique. Pour finir, ***Gdańsk (15 ; 2-3 j.),*** « Perle de la Baltique » à la magnifique architecture hanséatique et au passionnant Musée maritime. Ne pas rater les lieux de mémoire liés au conflit germano-polonais et les chantiers navals acteurs de la fin mouvementée de la dictature communiste. Un peu plus de temps ? Pousser jusqu'à ***Sopot (16 ; 1 j.)*** la balnéaire. Retour vers Varsovie où enchaîner avec l'itinéraire « Les grands espaces ».

De 10 à 14 jours

La Pologne de la Renaissance et du Baroque

Sur fond de quelque polonaise de Chopin, une plongée aux confins orientaux de la Pologne éternelle, ses cités historiques, ses châteaux et palais, ses églises en bois et musées bruissant de souvenirs.

Varsovie (5 ; 2-3 j.) pour commencer (voir plus haut), ***Kazimierz Dolny (17 ; 1 j.),*** paisible bourgade pleine de charme sur la Vistule, appréciée des peintres, ***Lublin (18 ; 1 j.),*** pour la fabuleuse chapelle de la Sainte-Trinité mais aussi le terrible camp de Majdanek, ***Zamość (19 ; 1 j.),*** « ville idéale » bâtie selon le modèle de la Renaissance, ***Sandomierz (20 ; 1 j.),*** pour flâner entre *Rynek* et remparts joliment conservés, ***Łańcut (21 ; 1 j.)*** et son fastueux château, puis ***Sanok (4 ; 1-2 j.),*** son musée et les églises en bois des environs. Ensuite, direction ***Cracovie (1 ; 2-3 j.)*** avec un possible crochet par ***Zakopane (3 ; 1-2 j.)*** pour un bol d'air dans les Carpates et une éventuelle extension vers ***Auschwitz-Birkenau (2 ; 1 j.),*** pour une plongée mémorielle.

Le château de Łańcut

© Borgese Maurizio/hemis.fr

SI VOUS AIMEZ...

La culture et l'histoire : ***Varsovie*** pour ses musées et mémoriaux liés à la Seconde Guerre mondiale, Cracovie, capitale historique, sans oublier ni ***Auschwitz-Birkenau*** ni la ***« Tanière du Loup »,*** quartier général d'Hitler.

L'architecture : ***Cracovie*** (encore), d'où part la route des ***Nids d'aigle*** ; à l'est, ***Zamość, Lublin*** et ***Sandomierz,*** aux centres superbement conservés ; à l'ouest, ***Poznań, Wrocław*** ; au nord, le magnifique centre de ***Gdańsk.*** Sans oublier, dans tout le Sud, les incroyables églises en bois.

Le sport et la nature : ***Zakopane*** et les ***Carpates*** pour de très belles randonnées aux beaux jours ou du ski en hiver. La ***Poméranie,*** la ***Mazurie*** et la ***Podlachie*** pour leurs lacs et leurs parcs fréquentés par les bisons, loups, lynx, castors, loutres… Et, pour les bains de mer, planche et kitesurf, ***Gdańsk, Sopot*** et la façade baltique.

La colonne Sigismond-III-Vasa, Varsovie

LES QUESTIONS QU'ON SE POSE AVANT LE DÉPART

Infos détaillées dans le chapitre « Utile » *p. 42*

➢ Quels sont les documents nécessaires ?

Pour les ressortissants de l'Union européenne et de la Suisse, carte nationale d'identité ou passeport en cours de validité. Pour les ressortissants canadiens, un passeport valide est nécessaire. Les ***mineurs*** doivent être munis de leur propre pièce d'identité (carte d'identité ou passeport). Pour l'autorisation de sortie de territoire lorsque les enfants ne sont pas accompagnés par un de leurs parents, chaque pays a mis en place sa propre régulation. Ainsi, pour ***les mineurs français***, une loi entrée en vigueur en janvier 2017 a ***rétabli l'autorisation de sortie du territoire***. Pour voyager à l'étranger, ils doivent être munis d'une pièce d'identité (carte d'identité ou passeport), d'un formulaire signé par l'un des parents titulaire de l'autorité parentale et de la photocopie de la pièce d'identité du parent signataire. Renseignements auprès des services de votre commune et sur • *service-public.fr* •

➢ Quelle est la meilleure saison ?

L'automne doré serait la meilleure saison pour visiter la Pologne. Septembre, en particulier, connaît de longues périodes ensoleillées. Juin n'est pas mal non plus. La neige recouvre le pays de décembre (parfois novembre) à avril, et la région de Zakopane attire les amateurs de sports d'hiver.

➢ Quel budget prévoir ?

À la campagne comme à la ville, l'hébergement et les repas sont 20-30 % moins chers qu'en France à prestations équivalentes. Idem pour l'essence.

➢ Comment se déplacer ?

Toutes les villes présentant un intérêt touristique (même les plus grandes) sont faciles à parcourir à pied ou en transports en commun. Pour relier les villes entre elles, les routes sont de bonne qualité, le train et le bus confortables, fréquents et plutôt rapides. Seules les parties les plus excentrées du pays nécessiteront d'être véhiculé.

➢ Y a t-il des problèmes de sécurité ?

Non, la Pologne est un pays sûr. Rien de particulier à signaler, si ce ne sont les mesures habituelles de prudence : pas d'objets tentants laissés en vue sur les sièges des voitures, etc.

➢ Y a-t-il un décalage horaire ?

Pas de décalage avec l'Europe occidentale, mais comme la Pologne est située plus à l'est, le soleil se lève et se couche plus tôt que chez nous. Quant à nos amis Canadiens, ils ajouteront 6h à leur montre.

➢ Quel est le temps de vol ?

Compter 2h de vol depuis la France, la Suisse ou la Belgique. Pas de vols directs depuis le Canada (aïe aïe aïe !).

➢ Côté santé, quelles précautions ?

Pas de problème de santé particulier à signaler. En outre, le pays est bien doté en termes d'hôpitaux, centres de soins et médecins (parlant l'anglais ou le français dans les grandes villes).

➢ Peut-on y aller avec des enfants ?

Bien sûr ! Si les Polonais ne se reproduisent qu'au compte-gouttes (1,3 enfant/femme), ils n'en sont pas moins très famille. Les stations balnéaires de la côte baltique le démontrent largement avec leurs nombreuses infrastructures ludiques, et les musées éducatifs ne manquent pas, à l'instar du musée Copernicus de Varsovie (vulgarisation scientifique) et du Musée maritime à Gdańsk, aussi bien conçus que didactiques. Côté hébergement, le camping, les bungalows et les locations sont bien adaptés, les restos tous équipés d'un coin pour les gamins, et l'on trouve aisément des vélos à louer pour les plus jeunes.

Repérez nos meilleurs sites grâce au symbole 👪

➢ Quel est le taux de change ? Comment payer sur place ?

La monnaie locale est *le złoty* et, malgré le voisinage des pays de la Zone euro, il vous faudra convertir vos euros encore quelque temps. Courant 2016, 1 *złoty* valait environ 0,23 € soit un peu plus de 4 *złotys* pour 1 €. Pour 1 Fs, comptez env 3,9 Zl et pour 1 $Ca, 2,90 Zl.

➢ Quelle(s) langue(s) parle-t-on ?

Il faudra, à défaut du polonais, pratiquer l'allemand (à l'ouest) ou le russe (à l'est) avec les plus anciens, ou l'anglais avec les plus jeunes. La francophilie des Polonais reste forte, mais la francophonie s'est un peu perdue.

COMMENT Y ALLER ?

EN AVION

Les lignes régulières

▲ AIR FRANCE

Rens et résas au ☎ 36-54 (0,34 €/mn – tlj 6h30-22h), sur • airfrance.fr •, dans les agences Air France et dans ttes les agences de voyages. Fermées dim.

➢ Air France relie Paris à Varsovie avec env 4 vols/j. En plein été, des liaisons Paris-Cracovie également, à raison de 4 vols/sem.

Air France propose des tarifs attractifs toute l'année. Pour consulter les meilleurs tarifs du moment, allez directement sur la page « Nos meilleures offres » sur *• airfrance.fr •*

Flying Blue, le programme de fidélisation gratuit d'Air France-KLM, permet de cumuler des miles et de profiter d'un large choix de primes. Cette carte de fidélité est valable sur l'ensemble des compagnies membres de *Skyteam.*

▲ LOT POLISH AIRLINES

– Paris : 101, rue d'Aboukir, 75002. ☎ 0800-101-224 (central) ou ☎ 01-47-42-05-60 (agence). • lot.com • Ⓜ Quatre-Septembre ou Opéra. Lun-ven 9h-17h.

– Bruxelles (aéroport) : ☎ 078-18-00-14.

– Genève (central) : ☎ 0844-555-232 (prix d'un appel local).

➢ 2-3 vols/j. depuis Roissy-Charles-de-Gaulle 1.

➢ 2-3 vols/j. depuis Bruxelles pour Varsovie.

➢ 1-2 vols/j. depuis Genève et 2 vols/j. de Zürich, pour Varsovie.

➢ Le réseau domestique dessert plusieurs fois/j. 8 villes polonaises depuis Varsovie (dont Gdańsk, Cracovie, Poznań, Wrocław).

▲ BRUSSELS AIRLINES

• brusselsairlines.com •

➢ Liaisons depuis Bruxelles, Paris-CDG, Bordeaux, Lyon, Marseille, Nice, Strasbourg, Toulouse, Genève, en direction de Varsovie et Cracovie.

Les compagnies *low-cost*

Plus vous réserverez vos billets à l'avance, plus vous aurez de chances d'avoir des tarifs avantageux. Des frais de dossier ainsi que des frais pour le paiement par carte bancaire peuvent vous être facturés. En outre, les pénalités en cas de changement de vol sont assez importantes. Il faut aussi rappeler que plusieurs compagnies facturent maintenant les bagages en soute et limitent leur poids. En cabine également, le nombre de bagages est strictement limité (attention, même le plus petit sac à main est compté comme un bagage à part entière). À bord, c'est service minimum, et toutes les préparations sont payantes (boissons, journaux). Attention également, au moment de la résa par Internet, à décocher certaines options qui sont automatiquement sélectionnées (assurances, etc.). Au final, même si les prix de base restent très attractifs, il convient de prendre en compte les frais annexes pour calculer le plus justement son budget.

▲ AIR BERLIN

• airberlin.com •

➢ Liaisons vers Varsovie (Chopin) et Cracovie au départ de Paris-Orly et de Zurich.

▲ EASY JET

• easyjet.com •

➢ Depuis Bâle-Mulhouse, Genève, Lyon et Paris-CDG, vols directs pour Cracovie.

▲ RYANAIR

• ryanair.com •

➢ Liaisons pour Varsovie (Modlin) de Bruxelles-Charleroi, Paris-Beauvais et Tours.

➢ Liaisons pour Cracovie de Bruxelles-Charleroi, Lourdes et Paris-Beauvais.

➢ Liaisons pour Wrocław de Paris-Beauvais.

▲ **WIZZ AIR**

• *wizzair.com* •

➢ Liaisons de Paris-Beauvais vers Gdańsk, Poznań, Varsovie (Chopin) et Wrocław.

➢ Liaisons de Bruxelles-Charleroi vers Gdańsk, Lublin et Varsovie (Chopin).

➢ Liaisons de Bâle-Mulhouse et Genève vers Varsovie (Chopin).

LES ORGANISMES DE VOYAGES

Les organismes cités sont classés par ordre alphabétique, pour éviter les jalousies et les grincements de dents.

En France

▲ **ACCENT DE L'EST**

– ☎ 01-80-92-60-05. • accent-de-lest.com • Lun-ven 9h30-13h, 14h-17h30.

Sympathique agence spécialiste de la République tchèque, la Hongrie, la Pologne, la Croatie, la Roumanie, l'Ukraine, la Russie et les Pays baltes, créée par une Tchèque, Jitka Bedel. Propose un service sur mesure et apporte de bons conseils grâce à sa très bonne connaissance du terrain. Spécialiste du logement chez l'habitant, location d'appartements et des gîtes, hôtels de caractère et autres propositions « hors des sentiers battus ». Également billets d'avion, de spectacles, visites guidées, locations de voitures.

▲ **AMSLAV TOURISME**

– Paris : 60, rue de Richelieu, 75002. ☎ 01-44-88-20-40. • amslav.com • Ⓜ Bourse ou Pyramides. Lun-ven 9h-18h ; sam 10h-13h, 14h-18h.

Tour-opérateur et créateur de voyages, Amslav Tourisme est spécialiste de l'Europe centrale et orientale, dont la Pologne. L'équipe, composée de personnel expérimenté connaissant parfaitement le terrain pour y avoir vécu ou pour y être né, réunit son expérience et son savoir-faire pour proposer une gamme variée de produits : week-ends, voyages à la carte, séjours libres ou organisés, autotours, circuits culturels, circuits combinés dans plusieurs pays d'Europe centrale et orientale. Également des séjours balnéaires, des croisières sur la Volga et le Dniepr et des suggestions d'itinéraires sur le mythique transsibérien.

▲ **JEUNESSE ET RECONSTRUCTION**

– Paris : 10, rue de Trévise, 75009. ☎ 01-47-70-15-88. • volontariat.org • Ⓜ Cadet ou Grands-Boulevards. Lun-ven 10h-13h, 14h-18h.

Jeunesse et Reconstruction propose des activités dont le but est l'échange culturel dans le cadre d'un engagement volontaire. Chaque année, des centaines de jeunes bénévoles âgés de 17 à 30 ans participent à des chantiers internationaux en France ou à l'étranger (Europe, Asie, Afrique et Amérique) et s'engagent dans un programme de volontariat à long terme (6 mois ou 1 an).

Dans le cadre des chantiers internationaux, les volontaires se retrouvent autour d'un projet d'intérêt collectif (1 à 4 semaines) et participent à la restauration du patrimoine bâti, à la protection de l'environnement, à l'organisation logistique d'un festival ou à l'animation et l'aide à la vie quotidienne auprès d'enfants ou de personnes handicapées.

▲ **TUI**

Rens et résas au ☎ 0825-000-825 (0,20 €/mn + prix appel) • tui.fr • dans les agences de voyages TUI présentes dans toute la France.

TUI, numéro 1 mondial du voyage, propose tous les circuits Nouvelles Frontières, ainsi que les clubs Marmara et un choix infini de vacances pour une expérience unique. TUI propose des offres et services personnalisés tout au long de vos vacances, avant, pendant et après le voyage.

Un circuit accompagné dans une destination de rêves, un séjour détente au soleil sur l'une des plus belles plages du monde, un voyage sur mesure façonné pour vous, ou encore des vacances dans un hôtel ou dans un club, les conseillers TUI peuvent créer avec vous le voyage idéal adapté à vos envies.

Ambiance découverte, familiale, romantique, dynamique, zen, chic... TUI propose des voyages à deux, en famille, seul ou entre amis, parmi plus de 180 destinations à quelques heures de chez vous ou à l'autre bout du monde.

▲ **VOYAGEURS EN RUSSIE ET EN EUROPE CENTRALE**
Le spécialiste du voyage en individuel sur mesure. ● *voyageursdumonde.fr* ●
– Paris : La Cité des Voyageurs, 55, rue Sainte-Anne, 75002. ☎ 01-42-86-17-60. Ⓜ Opéra ou Pyramides. Lun-sam 9h30-19h. Avec une librairie spécialisée dans les voyages.
– Également des agences à Bordeaux, Grenoble, Lille, Lyon, Marseille, Montpellier, Nantes, Nice, Rennes, Rouen, Strasbourg et Toulouse. Ainsi qu'à Bruxelles et Genève.
Parce que chaque voyageur est différent, que chacun a ses rêves et ses idées pour les réaliser, Voyageurs du Monde conçoit depuis plus de 30 ans des projets sur mesure. Les séjours proposés sur 120 destinations sont élaborés par leurs 180 conseillers voyageurs. Spécialistes par pays et même par région, ils vous aideront à personnaliser les voyages présentés à travers une trentaine de brochures d'un nouveau type et sur le site internet, où vous pourrez également découvrir les hébergements exclusifs et consulter votre espace personnalisé. Au cours de votre séjour, vous bénéficiez des services personnalisés Voyageurs du Monde, dont la possibilité de modifier à tout moment votre voyage, l'assistance d'un concierge local, la mise en place de rencontres et de visites privées et l'accès à votre carnet de voyage via une application iPhone et Android.
Voyageurs du Monde est membre de l'association ATR (Agir pour un tourisme responsable) et a obtenu sa certification Tourisme Responsable AFAQ AFNOR.

Comment aller à Roissy et à Orly ?
Toutes les infos sur notre site ● *routard.com* ● à l'adresse suivante : ● *bit.ly/aeroports-routard* ●

Voir aussi au sein de chaque ville les agences locales que nous avons sélectionnées

En Belgique

▲ **SERVICE VOYAGES ULB**
● *servicevoyages.be* ● *25 agences dont 12 à Bruxelles.*
– Bruxelles : campus ULB, av. Paul-Héger, 22, CP 166, 1000. ☎ 02-650-40-20.
– Bruxelles : pl. Saint-Lambert, 1200. ☎ 02-742-28-80.
– Bruxelles : chaussée d'Alsemberg, 815, 1180. ☎ 02-332-29-60.
Service Voyages ULB, c'est le voyage à l'université. Billets d'avion sur vols charters et sur compagnies régulières à des prix hyper compétitifs.

▲ **TUI**
● *tui.be* ●
– Nombreuses agences dans le pays dont Bruxelles, Charleroi, Liège, Mons, Namur, Waterloo, Wavre, et au Luxembourg.
Voir texte dans la partie « En France ».

▲ **VOYAGEURS DU MONDE**
– Bruxelles : 23, chaussée de Charleroi, 1060. ☎ 02-543-95-50. ● *voyageursdumonde.com* ●
Le spécialiste du voyage en individuel sur mesure. Voir texte « Voyageurs en Russie et en Europe centrale » dans la partie « En France ».

En Suisse

▲ **STA TRAVEL**
● *statravel.ch* ● *☎ 058-450-49-49.*
– Fribourg : rue de Lausanne, 24, 1701. ☎ 058-450-49-80.
– Genève : rue Pierre-Fatio, 19, 1204. ☎ 058-450-48-00.
– Genève : rue Vignier, 3, 1205. ☎ 058-450-48-30.
– Lausanne : bd de Grancy, 20, 1006. ☎ 058-450-48-50.
– Lausanne : à l'université, Anthropole, 1015. ☎ 058-450-49-20.
Agences spécialisées notamment dans les voyages pour jeunes et étudiants. 150 bureaux STA et plus de 700 agents du même groupe répartis dans le monde entier sont là pour donner un coup de main *(Travel Help).*
STA propose des voyages avantageux : vols secs *(Blue Ticket),* hôtels, écoles de langues, *work & travel,* circuits d'aventure, location de voitures, etc. Délivre la carte internationale d'étudiant et la carte *Jeune.*

▲ TUI

– Genève : rue Chantepoulet, 25, 1201. ☎ 022-716-15-70.
– Lausanne : bd de Grancy, 19, 1006. ☎ 021-616-88-91.
Voir texte dans la partie « En France ».

▲ VOYAGES ARTISANS AUX PIEDS NUS

– Carouge : rue de Saint-Victor, 3, 1227. ☎ 022-301-01-50. • apnvoyages.ch • En sem sur rdv.
Voyages APN propose des destinations hors des sentiers battus, particulièrement en Europe (Grèce, Italie et pays du Nord), avec un contact direct avec les prestataires, notamment dans le cadre des agritourismes. Certains programmes sont particulièrement adaptés aux familles. L'accent est mis sur le tourisme responsable et durable. Dans ce cadre, une sélection de destinations telles que la Bolivie ou le Bénin est également proposée.

Au Québec

▲ TOURS CHANTECLERC

• tourschanteclerc.com •
Tours Chanteclerc est un tour-opérateur qui publie différentes brochures de voyages : Europe, Amérique du Nord, Amérique du Sud, Asie et Pacifique Sud, Afrique et le Bassin méditerranéen en circuits ou en séjours. Il s'adresse aux voyageurs indépendants qui réservent un billet d'avion, un hébergement (dans toute l'Europe), des excursions ou une location de voiture. Également spécialiste de Paris, le tour-opérateur offre une vaste sélection d'hôtels et d'appartements dans la Ville Lumière.

EN TRAIN

Il n'y a pas de train direct vers la Pologne. Changement à Berlin, à Francfort ou à Cologne. Réservation de billets pour la Pologne, auprès de : ***DB France*** *(☎ 01-44-58-95-40 ; • bahn.com •).*

Pour voyager au meilleur prix

Avec les ***Pass InterRail,*** les résidents européens peuvent voyager dans 30 pays d'Europe, dont la Pologne. Plusieurs formules et autant de tarifs, en fonction de la destination et de l'âge. À noter que le *Pass InterRail* n'est pas valable dans votre pays de résidence (cependant, l'*InterRail Global Pass* offre une réduction de 50 % de votre point de départ jusqu'au point frontière en France). *• interrail.eu •*
– Pour les grands voyageurs, l'***InterRail Global Pass*** est valable dans l'ensemble des 30 pays concernés ; intéressant si vous comptez parcourir plusieurs pays au cours du même périple.
Il se présente sous 7 formes au choix.
4 formules flexibles : utilisable 5 j. sur une période de validité de 15 j. ou bien 7, 10, ou 15 j. sur une période de validité de 1 mois. (200-463 € selon âge et formule).
3 formules « continues » : *pass* 15 j., 22 j. et 1 mois (338-626 € selon âge et formule).
Ces formules existent aussi en version 1re classe !
Les voyageurs de plus de 60 ans bénéficient d'une réduction sur le tarif de l'*InterRail Global Pass* en 1re et 2e classes (tarif senior). Également des tarifs enfants 4-12 ans et 12-26 ans.
– Si vous ne parcourez que la Pologne, le ***One Country Pass*** vous suffira. D'une période de validité de 1 mois et utilisable, selon les formules, 3, 4, 6 ou 8 j. en discontinu : tarif selon pays et formule. Là encore, ces formules se déclinent en version 1re classe (mais ce n'est pas le même prix, bien sûr). Pour voyager dans 2 pays, vous pouvez combiner 2 *One Country Pass.* Au-delà, il est préférable de prendre l'*InterRail Global Pass.*
– *InterRail* offre également la possibilité d'obtenir des réductions ou avantages à travers toute l'Europe avec ses partenaires bonus (musées, chemins de fer privés, hôtels, etc.).
Tous ces prix ne sont qu'indicatifs.
Pour plus de renseignements, adressez-vous à la gare ou boutique SNCF la plus proche.

EN VOITURE

Contrairement à une idée largement répandue, la longueur du parcours n'est pas énorme. Partant de Paris, vous rejoignez la frontière polonaise après 1 600 km d'autoroute via la Belgique et l'Allemagne : rien ne vous interdit de diviser le parcours en deux étapes ou plus. Bon, évidemment, vous vous en remettrez à la charmante voix synthétique de madame GPS qui fait la pluie et le beau temps dans l'habitacle de votre voiture...

Les conditions de passage de la frontière ont évidemment changé avec l'adhésion de la Pologne à l'UE en 2004, qui fait désormais partie de l'espace Schengen. En Pologne, votre carte d'identité et le permis national suffisent.

EN STOP ET COVOITURAGE

C'est tout à fait possible. Le stop fonctionne bien dès l'Allemagne, à condition de rester dans les stations-service des autoroutes. La coutume, sur les petites distances, est de participer aux frais d'essence ; c'est pourquoi l'on voit des stoppeurs de tous âges.

- ***Covoiturage :*** offres intéressantes sur le site • *blablacar.fr* •
- Sans oublier les annonces de covoiturage sur • *routard.com* • dans la rubrique « Communauté ».
- Autre solution si vous habitez Paris : des petites annonces (en polonais souvent !) devant l'entrée de l'*église polonaise (263 bis, rue Saint-Honoré, 75001)* indiquent des particuliers se rendant directement en Pologne, contre une participation aux frais.

EN BUS

Plusieurs compagnies assurent des liaisons quotidiennes avec les principales villes de Pologne. Dans les périodes de grands départs (vacances, fêtes), réservez 3 semaines voire 1 mois à l'avance. Les prix des billets sont moins élevés que ceux de train. Le voyage dure environ 18h jusqu'à la frontière polonaise.

▲ **EUROLINES**

☎ 0892-899-091 (0,34 €/mn + prix d'appel), tlj 8h-21h (dim 10h-18h). • *eurolines.fr* •

- Paris : 55, rue Saint-Jacques, 75005. Lun-ven 9h30-18h30 ; sam 10h-13h, 14h-17h. N° d'urgence : ☎ 01-49-72-51-57.

- Gare routière internationale à Paris : 28, av. du Général-de-Gaulle, 93541 Bagnolet Cedex. Ⓜ Gallieni.

Vous trouverez également les services d'Eurolines sur • routard.com • Eurolines propose 10 % de réduc pour les jeunes (12-25 ans) et les seniors. 2 bagages gratuits/pers en Europe.

Première *low-cost* par bus en Europe, Eurolines permet de voyager vers plus de 600 destinations en Europe et au Maroc avec des départs quotidiens depuis 90 villes françaises. Eurolines propose également des hébergements à petits prix sur les destinations desservies.

Pass Europe : pour un prix fixe valable 15 ou 30 jours, vous voyagez autant que vous le désirez sur le réseau entre 51 villes européennes. Également un *minipass* pour visiter 2 capitales européennes (7 combinés possibles).

Autres compagnies de bus

▲ **AFPE DZIEN DOBRY**

- Paris : 240, rue de Rivoli, 75001. ☎ 01-47-03-90-00. • *dziendobryfrancja.eu* • *Ⓜ Concorde. Lun-ven 10h-18h.*

Cette association franco-polonaise centralise la vente de billets des compagnies officielles. Aucun supplément. Vous y trouverez aussi un petit mensuel bilingue gratuit, *Dzień Dobry,* avec des adresses pratiques et des annonces.

▲ **KAROLINA**

– Paris : 9, pl. de la Madeleine, 75008. ☎ 01-40-15-09-09. • polska.fr • (site en Polonais slt). Lun-sam 9h-12h, 13h30-18h (16h sam), dim 10h-14h. Trajets depuis Paris ou Bruxelles vers les villes polonaises principales (Varsovie, Gdańsk, Cracovie...).

▲ **POLKA**

– Paris : 2, rue de Mondovi, 75001. ☎ 01-40-20-00-80 (parfois en polonais slt). Ⓜ Concorde. Lun-ven 9h30-18h30, sam 10h-13h, 14h-17h et dim 10h-14h. Dessert une trentaine de villes de Pologne.

POLOGNE UTILE

ABC de la Pologne

- ***Superficie :*** 312 690 km².
- ***Population :*** 38 562 000 hab. (urbaine à 60,5 %).
- ***Densité :*** 124 hab./km².
- ***Capitale :*** Varsovie (1,745 million d'hab.).
- ***Espérance de vie :*** 77,4 ans.
- ***Âge moyen de la population :*** 40,3 ans.
- ***Croissance démographique :*** - 0,09 %.
- ***PIB par habitant :*** 19 700 €.
- ***Taux de chômage :*** 10,6 %.
- ***Monnaie :*** le złoty (Zl).
- ***Langue :*** le polonais.
- ***Religion :*** 87,2 % de catholiques.
- ***Régime :*** démocratie parlementaire.
- ***Chef de l'État :*** Andrzej Duda (depuis août 2015), élu pour 5 ans.
- ***Premier ministre :*** Beata Szydło, nommée en novembre 2015.
- ***Indice de développement humain :*** 0,843 (36e sur 188).

AVANT LE DÉPART

Adresses utiles

En France

Office national polonais de tourisme : *10, rue Saint-Augustin, 75002 Paris. ☎ 01-42-44-19-00. • pologne.travel/fr • Ⓜ Opéra. Ouv lun-ven 9h-16h.* Nombreux plans de villes et liste des hôtels de Pologne. Brochures à télécharger sur le site internet.

Consulats polonais :
– Paris : 3, rue de Talleyrand, 75343, Cedex 07. ☎ 01-43-17-34-22. • paryz.msz.gov.pl • Ⓜ Invalides ou Varenne. Ouv (sur rdv slt) lun-ven 8h15-13h30, sf mer 11h-16h.
– Lyon : 79, rue Crillon, 69458 Lyon Cedex 06. ☎ 04-78-93-14-85. • lyon.msz.gov.pl • Lun-ven 9h-14h, sf jeu 11h-16h.

Librairie polonaise : *123, bd Saint-Germain, 75006 Paris. ☎ 01-43-26-04-42. • librairiepolonaise.com • Ⓜ Odéon. Mar-sam 11h-19h.* Littérature polonaise d'hier et d'aujourd'hui.

Institut polonais : *31, rue Jean-Goujon, 75008 Paris. ☎ 01-53-93-90-10. • institutpolonais.fr • Ⓜ Alma-Marceau ou Champs-Élysées-Clemenceau. Lun-ven 9h30-17h.* L'institut propose des cours de polonais (inscriptions semestrielles) et organise, en dehors de ses murs, des concerts (essentiellement de musique classique ou de jazz), des spectacles de théâtre, des conférences, des expositions de peintres et de graphistes, etc.

Associations polonaises en France : *consulter le site • polskanova.com/shtml/associations_france •*

En Belgique

Office de tourisme polonais : *av. de la Renaissance, 20, Bruxelles 1000. ☎ 02-740-06-20. • pologne.travel/fr-be • Lun-ven 10h-17h.*

Consulat polonais : *rue des*

Francs, 28, Bruxelles 1040. ☎ *02-739-01-21.* • *bruksela.msz.gov.pl* • Ⓜ *Merode. Mar, jeu- ven 9h-13h ; mer 13h-18h.*

En Suisse

🛈 Pas d'office de tourisme polonais en Suisse. Adressez-vous de préférence à celui de Paris (en français) ou à celui de Vienne (en allemand).

■ ***Ambassade de Pologne :*** *Elfenstrasse 20a, Berne.* ☎ *(31) 358-02-02.* • *berno.msz.gov.pl* • *Section consulaire : lun-mar et jeu-ven 9h-13h.*

Au Canada

🛈 Pas d'office de tourisme polonais au Canada. Adressez-vous de préférence à celui de Paris (en français) ou à celui de Hoboken (New Jersey, USA), en anglais. • *poland.travel/en-us* •

■ ***Consulat polonais :*** *3501, av. du Musée, Montréal (Québec) H3G 2C8.* ☎ *613-789-0468.* • *montrealkg.msz.gov.pl* • *Ouv jeu 11h-17h.*

Assurances voyage

■ ***Routard Assurance :*** *c/o AVI International, 40-44, rue Washington, 75008 Paris.* ☎ *01-44-63-51-00.* • *avi-international.com* • Ⓜ *George-V.* Depuis 20 ans, *Routard Assurance* en collaboration avec *AVI International,* spécialiste de l'assurance voyage, propose aux voyageurs un contrat d'assurance complet à la semaine qui inclut le rapatriement, l'hospitalisation, les frais médicaux, le retour anticipé et les bagages. Ce contrat se décline en différentes formules : individuel, senior, famille, light et annulation. Pour les séjours longs (2 mois à 1 an), consultez le site. L'inscription se fait en ligne et vous recevrez dès la souscription tous vos documents d'assurance par e-mail.

■ ***AVA :*** *25, rue de Maubeuge, 75009 Paris.* ☎ *01-53-20-44-20.* • *ava.fr* • Ⓜ *Cadet.* Un autre courtier fiable pour ceux qui souhaitent s'assurer en cas de décès-invalidité-accident lors d'un voyage à l'étranger, mais surtout pour bénéficier d'une assistance rapatriement, perte de bagages et annulation. Attention, franchises pour leurs contrats d'assurance voyage.

■ ***Pixel Assur :*** *18, rue des Plantes, BP 35, 78601 Maisons-Laffitte.* ☎ *01-39-62-28-63.* • *pixel-assur.com* • *RER A : Maisons-Laffitte.* Assurance de matériel photo et vidéo tous risques (casse, vol, immersion) dans le monde entier. Devis en ligne basé sur le prix d'achat de votre matériel. Avantage : garantie à l'année.

Carte internationale d'étudiant (ISIC)

Elle prouve le statut d'étudiant dans le monde entier et permet de bénéficier de tous les avantages, services et réductions dans les domaines du transport, de l'hébergement, de la culture, des loisirs, du shopping...

La carte ISIC permet aussi d'accéder à des avantages exclusifs (billets d'avion spécial étudiants, hôtels et auberges de jeunesse, assurances, cartes SIM internationales, location de voiture...).

Renseignements et inscriptions

- ***En France :*** • *isic.fr* • *13 € pour 1 année scolaire.*
- ***En Belgique :*** • *isic.be* •
- ***En Suisse :*** • *isic.ch* •
- ***Au Canada :*** • *isiccanada.com* •

Carte d'adhésion internationale aux auberges de jeunesse (carte FUAJ)

Cette carte vous ouvre les portes des 4 000 auberges de jeunesse du réseau *HI-Hostelling* International en France et dans le monde. Vous pouvez ainsi parcourir 90 pays à des prix avantageux et bénéficier de tarifs préférentiels avec les partenaires des Auberges de Jeunesse *HI*. Enfin, vous intégrez une communauté mondiale de voyageurs partageant les mêmes valeurs : plaisir de la rencontre, respect des différences et échange dans un esprit convivial. Il n'y a pas de limite d'âge pour séjourner en auberge de jeunesse. Il faut simplement être adhérent.

Renseignements et inscriptions

– ***En France :*** • *hifrance.org* •
– ***En Belgique :*** • *lesaubergesdejeunesse.be* •
– ***En Suisse :*** • *youthhostel.ch* •
– ***Au Canada :*** • *hihostels.ca* •
Si vous prévoyez un séjour itinérant, vous pouvez réserver plusieurs auberges en une seule fois en France et dans le monde : • *hihostels.com* •

Formalités

La Pologne est entrée dans l'espace Schengen en 2007. Pour les Français, les Belges, les Suisses et les ressortissants de l'UE, la carte d'identité suffit pour circuler en Pologne. Attention, en 2014, les autorités françaises ont décidé de proroger de 5 ans les cartes en cours (sans y apposer de mention) : les policiers, douaniers, voire administrations locales n'en ont pas forcément connaissance. Si vous avez dépassé la date limite inscrite sur votre carte, envisagez d'utiliser votre passeport en cours de validité pour vous rendre en Pologne. Pour les Canadiens (visa obligatoire uniquement en cas de séjour supérieur à 90 jours), le ***passeport*** doit être encore valide au moins 3 mois après l'entrée dans le pays.
– ***Ariane, le fil à suivre :*** Ariane est un service gratuit mis à disposition par le centre de crise du ministère des Affaires étrangères. Il permet aux voyageurs français qui le souhaitent de s'enregistrer à l'occasion de leurs séjours à l'étranger. Les informations déposées sur Ariane sont utilisées en cas de crise, par exemple pour contacter des voyageurs dans l'hypothèse où des opérations de secours sont organisées, ou encore pour joindre rapidement les familles ou les proches en France si une situation le nécessite. Pour en savoir plus : • *pastel.diplomatie.gouv.fr/fildariane* •

> Avant de partir, pensez à scanner passeport, visa, carte de paiement, billets d'avion et *vouchers* d'hôtel. Ensuite, adressez-les-vous par e-mail, en pièces jointes. En cas de perte ou de vol, rien de plus facile pour les récupérer. Les démarches administratives en seront bien plus rapides. Merci tonton Routard !

ARGENT, BANQUES, CHANGE

La monnaie polonaise

La monnaie est le ***złoty (abrégé Zl),*** ce qui, en polonais, signifie « en or » – héritage des temps où la monnaie polonaise était convertible en or. Le *złoty* se divise en 100 *groszy*.
À titre indicatif, courant 2016, 1 *złoty* valait environ 0,23 € soit un peu plus de 4 *złotys* pour 1 € (notre base de conversion). Pour 1 Fs, comptez env 3,9 Zl et pour 1 $Ca, 2,90 Zl.
La Pologne devait à l'origine passer à l'euro en 2012, mais la crise de la monnaie européenne, couplée à l'hostilité du gouvernement conservateur, a repoussé cette date aux calendes grecques : 2020, au mieux – et peut-être jamais... Le Parlement polonais doit approuver le changement de monnaie à une majorité des deux tiers, fort peu probable. On trouve difficilement des *złotys* avant le départ, mais vous pourrez en retirer facilement à l'arrivée.

Change

– ***Les bureaux de change*** *(kantors)* prolifèrent un peu partout dans les villes, parfois abrités dans des galeries commerciales. Les cours sont affichés clairement et le taux de change est concurrentiel de celui des banques, avec moins d'attente et des horaires d'ouverture plus étendus. Faites-vous confirmer que le taux appliqué est bien celui affiché en grosses lettres... Parfois on vous appliquera celui signalé en petits caractères... un peu moins attractif !
– Oubliez les ***chèques de voyage,*** quasi impossibles à changer.
– ***À l'aéroport, évitez de changer une grosse somme d'argent*** aux bureaux de change car le taux y est souvent très défavorable.
– Dans certains grands hôtels, on peut payer directement en euros.

Cartes de paiement

Quand vous partez à l'étranger, pensez à téléphoner à votre banque pour relever le plafond de retrait aux distributeurs et pour les paiements par carte, quitte à le faire rebaisser à votre retour.
Avant de partir, notez donc bien le numéro d'opposition propre à votre banque (il figure souvent au dos des tickets de retrait, sur votre contrat, ou à côté des distributeurs de billets), ainsi que le numéro à 16 chiffres de votre carte. Bien entendu, conservez ces informations en lieu sûr et séparément de votre carte.
Par ailleurs, l'assistance médicale se limite aux 90 premiers jours du voyage et l'assistance véhicule aux cartes haut de gamme (renseignez-vous auprès de votre banque). Et surtout, n'oubliez pas aussi de VÉRIFIER LA DATE D'EXPIRATION DE VOTRE CARTE BANCAIRE avant votre départ !
Les cartes de paiement, aujourd'hui très répandues en Pologne, sont acceptées dans presque tous les hôtels, restaurants et agences de voyages. Toutes les villes et la plupart des bourgades sont équipées en ***guichets automatiques*** *(Bankomat)* acceptant les principales cartes de paiement.
– ***Retraits d'argent liquide :*** attention, lorsque vous retirez des złotys, de nombreux distributeurs proposent deux formules sans trop vous laisser le temps de réfléchir : le retrait classique libellé en złotys (dans ce cas, c'est votre banque qui fixe le taux de change), ou un retrait avec conversion immédiate en euros (là, c'est la banque qui a installé le distributeur qui fixe le taux de change). Évitez cette seconde option : on y perd au moins 5 %.
En cas de perte ou de vol, se reporter à la rubrique « Urgences » en fin de chapitre.

Western Union Money Transfer

En cas de besoin urgent d'argent liquide (perte ou vol de billets, chèques de voyage, carte de paiement), vous pouvez être dépanné en quelques minutes grâce au système *Western Union Money Transfer.* Pour cela, demandez à quelqu'un de vous déposer de l'argent en euros dans l'un des bureaux *Western Union* ; liste sur • *westernunion.fr* • L'argent vous est transféré en moins d'un quart d'heure. La commission, assez élevée, est payée par l'expéditeur. Possibilité d'effectuer un transfert en ligne 24h/24 par carte de paiement (Visa ou MasterCard émise en France).

ACHATS

Il y a beaucoup de jolies petites choses à rapporter, vraiment pas chères du tout. En voici une petite sélection.
– *Pour la copine :* vous trouverez de très beaux bijoux en argent dans les galeries d'art privées.
– *Pour le copain :* il existe de splendides livres d'art.

– *Pour maman :* du cristal, ou un collier ou un bracelet en ambre de la mer Baltique. Les ambres blanches, vertes et noires sont les plus rares. La plus grosse pièce trouvée pèse 10 kg !
– *Pour papa :* une bonne bouteille de vodka à la cerise, ou au miel, voire une *Żubrówka* à l'herbe de bison ou encore une *Siwucha,* un peu plus chère mais au léger parfum abricoté. Vous la reconnaîtrez à son bouchon de liège scellé à la cire rouge.
La Pologne faisant partie de l'UE, chaque ressortissant européen peut rapporter jusqu'à 10 l de boissons spiritueuses.
– *Pour tonton :* une pipe en cerisier.
– *Pour mamie :* des œufs peints, des figurines en paille tressée ou une boîte de *śliwki w czekoladzie,* des pruneaux (sans les noyaux) enrobés de chocolat.
– *Pour la petite nièce :* une peluche de bison de Podlachie ou d'hippocampe sur les bords de la Baltique, et autres jouets en bois.
– *Mais aussi :* des objets en bois sculpté et en paille tressée, du cuir (sacs, gants, ceintures, etc.), des pulls en laine, de la verrerie, de la peinture (attention, l'exportation d'objets fabriqués avant 1945 est prohibée), ou encore nombre d'articles vestimentaires à des prix défiant toute concurrence. Et pourquoi pas un CD de musique traditionnelle ? On vous conseille les groupes suivants : *Trebunie Tutki, Hajlandery, Siklawa* (groupes inspirés du folklore montagnard modernisé) ou encore *Mislovitz* (rock), *Afrometal et Star Guard Muffin* (reggae).

Les magasins d'État *Cepelia*

Si vous avez du mal à trouver de l'artisanat (eh oui, en se développant, le pays perd peu à peu ses traditions), faites un tour dans les magasins d'État *Cepelia,* qui vendent toutes sortes d'objets dans la plus pure tradition des diverses régions du pays. Vous en trouverez dans les principales villes, grandes et petites. Infos sur • *cepelia.pl* •

Les horaires

Les magasins sont généralement ouverts de 10h à 18h, mais ferment tôt le samedi (vers 15h) et toute la journée du dimanche, à l'exception de certains centres commerciaux. Dans les grandes villes, certains magasins d'alimentation fonctionnent 24h/24.

BUDGET

La Pologne s'aligne de plus en plus sur ses voisins européens, mais la vie y reste quand même moins chère qu'en France, surtout côté achats et restaurants. Les « bars à lait » *(bar mleczny),* en particulier, sont d'un rapport qualité-prix imbattable. À Varsovie, à Cracovie, à Gdańsk, les prix sont plus élevés de 20 à 30 %, en particulier en ce qui concerne l'hébergement.
Voici nos fourchettes de prix (arrondies à la hausse sur la base : 1 Zl = 0,25 €).

Hébergement

D'une manière générale, nous indiquons des tarifs allant de la chambre double la moins chère en basse saison à celle la plus chère en haute saison – ce qui implique parfois des fourchettes de prix pas toujours en adéquation avec la rubrique dans laquelle l'établissement est cité. Le classement retenu est celui du prix de la majorité des chambres. À noter que lorsque les lieux d'hébergement sont équipés d'un accès Internet et/ou wifi, nous le mentionnons sans autre précision.
– Les tarifs des ***campings*** sont calculés sur la base d'un emplacement pour deux avec voiture et tente.

- Les ***auberges de jeunesse*** et ***gîtes d'étape*** pratiquent en règle générale des tarifs « Très bon marché » pour une nuitée en dortoir (avec ou sans les draps), mais certains ont aussi des chambres doubles qui peuvent être « bon marché », voire à « prix moyens ».
- ***Très bon marché :*** moins de 80 Zl (env 20 €).
- ***Bon marché :*** de 80 à 160 Zl (env 20-40 €).
- ***Prix moyens :*** de 160 à 240 Zl (env 40-60 €).
- ***Chic :*** de 240 à 400 Zl (env 60-100 €).
- ***Plus chic :*** de 400 à 600 Zl (env 100-150 €).
- ***Très chic :*** plus de 600 Zl (env 150 €).

Restos

Nos fourchettes de prix s'entendent pour un repas complet comprenant un plat principal (toujours copieux), un dessert et une bouteille d'eau (attention, il n'y a pas d'eau en carafe proposée dans les restaurants polonais). Pour chaque adresse, nous indiquons les prix des plats principaux.
- ***Très bon marché :*** moins de 20 Zl (env 5 €).
- ***Bon marché :*** de 20 à 40 Zl (env 5-10 €).
- ***Prix moyens :*** de 40 à 70 Zl (env 10-17,50 €).
- ***Chic :*** de 70 à 100 Zl (env 17,50-25 €).
- ***Plus chic :*** plus de 100 Zl (env 25 €).

D'ordinaire, les ***pourboires*** ne sont pas compris dans l'addition : 10 % du montant de l'addition constituent une rétribution convenable pour un service attentionné.

Musées, visites, etc.

L'entrée dans les musées n'est en général pas très chère, mais les musées sont nombreux... et l'addition peut vite grimper, surtout en famille. Dans les grandes villes, les cartes touristiques permettent de faire quelques économies, à condition d'être assidu. N'oubliez pas que de nombreux sites ont un parking payant en sus. On peut souvent recourir aux services d'un guide, mais c'est assez cher et, de plus en plus, des explications en anglais ou en allemand sont disponibles (rarement en français). Les guides francophones étant assez rares (et en conséquence un peu plus chers), il est conseillé de réserver par téléphone quelques jours avant.

Bon à noter : la carte internationale d'étudiant ISIC permet d'obtenir des tarifs réduits dans la majorité des musées et des sites ; la plupart des musées sont fermés le lundi.

Divers

- ***Un café (expresso), une bière ou un jus de fruits :*** entre 4 et 8 Zl (1-2 €).
- ***Un litre d'essence :*** environ 4,40 Zl (1,10 €) courant 2016. Le diesel est à peine moins cher (environ 0,20 Zl de moins).
- ***Un CD neuf :*** entre 15 et 50 Zl (3,75-12,50 €), voire jusqu'à 90 Zl (22,50 €).
- ***Un litre de lait :*** autour de 2,80 Zl (0,70 €).
- ***Un litre de vodka :*** 35 Zl (8,75 €) en moyenne, mais variable selon la marque.

CLIMAT

La Pologne est située entre deux zones climatiques : le climat océanique de l'Europe occidentale et le climat continental de l'Europe orientale, ce qui provoque une grande variété dans la météo. L'hiver est très froid (de - 5 à - 15 °C) et très enneigé, surtout à l'est et dans les montagnes. Le printemps est généralement ensoleillé et chaud, avec un retour de gelée blanche vers la mi-mai. L'été est (très) chaud (il fait parfois plus

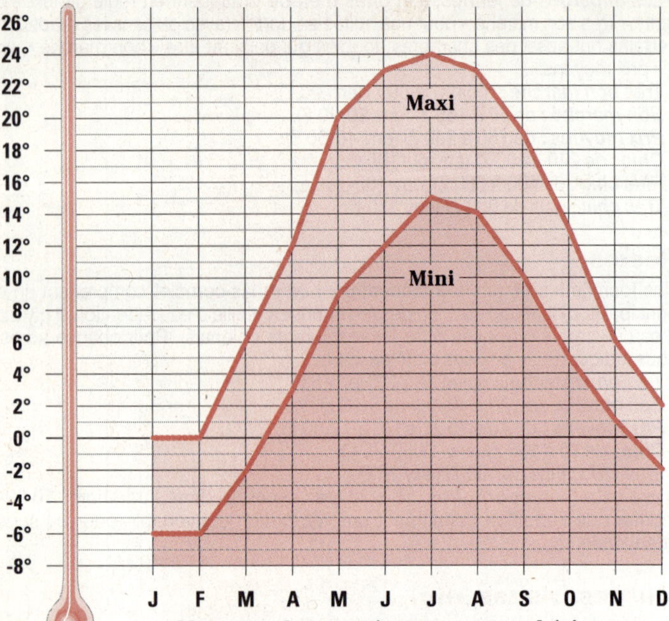

Moyenne des températures atmosphériques

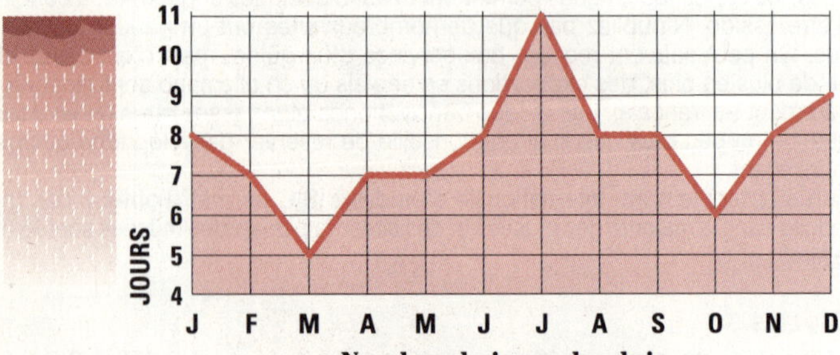

Nombre de jours de pluie

POLOGNE (Varsovie)

de 30 °C) et dure de juin jusqu'à août. La pluie et les orages sont fréquents, surtout en juillet dans les montagnes. L'automne (septembre et octobre), plutôt sec et ensoleillé, est couramment appelé « l'automne doré »; particulièrement beau dans les massifs.

DÉCALAGE HORAIRE

Aucun ! Ni en hiver ni en été, histoire d'être à l'heure de l'Europe. Résultat : la nuit tombe dès 15h à Varsovie fin décembre...

ÉLECTRICITÉ

Voltage : 220 volts, fréquence 50 Hz. Les prises électriques sont totalement compatibles avec le standard franco-allemand. Votre iPhone préféré ne manquera donc pas de jus ! Nos amis canadiens, eux, devront recourir à un adaptateur.

FÊTES ET JOURS FÉRIÉS

– *Jours fériés :* le 1er janvier, le lundi de Pâques, le 1er mai, le 3 mai (fête nationale), la Fête-Dieu ou *Boże Ciało* (60 jours après Pâques), l'Assomption le 15 août (attention, la majorité des commerces et musées sont fermés), le 1er novembre, le 11 novembre (fête nationale célébrant l'indépendance de 1918) et les 25 et 26 décembre. La Saint-Nicolas du 6 décembre est également fêtée comme en Alsace ou en Belgique.

– L'été, on peut assister à d'impressionnants tournois de chevalerie. Les plus connus sont ceux de Golub-Dobrzyń (à côté de Toruń) en juillet, Sandomierz en août et Ujazd en juin.

OMELETTE PASCALE

Dans certaines régions, dès la sortie de la messe de Pâques, a lieu le rituel combat d'œufs. Chacun prend un œuf dur coloré et le « toque » légèrement contre celui du voisin. Celui dont l'œuf ne s'est pas brisé gagne l'œuf de l'autre. Cette coutume est perçue comme un geste de bienveillance et de réconciliation. On « toque » alors volontiers les verres de vodka pour fêter ça !

HÉBERGEMENT

Les campings

Assez, voire très nombreux dans les coins touristiques, comme sur le littoral de la mer Baltique ou en Mazurie, ils sont ouverts en principe de début mai à fin septembre. Si certains ont encore des équipements assez rudimentaires, on note une modernisation graduelle des infrastructures pour les plus grosses structures (de plus en plus souvent équipées pour les camping-cars). Les emplacements sont rarement délimités et on s'installe un peu où l'on veut – où l'on peut en pleine saison !
Liste complète dans la brochure *Poland Map of Campsites,* disponible dans les offices de tourisme polonais à l'étranger, ou directement auprès de la fédération.

■ ***Fédération polonaise du camping et caravaning :*** *ul. Puławska 102 (lok 2), Varsovie. ☎ 22-810-60-50. • pfcc.eu •*

Les chalets de montagne

En montagne, les randonneurs ont à leur disposition tout un réseau de chalets et refuges, qui permettent notamment de traverser entièrement les Sudètes et les Carpates. Indépendamment de leur équipement très varié (du confort spartiate jusqu'au luxueux), une règle est toujours observée : on ne peut refuser l'hospitalité à quiconque parvient jusque-là par ses propres moyens, surtout dans la soirée. S'il n'y a pas de lits libres dans les chambres, on a toujours droit à une place sur le plancher.

Les auberges de jeunesse *(schronisko młodzieżowe)*

Il y en a dans toutes les villes et en dehors : en tout, 252 sont affiliées à la *Fédération polonaise des auberges de jeunesse (PTSM).* Il en existe de deux sortes : les *permanentes,* ouvertes toute l'année, et les *saisonnières,* qui sont aménagées

en juillet et août dans les écoles. En règle générale, les permanentes sont mieux agencées et ont parfois des chambres doubles ou triples, alors que les autres proposent invariablement 10 ou 15 lits de camp dans une salle de classe. Certes, on y trouve en général une cuisine, mais rarement très cosy vu l'âge, le look des bâtiments et le manque de convivialité des espaces communs.
Le règlement est souvent le même : entre 10h et 17h, il faut quitter les lieux (on peut laisser ses affaires). Le soir, la porte ferme à 22h ou 23h, sauf accord préalable. À certaines périodes, ces AJ sont envahies de groupes scolaires, souvent très jeunes. La place peut donc manquer... mais pas le bruit !
Les tarifs tournent autour de 30-40 Zl/personne. La carte internationale des auberges de jeunesse n'est pas forcément nécessaire, mais elle donne droit à des réductions (voir la rubrique « Avant le départ »).

■ ***Fédération polonaise des auberges de jeunesse (PTSM) :*** *ul. Mokotowska 14, 00-561 Varsovie.* *☎ 22-849-81-28. • ptsm.org.pl • (en polonais).*

Les *hostels*

Si les AJ institutionnelles n'invitent pas forcément au sourire, les *hostels* (AJ privées), principalement présents en ville, offrent un visage autrement plus avenant. La tendance serait même aux AJ « de luxe », avec petits dortoirs (4-6 lits), bons matelas bien épais, lumière et prise électrique individuelle pour chaque lit... voire sanitaires dans chaque dortoir. On a même vu une AJ de Varsovie avec des sèche-cheveux à disposition ! Les structures sont généralement conviviales, avec presque toujours cuisine et salon-bar à disposition. Dans les grandes villes, des activités sont souvent proposées : tournée des bars, cours de cuisine polonaise, tournois de ping-pong, etc. Le seul bémol tient au prix : dans ce genre d'AJ, il faut plutôt tabler sur 50-80 Zl/personne.

Les hôtels universitaires

Durant les mois de juillet et août, les résidences universitaires s'ouvrent aux touristes. Parfois légèrement plus chères que les auberges de jeunesse, elles restent abordables, d'autant que la carte internationale d'étudiant donne généralement droit à une réduction. Pour les trouver, adressez-vous aux offices de tourisme ou, éventuellement, à *Almatur* *• almatur.pl •* (en polonais), l'agence de voyages des étudiants. Les chambres sont en général pour 1, 2, 3 ou 4 personnes, avec toilettes et douches à l'étage – dans certaines résidences universitaires, il y a 1 salle de bains pour 2 chambres, voire une cuisine basique (souvent juste un frigo). Salon TV, ordis, wifi et machine à laver sont aussi le plus souvent disponibles et certains lieux disposent d'une cantine universitaire. Reste à savoir que ces hébergements sont souvent pas mal excentrés et rarement très folichons en termes d'architecture et de design !

Chez l'habitant

L'été, dans les régions les plus touristiques, chaque façade ou presque se couvre d'un panneau *Noclegi* (hébergement), *Pokoje gościnne* (chambre d'hôtes) ou *Wolne pokoje* (chambre disponible). Derrière ces appellations, on trouve de tout : 2 petits lits étroits avec douche à l'étage dans une maison privée où l'on communique surtout grâce à l'intervention du Saint-Esprit, ou grosse pension établie de longue date, avec un jardin équipé de barbecue, piscine gonflable et jeux pour les enfants, qui n'a pas grand-chose à envier à un hôtel familial. Les prix varient donc pas mal mais sont, généralement, inférieurs à ceux des vrais hôtels. Sachez toutefois que les chambres d'hôtes se regroupent le plus souvent dans des quartiers résidentiels pas forcément pratiques pour visiter les centres-ville. Si l'on vous démarche, par exemple à la descente du bus (photos à l'appui !), faites-vous bien préciser l'emplacement.

Agritourisme *(agroturystyke)*

Les séjours dans les exploitations rurales se font populaires en Pologne. L'hébergement dans des gîtes ruraux s'organise le plus fréquemment dans des chambres distinctes de la maison principale. On rencontre aussi des maisons entières spécialement aménagées pour la location, qui disposent de chambres avec salle de bains. Elles sont classées en trois catégories : 1, 2 ou 3 soleils, attribués non seulement en fonction du confort et des équipements, mais aussi des offres touristiques (repas, participation aux travaux de la ferme, stages, etc.). Voir • *agritourism.pl* • (en anglais).

Les hôtels

La qualité des hôtels polonais n'a plus grand-chose à envier à ceux de l'ouest de l'Europe, tant en termes de décoration que d'équipement. Feu les hôtels d'État (qui se nomment toujours *Orbis*) ont passé un accord avec le groupe *Accor,* ce qui leur a donné un sacré coup de neuf. L'accueil, désormais souvent bilingue, s'est aussi notablement amélioré depuis la période communiste ! Le problème actuel serait plutôt de trouver de la place, même hors saison, dans les villes touristiques comme Varsovie, Cracovie ou Gdańsk ; donc RÉSERVEZ si vous connaissez vos dates.

Demeures historiques

Certaines demeures historiques (palais, châteaux, manoirs) ont fait leur mutation vers l'hôtellerie (de luxe en général). C'est l'occasion de vous offrir des étapes bercées par la patine de la Pologne éternelle, avec en général un bon niveau de confort... et une facture certes élevée mais toujours avantageuse par rapport à ce que vous paieriez dans une adresse équivalente en Europe occidentale. Voir • *heritagehotels.pl* •

Échange d'appartements

Il s'agit, pour ceux qui possèdent une maison, un appartement ou un studio, d'échanger leur logement avec un adhérent de l'organisme du pays de leur choix. Cette formule offre l'avantage de passer des vacances à l'étranger à moindres frais.

■ ***Intervac :*** *230, bd Voltaire, 75011 Paris.* ☎ *05-46-66-52-76.* • *intervac.fr* • Ⓜ *Rue-des-Boulets.* Le catalogue inter-national est payant : 95 € !

Location de maisons et appartements

■ ***Old Town Apartments :*** ☎ *22-351-22-60.* • *tobook.com* • Location d'appartements en centre-ville à Cracovie, Varsovie et Poznań à prix intéressants.
– Autres sites : • *topwarsawhotels.com* • et • *hotelinwarsaw.com* •

LANGUE

Le polonais appartient à la famille des langues slaves, mais utilise l'alphabet latin. Il peut laisser pantois à la vue de ses séries interminables de consonnes, mais la prononciation n'est en fait pas si compliquée pour peu que l'on apprenne à manier les différentes séries de diphtongues. En revanche, la multiplicité des cas de déclinaison en rend la pratique complexe pour un francophone (tous les mots s'accordent, y compris les noms propres). À vous de jouer :
– *sz* se prononce « ch » comme dans le mot français (ch)at.
– *cz* = « tch » comme dans (tch)èque.
– *szcz* = « chtch »... comme dans borchtch. Eh oui, on en soupe un peu !
– *rz* et *ż* = « j » comme dans (j)our.
– *ł* = « w » comme dans (w)apiti.

– *c* = « ts » comme dans (ts)é-tsé.
– *ę* = « in » comme dans v(in) ou « è-on » selon sa place dans le mot.
– *ą* = entre « an » et « on ».
– *y* = « é ».
– *u* et *ó* = « ou ».
– *j* = « y » comme dans (y)oga.
– *ch* et *h* se prononcent comme dans le mot allemand *ma(ch)en*.
– L'accent sur les consonnes *s, c, z, n* les rend « mouillées » ; les prononcer alors comme si elles étaient suivies par un « i ». Les consonnes « non mouillées » sont plus sonores, mais ces différences sont assez subtiles.
– Le « r » se roule comme en espagnol.
– On accentue toujours l'avant-dernière syllabe des mots.

Emportez un petit dico de poche, notre lexique ci-dessous étant bien sûr un peu limité. Apprenez quelques mots de base et placez-les dans la conversation. Même si vous les écorchez terriblement, votre interlocuteur se poilera, mais appréciera. De toute façon, vous trouverez presque toujours des gens parlant l'allemand ou l'anglais, notamment les jeunes ; la langue de Molière se fait rare, mais elle est encore pratiquée par certaines personnes âgées.

UNE LANGUE COMMUNE PAS COMMUNE

Ludovic Zamenhof (1859-1917), médecin à Białystok, est le créateur de l'espéranto, la première langue internationale. Témoin des tensions entre les différentes communautés nationales – Polonais, Juifs, Russes et Allemands –, il voulait ainsi favoriser la communication et l'acceptation mutuelle. Il publia le premier manuel de l'espéranto en 1887 et renonça à ses droits d'auteur, considérant que cette nouvelle langue devait appartenir à toute l'humanité. Même s'il ne s'est pas généralisé, l'espéranto bénéficie d'une certaine popularité dans plusieurs pays de l'Est.

LE POLONAIS POUR LES NULS

Voici quelque chose de difficile à prononcer (même pour les Polonais !) : Chrząszcz brzmi w trzcinie w Szczebrzeszynie i Szczebrzeszyn z tego słynie ; *ce qui veut dire : « Un coléoptère susurre dans les roseaux de la ville de Szcz..., et Szcz... est devenue connue pour cela », c'est-à-dire pas grand-chose.*

Formules de politesse et expressions usuelles

Oui	*tak*
Non	*nie*
Merci	*dziękuję* (prononcer « djénkouyé »)
De rien, je vous en prie	*proszę bardzo* (« proché bardzo »)
Bonjour	*dzień dobry* (« dj'én dobré »)
Salut	*cześć* (« tchèchtch »)
Au revoir	*do widzenia*
Ciao	*pa*
Bonsoir	*dobry wieczór*
Bonne nuit	*dobranoc* (« dobranot's »)
Pardon, excusez-moi	*przepraszam* (« prépracham »)
S'il vous plaît, je vous en prie	*proszę bardzo*
Bon appétit	*smacznego*
Pourriez-vous répéter ? (interlocuteur féminin/masculin)	*czy może pani/pan powtórzyć ?* (« tché mojé pani/pan' pofv' tou jétch »)
Pourriez-vous épeler ? (interlocuteur féminin/masculin)	*czy może pani/pan przeliterować ?* (« tché mojé pani/pan' pchelitérovatch »)
Je ne comprends pas	*nie rozumiem* (« nié roziou mièm »)
Quoi ? pardon ? comment ?	*co ? przepraszam ? jak ?*

Vous pouvez répéter ? (interlocuteur féminin/masculin)	*może pan/pani powtórzyć ?*
Vous pouvez faire vite car on est pressés	*proszę szybko, śpieszy się nam*
Faites vite, je n'ai pas beaucoup d'argent	*proszę szybko bo nie mam dużo pieniędzy*
Je suis français	*jestem Francuzem*
Je suis française	*jestem Francuzką*
Je ne parle pas le polonais	*nie mówię po polsku* (« nié mouviein po polsku »)
Ça suffit !	*dosyć tego !*
On danse ?	*zatańczymy ?*
D'accord	*dobrze, zgoda*
Pas ce soir	*nie dzisiaj wieczorem*
Combien ?	*ile ?*
Cher	*drogo*
Il n'y a pas	*nie ma*

Pour se repérer

À droite	*w prawo*
À gauche	*w lewo*
Tout droit	*prosto*
Où se trouve ?	*gdzie się znajduje ?*
Loin	*daleko*
Près	*blisko*
À côté	*obok*
Entrée	*wejście*
Sortie	*wyjście*

Se repérer dans le temps

Quand	*kiedy*
À quelle heure ?	*o której godzinie ?*
Jour	*dzień*
Semaine	*tydzień*
Mois	*miesiąc*
Aujourd'hui	*dzisiaj*
Demain	*jutro*
Hier	*wczoraj*
Moment	*momentcik, chwileczkę*
Matin	*rano*
Midi	*południe*
Soir	*wieczór*
Nuit	*noc*
Lundi	*poniedziałek*
Mardi	*wtorek*
Mercredi	*środa*
Jeudi	*czwartek*
Vendredi	*piątek*
Samedi	*sobota*
Dimanche	*niedziela*

Chiffres

1	*jeden*	20	*dwadzieścia*
2	*dwa*	30	*trzydzieści*
3	*trzy*	40	*czterdzieści*
4	*cztery*	50	*pięćdziesiątści*

5	*pięć*	60	*sześćdziesiąt*
6	*sześć*	70	*siedemdziesiąt*
7	*siedem*	80	*osiemdziesiąt*
8	*osiem*	90	*dziewiećdziesiąt*
9	*dziewięć*	100	*sto*
10	*dziesięć*	1 000	*tysiąc*

En voyage

Bonjour, j'ai besoin d'une chambre pour deux personnes	*dzień dobry, proszę o poókój dwuoso bowy* (« djén dobré, poproché o pokouille dvou-osobové »)
Hôtel	*hotel*
Chambre	*pokój*
Numéro	*numer*
Clé	*klucz*
Douche	*prysznic*
Salle de bains	*łazienka*
W-C hommes	*toaleta męska*
W-C femmes	*toaleta damska*
Quel est le prix ? avec ou sans petit déj ?	*jaka jest cena ? ze śniadaniem i lub bez ?*
On peut s'accorder sur les prix ?	*możemy porozmawiać o cenie ?*
Si je reste plus longtemps ?	*jeśli zostanę dłużej ?*
Bah, disons une semaine...	*no, powiedzmy tydzień...*
Rue	*ulica*
Château	*zamek*
Place du marché	*Rynek*
Hôtel de ville	*ratusz*
Vieille ville	*stare miasto*
Église	*kościół*
Pharmacie	*apteka*
Hôpital	*szpital*
Librairie	*księgarnia*
Magasin	*sklep*
Boîte de nuit	*klub nocny*
Gare (train)	*dworzec kolejowy*
Aéroport	*lotnisko*
Avion	*samolot*
Vol	*lot*
Bateau	*statek*
Voiture	*samochód*
Train	*pociąg*
Bus	*autobus*
Arrivée (bus, train) / arrivée (avion)	*przyjazd / przylot*
Départ (bus, train) / départ (avion)	*odjazd / odlot*
Bicyclette	*rower*
Poste	*poczta*
Timbre	*znaczek*
Garage	*warsztat samochodowy*
Essence	*benzyna*
Fin	*koniec*
Déviation	*objazd*
Caisse, guichet	*kasa / okienko*
Ouvert	*otwarte, czynne*
Fermé	*zamknięte, nieczynne*
Billet, ticket	*bilet*

Au restaurant

Eau	*woda*
Vin	*wino*
Bière	*piwo*
Café	*kawa*
Thé	*herbata*
Lait	*mleko*
Pain	*chleb*
Sel	*sól*
Poivre	*pieprz*
Sucre	*cukier*
Chou	*kapusta*
Bon	*dobre*
Mauvais	*niedobre*
Addition	*rachunek*
Faut-il réserver ?	*potrzebna jest rezerwacja ?*
Avez-vous un plat du jour ?	*czy jest danie dnia ?*
Je ne mange pas de porc/de viande	*nie jadam wieprzowiny/mięsa*
Vous êtes ouvert midi et soir ?	*czy lokal jest otwarty rano w południe i wieczorem ?*
Quel est le jour de fermeture ?	*w który dzień jest zamknięte ?*
Où sont les toilettes ?	*gdzie jest toaleta ?*

À la gare

Bus	*autobus* (facile, non ? « a-ou-tobousse »)
Train express	*pociąg ekspresowy* (« potchiang éksspréssové »)
Train rapide	*pociąg pośpieszny* (« potchiang éks pochpiechné »)
Ticket de seconde classe	*bilet drugiej klasy* (« bilèt droughyèi classé »)
Billetterie	*Kasa biletowa*
Je voudrais un billet pour...	*poproszę bilet do...* (« poproché bilette do... »)
À quelle heure le train pour... part-il ?	*o której odjeżdża pociąg do... ?* (« o k'touré-y odiejdja potchiang do... ? »)

Lèche-vitrines

Blanc	*biały* (« biawé »)
Noir	*czarny* (« tcharné »)
Bleu	*niebieski* (« niébièsqui »)
Vert	*zielony*
Orange	*pomarańnczowy* (« pomarantchové »)
Rouge	*czerwony* (« chervoni »)
Magasin	*sklep*
Je voudrais (quelque chose)...	*poproszę o...* (« poproché o... »)
Merci de me l'emballer	*proszę zapakować* (« proché zapakovatch ? »)
Combien ça coûte ?	*ile to kosztuje ?* (« ilé tô kochtouyé ? »)

LIVRES DE ROUTE

– ***Ferdydurke*** (1995), de Witold Gombrowicz (Gallimard, coll. « Folio » n° 3117). En Pologne entre les deux guerres, Witold Gombrowicz, jeune homme mourant dans un pays vieilli, va renaître homme mûr dans un pays jeune. L'écrivain apprendra l'invasion de son pays sur un paquebot en route vers l'Argentine. Il restera 23 ans dans ce pays.

– ***Au nom de tous les miens*** (1971), de Martin Gray, propos recueillis par Max Gallo (Pocket n° 4227 et Pocket Jeunesse n° 319). Récit autobiographique qui débute dans le ghetto de Varsovie, avec les humiliations journalières des nazis envers les juifs ; puis la déportation au camp de Treblinka, l'évasion et... on ne vous en dit pas plus, empressez-vous de lire ce best-seller très sensible, porté à l'écran. Il tatouera votre mémoire.
– ***Le Magicien de Lublin*** (2007), d'Isaac Bashevis Singer (Stock, coll. « La Cosmopolite »). L'univers des juifs polonais dans une Pologne ancestrale : le plus beau roman du prix Nobel de littérature 1978.
– ***L'Amant de la Grande Ourse*** (1992), de Sergiusz Piasecki (Les Éditions Noir sur Blanc). Une aventure de contrebande, proche d'un polar, à l'époque de la Pologne communiste.
– ***Les Disparus*** (2009), de Daniel et Matt Mendelsohn (J'ai Lu n° 8861). Prix Médicis étranger 2007. Sur fond d'histoire de l'entre-deux-guerres, la vaste saga d'une famille juive d'origine polonaise, née de la découverte, par le narrateur, de lettres reçues par son grand-père d'un frère qui voulait fuir un pays où sa liberté était menacée par la montée du nazisme.
– ***La mort est mon métier*** (1976), de Robert Merle (Gallimard, coll. « Folio » n° 789). La biographie romancée de Rudolf Höss, le commandant du camp d'extermination d'Auschwitz, personnage effrayant par son obéissance aveugle aux ordres et son absence de conscience morale. Indispensable avant la visite d'Auschwitz.
– ***Les Orpailleurs*** (1998), de Thierry Jonquet (Gallimard, coll. « Folio Policier » n° 2). Une pute allume, c'est son boulot. Un tueur peaufine, c'est son travers. Quand l'une et l'autre se rencontrent, l'issue est forcément fatale. La pute ne sera pas la dernière et, comme elle, les autres victimes auront la main tranchée. Mais pour quelle raison ? C'est ce qu'une juge dynamique et des policiers remontés vont chercher à savoir. D'institut médico-légal en squats parisiens, des trafics de barbaque aux églises papophiles, la maréchaussée remonte la filière jusque dans les environs d'Auschwitz et de Birkenau. Un polar bien ficelé dans lequel Thierry Jonquet tisse le roman d'une histoire d'amour (é)perdue.
– ***Jan Karski*** (2009), de Yannick Haenel (Gallimard, coll. « Folio » n° 5178). Prix Interallié 2009. L'histoire vraie d'un agent de liaison de la résistance polonaise, chargé par les juifs du ghetto de Varsovie de mettre les nations libres au courant du génocide. Le messager ne fut pas écouté, même pas par Roosevelt. Jan Karski confia le témoignage de son terrible échec à Claude Lanzmann dans le film *Shoah*.
– ***La Gloire et la Renommée*** (1999), de Jarosław Iwaszkiewicz (Les Éditions Noir sur Blanc). En 2 volumes. Le tome I fait déjà 600 pages, pour vous dire qu'on vous propose une grande fresque. L'auteur décédé, sa saga historique est traduite en 1999. Une histoire qui commence au début du XXe s et qui visite les capitales européennes, leurs modes et leurs tendances.
– ***Le Livre noir du communisme*** (2009), ouvrage collectif, (Pocket n° 325, coll. « Agora »). Même si l'ouvrage a soulevé des polémiques à sa sortie en 1997 (toute dictature compte malheureusement ses nostalgiques !), il décrit comment une idéologie égalitaire née d'un idéal de justice et de fraternité au XIXe s a pu au siècle suivant engendrer l'une des plus effroyables organisations totalitaires, une machine à broyer les individus et les consciences. De Lénine à Staline, de Mao à Ho Chi Minh, de Pol Pot à Castro, cette somme de plus de 1 100 pages dresse l'inventaire abondamment chiffré des massacres, des persécutions, des famines et déportations organisées au nom d'une raison d'État préconisant la suprématie d'une classe sociale sur les autres.

POSTE

Le plus souvent, les bureaux de poste sont ouverts la journée en semaine et le matin du samedi, voire 24h/24 dans les bureaux centraux des grandes villes.

Un timbre pour une carte postale ou une lettre simple à destination de l'étranger (tous pays confondus) coûte 5 Zl (1,25 €).

SANTÉ

Carte européenne d'assurance maladie

Pour un séjour en Pologne, pensez à vous la procurer. Elle permet de bénéficier de la prise en charge des soins médicalement nécessaires par les services publics. Pour l'obtenir, contactez votre centre de Sécurité sociale, qui vous l'enverra sous 15 jours. Votre carte plastifiée bleue est valable 2 ans, gratuite et personnelle (chaque membre de la famille doit avoir la sienne). Elle fonctionne dans tous les pays membres de l'Union européenne.

Faux médicaments

La contrefaçon de médicaments touche tous les pays et toutes les classes thérapeutiques. Un faux médicament est au mieux inefficace et au pire mortel. Mais, parce qu'il ne soigne jamais convenablement et qu'il est fabriqué dans la clandestinité sans aucun contrôle sanitaire, le faux médicament est toujours dangereux. L'IRACM, l'Institut international de recherche anti-contrefaçon de médicaments, vous donne des conseils pratiques et les précautions à suivre en prévision de votre séjour, durant les formalités d'embarquement, pendant le vol, une fois à destination et, enfin, si vous êtes contraints d'acheter des médicaments sur place. Pour plus d'informations, rendez-vous sur le site • *iracm.com* •

Avant votre voyage

- Prenez suffisamment de médicaments pour toute la durée de votre séjour.
- Voyagez avec votre ordonnance rédigée en « Dénomination commune internationale » (DCI).

Lors des formalités d'embarquement et pendant le vol

- Conservez au moins une partie de vos médicaments en cabine (utile en cas de perte ou de retard de votre valise).
- Gardez vos médicaments dans leurs emballages d'origine.

En cas d'achat de médicament à l'étranger

- Pas de médicaments sans consultation.
- Soyez vigilant face aux contrefaçons.
- N'achetez vos médicaments qu'auprès de revendeurs officiels (pharmacies).
- En cas de doute, appelez votre ambassade pour obtenir la liste des pharmacies officielles.
- Vérifiez attentivement vos médicaments et leur conditionnement.
- Attention aux effets indésirables inhabituels. Consultez un médecin dans les plus brefs délais et apportez-lui les médicaments suspects.

Source : l'IRACM. L'Institut international de recherche anti-contrefaçon de médicaments est une association internationale indépendante à but non lucratif dont la mission principale est de promouvoir et de développer la lutte contre le trafic de faux médicaments à travers le monde.

■ ***Catalogue Santé Voyages :*** les produits et matériels utiles aux voyageurs, assez difficiles à trouver, peuvent être achetés par correspondance sur le site • *sante-voyages.com* • Infos complètes toutes destinations, boutique web, paiement sécurisé, expéditions Colissimo Expert ou Chronopost. ☎ *01-45-86-41-91 (lun-ven 14h-19h).*

SITES INTERNET

- ***routard.com*** • Le site de voyage n° 1 avec 750 000 membres et des millions d'internautes chaque mois. Partagez vos expériences avec la communauté de voyageurs : forums de discussions, avis, bons plans et photos. Pour s'inspirer et s'organiser, plus de 250 fiches pays actualisées avec les infos pratiques, les incontournables et les dernières actualités, ainsi que des reportages terrains et des carnets de voyage. Enfin, vous trouverez tout pour vos vols, hébergements, activités et voitures pour réserver votre voyage au meilleur prix. Routard.com, votre voyage de A à Z !
- ***poland.pl*** • Site officiel du pays en anglais ; infos générales.
- ***pologne.travel/fr*** • Site de l'office de tourisme polonais, très complet.
- ***polskanova.com*** • Un site bien fait, consacré à la Pologne contemporaine (actualités, tourisme, culture, etc.).
- ***inyourpocket.com/poland*** • Un excellent site en anglais présentant des villes polonaises sous forme de *cityguide,* plein d'adresses et d'infos utiles pour préparer votre voyage.
- ***beskid.com*** • « Le premier magazine francophone consacré à la Pologne », annonce la page d'accueil. Une foule d'infos : généalogie, culture, reportages, recettes de cuisine, etc.

TÉLÉPHONE – TÉLÉCOMMUNICATIONS

Internet

Aucune difficulté pour rester connecté sur la Toile. On trouve des réseaux wifi gratuits dans la grande majorité des hébergements et des bars du pays, ainsi que dans les offices de tourisme (qui proposent souvent un ordinateur en accès libre). Des *hotspots* ont par ailleurs été mis en place dans la plupart des villes, accessibles dans l'hyper-centre et sur certains sites touristiques. En revanche, les cafés internet tendent à se raréfier : nous indiquons dans les rubriques « Infos utiles » de chaque ville quelques survivants de cette mode un peu (dé)passée.

Téléphone

Il est désormais difficile, voire impossible, de trouver des cabines à cartes. Le portable s'impose partout.

- ***France → Pologne :*** composez le 00 + 48 + le numéro de votre correspondant.
- ***Pologne → France :*** composez le 00 + 33 + le numéro de votre correspondant, sans le 0 initial. Idem pour les portables.
- ***Pologne → Pologne :*** dans tous les cas de figure, il faut composer l'intégralité du numéro, code régional inclus. À l'exception des numéros spéciaux (taxis, urgences, etc.) ; les numéros de téléphones (fixes ou portables) ont 9 chiffres.

Le téléphone portable en voyage

On peut utiliser son propre téléphone portable en Pologne avec l'option « Europe ».

- ***Activez l'option « international » :*** pour les abonnés récents, elle est en général activée par défaut. En revanche, si vous avez souscrit à un contrat depuis plusieurs années, pensez à contacter votre opérateur pour souscrire à l'option (gratuite). Attention toutefois à le faire au moins 48h avant le départ.
- ***Le « roaming » :*** c'est un système d'accords internationaux entre opérateurs. Concrètement, cela signifie que lorsque vous arrivez dans un pays, au bout de quelques minutes, le nouveau réseau s'affiche automatiquement sur l'écran de votre téléphone.

– Vous recevez rapidement un SMS de votre opérateur qui propose un ***pack voyageurs*** plus ou moins avantageux, incluant un forfait limité de consommations téléphoniques et de connexion internet. À vous de voir...
– ***Tarifs :*** ils sont propres à chaque opérateur et varient en fonction des pays (le globe est découpé en plusieurs zones tarifaires). N'oubliez pas qu'à l'international vous êtes facturé aussi bien pour les appels sortants que pour les appels entrants. Ne papotez donc pas des heures en imaginant que c'est votre interlocuteur qui paiera !
– ***Internet mobile :*** utilisez le wifi à l'étranger et non les réseaux 3G ou 4G. Sinon, on peut faire exploser les compteurs, avec au retour de voyage des factures de plusieurs centaines d'euros ! Le plus sage consiste à ***désactiver la connexion*** « données à l'étranger » (dans « Réseau cellulaire »). Il faut également penser à ***supprimer la mise à jour automatique de votre messagerie,*** qui consomme elle aussi des octets sans vous avertir (option « Push mail »). Optez pour le mode manuel. Cependant, des opérateurs incluent de plus en plus de *roaming data* (donc de connexion internet depuis l'étranger) dans leurs forfaits avec des formules parfois spécialement adaptées à l'Europe. Bien vérifier le coût de la connexion auprès de son opérateur avant de partir. Noter que l'Union européenne impose aux opérateurs un coût maximum de 0,20 €/Mo (HT) jusqu'en 2017, ce qui permet de surfer plus sereinement et à prix réduits.

Bons plans pour utiliser son téléphone portable à l'étranger

– ***Acheter une carte SIM/puce sur place :*** c'est une option très avantageuse pour certaines destinations. Il suffit d'acheter à l'arrivée une carte SIM d'un des opérateurs locaux dans une boutique de téléphonie mobile. Pour une somme modique (à partir de 5 Zl environ, soit 1,25 €), vous obtiendrez ainsi un numéro de téléphone local et un petit crédit de communication. Avant d'acheter cette carte SIM/puce, essayez-la, si possible, dans votre téléphone – préalablement débloqué – afin de vérifier si celui-ci est compatible. Ensuite, les recharges s'achètent facilement dans ces mêmes boutiques, ou en supermarché, stations-service, tabacs-journaux, etc., pour quelques złotys. C'est toujours plus pratique pour trouver son chemin vers un *B & B* paumé, réserver un hôtel, un resto ou une visite guidée, et bien moins cher que si vous appeliez avec votre carte SIM personnelle. Attention toutefois, en Pologne certains opérateurs limitent la durée de validité du crédit, ainsi que l'accessibilité de votre numéro pour les appels entrants (!)
– ***Se connecter sur les réseaux wifi*** est le meilleur moyen de se connecter au Web gratuitement ou à moindre coût (voir la rubrique « Internet » plus haut).
– Une fois connecté grâce au wifi, à vous les joies de la ***téléphonie par Internet*** ! Le logiciel ***Skype,*** le plus répandu, vous permet d'appeler vos correspondants gratuitement s'ils sont eux aussi connectés, ou à coût très réduit si vous voulez les joindre sur leur téléphone. Autre application qui connaît un succès grandissant, ***Viber*** permet d'appeler et d'envoyer des SMS, des photos et des vidéos aux quatre coins de la planète, sans frais. Il suffit de télécharger – gratuitement – l'appli sur son smartphone, celle-ci se synchronise avec votre liste de contacts et détecte automatiquement ceux qui ont *Viber.* Même principe, ***Whatsapp Messenger*** est une messagerie pour smartphones qui permet de recevoir ou d'envoyer des messages photos, notes vocales et vidéos. La 1re année d'utilisation est gratuite.
En cas de perte ou de vol, se reporter à la rubrique « Urgences » en fin de chapitre.

TRANSPORTS

L'avion

Les lignes intérieures sont desservies par le *low-cost Ryanair* (Varsovie, Cracovie, Gdańsk, Szczecin et Wrocław) et, plus encore, par la *LOT,* qui dessert aussi Poznań, Katowice et Rzeszów avec a minima un vol aller-retour quotidien. Le détail des liaisons est précisé dans la rubrique « Arriver – Quitter » de chaque ville. • *lot.com* • *ryanair.com* •

La voiture

• Pour la carte des distances par la route, se reporter à la table des matières.

Le réseau routier polonais s'est beaucoup amélioré depuis quelques années. La réglementation européenne a énoncé des normes strictes. Le pays s'est doté de plusieurs grandes autoroutes sur un axe ouest-est (Allemagne-Pologne-Ukraine) – et continue d'en construire d'autres, notamment celle menant aux Pays baltes. Bref, achetez une carte bien à jour avant le départ (Michelin édite quatre bonnes cartes régionales de Pologne au 1/300 000). Le reste du réseau est d'une qualité très correcte, avec toutefois des zones où les pistes (en général bonnes) prennent le relais du goudron, comme dans l'est de la Podlachie (région de Białowieża). Évidemment, dans ces secteurs, ça se corse dès qu'il pleut. Sur les vieilles routes très empruntées, des rails se sont parfois formés du fait de la circulation des poids lourds (panneaux « *Kolej* »).

– ***Vitesse autorisée :*** elle est de 130 km/h sur autoroute, 100- 110 km/h sur les voies plus ou moins rapides et 90 km/h ailleurs ; certains tronçons périurbains sont limités à 70 km/h, mais dans les villes, c'est généralement 50 km/h. ATTENTION : les radars sont fréquents, surtout à la sortie des villes et les flashs se sont multipliés comme des petits pains. Le « téléphone routier » (les appels de phares) fonctionne cependant très bien. Les PV se paient par la poste. Se méfier des policiers qui demandent de régler sur place ; bien leur demander de signer un reçu.

– ***Alcool :*** dans les faits, IL EST INTERDIT DE BOIRE UNE QUELCONQUE BOISSON ALCOOLISÉE (BIÈRE COMPRISE) ET DE CONDUIRE ENSUITE, puisque ***le taux d'alcool maximal a été fixé à 0,2 g/l.*** Au-delà de 0,5 g/l, le véhicule est saisi, et la garde à vue n'est pas exceptionnelle. Les contrôles à grand renfort d'alcootests interviennent de jour comme de nuit. Conclusion : si vous arrosez un peu la soirée, un retour en taxi (plutôt bon marché, qui plus est) s'avérera judicieux.

– ***Feux de route :*** obligatoires de jour comme de nuit d'octobre à février. Amende de 150 Zl (environ 38 €) si vous ne les allumez pas.

– ***Assistance :*** en cas de panne ou d'accident, vous pouvez faire appel au service d'assistance routière de la Fédération polonaise de l'automobile (*PZMot ;* ☎ *9637 (24h/24),* • *pzm.pl* •). Pour bénéficier de ses services à un tarif modéré, vous pouvez devenir membre pour l'année pour la modique somme de 78 Zl (environ 20 €), qui vous garantira une assistance gratuite dans toute la Pologne dans un délai dépassant rarement 60 mn. Il existe également nombre de compagnies privées rapides et efficaces.

– ***Conduite :*** dans l'ensemble, les Polonais ont une conduite plutôt posée et respectueuse. Il arrive encore (désormais très rarement) que les véhicules très lents roulent à cheval sur la bande d'arrêt d'urgence pour faciliter le dépassement. Et lorsque les plus pressés ont décidé de doubler, ça se fait parfois dans des conditions assez sportives, tendance dangereuses. Attention aussi aux passages à niveau (dépourvus de barrières, vérifiez que la voie est libre) et, en ville, aux croisements de tramways (ils ont la priorité sur les voitures d'où qu'elles viennent). À noter qu'utiliser son portable au volant est interdit (sauf avec un kit mains libres).

– ***Carburant :*** la Pologne dispose d'un réseau dense de postes d'essence, dont beaucoup sont ouverts 24h/24. Le gaz liquéfié est bien distribué (stations signalées par LPG-GAZ ou Auto-Gaz).

– ***Location :*** les grands loueurs internationaux sont présents dans les grandes villes et aéroports. Le permis de conduire national suffit.

Principales distances par la route (en kilomètres)

Distances en km	CZĘSTOCHOWA	GDAŃSK	KRAKÓW	ŁÓDŹ	POZNAŃ	TORUŃ	WARSZAWA	WROCŁAW	ZAKOPANE	LUBLIN	MALBORK	AUGUSTÓW	GIŻYCKO
CZĘSTOCHOWA		450	116	125	288	273	217	169	214	296	428	490	497
GDAŃSK	450		573	332	303	177	343	442	670	525	68	365	313
KRAKÓW	116	573		241	389	396	294	258	104	275	569	555	564
ŁÓDŹ	125	332	241		201	155	133	215	346	251	306	380	403
POZNAŃ	288	303	389	201		147	303	171	484	479	284	560	427
TORUŃ	273	177	396	155	147		211	280	500	375	153	370	280
WARSZAWA	217	343	294	133	303	211		348	398	167	341	260	270
WROCŁAW	169	442	258	215	171	280	348		330	432	441	630	618
ZAKOPANE	214	670	104	346	484	500	398	330		376	666	727	668
LUBLIN	296	525	275	251	479	375	167	432	376		505	345	392
MALBORK	428	68	569	306	284	153	341	441	666	505		335	245
AUGUSTÓW	490	365	555	380	560	370	260	630	727	345	335		110
GIŻYCKO	497	313	564	403	427	280	270	618	668	392	245	110	

■ ***BSP Auto :*** ☎ *01-43-46-20-74 (tlj).* • *bsp-auto.com* • Les prix proposés sont attractifs et comprennent le kilométrage illimité et les assurances. *BSP Auto* propose exclusivement les grandes compagnies de location sur place, assurant un très bon niveau de service. Les plus : vous ne payez votre location que 5 jours avant le départ. Remise spéciale de 5 % aux lecteurs de ce guide avec le code « ROUTARD17 ».

■ ***Avis :*** ☎ *0801-120-010 ou 22-572-65-65.* • *avis.pl* •

■ ***Hertz :*** ☎ *0800-143-789 ou 022-500-16-20.* • *hertz.pl* •

■ ***Europcar :*** ☎ *0801-002-444 ou 22-255-56-00.* • *europcar.com.pl* •

■ ***Budget :*** ☎ *22-650-40-62.* • *budget.pl* •

– ***Stationnement :*** la police municipale *(Straż Miejska)* veille et n'hésite pas, en cas de mauvais stationnement, à appeler la fourrière ou à bloquer la voiture incriminée avec cet horrible sabot jaune fixé sur l'une des roues ! Si votre véhicule mal garé a disparu, appelez le ☎ *986* pour essayer de le localiser... Les amendes oscillent entre 20 et 500 Zl (environ 5-125 €) selon le type d'infraction et l'humeur de l'agent... à payer dans les 7 jours. Ne tardez pas, après ça grimpe vite ! Si un agent vous demande de régler cash sur-le-champ, ne vous étonnez pas : c'est une procédure normale pour les véhicules étrangers ; exigez toutefois un reçu.

– ***Risques de vol :*** si vous avez un véhicule haut de gamme, il est préférable de le laisser dans un parking gardé *(parking strzeżony),* surtout de nuit, car les plaques d'immatriculation étrangères sont tout de suite repérées... Le risque de vol existe et les chances de retrouver la voiture sont presque inexistantes.

Le train

Le réseau ferroviaire polonais est très développé, en bon état et se modernise rapidement, avec notamment l'introduction de trains pendulaires à grande vitesse. D'année en année, les durées de trajet diminuent entre les grandes villes, sans que les tarifs n'explosent. Le train est un mode de transport très abordable : jusqu'à 2-3 fois moins cher que le bus sur certaines liaisons ! Cela étant, les trajets en omnibus sont généralement plus lents que par le bus... Autre bémol : la ponctualité n'est pas toujours de mise, prévoyez donc large en cas de changement(s).

Avant de monter dans le train, montrez votre ticket à quelqu'un pour être sûr (les annonces de changement de quais sont rarement compréhensibles). Attention aussi d'être dans le bon wagon : les trains se scindent parfois en deux ou trois au cours du trajet.

Tous les horaires sont consultables, en anglais, sur les sites internet • *rozklad-pkp.pl* • et • *portalpasazera.pl* • Les billets peuvent être achetés en ligne sur • *intercity.pl* •, un site lui aussi avec version anglophone, où tout est détaillé : type de train, temps de trajet, tarifs et connexions éventuelles. Mieux encore, pour comparer les temps de voyage et coûts entre les différents moyens de transport, entrez votre itinéraire sur • *e-podroznik.pl* • Seul inconvénient : tous ces sites exigent de connaître le nom exact de la gare en polonais, sachant que celles de banlieue sont aussi incluses dans les moteurs de recherche... Sachez à ce propos que gare « principale » se dit *główny* et quai se dit *peron*.

Le covoiturage

Comme partout dans le monde, le stop tend à s'étioler en Pologne, remplacé par des formes plus modernes comme le covoiturage. Des services Internet spécialisés mettent en contact chauffeur et passager(s) allant vers la même destination (voir • *blablacar.pl* •).

Le bus

Les bus vont partout, ou presque. ***Recommandés pour les petits et moyens trajets, car plus rapides que le train,*** ils sont néanmoins plus chers que lui et moins confortables sur les longues distances. Ces dernières sont assurées par différentes sociétés régionales de transports publics *(PKS),* largement concurrencées par de nombreuses entreprises privées. Parmi les plus connues et présentes, citons *Polski bus* (• *polskibus.com* •), *Lux-Express Polska* (• *luxexpress.eu* •) et *OKBus* (• *okbus.pl* •). De nombreuses petites sociétés privées effectuent par ailleurs des trajets spécifiques en minibus, généralement au niveau régional.

- Les gares routières (ou arrêts) se trouvent généralement en centre-ville, parfois même à côté de la gare ferroviaire.
- Les billets s'achètent à la gare routière, sur Internet ou auprès du chauffeur (s'il reste encore des places disponibles).
- Le site • *en.e-podroznik.pl* • permet de comparer les horaires, fréquences et temps de trajet des trains et de la plupart des grandes compagnies de bus – avec option d'achat pour certains des services listés.
- On distingue trois catégories de bus : les ***ordinaires*** *(autobus zwykły),* très lents et parfois surchargés, qui desservent tous les arrêts ; les ***semi-rapides*** *(autobus przyśpieszony),* qui ne s'arrêtent pas partout ; et les ***rapides*** *(autobus pośpieszny),* plus confortables, qui circulent seulement entre les moyennes et grandes villes.

– Faites attention à tous les petits symboles qui accompagnent les horaires : ils indiquent souvent les jours où certains bus ne circulent pas *(nie kursuje),* généralement les jours fériés, parfois le week-end. Certains ne fonctionnent qu'en période estivale.
– ***Comment lire un billet de bus :*** *godz* signifie « horaire », *stanowisko* ou *peron* signifient « quai d'embarquement » et *kierunek* signifie « destination ». Comme pour les trains, ne confondez pas les départs *(odjazdy)* et les arrivées *(przyjazdy).*
– En ville même, bus et souvent tramways sont nombreux. La difficulté consiste à bien identifier les itinéraires, mais, généralement, ils figurent sur les plans de ville. Les billets s'achètent dans les kiosques à journaux, gares ou distributeurs.

Le taxi

Le taxi est un moyen très pratique et assez abordable pour se déplacer dans les grandes villes. Attention, la ceinture à l'arrière est obligatoire : on peut vous coller une amende en cas d'oubli ! Privilégiez les taxis qui stationnent à un arrêt désigné et évitez les taxis pirates qui traînent encore de-ci de-là aux aéroports et près des hôtels de luxe, qui proposent d'eux-mêmes leurs services : ils essaieront de profiter (pécuniairement) de votre méconnaissance de la ville et de la langue.

Le kayak

Non, ce n'est pas une blague ! Évidemment, on ne peut pas parcourir toute la Pologne avec ce moyen de transport, mais on peut faire de superbes balades de plusieurs semaines sans jamais revenir au même endroit. Au nord de la Pologne, trois régions (Pojezierze Pomorskie à l'ouest, Mazurie et Pojezierze Suwalskie à l'est) sont parsemées de centaines de lacs, reliés par des petites rivières et des canaux qu'on peut descendre aisément en kayak. Des guides spécialisés décrivent les trajets les plus spectaculaires et les mieux aménagés. Sortez les pagaies !

URGENCES

Urgences médicales

– ***Urgences :*** *☎ 112.*

Perte/vol de votre carte de paiement

En cas de perte, de vol ou de fraude, quelle que soit la carte que vous possédez, chaque banque gère elle-même le processus d'opposition et le numéro de téléphone correspondant.

– ***Carte Bleue Visa :*** *numéro d'urgence (Europ Assistance) : ☎ (00-33) 1-41-85-85-85 (24h/24). • visa.fr •*
– ***Carte MasterCard :*** *numéro d'urgence : ☎ (00-33) 1-45-16-65-65. • mastercardfrance.com •*
– ***Carte American Express :*** *numéro d'urgence : ☎ (00-33) 1-47-77-72-00. • americanexpress.fr •*

Perte/vol de votre téléphone portable

Suspendre aussitôt sa ligne permet d'éviter de douloureuses surprises au retour du voyage ! Voici les numéros des quatre opérateurs français, accessibles depuis la France et l'étranger :

– ***SFR :*** *depuis la France : ☎ 1023 ; depuis l'étranger : 📱 + 33-6-1000-1023.*
– ***Bouygues Télécom :*** *depuis la France comme depuis l'étranger : ☎ + 33-800-29-1000.*

- **Orange :** *depuis la France comme depuis l'étranger :* ☐ *+ 33-6-07-62-64-64.*
- **Free :** *depuis la France :* ☎ *3244 ; depuis l'étranger :* ☎ *+ 33-1-78-56-95-60.*

Vous pouvez aussi demander la suspension de votre ligne depuis le site internet de votre opérateur.
Avant de partir, notez (ailleurs que dans votre téléphone portable !) votre numéro IMEI utile pour bloquer à distance l'accès à votre téléphone en cas de perte ou de vol. Comment avoir ce numéro ? Il suffit de taper sur votre clavier *#06# puis reportez-vous au site ● *mobilevole-mobilebloque.fr* ●

Assistance aux touristes

En cas de difficultés ou problèmes de sécurité sur place, on peut appeler le ☎ *22-278-77-77* ou le ☐ *608-599-999.* Ces numéros permettent de trouver un interlocuteur (en anglais, allemand, polonais ou russe). *La ligne fonctionne tlj (sf j. fériés) mai-oct 8h-18h (22h juin-sept).*

VARSOVIE ET SES ENVIRONS

WARSZAWA (VARSOVIE)

1 745 000 hab. (3,1 millions avec la banlieue)

• Plan général *p. 70-71* • Centre (plan I) *p. 74-75* • Vieille ville (plan II) *p. 77*

Autour du palais de la Culture et de la Science, emblème grandiloquent du réalisme socialiste, les tours de verre et d'acier jaillissent comme les nouveaux porte-drapeaux du libéralisme. De grands panneaux publicitaires colorent les austères façades de jadis. Le siège de l'ancien Parti communiste polonais abrite aujourd'hui la Bourse de Varsovie. L'abondance est partout, et les Varsoviens sont heureux, souriants et festifs... Aucun doute : la mutation entreprise après l'explosion du bloc de l'Est, à la fin des années 1980, est bien achevée.

Métropole de près de 3 millions d'habitants, Varsovie est le plus grand centre économique d'Europe centrale. La visiter aujourd'hui, c'est participer à des retrouvailles avec celle que les tourments de l'Histoire faillirent plusieurs fois réduire à néant – jusqu'à son quasi-anéantissement en 1944. La vieille ville, patiemment rebâtie durant quatre décennies sur son modèle ancien, a retrouvé tout son lustre de théâtre d'opérette et déborde à nouveau de vie. Certes, Varsovie n'est ni Prague ni Cracovie : les vestiges staliniens et les nouveaux élans de l'architecture contemporaine peuvent se faire un peu envahissants aux marges du cœur historique... mais on sent vibrer ici un vrai dynamisme, une énergie réelle : celle de la Pologne heureuse d'avoir recouvré sa liberté et son identité.

UN PEU D'HISTOIRE

C'est au début du XIVe s, seulement, que Varsovie émerge, sous la houlette des ducs de Mazovie. Intégrée à la couronne polonaise en 1526, la ville voit sa population augmenter rapidement et son économie se diversifier grâce à sa situation avantageuse sur la Vistule. L'union du royaume de Pologne avec le grand-duché de Lituanie en un seul État, en 1569, apporte de l'eau à son moulin : à mi-chemin

de Cracovie et de Vilnius, Varsovie devient l'épicentre des événements importants et le siège de la Diète – qui concentre tous les pouvoirs législatifs depuis que le trône de Pologne est devenu électif.
Après l'incendie qui détruit partiellement le château royal de Cracovie, Varsovie est faite capitale officielle du pays en 1596. Le château est agrandi, les nobles érigent des palais et des hôtels. Le développement de la ville se poursuit malgré les incendies (1607) et les guerres qui ravagent épisodiquement la région (invasions suédoises en 1655-1658, puis Grande Guerre du Nord en 1700-1721). Jean III Sobieski se fait bâtir une résidence baroque à Wilanów à partir de 1677. Sous le règne de Stanislas Auguste Poniatowski, dernier roi de Pologne (1764-1795), la ville connaît la prospérité. Sa population quadruple pour atteindre 115 000 habitants en 1792. Le roi, grand amateur d'art, fait bâtir le palais Łazienki, une manufacture de porcelaine, un hôtel de la Monnaie... et fait aussi restaurer le château royal.

Au cœur du partage de la Pologne

Après les partages successifs de la Pologne, la ville se trouve sous domination russe. L'empire des tsars administre et contrôle tout. Varsovie ne cesse de se révolter : déjà, en 1794, la population, conduite par le cordonnier ***Jan Kiliński,*** chasse les troupes russes hors de la ville. Mais, quelques mois plus tard, l'armée du tsar revient en force. Les victoires de Napoléon lui rendent la liberté pour un court moment.
En novembre 1830, en pleine période romantique, particulièrement intense en Pologne, une nouvelle insurrection nationale éclate. Les combats durent plus d'un an, notamment dans les environs de Varsovie. La défaite polonaise inaugure une période de répression sans précédent et une grande vague d'émigration. C'est à Paris que trouvent refuge les insurgés de Varsovie, dont Frédéric Chopin et les poètes Mickiewicz et Słowacki.
L'ouverture de la voie ferrée vers Vienne en 1848, puis Saint-Pétersbourg en 1862, stimule l'activité commerciale et industrielle. Mais la relative prospérité matérielle ne peut ni contenter les âmes blessées ni compenser la russification à outrance. Une nouvelle génération se soulève en 1863. Les manifestations se multiplient, la plupart sur la place du Château, et sont toutes réprimées dans le sang. Une longue nuit s'abat sur Varsovie. Un deuil national est clandestinement proclamé. De longs mois durant, les femmes de Varsovie ne s'habillent qu'en noir, les bracelets en fil barbelé et les colliers en chaîne remplacent les bijoux traditionnels.
Il faut attendre la fin de la Première Guerre mondiale pour que l'aube de la liberté se lève. En 1918, Varsovie retrouve son rôle de capitale d'un pays à nouveau indépendant.

L'insurrection du ghetto

Le 1er septembre 1939, le jour même du déclenchement de la Seconde Guerre mondiale, Varsovie est bombardée par la Luftwaffe. Une semaine plus tard, les blindés nazis pilonnent la ville, qui capitule le 28. À nouveau occupée, pillée, meurtrie par la répression, la ville ne cède pas pour autant. Actions de sabotage, inscriptions sur les murs, enseignement, presse et spectacles de théâtre clandestins témoignent d'une intense résistance.
En octobre 1940, le ghetto juif est bouclé par les nazis qui y retiennent prisonniers près d'un demi-million de personnes sur 3 km^2. On y meurt de faim quotidiennement. Près de 300 000 résidents sont déportés à Treblinka en 1942, avant que l'écho de leur destination finale n'atteigne le ghetto. Les survivants, n'ayant plus rien à perdre, prennent les rares armes qu'ils ont pu trouver : l'insurrection dure 3 semaines, à partir du 19 avril 1943. Son chef, ***Mordechaj Anielewicz,*** se suicide le 8 mai 1943 pour ne pas être fait prisonnier, à l'âge de 24 ans. ***Marek Edelman*** (décédé en octobre 2009) s'enfuit par les égouts avec 40 survivants pour rejoindre la résistance polonaise. En représailles de l'insurrection, les Allemands exterminent au lance-flammes les survivants et procèdent à la destruction de la totalité des immeubles.

L'insurrection de Varsovie (août 1944)

En 1944, les nouvelles du front de l'Est et le débarquement des Alliés en Normandie font renaître l'espoir. Commandée par le gouvernement polonais en exil à Londres, l'armée nationale, la plus grande armée de résistance en Europe, décide de libérer la capitale avant l'arrivée des Soviétiques, afin de préserver la souveraineté de la Pologne. Le 1er août 1944, à 17h, les pistolets, souvent de fabrication artisanale, et les cocktails Molotov surgissent des sacs à main ou des vestes. Commence alors l'un des grands drames de la Seconde Guerre mondiale, tandis que l'Armée rouge s'immobilise sur la rive est de la Vistule et regarde de loin le massacre perpétré par les troupes allemandes...

Une ville anéantie par la guerre

Sans l'aide des armées de Staline, seule face à l'ennemi, l'insurrection préparée pour tenir une ou deux semaines survit 63 jours. Varsovie est en enfer. Après avoir déporté ses derniers habitants vers les camps de concentration, l'armée allemande entreprend une destruction systématique de la ville. Même les ruines encore debout sont dynamitées. Le 17 janvier 1945, quand l'Armée rouge entre enfin dans Varsovie, elle trouve des survivants hagards, émergeant des caves et des décombres. 84 % des maisons, 90 % de la vieille ville, 100 % du terrain de l'ancien ghetto ont été réduits à néant. Près de 180 000 civils sont morts. On comprend pourquoi Varsovie est membre de l'Association mondiale des villes martyres, aux côtés de Verdun, Ypres, Coventry, Hiroshima, Nagasaki, Dresde et Stalingrad.

LES NAZIS TUENT ET LE PETIT PÈRE DU PEUPLE DÉPEUPLE

En 1944, alors que, dans sa folie destructrice, Hitler planifie de rayer Varsovie de la carte, Staline fait le cynique calcul d'attendre la fin du massacre pour empêcher l'émergence d'une future opposition polonaise. Il refuse froidement à l'aviation britannique le droit d'atterrir sur la rive « soviétique » de la Vistule après le parachutage d'armes aux insurgés. L'ordre de « libérer » la capitale polonaise attendra 5 mois.

La renaissance

Au début de 1945, les Varsoviens survivants rentrent chez eux et découvrent un paysage apocalyptique. Les rues sont des cimetières et les édifices, déchiquetés, restent truffés de mines et de bombes qui n'ont pas explosé. Il faut tout rebâtir.
La vie reprend ses droits lentement, péniblement. Les habitants de retour vivent dans des conditions précaires. Parmi les premiers commerces à rouvrir : un marchand de fleurs. Beau symbole ! Mais la question est posée : pourquoi s'entêter à reconstruire une nouvelle fois la ville ? L'instinct de survie est le plus fort et, brique par brique, pierre par pierre, avec l'énergie de l'après-guerre et des moyens techniques et financiers limités, la ville ressuscite sous la houlette du grand frère russe. En 1946, Varsovie a retrouvé 250 000 habitants ; en 1955, ils sont déjà 1 million. La tâche est colossale mais, par chance, des photographies et des documents cachés pendant la guerre, et même un tableau du Vénitien Canaletto, aident les Polonais à reconstituer les places médiévales, les splendides demeures du XVIIe s et la façade du Grand Théâtre. La cathédrale gothique est reconstruite avec ses propres briques dégagées des décombres. Quant au château royal, débutés dans les années 1970, les travaux s'achèveront en 1984.

Une capitale de la mémoire

Remontons le temps : avec 45 ans de dictature communiste (1947-1989), 6 ans d'occupation nazie (1939-1945) et 123 ans de partage (1795-1918) entre les

grands empires (Prusse, Russie et Autriche-Hongrie), Varsovie a survécu à mille vicissitudes. Si la Pologne a longtemps été qualifiée de « Christ des Nations », Varsovie crucifiée en a certainement été la couronne d'épines.
Ville martyre des juifs polonais, pour qui le pays entier est un vaste cimetière, elle entretient leur mémoire à travers les maigres vestiges de l'ex-ghetto et Polin, le musée de l'Histoire des juifs de Pologne, à ne pas manquer.

FRÉDÉRIC CHOPIN À VARSOVIE

Né le 22 février 1810 dans le manoir du comte Skarbek, à Żelazowa Wola, à 56 km à l'ouest de Varsovie (voir « Dans les environs de Varsovie »), Frédéric Chopin est le fils d'un Lorrain, Nicolas Chopin, précepteur du jeune comte de son état, parti de France à l'âge de 16 ans peu avant la Révolution. Sa mère, Justyna Krzyzanowska, originaire de Mazovie, était la dame de compagnie de la comtesse. Précoce, Chopin se distingue dès l'âge de 7 ans, lorsqu'il compose sa première polonaise. Plus tard, son professeur au conservatoire de Varsovie, Josef Elsner, lui décerne la mention « Extraordinaires aptitudes. Génie musical... ». Dès lors, tous les grands artistes de son temps lui vouent une admiration croissante. Frédéric a 20 ans lorsqu'il part pour la France : la Pologne connaît alors une répression sévère suite à l'insurrection de 1830 contre l'occupant russe. Il y passera la seconde partie de sa courte vie, avant de s'y éteindre le 17 octobre 1849, à l'âge de 39 ans seulement...
Varsovie, où s'est déroulée l'adolescence de Chopin, n'a de cesse de valoriser les lieux qui ont vu naître et se parfaire son prodige ! Les ***églises des carmélites et des visitandines*** possèdent toujours les orgues que le virtuose faisait sonner avec force et brillance. C'est dans le ***palais Zamoyski*** que le fameux piano de Chopin fut défenestré par les cosaques en représailles à l'insurrection antitsariste de 1863. Le ***palais Ostrogski*** abrite, lui, un musée qui aborde les différentes facettes de la vie de l'artiste. Le « Salon Chopin », de la troisième demeure familiale, situé dans une aile du ***palais Czapski,*** est aujourd'hui le siège de l'Académie des beaux-arts. Et si le corps de Frédéric est enterré au cimetière du Père-Lachaise, son cœur repose selon sa volonté dans une urne, scellée dans un pilier de l'église ***Sainte-Croix de Varsovie,*** son église paroissiale.

Arriver à Varsovie

En avion

✈ ***Aéroport Frédéric-Chopin*** *(Lotnistko Chopina ; hors plan général par C8)* **:** *☎ 22-650-42-20. • chopin-airport.pl • À Okęcie, à 30 mn (env 8 km) au sud-ouest du centre.*

➢ ***Liaisons internationales :*** quotidiennes avec ***Paris, Bruxelles, Genève,*** etc.

➢ ***Liaisons nationales :*** avec ***Cracovie, Gdańsk, Poznań, Wrocław, Szczecin, Katowice,*** etc.

– Dans les halls d'arrivée, vous trouverez des ***distributeurs de billets*** et des ***bureaux de change*** *(tlj 6h-23h)* à utiliser avec modération car le taux est assez mauvais (encore pire au bureau ouvert 24h/24...). Également une ***consigne à bagages.***

ℹ ***Office de tourisme :*** *hall 2. Tlj : janv-avr, 8h-18h ; mai-juin, 8h-20h ; juil-déc, 9h-19h.* Accueil anglophone.

■ ***Boutique de presse :*** *hall 2. Tlj 7h-22h.* On y vend des cartes SIM pour les téléphones portables.

■ ***Location de voitures :*** les principaux loueurs internationaux sont tous là. ***Avis*** *(☎ 22-650-48-72 ; • avis.pl • ; tlj 6h-23h30),* ***Budget*** *(☎ 22-650-40-62 ; • budget.pl • ; tlj 7h-23h30),* ***Europcar*** *(☎ 22-650-25-64 ; • europcar.com.pl • ; tlj 7h-23h),* ***Hertz*** *(☎ 22-650-28-96 ; • hertz.com.pl • ; tlj 7h-23h).*

Pour rejoindre le centre-ville

Les billets pour les transports en commun *(ZTM ; • ztm.waw.pl •)* sont vendus au guichet situé dans le hall 2 *(tlj 7h-20h)* ou, sinon, aux distributeurs des bus (dans certains bus, voire aux arrêts) et de la gare ferroviaire (espèces ou carte de paiement). Une bonne nouvelle : l'aéroport est situé dans la zone 1 de tarification, la moins chère. Billet : 4,40 Zl dans tous les cas pour un billet valide 75 mn, 7 Zl pour 90 mn ou 15 Zl pour 24h. Il existe aussi un tarif w-e (ven 19h-lun 8h) à 24 Zl ; réduc.

En train

Gare ferroviaire de l'aéroport : *à 200 m à droite, en sortant du terminal A.* Les trains ***Szybka Kolej Miejska (SKM), Koleje Mazowieckie (KM), S2*** et ***S3*** assurent des liaisons vers les 4 gares de Varsovie, ttes les 10-20 mn, 5h50-23h05. Pour les 2 gares du centre, *Warszawa Centralna* et *Warszawa Śródmieście,* à 200 m l'une de l'autre, prendre respectivement les lignes S2 ou S3. Durée du trajet : env 30 mn. Tous desservent *Warszawa Zachodnia* et *Warszawa Wschodnia.* Par ailleurs, le *KM* relie directement l'aéroport Chopin à celui de Modlin (env 10 trains/j.).

En bus

Arrêts en sortant du terminal A (en face). Il existe de nombreuses lignes, dont voici les plus utiles :

➢ ***Ligne n° 175 :*** dessert la vieille ville (pl. Piłsudskiego), avec des arrêts devant la gare centrale et au Rondo R. Dmowskiego *(plan I, E5),* le rond-point face au palais de la Culture et de la Science (le gratte-ciel stalinien qui sert de point de repère). Ttes les 15-40 mn, 4h30 (5h sam et j. fériés)-23h. Durée env 40 mn.

➢ ***Ligne N32 :*** de nuit, dessert le centre (métro Świętokrzyska), ttes les 20-30 mn env, tlj 23h15-4h50 (5h10 ven-sam).

➢ Il existe en outre des ***bus de grandes lignes directs*** depuis l'aéroport pour *Białystok, Katowice, Lublin, Łódź, Suwałki* et *Wrocław* (notamment). La gare routière se situe à droite en sortant du terminal A, juste après l'accès à la gare ferroviaire.

En taxi

Les tarifs sont affichés au comptoir du hall 2, qui regroupe 3 compagnies *(Sawa Taxi, ☎ 22-644-44-44 ; Super Taxi, ☎ 196-22 ; Ele Taxi, ☎ 22-811-11-11),* mais vérifiez quand même le compteur avant le début de la course. *Prévoir env 8 Zl de prise en charge, puis 2-3 Zl/km et env 0,70 Zl/mn d'arrêt. Selon le trafic, prévoir 40-50 Zl pour le centre-ville.*

✈ ***Aéroport Varsovie – Modlin*** *(Lotnisko Warszawa-Modlin ; hors plan général par A1)* **:** *☎ 0801-801-880. • modlinairport.pl • L'aéroport se situe à Nowy Dwór Mazowiecki, à 35 km au nord-ouest de Varsovie.* Cet aéroport international, destiné aux compagnies aériennes *low-cost,* accueille surtout les vols *Ryanair* (sauf ceux vers Gdańsk, Szczecin et Wrocław).

– Liaisons internationales : Paris-Beauvais, Toulouse, Bruxelles-Charleroi et grand nombre de villes européennes.

■ ***Avis :*** *📱 695-361-307. • avis.pl • Tlj 8h-minuit.*

■ ***Budget :*** *📱 697-08-81-68. • budget.pl • Tlj 8h-23h30.*

■ ***Europcar :*** *☎ 22-650-25-64. • europcar.com.pl • Lun-ven 10h-18h.*

■ ***Hertz :*** *📱 601-263-882 ou ☎ 22-846-32-15. • hertz.com.pl • Tlj 8h30 (7h30 lun)-23h (23h30 lun et jeu).*

Pour rejoindre le centre-ville

En bus

➢ ***Modlin Bus :*** *☎ 22-290-50-90. • modlinbus.pl • Départs ttes les 10 mn à 1h15, 7h-23h, selon arrivées des vols. Durée env 40 mn. Compter entre 9 Zl (résa en ligne slt, à l'avance) et 33 Zl (sur place) !* Dessert le nord de la ville *(Ⓜ Młociny),* avec terminus devant le palais de la Culture *(plan I, D5), Ⓜ Centrum.* Également des bus directs depuis l'aéroport de Modlin jusqu'à Łódź *(9-44 Zl)* et Toruń *(9-50 Zl).*

En train

Des navettes (ttes les 20-30 mn en journée) aux horaires coordonnés mènent en 10 mn à la gare de Modlin, d'où les trains ***Koleje Mazowieckie (KM)*** filent vers la gare centrale de Varsovie ou celle de Warszawa Zachodnia (trajet

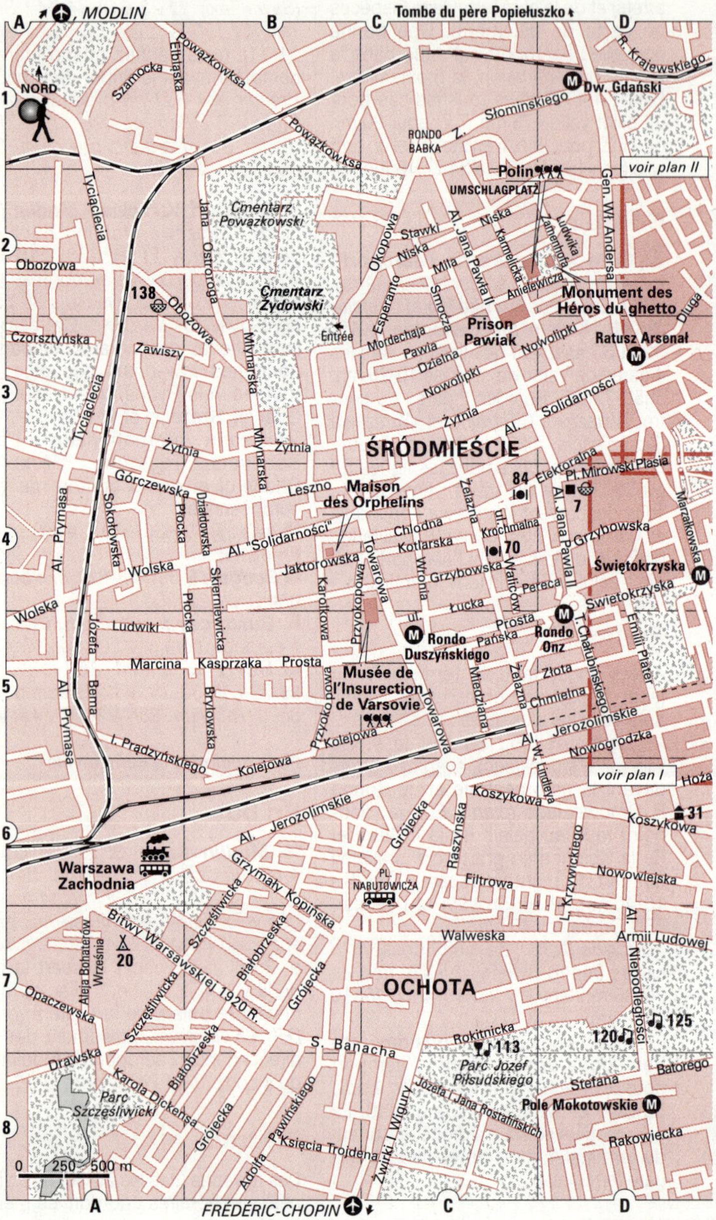

MODLIN
Tombe du père Popiełuszko
NORD
Dw. Gdański
voir plan II
Polin
UMSCHLAGPLATZ
RONDO BABKA
Cmentarz Powązkowski
Cmentarz Żydowski
Entrée
Monument des Héros du ghetto
Prison Pawiak
Ratusz Arsenał
ŚRÓDMIEŚCIE
Maison des Orphelins
Pl. Mirowski Plasia
Świętokrzyska
Rondo Duszyńskiego
Rondo Onz
Musée de l'Insurrection de Varsovie
voir plan I
Warszawa Zachodnia
PL. NARUTOWICZA
OCHOTA
Parc Józef Piłsudskiego
Pole Mokotowskie
Parc Szczęśliwicki
0 250 500 m
FRÉDÉRIC-CHOPIN
138
84
7
70
31
20
125
120
113
Powązkowska
Szamocka
Elbląska
Tyciąclecia
Obozowa
Czorsztyńska
Zawiszy
Jana Ostroroga
Młynarska
Okopowa
Stawki
Niska
Miła
Smocza
Esperanto
Mordechaja
Pawia
Dzielna
Nowolipki
Żytnia
Al. Jana Pawła II
Karmelicka
Zamenhofa
Anielewicza
Ludwika
Gen. Wł. Andersa
Słomińskiego
R. Krajewskiego
Dzika
Solidarności
Elektoralna
Leszno
Górczewska
Sokołowska
Płocka
Działdowska
Al. "Solidarności"
Chłodna
Kotlarska
Krochmalna
Grzybowska
Jaktorowska
Towarowa
Wolska
Al. Prymasa
Skierniewicka
Karolkowa
Przyokopowa
Wronia
Łucka
Walicow
Pereca
Prosta
Pańska
Ludwiki
Józefa Bema
Marcina Kasprzaka
Prosta
Brylowska
Żelazna
Miedziana
Złota
Chmielna
T. Chałubińskiego
Emilii Plater
Marszałkowska
I. Prądzyńskiego
Kolejowa
Al. Jerozolimskie
Nowogrodzka
W. Lindleya
Hoża
Koszykowa
Grójecka
Raszyńska
Filtrowa
L. Krzywickiego
Nowowiejska
Grzymały Kopińska
Szczęśliwicka
Bitwy Warszawskiej 1920 R.
Białobrzeska
Walweska
Al. Armii Ludowej
Al. Niepodległości
Atleja Bohaterów Września
Opaczewska
Drawska
Karola Dickensa
S. Banacha
Rokitnicka
Batorego
Stefana
Józefa i Jana Rostafińskich
Żwirki i Wigury
Pawińskiego
Księcia Trojdena
Adolfa
Rakowiecka

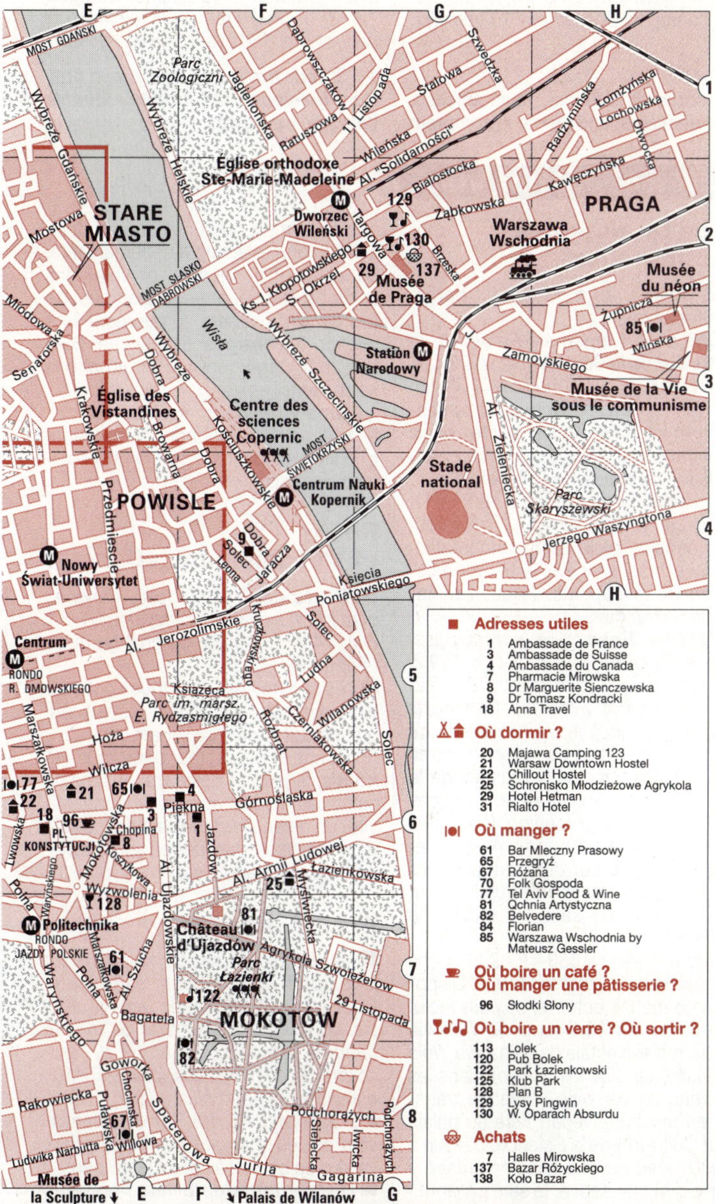

■ **Adresses utiles**

1 Ambassade de France
3 Ambassade de Suisse
4 Ambassade du Canada
7 Pharmacie Mirowska
8 Dr Marguerite Sienczewska
9 Dr Tomasz Kondracki
18 Anna Travel

Où dormir ?

20 Majawa Camping 123
21 Warsaw Downtown Hostel
22 Chillout Hostel
25 Schronisko Młodzieżowe Agrykola
29 Hotel Hetman
31 Rialto Hotel

Où manger ?

61 Bar Mleczny Prasowy
65 Przegryż
67 Różana
70 Folk Gospoda
77 Tel Aviv Food & Wine
81 Qchnia Artystyczna
82 Belvedere
84 Florian
85 Warszawa Wschodnia by Mateusz Gessler

Où boire un café ? Où manger une pâtisserie ?

96 Słodki Słony

Où boire un verre ? Où sortir ?

113 Lolek
120 Pub Bolek
122 Park Łazienkowski
125 Klub Park
128 Plan B
129 Lysy Pingwin
130 W. Oparach Absurdu

Achats

7 Halles Mirowska
137 Bazar Różyckiego
138 Koło Bazar

VARSOVIE – Plan général

total en 1h10 env). En outre, le KM dessert l'aéroport Chopin (env 10 trains/j.).

En taxi

À la sortie du terminal. Tarifs affichés, mais vérifiez quand même le compteur avant le début de la course. *Compter 120 Zl et 35-40 mn pour rejoindre le centre-ville, 150 Zl au-delà de minuit.*

➢ ***Si vous arrivez en train ou en bus, reportez-vous à la rubrique « Quitter Varsovie » plus bas.***

Adresses et infos utiles

Infos touristiques et culturelles

• *warsawtour.pl* • Musées, parcs, manifestations...

ℹ *Office de tourisme – Palais de la Culture et de la Science* *(plan I, D5)* **:** *av. Emilii Plater.* ☎ *19115 (hotline). Tlj 8h-19h (18h oct-avr).* 💻 📶 Bonne documentation et informations sur la ville : plans (dont transports), brochures en français...

ℹ *Office de tourisme – Rynek* *(plan II, E2)* **:** *Rynek Starego Miasta 19/21/21a. Tlj 9h-20h (18h oct-avr).* 💻 📶 Un tout petit espace, plein de documentation et de conseils. Excellente connaissance de la capitale. Accueil dynamique en français.

– ***Warsaw Pass :*** • *warsawpass.com* • *Compter 119 Zl (24h), 159 Zl (48h) et 189 Zl (72h), ou 129/179/219 Zl respectivement avec les transports en commun inclus ; réduc moins de 16 ans.* Cette carte comprend l'entrée dans 11 des principaux musées de la ville (en version coupe-file), l'accès aux bus *City sightseeing* (voir plus loin en tête de rubrique « À voir ») et des réductions sur diverses activités et restos ; les transports publics sont en option. Vente dans les offices de tourisme.

– ***Chopin Pass :*** 📱 *533-493-940.* • *chopinpass.com* • *Compter 119 Zl.* Disponible de mars à octobre, ce *pass* inclut l'entrée au musée Chopin de Varsovie et à sa maison natale de Żelazowa Wola à 55 km (voir plus loin « À voir dans les environs de Varsovie ») avec le transfert en minibus. Départ face au palais de la Culture et de la Science, tlj sf lun à 10h30, avec navette supplémentaire à 13h le dim mai-sept et le sam juil-août.

Deux petits guides à consulter pour prendre le pouls de la ville :

– ***Warsaw in Your Pocket :*** • *inyourpocket.com/warsaw* • Bimensuel en anglais comprenant un agenda culturel ainsi qu'une sélection d'hébergements, de restos et de bars. Disponible dans certains hôtels et aux 2 offices de tourisme du centre. Également une version téléchargeable en ligne. Bien fait, mais attention aux informations « sponsorisées »...

– ***Warsaw Insider :*** • *warsawinsider.pl* • Mensuel anglophone assez similaire au précédent et également consultable en ligne.

Poste et télécommunications

✉ ***Poste centrale*** *(poczta główna ; plan I, E4)* **:** *ul. Świętokrzyska, 31-33. Ouv 24h/24.* Service de change et de téléphone.

■ ***Les cabines téléphoniques*** ont pour ainsi dire disparu : il n'en reste guère qu'une aux abords de la gare centrale...

📶 Connexion possible dans tous les ***hôtels,*** la plupart des ***bars,*** et si ça ne suffit pas à votre appétit de connectivité, un réseau ***Hotspot*** est accessible dans la plupart des rues où vous mèneront vos pas de touriste.

Argent, change

■ ***Kantor*** *(bureaux de change)* **:** *pour la plupart, ouv lun mat-sam ap-m. Quelques-uns, éparpillés dans le centre, sont ouv 24h/24 : près de la gare centrale (plan I, D5,* ***10****) au 59 al. Jerozolimskie ; au nº 33 aussi (plan I, E5,* ***10****), ou encore un peu plus à l'est, 47B ul. Krucza (plan I, E5,* ***10****).* Pas de commission et peu d'arnaques, mais le taux varie d'un bureau à l'autre : comparez.

■ ***Distributeurs de billets :*** présents un peu partout en ville, ils acceptent les principales cartes de paiement.

■ ***Western Union :*** transferts d'argent assurés notamment dans les principales agences des banques ***Pekao*** et ***PKO,*** ou les points de paiement de la Loterie nationale.

Représentations diplomatiques

■ ***Ambassade de France*** *(plan général, F6,* ***1****) : ul. Piekna, 1. ☎ 22-529-30-00. ● ambafrance-pl.org ● Lun-ven 8h45-12h45, sf mer 14h30-16h30.*

■ ***Ambassade de Belgique*** *(plan II, D3,* ***2****) : ul. Senatorska, 34. ☎ 22-551-28-00. 📱 602-298-918 (urgences slt). ● diplomatie.belgium.be/poland ● Lun-ven 9h-14h (14h-17h sur rdv).*

■ ***Ambassade de Suisse*** *(plan général, E6,* ***3****) : al. Ujazdowskie, 27. ☎ 22-628-04-81. ● eda.admin.ch/eda/fr/dfae/representations-et-conseils-aux-voyageurs/pologne.html ● Lun-ven 9h-12h.*

■ ***Ambassade du Canada*** *(plan général, E-F6,* ***4****) : ul. Jana Matejki, 1-5. ☎ 22-584-31-00. ● canada.pl ● Lun-ven 8h30-16h30.*

Santé, urgences

■ ***Numéro européen d'urgences :*** *☎ 112.*

■ ***Police :*** *☎ 997.*

■ ***Urgences médicales et ambulances :*** *☎ 999.*

■ ***Tourist Emergency Helpline :*** *☎ 22-278-77-77 ou 📱 608-599-999 (tlj 8h-22h, juin-sept ; 8h-18h, oct-mai).*

■ ***Pharmacies* (apteka) *ouv 24h/24 :***

– Apteka Dbam o zdrowie (plan I, D5) : al. Jerozolimskie, 54 ; dans la gare centrale.

– Mirowska (plan général, D4, ***7****) : pl. Mirowski, 1, aux halles.*

■ ***Dr Marguerite Sienczewska*** *(plan général, E6,* ***8****) : ul. Chopina, 7. ☎ 22-629-05-23. 📱 602-268-962.* Médecin généraliste francophone, référencée auprès de l'ambassade de France.

■ ***Dr Tomasz Kondracki*** *(plan général, F4,* ***9****) : ul. Dobra, 11. 📱 505-365-362.* Dentiste formé en France.

✚ ***Medical Center Luxmed*** *(plan I, D5,* ***11****) : al. Jerozolimskie, 65-79. ☎ 22-332-28-88. ● luxmed.pl ● Lun-ven 7h-20h ; sam 8h-14h. Sur 4 étages de l'hôtel Marriott ; accès par la galerie LIM.* Centre de soins privé : on vous demandera d'abord de créer un compte avant de vous soigner... Médecins anglophones.

■ Adresses utiles

- ℹ Office de tourisme – Palais de la Culture et de la Science
- **5** Geograf
- **10** Change (24h/24)
- ✚ **11** Medical Center Luxmed et hôtel Marriott (Avis, Budget)
- **12** Trakt
- **14** Carrefour Express
- **16** Institut français
- **17** Hertz

Où dormir ?

- **23** Hostel Centrum
- **24** Apple Inn
- **33** Oki Doki Hostel
- **34** Hostel Helvetia
- **35** Residence 1898
- **36** Metropol Hotel
- **37** Chopin Boutique B & B
- **40** Residence St Andrew's Palace
- **46** Polonia Palace Hotel

Où manger ?

- **62** Bar Mleczny Familijny
- **63** Bambino
- **66** Restaurant Bar Co Tu
- **68** Mleczarnia
- **76** Green
- **79** Zaścianek
- **80** Bułkę przez Bibułkę
- **86** Banjaluka

Où boire un café ? Où manger une pâtisserie ?

- **90** Café A. Blikle
- **91** Bílý Koníček Cafe
- **94** E. Wedel
- **99** Kafka Café

Où boire un verre ? Où sortir ?

- **76** Pies Czy Suka
- **109** Pijalnia Wódki i Piwa
- **110** Browar de Brasil
- **112** Piw Paw
- **114** Między Nami
- **115** Harenda
- **117** Tygmont Live Klub
- **118** BarStudio
- **119** Bars alternatifs de Nowy Świat
- **123** Kulturalna
- **124** Enklawa

Achats

- **94** E. Wedel
- **109** Manufaktura Cukierków
- **139** Cepelia

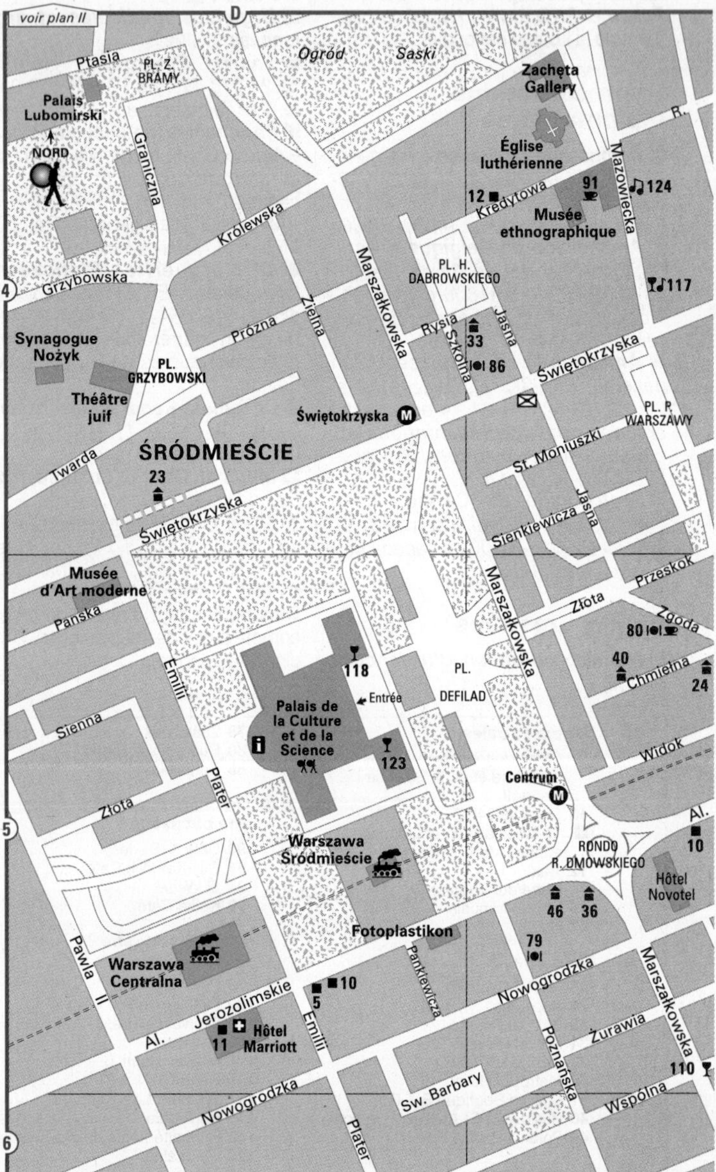
voir plan II
D
Ogród Saski
Zachęta Gallery
Église luthérienne
Musée ethnographique
91
124
117
12
Kredytowa
Mazowiecka
Ptasia
PL. Z. BRAMY
Palais Lubomirski
NORD
Graniczna
Królewska
Marszałkowska
PL. H. DABROWSKIEGO
Jasna
Rysia
Szkolna
33
86
Grzybowska
4
Synagogue Nożyk
PL. GRZYBOWSKI
Théâtre juif
Próżna
Zielna
Świętokrzyska
Świętokrzyska
PL. P. WARSZAWY
ŚRÓDMIEŚCIE
23
Twarda
Świętokrzyska
St. Moniuszki
Sienkiewicza
Jasna
Przeskok
Musée d'Art moderne
Panska
Złota
Zgoda
80
40
Chmielna
24
Emilii
118
Entrée
PL. DEFILAD
Marszałkowska
Palais de la Culture et de la Science
123
Sienna
Widok
Centrum
Plater
Złota
5
Al.
10
RONDO R. DMOWSKIEGO
Hôtel Novotel
Warszawa Śródmieście
46
36
Fotoplastikon
79
Pawia
Warszawa Centralna
Pankiewicza
10
5
Nowogrodzka
Marszałkowska
Jerozolimskie
Al.
11
Hôtel Marriott
Emilii
Poznańska
Żurawia
110
Nowogrodzka
Sw. Barbary
Wspólna
Plater
6
D

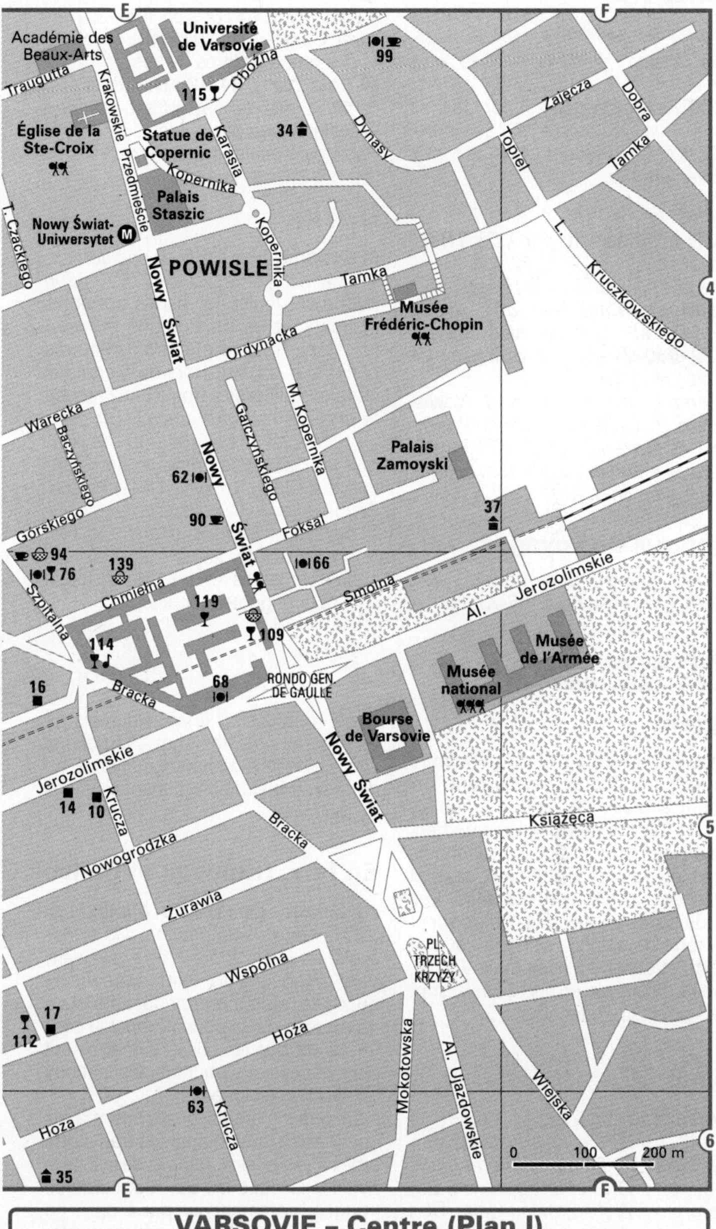

VARSOVIE – Centre (Plan I)

Transports

Compagnies aériennes

■ ***Air France :*** ☎ *22-512-39-49.* • *air france.pl* •

■ ***LOT*** *(hors plan général par C8)* ***:*** *ul. 17 Stycznia, 43 (à côté de l'aéroport).* ☎ *22-577-77-55 (central).* • *lot.com* • *Lun-ven 9h-17h.*

Location de voitures

■ ***Avis*** *(hôtel* Marriott *; plan I, D5,* ***11****)* ***:*** *al. Jerozolimskie, 65-79.* ☎ *22-630-73-16.* • *avis.pl* • *Lun-ven 8h-20h ; w-e 9h-15h.*

■ ***Budget*** *(hôtel* Marriott *; plan I, D5,* ***11****)* ***:*** *al. Jerozolimskie, 65-79.* ☎ *22-630-72-80.* • *budget.pl* • *Lun-ven 8h-16h.*

■ ***Hertz*** *(plan I, E5,* ***17****)* ***:*** *ul. Nowogrodzka, 27 (en fait à l'angle de Parkingowa et Żurawia).* ☎ *22-621-13-60.* • *hertz.pl* • *Lun et ven 8h-16h, mar-jeu 9h-15h, sam 8h-12h.*

Agences de voyages

■ ***Anna Travel*** *(plan général, E6,* ***18****)* ***:*** *ul. Marszałkowska, 55-73, lok 17.* ☎ *22-622-45-46 ou 0801-000-632.* • *annatravel.pl* • *Lun-ven 10h-18h (14h sam).* Cette agence distribue *Eurolines* et de nombreux titres de bus.

■ ***Trakt*** *(plan I, E4,* ***12****)* ***:*** *ul. Kredytowa, 6.* ☎ *22-827-80-69.* • *trakt.com.pl* • C'est le bureau des guides du *PTTK*, la *Société polonaise du tourisme.*

Divers

■ ***Geograf*** *(plan I, D5,* ***5****)* ***:*** *al. Jerozolimskie, 61.* 📱 *535-520-270. Tlj 10h-20h (18h dim).* Toutes les cartes possibles et imaginables de Pologne et, pour les globe-trotters préparant d'autres périples, du reste du monde (y compris certaines difficiles à trouver en France).

■ ***Institut français*** *(plan I, E5,* ***16****)* ***:*** *ul. Widok, 12.* ☎ *22-505-98-00.* • *ifv.pl* • *Médiathèque : mar, jeu-ven 15h-20h ; mer 9h-14h ; sam (sf juil) 11h-15h. Fermé de mi-juil à août.*

■ ***Carrefour Express*** *(plan I, E5,* ***14****)* ***:*** *al. Jerozolimskie, 23. 24h/24.* Pour les courses urgentes, avec même un (petit) coin pour grignoter sur place !

Se déplacer

À pied

La vieille ville et son très concentré centre historique se découvrent forcément à pied. On réservera métro, tram et bus pour rallier les quartiers plus excentrés. Toutefois, les avenues, larges et pas trop polluées, restent plaisantes au trekkeur urbain. Les grands parcs verdoyants, qui forment une sorte de ceinture verte (au sud et à l'est), et certaines rives de la Vistule, restées sauvages et herbeuses, sont idéals pour la promenade.

À vélo

■ ***Veturilo :*** ☎ *22-244-13-13 ou 22-382-13-12.* • *veturilo.waw.pl* • *Caution 10 Zl, 20 mn gratuites, puis 21-60 mn : 1 Zl ; 2e heure : 3 Zl ; 3e heure : 5 Zl ; 7 Zl/h au-delà.* Bon réseau de vélos à la demande avec stations dans toute la capitale. Attention, les tarifs sont en effet progressifs et non dégressifs ! Il faut s'enregistrer en ligne au préalable. Les instructions sont en anglais à chaque station. Plan du réseau disponible dans les offices de tourisme.

En bus, tramway et métro

La ***Zarząd Transportu Miejskiego*** *(ZTM ; Société de gestion des transports urbains ;* ☎ *19-115,* • *ztm.waw.pl* •*)* dispose d'un solide réseau qui quadrille efficacement la ville. Les trams sont idéals pour sillonner le centre, tandis que les bus et le métro sont plus intéressants pour les destinations un peu plus éloignées.

– ***Le bus :*** à moins que vous n'ayez une thèse à soutenir sur les transports urbains varsoviens, retenez de la lourde codification que les bus aux numéros (rouges) commençant par 4 ou 5 ne desservent que les principaux arrêts. Les lignes E1 à E9 sont des express, les N des lignes de nuit.

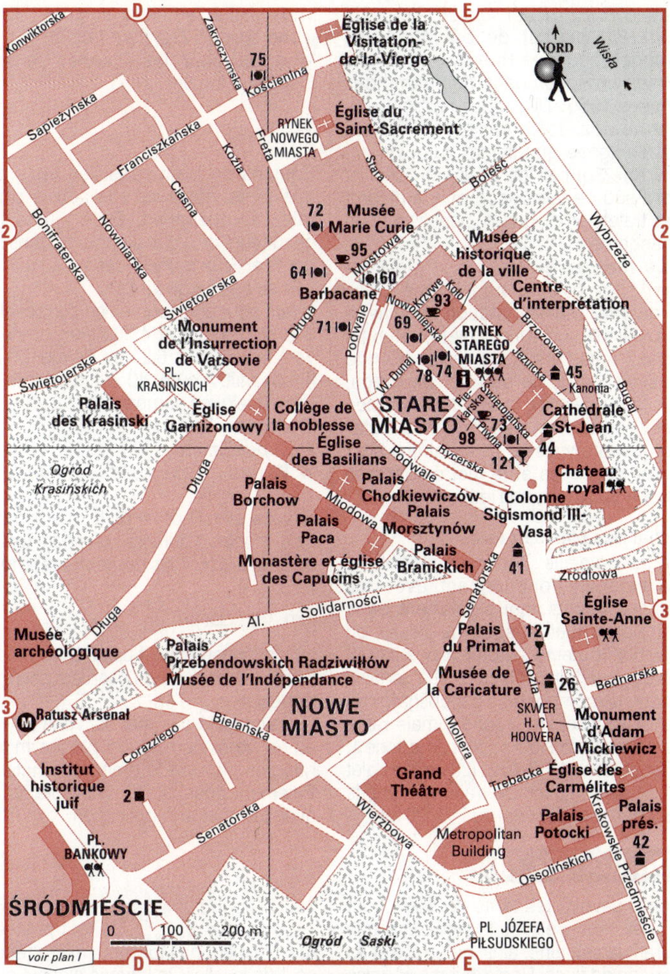

VARSOVIE – Vieille ville (Plan II)

Adresses utiles

- Office de tourisme – Rynek
- 2 Ambassade de Belgique

Où dormir ?

- 26 Dream Hostel Warsaw
- 41 Hotel Dom Literatury
- 42 Le Royal Bristol
- 44 Castle Inn
- 45 Kanonia Hostel

Où manger ?

- 60 Pod Barbakanem
- 64, 72 et 73 Zapiecek
- 69 Gospoda Kwiaty Polskie
- 71 Podwale 25 Piwna Kompania
- 74 U Fukiera
- 75 La Rôtisserie
- 78 Bar Gruziński Argo

Où boire un café ? Où manger une pâtisserie ?

- 93 Same Fusy
- 95 Pożegnanie z Afryką
- 98 Czuły Barbarzynca

Où boire un verre ? Où sortir ?

- 121 Karmnik
- 127 Café Trakt

– ***Le tramway :*** la ***ligne touristique T*** *(le w-e fin juin-début sept slt, 9 départs 12h-18h)* permet de parcourir une grande boucle de 1h à travers la ville (Praga compris), dans des trams des années 1950. Départ et terminus pl. Narutowicza *(plan général C6-7).* Les autres lignes quadrillent Varsovie *(tlj, env 6h-23h)* par les axes est-ouest et nord-sud de telle façon que la plupart des trajets en diagonale nécessitent un changement.

– ***Le métro :*** *tlj 5h-1h env (3h ven-sam) ; ttes les 3-15 mn.* La ligne 1 relie le quartier Bielany (station Młociny) à la banlieue sud (Ursynów-Kabaty). La ligne 2 relie l'ouest du centre (Rondo Daszyńskiego) au quartier de Praga, sur la rive est de la Vistule (Dworzec Wileński). Les deux se croisent à la station Świętokrzyska. Les stations sont assez espacées et le métro intéresse plus le Varsovien que le touriste.

Achat des billets et tarifs

Bonne nouvelle : métro, bus et trams de Varsovie fonctionnent avec les mêmes tickets, qui s'achètent dans n'importe quel kiosque ou poste, ou aux distributeurs automatiques installés dans certains véhicules et à certains arrêts. Le compostage est obligatoire. Le réseau couvre 2 zones, mais rares sont les touristes qui sortent de la zone 1.

– Trajet (zone 1) : 3,40 Zl (20 mn de trajet slt), 4,40 Zl (75 mn de trajet, y compris les correspondances) ou 7 Zl (90 mn).

– Billet 24h, très pratique le jour où vous visitez les sites éloignés : 15 Zl (zone 1) ou 26 Zl (zones 1 et 2).

– Forfait pour les 2 zones le w-e (ven 19h - lun 8h) : 24 Zl.

En taxi

Équipés de taximètres, les taxis ont des tarifs inférieurs aux autres capitales européennes. Évitez juste les chauffeurs qui vous alpaguent dans les gares et lieux touristiques...

– Prise en charge : 8 Zl.

– Tarif pour une course : en centre-ville, 3 Zl/km de jour et 4,50 Zl/km de nuit ; vers la banlieue, 6 Zl/km de jour ; 9 Zl/km de nuit. Ajouter 40 Zl/h d'attente.

Voici quelques compagnies :

■ ***Express Taxi :*** *☎ 196-63.*

■ ***Super Taxi :*** *☎ 196-22.*

■ ***Wawa Taxi :*** *☎ 196-44 ou 22-333-44-44.*

Si votre chauffeur ne parle que le polonais, montrez l'adresse ou le nom rédigé en polonais où vous désirez vous rendre.

En voiture

Le stationnement est payant dans toute la ville même dans les quartiers périphériques *(lun-ven 8h-18h ; 3-4,20 Zl/h).* Dans certains parcmètres, vous devrez entrer votre numéro de plaque minéralogique (suivre le menu en anglais). Paiement possible par portable après avoir téléchargé l'application.

Où dormir ?

Bon à savoir : les tarifs hôteliers sont un peu moins élevés le week-end que durant la semaine, ainsi qu'en été et en période de fêtes. Règle inverse pour les *hostels.* Pour rejoindre chaque hébergement, nous indiquons le moyen de transport le plus direct depuis la gare centrale (Warszawa Centralna).

CAMPING

⛺ ***Majawa Camping 123*** *(plan général, A7,* ***20****)* **:** *ul. Bitwy Warszawskiej, 15-17. ☎ 22-822-91-21. • majawa.pl • À 4 km du centre-ville. Bus nos 158 ou 517, puis on finit à pied. À 800 m de la gare routière (et ferroviaire) Warsawa Zachodnia. Ouv tte l'année. Empl. tente 100 Zl ; bungalows sans ou avec sdb 105-155 Zl pour 2.* Un tout petit terrain vraiment pas folichon, mais c'est le seul de la ville. On vous le signale plus qu'on vous le conseille... Une douzaine de bungalows rudimentaires.

AUBERGES DE JEUNESSE ET HOSTELS

De très bon marché à prix moyens (moins de 240 Zl / env 60 €)

⌂ ***Schronisko Młodzieżowe Agrykola*** *(plan général, F6,* ***25****)* **:** *ul. Myśliwiecka, 9.*

☎ 22-622-91-10. • agrykola-noclegi.pl • Bâtiment un peu en retrait de Myśliwiecka, entre la radio polonaise et une piste d'athlétisme. Entrée sous la voie rapide. Tram nº 10 puis bus nº 182. Dortoirs (5-20 lits) 50-60 Zl/pers. Double avec sdb 220 Zl, réduc sur présentation de la carte Hostelling International (FUAJ) ou Euro 26. Petit déj en sus. 💻 📶 Doubles au 1er étage et dortoirs très agréables sous les combles avec une bonne literie et armoire fermée à clé. Petite cuisine libre d'accès pour se faire chauffer thé ou café. Billard et café-restaurant. Bon accueil et en prime une belle situation, au vert, en lisière du parc Łazienkowski.

🏠 **Oki Doki Hostel** (plan I, E4, **33**) : pl. Dabrowskiego, 3. ☎ 22-828-01-22. • okidoki.pl • Réception au 2e étage. Ⓜ Świętorzyska. Dortoirs (3-8 lits) 29-90 Zl/pers ; doubles sans sdb 128-190 Zl, avec 154-260 Zl. Petit déj inclus pour les doubles, sinon 15 Zl/pers. Thé, café gratuits. 💻 📶 Sur 3 étages d'un ancien bâtiment gouvernemental, le *Oki Doki* a été plusieurs fois primé par l'association *Hostelworld.* Certes, l'ensemble est réussi, soigné, agréable (plafonds hauts et planchers par endroits), et tous les hébergements répondent à des thèmes différents de déco. Équipement impeccable : casiers, lampes individuelles, etc., et vue sur un parc planté d'arbres pour certaines chambres. Petite cuisine équipée, bar très agréable pour prendre le petit déj ou profiter de la *happy hour* (19h-20h). Nombreuses infos sur la ville, les manifestations du moment ainsi que des tours organisés plusieurs fois par semaine et « gratuits » (le principe est de laisser un petit pourboire si on est satisfait). Sans oublier l'essentiel, un excellent accueil !

🏠 **Dream Hostel Warsaw** (plan II, E3, **26**) : ul. Krakowskie Przedmieście, 55. ☎ 22-419-48-48. • warsaw@dream-hostels.com • Dortoirs (4-8 lits) 45-70 Zl/pers (90-130 Zl autour du Jour de l'an !). Doubles avec sdb 200-220 Zl (300 Zl autour du Jour de l'an). Petit déj 15 Zl. 💻 📶 Une AJ récente, confortable et génialement située aux portes de la vieille ville ? Voici vos vœux exaucés. La structure est grande (150 lits), mais vraiment bien conçue. Les dortoirs (mixtes ou femmes) ne sont pas très grands, mais avec de hauts plafonds et chacun des 6 à 8 lits (orthopédiques) y dispose de ses propres lampe, prise électrique, casier et rideau (pour plus d'intimité). Les doubles privées (calmes, au fond) disposent de leur propre salle de bains. En prime : un café-bar avec divans très sympa au 5e étage, une cuisine conviviale, une consigne gratuite et une laverie.

🏠 **Warsaw Downtown Hostel** (plan général, E6, **21**) : ul. Wilcza, 33. ☎ 22-629-35-76. • warsaw-downtown.pl • Lit en dortoir 49-60 Zl, doubles 179-189 Zl, petit déj inclus. 💻 📶 Alors là, on verse carrément dans l'AJ de luxe ! Pas bien grande, la maison dispose de 6 dortoirs de 4 lits et de 3 chambres privées, tous avec leur propre salle de bains, plus lumière, prise et casier pour chacun dans les dortoirs. Des activités gratuites sont organisées tous les jours (cours de cuisine polonaise notamment) et les boss ont même conçu une appli pour les visites de la ville ! Il y a aussi une douche pour se rafraîchir après le *check-out.* À 200 m, le **Chillout Hostel** (plan général, E6, **22** ; ul. Poznańska, 7-5 ; ☎ 22-409-98-81. • chillouthostel.pl • 💻 📶 appartenant aux mêmes propriétaires, se distingue par des dortoirs plus grands (8 lits), un salon-cuisine bigarré cool et cosy, de la limonade en libre-service toute la journée et... pas mal de filles parmi la clientèle !

🏠 **Hostel Centrum** (plan I, D4, **23**) : ul. Emilii Plater, 36A. ☎ 22-652-00-10. • warsawhostelcentrum.pl • Dans la cour, au fond à gauche (le bâtiment gris clair). Lits en dortoir 40-80 Zl, double 114 Zl. Pas de petit déj. 💻 📶 À deux pas du palais de la Culture et de la Science, mais bien au calme, cette grande AJ récente occupe un bâtiment rénové de la tête au pied. On y trouve surtout des dortoirs (impeccables et très bien équipés) de 2 à 8 lits et une unique chambre double privée. Chacune est décorée d'une grande photo d'une personnalité polonaise... avec QR code pour en apprendre plus ! Tout le monde partage de grandes salles de bains (avec sèche-cheveux). Cuisine avec micro-ondes et consigne gratuite.

🏠 **Hostel Helvetia** (plan I, E4, **34**) : ul. Sewerynów, 7. ☎ 22-826-71-08.

• hostel-helvetia.pl • Ⓜ *Nowy Świat-Uniwersytet. Dortoirs (3-8 lits) 45-70 Zl/pers selon saison ; doubles sans ou avec sdb 160-240 Zl selon saison. Petit déj (simple) inclus.* Rassurez-vous, la façade en vilain crépi brunâtre ne préfigure en rien l'auberge de jeunesse pimpante et fonctionnelle qui vous attend au 1er étage ! Distribués par un couloir tapissé de photos du monde entier, les dortoirs simples, colorés et parquetés avec casiers individuels s'accompagnent d'un salon et d'une cuisine commune, ainsi que de sanitaires impec et nombreux. L'annexe *Helvetia Plus,* dans un immeuble voisin, abrite des chambres joliment design et bien équipées (clim, TV), avec également une cuisine libre d'accès. Seul bémol : elles sont au rez-de-chaussée, sans vue et pas très lumineuses. Accueil très sympa et pas mal de doc à disposition pour peaufiner son voyage.

Kanonia Hostel *(plan II, E2,* ***45****) : ul. Jezuicka, 2. ☎ 22-635-06-76. • kanonia.pl • Au cœur de la vieille ville ; entrée sous une arche. Trams nos 10, 17 ou 33 puis 18, 20 ou 23. Selon saison et j. de la sem, dortoirs (8 pers) 35-60 Zl/pers ; doubles sans ou avec sdb 120-240 Zl. Petit déj 15 Zl/pers.* Un *hostel* dont le principal avantage est sa situation au cœur de la vieille ville. Sur 3 étages, ensemble propre et bien tenu avec de jolis motifs au pochoir dans les escaliers. Pas de cuisine. Propose également des appartements, tous situés dans la vieille ville. Accueil variable.

HÔTELS

Chic (240-400 Zl / env 60-100 €)

Chopin Boutique B & B *(plan I, E-F4,* ***37****) : ul. Smolna, 14. ☎ 22-829-48-00. • bbwarsaw.com • Au 2e étage. Trams nos 7, 9, 22, 24, 45 ou 77. Résa conseillée. Doubles 300-320 Zl ; appart env 450 Zl pour 2 ; petit déj inclus.* Occupant les étages d'un immeuble cossu dans une rue calme qui débouche sur un parc, ce *B & B* distille une véritable atmosphère « comme à la maison », notamment quand les hôtes composent une grande tablée dans la cuisine, à l'heure du petit déj. Chambres joliment aménagées avec des meubles anciens, idem pour les spacieux studios (55 à 65 m²), dotés d'un salon et d'un coin cuisine. La déco Art nouveau du plus grand, « *The Queen* », qui peut accueillir jusqu'à 4 hôtes, est particulièrement réussie. Excellent accueil anglophone en prime, pour une belle adresse de charme.

Apple Inn *(plan I, E5,* ***24****) : ul. Chmielna, 21-22B. ☎ 22-826-36-44. 📱 601-746-006. • appleinn.pl • Dans la cour, au 4e étage. Double env 259 Zl.* On grimpe ici au 4e étage (par l'ascenseur !) pour trouver une jolie série de chambres très actuelles et de bon confort, calmes, aux blancs éthérés. Les plus grandes ont pour certaines une kitchenette. Mais, de toute façon, il y a aussi une cuisine commune à disposition, avec thé, café, lait, jus et autres petites choses gratuites : une rareté dans un hôtel ! Si l'on veut en plus un vrai petit déj, ça se passe au rez-de-chaussée, au *Café Vincent,* une boulangerie-pâtisserie française *(compter 20-30 Zl).* Bon accueil.

Castle Inn *(plan II, E2,* ***44****) : ul. Świętojańska, 2. ☎ 22-425-01-00. • castleinn.pl • Entrée sur la place du château. Trams nos 10, 17 ou 3 puis 18, 20 ou 23. Résa judicieuse. Selon saison et type, doubles 300-450 Zl petit déj en sus.* Stratégiquement située sur la place du château, cette solide et noble maison, un temps l'ambassade roumaine, abrite un hôtel bien atypique. L'atmosphère décalée de la réception (tonalités violettes, drôle de capitonnage des portes, styles des meubles) se retrouve dans les chambres, toutes personnalisées et virant au luxueux. Les plus belles sont assurément la « Chopin », avec ses éléments de piano servant de table et de déco murale, et la « Maharajah », qui transforme ses hôtes en « *Castle Billionaire* » d'un coup de baguette magique... Mais la vie de château commence ici dès la *twin standard,* telle l'« Orient-Express », arrangée comme un compartiment. À vous de choisir. Accueil courtois et prévenant.

Metropol Hotel *(plan I, E5, **36**) : ul. Marszałkowska, 99 a. ☎ 22-325-31-00. • hotelmetropol.com.pl • Au rond-point du palais de la Culture. Ⓜ Centrum. Doubles 300-460 Zl selon période ; petit déj inclus. Parking payant.* Un 3-étoiles sans histoire, parfaitement situé pour partir à la découverte de la ville, proposant des chambres de belle taille, décorées de façon moderne. Si l'atout majeur du lieu est son plantureux buffet du petit déjeuner, on mettra un bémol pour la tranquillité : la rumeur du trafic perce le double vitrage. Allez ! Avec en prime un accueil pro, lorsque les prix ne s'envolent pas, ça reste une très bonne option.

Hotel Dom Literatury *(plan II, E3, **41**) : ul. Krakowskie Przedmieście, 87-89. ☎ 22-635-04-04. • fundacjadl.com • Réception au rdc. Chambres au 3e étage dans l'immeuble du fond. Trams nos 10, 17 ou 33 puis 18, 20 ou 23. Doubles 350-450 Zl selon durée du séjour, petit déj inclus.* Emplacement de rêve, tout proche du château, en lisière de la vieille ville, pour ce bel édifice reconstruit à l'ancienne, qui fut la résidence d'écrivains polonais et qui dégage comme un charme suranné. Les chambres, une douzaine, sont claires, spacieuses, bien arrangées et dotées de belles salles de bains. Certaines ont une vue superbe sur le château.

Hotel Hetman *(plan général, G2, **29**) : ul. Ks. Kłopotowskiego, 36. ☎ 22-511-98-00. • hotelhetman.pl • Sur la rive droite de la Vistule, au début du quartier Praga. Ⓜ Dworzec Wileński. Selon période et j. de la sem, doubles 210-410 Zl ; petit déj inclus. Parking.* Pour ceux qui voudraient loger à Praga, cet hôtel de classe abrite, derrière sa jolie façade, de grandes chambres de style classique, spacieuses et dotées de tout le confort. Les tarifs deviennent très attractifs pendant les week-ends d'été. Juste à côté, le complexe cinématographique *Praga*, élevé à l'emplacement d'un ancien cinéma des années 1950, et dont les bas-reliefs du type socialisme réaliste ont été inclus dans le nouvel édifice.

Residence 1898 *(plan I, E6, **35**) : ul. Marszałkowska, 72/8 (entrée ul. Skorupki, par l'arrière). ☎ 22-523-62-77. • 1898.pl • Selon durée du séjour, studios (52 m²) 320-330 Zl/j. sur la base d'une sem.* L'adresse, fréquentée par de nombreux businessmen, intéressera ceux qui comptent séjourner quelques jours à Varsovie. On y trouve de superbes appartements de 50 à 70 m², très actuels et super bien tenus, aux élégantes tonalités beige-brun. Les plus « petits » disposent d'un salon-cuisine, les plus grands d'un salon *et* d'une cuisine séparés. Tous ont douche *et* baignoire. Le personnel est accueillant et l'ambiance feutrée. Machine à laver. Souvent possible dès 2-3 nuits selon disponibilités.

De plus chic à beaucoup plus chic (plus de 400 Zl / env 100 €)

Rialto Hotel *(plan général, D6, **31**) : ul. Wilcza, 73. ☎ 22-584-87-00. • rialto.pl • Trams nos 10, 17 ou 33. Selon période et j. de la sem, doubles 420-900 Zl ; petit déj en sus.* Si vous devez commettre une petite folie, autant que ce soit dans ce bâtiment des années 1900 plus ou moins épargné par la guerre ! Les 4 types de chambres (belge, viennoise, africaine et anglaise) illustrent les différents styles Art nouveau. Dans leurs tons blanc, brun et noir, elles sont toutes splendides, avec le souci du détail d'époque ; au niveau du mobilier, bien sûr, mais aussi des appliques, chromes, pâtes de verre, sans oublier les salles de bains complètement dans le ton, elles aussi, jusqu'aux interrupteurs. L'ensemble, vraiment classieux, bénéficie de surcroît de tout le confort du XXIe s. Les prix jouent quand même un peu trop sur l'offre et la demande... Au-dessus de 700 Zl la nuit, oubliez !

Residence St Andrew's Palace *(plan I, E5, **40**) : ul. Chmielna, 30. ☎ 22-826-46-40. • residencestandrews.pl • Ⓜ Centrum. Apparts 400-650 Zl pour 2 selon j. de la sem et saison. Petit déj inclus. Résa obligatoire.* Dans un très bel immeuble blanc et centenaire qui encadre une jolie cour intérieure, les appartements

VARSOVIE ET SES ENVIRONS

proposés sont spacieux (50 m²) et d'un luxe classique, au gré de beaux meubles en bois sombre, de moquettes et tissus épais. Salon-salle à manger, coin cuisine et chambre sont très bien équipés (TV, lecteur DVD, lave-vaisselle, lave-linge, clim...). Une adresse idéale pour se sentir à Varsovie comme chez soi. Accueil tip-top.

Polonia Palace Hotel *(plan I, E5,* ***46****) : al. Jerozolimskie, 45. ☎ 22-318-28-00. • poloniapalace.com • Ⓜ Centrum. Doubles 300-1 000 Zl selon j. de la sem, période et confort.* De la chambre standard (20 m²) à « l'appartement anglais » (150 m²) ; du week-end (prix avantageux) à la semaine (prix carrément délirants) ; du luxe ostensible de la façade au charme chic et discret des intérieurs ; nul doute que vous saisirez l'occasion de vous offrir ce petit bijou qui a traversé les affres de l'Histoire. En effet, le *Polonia* est le seul hôtel qui ait survécu à la Seconde Guerre mondiale. Grand style au programme et vue imprenable sur le palais de la Culture (en particulier depuis les chambres d'angle).

Le Royal Bristol *(plan II, E3,* ***42****) : ul. Krakowskie Przedmieście, 42-44. ☎ 22-551-10-00. • hotelbristolwarsaw.pl • Au cœur de la voie royale, dans la ville nouvelle. Trams nos 10, 17 ou 33, puis 18, 20 ou 23. Doubles à partir de 450 Zl selon j. et période.* Palace originellement de 1901 absolument somptueux de par sa déco Art nouveau dont témoignent encore le lobby et les ascenseurs. Pour le reste, ne vous méprenez pas, le *Routard* ne sombre pas dans la folie des grandeurs ! C'est juste que les tarifs de certains week-ends d'été peuvent être l'occasion de s'offrir tout le luxe d'un hôtel de cette catégorie : chambres magnifiques et élégamment décorées, club de fitness, piscine, bar, sans oublier l'accueil soigné.

Où manger ?

Malgré l'assaut de la « global-food », la gastronomie polonaise résiste bien, à des tarifs abordables, voire très abordables, tant mieux ! La plupart des restos fonctionnent sans interruption de midi... jusqu'au dernier client de la soirée, vers 22h. La ***formule déjeuner,*** généralement valable jusqu'à 16h, est toujours avantageuse, notamment dans les restos chic. Et, pour un déjeuner rapide, à des prix modiques et dans une ambiance populaire, les bars ***mleczny*** sont une bonne option.

– Pour les adresses éloignées, on indique le moyen de transport le plus direct depuis le centre *(Ⓜ Centrum).*

Dans la vieille ville et à ses abords

Très bon marché (moins de 20 Zl / env 5 €)

Pod Barbakanem *(plan II, E2,* ***60****) : ul. Mostowa, 27. À l'angle de l'ul. Freta, juste à la sortie des remparts. Ne pas confondre avec le* Pod Barbakan *non loin de là, beaucoup plus touristique. Tlj 8h (9h le w-e)-16h. Soupes et plats 4-13 Zl.* Ce bar à lait est idéal pour une pause roborative après l'exploration de la vieille ville. La jolie maison d'angle abrite une salle typique des années 1950, qui commence à détonner par rapport au quartier. Mais au moins, ici, on est sûr de bien manger et pour pas cher. Côté service, ne pas être trop regardant, sauf pour bien vérifier son addition. Tous les classiques (*barszcz, pierogi,* etc.). Attention, venir tôt, car il y a souvent foule !

Bon marché (20-50 Zl / env 5-12,50 €)

Zapiecek *(plan II, E2,* ***73****) : ul. Świętojańska, 13. ☎ 22-635-61-09. Tlj 11h-23h. Plats 22-30 Zl. Également ul. Freta, 18 (plan II, E2,* ***72****), ☎ 22-635-79-59, et ul. Freta, 1 (plan II, E2,* ***64****), ☎ 22-831-61-90.* Cette petite chaîne locale de restauration ne compte pas moins de 6 adresses entre centres historique et moderne. Chacune applique la même recette à succès : des *pierogi,* ces grosses ravioles fourrées avec (au choix) viande, champignons, épinards, fromage, choucroute et goulasch... à accompagner éventuellement de soupes et salades, servis dans un décor rustique-campagnard de théâtre par des serveuses en costume traditionnel.

|●| *Gospoda Kwiaty Polskie* *(plan II, E2, **69**)* **:** *ul. Wąski Dunaj, 6. ☎ 22-887-65-20. Tlj 11h-23h. Formule déj en sem 18 Zl ; plats 25-40 Zl.* Aux beaux jours, votre dévolu se portera sans doute sur l'une des rares tables de la terrasse sur rue. Mais par temps moins serein, vous serez bien heureux de vous réfugier dans cette salle au goût rustique, particulièrement ornée de motifs floraux. La cuisine, polonaise jusqu'au bout des racines de raifort, vous réchauffera avec force de bonnes soupes, saucisses grillées et même d'excellents *gołąbki* (des feuilles de chou enveloppant une farce... littéralement des « pigeons »). Une chère bien locale servie avec une gentillesse réservée.

|●| *Podwale 25 Piwna Kompania* *(plan II, E2, **71**)* **:** *ul. Podwale, 25. ☎ 22-635-63-14. Tlj 11h-1h ; 12h-minuit dim. Plats 30-60 Zl. Tt juste à l'extérieur des remparts.* Un dédale de salles où s'affaire en tous sens une horde de sympathiques serveuses... à moins que vous ne préfériez la vaste cour intérieure, toujours bondée elle aussi. Ici, on mange bien, copieusement et polonais, avec une coloration bavaroise ne serait-ce que pour la bière éclusée. Un lieu très connu des Varsoviens, réservez !

|●| *Bar Gruziński Argo* *(plan II, E2, **78**)* **:** *ul. Piwna, 46. ☎ 22-635-06-03. Tlj 13h-22h. Plats 30-60 Zl.* On navigue là vers d'autres horizons : cap sur la Géorgie, ce petit pays enclavé dans le Caucase. Au programme : juste 4 tables, un accueil sans chichis et une quinzaine de plats, dont les feuilles de vigne *(tolma),* le mouton à la sauce aux prunes et les bons *khinkalis,* des cousins de la famille des *pierogi* – mais dommage que la portion soit un peu chiche (5 pièces seulement). Attention de bien aspirer le jus à l'intérieur pour ne pas vous en mettre partout !

Chic (70-100 Zl / env 17,50-25 €)

|●| *U Fukiera* *(plan II, E2, **74**)* **:** *Rynek Starego Miasta, 27. ☎ 22-831-10-13. Tlj 12h-24h. Plats 50-110 Zl.* Les décorateurs ont concocté ici une auberge, ou plutôt un château de conte de fées. Tout y respire la patine d'une Pologne de rêve. Le parquet fleure bon l'encaustique de grand-mère, dont les ancêtres veillent sur les convives dans des cadres antiques, tandis que l'on dîne à la lueur des bougies dans une atmosphère très romantique. La cuisine, réputée, suit les saisons tout en s'évadant vers la Lituanie, la Russie et d'autres cieux européens. Mais le lieu est devenu sacrément touristique et cher.

|●| *La Rôtisserie* *(plan II, D-E2, **75**)* **:** *ul. Kościelna, 12. ☎ 22-531-60-00. Plats env 90-120 Zl.* Feutré et plutôt intime, l'hôtel *Mamaison Le Regina* semble hors de portée des bourses communes avec ses 5 étoiles au compteur. À défaut d'y séjourner (ce qui ne revient finalement pas si cher le week-end), on y déjeune volontiers, aux portes de la vieille ville, sur une agréable terrasse aux beaux jours – ou dans une salle donnant au travers d'une vitre sur une cave de plain-pied, le reste du temps. Dans l'assiette, une cuisine polonaise revisitée, légère et appuyée exclusivement sur des produits de saison – certes un peu chère, mais excellente et plutôt copieuse. D'ailleurs, Gérard Depardieu y mange chaque fois qu'il fait escale à Varsovie, nous a-t-on dit !

Dans le centre

Très bon marché (moins de 20 Zl / env 5 €)

Bars à lait

|●| *Bar Mleczny Familijny* *(plan I, E4, **62**)* **:** *ul. Nowy Świat, 39. En sem 7h-20h ; le w-e 9h-17h. Plats 3,50-13 Zl.* C'est le dernier bar à lait à avoir survécu au chambardement de la rue Nowy Świat, devenue chic et chère. On y mange à bon compte, dans une petite salle toute simple revêtue d'un placage de bois. Commandez à la caisse (oubliez le sourire), puis donnez votre ticket à la fenêtre. Un conseil : privilégiez les soupes.

Bambino (plan I, E5-6, **63**) : *ul. Hoża, 19. En sem 8h-20h ; le w-e 9h-17h.* Malgré son nom italien, il est resté conforme à la tradition des bars *mleczny*. D'ailleurs, la file d'attente qui serpente sur le trottoir atteste de sa popularité auprès de la *working class* du quartier. En attendant votre tour, profitez-en pour réviser quelques noms de plats !

Mleczarnia (plan I, E5, **68**) : *al. Jerozolimskie, 32. En sem 9h-20h ; le w-e 11h-19h. Plats 6-20 Zl ; formules 16-20 Zl.* Boulettes, côtelettes, soupes et salades, c'est le BaBA du bar à lait, préparé à partir de produits frais et servi dans un cadre inhabituellement avenant, aux imprimés rouge et blanc à carreaux et vaches aux murs... Seul hic : affronter le menu tout en polonais. Pour se simplifier la vie sans dépenser beaucoup plus, il y a aussi un ***Zapiecek*** à côté (voir « Où manger ? Dans la vieille ville »).

Bar Mleczny Prasowy (plan général, E7, **61**) : *ul. Marszałkowska, 10-16. À 15 mn du parc Łazienkowski. En sem 9h-20h ; le w-e 11h-19h.* Effort de déco pour cette grande salle noir et blanc, rehaussée par des chaises colorées. Grand choix de plats, à condition de ne pas arriver trop tard.

Green (plan I, E5, **76**) : *ul. Szpitalna, 6. ☎ 22-625-00-55. Tlj 10h (11h dim)-20h. Plats 9-15 Zl.* Dans ce petit local simple et lumineux, on commande à la caisse : c'est comme un bar à lait, mais en version végétarienne. La cuisine est fraîche et saine plutôt que raffinée, avec des inspirations internationales : soupes, tartes salées, *kroket, köfte, massala,* etc. Scruter le menu du jour à l'ardoise, en polonais (carte partiellement traduite en anglais au comptoir). Votre choix sera probablement accompagné d'un trio de salades (choux blanc, rouge et carottes).

Restaurants classiques

Bułkę przez Bibułkę (plan I, E5, **80**) : *ul. Zgoda, 3. 730-285-522. Tlj 7h30 (9h w-e)-23h (22h dim).* À l'heure du petit déjeuner, les serveuses ne savent déjà plus où donner de la tête. On leur pardonnera leurs étourderies passagères, tant les *pan kejk* (des pancakes, quoi !) aux fruits frais, omelettes, muesli et autre petit déj parisien sont bons et à prix canon. On apprécie aussi la terrasse au calme côté cour avec hamac et l'ambiance sympa qui règne entre les murs de brique et le mobilier de grand-mère – même si la musique est un peu forte.

Restaurant Bar Co Tu (plan I, E5, **66**) : *ul. Nowy Świat, 26-28. ☎ 22-826-83-39. Entrer par le porche puis se diriger vers la 2e cour. Le resto est à l'angle du pavillon nº 21. Tlj 11h (12h sam)-21h ; dim 12h-19h. Compter 10-15 Zl le plat.* Un bon resto vietnamien qui propose près de 80 spécialités à prix légers. Idéal pour changer des bars à lait tout en restant dans les petits budgets. La salle n'est pas bien grande, mais il y a aussi quelques tables dehors en été. On *nem* bien.

De bon marché à prix moyens (20-70 Zl / env 5-17,50 €)

Zaścianek (plan I, E5, **79**) : *ul. Nowogrodzka, 40. 502-56-60-86. Tlj sf w-e 12h-22h. Plats 20-35 Zl.* 5 tables et pas plus dans cette micro-adresse chaleureuse à laquelle on accède en descendant une volée de marches depuis la rue. Cuisine de terroir reprenant les grands classiques polonais *(pierogi, bigos...)*, servis avec grande gentillesse. Et comme les murs se sont habillés telle une auberge paysanne, on s'évade l'espace d'un repas de la moderne Varsovie.

Banjaluka (plan I, D-E4, **86**) : *ul. Skolna, 2-4. ☎ 22-828-10-60. Tlj 12h-minuit (22h dim). Plats 26-65 Zl.* On a craqué pour sa grande terrasse à la cool ombragée par les arbres, donnant sur une rue très tranquille, où se retrouvent de nombreux habitués le midi devant une belle salade fraîche, une soupe de poisson, un plat de mouton sauce yaourt-menthe ou un poulpe grillé. Aviez-vous deviné ? On mange ici bosnien (serbe) et on boit croate ou slovène (côté vins et bières notamment). À l'intérieur, on verse dans l'ambiance grotte et musique live le soir...

Au sud du centre

Bon marché (20-40 Zl / env 5-10 €)

|●| *Tel Aviv Food & Wine* *(plan général, E6,* ***77****) : ul. Poznańska, 11. ☎ 621-11-28. Tlj 9h (10h w-e)-minuit (1h ven-sam). En sem, formule petit déj (jusqu'à 11h) 38 Zl ; formule déj (12h-16h) 25 Zl. Sinon, snacks et plats 15-40 Zl.* Quelques tables sur le trottoir et 2 petites salles au goût du jour pour une ambiance à la fois relax et branchée. La formule avec soupe, plat du jour et eau a notre faveur, même si on accorde une mention spéciale aux houmous de toutes les couleurs (pois chiches, petits pois) et le *baba ganoush* (purée d'aubergines grillées), particulièrement savoureux. Sinon, petite restauration ultra-fraîche composée de divers sandwichs, salades, *charoset* (purée de dattes, noix et raisins) ou assortiment de *mezze*. Pour arroser tout ça, un bon choix de vin et de musique orientale de la plus traditionnelle à la plus actuelle. Le concept plaît et a fait des émules tout proches.

|●| *Przegryż* *(plan général, E6,* ***65****) : ul. Mokotowska, 52. ☎ 22-621-71-77. Tlj 9h (11h w-e)-22h. Plats 20-35 Zl.* Petite terrasse gagnée sur la rue, salle *d'jeune* au rez-de-chaussée et mezzanine (entreprendre un régime avant d'attaquer la montée de l'escalier bistro). À première vue, le lieu et la carte sont assez classiques. En seconde lecture, les déclinaisons originales de *pierogi* (au potiron, par exemple), purées (chou-fleur) et sauces (mûre, orange...) donnent un bel arrière-goût à ce petit resto de quartier. Et les noms prometteurs des plats tiennent leurs engagements. Service enlevé.

Chic (70-100 Zl / env 17,50-25 €)

|●| *Różana* *(plan général, E8,* ***67****) : ul. Chocimska, 7. ☎ 22-848-12-25. Bus nos 422, 501 ou 519. Tlj 12h-minuit. Formule déj : lun-jeu 2 plats 42 Zl, ven-dim 3 plats 59 Zl. Plats 40-80 Zl.* Cette grande villa bourgeoise rose a l'élégance des grandes dames de jadis. Belles salles, avec meubles anciens et jolis tableaux qui diffusent le parfum envoûtant d'un siècle révolu. Également un jardin, abrité par de grands arbres et parsemé de fleurs, où l'on dîne aux chandelles. Cuisine polonaise de bonne facture, soigneusement présentée et ponctuée par un arrogant chariot d'excellents desserts auquel il est difficile de ne pas succomber. Boissons assez chères, service en nœud pap'. Une adresse chic sans être guindée, où l'on croise hommes en quête d'affaires et couples en quête de romantisme.

|●| *Belvedere* *(plan général, F7-8,* ***82****) : ul. Agrikola, 1. Entrée la plus directe par le bout de la rue Parkowa. Trams nos 18 ou 35. ☎ 22-558-67-00. Tlj 12h-23h. Menu déj 67 Zl en sem et 99-149 Zl dim, eau et café inclus. Plats à la carte 50-100 Zl.* Au cœur du plus beau parc de la ville, l'un des restos chic de la capitale. Une petite folie (ou grosse, ça dépendra du vin choisi !), certes... mais la qualité est au rendez-vous. Les paons vous accueillent dès la terrasse et l'on dîne dans l'orangerie construite en 1861, au milieu d'une végétation exubérante qui dégringole des murs. 2 cartes au choix, l'une typiquement polonaise et l'autre parfumée d'influences méditerranéennes et asiatiques.

|●| *Qchnia Artystyczna* *(plan général, F7,* ***81****) : ul. Jazdów, 2. ☎ 22-625-76-27. Au rdc du château Ujazdowski, se reporter à « À voir ». Bus nos 520 ou 525. Tlj 12h-22h (23h jeu-sam). Plats 40-80 Zl.* Salle à la déco minimaliste qui contraste avec les saveurs multiples tourneboulées dans l'assiette. Joli pêle-mêle de plats italiens, qui voisinent avec d'autres, ukrainiens, mexicains, asiatiques... et même polonais. Agréable terrasse panoramique surplombant le canal du parc Łazienkowski.

Au cœur de l'ancien ghetto

Prix moyens (40-70 Zl / env 10-17,50 €)

Florian *(plan général, C4, **84**) : ul. Chłodna, 3. ☎ 22-620-93-98. Bus n°s 128 ou 131 puis trams n°s 11, 17 ou 33. Tlj 10h (11h w-e)-23h. Formule en sem (12h-16h) 20 Zl. Plats 40-60 Zl.* Jadis enclavée dans le ghetto, cette bâtisse héberge aujourd'hui un bien beau restaurant. On s'installe dans des salons et alcôves aux murs apaisants, lie-de-vin ou vert d'eau, ornés de miroirs ou de tableaux. Tables nappées de dentelles blanches et mobilier ancien confèrent au lieu une atmosphère un rien chic. Dans l'assiette, porc, canard, oies ou poissons s'acoquinent avec chou rouge, épinards, pommes de terre, cerises... Service aussi gentil que vite débordé.

Folk Gospoda *(plan général, C4, **70**) : ul. Waliców, 13. ☎ 22-890-16-05. Trams n°s 15 ou 35, puis bus n°s 102, 105 ou 109. Tlj 12h-minuit. Plats 30-75 Zl. Le midi en sem (12h-16h) menu 25 Zl.* Un peu excentré, cet établissement est un bon exemple de la vague rustico-polonaise qui fait tant d'émules. D'abord, une haie d'honneur de photos de stars internationales, ensuite, dans une vaste salle tamisée où le bois domine, on pose ses fesses et ses coudes sur de grosses planches bien épaisses. Alors les serveuses en tenue traditionnelle viennent prendre la commande. Cuisine à l'image du lieu, roborative à défaut d'être fine, avec des plats typiques à base de porc (évitez le *schnitzel*, un peu étouffe-chrétien), sans oublier le *barszcz*, le goulasch, les crêpes de pommes de terre, etc. Pour l'ambiance, quelques petits groupes interprètent des chansons populaires *(ts les soirs, sf dim et vac d'été).*

À Praga

De prix moyens à chic (40-100 Zl / env 10-25 €)

Warszawa Wschodnia by Mateusz Gessler *(plan général H3, **85**) : ul. Minska, 25. ☎ 22-870-29-18 (résa conseillée le soir). Tram n° 22, arrêt Lubelska (puis remonter ul. Minska sur 400 m, c'est à gauche dans l'ancienne fabrique). Tlj 24h/24. Côté bistro, menu déj (en sem, 12h-16h) 25 Zl, plats 50-70 Zl. Côté gastro, plats 65-80 Zl.* Si vous croisez *Mateusz* dans cette ancienne gare, il vous offrira un beau voyage gastronomique. L'hémisphère droit du resto (bistro) fonctionne jour et nuit, autour d'un immense comptoir qui entoure la cuisine ouverte et autour d'une ardoise renouvelée toutes les 4h environ (de la vraie cuisine d'inspiration). Les marmitons vous régalent sacrément à force de gestes calculés, avant que le beau et bon résultat ne s'invite dans votre assiette. L'hémisphère gauche du resto (gastronomique) est plus posé, nappé de blanc, chic, avec pianiste d'ambiance. Le tout a élu domicile dans l'ancienne gare *Wschodnia,* tout en brique, façon hangar. Le chef (de gare) mène ses brigades avec art, tout en vous taillant agréablement la bavette... en français. Normal, il est originaire des Landes.

Où boire un café ? Où manger une pâtisserie ?

Dans la vieille ville et ses abords

Pożegnanie z Afryką *(plan II, E2, **95**) : ul. Freta, 4-6. Tlj 7h-22h (21h en hiver).* Le nom de cette minichaîne dédiée aux plus grands cafés s'inspire du film *Out of Africa*. Partie de Cracovie, elle régale toute la Pologne d'un large choix de provenances et de types de cafés. Cela dit, mieux vaut se contenter d'un café classique plutôt que d'un café spécial ou aromatisé, souvent écœurant. Quant aux pâtisseries, elles sont franchement médiocres. Accueil qui manque un peu de chaleur également.

Same Fusy *(plan II, E2, **93**) : ul. Nowomiejska, 10. Tlj 14h-23h.* 2 salles à l'étage dans les tons bruns font la part belle au bois et à la pierre. Rien de tel pour se mettre au chaud autour d'un café ou d'originaux thés. Pour encore plus d'intimité, on peut aussi choisir de déguster sa boisson ou sa part de tarte au sous-sol tout aussi chaleureux.

Bílý Koníček Cafe *(plan I, E4, **91**) : ul. Kredytowa, 1. À l'intérieur du Musée ethnographique (rubrique « À voir »). Tlj 10h-21h.* À l'entrée du musée, cette cafétéria calme et plaisante, à la longue banquette gris souris et œuvres ornant murs et plafonds, propose cafés et boissons issues des agricultures solidaires et bio. Quelques douceurs aussi (chocolats, gâteaux) et des soupes. Petite sélection d'articles de la même veine.

Dans le centre

Café A. Blikle *(plan I, E4, **90**) : ul. Nowy Świat, 35. Tlj 9h-21h.* Favori du général de Gaulle (consulter la rubrique « À voir »), refuge littéraire des opposants pendant la période communiste, ce grand café fondé en 1869 a retrouvé sa vocation première : les plaisirs de la pâtisserie et des mondanités. Sur sa terrasse, comme dans les salons verts, on déguste de nombreux cocktails, des glaces, mais surtout les fameux gâteaux, comme le beignet à la fleur de rose. C'est d'ailleurs très chic d'arriver chez des amis polonais avec des pâtisseries de chez *Blikle*.

E. Wedel *(plan I, E4-5, **94**) : ul. Szpitalna, 8 ; à l'angle avec Górskiego, 11-19. Tlj 8h (9h w-e)-22h (21h dim).* Épargné par la guerre, ce bel immeuble fut construit fin XIXe s pour le grand chocolatier de la ville, qui y tient toujours boutique ! Il faut y entrer, au moins pour admirer son remarquable décor d'époque. Les gourmands ne manqueront pas de s'installer dans les 2 petits salons paisibles, chic et cosy, décorés de photos anciennes, même s'il faut parfois faire la queue pour obtenir une table. Dans ce havre de paix hors du temps et loin du stress ambiant, on sert le chocolat chaud le plus pur de la ville. Il y en a de nombreuses sortes : du classique ou traditionnel (épais !) au chocolat froid au yaourt et à la vanille, en passant par celui à la cannelle ou au rhum... Si vous hésitez, prenez un trio pour goûter 3 variétés différentes.

Słodki Słony *(plan général, E6, **96**) : ul. Mokotowska, 45. Tlj 10h-22h. Pâtisseries 12-30 Zl.* Une jolie bonbonnière avec mezzanine, papier fleuri, vieux parquet, poutres et, çà et là, quelques tableaux anciens. Magnifiques pâtisseries de toutes les couleurs, qui s'intègrent merveilleusement dans le décor. Pas données toutefois ! Pour les petits budgets, le « tête-à-tête » s'avère délicieux. Éviter les plats salés, onéreux et sans grand intérêt.

Czuły Barbarzynca *(plan II, E2, **98**) : ul. Piwna, 20-26. Tlj sf lun 10h (11h w-e)-19h (20h sam).* Le « gentil barbare » est l'authentique café-librairie de la vieille ville. Il y fait bon feuilleter les livres tout en sirotant un bon café ou un jus de fruits. Pas d'alcool ici ! Côté décor, c'est insolite et chaleureux : confortables divans, moelleux sofas envahis par les livres, ambiance artistique et bohème (beaucoup d'étudiants) : on aime.

Kafka Café *(plan I, E4, **99**) : Obożna, 3. Tlj 9h (10h w-e)-22h.* Au rez-de-chaussée d'un triste immeuble de béton, ce café tout en baies vitrées aux étagères remplies de bouquins et de jeux (l'occasion de vous essayer au Scrabble en polonais avec des Z et W qui ne valent rien !) est bien agréable et lumineux. Aux beaux jours, un stock de chaises longues permet d'aller consommer sur la pelouse en face. Petite restauration à base de sandwichs, crêpes, belles salades, pâtes et quelques autres petits plats, sans oublier la sélection de généreux gâteaux. Petits déj également, café, thés, jus de fruits frais...

Où boire un verre ? Où sortir ?

Capitale oblige, Varsovie voit proliférer les adresses en tout genre, à la mode ou alternatives, brasseries, bars à bières ou à vodkas et boîtes à décibels et minijupes.

Pour les adresses éloignées, nous vous indiquons les moyens de transport depuis le centre *(M Centrum).*

Les adeptes des sorties en groupe s'intéresseront au *Pub Crawl Warsaw*

(● pubcrawl.pl ●). Au programme *(rdv tlj à 20h30 au Rondo Charles de Gaulle, 60 Zl)* : 4-5 bars et clubs parmi les plus tendance du moment, avec plusieurs boissons incluses.

Bars, clubs

Les bars du palais de la Culture : *pl. Defilad, au rdc.* ***Kulturalna*** *(plan I, D5,* ***123****), entrée par le théâtre Dramatyczny et* ***BarStudio*** *(plan I, D5,* ***118****), entrée par le Théâtre Studio. Tlj 12h-2h du mat env.* ***Kulturalna,*** vieux bar de l'époque grandiloquente du socialisme polonais, a su s'adapter au changement de régime. Le mobilier date, la déco aussi, mais cette patine donne du caractère à l'endroit, où il est agréable de boire un verre, dans une ambiance culturelle. Projections, lectures et soirées occasionnelles. Juste en face, le ***BarStudio*** est une parfaite antithèse jeune et moderne dans le fond, la forme et la fréquentation. On peut aussi manger (petitement) dans les 2 adresses.

Browar de Brasil *(plan I, E5,* ***110****)* **:** *ul. Marszałkowska, 76-80. 534-600-990. Tlj 10h-minuit (1h ven-sam).* Dans cet environnement de boulevards peu glamour, une enseigne joliment scénarisée, où la mazurka cède le pas à quelques notes de samba. Le personnel en jaune et en vert se met au service d'une vraie microbrasserie qui propose de la bière maison, bien polonaise. Pour accompagner, la carte sans tambour ni trompette est résolument brésilienne.

Pies Czy Suka *(plan I, E5,* ***76****)* **:** *ul. Szpitalna, 8a. Tlj 13h-minuit (2h ven-sam).* Nichée au fond de sa cour, cette adresse a vraiment du chien. Et pas seulement pour son bestiaire très arty qui vous regarde siroter votre cocktail : testez le « boulevardier » ou le « French 75 », pour faire dans le cocorico. Au deuxième verre, on devient pote du cochon rouge, au troisième on rit de toutes ses dents avec le croco en céramique. Dans la salle à la déco très industrielle, les bandes de canidés statufiés refont le monde avec la jeunesse de *Wawa.*

Piw Paw *(plan I, E5,* ***112****)* **:** *ul. Żurawia, 32-34, mais entrée ul. Parkingowa. Ouv 24h/24 !* Des *Piw Paw*, il y en a 3 en ville, véritables aimants à bandes de copains. On y fait son trou entre des murs couverts de capsules de bière pour se mesurer aux collections de shooters à 1 Zl l'unité : en prendrez-vous 5, 10, 20 ou même davantage ? Le choix est vaste, avec 91 références à la pression sourdant en direct du mur du bar... la plupart artisanales (polonaises surtout, mais aussi étrangères).

Harenda *(plan I, E4,* ***115****)* **:** *ul. Krakowskie Przedmieście, 4-6. Entrée par la rue Oboźna, attenant à l'hôtel Harenda, sur la gauche. Tlj 9h-4h (1h dim et 2h lun-mer).* Une grande terrasse toute de bois vêtue aux faux airs de taverne bavaroise. Puis, lorsque les premières bourrasques sonnent le signal du repli, 2 grandes salles intérieures emmitouflées dans des murs de bois permettent de poursuivre la fraternisation autour des bocks de bière, à moins qu'on ne glisse, quand il est ouvert, vers le club de jazz du sous-sol. Également un service de restauration bon marché pour offrir du concret au liquide.

Café Trakt *(plan II, E3,* ***127****)* **:** *ul. Krakowskie Przedmieście, 71. Tlj 9h-23h.* Rien de transcendant, si ce n'est la survie d'un vrai café en ce lieu stratégique. Au regard de la petitesse de la salle, on vient ici pour la terrasse donnant sur l'église Sainte-Anne. Prix raisonnables et petite restauration.

Plan B *(plan général, E7,* ***128****)* **:** *ul. Wyzwolenia, 18. Tlj 11h-3h.* Le soir, vous repérerez probablement cette institution de la Varsovie nocturne aux grappes de fêtards agglutinées sur le trottoir de cette jolie place, ici bordée de colonnades. Le bar lui-même, un 1er étage incurvé et assez bas de plafond, est souvent plein et très animé. Mais son principal intérêt demeure son comptoir, où se ravitaillent des morts de soif qui ont pourtant l'air passablement... hydratés !

Les bars alternatifs de Nowy Świat *(plan I, E5,* ***119****)* **:** *entrée par le portail situé au nº 27 de la rue ou par Chmielna ; d'autres bars dans la cour accessible par le passage entre les nºs 26 et 28 de Nowy Świat. Tlj jusqu'à 2h du mat env (plus tard ven-sam).* Surnommés par les autochtones

« les pavillons » ou « le jardin secret », cette zone de préfabriqués est colonisée par une brassée de bars alternatifs et souvent originaux, desservis par des passages et cours agrémentées de *street art.* Consos pas chères. On vous laisse choisir votre crémerie, au gré des humeurs et de l'affluence.

Pijalnia Wódki i Piwa *(plan I, E5,* ***109****) : ul. Nowy Świat, 19. Tlj 24h/24.* Ce bar d'une chaîne spécialisée dans les *zakąski-przekąski,* littéralement apéritifs-snacks, ne désemplit pas. Pardi ! On y boit *(4 Zl)* et on y grignote *(8 Zl)* à prix fixe. Bière, vodka, petits plats au menu sur un décor de vieux journaux collés aux murs. C'est un peu le lieu où on commence la soirée et où viennent s'échouer les paumés du petit matin ayant promené leur cul sur les remparts de Varsovie.

Karmnik *(plan II, E3,* ***121****) : ul. Piwna, 4a. Tlj 13h (10h w-e)-23h.* Dans une vieille ville où la tendance est à ne tolérer que l'évocation de l'ancien, on est vraiment pris à contre-pied par le design de ce petit bar. Mobilier lamellé collé, plastique martelé, graffitis branchés, blancheur omniprésente... Pourquoi pas ? D'autant que la sélection de bières en bouteille est alléchante et que l'ambiance, plaisante, va du relax à l'animé. Il est même possible de s'y restaurer honorablement de *żurek, pierogi, gołąbki* ou *ribs*.

Bars musicaux

Między Nami *(plan I, E5,* ***114****) : ul. Bracka, 20. Ouv 9h (14h dim)-23h (minuit ven-sam).* Pas d'enseigne, mais vous aurez tôt fait de le repérer, car il y a souvent pléthore de clients en terrasse. Les jeunes cultureux de Varsovie ont élu domicile dans cette salle postmoderne aux murs garnis d'expos en tout genre. Pour ceux que la fumée dérange, il y a la terrasse, tout aussi prisée par ceux qui ont décidé de manger un morceau (cuisine réputée !).

Tygmont Live Klub *(plan I, E4,* ***117****) : ul. Mazowiecka, 6-8. Tlj sf dim-lun 21h-3h (8h ven-sam). Jam-sessions ou soirées à thème musical à partir de 21h-22h.* Les groupes sont différents chaque soir. Pas d'entrée à payer et des consommations raisonnablement tarifées *(cocktails 15-25 Zl),* voilà une bonne adresse ! Une salle au rez-de-chaussée et une autre au sous-sol avec un grand bar en U. Les concerts et les soirées R'n'B, latino ou 70's-90's sont appréciées des Varsoviens.

Lolek *(plan général, C7-8,* ***113****) : ul. Rokitnicka, 20. Bus n*[os] *128, 175, N32 au-delà de 23h. Tlj 11h-4h. Concert ts les soirs (à 18h, 20h ou 21h).* Dans le parc Pole Mokotowskie, un pub country music plus que rigolo. Tout en extérieur, ambiance grosses tables en bois, barbecue et bières à gogo. Les serveurs et serveuses passent avec leurs paniers pour s'assurer que votre verre est toujours plein. Feu de bois, propice aux rencontres.

Lysy Pingwin *(plan général, G2,* ***129****) : ul. Zabkowska, 11.* Ⓜ *Dworzec Wileński. Tlj 12h-minuit (2h ven-sam).* Ce « pingouin paresseux », bar pas bien grand à la déco minimaliste (tables basses et poufs), est un grand classique du circuit nocturne des bars de Praga. Certains soirs à partir de 21h, concerts de rock ou happening. Toujours beaucoup de monde.

W. Oparach Absurdu *(plan général, G2,* ***130****) : ul. Zabkowska, 6.* Ⓜ *Dworzec Wileński. Tlj de 12h jusqu'à plus soif.* L'« Opéra absurde » distille une atmosphère cossue. Avec ses petits salons meublés de fauteuils dépareillés, de tables de bistrot rétro, ses tapis au sol, et toutes sortes d'objets comme de vieux postes de radio, des strapontins de ciné et de multiples guirlandes lumineuses, on se sent ici hors du temps, ou plutôt dans un temps chaleureux rythmé par une bande-son particulièrement soignée. Des jam-sessions sont régulièrement organisées le soir à partir de 20h.

Bars dansants, boîtes

Enklawa *(plan I, E4,* ***124****) : ul. Mazowiecka, 12. • enklawa.com • Ouv mar-sam 22h-5h. Âge min : 21 ans. Entrée : env 20 Zl. Tenue correcte exigée.* L'une des boîtes branchées de la capitale. Le programme est différent chaque soir : *ladies night* le mardi (gratuit pour ces dames), *old school* (tubes des années 1960 à 1980) le mercredi, musique « Black & White » le jeudi, *fashion* *night* (avec défilé de mode) le vendredi... et la soirée « Trendy », comme celle qu'on finit par attraper avec tout ça, le samedi.

♫ ***Klub Park*** *(plan général, D7,* ***125****) : al. Niepodległości, 196. • klubpark.pl • Métro puis trams nos 17 ou 33 (jusqu'à env 23h). Tlj 21h-2h (voire plus). Entrée : 20 Zl.* Ne cherchez pas : c'est là où vous entendez du bruit. Dans un parc, une grande boîte surtout fréquentée par des étudiants. À l'intérieur, une vaste piste de danse, tandis qu'à l'extérieur il y a de quoi grignoter quelque chose au barbecue. Un style de musique différent chaque soir et toujours plein de monde le week-end.

♫ ***Pub Bolek*** *(plan général, D7,* ***120****) : al. Niepodległości, 211. Dans le parc Jozef Piłsudskiego. Métro puis trams nos 17 ou 33 (jusqu'à env 23h). Tlj de 13h jusqu'à tard. Entrée payante le w-e.* Un lieu un peu surprenant aux allures de ferme polonaise. Tables à l'extérieur pour une petite restauration. À l'intérieur, plusieurs bars avec karaoké certains soirs. Et le week-end, tout le monde se retrouve dans la boîte de nuit, sur la piste de danse.

Où écouter du Chopin ?

Les occasions de mettre ses oreilles au piano ne manquent pas dans la ville où le jeune Frédéric fit ses gammes. Voir également plus loin la rubrique « Fêtes et festivals ».

♩ ***Le parc Łazienkowski*** *(plan général, F7,* ***122****) : • lazienki-krolewskie.pl • Bus nos 116 ou 180. Entrée à 150 m de l'intersection de Bagatela et d'Ujazdowskie, non loin du parc Belweder. De mi-mai à fin sept, ts les dim à 12h et 16h. GRATUIT.* Les plus doués des jeunes pianistes polonais donnent des concerts au bord d'un plan d'eau, à l'ombre du monument à Frédéric Chopin, pleuré par un saule. Romantique à souhait !

Achats

On vous indique les transports pour accéder à ces adresses depuis le centre *(Ⓜ Centrum).*

Marchés

Halles Mirowska *(plan général, D4,* ***7****) : al. Jana Pawła II. Bus nos 128 ou 131 puis trams nos 10, 17 ou 33. Tlj sf dim.* Les 2 halles en brique bâties vers 1900 sont aujourd'hui occupées par des... supermarchés ! Tout autour, on retrouve l'atmosphère pittoresque des étals de fleuristes, primeurs et bouchers.

Bazar Różyckiego *(plan général, G2,* ***137****) : enclavé entre les immeubles d'ul. Żabkowska et ul. Targowa. Ⓜ Dworzec Wileński. Tram no 7. Lun-ven 7h-17h (15h sam).* Tombant en désuétude, ce marché reste connu pour la vente de robes de baptême, de communion et de mariage.

Koło Bazar *(plan général, A2,* ***138****) : ul. Obozowa, 99. W-e 6h-15h. Trams nos 13, 20, 23 ou 24.* Ce marché aux puces fédère dans une ambiance bon enfant tout ce que la ville compte de brocanteurs pros ou improvisés. Peu de pièces rares, plutôt des fonds de greniers. D'ailleurs, n'oubliez pas que l'exportation d'antiquités est réglementée.

Artisanat

Cepelia *(plan I, E5,* ***139****) : ul. Chmielnia, 8.* Cet emporium, rare magasin d'État, vestige du passé, présente un large éventail de véritables productions artisanales. À moins que vous n'ayez prévu un séjour dans toutes les régions du pays, voilà de bonnes idées pour faire un tour d'horizon des créations polonaises.

Gourmandises

E. Wedel *(plan I, E4-5,* ***94****) : ul. Szpitalna, 8 ; à l'angle avec Górskiego, 11-19. Tlj 8h (9h w-e)-22h (21h dim). Voir* *plus haut « Où boire un café ? Où manger une pâtisserie ? ».* Vous n'aurez que l'embarras du choix pour rapporter des chocolats à la voisine qui garde minette !

Manufaktura Cukierków *(plan I, E5, **109**) : ul. Nowy Świat, 21. Tlj 11h-21h (20h dim-lun).* Boutique lumineuse truffée de bonbons aux multicoloris. Si l'on veut éviter le trop-plein de multicalories, on peut se contenter d'assister à leur fabrication sur place.

À voir

Pour accéder aux sites excentrés, nous vous indiquons le moyen de transport le plus direct depuis le centre *(M Centrum).*

Visite gratuite

➢ ***Free walking tour :*** *513-875-814. • freewalkingtour.com/warsaw • Mars-oct, visites guidées gratuites en anglais ou espagnol (durée : 1h30-2h15), selon programme à consulter en ligne. Rdv au Rondo Charles de Gaulle ou au pied de la colonne de Sigismond, dans la vieille ville.* Au choix : le classique tour de la vieille ville ou des balades à thème (communiste, alternatif, culture juive, souvenirs de guerre...). Tout est gratuit, mais le pourboire est plus qu'apprécié !

Visites en transports

– ***Bus nº 180 :*** dessert les principaux sites de la capitale, en suivant une partie de la voie royale, entre le château de Wilanów au sud et le cimetière de Powązki au nord, via la lisière de la vieille ville.
– ***Tramway ligne T :*** *les w-e, fin juin-début sept slt. Départ et terminus pl. Narutowicza (plan général, C6-7).* Permet de parcourir une grande boucle à travers la ville (Praga compris), dans des trams des années 1950.

➢ ***Visites en bus à impériale :*** *billet à usage illimité à acheter auprès du chauffeur ou dans l'un des offices de tourisme ; réduc. Audioguide en français.* ***Warsaw City-tour :*** *• city-tour.com.pl • De mi-juin à mi-sept 7-8 départs/j., 9h50-17h50 (en hiver, 2 départs le mat slt), devant la Zachęta Gallery (plan I, E4). Compter 60 Zl/24h, 80 Zl/48h ou 40 Zl pour un voyage unique ; réduc.* ***City sightseeing :*** *• city-sightseeing.pl • 2 lignes : une bleue, une rouge, avec respectivement 6-7 départs/j. en été, depuis la rue E. Plater, devant le palais de la Culture et de la Science (plan I, D5). Compter 60 Zl/24h, 80 Zl/48h et 90 Zl/72h (cette dernière formule avec visite guidée gratuite de la vieille ville en juil-août) ; réduc (euros et dollars acceptés).* Ces bus touristiques, proposent la formule « hop on/hop off » permettant de descendre à son gré du bus pour visiter un site et de remonter dans le bus suivant.

➢ ***Visites en minibus Nysa :*** *606-225-525. • adventurewarsaw.com • Tours 3-4h : 149-169 Zl.* À bord de vieux Nysa des années communistes, ces tours *ostalgiques* vous font (re)découvrir la Varsovie de derrière le rideau de fer, déjeuner dans un bar *mleczny* à la clé. On vient vous chercher et l'on vous ramène là où vous le souhaitez dans le centre.

DANS LA VIEILLE VILLE ET AU NORD
(STARE MIASTO ; plan II)

Avant d'arpenter les ruelles de la vieille ville, souvenez-vous qu'elles n'étaient qu'un champ de ruines au lendemain de la guerre. Déclarée œuvre nationale par le gouvernement communiste, la reconstruction à l'identique de la Varsovie historique, château compris, mobilisa l'ensemble de la population de 1949 à 1963. Imaginez Paris amputé de Notre-Dame, de l'île de la Cité et du Marais, et vous aurez une idée du gigantisme de l'œuvre accomplie, avec des moyens de fortune. Cet acte de fierté nationale a été récompensé par l'inscription du quartier au Patrimoine mondial de l'Unesco.

Zamek królewski *(château royal ; plan II, E3)* **:** *pl. Zamkowy, 4. ☎ 22-355-51-70. • zamek-krolewski.pl • Horaires valables pour ttes les sections : mai-sept, tlj 10h (11h dim)-18h (20h jeu) ; oct-avr, tlj sf lun 10h (11h dim)-16h. Dernière entrée 1h avt fermeture. Entrée : 30 Zl. Audioguide en français : 17 Zl.*
L'essentiel des salles de ce vaste château accueillait les offices, les archives et les tribunaux, les rois bâtissant leurs palais privés dans les faubourgs de Varsovie, à l'instar du château Ujazdów et du palais Wilanów érigés par Jan III Sobieski ou du parc Łazienki, qui accueille ce qui fut la résidence du roi Stanislas II Auguste Poniatowski. Dès 1939, sur ordre personnel de Hitler, les soldats allemands dépouillent le château royal de ses objets de valeur et percent plusieurs milliers de trous dans les murs en vue de son dynamitage. C'est chose faite en 1944. La reconstruction de ce symbole national ne sera décidée qu'en 1971. Grâce à un effort sans précédent de la population et à des milliers de dons provenant aussi de l'étranger, il est inauguré en 1984. Les plus âgés se souviennent notamment de l'énorme tirelire devant le chantier, où chacun déposait quelque menue monnaie.
– ***Le château :*** la visite égrène une trentaine de salles, toutes richement décorées. On découvre ainsi les chambres du Parlement, les appartements royaux, constitués d'une dizaine de pièces qui abritent de nombreuses peintures, sculptures et bronzes du XVIIIe s notamment et la ***salle Canaletto,*** exhibant les vues de Varsovie réalisées par ce neveu du peintre de Venise, et dont les architectes s'inspirèrent pour reconstruire la ville après les affres de la Seconde Guerre mondiale.
– ***La galerie de Lanckoroński :*** les collections présentent une belle brochette de peintures où figurent, entre autres, deux ***Rembrandt.***
– ***L'exposition*** sur la destruction et la reconstruction du château illustre combien le château royal symbolise pour les Polonais l'indépendance de leur pays. L'ancien château fort du XIIIe s, maintes fois modifié, partiellement ou complètement détruit, a toujours été reconstruit et il demeure, depuis le XVIe s, la résidence royale et le siège de la Diète.
Quant aux ***arcades Kubicki*** *(Arkady Kubickiego ; tlj 10h (11h dim)-18h – 17h oct-avr)* et aux jardins au pied du château, elles surplombent la bruyante voie express au point d'en gâcher la visite.
– ***Pałac Pod Blachą :*** *entrée 15 Zl (hors château royal).* Le « palais au toit de cuivre », situé en contrebas du château, fait l'objet de deux visites. À l'étage, celle des appartements du prince Joseph Poniatowski laisse un peu sur sa faim après les splendeurs du château. Au rez-de-chaussée, *Oriental Rugs* rassemble une remarquable collection de tapis d'Orient datant des XIXe et XXe s.

LA RÉPUBLIQUE DES NOBLES POLONAIS

Aux XVIe et XVIIe s, alors que d'autres pays européens étaient soumis au pouvoir absolu, la Pologne vivait à l'heure de la république des nobles. Le château était géré par le starosta (le maire) de Varsovie, et le roi, élu par ses pairs, devenait non pas propriétaire héréditaire du château, mais son locataire à vie. Un roi qui ne tirait ainsi que l'usufruit du pouvoir...

Kolumna Zygmunta III *(colonne Sigismond-III-Vasa ; plan II, E3)* **:** *sur la pl. du château.* L'un des plus vieux monuments de Varsovie fut érigé en 1664 par le roi Ladislas IV à la mémoire de son père qui établit sa capitale à Varsovie. Les passants y jettent toujours un coup d'œil, car du haut des 22 m de sa colonne, le vénérable roi est censé voir venir les éventuels dangers et les avertir en levant son épée.

Katedra Św. Jana *(cathédrale Saint-Jean ; plan II, E2)* **:** témoin, en 1339, du procès devant la tribune papale entre les Polonais et les chevaliers Teutoniques, lieu de couronnement de deux rois, l'une des plus vieilles églises de Varsovie (XIIIe-XIVe s) fut reconstruite après la guerre, en réemployant une partie de ses briques d'origine. Sa façade et son intérieur ont retrouvé l'essentiel de leur majesté gothique. Les cryptes renferment plusieurs tombes de personnalités, comme celle de l'écrivain Henryk Sienkiewicz, Prix Nobel de littérature en 1905.

Rynek Starego Miasta *(place de la Vieille-Ville ; plan II, E2)* **:** rebâtie dans sa forme initiale des XVIIe et XVIIIe s, la grande place de la vieille ville est entourée de maisons bourgeoises, dont certaines présentent des façades décorées de fresques, de sculptures et de bas-reliefs. Au centre, la statue de la fameuse sirène symbolise l'insurrection de la ville. Un ensemble particulièrement harmonieux et éminemment touristique.

LES PETITES SIRÈNES

Selon la légende, deux sœurs sirènes vivaient au fond de la mer Baltique. L'une d'elles choisit d'habiter sur un rocher dans le port de Copenhague. La seconde arriva à Gdańsk et remonta la Vistule jusqu'à Varsovie. Gênés par la femme-poisson, les pêcheurs l'emprisonnèrent mais ne purent résister à ses chants mélodieux. En reconnaissance de sa liberté retrouvée, la sirène promit aux Varsoviens de venir à leur secours en cas de besoin. Pour défendre la ville, elle brandit une épée et un bouclier.

Muzeum historyczne Warszawy *(musée historique de la Ville ; plan II, E2)* **:** *Rynek Starego Miasta, 28.* ☎ *22-635-16-25.* • *muzeumwarszawy.pl* • ***En travaux jusqu'en mai 2017.*** En attendant la réouverture, dans une annexe, non loin de là, le ***Centrum Interpretacji Zabytku*** *(Centre d'interprétation ; plan II, E2 ; ul. Brzozowa, 11-13 ; tlj sf lun 10h-19h ; 2 Zl, réduc)* propose une intéressante exposition de photos sur les destructions de la vieille ville pendant la Seconde Guerre mondiale et sa difficile reconstruction (explications en anglais). Un film *(20 mn ; 5 Zl)* permet de replonger dans la Varsovie de l'entre-deux-guerres avant de vivre en images l'occupation nazie, l'insurrection de la ville en août 1944 et sa destruction subséquente.

➢ Au nord de la place débute la rue *Krzywe Koło,* d'où bifurque à droite une charmante ruelle, *Kamienne Schodki,* qui descend vers la Vistule.

Nowe Miasto *(ville nouvelle ; plan II, E3)* **:** il suffit de passer la Barbacane, faisant partie d'une reconstruction des anciens remparts démantelés au XIXe s, et de suivre les ***rues Nowomiejska*** puis ***Freta.*** Installée à l'extérieur de l'ancienne enceinte au début du XVe s, la ville nouvelle bénéficia du statut de cité indépendante, jusqu'à son rattachement à Varsovie à la fin du XVIIIe s. C'est alors seulement que les premières maisons en pierre remplacèrent les pauvres constructions en bois qui abritaient une modeste population.

QUESTION POUR UNE CHAMPIONNE

C'est parce que les études supérieures étaient interdites aux filles en Pologne que Marie Curie choisit d'émigrer vers la France. Et c'est parce que les sciences physiques et chimiques n'étaient pas enseignées dans les écoles de jeunes filles en France que Marie Curie fut l'une des rares femmes à user ses jupes sur les bancs de la faculté des Sciences de Paris. Un machisme qui ne l'a pas empêchée d'être l'une des plus grandes savantes du XXe s... Avec 2 prix Nobel au compteur !

Muzeum Marie Skłodowskiej-Curie *(musée Marie-Curie ; plan II, E2)* **:** *ul. Freta, 16.* ☎ *22-831-80-92.* • *muzeum-msc.pl* • *Tlj sf lun et certains j. fériés, juin-août 10h-19h ; sept-mai 9h-16h30. Entrée : 11 Zl ; réduc.* Maria Skłodowska est née en 1867 au n° 24 de la rue Freta. Le 1er étage de sa maison natale (fermé pour travaux jusqu'en novembre 2017), reconstruite à l'identique après 1945, abrite un musée à sa mémoire (provisoirement déplacé juste en face). Elle s'installe à Paris à 24 ans et y épouse Pierre Curie en 1895. Première femme titulaire d'une chaire à la Sorbonne, elle découvre la radioactivité du thorium, identifie le polonium et isole le radium. Prix Nobel de physique en 1903 (avec son mari) et de chimie en 1911, c'est la première et à ce jour la seule femme récompensée deux fois par l'Académie suédoise. Elle meurt en 1934. Ses cendres ont été transférées au Panthéon en 1995.

Kościół Sakramentek *(église du Saint-Sacrement ; plan II, E2)* **:** *sur la pl. du Marché (Rynek Nowego Miasta).* Petite église commanditée par la reine Maria Sobieska pour célébrer la victoire de son époux Jan sur les Turcs à Vienne en 1683. Reconstruite après la Seconde Guerre mondiale, elle a retrouvé sa façade baroque, mais la nef est très sobre.

Kościół Nawiedzenia NMP *(église de la Visitation-de-la-Vierge ; plan II, E2)* **:** *ul. Przyrynek, 2.* L'une des vieilles églises de Varsovie, construite sur le bord de l'escarpe. Belle vue sur la Vistule et les parcs de la rive droite. Intérieur assez joli avec ses murs blancs et ses ogives en brique rouge. Au pied de l'escarpe, le ***parc des Fontaines*** présente un surprenant spectacle sons et lumière *(ven-sam : mai et sept à 21h ; 21h30 juin-août).*

AU SUD DU CHÂTEAU ROYAL

➢ ***Trakt Krolewski*** *(la voie Royale)* est composée de trois rues successives : ul. Krakowskie Przedmieście, ul. Nowy Świat et al. Ujazdowskie qui relient, sur 4 km, le château royal à la résidence d'été du roi dans le parc Łazienkowski.

Kościół Św. Anny *(église Sainte-Anne ; plan II, E3)* **:** *à l'angle de Miodowa et de Krakowskie Przedmieście. Accès à la tour : tlj 10h-21h (11h-22h le w-e) ; en hiver, tlj 10h (11h w-e)-18h ; 5 Zl.* Datant du XVe s, sa façade classique cache un intérieur baroque splendide. C'est ici que les princes polonais juraient fidélité au roi. Détruite en 1656 par les chevaliers suédois, elle fut reconstruite dans son actuel style baroque quelques années plus tard. En 1983, pendant la loi martiale, les opposants au régime avaient l'habitude de se réunir dans les jardins en contrebas, que l'on aperçoit au-dessus du tunnel routier. Depuis sa tour, très belle vue panoramique sur la vieille ville.

Le monument d'Adam Mickiewicz *(plan II, E3)* **:** *au centre d'un petit square au pied de l'église des Carmélites.* Monument dédié au poète romantique (1789-1855), admiré et considéré par tous, même par les communistes, comme l'un des chantres de l'indépendance nationale.

Kościół Karmelitów *(église des Carmélites ; plan II, E3)* **:** *attenante au palais présidentiel (Pałac Prezydencki).* Elle fut épargnée par la Seconde Guerre mondiale. Construite au XVIIIe s, elle renferme un magnifique maître-autel baroque du Flamand Tylman Van Gameren. La grosse boule à son sommet a inspiré le dicton : « Avoir la tête comme la grosse boule des carmélites. » Inutile de vous faire un dessin.

Pałac Prezydencki *(palais présidentiel ; plan II, E3)* **:** *ul. Krakowskie Przedmieście, 40. Visite slt lors des fêtes nationales ou journées portes ouvertes. Relève de la garde tlj à 12h.* C'est dans les murs de cet ancien palais de la famille Radziwiłł qu'a été signé le ***pacte de Varsovie,*** en 1955, au plus fort de la guerre froide. Ironie de l'Histoire, quelque 30 ans plus tard, au printemps 1989, il accueille les premiers pourparlers entre les dirigeants communistes et les leaders du syndicat Solidarność. Depuis 1994, il est devenu la résidence du président de la République. La relève de la garde en rajoute au protocole.

***La statue du prince Józef Poniatowski* :** *devant le palais présidentiel.* Cas unique dans l'histoire de France d'un étranger devenu maréchal d'Empire, Józef Poniatowski avait d'abord combattu aux côtés de Napoléon.

Son descendant, Michel Poniatowski, fut ministre de l'Intérieur de Giscard d'Estaing. L'histoire de ce monument reflète bien le passé tourmenté des Polonais. Réalisée par le sculpteur danois Thorvaldsen, fondue à Rome en 1822, la statue fut confisquée et envoyée en Russie, à la suite de l'insurrection de 1830, avant même sa mise en place. Rendue à la Pologne en 1923, après le traité de Riga, elle fut installée sur l'actuelle place Piłsudskiego et détruite pendant la guerre. En 1952, la ville de Copenhague, qui en possédait un modèle en plâtre, fondit une copie et l'offrit à Varsovie. Installée d'abord dans le parc Łazienkowski, c'est seulement en 1965 qu'elle trouva sa place définitive. Juste en face, jeter un œil au ***Pałac Potokich*** *(palais Potocki ; plan II, E3),* bel édifice baroque du XVIIIe s.

Muzeum Karykatury Eryk Lipiński *(musée de la Caricature ; plan II, E3)* **:** *ul. Kozia, 11. ☎ 22-827-88-95. • muzeumkarykatury.pl • Tlj sf lun 10h-18h. Entrée : 7 Zl ; gratuit mar.* Faute d'espace (deux salles et une cage d'escalier !), ce petit musée créé par le caricaturiste Eryk Lipiński expose par roulement une partie seulement de sa riche collection, couvrant plus de 3 siècles de dessin satirique. Preuve est faite en tout cas que la Pologne a aussi ses Daumier et ses Reiser !

Kościół Wizytek *(église baroque des Visitandines ; plan général, E3)* **:** *après les hôtels* Europejski *et* Bristol, *à l'architecture pâtissière des Années folles.* À ses moments perdus, Chopin donnait des concerts sur le grand orgue de cette église. Le très sérieux ecclésiastique posté devant est le cardinal Stefan Wyszyński, apôtre des Droits de l'homme sous le régime communiste.

Uniwersytet Warszawski *(université de Varsovie ; plan I, E4)* **:** *ul. Krakowskie Przedmieście. Ⓜ Nowy Świat-Uniwersytet.* Un ensemble de bâtiments disposés dans un parc. À peine créée en 1818, l'université fut fermée en 1832 sur ordre du tsar en représailles à l'insurrection de 1831. Depuis, sa tradition frondeuse perdure. Les nazis y interdirent les cours, considérant tout enseignement comme un crime contre l'Allemagne, puni de la peine de mort. Le grand auditorium fut transformé par leurs soins en écurie, et un grand nombre d'étudiants et de professeurs furent fusillés. Néanmoins, les cours continuèrent en divers endroits de la ville. Cette université « volante » reprit ses activités clandestines dès 1970, sous le régime communiste.

– Les bâtiments les plus intéressants sont le ***palais Tyszkiewicz*** et, au fond du campus, le ***palais Kazimierzowski*** (1634) avec la grande salle du conseil de l'université, une ancienne résidence d'été. Il est agréable de se promener dans le parc ou de rester sur un banc au milieu des étudiants.

Kościół Św. Krzyża *(église de la Sainte-Croix ; plan I, E4)* **:** *ul. Krakowskie Przedmieście. Ⓜ Nowy Świat-Uniwersytet.* Construite au XVIIIe s d'après le modèle baroque de l'église Saint-André-de-la-Vallée à Rome. Sur les escaliers qui mènent à l'entrée, une statue très expressive du Christ portant la croix. Son bras tendu avec l'index pointé comme dans un geste de reproche était, au temps du communisme, censé désigner le siège du Parti communiste installé en face. Est-ce pour cela que l'église a été le théâtre des plus violentes batailles de rue entre les étudiants et les policiers de l'ancien régime ? Une vocation presque, puisqu'elle avait déjà eu à subir l'assaut des troupes allemandes lors de l'insurrection de Varsovie. À l'intérieur, parmi les nombreuses plaques funéraires, se trouve l'urne contenant le ***cœur de Frédéric Chopin*** (deuxième pilier à gauche de la nef). Comme disait saint Matthieu : « Là où est ton trésor, là aussi sera ton cœur. »

Pałac Staszica *(palais Staszic ; plan I, E4)* **:** *il ferme la perspective de la rue Krakowskie Przedmieście. Ⓜ Nowy Świat-Uniwersytet.* Construit en 1820, il abrite le siège de l'Académie polonaise des sciences, après avoir longtemps servi d'école primaire aux enfants des troupes soviétiques. Juste devant trône la ***statue de***

VARSOVIE ET SES ENVIRONS

Nicolas Copernic. Le grand astronome de la Renaissance n'a pas échappé à la barbarie nazie qui expédia le monument comme simple ferraille en Allemagne, où il fut finalement retrouvé.

Ulica Nowy Świat *(rue Nowy Świat ; plan I, E4-5)* **:** *littéralement, rue du « Nouveau Monde ». Elle prend son envol à la hauteur du palais Staszic.* Ⓜ *Nowy Świat-Uniwersytet.* Percée au milieu du XVIIe s, elle devint dès la fin du XIXe la grande artère commerçante de la ville. Reconstruite en style néoclassique après avoir subi le même sort que la vieille ville, elle a retrouvé sa vocation première, comme l'atteste le défilé de boutiques de luxe, restos, librairies et galeries d'art. Parmi les célébrités ayant habité dans cette rue, Joseph Conrad (né Józef Konrad Korzeniowzski) vécut en 1861, avec son père, au nº 47 avant de mener à travers le monde une vie d'écrivain voyageur. Au nº 35, le célèbre café *Blikle* (voir « Où boire un café ? Où manger une pâtisserie ? ») contribue au bonheur des Varsoviens depuis 1869. Il en était de même pour le général de Gaulle en 1920 (voir « rondo Charles de Gaulle » plus loin). Ne passez pas devant sans goûter aux fameux *pączki* (beignets) et partager ainsi le péché mignon du grand homme !

Muzeum Fryderyka Chopina *(musée Frédéric-Chopin ; plan I, E4)* **:** *ul. Okolnik, 1.* ☎ *22-441-62-51.* • *chopin.museum* • Ⓜ *Nowy Świat-Uniwersytet. Tlj sf lun 11h-20h (billetterie 19h). Entrée : 22 Zl ; réduc ; gratuit dim. Visite ttes les heures en anglais, parfois en français. Nombre de visiteurs limité, résa en ligne possible.*
– **Chopin Pass :** *voir « Adresses et infos utiles » plus haut.*
Juché sur un promontoire, le palais Ostrogski reconstruit dans le style baroque du XVIIe s est aujourd'hui consacré aux diverses facettes de la vie et de l'œuvre de Chopin. Sa musique est à l'honneur au rez-de-chaussée et au sous-sol, où des livres interactifs disposés sur des pupitres permettent d'écouter ses compositions tout en parcourant des partitions, des analyses d'éminents musicologues, des mises en perspective avec la vie personnelle de Chopin et la création artistique de son temps. Du rez-de-chaussée au 2e étage, une foule d'objets et de documents mettent l'accent sur certains thèmes : la jeunesse, la vie parisienne (1831-1849), les femmes qui comptèrent dans sa vie, et plus particulièrement George Sand, qui l'accueillit dans son château de Nohan de 1839 à 1846. Enfin les voyages en Europe et la mort prématurée, à 39 ans. La cérémonie funèbre ayant eu lieu en l'église de la Madeleine... à l'acoustique médiocre (un comble !).
Muni d'une carte magnétique, chaque visiteur peut activer de nombreuses bornes présentant de courts reportages qui complètent l'exposition. Visite intéressante pour se plonger dans la vie incroyablement intense et prolifique de l'un des papes du romantisme. Pour en profiter encore plus, dommage qu'il n'y ait pas de... nocturnes.

Pałac Zamoyskich *(palais Zamoyski ; plan I, E4)* **:** *ul. Nowy Świat, 67-69.* De style néo-Renaissance, c'est ici que fut assassiné en 1863 le gouverneur russe de Varsovie. Comme la sœur de Chopin habitait ce palais, les cosaques se vengèrent en défenestrant le grand piano de son illustre frère, événement commémoré aujourd'hui par une plaque. Ce palais est l'ultime étape de nostalgie historique. Au-delà, un autre monde commence : la version socialiste de la reconstruction d'après-guerre et la Varsovie du XXIe s.

DANS LE CENTRE *(ŚRÓDMIEŚCIE ; plan I)*

Centrum Bankowo Finansowe Gielda *(Bourse de Varsovie ; plan I, E5)* **:** *à l'angle de Nowy Świat et de Jerozolimskie.* Ce grand bâtiment d'époque stalinienne, jadis surnommé par dérision la « Maison blanche », est l'ancien siège du comité central du Parti ouvrier unifié polonais. Ironie de l'Histoire, depuis le retour de la démocratie et de l'économie libérale, il abrite la Bourse de Varsovie (du moins des bureaux).
– Sur l'esplanade, le long du ***rondo Charles de Gaulle*** (rond-point Charles-de-Gaulle), se dresse une statue en bronze du général de Gaulle. Cadeau de la France,

elle rappelle le soutien apporté aux Polonais par de Gaulle, alors capitaine, pour remporter la bataille de Varsovie contre l'armée russe en août 1920.
– En face, un palmier de 15 m se dresse au beau milieu de l'avenue Jerozolimskie ! Il s'agit d'une œuvre d'art intitulée *Salutation de l'avenue de Jérusalem.*

Pałac Kultury i Nauki *(palais de la Culture et de la Science ; plan I, D5)* **:** *visites organisées en anglais (en français sur résa slt) avec* **CREATours** *(798-999-521 ; • pkin-wycieczki.pl •). Tarifs (incluant l'entrée) : 30 Zl (tour classique), 40 Zl (sous-sols) ou 60 Zl (du rdc au toit).*
Impossible de ne pas voir cet énorme bâtiment qui domine tout le centre-ville. Du haut de ses 237 m, il reste l'édifice le plus élevé du pays ! En 1950, Staline voulait construire à Varsovie un monument à la gloire du socialisme. Il émit trois propositions : soit un quartier d'habitation modèle, soit une ligne de métro, soit un palais de la Culture. Cette troisième proposition fut retenue. Le palais devait concurrencer (guerre froide oblige) les plus hauts buildings américains, comme l'Empire State Building à New York. En un temps record, de 1952 à 1955, 6 000 membres des brigades socialistes internationales bâtirent ce colosse, qui est une copie de l'université Lomonossov de Moscou. Quatorze ouvriers russes et deux enfants périrent sur le chantier... officiellement ; leurs tombes dans le cimetière orthodoxe de Varsovie sont encore entretenues par l'administration du palais.
À l'origine, le palais portait évidemment le nom de Joseph Staline. Ce dernier devenu simple tyran après sa mort, les marteaux effacèrent scrupuleusement son nom et détruisirent sa statue. Tout autour, une série de sculptures représentent les icônes du communisme : le mineur courageux, l'ouvrier d'avant-garde portant un livre gravé des noms des pères du communisme Marx, Engels et Lénine, la femme travailleuse, le soldat vigilant, le juste milicien, etc. Anecdote : nul autre que l'architecte du palais ne sait pourquoi une représentation de Hans Christian Andersen, l'auteur des célèbres *Contes,* accompagne ce panthéon ! L'entrée est décorée par deux statues dédiées à Copernic et à Mickiewicz.
Le palais compte plus de 3 000 pièces et abrite trois théâtres, un cinéma, une salle de congrès, une piscine, plusieurs petits musées et une multitude d'institutions officielles. Mais, associé pendant des décennies à la présence soviétique en Pologne, le bâtiment a toujours généré des sentiments contrastés chez les Varsoviens. Il fut édifié en pleine reconstruction de la ville, au milieu d'un parterre de ruines ; son inutilité était criante face à l'absence de logements. Sa construction déclencha bon nombre de rumeurs qui restent ancrées dans la mémoire de la capitale : il y aurait des donjons souterrains d'une profondeur de plusieurs étages (deux sous-sols en fait) et des galeries secrètes pleines de ramifications.
Mais, en dépit de cette désaffection des Varsoviens, le palais, aujourd'hui classé Monument historique, est devenu une attraction touristique, et son ascenseur desservant 30 étages fut longtemps considéré comme un must. Lors du changement de régime, ce palais sauva sa tête alors que certains voulaient le démonter et le vendre, ou encore le peindre en rose ! Il réussit sa reconversion en devenant le siège de sociétés occidentales.

CHAMBRE AVEC VUE

Les nombreux détracteurs du palais racontent que l'homme le plus heureux de Varsovie en est le gardien car, habitant tout en haut du bâtiment, il est le seul à ne pas le voir quand il ouvre ses fenêtres !

– **Terrasse panoramique du 30e étage :** *entrée par la porte centrale d'ul. Marszałkowska. Juin-août, tlj 9h-20h (23h30 ven-sam) ; le reste de l'année, tlj 9h-18h. Ticket pour l'ascenseur (entrée d'une petite expo incluse) en vente à la caisse située dans le hall, en haut de l'escalier ; 20 Zl (22 Zl en nocturne) ; réduc.* À 114 m d'altitude, le panorama offre une vue imprenable sur la ville et permet de bien apprécier son étendue et le nombre de ses parcs. Il y a même un petit café, pour ceux qui souhaiteraient prolonger la halte.

VARSOVIE ET SES ENVIRONS

AUTOUR DU PALAIS DE LA CULTURE
(plan I et plan général)

Au sud

La bruyante avenue Jerozolimskie est dominée à l'ouest par la tour de l'hôtel *Marriott* et le clinquant immeuble de la LOT. Elle forme avec l'avenue Marszałkowska, qui continue en direction de la place Konstytucji, le centre commercial de la ville : grands magasins, boutiques, cinémas et galeries marchandes.

Fotoplastikon *(plan I, D5)* **:** *al. Jerozolimskie, 51. ☎ 22-629-60-78. • fotoplastikonwarszawski.pl • Suivre la flèche à l'entrée de la cour de l'immeuble. Tlj sf lun-mar 10h-18h. Entrée : 4 Zl ; réduc ; gratuit jeu.* Ce petit local cache une merveille datant de la seconde partie du XIXe s, temps héroïques de l'image, à savoir l'une des dernières rotondes de projection de photos stéréoscopiques encore en activité en Europe ! Ce gros tambour en bois, de 3 m de diamètre, est percé de lentilles qui permettent à 24 personnes assises tout autour de visionner dans une ambiance musicale des photos en 3D, provenant d'une collection de quelque 3 000 clichés. Plusieurs programmes d'une quinzaine de minutes sont présentés par roulement. Le meilleur, *Old Warsaw,* est normalement programmé le dimanche, tandis que le standard, *New City,* est projeté les autres jours.

La place Konstytucji et le quartier MDM *(plan général, E6)* **:** cette place, hérissée de lampadaires monumentaux, commémore la Constitution polonaise de 1952. Les autorités de l'époque souhaitaient qu'elle masque la perspective vers l'église de la place Zabwiciela, située dans le prolongement de la rue Marszałkowska. Loupé ! on l'aperçoit toujours en se penchant un peu ! Le quartier Marszałkowska (abrégé MDM) s'organise autour de Konstytucji. Mis en œuvre dans un voisinage autrefois huppé pour accueillir la classe ouvrière, ce projet emblématique du réalisme socialiste fut inauguré en 1953. En témoignent des mosaïques encore visibles sur la place et des bas-reliefs de citoyens modèles, le long des arcades des immeubles.

DES FILLES DE BONNE CONSTITUTION

Pendant la période communiste, la nomenklatura venait s'encanailler à l'hôtel MDM *qui s'élève sur la place Konstytucji. Les filles de joie y prenaient soin des mâles qui, officiellement, méritaient des égards. Du coup, le nom de la place a vite glissé de Constitution à Prostitution... On loge toujours dans cet hôtel, mais désormais c'est moins agité le soir !*

Muzeum Rzeźby w Krőlikarni *(musée de la Sculpture ; hors plan général par E8)* **:** *ul. Puławska, 113A. ☎ 22-843-15-86. • krolikarnia.mnw.art.pl • Trams nos 4, 10, 14 ou 18. Tlj sf lun 11h-18h (20h jeu). GRATUIT. Expo temporaires : 14 Zl.* La visite vaut surtout pour le joli parc agrémenté de quelques sculptures et pour cet édifice néoclassique à colonnes, qui renferme d'agréables expositions temporaires.

À l'ouest

Muzeum Sztuki Nowoczesnej *(musée d'Art moderne ; plan I, D5)* **:** *ul. Pańska, 3. ☎ 22-596-40-10. • artmuseum.pl • Tlj sf lun 12h-20h. GRATUIT.* En attendant la création d'un grand musée devant le palais de la Culture et de la Science (ouverture toujours repoussée), celui-ci dispose d'un cadre bien étriqué. Pour autant, il ne lésine pas sur les efforts pour organiser d'intéressantes expos temporaires, où se croisent des artistes contemporains de tous les horizons et modes d'expression.

À l'est

Muzeum Narodowe *(Musée national ; plan I, E5)* **:** *al. Jerozolimskie, 3. ☎ 22-629-30-93. • mnw.art.pl • Tlj sf lun 10h-18h (21h jeu). Entrée : 15 Zl (expo permanente) ou 25 Zl (avec l'expo temporaire), audioguide inclus ; réduc ; expo permanente gratuite mar.*

Voilà un musée en perpétuel remaniement. Dans quel ordre seront présentées les collections lors de votre visite ? La question donnerait le tournis à Copernic lui-même. Mais quel que soit l'ordonnancement de tout ça et les fermetures périodiques de salles, vous découvrirez ici :

- ***Galerie médiévale :*** belle collection de peintures et sculptures religieuses avec des retables collectés dans toute la Pologne. Jetez-y un œil attentif, car les auteurs de ces panneaux de bois polychromes, originaires de Gdańsk, de Silésie et des anciennes frontières de la Pologne, avaient le sens du détail pour illustrer le martyre du Christ. Un Christ qu'on retrouve mis en scène dans une morbide reconstitution de la montée au calvaire, avec des statues de suppliciés (grandeur réelle) pourvues de vrais cheveux.

LE ROUX DE L'INFORTUNE

Ruse machiavélique du renard pillant les basses-cours, flammes de l'enfer, le roux avait un lien avec Satan dans l'imaginaire du Moyen Âge. Une stigmatisation qui se retrouve dans l'iconographie religieuse où Judas était représenté avec une chevelure fauve (pratique pour le repérer dans les scènes des tableaux bibliques !). Caïn, Dalila, Saül, Esaü lui tiennent d'ailleurs compagnie avec leur tignasse flamboyante, dans ce hit-parade des personnages honnis.

- ***Galerie de peinture ancienne européenne :*** œuvres des écoles flamande et italienne avec, entre autres, le *Joueur de cartes,* de Rombouts, le *Card Sharps,* de Crabeth le Jeune, la *Vieille Femme* de Todeschini. Puis de belles scènes de cuisine signées Snyders ou encore une lumineuse *Arche de Noé* de Savery.
- ***Galerie de portraits polonais et européens :*** y figure en bonne place Cranach le Jeune, avec une série de notables de Gdańsk vraiment émouvante, voire presque naïve. Voir aussi l'*Homme avec un livre,* signé Palamedesz.
- ***Galerie d'art des XIXe, XXe et XXIe s :*** œuvres historiques du peintre Matejko, dont la monumentale *Bataille de Grunwald* qui décrit l'écrasement des chevaliers Teutoniques par l'armée polono-lituanienne. Quelques œuvres plus personnelles, autoportraits ou scènes de famille. À la rubrique histoire : le *Christ prêchant au Capharnaüm,* de Gottlieb, où le Christ est représenté en juif, ou encore le *Sauvetage des captives Tatar,* de Brandt ; Michałowski et son *Napoléon* bien trouble. À la rubrique géographie : une intéressante série de Chalmónski et de Pankiewicz (scènes dans différentes villes françaises : Saint-Tropez, Chartres, Paris). Parmi les autres artistes, signalons Rodakowski, Van Kessel et son *Portrait d'une famille* ou le *Cirque* de Wojtkiewicz. On découvrira également l'émergence de l'impressionnisme qui se fait sentir chez Podkowinski et Ślewiński, clairement influencé par son ami Gauguin, comme on le voit dans ses *Femmes bretonnes,* autour d'un panier de pommes. Enfin, quelques œuvres de maîtres français, tel *Antibes au petit matin,* de Signac, un buste signé Maillol, deux modelés par Carpeaux mais aussi Ingres *(Homme nu),* Van Dongen (paysage de Saint-Tropez) et Courbet *(Rivage).* Également une petite salle dédiée à Wyspiański.
- ***Salles consacrées à l'Antiquité :*** en plus de pièces étrusques, égyptiennes et romaines, elles abritent l'extraordinaire butin découvert en 1960 par les archéologues polonais à Faras, une ville de l'ancienne Nubie (aujourd'hui au Soudan) : chapiteaux, colonnes, et surtout une soixantaine de fresques chrétiennes des VIIIe et XIIe s, provenant d'une cathédrale copte.

Muzeum Wojska Polskiego *(musée de l'Armée ; plan I, F5)* **:** *dans le même bâtiment que le Musée national. ☎ 22-629-52-71. • muzeumwp.pl • Ouv mer*

10h-17h, jeu-dim 10h-16h. Entrée : 15 Zl. Il suffit de (re)lire l'histoire polonaise pour comprendre le rôle clé qu'a joué l'armée dans la survie de la nation polonaise, maintes fois découpée et rayée de la carte. Cette précision étant faite, l'intérieur du musée propose une chronologie des différentes armes utilisées en Pologne depuis l'aube de son histoire jusqu'à aujourd'hui : armures, casques, fusils, pistolets, uniformes... Le matériel lourd, canons du XVIIe s, chars, avions, voitures blindées bricolées lors de l'insurrection de Varsovie... étant exposé à l'extérieur. À ce prix-là, il peut valoir le détour, ne serait-ce que pour admirer le magnifique travail d'orfèvre accompli sur les nombreux sabres.

Centrum Nauki Kopernik *(Centre des sciences Copernic ; plan général, F3-4)* **:** *Wybrzeże Kościuszkowskie, 20. ☎ 22-596-41-00. • kopernik.org.pl • Ⓜ Centrum Nauki Kopernik. Depuis Krakowskie Przedmieście, suivre Obożna. Mar-ven 9h-18h, w-e et j. fériés 10h-19h. Dernière entrée 1h avt fermeture. Entrée : 27 Zl, 18 Zl (2-19 ans) ; réduc. Tt est traduit en anglais.*
Ce musée élevé au bord de la Vistule s'est donné pour mission de vulgariser le savoir scientifique pour toute la famille, de manière ludique, grâce à des expériences et des ateliers « hyper-interactifs » et souvent novateurs. Le concept n'est pas nouveau, mais le lieu est indubitablement une réussite. Ici, petits et grands apprennent, construisent, résolvent et expérimentent.
– ***Au rez-de-chaussée :*** accueilli par un spectaculaire pendule de Foucault, on y découvre, sur la droite, l'expo *Re : génération,* dédiée aux interactions entre individu et société, à travers les phénomènes neurologiques et psychologiques. Sur la gauche, *Roots of Civilization* ratisse large en rassemblant les découvertes primordiales dans les domaines du son, des maths, de l'hydraulique, de la précision et même de l'archéologie. Dans le *Théâtre des robots,* adjacent, de mignons humanoïdes interprètent des extraits d'auteurs de science fiction. De l'autre côté de cet espace, *Buzz* permet aux enfants jusqu'à 5 ans de se frotter à une nature mise à leur portée : mais comment un serpent voit-il le monde ?
– ***À l'étage :*** parcourir *On the move,* c'est explorer par soi-même les phénomènes naturels qui définissent la manière même de fonctionner de notre planète. *Humans and the Environment* s'attache à l'anatomie et au cerveau, et *Light Zone,* qui baigne plutôt dans la pénombre en dépit de son nom, met en scène des phénomènes lumineux et magnétiques en portant l'accent sur les illusions. Reste le *High Voltage Theatre,* où l'électricité fait des étincelles, et le *Thinkatorium,* histoire de mettre en pratique tout ce que vous venez d'apprendre ! Qui qu'est le plus malin ?
– **Planétarium :** *au bord de la Vistule, derrière le centre. • niebokopernika.pl • Tlj sf lun 9h30 (10h30 w-e)-19h (20h jeu, 21h30 ven, 20h30 sam, 19h30 dim). Selon 2D ou 3D 19-24 Zl, 14-19 Zl (2-19 ans) ; réduc. Billet et écouteurs (en anglais) à la caisse générale.* Avec son dôme de 16 m de diamètre et son équipement ultramoderne, c'est autant un cinéma 3D qu'un planétarium classique. Jusqu'à 8 spectacles différents par jour.

L'ancien quartier juif et l'ancien ghetto

À la veille de la Seconde Guerre mondiale, Varsovie était après New York, Chicago et Moscou la ville du monde comptant la plus importante communauté juive : 350 000 personnes, soit 30 % de la population. Dès l'invasion de la Pologne en 1939, les nazis instaurèrent des mesures discriminatoires : port obligatoire de l'étoile de David, identification des magasins juifs, interdiction de voyager en train. C'était le début de la Shoah.

Un peu d'histoire

Tandis que les ghettos de Lublin et de Łódź étaient déjà créés, le 15 novembre 1940, en application des lois raciales et antisémites en vigueur dans le Reich, les nazis établissent celui de Varsovie en pleine ville. 450 000 juifs environ, provenant du quartier juif de Varsovie, mais aussi d'autres villes du pays, y sont emprisonnés dans un espace de 307 ha, clos sur 18 km d'un mur haut de plus de 3 m, couvert de barbelés. Celui qui refuse d'y être transféré risque tout bonnement la mort. Dès 1941, les conditions de vie du ghetto sont épouvantables du fait de son insoutenable densité de population. Souvent 8 à 10 personnes s'entassent dans une seule pièce. En 3 ans à peine, plus de 100 000 personnes y meurent d'épuisement, de faim et de maladies. Le 22 juillet 1942, les Allemands annoncent une « opération de transfert des populations vers l'Est », c'est-à-dire la déportation vers les camps de la mort. Du 22 juillet au 12 septembre 1942, environ 300 000 juifs sont arrêtés et transportés dans des wagons à bétail vers le camp d'extermination de Treblinka, depuis l'*Umschlagplatz* (les Polonais n'ont même pas tenté de traduire ce lieu infâme qui continue d'être nommé en allemand). D'autres sont soumis à l'esclavage dans les usines allemandes appelées *szopy* (étables), alors en manque de main-d'œuvre.

SOMBRE ÉTOILE SOUS LE SOLEIL

Les nazis n'ont rien inventé en imposant une étoile de David pour ostraciser les juifs. Au XVIIIe s, le roi de Sardaigne ressortit de très vieux statuts de la ville de Nice (du XIIe s) et décréta que les juifs devaient y porter... une étoile jaune (déjà). Une disposition maintenue jusqu'en 1750. Saint Louis avait déjà imposé au XIIIe s le port de la rouelle (étoffe circulaire) aux hommes juifs. Comme quoi, la bêtise résiste au temps !

L'insurrection et la fin du ghetto

Le 19 avril 1943, les nazis entrent de force dans le ghetto pour le liquider et arrêter les derniers juifs. À l'annonce de cette décision, l'Organisation juive de la lutte armée et l'Union juive militaire réagissent par l'insurrection. Environ 3 000 hommes (dont seulement 600 sont armés) se soulèvent contre les Allemands. On abat les murs des appartements pour mieux communiquer, on se bat dans les caves transformées en bunkers. Pour briser la résistance du ghetto, les nazis doivent envoyer des renforts : 2 000 hommes et des chars. Bien sûr, le combat est inégal. Mais jusqu'à la mi-mai 1943, les juifs insurgés se battent avec l'énergie du désespoir. Les Allemands tirent au canon sur les derniers immeubles de la résistance. Le ghetto tombe entre leurs mains. Bilan : 7 000 juifs sont exécutés sur place, 6 000 autres périssent dans les incendies et les combats. Quelques combattants parviennent à s'enfuir par les égouts, dont ***Marek Edelman,*** l'un des commandants de l'insurrection. D'autres se suicident pour ne pas tomber dans les mains des SS, comme le chef de l'Organisation militaire juive ***Mordechaj Anielewicz.*** Les bâtiments du ghetto sont incendiés et détruits par les Allemands. Les quelques lieux de mémoire que nous recensons plus bas constituent les seules traces tangibles de ce que

MIETEK GRAYEWSKI, ALIAS MARTIN GRAY

Parmi les insurgés du ghetto, Mietek Grayewski (né en 1922) est un contrebandier débrouillard. Plusieurs fois par jour, il rapporte de la nourriture en soudoyant soldats et policiers polonais. Lors d'une rafle, son père manque de se faire déporter, mais Mietek l'aide à s'échapper. Après la guerre, ce dynamique personnage sera mondialement connu sous le nom de Martin Gray pour son best-seller Au nom de tous les miens, *dans lequel il raconte (avec l'aide de Max Gallo) sa vie dans le ghetto, sa déportation, son évasion du camp de Treblinka et, enfin, sa lutte au sein de l'Armée rouge.*

fut le ghetto de Varsovie. Le film de Jon Avnet, ***1943, l'ultime révolte*** (États-Unis, 2002), raconte l'histoire de la résistance juive conduite par Mordechaj Anielewicz.

ITINÉRAIRE SUR LES LIEUX DE LA MÉMOIRE JUIVE DE VARSOVIE

De bonnes infos sur le site • warszawa.jewish.org.pl •

Plac Grzybowski *(place Grzybowski ; plan I, D4)* : *juste derrière la rue Świętokrzyska.* Peut être le point de départ d'une découverte des ultimes traces de la Varsovie juive. Avec la destruction et la liquidation du ghetto en avril-mai 1943, c'est toute une culture multicentenaire qui a définitivement disparu, et avec elle une grande partie de la culture polonaise.

La synagogue Nożyk *(plan I, D4)* : *ul. Twarda, 6. Derrière le théâtre juif Ester Rachel Kaminska. ☎ 22-620-58-37. Lun-ven 9h-19h, dim 11h-17h. Fermé ven fin ap-m et sam et pdt les offices. Les hommes doivent se couvrir la tête. Entrée par le bâtiment moderne à l'arrière : 10 Zl.* Avant la Seconde Guerre mondiale, les juifs possédaient près de 400 lieux de prière à Varsovie. Il n'en reste que peu de traces, comme cette petite synagogue érigée vers 1900, la seule à avoir survécu au désastre. Située dans ce que l'on nommait alors le « petit » ghetto, elle servit durant la guerre de magasin et de garnison pour les Allemands, avant d'être rendue au culte dans les années 1960, après une modeste rénovation.

Le théâtre juif Ester-Rachel-Kamińska *(plan I, D4)* : *pl. Grzybowski, 12. ☎ 22-620-62-81. • teatr-zydowski.art.pl •* Construit en 1969, il monte des spectacles en yiddish (écouteurs avec traduction en polonais). Le bâtiment abrite aussi l'*Association sociale et culturelle des juifs en Pologne – TSKZ* et sert de siège à la rédaction du journal bilingue *Slowo Zydowskie (Parole juive)* et à la *Fondation Shalom.* Durant les travaux, les représentations se donnent en d'autres lieux proches, consulter le programme.

Vestiges du mur du ghetto *(plan I, D5)* : *dans la cour des immeubles entre les 55-59, ul. Sienna (mais fermé par un digicode) et 62, ul. Złota, 2 rues à l'ouest derrière le palais de la Culture.* On peut voir le premier tronçon dans la première cour de l'immeuble du 59, ul. Sienna ; le deuxième se trouve dans la cour suivante. Sur chacun d'eux sont apposées des plaques commémoratives ; un plan du ghetto sur le deuxième en montre bien les limites. Il existe un troisième tronçon à l'angle des rues Pereca et Walicców, moins bien conservé que les deux autres.

HALTER ET GO !

Marek Halter a 4 ans quand ses parents, aidés par des amis catholiques, s'évadent du ghetto avec lui par les égouts et gagnent le quartier de Praga, en décembre 1940. Après un exil à Moscou, puis en Ouzbékistan, Marek Halter arrive en France en 1950, il a 14 ans. Apatride jusqu'en 1980, il est naturalisé français grâce à Simone Veil. Juif par ses origines, polonais de naissance, russe par nécessité, français de cœur, européen par conviction, il est aussi citoyen du monde et militant pour la paix.

Les personnes intéressées pourront poursuivre beaucoup plus au nord jusqu'à l'***Institut historique juif*** *(Żydowski Instytut Historyczny ; plan II, D3)* : *ul. Tłomackie, 3-5. Derrière la pl. Bankowy. ☎ 22-827-92-21. • jhi.pl • Ⓜ Ratusz Arsenał. Tlj sf sam 10h-18h. Entrée : 10 Zl ; gratuit dim ; réduc.* À la fois musée et bibliothèque, il rassemble documents, livres et photos sur la vie et l'insurrection du ghetto ainsi que sur la vie juive en Pologne depuis le XVIIe s.

Muzeum Wiezienia Pawiak (musée de la Prison Pawiak ; plan général, C3) : *ul. Dzielna, 24-26. ☎ 22-831-92-89. • muzeum-niepodleglosci.pl • Ⓜ Ratusz Arsenał. Mer-dim 10h-17h. Entrée : 10 Zl (gratuit jeu) ; réduc.* La prison Pawiak fut utilisée par tous les régimes oppresseurs et totalitaires (sauf les communistes... le bâtiment avait été détruit durant la guerre). Jusqu'en 1914, les autorités russes tsaristes y enferment les rebelles et patriotes polonais. De 1939 à 1944, les nazis en font la prison principale de la Gestapo, où 30 000 opposants politiques sont torturés et éliminés.

Le monument des Héros du ghetto (plan général, D2) : *ul. Ludwika Zamenhofa. Ⓜ Ratusz Arsenał.* Le pèlerinage de la Varsovie juive serait incomplet sans une visite à ce monument. Il est dédié à la mémoire de ces combattants qui, pendant un mois, avec des moyens de fortune, ont tenu en échec l'armée allemande chargée de liquider le ghetto de Varsovie en avril 1943.

UN PIED DE NEZ À ADOLF

Le monument des héros du ghetto a été construit en 1948 avec les blocs de granit commandés en 1942 à la Suède par Hitler pour construire... un monument à la gloire du IIIe Reich.

Polin, Muzeum Historii Żydow Polskich (musée de l'Histoire des juifs de Pologne ; plan général, C-D2) : *ul. Mordechaja Anielewicza, 6. ☎ 22-471-03-01. • polin.pl • Ⓜ Ratusz Arsenał. Tlj sf mar 10h-18h (20h mer et w-e). Billetterie fermée 2h avt. Entrée : 25 Zl ; avec expo temporaire : 30 Zl ; réduc ; partiellement gratuit jeu. Audioguide en français (conseillé) : 10 Zl.* Son créateur, Jeshajahu Weinberg (né à Varsovie), a déjà conçu le musée de la Diaspora à Tel-Aviv et le musée de l'Holocauste à Washington. Il présente avec force 1 000 ans d'histoire des juifs en Pologne, un pays qui fut d'abord une terre promise, avant de devenir celui de l'enfer de la Shoah. Des quelque 3 millions d'âmes de cette communauté que comptait la Pologne avant la Seconde Guerre mondiale (un tiers des habitants de Varsovie étaient juifs), seuls 200 000 échapperont aux affres de la solution finale. Et un grand nombre quittera la Pologne, où demeurent désormais seulement 10 000 à 20 000 juifs. L'édifice audacieux qui abrite le musée a été spécialement conçu par l'architecte finlandais Rainer Mahlamäki, sous forme d'un parallélépipède coupé par une brèche, symbole de la traversée de la mer Rouge par le peuple élu, ou... de l'histoire juive, brisée par la Shoah. Sur pas moins de 4 200 m², 8 sections décrivent cette histoire des juifs polonais, du Moyen Âge à nos jours, avec force présentations multimédia, objets anciens (trop peu, malheureusement), photographies, illustrations sonores mettant en avant les modes de vie, l'assimilation de la communauté, mais aussi les rejets. Le point d'orgue est sans conteste la reconstitution de la coupole polychrome de la synagogue en bois de Gwoździec (XVIIIe s). Intéressante reconstitution d'une rue varsovienne du début du XXe s, mettant en vis-à-vis, d'un côté, le sémitisme poussé à son paroxysme et, de l'autre, l'antisémitisme exacerbé. Le musée valorise également la musique dans la culture juive et propose parfois des concerts.

Umschlagplatz (plan général, C-D2) : *ul. Stawki, 10. Ⓜ Dw Gdański.* Depuis la place Bohaterów Getta, un itinéraire du souvenir, balisé de pierres de granit portant le nom de personnalités du ghetto, mène au nord, par la rue Zamenhofa, vers la terrible *Umschlagplatz,* la gare d'embarquement pour les camps d'extermination. Un simple monument de marbre blanc en vague forme de wagon en garde le souvenir. Sur ses flancs figurent 448 prénoms de juifs polonais (d'Abel à Zanna), en souvenir des 300 000 personnes qui sont parties d'ici. Sur le mur latéral, on peut lire le verset du livre de Job en hébreu, yiddish et polonais : « Terre, ne cache point mon sang pour que mon cri ne cesse jamais. » Martin Gray, dans son livre *Au nom de tous les miens,* décrit en détail l'horreur des embarquements des juifs du ghetto dans les wagons pour le camp d'extermination de Treblinka.

La maison des Orphelins et le monument à la mémoire de Janus Korczak *(plan général, B4)* **:** *ul. Jaktorowska, 6.*
Médecin, écrivain et grand pédagogue, Janus Korczak fonde en 1911 un orphelinat précurseur pour les enfants juifs, fonctionnant sur des principes d'autogestion et de respect des droits des enfants. La guerre éclate. Après l'invasion de la ville, les nazis créent le ghetto et obligent l'institution et son mentor à y déménager. Le 5 août 1942, quand tous les enfants et deux tuteurs sont déportés au camp de Treblinka, Janus Korczak refuse de les abandonner et les accompagne jusqu'au bout...
Un mémorial en son honneur a été érigé dans le jardin de l'orphelinat, toujours en activité, et de nombreuses institutions dans le monde s'inspirent de cet esprit d'un humanisme exceptionnel. Pour beaucoup d'enfants polonais, il est aussi l'auteur de l'un de leurs livres de chevet : *Le Roi Mathias Ier* (Gallimard, coll. « Folio »). Tenu à partir de 1939, son « journal du ghetto » a été adapté au cinéma par A. Wajda dans *Korczak,* interprété par le brillant Wojtek Pszoniak.

LA RÉPUBLIQUE DES ENFANTS

En 1911, le Dr Korczak décida de gérer son orphelinat pour les enfants juifs de Varsovie selon les principes de l'autogestion et du volontariat. La vie quotidienne se déroulait démocratiquement, et les conflits étaient gérés par un tribunal des enfants. Curieusement, ce même système fut utilisé à Treblinka par les nazis. Et l'on retrouve quelques similitudes de fonctionnement dans les lycées autogérés de Gabriel Cohn-Bendit (le frère aîné).

Cmentarz żydowski *(cimetière juif ; plan général, B2-3)* **:** *ul. Okopowa, 49-51. ☎ 22-838-26-22. Tram nº 22. Lun-jeu 10h-17h ; ven 9h-13h ; dim 11h-16h. Fermé sam et fêtes juives. Entrée : 10 Zl. Les hommes doivent se couvrir la tête.* Créé en 1806, ce cimetière de la taille d'un petit Père-Lachaise fut relativement épargné par les nazis. Pour une fois, ils ne recyclèrent pas les pierres tombales pour construire des routes comme ils le firent ailleurs. Les descendants des défunts ayant presque tous péri dans les camps ou fui le pays, il y règne un certain abandon mais quelques sépultures se distinguent par leur excentricité. Parmi les personnalités enterrées, Ludovic Zamenhof, le génial inventeur de l'espéranto.

Autres hauts lieux de la mémoire de Varsovie

Muzeum Powstania Warszawskiego *(musée de l'Insurrection de Varsovie ; plan général, B-C4-5)* **:** *ul. Grzybowska, 79. ☎ 22-539-79-05. • 1944.pl • Au sud du cimetière juif. Ⓜ Rondo Daszyńskiego. Trams nos 22 et 24. Tlj sf mar 8h-18h (10h-20h jeu). Entrée : 18 Zl ; réduc ; gratuit dim. Audioguide en français : 10 Zl (prévoir une pièce d'identité). Compter au moins 2h de visite. Attention, beaucoup de monde en été : venir à l'ouverture.*
Inauguré en 2004 dans l'ancienne centrale électrique des tramways, tout juste 60 ans après l'insurrection de Varsovie. Nulle ville européenne n'a autant souffert de la Seconde Guerre mondiale que la capitale polonaise, et le musée entend bien le rappeler... ou tout simplement l'apprendre à ceux qui l'ignorent. Très complet et très bien légendé en anglais, il ne se contente pas de retracer l'Insurrection de Varsovie mais couvre toute la période comprise entre les débuts de l'occupation allemande et l'installation du régime communiste après la guerre, ne se privant pas d'ailleurs de régler ses comptes aussi bien avec l'envahisseur allemand que l'occupant russe après 1945.
– ***Petit rappel de la tragédie de l'Insurrection :*** le 1er août 1944 (à 17h), les groupes de la résistance polonaise se lancent à l'assaut des troupes allemandes en poste à Varsovie. En tout, quelques dizaines de milliers d'insurgés, soutenus massivement par la population, face à 10 000 Allemands. Mais ceux-ci sont vite renforcés par d'autres unités et, surtout, autrement armés que les Polonais...

VARSOVIE ET SES ENVIRONS

qui n'ont que des fusils, des pistolets et des grenades, quand ce ne sont pas de simples cocktails Molotov. Pendant ce temps-là, l'Armée rouge, on le rappelle, attend imperturbablement, de l'autre côté de la Vistule, l'écrasement de la population polonaise par la Wehrmacht... pour mieux pouvoir envahir et asseoir sa domination future, avec l'appui d'un gouvernement polonais fantoche prêt à l'usage. C'est le massacre : 150 000 civils vont périr en 63 jours de combats acharnés.

La visite

La visite se fait dans l'ordre chronologique en démarrant au rez-de-chaussée, puis en prenant l'ascenseur jusqu'à la mezzanine tout en haut. On termine par l'étage intermédiaire.

La mise en scène des différentes périodes dans l'intérieur brut et parcimonieusement éclairé du musée, où l'on marche sur des pavés, crée comme un sentiment d'oppression qui accompagne parfaitement l'évocation de ces terribles journées. Au menu, parmi tant d'autres choses : d'excellents documents audiovisuels d'époque, de nombreuses photos émouvantes, la préparation et le succès initial de l'opération Burza, la reconstitution d'une imprimerie clandestine, les armes employées, la carcasse d'un gros avion (un Liberator) qui s'écrasa à Varsovie après avoir apporté de l'aide aux insurgés d'août 1944, un film sur grand écran qui montre les combats dans Varsovie, la lutte quotidienne pour la survie, les survivants appelés « robinsons » (voir *Le Pianiste,* de Roman Polanski, rubrique « Personnages ») et la destruction presque totale de la ville à la fin de la guerre. Pour mieux se rendre compte de celle-ci, le visionnage du film *City of Ruin* en 3 D est hautement conseillé. Les tourments de l'après-guerre, liés à l'instauration du régime communiste, ne sont pas oubliés, preuve étant faite, si nécessaire, que le calvaire n'était pas fini...

– Dans le parc à l'extérieur du musée, un très long mur de pierre sombre porte les milliers de noms des insurgés morts dans les combats. Derrière, dans le jardin des roses, des photos leur redonnent un visage.

À L'OUEST DE STARE MIASTO : LES PALAIS DE VARSOVIE

Plac Bankowy *(place de la Banque ; plan II, D3)* **:** la place de la Banque mérite le détour pour les superbes palais néoclassiques de son côté ouest. Construits au début du XIXe s par Antoni Corazzi, à qui la ville est redevable de bon nombre de ses monuments, ils furent pour la plupart rebâtis après guerre. Ils abritent aujourd'hui les différents services de la municipalité de Varsovie, depuis la destruction de l'hôtel de ville en 1944. Seule exception, la tour Bleue édifiée à l'emplacement de la plus grande synagogue de la ville et dont les travaux durèrent plus de 20 ans.

Państwowe Muzeum archeologiczne *(Musée archéologique ; plan II, D3)* **:** *ul. Długa, 52. ☎ 22-504-48-00. • pma.pl • Tlj sf sam 9h-16h (10h dim). Entrée : 10 Zl ; 12 Zl avec les expos temporaires ; gratuit dim.* Situé dans l'immeuble baroque de l'ancien arsenal royal du XVIIe s, il expose les trésors du sous-sol polonais, du Paléolithique au début du Moyen Âge, avec des reconstitutions d'habitats anciens.

Muzeum Niepodległości *(musée de l'Indépendance ; plan II, D3)* **:** *al. Solidarności, 62. ☎ 22-826-90-91. • muzeum-niepodleglosci.pl • Mer-dim 10h-17h. Entrée : 10 Zl ; réduc ; gratuit jeu.* Ceux qui s'intéressent à l'histoire polonaise pourront faire un crochet jusqu'au petit ***palais Przebendowskich Radziwiłłów.*** Enclavé dans l'avenue Solidarności (no 62), il accueille ce musée qui rassemble près de 10 000 photos, gravures, cartes postales, documents, affiches et étendards, racontant à leur manière la lutte incessante de la nation polonaise pour son droit à l'existence face à ses puissants voisins. Souvenirs intéressants sur les déportations des patriotes polonais en Sibérie au XIXe s.

– Toujours dans l'avenue Solidarności, le *monument aux Héros de Varsovie,* ces quelque 850 000 morts de la ville, soit près des deux tiers de la population d'avant guerre.

Pomnik Powstania Warszawskiego *(monument de l'Insurrection de Varsovie ; plan II, D2)* **:** ul. Długa. Inauguré à la fin de 1980 par les autorités communistes, il représente l'un des bataillons de l'armée intérieure (AK) qui se lancèrent à l'assaut des troupes allemandes au cœur de Varsovie pendant l'été 1944. Vous trouverez plus de détails sur ce douloureux épisode (qui a fait l'objet d'un très beau film d'Andrzej Wajda, *Kanał*) dans le commentaire du musée de l'Insurrection, plus haut. Derrière le monument, le bâtiment de couleur cuivre oxydé abrite la Cour suprême.

Kosc. M.P. Krolowej Polski – ***Muzeum Ordynariatu Polowego*** *(église Garnizonowy – musée de l'Ordinariat des prêtres ; plan II, D2)* **:** *ul. Długa. • ordynariat.muzeumwarszawy.pl • Mar-dim 10h-18h (16h en hiver). Entrée : 5 Zl ; gratuit jeu.* L'église polonaise où les soldats avaient l'habitude de se recueillir pendant la guerre abrite en son sous-sol un petit musée destiné aux aumôniers des armées.

Pałac Krasińskich *(palais des Krasinski ; plan II, D2)* **:** pl. Krasińskich, 3. C'est l'un des plus beaux (et des plus grands) palais baroques de Varsovie. Construit en 1667, il brûla et fut en partie détruit pendant la Seconde Guerre mondiale, puis rebâti à l'identique. Seule sa collection de plus de 40 000 livres et incunables est définitivement perdue. Il abrite aujourd'hui une partie de la Bibliothèque nationale. À l'arrière, l'ancien jardin devenu parc public marquait jadis la frontière du ghetto.

Ulica Miodowa *(rue Miodowa ; plan II, E3)* **:** ancien cœur de la Varsovie aristocratique, elle est bordée par de nombreux palais, tous reconstruits à l'identique après la Seconde Guerre mondiale.
D'ouest en est, au départ du carrefour de la rue Długa, sur la gauche, l'ancien ***collège de la noblesse*** du XVIIIe s ; sur la droite, le ***Pałac Borchow*** *(palais Borchow),* toujours du XVIIIe s, actuelle résidence du primat de Pologne. En face, le monastère et la ***Kuria Metropolitalna*** *(église des Basilians ; plan II, E3),* l'unique église de rite grec de la ville. Puis, à l'angle avec ulica Kapitulna, le ***Pałac Chodkiewiczów*** *(palais Chodkiewiczów),* du XVIIe s.
Ensuite le ***palais Paca,*** qui était formé à l'origine de deux palais, l'un baroque et l'autre classique du début du XIXe s, mais, la guerre aidant, sa reconstruction le fit renaître en un simple bâtiment baroque. On découvre ensuite ***Kosc. Przemienienia Panskiego*** *(monastère et église des Capucins ; plan II, E3),* édifiés au XVIIe s, dont l'une des chapelles renferme le cœur du roi Jan III Sobieski, le vainqueur des Turcs à Vienne en 1683.

D'autres palais animent ce quartier *(plan II, E3)* : ul. Miodowa. Le ***palais Morsztynów***, du XVIIe s, le ***palais Branickich,*** bien baroque, et l'ancien ***palais du Primat*** d'une grandiloquence toute néoclassique.

Ulica Senatorska *(rue Senatorska ; plan II, D-E3)* **:** de la rue Miodowa, vos pas vous guideront naturellement vers l'esplanade venteuse de la place Teatralny, dominée par la monumentale façade du ***Grand Théâtre*** ou de l'***Opéra national*** *(Teatr Wielki ou Opera Narodowa ; plan II, E3).* Ce bâtiment néoclassique, de la taille d'un petit palais des sports avec ses 2 000 places, a vu le jour en 1825 grâce à l'infatigable Antoni Corazzi. Suite à sa destruction lors de la Seconde Guerre mondiale, seuls la façade et le hall d'honneur ont été reconstruits à l'identique. Pour l'intérieur, les architectes semblent s'être inspirés de l'alunissage d'*Apollo.* Une vaste coupole d'un gris jaunâtre encaisse les notes des orchestres philharmoniques. Mais, entre nous, l'acoustique n'est pas terrible. Le Grand Théâtre se divise en trois scènes : l'*Opéra national* dans la salle Moniuszki, où sont présentés des ballets et des opéras (sa visite, lors de la Journée internationale du théâtre au mois de mars, mérite le détour), la *petite salle Młynarski,* où se donnent des petits récitals, le *Théâtre national W. Bogusławski,* où se jouent des pièces polonaises.

Même si vous n'assistez pas à l'une des représentations, la visite de l'entrée et de sa rotonde mérite l'effort *(infos et résas : ☎ 22-826-50-19. • teatrwielki.pl •).*

Plac Józefa Piłsudskiego *(plan II, E3)* **:** au centre brille la flamme éternelle de la tombe du Soldat inconnu. Ce mémorial a été aménagé dans les ruines du *palais Saski,* détruit durant la guerre.

Ogród Saski *(jardin Saski ; plan II, E3)* **:** aménagé à la fin du XVIIIe s dans le style anglais, il fut le premier jardin public de Varsovie. Sur une quinzaine d'hectares, il abrite plus de 130 espèces rares d'arbres et d'arbustes, ainsi qu'un étang artificiel, une fontaine Empire du XIXe s et de nombreuses sculptures allégoriques.

Pałac Lubomirskich *(palais Lubomirski ; plan I, D4)* **:** *à l'opposé du jardin Saski, par la rue Marszałkowska.* Construit à la fin du XVIIe s. À l'origine, sa façade était orientée vers le nord. En 1970, les architectes de la ville décidèrent de le déplacer afin de créer un bel alignement avec le jardin Saski. On scia ses fondations, on posa des rails et le palais fit une rotation de 78° sur son axe ! En 1984, cette belle perspective, si laborieusement obtenue, a été bouchée par le monument (aujourd'hui rasé) « à la mémoire des victimes de la lutte pour la défense du pouvoir populaire en Pologne ».

QUAND ON CROIX EN LA LIBERTÉ

Après l'assassinat du père Popiełuszko, en 1984, alors que la loi martiale était encore en vigueur, les Varsoviens ont assemblé sur la place Piłsudskiego une énorme croix faite de fleurs et de bougies à la mémoire du prêtre. Des mois durant, malgré une surveillance policière constante, cette croix est demeurée un cri silencieux de protestation. Le gouvernement a alors décidé de fermer la place pour... travaux. Le gouvernement refusant ces manifestations humiliantes sous les yeux des touristes, ces travaux durèrent plusieurs années.

Zachęta Gallery *(plan I, E4)* **:** *pl. Małachowskiego, 3. En face du jardin Saski. ☎ 22-556-96-00. • zacheta.art.pl • Tlj sf lun 12h-20h. Entrée : 15 Zl ; réduc ; gratuit jeu.* Cette salle d'exposition de peintures, construite vers 1900, offre un bel exemple d'architecture éclectique. Lors d'un vernissage, le 16 décembre 1922, le président polonais Gabriel Narutowicz fut assassiné ici par un peintre fou, 3 jours seulement après son élection. À défaut d'une belle toile, le peintre fit un joli carton... Depuis que ses anciennes collections ont été transférées au Musée national, le lieu accueille un Centre d'exposition d'art contemporain très en vogue.

Państwowe Muzeum etnograficzne *(Musée ethnographique ; plan I, E4)* **:** *ul. Kredytowa, 1. ☎ 22-827-76-41. • ethnomuseum.pl • Mar, jeu-ven 10h-17h, mer 11h-19h, sam 10h-18h, dim 12h-17h. Entrée : 12 Zl, 20 Zl avec expos temporaires ; réduc ; gratuit jeu ap-m. Agréable cafétéria ; voir « Où boire un café ? Où manger une pâtisserie ? ».* Avant-guerre, le musée possédait une collection de 30 000 objets. Il a réussi le pari de rassembler à nouveau une très intéressante exposition de costumes, d'art, d'artisanat, de photos, de mobilier et d'autres artefacts représentatifs de la culture polonaise, dont une section spécialement dédiée aux enfants.

Non loin, toujours sur ulica Kredytowa, l'énorme coupole de l'***église luthérienne*** *(plan I, E4),* la plus grande de Varsovie. Construite à la fin du XVIIIe s, détruite pendant la guerre puis reconstruite, son acoustique exceptionnelle a eu les faveurs de Chopin. C'est aujourd'hui un repère de chœurs qui s'y produisent régulièrement.

AU NORD-OUEST, DANS LE QUARTIER DE ŻOLIBORZ

Un quartier résidentiel à 10 mn de métro du centre-ville qui présente une certaine unité. Maisons avec jardins dont certaines de style constructiviste, parterres de fleurs dans les rues et nombreux espaces verts.

La tombe du père Popiełuszko *(hors plan général par D1) : dans l'église Św. Stanisława Kostki (Kos. Sw. Kostki), ul. Hozjusza, 2, près de la pl. Wilsona.* Ⓜ *Plac Wilsona.* Aumônier des ouvriers de la proche fonderie Warszawa, ce jeune prêtre idéaliste prêchait le courage, l'honnêteté et la liberté. Il fut sauvagement assassiné, en 1984, par les agents de la police politique. Le père Popiełuszko est devenu le martyr national. Il a été béatifié en 2010. Les plus grands de ce monde sont venus s'incliner sur sa tombe. Vous la trouverez à droite de l'entrée de l'église qui fut sa paroisse : une grande et simple croix en granit, posée à même le sol. À l'intérieur de l'église, une exposition émouvante sur sa vie, sa mort et ses obsèques.

AU SUD DU CENTRE, LES JARDINS ET AUTRES CHÂTEAUX DE VARSOVIE

Zamek Ujazdowski *(château d'Ujazdów et son parc ; plan général, F7) : bus nos 116, 180, 503.* En voyant les mornes façades de ce château, on a bien du mal à l'imaginer au XVIIe s quand le roi Sigismond III en fit le fleuron du baroque polonais. Transformé en hôpital dès la fin du XVIIIe s, il accueillit les insurgés pendant la Seconde Guerre mondiale. Rasé dans les années 1950 et reconstruit 20 ans plus tard pour héberger le siège du COMECON (version soviétique de la CEE), seuls demeurent son plan et la loggia ouverte sur la belle perspective créée au début du XVIIIe s par le percement du canal Piaseczyński. Au XIXe s, soldats et chevaux de la cavalerie russe s'entraînaient ici à traverser les rivières !
Le château abrite aujourd'hui le ***Centrum Sztuki Współczesnej*** *(Centre d'art contemporain ; ☎ 22-628-12-71. • csw.art.pl •)*, l'un des plus dynamiques de Pologne. *Ouv mar-dim 12h-19h (21h ven). Entrée : 12 Zl ; réduc ; gratuit jeu. Voir également la rubrique « Où manger ? ».* Outre des expos temporaires qui défraient régulièrement la chronique, il présente concerts et films.

Le parc Łazienki *(plan général, F7) : • lazienki-krolewskie.pl • Bus nos 116 et 180. Parc ouv du lever au coucher du soleil.* Le plus beau parc de la capitale (76 ha), nimbé d'une atmosphère particulièrement romantique, entourait au XVIIIe s la résidence d'été du roi Stanisław Auguste Poniatowski. Nommé d'après les bains qui s'y trouvaient, il comprend plusieurs bâtiments d'architectures baroque, classique et néoclassique. *Entrée combinée : 45 Zl ; réduc ; gratuit jeu.*

OREILLES INTÉGRÉES

En 1969, en pleine guerre froide, une nouvelle ambassade fut offerte à la France par le régime communiste. Le hic, c'est que l'édifice, flambant neuf, était infesté de micros, ce qui permettait aux services polonais de capter partout dans le bâtiment la moindre conversation. Le bâtiment a été finalement rasé, officiellement pour désamiantage...

– **Pałac na Wyspie** *(palais sur l'Eau) : ouv lun 11h-18h, mar-mer et dim 9h-18h, jeu-sam 9h-20h ; entrée : 20 Zl.* Voici le plus beau bâtiment de Łazienki. Situé au milieu d'un long plan d'eau, sur un îlot artificiel, c'était à l'origine un établissement de bains, racheté et transformé par le roi. À l'intérieur, on découvre une profusion de marbres, hauts-reliefs, carreaux de faïence de Delft, sols en marqueterie de bois, fresques et autres galeries de tableaux avec, en point d'orgue, la splendide salle de bal aux deux grandioses cheminées soutenues par Hercule et Apollon. Au 1er étage, les appartements privés du roi, son cabinet, sa chambre à coucher. Tout cet intérieur fut reconstruit après la guerre.
– **Stara Pomarańczarnia** *(la vieille Orangerie) : ouv lun 11h-18h, mar-mer et dim 9h-18h, jeu-sam 9h-20h ; entrée 20 Zl.* D'inspiration italienne, l'Orangerie abrite d'un côté le théâtre, où se déroulent aussi concerts et spectacles de danse, et, de l'autre, des galeries de sculpture – récemment rénovées, exposant notamment de nombreuses copies d'antiques.

– **Pałac Myślewicki** (palais Myślewice) **:** *tlj 9h (11h lun)-18h ; entrée 10 Zl.* Cette maison de style néoclassique sert aujourd'hui de résidence aux hôtes de marque du gouvernement.
– **Biały Domek** (la Maisonnette blanche) **:** *tlj 9h (11h lun)-18h ; entrée 6 Zl.* Un petit bâtiment néoclassique où Louis XVIII, en exil, demeura entre 1801 et 1805 sous le nom de « comte de Lille ». Rien d'inoubliable, mais un joli salon aux papiers peints chinoisants et un petit cabinet octogonal peint.
– **Concerts Frédéric Chopin en plein air** (Koncerty Chopinowskie) **:** *entrée à 150 m de l'intersection de Bagatela et d'Ujazdowskie, non loin du parc Belweder. De mi-mai à fin sept, ts les dim à 12h et 16h. GRATUIT.* De jeunes interprètes, ayant exercé leurs doigts sous les mêmes cieux que le maître, donnent des concerts au bord du plan d'eau, à l'ombre du monument à Frédéric Chopin, représenté au pied d'un saule. Le théâtre en plein air est entouré d'une vaste roseraie.

Park Wilanówski – Pałac w Wilanówie (parc et palais de Wilanów) **:** *ul. Stanislawa Kostki Potockiego, 10-16. ☎ 22-544-27-00. • wilanow-palac.art.pl • À 8 km au sud du centre-ville. Bus nos 116, 180 et 519. Parc : tte l'année de 9h au coucher du soleil. Entrée : 5 Zl ; gratuit jeu. Palais : mai-sept, tlj 9h30-18h (16h mar, jeu-ven, 20h lun) ; oct-avr, tlj sf mar 9h30-16h. Dernière entrée 1h avt fermeture. Entrée : 20 Zl ; réduc ; gratuit jeu. Audioguide en français : 12 Zl.*
Ancienne résidence du roi Jan III Sobieski et de sa bien-aimée française, surnommée Marysieńka, ce somptueux palais baroque date de la fin du XVIIe s. La visite débute par l'aile sud, avec de riches salons chinois au 1er étage. Les somptueuses pièces de l'aile est menacent votre regard de strabisme ou de conjonctivite tant les antichambres et chambres du roi et de la reine sont admirables, du sol au plafond en passant par le mobilier et les objets de collection qui y sont présentés. On les quitte à regret en passant devant quelques tableaux de Rubens, Van Dyck, Rembrandt, Poussin, pour enchaîner ensuite sur la superbe galerie des portraits (visez les plafonds !), puis le salon framboise, des pièces meublées en style Empire. À l'époque communiste, les hôtes de marque en visite officielle logeaient dans le palais. On y installa un lit grand format pour de Gaulle et une table de ping-pong pour Fidel Castro. Reste à visiter le 1er étage avec une succession de petits salons finement meublés.
– Le parc offre différentes atmosphères aux promeneurs : jardin baroque sur une terrasse à deux niveaux, jardin anglo-chinois avec pagode, parc paysager à l'anglaise sans oublier une roseraie et des parterres à la française. Logé à Wilanów, Nixon, qui faisait son jogging pieds nus, put courir dans des allées nettoyées du moindre caillou ! On peut également admirer l'*église Sainte-Anne* et le monumental *tombeau de la famille Potocki,* dernier propriétaire du palais avant la guerre.

Muzeum Plakatu (musée de l'Affiche) **:** *bâtiment de l'ancien manège dans le parc de Wilanów. ☎ 22-842-48-48. • postermuseum.pl • Tlj 10h (12h lun)-16h (18h w-e). Dernier accès 30 mn avt fermeture. Entrée : 11 Zl ; réduc ; gratuit lun.* Une visite à coupler à celle du parc et du palais. Un musée riche en superbes affiches de propagande communiste, de théâtre, de cinéma, l'un des points forts de l'art contemporain polonais. Couleurs audacieuses, formes originales et concepts créatifs, ce n'est pas un hasard si ce musée fut longtemps l'un des seuls au monde de ce type. Il pioche ses expos temporaires dans les caves du musée où dorment plus de 50 000 titres, dont 30 000 œuvres polonaises.

Złoty Król Pub : *ul. Kosti Potockiego, 27. À 100 m du château en direction de l'av. Tlj 11h-23h. Formule déj 18 Zl.* Longues tables en bois bordées de bancs, à l'intérieur comme à l'extérieur. Une ambiance de pub à la polonaise, autour de plats roboratifs à prix raisonnés et très suffisants au palais, avant ou après le palais.

LE QUARTIER PRAGA

Situé sur la rive droite de la Vistule, Praga n'a vraiment rien d'exceptionnel sur le plan architectural. Unique particularité, il a été le seul de la capitale préservé des destructions massives de la guerre, les combats se déroulant principalement sur l'autre rive de la Vistule. Lors de l'insurrection de 1944, c'est là que les troupes de Staline attendaient sereinement que le centre de Varsovie fût détruit par les nazis. Après la guerre, les indésirables du régime (repris de justice, asociaux ou réactionnaires) furent relégués à Praga, jugé indigne de l'homme socialiste. Depuis cette époque, le coin a gardé la réputation (assez exagérée) d'être malfamé. Évidemment, autant éviter les coins sombres, seul, la nuit, lardé d'appareils photo et portables dernier cri.

Aujourd'hui, le quartier a gardé sa patine des années 1940-1950. C'est d'ailleurs là que Roman Polanski a tourné certaines scènes du *Pianiste*. Mais, par ailleurs, ateliers d'artistes, bars, boîtes et lieux multiculturels éveillent Praga à un caractère alternatif et branché. Emblème de ce tournant, des complexes industriels (Koneser, Fabryka Trzciny et Soho Factory – plus au sud) se transforment en centres culturels avec leurs cortèges de salles d'expo, de concerts, boutiques et bars à l'architecture et la décoration ultra-design. Et les nouvelles constructions témoignent de l'embourgeoisement de ce quartier qui s'est désormais doté d'un musée historique, le ***Muzeum warszawkiej Pragi*** *(musée de Praga ; plan général G2 ; ul. Targowa, 50-52 ; mar-dim 10h-18h (20h, jeu). • muzeumpragi.pl • Tarif : 5 Zl ; gratuit dim.*

VARSOVIE EN 1944 : L'ANÉANTISSEMENT D'UNE CAPITALE

Le 2 octobre 1944, soit 63 jours après le début de l'insurrection, quelque 200 000 Varsoviens ont péri, exécutés par les Allemands ou simplement victimes des affrontements, sans que l'Armée rouge, juste en face, intervienne. Les survivants sont évacués de la ville et envoyés dans des camps de travail ou d'extermination. On connaît la suite : environ 85 % de la capitale est réduite à l'état de gravats et, au total, plus de 800 000 de ses habitants sont morts entre 1939 et 1945...

Enfin, pour mettre du vert dans le gris de cette banlieue, le très beau ***Park Skaryszewski*** *(Ⓜ Stadion Narodowy)* agrémente les rives du fleuve pour se promener au milieu de nombreuses essences végétales ou faire de la barque et du kayak sur un grand lac.

Cerkiew Prawosławna *(église orthodoxe Sainte-Marie-Madeleine ; plan général, F2)* **:** *al. Solidarności, 52. Ⓜ Dworzec Wileński. Lun-ven 11h-15h.* Ce n'est pas un hasard si les clochers à bulbes de cette cathédrale orthodoxe brillent juste en face de l'ancienne gare *Warszawa Wileńska* que fréquentaient les trains desservant la Russie. Construite entre 1867 et 1869, elle témoigne de la présence au XIXe s des fonctionnaires de l'administration tsariste et rappelle l'existence d'une importante communauté orthodoxe en Pologne, forte de presque un million d'âmes. À l'étage inférieur, une fresque est dédiée à la Passion du Christ et on y contemple de très belles mosaïques des 12 apôtres, qui ont survécu à la destruction complète de l'église dans les années 1920.

Stadion Narodowy *(Stade national ; plan général G4)* **:** *• pgenarodowy.pl • Ⓜ Stadion Narodowy. Visite guidée (1 seule visite/j. en anglais), tlj 9h30-18h (10h-21h en été) ; 10-30 Zl selon parcours. Entrée : porte 1, al. Zielienecka.* À la chute du régime communiste, le stade devint une grande foire aux fripes. Aujourd'hui, il a fait l'objet d'un gigantesque chantier de rénovation et d'agrandissement jusqu'à pouvoir accueillir 58 000 spectateurs. Tout cela dans le but, c'est le cas de le dire, d'accueillir l'Euro de football en 2012.

Neon Muzeum *(musée du Néon ; plan général H2-3)* **:** *ul. Minska, 25 (Fabrique Soho). 665-711-635. • neonmuzeum.org • Tlj sf lun-mar 12h-17h. Entrée : 10 Zl.* Sir William Ramsay n'était pas un pharaon, mais le savant qui découvrit les vertus lumineuses du néon en 1898. Ensuite, ce gaz inerte habillera de clinquantes enseignes rouges les nuits du monde moderne, jusque dans les années 1970 (les pays communistes poussant la mode jusqu'à la chute du Mur). Les autres couleurs sont obtenues avec d'autres gaz. La photographe Ilona Karwińska vous en met plein la vue dans cet empire lumineux de tubes blancs, rouges, verts, bleus à faire rêver les Jedi.

Muzeum życia minionej epoki *(musée de la Vie sous le communisme ; plan général H3)* **:** *ul. Głucha. 606-225-525. • adventurewarsaw.pl • Au fond de la ruelle qui démarre face au portail en brique de la fabrique Soho. Ouv en sem 10h-16h, 11h-17h w-e. Entrée : 8 Zl.* Au rez-de-chaussée d'un bâtiment industriel, ce petit musée reconstitue un attachant bout d'appartement de l'époque du communisme, sur fond musical d'un vinyle d'époque qu'on vous propose gentiment de choisir (évitez l'*Internationale,* bien sûr !). Revue de détail des ustensiles de cuisine locaux : on adore l'éplucheur de pommes de terre qui s'apparente à un engin de torture. Vieux postes, coin jouets, avec l'ours Colargol, originaire de Łodz on vous le rappelle. Machine manuelle à laver le linge. Également, et le sourire s'efface, un mannequin de la milice qui veille sur la reconstitution d'un bureau de quelque huile du parti : portrait de Lénine, Brejnev et tout le saint-frusquin. Brrr... Pour finir, un coin bistro polonais très vintage, avec ce qu'il faut pour grignoter quelques biscuits autour d'une petite boisson : la cabine téléphonique attenante semble attendre la venue d'un espion haletant. *Ostalgie,* quand tu nous tiens...

Fêtes et festivals

Véritable capitale de la culture, Varsovie mérite qu'on s'attarde à ses multiples manifestations culturelles. *• warsawtour.pl •*

Février-mai

– ***Concours international de violoncelle Witold Lutosławski :*** *ts les 2 ans. Prochaine édition 30 janv-10 fév 2018. • lutoslawski-cello.art.pl •*
– ***Festival de Pâques :*** *2de quinzaine de mars. • beethoven.org.pl •* Pour les amateurs de Beethoven.
– ***Nuit blanche des musées :*** *mi-mai.*
– ***Festival de musique sacrée :*** *fin mai-début juin, un peu partout en ville.*

Juin-juillet-août

– ***Biennale internationale de l'affiche :*** *en mai-juin, les années paires. • biennale.postermuseum.pl/en •*
– ***Festival Mozart :*** *pdt 5-6 sem, en juin-juil. • operakameralna.pl •* Le seul festival au monde à présenter chaque année l'intégrale des compositions du génial Amadeus dans des lieux prestigieux comme les grands théâtres, le château royal ou le palais sur l'Eau du parc Łazienki.
– ***Warsaw Summer Jazz Days Festival :*** *fin juin-début juil. • adamiakjazz.pl •* Grand festival de jazz contemporain, avec des concerts à l'air libre et une journée gratuite.
– ***Jazz Na Starówce :*** *juil-août. • jazznastarowce.pl • Ts les sam sur le rynek de la vieille ville.* Jazz à tous les étages, avec jeunes groupes comme grandes pointures internationales.
– ***Festival d'orgue :*** *de juil à mi-sept. • kapitula.org • Tlj.* L'un des festivals d'orgue les plus prestigieux d'Europe.

– ***Festival Chopin et son Europe :*** *2de quinzaine d'août.* • *chopin.nifc.pl* • Du Chopin... Comment ça, « encore » ? Concerts et concours de piano.
– ***Festival de la culture juive :*** *fin août-début sept.* • *festiwalsingera.pl* • Musique, théâtre essentiellement yiddish, mais aussi des ateliers (notamment culinaires).

Septembre

– ***Festival Sztuka Ulicy :*** *3 j. sur la 1re quinzaine de sept.* • *sztukaulicy.pl* • Un éblouissant festival de théâtre de rue rassemblant des troupes surtout polonaises.
– ***Festival international de musique contemporaine Automne de Varsovie :*** *pdt 10 j. dans la 2de quinzaine du mois.* • *warszawska-jesien.art.pl* •
– ***La Folle journée de Varsovie :*** *dernier w-e de sept.* • *szalonednimuzyki.pl* • Durant 3 jours en fait, des concerts classiques gratuits ou à prix modiques.

DANS LES ENVIRONS DE VARSOVIE

Dom Urodzenia Chopina *(manoir natal de Chopin)* **:** *à 55 km à l'ouest de Varsovie, à* ***Żelazowa Wola.*** • *chopinmuzeum.pl* • *En voiture, prendre l'al. Solidarności, puis suivre la route 580 (hors plan général par A3) jusqu'à Żelazowa Wola.*
➢ *Bus Motobuss depuis la rue Marszałkowska (face au palais de la Culture – devant le centre commercial SAWA) ; 4 départs 7h10-14h. Dernier retour à 19h10. S'assurer de prendre un bus qui s'arrête au manoir et pas seulement sur la route N2. Un peu plus chers mais plus faciles, les bus privés inclus dans le forfait du Chopin Pass.*
– Parc : 7 Zl. Concerts à 12h et 15h ; mai-sept, dim et juil-août, sam. Manoir : tlj sf lun 9h-19h (17h oct-mars). Entrée combinée parc et manoir : 23 Zl ; réduc ; gratuit mer.
– ***Chopin Pass :*** *voir le détail plus haut dans « Adresses et infos utiles ».*

Le parc
Une allée ombragée par des arbres centenaires mène à ce charmant petit cottage aux murs blancs, annexe du manoir du comte et de la comtesse de Skarbek. Plus de manoir, seul l'immense et mélancolique parc garde la mémoire des babillements du jeune Frédéric, dont le souvenir se perpétue aussi par la sonorisation réussie de quelques-uns de ses traits de génie pianistique : lors de concerts réguliers de piano et, le reste du temps, relayés par des haut-parleurs dans le parc... On y laisserait volontiers passer l'éternité... et c'est proprement émouvant.

FRÉDÉRIC AUX MAINS D'ARGENT

Les témoignages d'époque concordent à qualifier de remarquables les mains de Chopin. Pour traduire l'impression de force et de délicatesse qu'elles dégageaient, un observateur les décrivit comme « un squelette de soldat recouvert par des muscles de femme ». Une seule des deux parvenait à couvrir un tiers du clavier du piano ! On peut voir le moulage de ses mains, réalisé après sa mort, au musée de la Vie romantique à Paris.

Le cottage
Une demi-douzaine de pièces seulement à visiter (c'est petit). Papa Chopin n'était que le tuteur des enfants Skarbek. Pièces remeublées dans l'esprit du temps de l'époque de Chopin, on y voit quelques portraits, sculptures, livres et, bien sûr, un piano (Chopin sans piano, c'est triste comme un piano sans Chopin, non ?). On retiendra, au final, plutôt un lieu de mémoire, une pérégrination musicale.
En fin de parcours, on pourra s'attabler au ***café Chopin,*** pour une boisson ou de la petite restauration.

QUITTER VARSOVIE

En avion

Pour les détails relatifs aux aéroports Frédéric-Chopin et Modlin, voir au début du chapitre la rubrique « Arriver à Varsovie ».

En train

Gare ferroviaire centrale *(Warszawa Centralna ; plan I, D5)* **:** *au cœur de la ville, et au croisement des principaux transports urbains. ☎ 19-757. • pkp.pl • ou • intercity.pl •* Elle accueille tous les trains internationaux et la quasi-totalité des trains nationaux. Les guichets sont dans le hall principal, au niveau de la rue, tandis que les voies sont au sous-sol.

– ***Consignes manuelles :*** *au sous-sol, en face de l'escalier descendant du hall central. Ouv 24h/24, sf pauses 6h20-7h, 10h-10h10, 14h-14h20 et 18h20-19h. Compter env 10 Zl jusqu'à minuit le même jour.*

– ***Consignes automatiques :*** *à la hauteur des manuelles, passer le Peron (quai) 4 en allant vers la sortie Emilii Plater. Compter 8-15 Zl/24h selon taille du sac.* Ne rendent pas la monnaie.

– ***Bureaux de change*** *(kantors)* ***:*** on en trouve un dans le hall principal, mais les meilleurs taux sont offerts par les 2 autres situés dans la galerie commerciale souterraine qui relie la gare à l'hôtel *Marriott* (de l'autre côté d'al. Jerozolimskie). Plus vous vous éloignez, plus le taux est bon !

– ***Bureau ZTM :*** *dans le hall central. Tlj 6h-22h.* Vous pourrez y acheter vos billets de transports en commun. Pour info, les bus urbains partent du côté nord de la gare.

Sinon, deux bizarreries ferroviaires varsoviennes :

– la gare *Warszawa Śródmieście* jouxte de 200 m la gare centrale : ce sont surtout les trains de banlieue et ceux desservant la Mazovie qui s'y arrêtent ;

– la gare centrale n'est pas toujours le terminus des trains, qui, selon leur provenance, achèvent leur parcours ou passent par l'une ou l'autre des deux autres grandes gares de la ville, ***Warszawa Zachodnia*** *(Varsovie-ouest ; plan général, A6)* ou **Warszawa Wschodnia** *(Varsovie-est ; plan général, G-H2)*, située à Praga, sur la rive droite de la Vistule.

Départs pour la Pologne

➢ ***Cracovie :*** directs ttes les heures env, 5h50-20h25. Trajet : 2h20-5h (choisissez bien !).

➢ ***Czestochowa :*** env 13 trains/j. Trajet : 2h-3h.

➢ ***Gdańsk :*** directs ttes les 1h env, 5h20-20h20. Trajet : 2h50-5h25.

➢ ***Malbork :*** directs ttes les 1h-2h, 5h20-20h20. Trajet : 2h20-3h30.

➢ ***Łancut :*** 3 directs/j. Trajet : 6h.

➢ ***Łodź :*** directs ttes les 20 mn à 2h, 6h05-22h30. Trajet : 1h15-2h50.

➢ ***Lublin :*** directs ttes les 1h-2h env, 5h45-20h50. Trajet : 2h10-2h30.

➢ ***Poznań :*** directs ttes les 30 mn à 2h30, 6h-22h25. Trajet : 2h30-3h50.

➢ ***Toruń :*** directs ttes les 1h-2h, 6h-20h30 Trajet : 2h25-3h10.

➢ ***Wrocław :*** env 6 rapides/j. Trajet : 3h30-7h.

Départs vers l'étranger

➢ ***Prague :*** 3 trains de jour et 1 de nuit. Trajet : 7h45-9h30.

➢ ***Berlin :*** 5 directs/j., 6h-18h. Trajet : env 5h-6h.

➢ ***Bratislava :*** 5 trains/j., dont 2 directs (à 9h50 et 21h10). Trajet : 7h-8h30.

➢ ***Vienne :*** 3 directs/j., 2 de jour, 1 de nuit. Trajet : 7h-10h.

➢ ***Budapest :*** 3 trains/j., dont 1 direct à 9h50. Trajet : env 10h.

En bus

Gare routière principale *(Warszawa Zachodnia ; plan général, A6)* **:** *al. Jerozolimskie, 144. ☎ 708-208-888 (1,30 Zl/mn). • dworzeconline.pl • e-podroznik.pl • (comparateur de trajets incluant bus, trains et autres). À l'ouest de la ville. Bus nos 127, 158 ou 517 (ts depuis la gare centrale).* La gare routière principale, accolée à la gare ferroviaire Zachodnia, dessert les destinations internationales et la plupart des villes polonaises. On y trouve principalement

VARSOVIE ET SES ENVIRONS

les compagnies ***PKS*** *(• pkspolonus.pl •)* et ***Aura*** *(• aura.pl •).* Pour les informations, adressez-vous au guichet 6 *(ouv 6h-22h ; principalement en polonais).* Si vous n'avez pas acheté votre billet en ligne (voir sites internet plus haut) ou auprès d'un distributeur agréé (voir la rubrique « Adresses utiles »), adressez-vous aux guichets nos 1 à 5 (bus *PKS*). Sur place : distributeur de billets, épicerie, snacks, boutiques de téléphonie, poste et ***consignes*** manuelles *(dans le hall central, tlj 6h (6h30 dim)-19h ; 6 Zl/sac)* ou automatiques *(8-15 Zl/24h).* Si vous devez changer de l'argent, vous trouverez un ***kontor*** à la gare ferroviaire, accessible par le souterrain ; à côté, il y a aussi un bureau d'info des transports publics *(tlj 7h-21h).*
– ***Attention :*** seuls quelques bus de la compagnie ***Polski bus*** *(• polskibus.com •)* transitent par cette gare routière. La plupart partent d'autres points en périphérie de la ville, notamment au métro Wilanowska *(hors plan général de Varsovie par E8)* pour les bus venant du sud ou au métro Młociny *(hors plan général de Varsovie par A1)* pour ceux venant du nord. Les compagnies ***Modlin*** *(• modlinbus.pl •)* et ***OKBus*** *(• okbus.pl •)* arrivent et partent face au palais de la Culture. Quant à ***Lux-Express*** *(• luxexpress.eu •),* c'est aux abords de la gare centrale (côté al. Jana Pawla II) que ça se passe. Compliqué tout ça !

Départs nationaux

Bus directs

➢ ***Cracovie :*** env 16 bus/j. avec *PKS, Polski bus* et *Lux-Express Polska.* Trajet : 4h20-8h30.
➢ ***Gdańsk :*** une dizaine de bus/j. avec *PKS,* mais surtout *Polski bus,* 6h30-0h10. Trajet : 4h30-5h30.
➢ ***Łódź :*** env 20 bus/j. avec *PKS,* mais surtout *Polski bus* et *OKBus.* Trajet : 2h15-2h45.
➢ ***Lublin :*** 15 bus/j. avec *PKS et Polski bus* surtout, voire avec *an Trans (• an-trans.info •)* ou *Albatros (• albatrosbus.pl •).* Trajet : 3h-3h50.
➢ ***Poznań :*** 4 bus/j. (dont 2 de nuit), avec *Lux-Express Polska,* mais surtout *Polski bus.* Trajet : 4h40-5h30.
➢ ***Wrocław :*** 14 bus/j. avec *PKS* ou *Polski bus.* Trajet : 5h-7h30.
➢ ***Sandomierz :*** 10 bus/j. et 4 minibus/j. depuis la gare routière Zachodnia, avec *PTS, Polski bus* et *Poltrans.* Trajet : 4h30-5h.
➢ ***Sanok :*** 11 bus/j. depuis la gare routière Zachodnia, avec *AirBus, NeoBus* et *PKS.* Trajet : 6h30-8h.
➢ ***Toruń :*** 22 bus/j., la plupart avec *PKS,* mais aussi *Polski bus* et *OKBus.* Trajet : 3h30-4h30.
➢ ***Zamośc :*** 8 bus/j., avec *PTS, Albatros* et *Bus Max.* Trajet : 4h30-5h.

Depuis/vers l'étranger

■ *Eurolines (• eurolines.pl •)* et *Polka* desservent Bruxelles, Zurich, Lausanne et Genève, Paris et les grandes villes françaises ; voir « Comment y aller ».
■ *Polski bus* dessert Berlin, Bratislava, Brno, Budapest, Prague et Vienne.
■ *Lux-Express Polska* (filiale d'une compagnie estonienne) dessert Berlin, Bratislava, Brno, Budapest, Prague, Vienne et Vilnius.
■ Voir aussi avec *Sindbad (• sindbad.pl •).*

ŁÓDŹ

750 200 hab.

• Plan *p. 117*

Au cœur du pays, Łódź (prononcer *Woudje*) est la troisième ville de Pologne, après Varsovie et Cracovie. Fleuron de l'industrie textile au XIXe s, jusqu'à devenir la Manchester polonaise, laminée par les tourments du XXe s, la ville fait depuis une décennie son retour sur le devant de la scène.

En témoigne l'application qu'elle met à valoriser la richesse architecturale de ses immeubles bourgeois de la rue Piotrkowska, des palais des magnats d'antan, des gigantesques usines comme *Manufaktura.* Certes, les traces de pauvreté urbaine et sociale sont flagrantes dès qu'on s'écarte de ces pôles retapés. Mais Łódź ne tarit pas de vitalité. Elle choie sa prestigieuse école de cinéma où Wajda, Polanski, Skolimowski et Kieslowski ont fait leurs classes, organise des festivals de qualité et, en pleine renaissance économique, accueille l'une des plus grandes universités du pays (45 000 étudiants), qui offre une belle animation nocturne à son centre.

UN PEU D'HISTOIRE

Fondée au Moyen Âge, Łódź reste jusqu'au début du XIXe s un gros bourg agricole ballotté entre Prusse et Russie. En 1820, la décision gouvernementale d'y développer l'industrie textile bouleverse sa physionomie et en fait une nouvelle terre promise pour des milliers de migrants et d'entrepreneurs. Des fortunes colossales s'y amassent très rapidement. Ainsi ***Karol Scheibler,*** un Rhénan débarqué en 1854, devient-il en une quinzaine d'années l'un des hommes les plus riches d'Europe, ce qui lui permet de financer en grande partie l'extension vers Łódź de la voie ferrée Varsovie-Vienne ! Polonais, Allemands, juifs et Russes bâtissent une ville aux quatre cultures, où l'entente générale est assez bonne. En témoigne la participation financière de toutes les confessions à la construction des lieux de culte de chaque communauté.

Tout n'est pas rose pour autant à Łódź. L'enrichissement de certains attise rancœurs et jalousies, tandis qu'il motive les revendications sociales d'un prolétariat surexploité. Pour se faire une idée de l'atmosphère de l'époque, il faut visionner la *Terre de la grande promesse,* d'Andrzej Wajda, inspiré d'un célèbre roman de Władisław Reymont et oscar du meilleur film étranger en 1976. En mai 1892, quand la rébellion de Łódź rassemble 60 000 ouvriers, le tsar Alexandre III ordonne à la police de tirer dans le tas. La révolution russe de 1905 rencontre un écho puissant dans la ville, où la grève générale va durer près de 60 semaines dans les filatures des Poznański. Mais c'est paradoxalement l'indépendance polonaise au lendemain de la Première Guerre mondiale qui inflige à Łódź sa première blessure sérieuse. Elle perd beaucoup de son caractère cosmopolite avec le départ de la moitié de sa population, notamment les Allemands.

ŁÓDŹ, LA VILLE DES RECORDS

Plus longue rue commerciale, plus grande productrice de textiles d'Europe du XIXe s au début de la Première Guerre mondiale, etc. Łódź va accumuler les records pendant son âge d'or. Mais le plus significatif d'entre eux est peut-être démographique. Łódź devient la 2e ville de Pologne, avec près de 400 000 habitants en 1914, soit 13 280 habitants au km². L'une des plus fortes densités de population urbaine au monde, équivalente à celles de Tokyo ou de Karachi aujourd'hui !

Vient le krach de 1929, puis... en novembre 1939, le coup de grâce. La ville est annexée par le Reich et rebaptisée ***Litzmannstadt,*** en souvenir d'un officier allemand qui s'était illustré dans la bataille de Łódź en 1914. Dès avril 1940, les nazis y créent le premier ghetto juif du pays. Il sera aussi le dernier à être « liquidé » à l'été 1944. Exsangue, mais pas intégralement détruite comme Varsovie, la ville devient capitale provisoire de la Pologne jusqu'en 1948. Le secteur textile s'effondre à la fin des années 1990. Sans autres ressources, la cité perd en deux décennies quelque 100 000 habitants, découragés par le chômage qui frappe 30 % de la population.

Depuis quelques années, Łódź, la résiliente, retrouve son entrain. Elle est d'ailleurs l'une des rares villes polonaises où une communauté juive s'est réellement reconstituée. Et, sur un plan économique, nombre d'entreprises s'y réinstallent.

Arriver – Quitter

En train

À l'heure où vous arriverez à Łódź, la ***gare centrale Łódź-Fabryczna*** *(plan B2)* devrait être achevée, à deux pas du centre-ville. Sinon, vous aboutirez à la ***gare de Łódź-Kaliska*** *(hors plan par A2)* plus éloignée du centre-ville *(liaisons avec le centre-ville : tram n° 12 ; bus n°s 80, 86, 98, 99 et Z10).*

Bureau d'information touristique : *☎ 42-205-42-00. Lun-ven 9h-17h ; w-e 10h-16h (15h oct-avr).*

➢ ***Cracovie :*** 4 directs/j. Trajet : 2h30-3h30.

➢ ***Częstochowa :*** 10 directs/j. Trajet : 2h-2h30.

➢ ***Gdańsk :*** 4 directs/j. Trajet : 5h-5h30.

➢ ***Toruń :*** 3 directs/j. Trajet : 2h30-3h30.

➢ ***Poznań :*** 8 directs/j. Trajet : 3h-4h30.

➢ ***Varsovie :*** directs ttes les 20 mn à 2h, 6h05-22h30. Trajet : 1h15-2h50.

➢ ***Wrocław :*** 6 directs/j. Trajet : 3h30-4h.

En bus

Gare routière *(Dworzec PKS ; plan B2)* **:** la (toute) nouvelle gare routière prend place en 2017 dans la (toute) nouvelle gare centrale *(Łódź-Fabryczna)* ci-avant. Si vous arrivez à Łódź-Kaliska, voir ci-avant comment rejoindre le centre-ville.

➢ ***Varsovie :*** env 20 bus/j. avec *PKS* (arrivée à la gare centrale de Varsovie), *Polski bus* (arrivée au Ⓜ Młociny ; *hors plan général de Varsovie par A1*) et *Modlin* (arrivée face au palais de la Culture ; *plan I de Varsovie, E5*). Certains bus de *Modlin* passent par l'aéroport de Varsovie. Trajet : 2h15-2h45.

➢ ***Poznań :*** env 10 bus/j. (dont 2 de nuit) avec *PKS, Voyager Transport SP* et *Polski bus.* Trajet : 3-4h30.

➢ ***Wroclaw :*** env 10 bus/j. avec *PKS,* mais surtout *Polski bus.* Trajet : 3h30-4h30.

➢ ***Częstochowa :*** env 12 bus/j. avec *PKS, Polski bus, Voyager Transport SP* et *A.D. Euro-Trans.* Trajet : 2-3h.

➢ ***Cracovie :*** env 25 bus et minibus/j. avec *PKS, Polski bus, Plomiński travel* et *A.D. Euro-Trans.* Trajet : 4h30-5h.

➢ ***Gdańsk via Toruń :*** env 7 bus/j. dont certains slt continuent vers Gdańsk. Avec *PKS, Polski bus* et *A.D. Euro-Trans.* Trajet : 5-7h.

En voiture

La ville est équipée de parcmètres *(lun-ven 2 Zl/h ; 10 Zl/j.)* mais, en cherchant bien, on trouvera des stationnements gratuits pas si loin du centre. Compter env 40 Zl pour un parking gardé proche du centre.

Se déplacer

À pied ou en triporteur

La section touristique de la rue Piotrkowska fait 2 km de long et la Manufaktura n'est qu'à quelques encablures de son extrémité nord. C'est longuet, mais tout à fait négociable à pied. En cas de faiblesse, une flottille de triporteurs patrouille sur cet espace. Compter à partir de 5 Zl la course.

Transports publics et taxis

Surtout utile pour les musées et sites éloignés (ghetto, cimetière juif, etc.), choix entre :

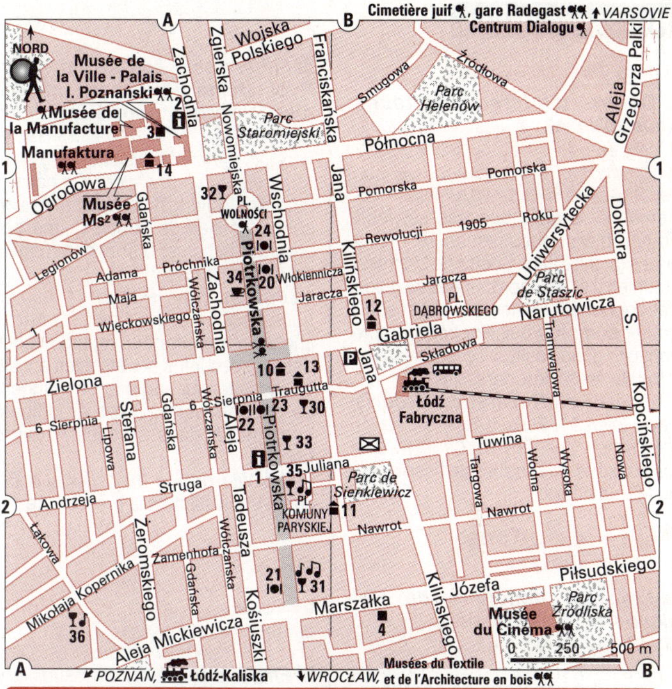

ŁÓDŹ

■ **Adresses utiles**

- 1 Centre d'information touristique
- 2 Point d'information touristique
- 3 Alliance française
- 4 Empik

Où dormir ?

- 10 Music Hostel
- 11 Flamingo Hostel
- 12 Hotel Polonia Palast
- 13 Hotel Savoy
- 14 Andel's by Vienna House

Où manger ?

- 20 Delfin Bar Bistro
- 21 Cykada
- 22 Anatewka
- 23 Chłopska Izba
- 24 Polska

Où boire un verre ou un thé ? Où sortir ?

- 30 Klubokawiarnia Owoce i Warzywa
- 31 OFF-Piotrkowska
- 32 Cafe Wolność
- 33 Pijalnia Wódki i Piwa
- 34 Herbaciarnia Kocie Oczy
- 35 Klub Łódź Kaliska
- 36 Keja

– ***Le réseau des trams et bus :*** • *mpk.lodz.pl* • *Tlj 5h-23h (les bus marqués N prennent le relais pour la nuit). Ticket : 2,60 Zl (20 mn)-3,40 Zl (40 mn).* Bien fait, il compte quelques véhicules vintage à souhait, repeints dans des couleurs acidulées. Renseignements et plans à l'office de tourisme ou auprès de votre hôtel.

– ***Les taxis,*** à prix modiques.

Adresses utiles

Infos touristiques

Centre d'information touristique *(plan A2, **1**) : ul. Piotrkowska, 87. ☎ 42-638-59-55 ou 56. ● en.turystyczna.lodz.pl ● en.cit.lodz.pl ● Lun-ven 9h-19h (18h oct-avr), w-e 10h-16h.* Personnel anglophone très serviable. Fournit plans, documentations thématiques (architecture, ghetto de Litzmannstadt, etc.) et les coordonnées de guides francophones. Également le bimestriel gratuit ***Łódź in Your Pocket,*** comprenant un agenda culturel, des adresses et infos sur les restos, bars, sites...

Point d'information touristique *(plan A1, **2**) : ul. Drewnowska, 58. 695-131-113. Tlj 10h-22h (21h dim).* Minikiosque en bordure de l'esplanade de Manufaktura.

Représentations consulaires

Consulat honoraire de Belgique : *ul. Tymienieckiego 25c-203. ☎ 42-630-04-33. ● konsulathonorowybelgii@ides.pl ●*

Consulat honoraire de France : *ul. Pawilońska, 47. 505-104-817. ● consulat@alicjabien.pl ● Lun-ven 9h-17h.*

Culture

Alliance française *(plan A1, **3**) : ul. Drewnowska, 58A. ☎ 42-633-22-38. Tlj sf dim 9h-21h15 (15h45 sam).*

Filharmonia Łódźka im. Artura Rubinsteina *(Philarmonie de Łódź Artur Rubinstein ; plan A1-2) : ul. Narutowicza 20-22. ☎ 42-664-79-79. ● filharmonia.lodz.pl ● Guichets : tlj sf w-e 10h-18h (20h mar et ven).* Ce bâtiment moderne à l'originale façade de verre abrite 2 salles de concert. Une belle programmation et un bel hommage au prodige de la ville.

– ***Łódź in Your Pocket :*** *● inyourpocket.com ● Ts les 2 mois.* Gratuit en anglais comportant un agenda culturel détaillé, des infos sur les sites à visiter et une liste des endroits où manger et où boire un verre. Dispo à l'office de tourisme et dans certains hôtels ou bars.

– ***The Visitor :*** *● thevisitor.pl ●* Brochure équivalente à la précédente.

Divers

✉ **Poste :** *ul. Tuwina, 38 (plan B2) ou encore ul. Piotrkowska, 17 (plan A1). Tlj sf dim 9h-19h30 (14h sam).*

Empik *(plan B2, **4**) : al. Piłsudskiego, 15-23. Tlj 9h-30-21h (10h-20h dim).* Presse internationale, quelques ouvrages en anglais, plans.

Change *(plan A1-2) : ul. Narutowicza, 2 (presque à l'angle avec Piotrkowska). ☎ 42-630-02-28. Tlj 24h/24.* Autres bureaux (mais pas pléthore) sur Piotrkowska.

Où dormir ?

À Łódź, la haute saison suit plutôt le calendrier des festivals que celui de la météo. Les deux périodes les plus encombrées et coûteuses sont grosso modo au printemps et en octobre. Par ailleurs, beaucoup d'hôtels baissent leurs prix du vendredi au dimanche.

De très bon marché à bon marché (40-160 Zl / env 10-40 €)

Music Hostel *(plan A2, **10**) : ul. Piotrkowska, 60. 533-533-263. ● music-hostel.pl ● Dortoirs 4-6 lits 45-60 Zl/pers. Petit déj en sus. Parking payant dans la cour.* Tout au fond d'une cour, ce petit *hostel* bien aménagé, dans un immeuble à l'intérieur rénové, dispose d'une quarantaine de lits superposés dans les dortoirs et avec la télé. Équipement à la hauteur avec toutefois une petite réserve sur le nombre de sanitaires. Thé et café gratuits. Cuisine commune comme à la maison. Géré par une équipe relax et serviable. Propose également des appartements 2-6 personnes répartis dans le quartier.

Flamingo Hostel *(plan A-B2, **11**) : ul. Sienkiewicza, 67. ☎ 42-661-18-88. ● lodz.flamingo-hostel.com ● Dortoirs*

(8-4 lits) 30-45 Zl/pers selon capacité et j. de la sem ; doubles sans sdb 100-120 Zl ; petit déj inclus. Une jolie demeure historique abrite cet *hostel* économique mais de qualité. Réception et salon commun plaisant au rez-de-chaussée, hébergement aux étages (pas d'ascenseur). Couleurs sobres et sol stratifié dans toutes les chambres, certaines ayant un petit balcon. Doubles soignées avec tables et chaises ; sanitaires communs quelles que soient les options, bien tenus et en nombre suffisant. Cuisine équipée à dispo. Location de bicyclettes. Seul petit regret, la déco est un peu frisquette, ce qui n'est pas le cas de l'accueil.

De bon marché à prix moyens (80-240 Zl / env 20-60 €)

Hotel Polonia Palast *(plan B1, **12**) : ul. Narutowicza, 38. ☎ 42-632-87-73. • centrumhotele.pl • Doubles avec sdb 130-170 Zl ; petit déj inclus.* Autant le dire, le contraste est saisissant entre l'opulente façade de cette grande bâtisse du XIXe s et la réception sombre, pas très souriante. Quant aux chambres, elles sont hautes de plafond mais toutes de tailles différentes, mobilier et déco standard. Une adresse sans histoire.

Hotel Savoy *(plan A2, **13**) : ul. Traugutta, 6. ☎ 42-632-93-60. • centrumhotele.pl • Doubles 140-220 Zl ; petit déj inclus.* Cet immeuble néoclassique accueille les voyageurs depuis 1912. L'ascenseur hors d'âge et son liftier n'ont pas bougé d'un cil depuis. Tout comme l'impression surannée qui se dégage du lieu. Les doubles moquettées, spacieuses et confortables déclinent un mobilier globalement « rétro », avec de lourds rideaux aux fenêtres. Accueil pro en anglais ou en allemand.

De plus chic à très chic (plus de 400 Zl / env 100 €)

Andel's by Vienna House *(plan A1, **14**) : ul. Ogrodowa, 17. ☎ 42-279-10-00. • viennahouse.com • Selon période et catégorie, doubles 90-150 € petit déj inclus. Parking.* Tirant profit de l'ancienne filature de la Manufaktura, cet hôtel de luxe s'inscrit, avec ses 280 chambres, dans le style des réhabilitations design de vieux sites industriels. L'immense lobby doté d'un très beau bar donne le ton avec ses puits de lumière ovales. Les briques et l'infrastructure métallique ont été conservées, tout comme le style des fenêtres. Dès la première catégorie d'hébergement, l'aménagement est complet : bureau, petite table, fauteuils, minibar, baignoire et douche séparées, etc. Piscine abritée par une structure de verre coiffant l'édifice, sauna et centre fitness. Multiples restos. Accueil parfait.

VARSOVIE ET SES ENVIRONS

Où manger ?

Très bon marché (moins de 20 Zl / env 5 €)

Delfin Bar Bistro *(plan A1, **20**) : ul. Piotrkowska, 20. ☎ 42-630-72-77. Au fond de la cour à droite. Tlj sf dim 12h-18h. Plats 5-15 Zl.* La chaleureuse salle rose et rétro pleine de bibelots et de napperons est aux antipodes de l'aménagement déprimant de la plupart des bars à lait. Pourtant c'en est un ! Le menu n'est qu'en polonais, mais illustré par un assortiment de plats (galettes de pommes de terre, roulades de viande, beignets de légumes...) joliment présenté à l'entrée, sur une table, avec des *kompot,* ces jus de fruits traditionnels, ici servis dans de jolis verres fleuris. Accueil en polonais pur sucre *(Yoush !).*

De bon marché à prix moyens (20-70 Zl / env 5-17,50 €)

Cykada *(plan A2, **21**) : ul. Piotrkowska, 137. ☎ 42-637-47-44. Prendre le passage sous cet immeuble majestueux ; porte sur la gauche. Tlj* *sf dim 12h-18h (16h sam). Soupe env 6 Zl ; plats 12-20 Zl.* Salle à la fois coquette et rustique, installée en sous-sol sans que cela nuise à l'atmosphère. Plats polonais classiques avec un bon choix de viandes dont des médaillons et filets, *pierogi* et de nombreuses soupes. Un bon plan pour déjeuner.

Anatewka *(plan A2,* ***22****) : ul. 6 Sierpnia, 2-4. ☎ 42-630-36-35. Tlj 11h-23h. Plats 30-50 Zl.* L'atmosphère de salle à manger d'un foyer juif bourgeois est si bien restituée ici qu'on n'a qu'un souhait : pourvu que la cuisine soit à la hauteur ! Au milieu des *menora, talith* (châles de prière), photos, gravures et foule de bibelots, les doutes se dissipent quand les plats arrivent sur la nappe crochetée. Rien n'est kascher, mais toutes les recettes traditionnelles, de la langue de bœuf à la sauce raifort en passant par la truite, sont très honnêtement exécutées. Un autre qui est à la hauteur, c'est le violoniste qui accompagnera peut-être votre repas. Pour tout dire, il est carrément perché, vous verrez !

Chłopska Izba *(plan A2,* ***23****) : ul. Piotrkowska, 65. ☎ 42-630-80-87. Tlj sf dim 12h-23h (minuit ven-sam). Plats 20-40 Zl.* Voilà la meilleure taverne du centre-ville pour sacrifier au rite de la cuisine polonaise rustique, élevé au rang de concept. Le principe ? Plats plus généreux que délicats pour calmer les faims impérieuses, bonne musique folklo, mobilier de bois à peine dégrossi, peau de mouton sous les fesses et torchis au mur. Yiii-aahh ! Tout commence dans les règles avec un pot de *smolek* (saindoux) accompagné de tranches de pain paysan. La suite ? *Osterpeck* (fromage typique fumé) frit dans le lard, galette de pomme de terre farcie, foie de poulet à la pomme et aux canneberges, sandre frit dans une coque aux champignons. Sanglier en saison pour les Obélix... Service au diapason, à la fois relax et efficace.

Polska *(plan A1,* ***24****) : ul. Piotrkowska, 12. ☎ 609-23-59-11. Tlj 12h-23h. Formule déj (12h-17h) 20 Zl. Plats 25-50 Zl.* Vieille Pologne et grand tralala avec, au programme, du tissu tendu aux murs, des boiseries chic, des rideaux plissés qui font sourciller les fenêtres cintrées, des tables bien espacées et une décoration de style quasiment Empire à la française. Pourtant, foies de volailles aux pommes, bigos et *makowiec* (doit-on vous parler en prime de la soupe au sang de canard ?) jouent plus une polonaise que la *Marseillaise*... Service diligent assez classe. L'un des meilleurs restaurants gastronomiques de la ville pour épater votre belle (ou votre beau) le soir, lorsque la lumière tamisée des photophores en bronze inonde avec douceur les tables nappées de blanc et les guédoufles en argent.

Où boire un verre ou un thé ? Où sortir ?

Une foultitude de cafés et clubs bordent la rue Piotrkowska. Les soirs de fin de semaine, de joyeuses troupes bien fêtardes en écument le pavé. Suivez le mouvement... du nord au sud.

Cafe Wolność *(plan A1,* ***32****) : pl. Wolność, 7. 512-377-884. Tlj 10h (12h dim)-23h (2h ven-sam).* C'est la salle vitrée à l'étage, avec vue sur la place, qui attire ici le promeneur. Déco un peu kitsch, mais ambiance locale et décontractée.

Herbaciarna Kocie Oczy *(plan A1,* ***34****) : ul. Piotrkowska, 25. 664-724-525. Tlj 11h-20h.* Au fond d'une cour banale, un petit lieu pointe la moustache. On hésite entre bonbonnière et pouponnière... voire « chatonnière ». Pas plus de 4 tables, des coussins en taffetas, des voilages, des tulles et... des chats, des chats, des chats, en portraits, en figurines, en faux vitrail sur la fenêtre. L'accueil d'Anita ronronne gentiment en polonais, et lorsque l'on voit la conséquente carte des thés, on se dit : « Chat alors ! »

Klubokawiarnia Owoce i Warzywa *(plan A2,* ***30****) : ul. Traugutta, 9. 502-592-966. Tlj de 10h (12h dim) jusqu'à la dernière âme.* Derrière sa façade vitrée, ce café-lounge au mobilier arty systématiquement dépareillé et à la clientèle plutôt jeune organise régulièrement expos, concerts et projections. Cocktails pas trop chers, post-rock et néo-pop en B.O. Reste un mystère : pourquoi ce nom de « café des fruits et légumes » ?

Pijalnia Wódki i Piwa *(plan A2, **33**) : ul. Piotrkowsa, 92. ☎ 42-630-92-00. Tlj 24h/24.* Présent dans toutes les grandes villes polonaises, ce concept de bière ou vodka *(4 Zl)* et (toute) petite restauration *(8 Zl)* vous ravira encore une fois. Popu, décontract', c'est une halte H24 pour caler petites faims et grandes soifs. Ne mangez pas trop... de vodka, quand même !

Klub Łódź Kaliska *(plan A2, **35**) : ul. Piotrkowska, 102. ☎ 42-630-69-55. Tlj 16h-2h (6h ven-sam).* Łódź Kaliska, une bande d'artistes championne ès provocs depuis sa formation en 1979, est l'instigatrice de ce club connu dans tout le pays. Répartie sur 3 niveaux, l'ambiance y est de plus en plus nocturne et festive au fil de la montée. Au rez-de-chaussée, incluant lounge et comptoir, les murs sont occupés par les œuvres de la bande. Au 1er, ça se libère et une pause pipi s'impose pour découvrir les lieux sous un autre angle (surprise ! surprise !) avant de rejoindre le *dance-floor* du 2e étage, bondé en fin de semaine. Concerts de temps en temps.

OFF-Piotrkowska *(plan A2, **31**) : ul. Piotrkowska, 138-140.* Dans une dent creuse laissée par une ancienne filature détruite, sur fond de murs artistement tagués, de vibrations sortant des caves dès la nuit tombée, de cours successives où se presse une faune venue en découdre avec la bière et la beat music, voici la scène alternative de Łódź. Le jour, des transats occupent les courettes, pour savourer un instant hors du temps. Le soir, suivre son instinct et ses envies au gré des ambiances très diverses d'un jour à l'autre, d'un lieu à l'autre... un *OFF* pour rester *IN*.

Keja *(plan A2, **36**) : ul. Kopernika, 46. 609-152-420. • keja.ekk.pl • Tlj sf lun 16h (18h ven-sam)-minuit.* Un club principalement branché rock. Concerts réguliers dans une atmosphère festive et énergique.

À voir

– L'office de tourisme propose des brochures-itinéraires très bien faites pour approfondir certains aspects de la ville : patrimoine industriel, villas et palaces, rue Piotrkowska, etc.

Promenade architecturale le long de la rue Piotrkowska *(plan A1-2)* **:** tracée au début du XIXe s, pour relier la nouvelle ville aux zones industrielles, sa partie semi-piétonne et animée s'étire sur environ 2 km. Débutons cette flânerie depuis son extrémité sud, par le n° 152 tatoué d'un immense graffiti maritime façon « retour vers le futur ». Łódź s'est d'ailleurs fait une spécialité de ces tags géants qui ornent des pans d'immeubles jusqu'alors bien tristounets. Plus conventionnels, au n° 137-139, une fresque de 2010 fait face aux motifs pastel néogothiques du n° 143, datant de 1907. Vous aurez noté, au passage, la belle brochette bourgeoise des nos 149 à 145... Au n° 128, bel et imposant exemple précoce du style Sécession viennoise. Plus haut, siège d'une galerie d'art dès 1902, le n° 107 exhibe une façade Empire bien dingo. Passons à l'Art déco, au n° 102, avec une charmante façade tout en volutes, des réverbères aux corniches d'angles, et couronnée d'un caducée. Côté rondeurs, le n° 90 en jette aussi avec ses fenêtres « encoquillées » à outrance. L'éclectique n° 86 est bien moins sage, mêlant gothique, Renaissance et maniérisme tendance héroïc-fantasy. Cette ancienne propriété du journal *Lodzer Zeitung* est surnommée « Gutenberg ». Au n° 77, levez le regard jusqu'aux corniches pétries de chérubins de ce qui fut la demeure d'un banquier. On note une statue de Rubinstein au piano qui pointe la naissance du maître au n° 78. À partir de là et pour une centaine de mètres, le trottoir se la joue *Hollywood Boulevard,* en honorant les grands noms du cinéma polonais, tandis que la façade latérale du n° 71 exhibe une sage et jolie fresque sépia avec un panthéon de personnages locaux. Hyperclassique, le n° 74 aligne colonnes, balcons à balustres encadrés de potiches, tympans circulaires et cariatides... Il manquerait juste les têtes de lions... elles y sont ! Toujours plus, toujours mieux, le n° 53 sort l'infanterie lourde avec deux atlantes soutenant un pan de façade en saillie. Plus loin, tandis que le n° 43 arbore un luxe d'ornementations végétales, le n° 37 donne une interprétation sobre et géométrique de l'Art nouveau. Pour finir ce tour d'horizon architectural, un intéressant vis-à-vis : au n° 11, un immeuble néo-Renaissance bâti pour les Scheibler en 1880. Construite 18 ans plus tard juste en face, une demeure de style éclectique occupe le n° 12.

La place Wolność *(plan A1)* **:** tout au nord de Piotrkowska, ce rond-point est centré sur un obélisque coiffé d'une statue de Kościuszko. Lorsqu'un tram passe, vous n'avez pas la berlue, le sol tremble ! C'est simplement que sous vos pieds un vaste réservoir en brique fut creusé en 1926 pour purger les ***égouts de la ville.*** *(Visite possible avr-sept, jeu-ven 11h-19h, w-e 12h-20h ; oct, ven 10h-14h, w-e 14h-18h ; fermé nov-avr. Billetterie au n° 2 de la place, accès au centre de la place. Entrée : 6 Zl ; réduc.)*

Manufaktura *(plan A1)* **:** ce lieu est l'ancienne usine de textile d'Izrael Poznański. Sur 27 ha (une quarantaine de terrains de football !), elle représente un bel exemple de reconversion d'une friche industrielle obsolète en un vaste espace dédié à la culture, au divertissement et à la consommation. Sans rien perdre de son style remarquable, elle intègre tous les besoins de l'Homme du XXIe s. La Manufaktura remporte du reste un franc succès auprès des habitants de Łódź.
On passe la ***porte monumentale*** en brique, à l'image d'ailleurs de l'ensemble des bâtiments. L'hôtel de luxe, sur la gauche, était jadis une imposante filature. Au prix de 2 ans de labeur pour empiler quelque 80 000 briques, elle vint en renfort du bâtiment initial (face à la porte) de 1872 qui ne suffisait plus. Sur la droite, l'administration de l'usine, à la tour un brin médiévale, communiquait par un tunnel avec le ***palais Izrael Poznański*** barrant l'angle de la rue Ogrodowa (voir plus loin). En pénétrant sur la large esplanade, parmi des édicules, on aperçoit un ***poste incendie,*** édifié en 1890 suite au sinistre qui ravagea la filature, avec sa tourelle carrée servant de château d'eau. À gauche, la ***centrale électrique*** construite tardivement pour permettre une plus grande autonomie de fabrication ; l'usine ne fut raccordée au réseau public qu'en 1963. À l'arrière, les deux teintureries ont été transformées en ***musée de la Manufacture*** (à droite) et en complexe cinématographique (à gauche), l'occasion de se faire une toile dans une filature ! Et, pour finir, à l'opposé, sur la gauche du centre commercial, l'ex-usine de tissage héberge le ***Ms²,*** musée alliant expos et architecture industrielle. De l'autre côté de la rue, d'***anciennes résidences des ouvriers*** aux n°s 24 à 28. Immeubles en brique sans aucune fioriture, ces *familioki* représentaient au XIXe s le progrès social promu par le paternalisme du riche industriel.

Pałac Izraela Poznańskiego – Muzeum Miasta Łodzi *(musée de la Ville ; plan A1)* **:** *ul. Ogrodowa, 15. ☎ 42-254-90-00. • muzeum-lodz.pl • Tlj sf ven 10h (11h mer et w-e)-16h (18h mer et w-e). Entrée : 12 Zl ; réduc ; gratuit mer. Audioguide gratuit en français.*
À l'angle sud-est de la Manufaktura, le long de l'avenue Zachodnia, ce palais, l'un des plus grands dans son genre, reflète parfaitement l'image de son commanditaire : *too much !* Construit sur 30 ans à partir de 1872, sa façade à l'éclectisme échevelé et ses ailes aux toits protubérants sont un bon indice de ce qui vous attend à l'intérieur.
En haut de l'escalier Art nouveau, la visite commence par la gauche en passant par un bureau (histoire, généalogie, photos de la famille et de l'usine) pour déboucher sur l'immense salle de bal avec ses miroirs, puis une succession de salons d'agrément (phonographes, instruments de musique et peintures, dont deux lithographies de Chagall). Suit la stupéfiante salle de banquet. Prendre le temps d'en détailler la luxueuse décoration néobaroque (bois sculptés, peintures,

stucs) conçue pour symboliser l'éternité après la mort du patriarche, Izrael. La visite continue par une salle consacrée à la riche relation qui unit Łódź au 7e art, dans une atmosphère typiquement Art nouveau créée par les boiseries et les tissus muraux. De là, un couloir distribue à droite de petites pièces honorant la mémoire des grands hommes de la ville. On remarque celle de l'écrivain Jerzy Koziński, auteur de *L'Oiseau bariolé* et de *La Présence,* dont la famille juive fut sauvée par des paysans polonais.
Le même corridor dessert à gauche d'anciens quartiers privés (chambre à coucher, boudoirs).
Tout au bout, trois salles honorent la mémoire du pianiste virtuose Artur Rubinstein, né à Łódź en 1887 : photos, affiches, récompenses et divers souvenirs y sont légendés en anglais. On notera l'oscar obtenu en 1969 pour la musique du film *L'Amour de la vie* de Reichenbach, ses décorations de la Légion d'honneur (jusqu'au rang de grand-officier) et son épée d'académicien français, frappée d'une discrète étoile de David (en 1971, il fut le premier musicien interprète à devenir Immortel).

Muzeum Fabryki *(musée de la Manufacture ; plan A1)* **:** *Drewnowska, 58. ☎ 42-664-92-93. • muzeumfabryki.pl • Tlj sf lun 9h (11h w-e)-19h. Tarif : 6 Zl ; réduc. Visite guidée de la Manufaktura, 75 Zl. Si vous pouvez vous grouper, ça vaut le coup (démonstration des métiers à tisser, etc.).* Ce petit musée vaut surtout le détour pour ses quatre métiers à tisser d'époque, en état de marche. Ces sacrés bestiaux sont mis en marche lors de visites guidées (se renseigner à l'accueil). On imagine l'assourdissant brouhaha des ateliers où s'activaient de concert des dizaines de ces machines... Pour le reste, il s'agit surtout d'une collection de panneaux bien mis en scène. Ils relatent l'histoire de cette usine et de ses protagonistes, patrons comme ouvriers (fanfares, pompiers) jusqu'à son déclin inexorable, sous la marque Poltex. Créée en 1873, l'usine arrêta sa production en 1997, ne comptant plus que 300 employés alors qu'elle en avait encore 8 000 en 1948.

Muzeum Sztuki Ms² *(musée d'Art contemporain Ms² ; plan A1)* **:** *ul. Ogrodowa, 19. ☎ 42-634-39-48. • msl.org.pl • Tlj sf lun 11h-19h (10h-18h mar). Expo permanente 10 Zl ; expos temporaires 8 Zl/expo ; pass ttes expos 16 Zl ; réduc ; gratuit jeu.* Sur 3 étages (chacun avec son expo et son billet dédié), œuvres contemporaines présentées par thèmes (le corps, fétiches et fantasmes, etc.). Expos temporaires au rez-de-chaussée. La collection initiée au début des années 1930 par le groupe d'avant-garde « a.r. », dont le peintre Władysław Strzemiński et son épouse sculpteure, Katarzyna Kobro, s'est continuellement enrichie depuis pour offrir un florilège du meilleur de l'art contemporain polonais et plus largement européen sous toutes ses formes. Une référence.

Muzeum Kinematografii *(musée du Cinéma ; plan B2)* **:** *pl. Zwycięstwa, 1. ☎ 42-674-09-57. • kinomuzeum.pl • Mar 10h-17h, mer et ven 9h-16h, jeu et w-e 11h-18h. Entrée : 10 Zl ; réduc ; expo permanente gratuite le mar.*
Petit flash-back, ce palais a été bâti en 1855 pour Karol Scheibler et remanié à la fin du XIXe s dans le style néo-Renaissance. On y fait d'une pierre deux coups en découvrant l'histoire du cinéma polonais, mais aussi le cadre de vie luxueux du magnat du coton. Côté cinéma, on se focalise d'abord sur la partie technique avec une belle collection de caméras, projecteurs et magnétos, dont des modèles très anciens, pour passer ensuite à la reconstitution d'un studio. À l'étage (accès derrière un rideau), place au monde de l'animation et à une foule de personnages dont certains ne sont pas inconnus de la génération des 70's... La série franco-polonaise *Colargol* est née dans les studios de Łódź !
L'autre volet de la visite concerne les pièces d'apparat du palais, très bien conservées. Pas très grandes mais d'un luxe inouï avec des placages de bois sculptés et des marqueteries utilisant près de 60 essences de bois différentes, de magnifiques poêles en faïence et, dans l'entrée originelle, un ingénieux système de portemanteaux escamotables !

Centralne Muzeum Włókiennictwa *et* **Skansen Lódzkiej Architektury Drewnianej** *(musée du Textile et musée de l'Architecture en bois ; hors plan par B2) : ul. Piotrkowska, 282 (entrée ul. Milionowa). ☎ 42-683-26-84. • muzeumwlokiennictwa.pl • Mar-mer et ven 9h-17h, jeu 11h-19h, w-e 11h-16h. Entrée : 10 Zl ; réduc ; expo permanente gratuite le sam.*
Établie par la famille Geyer, cette gigantesque usine toute blanche flanquée d'une haute cheminée date de la première moitié du XIXe s. Véritable ancêtre de la Łódź industrielle, elle fut équipée des premières machines à vapeur de la ville. Le gigantesque « *boiler* » affublé de sa cheminée trône toujours dans la cour. Ce nouvel et bel exemple de réhabilitation d'un site industriel accueille deux musées.
– ***Musée du Textile :*** impressionnante collection permanente de plus de 1 000 pièces contemporaines et autant d'historiques, doublée de nombreuses expos temporaires (thèmes riches et très variés). Un grand hangar abrite une série de machines activées en semaine *(mar-mer et ven 9h-17h, jeu 11h-15h).* Si les salles consacrées à la mode (de 1900 à 1980) sont peu légendées en anglais, celles abordant l'histoire de l'industrie du textile et de ses métiers le sont, et de manière intéressante. Les plus passionnés y verront entre autres : des métiers, de très beaux blocs d'impression, des myriades d'échantillons de textiles illustrant l'évolution des techniques et des styles, une salle consacrée aux tissages artisanaux et d'étonnantes tapisseries contemporaines. Le musée organise une triennale de la tapisserie.
– ***Musée de l'Architecture en bois :*** fières de leur noble matériau et de leurs jolies couleurs, ces maisons de tisserands, d'évangélistes et autres résidences de vacances de grands proprios, réassemblées ici, composent un univers révolu, digne d'un conte pour enfants. Expos malheureusement en polonais seulement.

SUR LES TRACES DE L'HOLOCAUSTE

Le 8 septembre 1939, l'armée allemande investit Łódź, qui compte alors environ 240 000 juifs, soit un tiers de sa population. Actrice majeure de la vie locale, cette communauté possède environ 50 % des usines, l'essentiel de ses ateliers et participe à toutes les activités de la ville. Dès leur arrivée, les nazis appliquent les lois raciales de Nuremberg : privation de la citoyenneté, interdiction de commercer, confiscation des biens des compagnies, port de l'étoile jaune.
S'ils épargnent une grande partie des demeures et monuments de cette ville qu'ils apprécient particulièrement, leur but est, comme ailleurs, de supprimer toute trace de la présence juive. Les synagogues sont détruites dès la mi-novembre.

QUAND LA VÉRITÉ EST INCROYABLE !

En 1942, Jan Karski est chargé par la résistance polonaise d'informer son gouvernement en exil à Londres du traitement réservé aux juifs par les Allemands. Lors d'un courageux périple en Europe occupée, il cumule les témoignages, s'introduit clandestinement (et en ressort !) dans le ghetto de Varsovie et dans un camp de concentration. Il rend compte dès 1943 des horreurs constatées au ministre britannique des Affaires étrangères, au président des États-Unis, Franklin Roosevelt, au clergé, à la presse, à des membres éminents de la communauté juive occidentale... Rien n'y fait : l'incrédulité est totale, tant la barbarie décrite semble invraisemblable. Et pourtant...

Centrum Dialogu *(hors plan par B1) : ul. Wojska Polskiego, 83. ☎ 636-38-21. • centrumdialogu.com • Tlj sf w-e 9h-17h.* Propose des expositions provisoires liées à la Shoah et des brochures-plans permettant d'approfondir la découverte de ce qui reste du ghetto. Attenant, le ***park Okalałych*** (parc des Survivants) est dédié à la mémoire de ceux qui ont réchappé à la solution finale : des arbres y sont plantés par eux-mêmes ou par leurs familles. Il est ponctué d'un monument en forme d'étoile de David pour rendre honneur aux « Justes parmi les nations », ainsi que d'un tertre célébrant l'action de Jan Karski.

Litzmannstadt Getto *(ghetto de Łódź ; hors plan par A-B1)* **:** *au nord et à l'ouest du park Ocalałych.*

Nombre de bâtiments significatifs du ghetto sont encore debout dans ce faubourg du nord de la ville.

Le 8 février 1940, un ghetto d'environ 4 km² est créé au nord de la ville, rebaptisée *Litzmannstadt.* Il englobe les quartiers pauvres de *Bałuty* et *Stare Miasto,* au-delà du parc *Staromiejski.* Les rues *Zgierska* et *Limanowskiego* en sont par la suite exclues, pour des raisons de circulation, ce qui le coupe en trois parties, reliées par des passerelles enjambant les voies.

Complètement isolé du monde, c'est le deuxième plus grand ghetto après celui de Varsovie. En mai 1941, ordre est donné d'y organiser le travail forcé dans une centaine de fabriques, essentiellement consacrées à la production d'uniformes et équipements pour les soldats allemands.

En 1942, la densité de population atteint plus de 40 000 hab./km². En décembre, le triste camp Przemysłowa est ouvert dans un coin du ghetto pour accueillir les moins de 16 ans : exploités jusqu'à l'épuisement, battus à mort par leurs bestiaux gardiens, seuls 900 survivront sur les 5 000 que compta ce lieu d'infamie. La même année, les premières déportations sont organisées : plus de 70 000 personnes sont envoyées à Chełmno. Parmi elles, l'intégralité des 5 000 gitans (dont deux tiers d'enfants) ayant brièvement transité à Łódź, dans un immeuble à l'écart du ghetto juif.

HÉROS OU DÉMON ?

Chaim Rumkowski était le patron du conseil juif du ghetto de Łódź. Mégalo ? Il avait fait frapper les timbres postaux à son effigie. Monstre ? Son discours « Donnez-moi vos enfants » fut le coup d'envoi du célèbre camp de Przemysłowa. Inconscient ? Il prit de son plein gré le dernier train en partance pour Auschwitz, où il sera exterminé avec toute sa famille. Héros ? Son dynamisme, et l'excellente gestion du ghetto qu'il dirigeait, en retarda la liquidation finale...

Alors que la plupart des ghettos ont déjà été liquidés, celui de Łódź est sursitaire car... les travailleurs forcés y sont plus productifs qu'ailleurs. La deuxième vague de convois de la mort a lieu à la liquidation du ghetto entre le 23 juin et le 29 août 1944. Elle coûte la vie à environ 76 000 malheureux. Seules 900 personnes sont maintenues en sursis par les nazis, pour nettoyer la zone. À leur arrivée, le 19 janvier 1945, les Russes sont si choqués par ce qu'ils trouvent ici qu'il leur sera impossible d'en décrire l'horreur. Il ne reste que quelques centaines de survivants. Terrible bilan, sur 203 000 personnes ayant transité par ce ghetto, 10 000 survivront à la guerre. Environ 150 000 mourront dans les camps et 43 000 dans le ghetto même, de faim, de maladies ou de maltraitances...

Stacja Radegast *(gare Radegast, hors plan par B1)* **:** *al. Pamięci Ofiar Litzmannstadt Getto. ☎ 42-291-36-27. • muzeumtradycji.pl • Depuis le Centrum Dialogu, prendre l'ul. Polskiego, puis à gauche l'ul. Sporna qui devient l'ul. Zagajnikowa ; traverser ul. Inflancka et prendre l'impasse dans le prolongement. Bus nº 57, arrêt Inflancka. Lun-mar 9h-17h, mer-jeu 10h-18h, w-e 10h-16h. Fermé ven. GRATUIT.*

Cette petite gare en bois est inextricablement liée aux pages les plus sombres de l'histoire de Łódź. Entre 1941 et 1942, presque 50 000 personnes y débarquèrent, des juifs polonais, luxembourgeois, autrichiens et des Roms. Et c'est d'ici qu'à partir de 1942 fut organisée la déportation d'environ 150 000 juifs vers Chełmno, puis vers Auschwitz.

À quai, deux wagons à bestiaux laissent imaginer l'horreur des convois. Dans la gare, d'épais classeurs renferment les listes des victimes, établies par leurs bourreaux. En face, dans un tunnel sans issue où l'éclairage s'allume puis s'éteint au fil des pas, le cauchemar s'égrène année après année. Quelques photos des habitants du ghetto, de menus objets leur ayant appartenu (clés, boutons) révèlent leur dénuement extrême. Et encore et toujours ces terribles listes, si parlantes et qui en disent pourtant si peu.

Le cimetière juif *(Cmentarz Żydowski ; hors plan par B1)* **:** *ul. Zmienna. • jewishlodzcemetery.org • Entrée pas facile à trouver ; depuis la gare Radogoszcz, prendre Inflancka à gauche, puis la petite rue empierrée (ul. Zmienna) à droite, juste avt la route 14 ; c'est 300 m plus loin. Bus nº 57, arrêt Bracka ou Inflancka ; trams nos 1, 5 ou 6 jusqu'à leur terminus. Tlj sf sam et j. fériés juifs, 9h-17h (15h ven en été et tlj en hiver). Entrée : 6 Zl ; gratuit le 1er dim du mois.*
Triste record, c'est le plus grand cimetière juif d'Europe, rassemblant 160 000 tombes. À gauche de l'entrée, les fosses gagnées par les hautes herbes furent creusées par les derniers habitants du ghetto sur ordre des nazis. Ces derniers prévoyaient de les exécuter et de les y enterrer mais furent pris de court par l'arrivée de l'Armée rouge. Plus loin, toute la partie sud du cimetière *(Ghetto Field)* donne la mesure du désastre de la Seconde Guerre mondiale : plus de 43 000 personnes mortes dans le ghetto y reposent dans des tombes toutes identiques. Glaçant !
L'allée qui fait face à l'entrée est dominée par le mausolée d'Izrael Poznański, très éloigné du modèle des sépultures juives traditionnelles. En se penchant à travers les grilles, on peut apercevoir une très belle mosaïque sous sa coupole de marbre de 7 m de haut. Elle affiche jusque dans sa dernière demeure l'irrépressible goût du luxe de ce grand industriel.

Festivals

- ***Fotofestiwal :*** *fin mai-début juin. • fotofestiwal.com •*
- ***Festival des 4 cultures :*** *3 j. en juin. • 4kultury.pl •* En hommage aux cultures allemande, polonaise, russe et juive qui ont façonné la ville.
- ***Festival international du design :*** *15 j. en oct. • lodzdesign.com •* Le plus important du genre en Pologne.

LA RÉGION DE LUBLIN

KAZIMIERZ DOLNY

3 485 hab.

• Plan *p. 129*

À environ 130 km au sud-est de Varsovie et à seulement 45 km à l'ouest de Lublin, ce gros village déploie un charme irrésistible, propice à la rêverie, voire aux envolées picturales. Au milieu d'une vaste plaine agricole, où pullulent les framboisiers en été, il apparaît par petites touches, au détour d'un méandre de la majestueuse Vistule, entre deux collines, dont l'une est dominée par la silhouette protectrice du couvent des Franciscains, l'autre par les ruines du château fort médiéval. Le village abrite quelques beaux spécimens de maisons en bois, pelotonnées autour de sa petite et très photogénique place du Marché *(Rynek)*, aux côtés d'autres maisons, nettement plus bourgeoises et cossues, éclairées par de belles façades Renaissance. Bref, une petite villégiature qui attira et attire toujours les peintres en herbe ainsi que les Varsoviens pressés de se mettre au vert.

UN PEU D'HISTOIRE

La cité porte le nom de son fondateur, le roi Kazimierz Wielki (Casimir le Grand) qui, au XIVe s, sélectionne ce site au bord de la Vistule, principal axe commercial de l'époque. Promise à un bel avenir, elle prospère, et les maisons somptueuses des commerçants remplacent les anciens chalets de bois autour de la place du Marché. Mais les invasions suédoises et les épidémies brisent cet élan et figent les traits de la ville. Malgré les dégâts du grand incendie de 1866, son ambiance pittoresque et sa lumière mystérieuse séduisent les peintres des XIXe et XXe s, dont Ślewiński, élève puis ami de Gauguin, fortement influencé par son apprentissage dans la fameuse école de Pont-Aven. Peintres et architectes fonderont ensuite, dans l'entre-deux-guerres, la Société des amis de Kazimierz pour préserver et restaurer le site.
Aujourd'hui, des artistes tentent toujours de saisir avec leurs pinceaux le charme délicat des lieux, avec plus ou moins de bonheur... Les environs réservent également quelques heureuses découvertes à pied ou à vélo.

Arriver – Quitter

➢ ***En voiture :*** de Varsovie, route S17 (E 372) en direction de Lublin. Après env 120 km, tourner à droite vers Puławy. Ensuite, route 824 parallèle à la Vistule sur 15 km.
– ***Parking :*** payant *(compter min 10 Zl/j. ou 3 Zl/h)* dans tout le centre, mais on peut se garer gratuitement dans la rue Lubelska *(plan B2).*
➢ ***En train :*** la gare la plus proche est à Puławy (qu'on rejoint en bus), relié fréquemment à Varsovie en 2h et à Cracovie en 4h.
➢ ***En bus :*** nombreux minibus avec ***Transbuss*** et ***Hallobuss*** pour ***Varsovie*** en 2h40 de trajet. Ils passent tous par Puławy, pour ceux qui voudraient attraper un train. Pour ***Lublin,*** 10 bus/j. (env 1h15 de trajet). Tous se prennent à la station des bus *(plan B1).*

Adresses utiles

Informations touristiques *(plan A2) : Rynek, 27.* ☎ *81-88-107-09. • kazimierz dolny.pl • Lun-sam 9h-17h ; tlj 10h-17h nov-avr.* Bonnes informations en anglais et documentation sur toute la région.
■ ***Argent et change :*** *distributeur sur le* Rynek *et à la poste (plan A1 ; lun-ven 8h-19h, sam 9h-15h).* La poste fait du change, en dépannage car le taux est peu avantageux.
@ ***Internet :*** ***Biblioteka Miejska,*** *ul. Lubelska, 34 (plan B2). Entrée à l'arrière du bâtiment. Lun-ven 9h-17h, sam 10h-14h.* On peut également se connecter en wifi au *Café Rynkowa,* sur le *Rynek.*
■ ***Location de vélos :*** *à la* Willa Pod Basztą, *ul. Tyszkiewicza (plan B1), 26.* ☎ *81-473-55-35. Sinon, se renseigner à l'office de tourisme.*

Où dormir ? Où manger ?

Il est plus prudent de réserver en période estivale. Tous les hébergements proposent des tarifs plus élevés le week-end qu'en semaine.
Spécialité touristique de la ville : le *koguty,* un pain en forme de coq. En saison, également de bonnes gaufres *(gofry)* aux fruits des bois ainsi que des glaces *(lody),* notamment sur le haut du *Rynek* : pour les repérer, remontez le flot des gens qui se lèchent les doigts !

Camping

Camping Spichlerz *(hors plan par A2,* ***10****) : ul. Krakowska, 61.* ☎ *81-881-00-36. • spichlerzkazimierz dolny.pl • À 15 mn à pied à l'ouest du centre-ville. Tte l'année. Empl. tente 36 Zl et 46 Zl si voiture.* Un beau site ombragé, en bordure de la Vistule, juste à côté de l'élégant bâtiment du XVIIe s de l'hôtel *Spichlerz* (voir plus loin). Cerise sur le gâteau, on peut y faire de l'accrobranche en été. Seul revers de la médaille, à cette même période, il n'est pas rare qu'on y organise de grands barbecues, avec musique à fond le samedi soir !

De très bon marché à bon marché (40-160 Zl / env 10-40 €)

Schronisko Młodzieżowe Pod Wianuszkami *(AJ ; hors plan par B1,* ***11****) : ul. Puławska, 80.* ☎ *81-881-03-27. • wianuszki@poczta.onet • À 2 km du centre sur la contre-allée de la route vers Puławy. Dortoirs 35-45 Zl/pers ; double avec sdb 100 Zl ; petit déj 12 Zl.* Une belle maison blanche rehaussée d'une frise en guirlande, dans le style local, propre et correctement aménagée. Plus de 60 places en chambres de 2, 3, 4 et 10 lits. Cuisine et salle à manger à disposition. Épicerie à côté. Seul bémol pour ceux qui ne causent pas la langue de Chopin : il est bien rare de trouver quelqu'un parlant l'anglais, ici...
Willa Słoneczna *(hors plan par B2,* ***12****) : ul. Szkolna, 23A.* ☎ *81-881-03-88.*

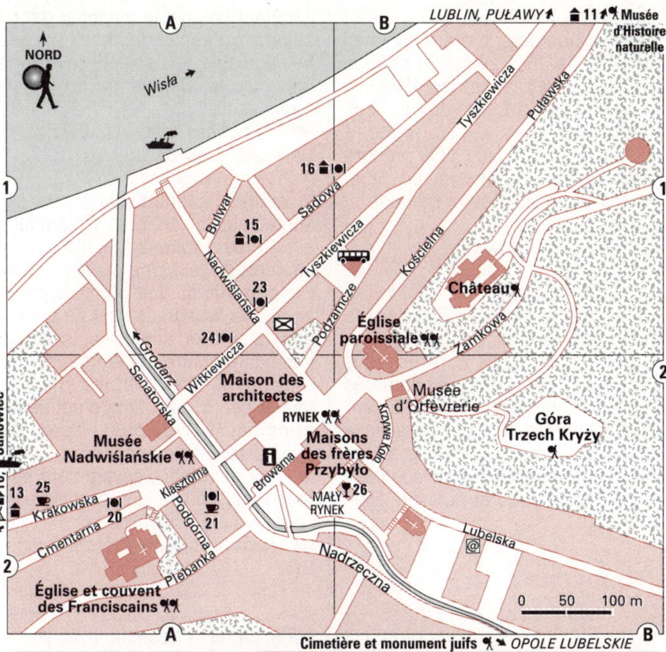

KAZIMIERZ DOLNY

Adresse utile

- Informations touristiques
- @ Internet : Biblioteka Miejska

Où dormir ?

- **10** Camping et hotel Spichlerz
- **11** Schronisko Młodzieżowe Pod Wianuszkami (AJ)
- **12** Willa Słoneczna
- **13** Pokoje u Śliwów
- **15** Pensjonat Joanna
- **16** Hotel Dwa Księżyce

Où manger ?

- **20** Akuku
- **21** Restauracja na Piętrze
- **23** Zielona Tawerna
- **24** U Fryzjera

Où boire un verre ? Où goûter ?

- **21** Piekarnia Sarzyński
- **25** Herbaciarnia Galeria u Dziwisza et Café Faktoria
- **26** Dobra Klubojatka

• willa-sloneczna.com.pl • À 800 m du centre du village. Prendre la rue en direction du cimetière juif et à 500 m prendre à gauche dans Lubelska, puis rapidement à droite dans Szkolna sur 200 m : c'est à gauche. Selon j. de la sem, doubles 100-120 Zl ; petit déj en sus. À l'arrière du village, dans un coin verdoyant et tranquille, une belle maison en bois toute verte avec une terrasse donnant sur un vaste jardin. À l'intérieur, des chambres simples mais agréables, avec parquet et mobilier à l'ancienne. Appartements avec cuisinette réduite (pas de plaques de cuisson). Excellent accueil (en polonais). Un très bon rapport qualité-prix-calme.

Pokoje u Śliwów *(plan A2,* ***13****) : ul. Krakowska, 14. ☎ 81-881-08-71. • usliwow.infoturystyka.pl • Doubles 100-120 Zl.* Dans une rue assez bucolique, au sein d'une maison en bois typique de la région, une famille sympathique vous accueille en polonais (seul le fiston, quand il est là, *speaks* quelques mots d'anglais). Chambres de 16 à 23 m² ou studios avec cuisine dépassant les 40 m², le tout de bon confort. Pas de petit déj, mais on trouve des salons de thé et de café à proximité (voir « Où prendre un café ? Où goûter ? »). Le plus, c'est le beau jardin avec pelouse et hamacs.

🏠 🍴 ***Pensjonat Joanna*** *(plan A1, **15**) : ul. Sadowa, 3. ☎ 81-881-07-39. • pensjonatjoanna.nocowanie.pl • Derrière le vendeur de glaces. Double avec sdb env 150 Zl avec petit déj. Resto tlj 8h-22h ; plats 20-30 Zl.* Au-dessus du charmant petit resto, 5 chambres simples et colorées. Patrons très gentils. Très central, à deux pas de la place principale. Au resto, quelques tables dans une microsalle. Cuisine *so polish* avec *pierogi,* viande et poisson. Rien d'excessif.

Prix moyens (40-70 Zl / env 10-17,50 €)

🍴 ***Akuku*** *(plan A2, **20**) : ul. Krakowska, 3. 📱 534-233-303. Tlj (sf mar et jeu hors saison) 12h-23h. Plats 20-60 Zl.* Au gré d'ambiances allant de la terrasse peinarde aux salles du rez-de-chaussée, tapissées d'un papier peint vintage à petites fleurs, ou celles du 1er étage moderno-campagnardes. Des atmosphères toutes bercées par une douce musique, agrémentées d'un agréable service, pour goûter à une cuisine locale, créative ce qu'il faut. Justes cuissons, belles sauces, on en redemanderait... s'il ne fallait réserver une place aux desserts qui ne sont pas en reste. Le *Parfait à l'advocat* est... parfait.

🍴 ***Zielona Tawerna*** *(plan A1, **23**) : Nadwiślańska, 4. ☎ 81-881-03-08. Tlj 10h (12h sem)-22h. Plats 25-50 Zl.* Vous vous souvenez de l'époque où les légumes et les viandes, même les plus simples, avaient du goût, vers le IIe s avant José Bové ? Ici, on n'a pas oublié. Une cuisine déclinée pour tous les appétits, du plus frugal au plus carnassier. Le midi, on s'installe dans le beau jardin à l'abri des regards ; le soir, on s'attarde à la chandelle en écoutant craquer le plancher dans les salons à l'ancienne. Musique jazzy très agréable, fleurs séchées et service impeccable. Bienvenue au pays du romantisme !

🍴 ***U Fryzjera*** *(plan A1, **24**) : ul. Witkiewicza, 2. ☎ 81-888-55-13. Tlj 12h (10h w-e)-minuit. Plats 25-40 Zl.* « Chez le coiffeur », établi dans une amusante maison en bois à l'ancienne, est un resto touristique, mais qui tire sa carte du jeu. Une carte proposant principalement des plats de cuisine juive (non casher) : soupe de poissons aux raisins et amandes, salade de harengs en entrée et langue de veau, roulade de bœuf, tripes d'agneau, foie et cou d'oie, parmi d'autres plats principaux. Quelques spécialités polonaises et végétariennes. Le soir, la semi-pénombre savamment entretenue à la bougie sied parfaitement à l'atmosphère.

🍴 ***Restauracja na Piętrze*** *(plan A2, **21**) : ul. Nadrzeczna, 6. 📱 605-330-335. Tlj 12h-21h (22h sam, 20h dim). Plats 25-55 Zl.* Établi à l'étage de la boulangerie, ce resto très chic avec piano et terrasse de poche propose une savoureuse cuisine, avec pour spécialité le bœuf à la crème et au poivre noir *(perly esterky).* Service classe.

De prix moyens à chic (160-400 Zl / env 40-60 €)

🏠 🍴 ***Hotel Dwa Księżyce*** *(plan A-B1, **16**) : ul. Sadowa, 15. ☎ 81-881-08-33. • dwaksiezyce.com.pl • Ouv tte l'année. Selon saison, doubles 160-340 Zl, avec petit déj. Plats 30-45 Zl. Parking gratuit.* 💻 📶 Grande bâtisse en dur dans une jolie rue pavée et bordée de maisons typiques en bois, entourée d'un jardin arboré avec terrasse. Quelle que soit leur catégorie, les chambres sont confortables, bien meublées et équipées (clim, coffre et TV satellite). Certaines ont même un balcon avec vue sur le fleuve. Fait aussi resto pour qui veut cocooner. Accueil très courtois.

🏠 ***Hotel Spichlerz*** *(hors plan par A2, **10**) : ul. Krakowska, 61. ☎ 81-881-00-36. • spichlerzkazimierzdolny.pl • Doubles et appart 2 pers 220-300 Zl, petit* *déj inclus.* À environ 1 km du centre, cet ancien grenier Renaissance couvert d'un haut toit crénelé jouit d'une belle situation dans la verdure, en retrait de l'agitation du village. Il propose des chambres convenables, malgré des moquettes qui en ont vu. Resto avec cuisine correcte et accueil agréable. Attention, propose des barbecues en été qui s'inviteront dans votre recherche de quiétude !

Où boire un verre ? Où goûter ?

Dobra Klubojatka *(plan A-B2, **26**)* **:** *Mały Rynek. Tlj sf lun 10h-22h.* Dans une de ces adorables maisons en bois qui bordent le petit *Rynek,* un bar improbable, tenu par un passionné de bière(s), qui vous sert sans se mettre la pression. Si vous hésitez face à la multitude de références, il vous fera goûter. On emporte ensuite sa conquête pour la siffler à l'extérieur sur d'anciens fauteuils de cinéma en bois, alignés le long d'une coursive comme les pintes sur un comptoir.

Piekarnia Sarzyński *(plan A2, **21**)* **:** *ul. Nadrzeczna, 6. ☎ 81-881-06-43. Tlj (w-e slt hors saison) 7h-21h.* C'est la boulangerie de la ville, celle qui fournit toutes les échoppes en *koguty,* le pain en forme de coq. Attention, il y a foule et le décor est plutôt celui d'une cafétéria, sauf si vous trouvez de la place en terrasse. Bonnes viennoiseries et pâtisseries à accompagner d'un café. Également des *pierogi,* des salades et des glaces.

Herbaciarnia Galeria u Dziwisza *(plan A2, **25**)* **:** *ul. Krakowska, 6. 502 628 220. Tlj 11h-22h.* Il fallait bien un salon de thé chic à la hauteur du charme bucolique de Kazimierz Dolny. Le raffinement polonais s'en donne à cœur joie dans ces petits salons qui invitent à la détente et à la volupté, comme la belle terrasse. À la carte, des dizaines de thés, décoctions et infusions de toutes sortes. Le tout à accompagner d'une pâtisserie haute en couleur, sur fond de musique viennoise...

Café Faktoria *(plan A2, **25**)* **:** *ul. Krakowska, 6B. 691-942-100. Tlj 10h-21h (20h jeu, dim-lun).* Juste à côté du précédent, une bonne mouture à proposer en alternative aux *caféinophiles.* Agréable terrasse, là aussi, bien que moins grandiose que son concurrent. Également une sympathique salle à l'ancienne. Liste de cafés longue comme le bras et pas moins chers qu'à côté. Évitez toutefois les cafés spéciaux dans lesquels s'invite une liqueur, plutôt écœurants et assez chers. Se contenter d'un simple et bon café.

LA RÉGION DE LUBLIN

À voir. À faire

Rynek *(place du Marché)* **:** immanquables, les ***maisons des frères Przybyło*** *(plan A2),* au n° 12, furent bâties dans le style Renaissance au début du XVIIe s. Bâtisses à un étage sur arcades, elles portent d'immenses attiques décoratifs, interprétation naïve des thèmes et schémas architecturaux de la Renaissance. Les nombreux bas-reliefs sont un joyeux mélange de sujets bibliques, scènes de la vie quotidienne, motifs grecs et romains... Observer notamment le géant (peut-être saint Christophe, à cause des écrevisses accrochées à ses pieds) qui porte un enfant sur son épaule. C'est aussi l'occasion d'admirer l'évolution des constructions successives, qui en dit long sur l'enrichissement de la cité : de gauche à droite, une maison en bois avec sa véranda encastrée dans le toit, une maison en pierre brute et, finalement, les belles maisons ouvragées. Juste en face, sur une série d'arcades rehaussées de mascarons en pierre, la ***maison des architectes*** *(plan A2).* Construite récemment, à partir des éléments de la maison dite « de Gdańsk », de la fin du XVIIIe s.

Kościół Farny *(église paroissiale ; plan B1-2)* **:** *du côté nord-est de la pl. du Marché.* Construite sur les ruines d'une église gothique, détruite par un incendie en 1598, c'est un exemple typique de l'architecture sacrée de la Renaissance. Les vieux murs furent alors surélevés et les chapelles rajoutées. À l'intérieur, on remarque la voûte en berceau richement ornée de stucs, la chaire de bois marqueté et les splendides orgues de 1620.

Zamek *(château ; plan B1)* **:** *par le chemin pavé qui grimpe à droite de l'église ; 5 mn à pied. • zabytkikazimierzdolny.pl • Tlj 10h-18h (10h-15h ven-dim, nov-avr). Entrée : 7 Zl.* Jadis à l'état de ruines, il a été (très) restauré... Bâti au XIVe s par les prisonniers tatares, le château devait assurer la sécurité du port sur la Vistule, tandis que la tour ***Basztą,*** à proximité, servait à faire le guet et faisait office de phare pour la navigation. Fièrement dressée et blanche comme un cierge de Pâques sur le coteau boisé, elle offre du haut de ses 20 m un beau panorama sur la ville et la rivière.

En redescendant, tout de suite à gauche avant le musée de l'orfèvrerie, prendre le chemin qui mène aux ***Trois-Croix*** *(Góra Trzech Krzyży ; plan B2 ; accès payant env 5 Zl),* rappelant que la ville fut touchée par la peste. De cet endroit, la vue vaut aussi son pesant de clichés.

Muzeum Nadwiślańskie *(musée de la Vistule ; plan A2)* **:** *ul. Senatorska, 11. ☎ 81-881-02-88. • mnkd.pl • Avr-sept, tlj 10h-17h (18h ven-sam) ; oct-mars, tlj 9h-16h. Entrée : 8 Zl ; réduc.* On vient d'abord ici pour la superbe façade en calcaire, couronnée d'un impressionnant attique sculpté de niches, de saints et de chimères. Et puis, bien sûr, pour ce beau musée qui présente une maquette de la ville au début du XXe s, mais surtout une collection de tableaux évoquant son histoire à travers les œuvres d'artistes qui y séjournèrent dès la fin du XIXe s. À l'étage, belles vues et paysages de Kazimierz Dolny. Les œuvres de Ślewiński, l'ami de Gauguin qui a mis le village à la mode picturale, sont exposées au Musée national de Varsovie. On se rattrape avec les toiles de Michalak, Czajkowski, Karmański et les touchantes scènes signées Teresa Roszkowska. Car beaucoup de femmes peintres ont aussi manié le pinceau à Kazimierz Dolny.

Kościół Klasztor *(église et couvent des Franciscains ; plan A2)* **:** couvent du XVIIe s, dominant la ville au sud, du haut de la colline. On y accède par un long escalier couvert. À l'intérieur, les murs blancs contrastent avec le chœur en bois et les élégantes dorures baroques. Sur le maître-autel, le célèbre tableau représentant la scène de l'Annonciation a, paraît-il, des vertus miraculeuses. En sortant à gauche, on accède au cloître où quelques peintures vantent les actions humanitaires des frères franciscains. L'un d'entre eux tient boutique ; une sorte de bric-à-brac, que tisanes et onguents embaument sacrément. Au centre du cloître, le jardinet accueille un élégant puits à roue datant du XVIIe s. Joli point de vue sur la ville. Depuis le couvent, un chemin pavé monte au cimetière.

Muzeum Przyrodnicze *(musée d'Histoire naturelle ; hors plan par B1)* **:** *ul. Puławska, 64. À 1 km env, sur la contrevoie longeant la route de la Vistule. ☎ 81-881-03-26. • mnkd.pl • Tlj (sf mar, oct-mars) 9h-16h. Entrée : 10 Zl ; réduc.* Installé dans un superbe grenier à blé restauré, datant de la fin du XVIe s. On y vient surtout pour cette raison et pour admirer la belle charpente en bois. Sinon, animaux taxidermisés, fossiles et panneaux en polonais.

Cimetière et monument juifs *(hors plan par B2)* **:** *à 1,5 km du centre, en direction d'Opole Lubelskie.* Dédié aux victimes de la Shoah, un impressionnant mur de stèles et de pierres tombales s'ouvre par sa fracture centrale sur l'ancien cimetière juif noyé dans la forêt.

Croisières sur la Vistule *(plan A1)* **:** *• rejsystatkiem.com.pl • Avr-sept. Tarif : 17 Zl/pers ; réduc.* Petite découverte fluviale de 1h qui dépend du niveau d'eau du fleuve (la balade pousse parfois jusqu'aux rives permettant de rejoindre Janowiec ; voir plus loin).

➢ ***Randonnées à vélo ou à pied :*** *rens et cartes à l'office de tourisme.* Plusieurs boucles balisées permettent de parcourir les collines alentour.

Fêtes et manifestations

- Un festival original de ***groupes et chanteurs folkloriques,*** accompagné par une foire artisanale : *chaque année, fin juin.*
- ***Festival de cinéma :*** *à* ***Kazimierz*** *et à* ***Janowiec.*** *• dwabrzegi.pl • Fin juil-début août.* Premières du cinéma indépendant et sélection de films remarqués dans les grands festivals de l'année. Certaines projections ont lieu en plein air.
- ***Concerts :*** *en été.* Concerts d'orgue dans le beau décor de l'église paroissiale *(kościół Farny),* ainsi que des ***concerts de musique classique*** *(août-sept 1 fois/sem, en général le sam vers 19h30).* Dans un autre style, des ***concerts de rock et de folk*** sont organisés au bord de la Vistule, dans l'ancienne carrière, un peu à l'écart, au sud-ouest de la ville.

DANS LES ENVIRONS DE KAZIMIERZ DOLNY

Le château de Janowiec *(hors plan par A2)* **:** *sur la rive gauche de la Vistule. • mnkd.pl • Accès par un bac : à env 2 km au sud de Kazimierz Dolny, au bout de la rue Krakowska (hors plan par A2 ; qui devient un chemin carrossable). Traversier en service avr-sept 8h-20h (21h w-e), ttes les 30 mn ; env 6 Zl/pers, 9 Zl avec voiture ; 5 mn de traversée. Il reste alors 2 km à faire ; pas de transports en commun, marche ou vélo... Château ouv tlj, mai-sept 10h-17h ; oct-avr 9h-15h sf mar ; réduc ; gratuit jeu en oct. Entrée : 12 Zl ; réduc.* Bâti au début du XVIe s, c'est l'un des plus grands châteaux du pays, mais les invasions suédoises et les guerres du XXe s en ont fait un champ de ruines. Les restaurateurs ont choisi de le laisser pratiquement en l'état à l'exception de certaines salles (expo sur l'histoire du château) et de la façade qui a retrouvé sa polychromie d'origine. Son parc est devenu un conservatoire d'architecture (manoir en bois du XVIIIe s, granges).

Pałac Czartoryskich *(palais Czartoryski)* **:** *à* ***Puławy.*** *☎ 81-475-45-00. • mnkd.pl • À 7 km au nord de Kazimierz Dolny, à l'entrée de Puławy. Tlj 9h-16h. Entrée 15 Zl.* Petit joyau que ce palais du XVIe s entré dans la famille Czartoryski au XVIIIe s. Une noble famille qui dut prendre la poudre d'escampette pour Paris au XIXe s, après quelques démêlés avec le tsar (un cousin). On voit, en vrac, de belles armes, dont un sabre ayant appartenu à Stanisław Leszczyński (mais oui, le beau-père de Louis XV, fugitivement roi de Pologne) et quelques parures exotiques (harnais turcs, armures hérissées de plumes...). Également de riches articles en ivoire, un très beau reliquaire français du XIIIe s, un autre contenant étonnamment des reliques de Copernic, une crosse d'évêque, et autre bâton de maréchal. Le tout est veillé par des portraits de ce que les XVIIIe et XIXe s ont compté de grands personnages en Pologne (le prince Poniatowski, Czartoryski) et en France (Philippe d'Orléans). L'ensemble est présenté dans des salles qui ont gardé leur charme d'antan, dont une très belle pièce aux voûtes gothiques, desservies par un monumental escalier en métal très fin XIXe s. N'hésitez pas, en sortant, à faire quelques pas dans le parc qui partage avec ses pavillons la mélancolie d'un passé riche mais révolu.

LUBLIN

342 000 hab.

• Plan p. 135

Cette ville universitaire passionne avant tout par son histoire, riche et tragique à la fois, mais elle étonne aussi par la vitalité de ses habitants. Le centre historique, relativement bien conservé, se refait progressivement une jeunesse, et des itinéraires pédestres thématiques permettent de découvrir en détail ses richesses.

UN PEU D'HISTOIRE

Lublin fut au centre des événements cruciaux de l'histoire du pays. Quelques dates clés : en 1569, c'est l'Union de Lublin, qui intègre le royaume de Lituanie à celui de Pologne. En 1918, le premier gouvernement indépendant y est mis sur pied. En juillet 1944, c'est au tour du gouvernement provisoire monté par les communistes d'y siéger. Malgré cette place de choix dans l'histoire polonaise, la ville fait figure de grande oubliée des programmes touristiques ! Profitez-en.

La Jérusalem de Pologne

L'histoire de la communauté juive de Lublin est bien spécifique, car ici plus qu'ailleurs elle profita d'une certaine harmonie avec les catholiques. Au XVIe s, la ville comptait la troisième communauté juive du pays, après Cracovie et Lvov (à présent en Ukraine). Surnommée la « Jérusalem de Pologne », elle fut longtemps un centre réputé de culture yiddish en Europe. Au XIXe s, les juifs furent même associés à la vie municipale. Dans leur entreprise destructrice, les nazis ont totalement effacé cette histoire multiséculaire tandis qu'ils créaient, à la lisière de Lublin, le camp d'extermination de Majdanek.

Arriver – Quitter

➢ ***En voiture :*** à 175 km de *Varsovie* (par la route 17) et à 45 km de *Kazimierz Dolny.*

En train

Gare PKP** (hors plan par B2) :* ☎ *19-757.* Env 1 train/h pour ***Varsovie (trajet : 2h30) et 2 trains/j. pour ***Cracovie*** (trajet : env 4h).

En bus et minibus

Gare routière PKS : située au pied du château, près de la vieille ville *(plan B1).* Certains minibus se prennent ul. Ruska, juste à l'arrière de la gare centrale.

➢ ***Cracovie :*** bus ttes les 30 mn env, 5h-18h30. Trajet : 4h30-5h30.

➢ ***Kazimierz Dolny :*** env 10 bus/j. Trajet : env 1h15.

➢ ***Varsovie :*** multitude de bus avec *PKS* (arrivée à la gare centrale de Varsovie) et surtout *Polski bus* (arrivée à Varsovie au Ⓜ Wilanowska ; *hors plan général de Varsovie par E8*), voire *AN Trans* ou *Albatros.* Trajet : 3-3h50.

➢ ***Zamość :*** 10 bus/j. Trajet : 1h30-2h.

Pour l'Ukraine

Pour les aventuriers. Pas de visa nécessaire pour les ressortissants européens. Un passeport valide 90 j. après l'entrée suffit.

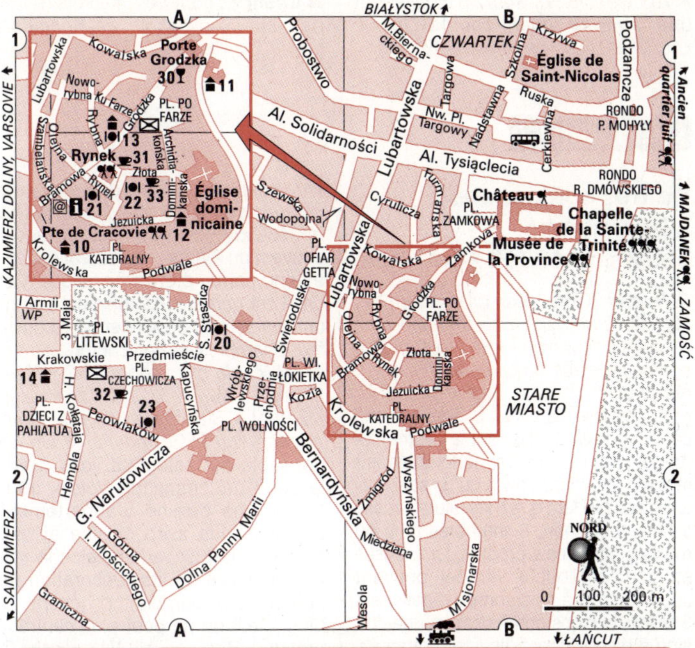

LUBLIN

Adresse utile	**Où manger ?**
Office de tourisme *(zoom)*	**13** Magia *(zoom)*
	20 Dobra Kuchnia
Où dormir ?	**21** Sielsko Anielsko *(zoom)*
10 Hostel Królewska *(zoom)*	**22** Mandragora *(zoom)*
11 Dom na Podwalu *(zoom)*	**23** Incognito
12 L.S.C.D.N. (Lubelskie Samorządowe Centrum Doskonalenia Nauczycieli) *(zoom)*	**Où boire un verre ? Où goûter ?**
13 Magia *(zoom)*	**30** Browar Grodzka *(zoom)* / **31** Zadora *(zoom)*
14 IBB Grand Hôtel Lublinianka	**32** Cukiernia Królewska / **33** Pożegnanie z Afryką *(zoom)*

➢ ***Lvov*** *(L'viv en ukrainien)* **:** env 4 bus/j. partent de la gare routière. Trajet : 6-7h pour env 270 km, avec un passage de frontière laborieux.

Adresses utiles

Office de tourisme *(LOITIK ; plan zoom B2)* **:** *ul. Jezuicka, 1-3.* ☎ *81-532-44-12.* ● *lublintravel.pl* ● *Avr-oct, tlj 9h (10h w-e)-19h ; nov-mars, 9h (10h w-e)-17h.* Service pro et anglophone. Plan du centre-ville, très détaillé. Liste d'hôtels et brochures *(Tourist routes of Lublin)*. Plans de parcours pédestres balisés dans la ville. Quelques docs en français. Garde possible de bagages.

✉ ***Poste*** *(plan A2)* **:** *ul. Krakowskie*

Przedmieście. Tlj 24h/24. Également une **annexe** *(plan zoom B1) : ul. Grodzka, 7. Ouv en sem 9h-16h.*

■ **Change :** *nombreux* kantors *regroupés sur Peowiakow et Kościuszki (plan A2).*

Où dormir ?

De très bon marché à bon marché (moins de 160 Zl / env 40 €)

Hostel Królewska *(plan zoom B2,* ***10****) : ul. Królewska, 6. 885-383-885. • hostelkrolewska.pl • Entrée sous le porche repérable au panneau « Factor » ; réception au 2e étage. Dortoir 6 lits 40 Zl/pers ; double 99 Zl.* Très central, sur le boulevard enserrant le centre historique, voici un *hostel* honorablement rénové. Attention, il n'y a qu'un seul dortoir ne possédant que 6 lits, alors pensez à réserver. Sinon, 8 chambres plus ou moins vastes mais propres, lumineuses et calmes (double vitrage) pouvant accueillir de 1 à 4 personnes. Également 3 salles de bains communes et une cuisine à disposition. S'ils sont complets, ils vous renverront sur le **Folk Hostel,** un peu plus pimpant, situé à 400 m *(plan A2 ; donnant sur Krakowskie Przedmieście mais accessible depuis Zelona, 20),* pour des prestations et prix identiques.

L.S.C.D.N. *(Lubelskie Samorządowe Centrum Doskonalenia Nauczycieli ; plan zoom B2,* ***12****) : ul. Dominikańska, 5. ☎ 81-532-92-41. • lscdn.pl • Entre le Rynek et l'église dominicaine. Réception 24h/24. Env 75 Zl/pers, sans petit déj.* Un nom aussi long n'était peut-être pas nécessaire pour seulement 7 chambres, mais cette résidence originellement destinée aux profs et étudiants s'avère centrale et agréable. Bel édifice rénové, où les espaces communs ont la sérénité et l'élégance d'un couvent. Chambres de 2 à 5 personnes, bien tenues, au charme sobre, avec salle de bains et TV. Accueil chaleureux avec 20 % d'anglais !

Prix moyens (160-240 Zl / env 40-60 €)

Dom na Podwalu *(plan zoom B1,* ***11****) : ul. Podwale, 15. ☎ 81-532-41-38. • domnapodwalu.pl • Juste à droite en contrebas de la porte de Grodzka. Double 160 Zl. Parking gratuit.* Un ancien couvent du XVIIe s entièrement restauré et tenu par un ordre monastique. Cela dit, il est géré très simplement comme une résidence hôtelière et sans couvre-feu. Chambres de bon confort.

Magia *(plan zoom B1-2,* ***13****) : ul. Rybna, 1. ☎ 81-532-30-41. • magia.lublin.pl • S'adresser au restaurant. Apparts 180-250 Zl pour 2.* Un responsable du restaurant vous ouvrira la porte de l'immeuble voisin, où se trouve une dizaine d'appartements à louer. Tous avec cuisine et salle de bains, le prix variant selon la taille et le nombre de lits. Décoration fort honorable et bon confort général. De plus, c'est on ne peut plus central et pratique. Bon accueil. Voir aussi « Où manger ? ».

De chic à plus chic (240-600 Zl / env 60-150 €)

IBB Grand Hotel Lublinianka *(plan A2,* ***14****) : Krakowskie Przedmieście, 56. ☎ 81-446-61-00. • lublinianka.com • Sur le grand axe de la nouvelle ville. Doubles 200-750 Zl selon catégorie et humeur du marché ; petit déj, sauna, centre fitness et bains turcs inclus dans le prix.* Ce bel immeuble de pierre de taille aux allures de palais fut construit en 1900 pour la chambre de commerce de Lublin. La couleur est annoncée, et la suite ne déçoit pas : matériaux nobles, plafonds hauts et décoration raffinée, l'ensemble est aussi chic que de bon goût. Les chambres *superior* possèdent un balcon aussi grand qu'elles, mais les *standard* et autres *economy* sont déjà très honorables... Réception souriante et parfaitement anglophone.

LA RÉGION DE LUBLIN

Où manger ?

Lublin ne remportera décidément pas le grand prix de la gastronomie polonaise... mais vous pourrez y parfaire votre thèse en kebabs et autres pizzerias.

Très bon marché (moins de 20 Zl / env 5 €)

IOI ***Dobra Kuchnia*** *(plan A1-2,* ***20****)* **:** *ul. Zielona, 20. ☎ 81-527-77-78. Tlj sf dim 9h-18h (14h sam). Compter 10-15 Zl.* À deux pas de la vieille ville, une petite adresse discrète dans une rue parallèle à la grande rue commerçante. Vente au comptoir de salades au chou, *pierogi,* croquettes ou encore chou farci, ça dépend des jours. Tout (ou presque) est exposé en vitrine et facturé au poids. C'est bon et pas cher, mais il n'y a que 2 tables, et les couverts sont en plastique.

De bon marché à prix moyens (20-70 Zl / env 5-17,50 €)

IOI ***Incognito*** *(plan A2,* ***23****)* **:** *ul. Peowiaków, 3. ☎ 81-446-57-57. Tlj 12h-22h. Formule déj 15 Zl ; plats 20-30 Zl.* Une salle pleine d'entrain, lumineuse en journée et chaleureusement cosy le soir. Accueil et service sympas, proposent une belle carte qui tient vraiment toutes ses promesses : foies de poulet aux pommes (grand classique du coin) ou poulet farci à la feta, et même quelques élans extrême-orientaux comme... du *pad-thaï.* Le résultat est créatif, goûteux, bien présenté. Bref, cette adresse mérite qu'on s'extraie des murs de la vieille ville pour la sortir de l'incognito.

IOI ***Sielsko Anielsko*** *(plan zoom B2,* ***21****)* **:** *Rynek, 17. ☎ 81-532-36-17. Tlj 9h-23h. Plats 15-30 Zl.* Une grande terrasse sur le *Rynek* devance l'un de ces restos à l'intérieur rustique, avec ses fresques fleuries, scénarisé façon Pologne campagnarde éternelle. Rien d'exceptionnel, mais une honnête cuisine proposant, entre autres, des foies de poulet aux pommes, des *pierogi,* gratins, pâtes à la polonaise et quelques plats de viande. Si vous n'y prenez qu'un apéro, les rillettes aux gratons, cornichons et fromage blanc aux fines herbes vous caleront déjà un creux !

IOI ***Magia*** *(plan zoom B1-2,* ***13****)* **:** *ul. Rybna, 1. ☎ 81-532-30-41. Plats 25-65 Zl.* Au cœur de la vieille ville, agréable resto composé de différentes salles, où l'on passe indifféremment du style intimiste au bois rustique, poutres et tabourets hauts. En été, petite cour pavée divisée en terrasses. Vers midi, elles s'emplissent petit à petit, attirant la jeunesse qui vient s'y sustenter de bonnes et copieuses salades. Pour le soir, pizzas, pâtes, quelques spécialités polonaises et des viandes (plus chères). Service attentionné.

IOI ***Mandragora*** *(plan zoom B2,* ***22****)* **:** *Rynek, 9. ☎ 81-536-20-20. Tlj 12h-22h (24h ven-sam). Plats 20-45 Zl ; accompagnement en sus 5 Zl.* Dans un édifice point encore restauré du *Rynek,* flanqué d'un élégant portail Renaissance. Belle terrasse et 2 salles très chargées, reproduisant l'atmosphère familiale du Lublin juif d'autrefois : fresques sur les murs, coin cuisine traditionnel, mobilier en bois et fleurs fraîches. Plats juifs polonais typiques (mais ni exceptionnels ni copieux) comme la *gefilte fisch* (carpe farcie). Organise aussi des dîners de shabbat. Musique traditionnelle le vendredi soir.

Où boire un verre ? Où goûter ?

Quelques terrasses accueillantes et animées agrémentent le charmant *Rynek,* dans la vieille ville. Également pas mal de pubs dans la rue Grodzka... vous ne mourrez pas de soif !

🍷 ***Browar Grodzka*** *(plan zoom B1,* ***30****)* **:** *Grodzka, 15. ☎ 81-534-55-15. Tlj 11h-minuit (2h ven-sam).* Pour déguster la production de cette microbrasserie, vous avez l'embarras du choix. Sous

LA RÉGION DE LUBLIN

de belles voûtes en brique. Sous la bienveillance cuivrée des alambics. Sous le soleil (quand il est là), en terrasse, avec un œil sur la ville basse. Blanche, blonde, brune et quelques moutures de saison : une biroute qui tient la route.

Zadora *(plan zoom B2,* ***31****) : Rynek, 8. Tlj 10h-22h.* Salle qui s'étire de tout son long tel un chat, au bout d'une arrière-cour du *Rynek.* Des chats, il en est question en trempant les moustaches dans un excellent chocolat chaud ou quelque crêpe, assis sur des coussins en forme de têtes de félins, les yeux rivés sur la jolie déco agençant des dînettes dans de petites alcôves ménagées dans les murs. Un moment de zénitude : on en ronronne encore !

Cukiernia Królewska *(plan A2,* ***32****) : ul. Kościuszki, 3.* *798-196-911. Lun-sam 10h-19h (17h sam) et dim 11h-16h.* Une pâtisserie hyper appétissante, avec les habituels gâteaux de toutes les couleurs, habillés comme la reine d'Angleterre, à base de crème, de mousse et de fruits ! Également de bonnes viennoiseries, du café et du thé. Quelques tables pour poser une fesse.

Pożegnanie z Afryką *(plan zoom B2,* ***33****) : ul. Zlota, 3.* *608-068-697. Tlj 10h-20h (21h ven-dim).* Cette chaîne de cafés, dont le nom est tiré du film *Out of Africa,* est logée dans d'agréables sous-sols au mobilier d'antiquaire et une jolie cour intérieure que l'on débusque au fond du porche du musée littéraire. Très agréable pour une pause en journée. Tour du monde des cafés et quelques gâteaux, glaces et crêpes.

À voir

LA VIEILLE VILLE (*STARE MIASTO*)

Cinq parcours thématiques (rens et plans à l'office de tourisme) accompagnés de notes en anglais : Jagellon et Union de Lublin (rouge), Héritage juif (bleu), Lublin architectural (jaune), Célébrités de la ville (noir) ou encore Parcours multiculturel (vert).

La vieille ville est percée du sud au nord par l'axe Bramowa-Zamkowa, qui mène au château en passant par le *Rynek* et l'ancien quartier juif. Le centre historique se rénove peu à peu, sans avoir l'aspect trop léché des « villes-musées », et on ne s'en plaint pas vraiment !

Il faut donc assez peu d'imagination pour voir ressurgir de la pierre le Lublin d'autrefois. D'autant que la ville n'a subi pratiquement aucune destruction de guerre.

Brama Krakowska *(porte de Cracovie ; zoom A-B2) :* c'est le vestige principal des fortifications de jadis. Très massive à la base, elle porte avec superbe ses quelque 700 ans (vous comptez bien, elle est du XIVe s). La partie supérieure, plus récente (XVIe s), est surmontée d'un clinquant monogramme royal du XVIIIe s.

Rynek *(plan zoom B2) :* quelques maisons, joliment restaurées dans un style Renaissance, avec fresques murales, fenêtres ouvragées, attiques découpés itou, itou... Notamment la ***maison Lubomelski,*** au nº 4, décorée de motifs floraux et animaliers très raffinés. Au nº 6, seule la partie haute porte médaillons et armoiries. Puis la belle façade bleue de la ***maison Konopnica*** au nº 12 avec ses fenêtres à corniches. Au nº 16, la ***maison des musiciens,*** ornée d'harmonieux décors peints de style Renaissance, quoique datant de l'immédiat après-guerre (1954). Au nº 18, des motifs floraux prennent le relais. Au nº 19, la ***maison Kochanowski*** présente des médaillons illustrant différentes villes au XVIe s (Cracovie, Varsovie, Padoue, Paris...). Les autres façades, plus décaties, offrent un émouvant témoignage du passé. Au centre, l'ancien hôtel de ville du XVIe s, rénové de 1781 à 1787 dans son actuel style néoclassique assez banal par l'Italien Domenico Merlini. Si vous voulez poursuivre vos incursions en profondeur, il suffit de vous engager dans les 280 m

de souterrains de la ***Lubelska Trasa Podziemna*** *(départ depuis un escalier discret au pied de l'hôtel de ville ; ☎ 81-534-65-70 ; • podziemia.teatrnn.pl • ; tlj ; entrée 10 Zl).* Elle relie entre elles d'anciennes caves du XVIe s.
Au nord-est, la rue Zlota laisse apparaître une mince perspective sur l'***église dominicaine*** *(Kościół Dominikanów ; plan zoom B2),* fondée par le roi Casimir le Grand en 1342 et reconstruite dans le style Renaissance après un incendie. Elle vit la signature de l'Union de Lublin en 1569, qui réunit les royaumes de Pologne et de Lituanie.

Piwnica Pod Fortuna *(cave Pod Fortuna ; plan zoom B2)* **:** *Rynek, 8 (accès par la cour intérieure). ☎ 81-444-55-55. • piwnica.lublin.eu • Tlj 11h-19h (17h nov-mars). Entrée : 10 Zl.* Ces sous-sols abritent une présentation (principalement multimédia) de la ville de Lublin à travers les âges : les religions, un intérieur typique du XVIe s, une petite galerie des horreurs... Le clou est finalement le joli plafond voûté d'une salle, couvert de fresques polychromes du XVIe s.

LE CHÂTEAU *(ZAMEK ; plan B1)*

Il date du XIVe s mais fut reconstruit après un incendie dans le style néogothique à l'anglaise en vogue au début du XIXe s, ce qui lui donne cet aspect un peu carton-pâte, n'en déplaise à nos amis anglais. De 1820 à 1945, il a surtout fait office de prison. Avec 100 000 personnes ayant transité par les geôles nazies, il fut, pendant la guerre, l'antichambre du camp d'extermination de Majdanek. Le château abrite une passionnante chapelle, un beau musée et un donjon offrant une vue panoramique.

Kaplica Św Trójcy *(chapelle de la Sainte-Trinité ; plan B1)* **:** *dans l'aile est du château. Tlj 10h-17h30 (16h30 sept-mai). Visite ttes les heures. Entrée : 12 Zl ; réduc ; gratuit ven. Flashs interdits. Plan détaillé commenté en français.* C'est vers 1418 que le roi Ladislav Jagellon décide de faire recouvrir cette chapelle gothique de fresques russo-byzantines, ce qui en fait un exemple unique dans l'art médiéval occidental. Un joyau admirablement conservé. Sur le modèle de la chapelle palatine, le pilier central octogonal est le point d'appui sur lequel reposent les voûtes en palmier, faisant ainsi le lien entre la sphère terrestre et la sphère céleste. Fasciné par l'Église d'Orient, Jagellon y a entrepris une vaste illustration de la Bible, sans oublier de s'y faire représenter, à cheval, sur le mur nord et sur les fresques camouflant l'élégant escalier à vis. La profusion de couleurs donne à l'ensemble une richesse, une légèreté et une luminosité inattendues. Notez la quantité impressionnante d'anges, et surtout de séraphins (anges à six ailes), emblématiques de la peinture byzantine. On y trouve les grands classiques (superbe *Visitation,* belles *Présentation au Temple* et *Résurrection de Lazare*), mais également des scènes plus inhabituelles comme le *Massacre des Innocents* ou l'*Hospitalité d'Abraham.* Également de nombreux *Mandylion,* représentation peinte du visage du Christ sur un tissu. Et on en passe... Pour plus de détails, reportez-vous au plan donné à l'entrée, très bien fait. À voir absolument !

Muzeum Lubelskie w Lublinie *(musée de la Province de Lublin ; plan B1)* **:** *accès identique à la chapelle. ☎ 81-532-50-01. ♿ Tlj sf lun 10h-18h (17h sept-mai). Entrée : 10 Zl ; réduc ; gratuit ven.* Histoire et culture de la région, présentée de manière vivante : christs peints, statues et icônes religieuses, grands tableaux classiques tels que *L'Union de Lublin,* de Jan Matejko, *Pilate se lavant les mains* de Brugghen ou encore le *Festin d'Hérode* (où seraient représentés de Vinci, Raphaël et le Tintoret !). Également quelques grandes batailles (notamment la Bérézina napoléonienne) et puis des lithos, gravures, costumes folkloriques, vannerie (ne pas manquer les mignonnes petites bottes tressées !), beaux objets en fer forgé, peinture naïve... Bref, un musée riche et varié.

LA RÉGION DE LUBLIN

Le donjon (plan B1) **:** *dans la cour du château. Visite ttes les heures, juin-août 10h-19h ; sept-mai 9h-16h ; durée : max 40 mn. Entrée : 9 Zl.* Le sommet de ce donjon du XIIIe s, haut de 50 m, offre une jolie vue sur le château et la ville.

L'ANCIEN QUARTIER JUIF (hors plan par B1)

Réparti dans les rues autour du château, l'ancien ghetto commençait juste par-delà la porte Grodzka. Après l'émancipation au XIXe s, les juifs s'installent dans l'ensemble de la vieille ville. En 1939, ils représentent 30 % des habitants, et la cité compte pas moins de 36 synagogues, un théâtre et 4 cimetières, tous détruits par les nazis. Un pan important de la vie culturelle, cultuelle et historique de Lublin a été ainsi anéanti. Il y a cependant quelques restes, gravés dans la pierre.
L'ancien *hôpital juif (ul. Lubartowska, 81),* l'ex-*Académie des sages de Lublin (au coin des rues Lubartowska et Unicka, vers le nord),* fondée en 1930 par des juifs du monde entier et reconnue pour ses études talmudiques. L'*orphelinat juif (ul. Grodzka)* fonctionna de 1862 jusqu'au 24 mars 1942. Ce jour-là, les nazis firent irruption dans l'immeuble et transportèrent les enfants hors de la ville pour les abattre, tous.

Le vieux cimetière : *prendre les rues Tysiaclecia puis Sienna, au nord-est du château. L'accès se fait par la rue Kalinowszczyzna. Passer au préalable prendre la clé à l'ex-Académie des sages de Lublin (ou bien contacter* ***Jesziwa Chachmei****; ul. Lubartowska, 85).* Le cimetière est entouré d'une enceinte de brique rouge. Érigée en 1541, la tombe de Jacob Kopelman ben Jehuda ha-Levi est la plus ancienne des cimetières juifs de Pologne. De nombreux rabbins locaux et réputés reposent ici, tel le grand kabbaliste ***Yaakiov Yitzhak Horowitz,*** appelé aussi le « voyant de Lublin ». Il est décédé en 1815 et le cimetière a cessé de fonctionner quelques années après. En se baladant dans la rue Sienna, on ressent, à la vue des petites maisons adjacentes, l'atmosphère pauvre des anciens quartiers juifs périphériques.

Le nouveau cimetière et le mémorial : *au nord du vieux cimetière et à 10 mn à pied, par les rues Podzamcze (est) et Walecznych.*
Fondé en 1829 pour relayer, extra-muros, le vieux cimetière, il fut entièrement détruit par les nazis. Des 52 000 tombes recensées avant-guerre, seule une poignée demeure. D'autant que le régime communiste divisa ce qu'il restait du cimetière par un tracé de rues. Il a échappé à l'oubli grâce à l'œuvre de Sarah et Manfred Frenkl, dont la Fondation a permis la construction du mausolée en 1991. Grande charge symbolique dans la conception du site, entouré d'un mur de pierres tombales abîmées entre lesquelles figure un chandelier à sept branches (ménorah) rouillé. On entre par de petites portes latérales, presque dissimulées. Les rails sur lesquels elles coulissent semblent évoquer ceux qui acheminaient les victimes vers le camp de Majdanek. À l'entrée, l'édifice du mausolée, fermé. À l'intérieur, ménorah géante construite en 1947 à la mémoire des victimes de la Shoah. Tombe collective de 197 personnes mortes à Majdanek et, plus loin, troublantes pierres tombales sans nom.
– Vers la droite en sortant, le mémorial se prolonge par un vaste terre-plein aux allures de terrain vague, avec quelques monuments minimalistes dont certains laissent voir d'anciennes pierres tombales. Malgré les graffitis et les détritus, de belles images, comme ces tombes anonymes, protégées par un grand arbre. Laissé quelque peu à l'abandon, le site sauvegarde malgré tout la mémoire.

DANS LES ENVIRONS DE LUBLIN

Majdanek (Państwowe Muzeum na Majdanku ; hors plan par B1) **:** *à 4 km au sud-est du centre de Lublin, sur la route de Zamość. ☎ 81-710-28-33. • majdanek.eu • Bus n° 23 ou trolley-bus n° 156 depuis ul. Królewska (porte de Cracovie). Avr-oct, tlj sf lun et j. fériés 9h-18h (17h pour les baraquements) ; nov-mars,*

tlj 9h-16h. GRATUIT. Parking : 5 Zl. Visite guidée (possible en français) : 150 Zl pour un groupe de 10 pers ; slt sur résa, si possible 1 sem à l'avance. Âge min conseillé : 14 ans.
Construit en mars 1942, Majdanek est, avec ses 270 ha, l'un des plus grands camps d'extermination nazis. La majorité des occupants étaient des prisonniers de guerre, venus de 30 pays différents. Son emplacement se justifie (si l'on peut dire !) par le nombre de juifs habitant la région ; ceux-ci ont représenté 40 % des détenus. Les chambres à gaz ont fonctionné à partir de 1942, et l'entreprise diabolique a nécessité en tout 7 700 kg de Zyklon B, destinés presque exclusivement aux juifs. Sur les 235 000 victimes du camp, on compte 110 000 juifs et environ 75 000 Polonais. Le musée d'État de Majdanek a été l'un des premiers de ce genre, puisqu'il vit le jour à l'automne 1944, soit 3 mois seulement après la libération du camp par les Soviétiques. On ne visite que 90 ha de la surface totale du camp. Une grande partie de l'infrastructure d'origine est restée telle quelle : chambres à gaz, miradors, fours crématoires et lignes de fil barbelé, tout témoigne de la barbarie nazie. Quelques baraques de prisonniers exposent des documents d'archives (œuvres de détenus, lettres administratives...), mais aussi des vêtements, des chaussures et même des cheveux de prisonniers collectés par les nazis. Des panneaux traduits en anglais exposent des témoignages de prisonniers ayant survécu. Également un monument et un mausolée, dont l'aspect massif et écrasant en dit long sur le poids de l'Histoire, tout en illustrant parfaitement le sentiment oppressant que l'on retire de cette visite, forcément émouvante et nécessaire.

PLUTÔT MOURIR EN COMBATTANT

À l'est de Lublin, la vie dans le camp de Sobibor était particulièrement terrible. En octobre 1943, un commando de déportés, conduits par un officier russe prisonnier, réussit à égorger une douzaine de SS à l'aide de cuillères aiguisées. Environ 300 juifs purent s'enfuir, beaucoup périrent dans les champs de mines autour du camp. Au total, 47 détenus voués à la mort sauvèrent leur peau. L'une des rares évasions réussies des camps.

Muzeum Zamoyskich w Kozłówce *(musée et château de* ***Kozłówka****) : à 30 km au nord de Lublin. Prendre la N 19 direction Białystok jusqu'à la hauteur de Lubartów ; 2 km après le croisement avec Annobór, prendre à gauche au panneau Nowodwór. ☎ 81-852-83-00. • muzeumzamoyskich.pl • Tlj sf lun 9h-17h (15h nov, 16h mars-juin et sept-oct). Fermé déc-mars. Entrée combinée : 30 Zl ; palais : 20 Zl, gratuit mer ; réalisme socialiste : 7 Zl ; calèches : 5 Zl ; réduc. Chapelle : 1 Zl. Parking payant.*

– **Le palais :** *visite par groupe ttes les heures en polonais slt, brochure gratuite en français, résa possible sur Internet.* Perdu en rase campagne, le palais surprend par sa taille. Bâti au XVIIIe s et largement remanié au XIXe s il réalise une synthèse architecturale et artistique entre l'Europe occidentale (l'aristocratie polonaise fut longtemps exilée en France lors des différents partages de la Pologne) et orientale (un des derniers proprios fut maître de cérémonie du tsar de Russie). On y trouve une riche décoration néorococo faite de stucs et dorures et un grand nombre de copies d'œuvres italiennes (galerie des Offices) ou françaises (musée du Louvre). La ***chapelle*** richement décorée (accès indépendant) et l'escalier s'inspirent directement de Versailles. Également du beau mobilier, poêles allemands et une salle de bains tout confort.

– ***Expo d'attelages :*** *accès par la cour.* Pas primordial... quelques élégants traîneaux et carrosses dont un destiné à la reine Victoria.

– ***Galerie du Réalisme socialiste :*** *accès par la cour.* Imposée en 1950 par le voisin soviétique, cette forme de propagande pseudo-artistique fut finalement abandonnée en Pologne 5 ans plus tard. Le château se vit alors dépositaire de tout ce que le pays avait pu produire : affiches patriotiques, sculptures allégoriques et autres élans emphatiques destinées à « éduquer » les masses sans jamais révéler les talents de leurs créateurs laissés dans l'anonymat. On ne rigolait pas sous la dictature, et pourtant, aujourd'hui la collection bien présentée amuse presque...

ZAMOŚĆ

65 500 hab.

• Plan *p. 143*

À 260 km de Varsovie et à seulement 65 km de Lvov, en Ukraine, Zamość a un irrésistible goût de confins de l'Europe. Pourquoi diable aller jusque-là ? Tout simplement pour y découvrir le rêve matérialisé d'un homme, Jan Zamoyski, grande figure politique du XVIe s qui, voulant s'affranchir de la tutelle du royaume, a bâti ici la « ville idéale », selon le modèle imaginé à la Renaissance. D'ailleurs, ne surnomme-t-on pas Zamość la « Padoue du Nord » ? Outre son nom, Zamoyski a ainsi transmis à la ville un legs architectural remarquable, aujourd'hui inscrit au Patrimoine mondial de l'Unesco.

UN PEU D'HISTOIRE

Lorsqu'il lance le chantier de construction de la ville, le 3 avril 1580, Jan Zamoyski est le deuxième personnage de l'État. Noble et homme d'affaires plus qu'avisé, il a connu une ascension fulgurante. Après des études à la Sorbonne, à Strasbourg et peut-être à Padoue, en Italie (ce dernier voyage est contesté), il revient chez lui et conquiert le poste de recteur de l'université, puis de secrétaire et enfin de chancelier du royaume. En tant que chef de l'armée, de nombreuses victoires lui confèrent un prestige et un pouvoir solides. Il a alors tous les outils pour bâtir un vieux rêve : fonder, dans sa région natale et sur une route commerciale prospère qui va de la mer Noire à l'Europe de l'Ouest, une cité idéale, selon les canons d'alors. Il accorde des privilèges à de riches commerçants (notamment arméniens, grecs et juifs) pour qu'ils viennent investir dans sa ville et s'attache les services de Bernardo Morando, un architecte italien qui a déjà à son actif quelques belles réalisations à Varsovie et à Lvov. En symbiose totale, les deux hommes bâtissent une ville sur un plan pentagonal, censé représenter le corps humain. Emporté par son élan, Zamoyski voulait aussi faire de sa ville une cité indépendante, affranchie de la tutelle du roi et de l'arrogante Cracovie. Mais après la mort du grand homme, les Cosaques et les Tartares assiègent la ville (1648), d'où ils repartent avec une rançon de 20 000 *złotys*. En 1656, les Suédois, pourtant emmenés par leur roi en personne, repartent, eux, bredouilles. Au XVIIIe s, les Autrichiens s'en emparent, mais le duché de Varsovie remet la main sur la ville. Fin XIXe s, les Russes détériorent les fortifications. Enfin, les nazis imposent un ghetto juif et ouvrent des camps de prisonniers, ainsi qu'un sinistre centre d'interrogatoires et de torture, appelé la « Rotonde ».

Arriver – Quitter

➢ ***En voiture :*** à 88 km de Lublin par la route 17 qui rejoint Lvov (Ukraine) plus au sud-est. Les parkings hors les murs sont gratuits. Ceux du centre sont payants.

➢ ***En train :*** *la gare* PKP *(plan A2) se trouve ul. Szczebrzeska, 11.* ☎ *19-757.* • *pkp.pl* • 4 directs/j. pour Lublin (trajet 2h). Pas de liaison directe pour Cracovie ni pour Varsovie.

➢ ***En bus ou minibus :*** *la gare routière PKS (hors plan par B1-2) est située à 1 km à l'est du* Rynek. • *ppks-zamosc.com.pl* • *Les minibus privés*

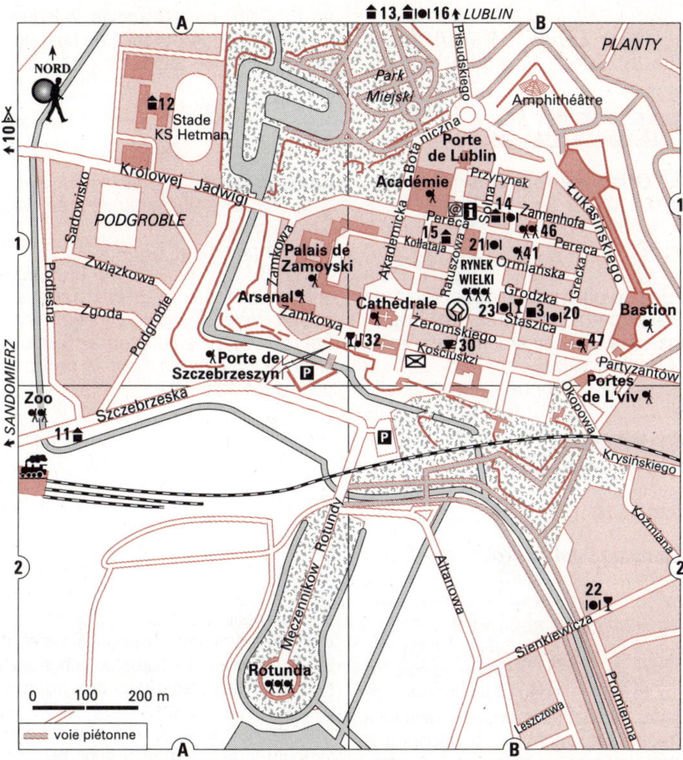

ZAMOŚĆ

Adresses utiles

- @ Office de tourisme
- 3 Alior Bank

Où dormir ?

- 10 Camping Duet
- 11 Hostel Zamość
- 12 Pokoje Gościnne O.S.I.R.
- 13 Hotel Carskie Koszary
- 14 Hotel Senator
- 15 Hotel Mercure-Orbis
- 16 Hotel Artis

Où manger ?

- 20 Bar Asia
- 21 Restauracja Muzealna
- 22 Browar Zamość
- 23 Piwnica pod Rektorska

Où boire un verre ou un café ? Où écouter de la musique ?

- 22 Browar Zamość
- 30 Pożegnanie z Afryką
- 32 Jazz Club Kosz

À voir

- 41 Maisons arméniennes et musée de Zamość
- 46 Synagogue
- 47 Église franciscaine

partent à l'angle de Gminna, juste à côté. Pour ***Lublin,*** 10 bus/j. (trajet 1h30-2h) ; pour ***Varsovie,*** 8 bus/j. en 4h30-5h ; pour ***Cracovie,*** 7-8 bus/j. en 6-7h et 2 bus/j. (dont 1 de nuit) pour ***Łancut*** en 2h30-3h30.

Adresses utiles

■ @ ***Office de tourisme*** *(plan B1) : Rynek, 13. ☎ 84-639-22-92. • zci.zamosc.pl • Tlj (sf dim jan-fév), 8h (9h w-e)-19h (18h mai-juin et sept-oct ; 17h mars et nov ; 20h déc-fév).* Plein de doc et d'infos pratiques : plan de la ville gratuit, horaires des transports, résa d'hébergement chez l'habitant, loc de vélos *(compter 5 Zl/h ou 25 Zl/j.),* etc. Propose également la **Zamość Card** *(tarif : 40-49 Zl, valable 3 j. ; assure gratuité ou réducs dans 6 musées et sites).*

■ **Change :** ***Alior Bank*** *(plan B1, **3**), Staszica, 14 ; lun-ven 9h-17h. Également la **poste** (plan B1), Tadeusza Kościuszki, 9 ; lun-ven 7h-20h, sam 9h-15h. Et plusieurs **comptoirs de change** sur Łukasińskiego, à proximité du bastion (plan B1).*

Où dormir ?

Camping

Camping Duet *(hors plan par A1, **10**) : ul. Jadwigi, 14. ☎ 84-639-24-99. • duet.virgo.com.pl • Presque en face du Castorama (un camping où « y a tout c'qui faut » !). Empl. 2 pers 50 Zl ; chambres 2-7 pers 95-260 Zl.* Camping en bord de route (donc un peu bruyant) avec une grande pelouse sans ombre. Sanitaires corrects. Également des maisonnettes avec des chambres style mobile homes, hélas trop proches de la route. Bon accueil avec quelques mots d'anglais.

De très bon à bon marché (moins de 160 Zl / env 40 €)

Hostel Zamość *(plan A2, **11**) : ul. Szczebrzeska, 9. 724-968-902. • hostelzamosc.pl • Doubles 90-135 Zl selon confort. Parking gratuit.* Situé à côté de la gare ferroviaire et juste en face du zoo, cet *hostel* est taillé pour les petits budgets. Pas de dortoirs mais des chambres économiques (y compris pour voyageurs individuels) avec sanitaires communs à prix serrés. D'autres avec TV et commodités. Toutes bien tenues et aux couleurs gaies. Cuisine à dispo. Café et thé offerts mais pas de petit déj. Petite pelouse avec barbecue, un peu en bord de route quand même. Accueil sympa.

Pokoje Gościnne O.S.I.R. *(plan A1, **12**) : au Hetman Stadion, ul. Królowej Jadwigi, 8. ☎ 84-677-54-60. • osir.zamosc.pl • À 1 km de la gare et 600 m du centre. Double 80 Zl ; chambres 3-4 pers 110-150 Zl ; petit déj en sus.* Légèrement excentré, c'est une solution de logement abordable et originale, surtout si vous aimez... le sport. En effet, le stade ouvre aux touristes des chambres habituellement réservées aux sportifs. Elles sont fort correctes, propres et toutes avec sanitaires privés. On y trouve également un resto et un bar avec billard et TV. Pour garder la ligne, accès (payant) à la salle de muscu. Accueil souriant.

Prix moyens (160-240 Zl / env 40-60 €)

Hotel Carskie Koszary *(hors plan par B1, **13**) : Koszary, 11. ☎ 84-530-39-12. • hotelcarskiekoszary.pl • Dans l'av. Piludskiego, prendre la 3e à droite après l'hôpital. Double 115 Zl selon saison, petit déj inclus. Parking gratuit.* À 15 mn du centre historique, cet hôtel est situé dans les chouettes casernements d'un parc arboré géré par l'armée. Confort assuré à tous les étages. Certes, les chambres ne sont pas bien grandes, mais elles sont modernes, douillettes et fort bien équipées. Fait aussi resto et bar si l'on ne veut pas ressortir.

Hotel Senator *(plan B1, **14**) : Rynek Solny, 4. ☎ 84-638-99-90.*

• senatorhotel.pl • Doubles 240-260 Zl selon confort ; suite 350 Zl. Petit déj 25 Zl. Parking payant. Parfaitement situé sur la jolie place du Marché-au-Sel, cet hôtel a un charme désuet égrenant des chambres confortables, dont la déco a dû connaître la chute du mur de Berlin. Son restaurant, en sous-sol, propose un décorum médiéval plutôt réussi. Et, après y avoir fait bombance, on pourra partir découvrir à pied le centre historique, à un train de sénateur... Bon accueil et bon service.

Hotel Mercure-Orbis *(plan B1,* ***15****) : ul. Kollątaja, 2-6. ☎ 84-639-25-16. • mercure-zamosc-staremiasto.com • Doubles 160-260 Zl ; petit déj 30 Zl.* Son architecture moderne avec un puits de lumière central et ses petites chambres ne nous ont pas totalement séduits, mais son emplacement, au cœur de la vieille ville, en revanche, oui. Bon confort. Buffet du petit déjeuner cher mais de bonne qualité.

De chic à plus chic (240-600 Zl / env 60-150 €)

Hotel Artis *(hors plan par B1,* ***16****) : Sitaniec, 1. ☎ 84-677-22-00. • artisgroup.com.pl • En direction de Lublin, fléché 200 m à gauche après le 1er rond-point. Doubles 360-400 Zl. Également des studios et appartements.* À 4 km au nord du centre, c'est l'hôtel chic de la ville. Chambres de grand confort, joliment décorées, et restaurant raffiné. Le week-end, c'est carrément une bonne affaire. Le comble du chic, ici, c'est le magnifique spa avec son immense piscine couverte, massages, sauna et même une sorte de grotte-igloo assez étonnante ! On y trouve aussi un squash et un bowling. Bien sûr, certaines prestations sont en supplément, mais ce n'est pas si cher que cela. À la réception, notez les ossements de mammouth retrouvés sur place lors de la construction de l'hôtel.

Où manger ?

Toutes les terrasses du *Rynek* servent des pizzas, de plus ou moins bonne facture, ainsi que des glaces.

Très bon marché (moins de 20 Zl / env 5 €)

Bar Asia *(plan B1,* ***20****) : ul. Staszica, 6. ☎ 84-639-23-04. Tlj sf dim 8h-17h (16h sam). Plats 5-8 Zl.* Ce bar à lait conviendra aux petits budgets. Pas de la haute gastronomie, mais des plats de cantine roboratifs *(barszcz, pierogi, kotlet, gulasz, bigos...)*, à accompagner d'une petite salade bien fraîche et d'un *kompot* (sirop de fraise). Nourrissant, populaire et vraiment pas cher. Quant au côté « Asia », on cherche toujours !

Bon marché (20-40 Zl / env 5-10 €)

Restauracja Muzealna *(plan B1,* ***21****) : ul. Ormiańska, 30. ☎ 84-638-73-00. Tlj 10h22h. Plats 15-30 Zl.* Terrasse donnant sur le *Rynek,* mais on lui préfère sa chaleureuse cave voûtée à l'ancienne, avec son canapé, ses fauteuils en cuir, ses photos d'avant et ses portraits aux murs. Outre les grands classiques polonais, on y trouve des spécialités régionales comme le *pilroģ gryczamy « golas »* (gâteau de sarrasin au beurre, servi avec un *kefir*) ou encore le *gołabki z kasza* (chou farci au blé et champignons). Sans oublier, en dessert, la *szarlotka szefowej z lodami,* une délicieuse charlotte aux pommes, servie tiède avec de la glace et une liqueur d'œuf ! Service moyen.

Browar Zamość *(plan B2,* ***22****) :* *voir plus loin.* Parfait pour de très bons petits plats bien préparés et présentés.

Piwnica pod Rektorska *(plan B1,* ***23****) : Rynek, 2. ☎ 84-530-13-79.* Aux beaux jours, la terrasse sur le *Rynek* est bien tentante. Et pourtant, on aime bien la salle en sous-sol, toute revêtue de brique et peuplée d'instruments de musique de tout acabit. Outre des concerts réguliers, un fond musical de bon ton accompagne gentiment un bon choix de plats locaux : *pierogi, barszcz, gołabki* et autres *golonka* y sont goûteux et pas chers.

Où boire un verre ou un café ? Où écouter de la musique ?

Le *Rynek* regorge de terrasses toutes plus attirantes les unes que les autres, à choisir à l'ombre ou au soleil, selon les humeurs du temps.

Browar Zamość (plan B2, **22**) **:** *ul. Sienkiewicza, 22. ☎ 84-639-99-09. Tlj 12h-minuit. Plats 25-40 Zl.* Petite balade à pied bucolique le long d'un canal, au sud-est du centre historique, pour accéder à cette microbrasserie flambant neuve. Vaste salle aveugle avec cuves cuivrées, un grand bar et une clientèle jeune. Excellentes bières produites sur place (servies en formats de 0,3 à 1 l) ; *pils*, ambrée et noire. Également une belle carte de restauration qui tient le cap, avec des spécialités bien troussées et un effort de présentation appréciable. Bon accueil.

Jazz Club Kosz *(plan A-B1,* ***32****)* **:** *au-dessus de la porte de Szczebrzeszyn. 502-578-442. • kosz.zam.pl • Tlj de 16h au dernier client. Concert : 10-20 Zl.* Surplombant la porte de ville au nom imprononçable, jolie terrasse sur un bout de pelouse et petite salle élégante avec estrade. Concerts 1 ou 2 fois par semaine, dont certains se tiennent à la *Piwnica pod Rektorska* (voir plus haut « Où manger ? »).

Pożegnanie z Afryką *(plan B1,* ***30****)* **:** *ul. Moranda. Tlj 11h-19h.* Aux cafetières posées sur leurs brûleurs, avec leurs impatients dégustateurs qui attendent en les regardant, on reconnaît la chaîne de cafés qui s'est répandue dans tout le pays.

À voir

Tout le centre historique est classé au Patrimoine mondial de l'Unesco. Vous pouvez télécharger un audioguide en anglais pour votre smartphone sur *• travel.zamosc.pl •*

Rynek *(plan B1)* **:** la grand-place est le premier lieu à visiter pour saisir la conception même de la ville. Celle-ci a été bâtie sur le modèle du corps humain : le palais Zamoyski, situé à l'ouest, représente la tête ; la rue Grodzka, longue de 600 m, la colonne vertébrale ; les trois marchés, le ventre ; l'hôtel de ville (sur la place), le cœur ; l'académie et la cathédrale, les poumons ; et enfin, les fortifications, les mains et les jambes ! Vous noterez que l'***hôtel de ville*** est décentré au nord, histoire de ne pas faire d'ombre au palais du grand homme et de montrer qui est le patron... L'escalier monumental à double révolution a été ajouté au XVIIIe s. La tour de l'hôtel de ville, haute de 52 m, domine le *Rynek* comme un phare. Ne manquez pas le coup de trompette à mi-journée (voir encadré) !

LA VILLE AUX TROIS POINTS CARDINAUX

Chaque jour, à 12h sonnantes, du haut de la tour de l'hôtel de ville qui surplombe le Rynek (la grand place), *un musicien costumé joue l'hymne de la ville trois fois d'affilée : côté sud, côté nord et côté est. Et pourquoi pas vers l'ouest ? Parce que Zamoyski, créateur de Zamość, ne voulait pas honorer la région de Cracovie... qu'il détestait ! Conclusion, à l'ouest, rien de nouveau...*

La place elle-même est un carré parfait de 100 m de côté, qui abrite de belles ***maisons arméniennes du XVIIe s*** *(plan B1,* ***41****)*, vivement colorées et décorées d'attiques, ce qui leur donne un cachet à la fois typiquement italien mais aussi un rien oriental. La maison verte est ornée d'un bas-relief représentant le baptême du Christ. La maison jaune possède une façade moins riche car elle appartenait à un simple professeur de l'académie. La maison rouge, dite « ***maison sous l'Ange*** »,

s'orne de l'ange Gabriel (c'était aussi le nom du propriétaire arménien) et d'un dragon symbolisant le Mal, contrecarré par deux lions rassurants. La maison bleue est décorée d'un couple de jeunes mariés. La légende raconte cependant que la femme fut prise pour une sorcière et brûlée vive sur la place. Enfin, la cinquième, dite « ***maison sous la Vierge*** », représente une Vierge polychrome, très orientale, terrassant le Mal qui a, bien sûr, pris la forme d'un dragon.
À l'autre bout de la place, la maison grise abrite l'une des plus anciennes ***pharmacies*** de Pologne (1609). Sur l'autre versant du *Rynek,* une ***maison à pilastres*** dépare fortement de ses voisines, avec ses bustes de Minerve et d'Hercule, logés dans des niches. On dit qu'ils étaient censés préserver son propriétaire des foudres de Zamoyski, qui ne voulait pas de ce style dans sa ville ! Sous les arcades, au nº 15 de la rue Staszica, le photographe de la ***Galeria Starej*** propose une belle collection d'antiques appareils photo et des reproductions de cartes postales anciennes. Il expose également des photos noir et blanc sous le porche.

Muzeum Zamojskie *(musée de Zamósc ; plan B1,* ***41****)* **:** *ul. Ormiańska, 30. ☎ 84-638-64-94. • muzeum-zamojskie.pl • Tlj sf lun 9h-17h (16h oct-avr). Entrée : 10 Zl ; réduc ; gratuit 1 j./sem (variable, voir leur site internet).* Logé dans les maisons arméniennes du *Rynek,* ce musée sans aucune traduction étrangère présente maladroitement l'histoire de la ville. En vrac, on trouvera sur 2 étages une maquette de la ville, une représentation du palais Zamoyski, conçu sur le modèle d'une villa Renaissance, des portraits du grand homme, un plan de la cité de 1617, quelques salles de musique avec costumes, instruments, partitions et vieilles photos de documents, mobilier, vaisselle, une Torah, des ustensiles de cuisine, une commode incrustée de nacre, des serrures, une maquette du palais et quelques antiquités ayant trait à l'habitat entre le Ve et le XIIIe s...

Katedra *(cathédrale ; plan B1)* **:** à l'origine, c'est une collégiale fondée en 1587 et achevée par Morando en 1598. La construction, influencée à la fois par la Renaissance et la Contre-Réforme est dédiée à la fois à saint Thomas (auquel Zamoyski se comparait) et à la résurrection de Jésus-Christ. Car, selon la légende, toutes ses victoires militaires auraient eu lieu un dimanche ! Le grand homme n'aura pourtant pas la chance de voir (de son vivant) sa collégiale accéder au statut de cathédrale. Il aurait dû se faire pape, car c'est Jean-Paul II, en 1992, qui réalisa son rêve... Ce dernier est d'ailleurs venu ici en 1999 et les fidèles, comme les murs (cherchez la plaque), en parlent encore. L'édifice, très vaste (45 m de long, 30 m de large et 20 m de haut), s'avère assez dépouillé et peu spectaculaire à l'intérieur. Notez la voûte au style Renaissance, le chœur signé Morando orné de tableaux illustrant la vie de saint Thomas et le tabernacle en argent du XVIIIe s. Dans la chapelle baroque des Zamoyski, un gisant représente la fille de Tomasz Zamoyski, morte à 8 ans, indiquant la voie des cieux à son père. À gauche du chœur, la chapelle abrite une Vierge du XVIIIe s dont on dit qu'elle fut peinte au charbon par un prisonnier innocent. Miracle, il se retrouva libre. Enfin, dans la crypte (fermée) reposent les Zamoyski et les nobles de la ville. En sortant, vous pourrez approfondir la visite par le petit ***musée d'Art sacré*** *(de mai à mi-oct, tlj 10h (13h w-e)-18h ; hors saison sur résa slt ; tarif : 3 Zl),* au pied du clocher. Il présente des reliques, objets cultuels, vêtements sacerdotaux...

Arsenał – Muzeum fortyficacji i Broni *(arsenal – musée des Fortifications ; plan A1)* **:** *ul. Zamkowa, 2. ☎ 84-638-40-76. • muzeum-zamojskie.pl • Tlj sf lun 9h-17h (16h oct-avr). Entrée : 25 Zl ; réduc ; gratuit 1 j./sem (variable, voir leur site internet).* Une belle exposition d'armes anciennes richement mise en valeur dans les fortifications. Les sous-sols voûtés sont dévolus aux arm(ur)es anciennes, agrémentées de mousquets, arquebuses et autres piques. L'étage supérieur exhibe des équipements liés aux conflits plus récents (véhicules légers blindés, armes automatiques, petit avion, hélico...). C'est bien présenté : ça donnerait presque envie si on ne savait pas à quoi servent et ont servi ces charmants objets !

Brama Szczebrzeszyn *(porte de... ; plan A1)* **:** oui, on sait, ce n'est pas très facile à prononcer. Située au sud de la cathédrale, c'est l'une des trois portes des fortifications.

Pałac Zamoyskich *(palais de Zamoyski ; plan A1)* **:** *à côté de la cathédrale.* Le palais date de 1579. De l'extérieur, il n'inspire aucune émotion et ne se visite pas... Juste devant, une ***statue équestre*** de Jan Zamoyski, érigée pour les 400 ans de la ville (en 2005). C'est l'occasion d'apprendre par cœur les dates du grand homme...

Akademy *(académie ; plan B1)* **:** un grand bâtiment classique. C'était tout de même la troisième université de Pologne au XVIe s. Beau ***parc Miejski*** en face, où l'on trouvera la ***vieille porte de Lublin.***

Synagoga *(synagogue ; plan B1,* ***46****)* **:** *ul. Pereca, 14. ☎ 84-639-00-54. Mars-oct, tlj sf lun et j. fériés juifs 10h-18h ; nov-fév 9h-14h. Donation suggérée : min 7 Zl.* Fondée à la construction de la ville, elle est de style Renaissance. Vaste carré orné d'une décoration en stuc, avec des coquilles Saint-Jacques dans les angles, et utilisant les couleurs orange, bleu et vert. Les bornes interactives en anglais vous conteront l'installation de la communauté juive à partir de 1588. Sépharades et ashkénazes émigrèrent principalement d'Italie, de Turquie et des Flandres. En 1827, la ville compte 2 874 Juifs, soit 53 % de la population. Malgré quelques persécutions russes pendant la Première Guerre mondiale, en 1939, ils sont 12 500, soit 46 % des habitants. Après l'exode, la guerre et les déportations au camp de Bełżec, en 1944 la communauté se réduit à... 50 personnes. En 1947, 5 personnes. Autant dire qu'il n'y a plus de communauté juive à Zamość. D'ailleurs, la synagogue n'est plus un lieu de culte actif.

Kościol Franciskanow *(église franciscaine ; plan B1,* ***47****)* **:** elle date du XVIIe s. Rien d'exceptionnel, mais une anecdote : sous le régime communiste, comme il y avait un cinéma à côté et que le culte était mal vu, on disait « je vais au ciné » pour dire qu'on allait à l'église...

Stara et nowa brama Lwkoska *(vieille et nouvelle porte L'viv ou Lvov ; plan B1-2).* Face à face. Sur l'ancienne porte figurent Jésus, saint Thomas et le blason des Zamoyski, et dans la nouvelle siège l'orchestre philharmonique de la ville, de bonne réputation d'ailleurs.

Le bastion *(plan B1)* **:** *ul. Peowiaków, 8. Tlj 9h-19h (18h oct, 16h nov-mars). • nadszaniec.zamosc.pl • Tarif : 10 Zl.* C'est le plus gros morceau rescapé des fortifications bâties au XVIe s et constamment modernisées (en particulier au XIXe s). En brique, avec une belle pelouse et quelques canons. Le ***parcours touristique*** *(nadszanie trasa tourystyczna)* explore ces systèmes de défense.

Muzeum Martyrologii Rotunda *(mémorial des Martyres de la Rotonde ; plan A2)* **:** *au sud du centre historique. Tlj 7h-20h (15h, nov-avr). GRATUIT.* Au début du XIXe s, l'occupant russe décide de renforcer son système de défense en vue d'une guerre éventuelle avec l'Empire autrichien. C'est ainsi que l'on édifie cette rotonde de 1825 à 1831. Elle sera utilisée ensuite comme entrepôt de munitions. Sous l'occupation hitlérienne, le lieu devient le siège de la Gestapo. Pratique et discret, car situé près de la gare et en retrait de

AU REVOIR, LES ENFANTS

Le 12 novembre 1942, les nazis lancent une opération de nettoyage ethnique dans la région de Zamość. Ils évacuent 300 villages, délogent 100 000 paysans et raflent 30 000 enfants. Parmi ces derniers, ceux qui correspondent aux critères de la « race aryenne » se voient attribuer un nom allemand dans le but d'être adoptés par des membres du parti nazi et sont envoyés dans les centres de germanisation, dits Lebensborn. *Les autres sont liquidés ou déportés... Après la guerre, très peu d'enfants retrouveront leurs vrais parents.*

la ville. Détentions préventives ou transitoires avant la déportation dans le camp de Bełżec, interrogatoires et tortures de prisonniers constituent alors le quotidien de cette monstrueuse prison. On estime qu'entre 6 000 et 8 000 personnes (Polonais, juifs, Soviétiques) y périrent entre 1940 et 1944. Dès 1940, le plan « A-B » envoie à la mort l'intelligentsia polonaise : 3 500 ecclésiastiques, enseignants, médecins et intellectuels. Les scènes d'humiliation y sont quotidiennes. En plein hiver, on y fait courir en rond de vieux prêtres à bout de souffle ou des insoumis avec un bloc de glace dans les bras... En 1943 et 1944, les nazis intensifient les exécutions à l'extérieur de la Rotonde, faute de place, et pratiquent la crémation des corps à grande échelle pour faire disparaître les traces de leurs crimes. Les exécutions avaient lieu juste à gauche en pénétrant dans l'immense cour circulaire, où les crémations se faisaient au centre. Dans le bâtiment, on passe de cellule en cellule, certaines accueillant des panneaux explicatifs, d'autres étant transformées en mémoriaux. Extra-muros, le cimetière est divisé en secteurs : autour de la rotonde, des civils polonais ; de part et d'autre de la grande allée, armée et résistants polonais, Armée rouge, tombes juives, mais aussi les victimes des purges staliniennes d'après-guerre.

Ogród Zoologiczny *(zoo ; plan A1-2)* **:** *ul. Szczebrzeska, 12. ☎ 84-639-34-79. Tlj : avr et sept 9h-18h, mai-août 9h-19h, mars et oct 9h-16h, nov-fév 9h-15h. Entrée : 17 Zl ; réduc 3-26 ans.* On n'a pas l'habitude de recommander les zoos, mais celui-ci a pour vocation de recueillir tous les petits animaux que l'on tente illégalement de faire passer à la frontière de Schengen... Résultat, un zoo bien tenu où l'on trouvera un grand nombre de singes, lémuriens de Madagascar, serpents, poissons, araignées... En revanche, pour ce qui concerne les chameaux, lions et panthères : là, il s'agit bien du zoo traditionnel qui consiste à exhiber des animaux exotiques.

SANDOMIERZ

24 600 hab.

• Plan *p. 151*

Perchée sur une colline qui domine la Vistule, cette petite cité gothique miraculeusement conservée constitue une étape de charme entre la capitale, Kazimierz Dolny et Cracovie. Mentionnée dans la première chronique polonaise à côté de Wrocław et Cracovie, Sandomierz, jadis brûlée par les Tatars, était à la fois un important comptoir fluvial et un carrefour sur les routes de l'Est.
Profitant de son beau patrimoine pour jouer la carte touristique, la ville ne délaisse pas pour autant son rôle de chef-lieu de canton. En contrebas de la colline historique, un cortège permanent de camionnettes venues des innombrables exploitations agricoles régionales occupe le vaste marché à ciel ouvert. Le cours de la pomme de terre ou du chou s'y négocie en continu.

Arriver – Quitter

➢ ***En voiture :*** la route 79 relie directement Cracovie à Sandomierz (165 km), avant de continuer au nord jusqu'à Varsovie (215 km). Au nord-est et à l'est, Lublin (115 km) et Zamość (135 km) ne sont pas loin non plus.

➢ ***En bus :*** env 5 bus et 14 minibus/j. pour ***Cracovie*** en 2h30-3h de trajet. Env 12 bus/j. et 4 minibus/j. pour ***Varsovie*** (gare routière Zachodnia) en 4-4h30, et 2 bus/j. pour ***Łancut*** en 2h30.

– ***Attention :*** les départs varient selon les compagnies. Suivant le cas, depuis la gare routière PKS ou à l'arrêt de la rue Zawichojska (*plan A-B1,* 100 m au nord de la porte d'Opatów).

Gare routière PKS (*hors plan par A1*) **:** *ul. 11 Listopada. À env 1 km au nord-ouest du centre-ville.*

Adresses utiles

Office de tourisme (*plan B2,* **1**) **:** *Rynek, 20.* ☎ *15-644-61-05.* • *sandomierz.travel* • *De mi-avr à août, tlj 10h-18h (19h w-e) ; sept, tlj 9h-17h ; hors saison, sem 8h-16h, w-e 9h-17h.* Borne tactile extérieure, accessible 24h/24. Office de tourisme efficace. On y parle l'anglais, on y trouve un plan de la vieille ville et quelques brochures en français. Location de vélos.

Bureau PTTK (*plan A1-2,* **2**) **:** *Rynek, 12.* ☎ *15-832-23-05.* • *pttk-sandomierz.pl* • *Mai-oct, tlj 8h (10h dim)-18h (16h hors saison).* Le minuscule bureau, caché par la terrasse du café *Kordegarda* (voir « Où manger ? Où boire un verre ? »), propose des visites guidées, y compris francophones. *Résa 1-2 sem avt. Compter env 480 Zl pour 4h.*

Poste (*plan A2*) **:** *sur le* Rynek. *Tlj sf w-e 9h-16h ; ouv 9h-15h sam, mai-oct slt.* Distributeur de billets à côté.

@ ***Internet :*** ordinateur en accès libre à l'office de tourisme et wifi public gratuit sur la place principale (*Rynek*).

Change : mieux vaut retirer de l'argent au distributeur de la poste, car le *kantor* (*lun-sam 9h-20h, dim 10h-18h*) le plus proche se trouve loin du centre-ville, à la ***Galeria Sandomierz,*** centre commercial situé au niveau de l'échangeur entre les routes 79 et 77 à 10 mn à pied.

Où dormir ?

Demander à l'office de tourisme des conseils quant aux ***noclegi*** et ***pokoje*** (maisons d'hôtes) de la ville. Pas mal de possibilités.

Camping

Camping Browarny (*plan B2,* **10**) **:** *ul. Żwirki i Wigury, 1.* ☎ *15-833-27-03.* *604-40-38-69.* • *majsak.pl* • *En contrebas de la vieille ville, au niveau de l'échangeur entre les routes 79 et 77. Pour rejoindre la ville, 15 mn à pied ou arrêt de bus tt proche. Empl. tente 50-60 Zl.* Belles pelouses, mais peu d'ombre. Sanitaires modernes, barbecue, étang. Tenez-vous le plus à l'écart possible de la station-service. Restos et centre commercial à proximité. Accueil sympa.

Prix moyens (160-240 Zl / env 40-60 €)

Flisak (*plan B1,* **11**) **:** *Mały Rynek, 2.* ☎ *15-832-31-30.* • *hotelflisak.pl* • *Double env 180 Zl, avec petit déj.* Au-dessus du resto éponyme, des chambres de taille et d'équipement corrects, sans luxe mais bien tenues. Elles donnent sur la place calme, où glougloute une fontaine, ou sur la rue, plus passante. Accueil en polonais ou en allemand.

Sandomiria (*plan A1,* **12**) **:** *ul. Podwale Górne, 10.* ☎ *15-644-52-44.* • *sandomiria.pl* • *Double env 180 Zl ; petit déj 20 Zl.* Sorte de gros chalet en dur, une volée de marches en contrebas du centre-ville, proposant de gentilles prestations. Couloirs moquettés, chambres plutôt grandes et modernes aux couleurs chaudes. Au final, un bon rapport confort-situation-prix, avec à la clé un accueil souriant.

Chic (240-400 Zl / env 60-100 €)

Hotel Basztowy (*plan A2,* **13**) **:** *pl. Ks. J. Poniatowskiego, 2.* ☎ *15-833-34-50.* • *hotelbasztowy.pl* • *Doubles 220-450 Zl avec petit déj.* Un édifice assez moderne, auquel on a essayé de donner un petit cachet historique. Chambres au caractère bourgeois assez feutré, bien entretenues et

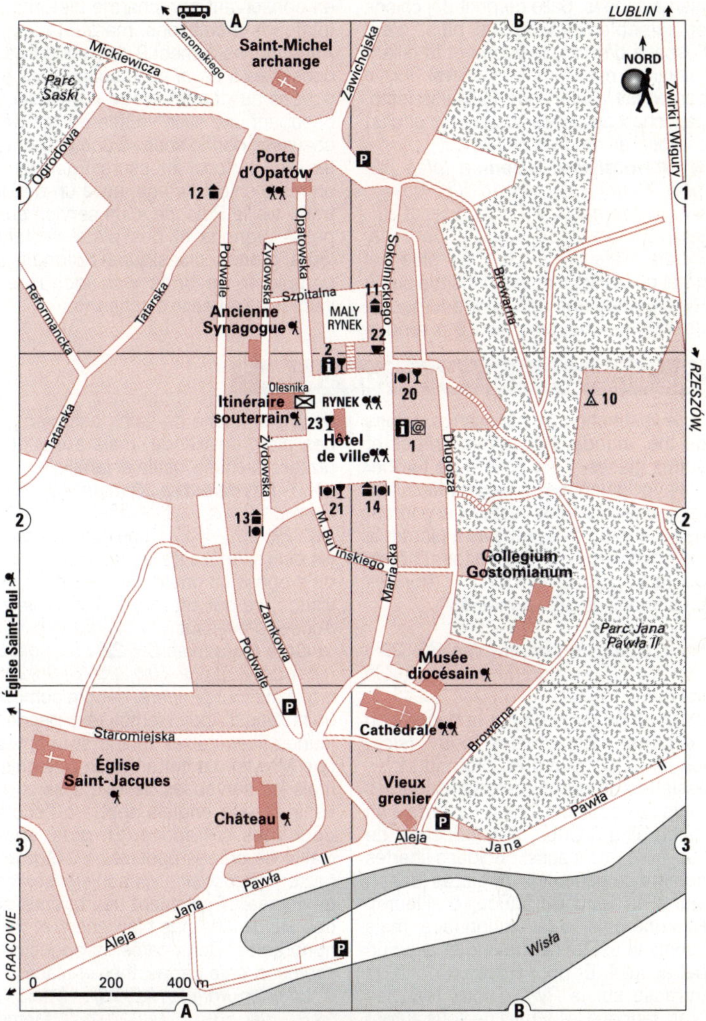

SANDOMIERZ

Adresses utiles

- 1 Office de tourisme
- 2 Bureau PTTK

Où dormir ?

- 10 Camping Browarny
- 11 Flisak
- 12 Sandomiria
- 13 Hotel Basztowy
- 14 Hotel Pod Ciżemką

Où manger ? Où boire un verre ?

- 2 Kordegarda
- 20 Casa de Locos
- 21 Staromiejska et Trzydziestką 30
- 22 Café Mała
- 23 Lapidarium

bien équipées. Salle de petit déj chicos et agréable véranda. Le plus, c'est l'espace détente, le sauna et le billard (payants, mais pas très chers). Ici, le confort fait la différence. Fait aussi resto, petit choix de plats à accompagner d'un cru local en rouge et en blanc...

Hotel Pod Ciżemką *(plan B2, **14**) : Rynek, 27. ☎ 15-832-05-50. • hotelcizemka.pl • Selon type et saison, doubles 250-320 Zl ; petit déj inclus. Plats 30-50 Zl.* Le plus bel hôtel de la ville, idéalement situé sur le *Rynek,* dans une demeure bourgeoise du XVIe s. Chouette, il a été rénové en conservant son charme historique (plafonds à caissons, marqueterie...). Attention, seulement 9 chambres (résa conseillée à l'avance !), spacieuses et situées au dernier étage. La pizzeria occupant une salle voûtée du rez-de-chaussée donne accès à une plaisante terrasse sur cour intérieure. Également un resto chic à l'étage, avec un décor très « vieille Pologne », un service aux petits oignons et des plats récitant leurs grands classiques polonais à compléter de bons vins locaux au verre. Une adresse de charme.

Où manger ? Où boire un verre ?

Vu le vaste choix de pâtisseries, salons de thé, stands de gaufres, crêpes et autres glaces, il est difficile de tomber en hypoglycémie à Sandomierz. En revanche, les bons restos ne courent pas les rues : n'hésitez pas à planter la fourchette du côté des restos d'hôtels de notre rubrique « Chic » (bonnes prestations et tarifs pondérés).

Casa de Locos *(plan B2, **20**) : Rynek, 16. 790-56-90-86. Tlj 7h-22h (minuit w-e). Plats et pizzas 20-45 Zl.* Prix spécial du jury pour la décoration de cette « Maison des fous » *(sic)* : les fleurs poussent au plafond et les assiettes de grand-mère tapissent les murs aux couleurs flashy. La carte a un (petit) pied à Cuba, fil conducteur de l'adresse, mais aussi quelques libertés comme ce bon choix de pizzas (carton jaune au fond de sauce, d'ailleurs). Pas une cuisine révolutionnaire, mais l'adresse est jeune, fraîche et avec un bel accueil. Et pour boire un coup, la terrasse sur le *Rynek* vous tend les bras, tant que les frimas ne vous auront pas envoyé rendre visite à Hemingway dans la salle intimiste et chaleureuse du sous-sol.

Staromiejska *(plan A2, **21**) : Rynek, 28. 502-735-633. Tlj 10h-22h. Plats 20-30 Zl.* La terrasse surélevée avec de grands parasols contraste avec l'intérieur figé qui ressemble à un salon de thé de grand-mère : lustres rustiques, bibelots, tableaux et nappes fleuries. La petite carte bien ficelée rassemble des soupes (bonne *zurek* servie dans une miche de pain), des *pierogi,* des plats de viande, mais aussi des pizzas. Clientèle locale et familiale.

Trzydziestka 30 *(plan A2, **21**) : Rynek, 30. ☎ 15-644-53-12. Tlj 10h-22h. Plats 20-40 Zl.* L'une des terrasses les plus animées de la place le soir. Ici, on propose un grand choix de plats de viande, ce qui est rare à Sandomierz. Accueil prévenant.

Café Mała *(plan B1, **22**) : ul. Sokolnickiego, 3. 602-102-225. Tlj 9h-21h env.* Café tout pimpant, décoré comme un tableau d'Andy Warhol, tenu par des jeunes filles certes moins souriantes que Marylin. La carte est en polonais, mais les serveuses devraient se souvenir de leur anglais appris à l'école pour vous la traduire. En gros, spécialité de crêpes épaisses « à la française » *(francuskie naleśniki),* salées ou sucrées. Également des tartines et des sandwichs pas bien chers et fort honorables. Bons cafés, cappuccino, *espresso,* café frappé, thés et glaces.

Lapidarium *(plan A2, **23**) : Rynek, 1. ☎ 15-832-33-55. Tlj 12h-22h.* Même si le lieu a la réputation d'avoir été une salle de torture au Moyen Âge, on ne descend pas dans ce sous-sol de l'hôtel de ville pour se faire lapider. Au contraire, les vastes et belles salles empierrées ont la bière, le vin et le cidre aussi locaux que généreux. Les vénérables poutres du plafond veillent aux abus... et quelques plats roboratifs caleront vos faims de journée (ou de soirée).

Kordegarda *(plan A2, **2**) : Rynek, 12. 602-102-225. Tlj de 9h jusqu'aux* *derniers clients.* On aime beaucoup ce café installé dans l'ancien poste de garde de la cité, car sa terrasse (qui cache le bureau *PTTK* comme l'arbre cache la forêt) fait l'effet d'un balcon idéal pour observer l'animation de la place. Les jeunes y côtoient les artistes, dans une salle au mobilier tout aussi dans le coup. Bons snacks et jolis cocktails.

À voir

Brama Opatowska *(porte d'Opatów ; plan A1)* **:** *mai-oct, lun-ven 9h-19h, w-e 10h-16h. Entrée : 4 Zl ; réduc.* Voici le dernier vestige des remparts du premier château de Sandomierz, fondé par Casimir le Grand, qui « trouva la Pologne en bois et la laissa en brique ». Eh bien, justement, cette porte dite aussi « de Silésie » est à la fois gothique et en brique rouge, couronnée d'un attique Renaissance. Elle donne accès à la vieille ville. Au 2e étage, un panneau reproduit l'aspect d'origine de l'enceinte et ce qu'était une ville fortifiée au Moyen Âge. Au sommet, en récompense de vos efforts, vue panoramique sur la ville et les alentours : fleuve, clochers, villages...
Juste en face, hors les murs, notez la majestueuse église ***Św. Michała Archanioł** (Saint-Michel-Archange),* de style Renaissance (superbes chaires en bois).

Rynek *(place du Marché ; plan A-B2)* **:** un bel ensemble de maisons bourgeoises aux façades restaurées, où alternent gothique et style classique. Au centre trône le mignon petit **Ratusz** *(hôtel de ville)* construit au XIVe s, qui fut coiffé d'un attique Renaissance. Il est flanqué d'une jolie tour blanche érigée tel un phare appuyé au corps principal en brique, le tout d'aplomb sur une place du marché en forte pente (les choux doivent sacrément rouler sur les étals)...

Podziemna Trasa Turystyczna *(itinéraire touristique souterrain)* **:** *entrée par ul. Oleśnickiego (plan A2), à l'ouest du Rynek. ☎ 15-832-30-88. Tlj 10h-18h (19h w-e et 17h en basse saison). Entrée : 10 Zl ; réduc. Visites guidées slt (en polonais). Dans les salles inférieures, il peut faire frais, même en été : prévoir une laine.* Les anciennes caves de la ville, qui servaient à protéger les marchandises des envahisseurs, ont été aménagées en parcours touristique. Aux XVe-XVIIe s, elles constituaient un véritable labyrinthe qui s'étend aujourd'hui encore sous l'ensemble de la ville. Mais, après l'invasion suédoise, elles tombèrent dans l'oubli. On les redécouvrit par hasard dans les années 1960, grâce (façon de parler) à l'effondrement de maisons situées au-dessus. La visite ne présente pas un intérêt majeur, bercée par des commentaires récités par cœur, en polonais de surcroît. Quelques mini-expos et mises en scène très sommaires ne suffisent pas à rompre la monotonie de ces longs couloirs en brique.

MIEUX VAUT TATAR QUE JAMAIS

Une légende terrible plane sur l'histoire des souterrains de Sandomierz. Lors de la troisième invasion des Tatars, au XIIIe s, la fille de l'ancien maire, tué par les Tatars, propose son aide aux envahisseurs. Elle introduit les soldats par les souterrains, pour une attaque surprise. Mais une fois à l'intérieur, elle libère un pigeon blanc, signal pour les habitants de combler les souterrains avec des rochers. Par son sacrifice, Halina Krempianka deviendra la Jeanne d'Arc locale et l'héroïne d'un conte connu de tous les petits Sandomierzois !

L'ancienne synagogue *(plan A1-2)* **:** *ul. Żydowska. Ne se visite pas.* Elle date du XVIIe s, mais rien ne la distingue des autres maisons de la rue. L'intérieur est occupé par les archives qui rappellent qu'au Moyen Âge Sandomierz abritait l'une des plus grandes communautés juives de Pologne.

Katedra (*cathédrale ; plan B3*) **:** *tlj sf lun. Accès autorisé aux non-croyants à heures fixes auxquelles sont diffusés des commentaires multilingues (y compris en français) par haut-parleurs : 10h-13h (plus 15h30 et 17h mai-sept).* Elle mérite vraiment le détour. Son déluge rococo connaît un fort regain de dévotion depuis que Jean-Paul II y a fait une halte en 1999. Belle *Dormition de la Vierge* dans le chœur. À voir aussi pour son célèbre martyrologe, qui distrait même les plus fervents : 12 fresques, pour les 12 mois de l'année, qui dépeignent la fin tragique de martyrs de l'Église. Ces derniers sont même numérotés sur les œuvres pour que vous puissiez retrouver leurs noms sur les cartels.

Muzeum Diecezjalne (*musée diocésain ; plan B2-3*) **:** *ul. Długosza, 9. ☎ 15-833-26-70. • domdlugosza.sandomierz.org • Tlj sf lun 9h (13h30 dim)-16h30 (15h30 oct-avr). Entrée : 6 Zl ; réduc.* La maison gothique érigée derrière la cathédrale pour Jan Długosz, l'auteur de la première histoire de la Pologne, abrite une collection d'art religieux du XIIIe au XXe s.

Zamek – Muzeum Okręgowe w Sandomierzu (*château et musée régional ; plan A3*) **:** *• zamek-sandomierz.pl • Mai-sept, tlj sf 1er lun du mois 10h-17h ; oct-avr, tlj sf lun 9h (10h w-e)-16h. Entrée : 10 Zl ; réduc ; gratuit lun (expo permanente).* À l'origine, l'édifice présentait une parfaite architecture carrée de style Renaissance. Mais les nombreuses guerres et invasions n'ont épargné que l'aile ouest. Après le troisième partage de la Pologne en 1795, cette noble résidence fut transformée en prison et le resta jusqu'en 1959. Depuis, elle a été restaurée pour devenir un petit musée retraçant l'histoire de la ville et de la région.

Kościół Św. Jakuba (*église Saint-Jacques ; plan A3*) **:** *ouv tlj 10h (13h ven)-16h45 (11h30 dim).* C'est l'une des plus anciennes églises en brique de Pologne et aussi l'un des rares monuments de style roman tardif. Après le joli porche roman, on découvre, à l'intérieur, un agréable contraste entre le dépouillement des briques et des piliers blancs et le chatoiement des vitraux du chœur et de la chapelle à droite de l'autel. Dans ce dernier, voir la Vierge à l'Enfant du XVIIe s et les fresques Art nouveau. Attenant à l'église, le couvent des Dominicains et son coteau planté de vignes du Seigneur... qui vous donneront peut-être envie de suivre la route des Vins de cette région productrice (voir plus loin).

Kościół Św. Pawła (*église Saint-Paul ; hors plan par A3*) **:** au bout du chemin, 400 m au-delà de Saint-Jacques (et sur le chemin de... Saint-Jacques, qui passe ici), petite église baroque à l'intérieur décoré comme une boîte de chocolats.

– Depuis l'église Saint-Paul, on peut descendre une curiosité naturelle : le ***ravin de Sainte-Hedwige.*** Une belle sente enclavée entre deux parois de lœss. En bas, dans la vallée, accompagnez la Vistule sur la gauche jusqu'au pont. De là, vue sur le château, la cathédrale, les vestiges d'un ***vieux grenier*** *(plan B3),* puis le ***collegium Gostomianum*** *(plan B2).* En suivant les bords de la grand-route, on rejoint des escaliers qui aboutissent à l'est du *Rynek.*

À faire

➢ ***Balades à pied et à vélo :*** itinéraires fléchés au départ du *Rynek.*

➢ ***Promenade sur la Vistule :*** *dans le petit port, en contrebas du château. ☎ 603-591-485. Avr-oct. Compter 10 Zl pour 30 mn ; réduc.* Le capitaine Tadeusz Prokop, aux commandes du *Maria,* raconte l'histoire de la ville au fil de l'eau (en polonais !). Idem pour son voisin, le capitaine de l'*Albatros* (*603-055-971).*

Fêtes et festivals

- ***Tournoi de chevalerie :*** *début juil.*
- ***Danses médiévales et duels :*** *mai-sept, le w-e.*
- ***Concerts d'orgue :*** *dans la cathédrale, mer à 19h en juil-août.*
- ***Festival de chansons :*** *août-oct.*
- ***Festival de musique classique :*** *sept-oct.*
- ***Festival du vin nouveau :*** *oct.*

DANS LES ENVIRONS DE SANDOMIERZ

➢ ***Route des Vins :*** *brochure et infos à l'office de tourisme.* La région de Sandomierz est l'une des rares à produire du vin en Pologne. Rouge, blanc, rosé, tout y passe. Alors si la *piwó* et la *wodka* vous soûlent... en route pour le vin. Un conseil d'ami, organisez votre visite (téléphonez avant ou demandez à l'office de tourisme de le faire pour vous), car les caves ne sont pas vraiment structurées pour accueillir le tourisme de passage.

Zamek Krzyżtopór *(château Krzyżtopór) : à* ***Ujazd.*** *☎ 15-860-11-33. • krzyztopor.org.pl • À 40 km à l'ouest de Sandomierz : par la 77 ; après 25 km, prendre à gauche vers Gojków ; 7 km plus loin, prendre la 757 à gauche sur 7 km ; puis la 758 à gauche, sur 3 km (ouf !). Tlj 8h-20h (18h sept-oct ; 16h nov-mars) Entrée : 10 Zl ; réduc.* Ce château, datant de 1631, est le plus bel exemple de la mode sarmate, qui commença au XVIIe s, quand certains nobles de la région s'approprièrent la généalogie du voïvode, un titre prestigieux hérité de l'époque romaine. Ses emblèmes héraldiques (la hache et la croix, qu'on voit au-dessus de la porte d'entrée) marquèrent la mégalomanie du voïvode Ossolinski, qui mourut un an après la finition et ne put profiter de sa somptueuse salle à manger octogonale avec un aquarium de cristal pour plafond. Tout ça, c'est pour la petite histoire, car on ne voit que des ruines ; mais la structure restante donne une idée de l'édifice originel.

LA KRYZ ? QUELLE KRYZ ?

Comme dans les contes de fées, le château du seigneur Krzyżtopór comprenait autant de fenêtres que de jours, autant de chambres que de semaines et autant de grandes salles que de mois. L'homme avait du goût et, comme il aimait ses 300 étalons blancs, il leur fit installer des miroirs dans chacun de leurs box et des mangeoires en marbre noir... Et dire qu'il n'en reste que des pierres et de la poussière !

Le château de Baranów Sandomierski : *à 30 km au sud de Sandomierz, par la 723, direction Rzeszów. 40 km depuis Ujazd, par la route 758 vers le sud-est, puis les routes 9 et 851 vers Rzeszów. ☎ 15-811-80-39. • baranow.com.pl • Tlj 9h-18h (17h oct, 16h et fermé lun nov-mars), dernier accès 1h avt fermeture. Manège militaire ouv slt w-e 11h-16h, janv-mars ; horaires du musée le reste de l'année. Visite (guidée) : 15 Zl ; réduc. Manège militaire : 6 Zl. Parc : 2 Zl. Parking : 5 Zl.* Attention : le château est régulièrement loué pour des colloques ou des mariages ; les contacter au préalable pour s'assurer que la visite est possible. Ce fleuron de l'architecture Renaissance en Pologne est surnommé le « petit Wawel » en référence au château de Cracovie. Bon, petit petit, alors... Construit au XVIe s, il fut plus tard fortifié. On voit encore dans la cave, transformée en musée, les premiers murs d'enceinte. Quatre tourelles entourent l'architecture rectangulaire, mais c'est surtout la cour aux arcades décorées (d'accès gratuit) qui vaut le déplacement, ainsi que l'escalier aux multiples blasons.

LES CARPATES ET LA PETITE POLOGNE (MAŁOPOLSKA)

Les amoureux de la montagne ne regretteront pas d'être venus dans le sud de la Pologne avec sa splendide chaîne montagneuse des Carpates dont les sommets culminent à 2 500 m au mont Rysy. Des montagnes souvent bordées de bassins qui assurent le contact avec les collines, où l'agriculture est variée et riche grâce aux retenues d'eau. Le massif, certes moins élevé que les Alpes, s'étire sur 1 500 km, jusqu'au château du légendaire Dracula (en Roumanie). Le côté polonais abrite 10 parcs nationaux. Les sentiers sont bien aménagés. Un sac à dos, quelques provisions, de bonnes chaussures et un peu d'entraînement, voilà l'équipement de base pour aller à la rencontre d'une nature presque vierge qui en étonnera plus d'un.
Ce poumon vert (ou blanc en hiver !) borde le cœur de la Pologne. Une région nommée Petite Pologne (Małopolska) dont Cracovie, ancienne capitale royale et véritable joyau, est à visiter absolument.

ŁAŃCUT

18 150 hab.

Même si Rzeszów est la ville la plus importante des pré-Carpates, il est préférable de faire une halte à Łańcut (prononcer « ouhan tsoute »), au sud de Sandomierz... Cette région reculée fut souvent touchée par les raids ottomans venant du sud, ou suédois venant du nord. On s'y arrête pour son imposant château de style baroque, construit par la famille Lubomirski et ayant appartenu à la non moins célèbre famille Potocki.

« WÓDKAPITAL »

Il se dit à Łańcut que « si la Pologne est le pays de la vodka, Łańcut en est la capitale ». Certes, cette industrie génère une belle activité dans le coin.
La distillerie est indissociable de l'histoire du château. Elle fut fondée au XVIIIe s par la duchesse Lubomirska. Au début du XIXe, elle tomba dans les possessions des comtes Potocki, qui poussèrent la commercialisation du produit jusque dans les faubourgs de Vienne et de L'viv. En 1924, la famille se voit privée de la distillerie en raison du monopole d'État sur l'alcool établi par le gouvernement. La distillerie prend alors pour nom *Polmos* (soit la *Polski Monopol Spiritusowy*), mais elle n'en perd pas pour autant le savoir-faire. Rasée par les Russes en 1944 (qui l'eût cru !), la distillerie renaît de ses cendres pour atteindre son maximum de production en 1969, puisque, à cette date, il sortait de l'usine quelque 200 000 bouteilles par jour (!). Deux ans après la chute du mur de Berlin, le monopole est cassé. L'usine, forte de ses 60 sortes d'alcool, ouvre son capital aux intérêts privés, se trouvant ainsi divisée en plusieurs entreprises, dont certaines ont été rachetées par Pernod-Ricard. Aujourd'hui, la fabrique de Łańcut conserve 500 000 bouteilles dans ses murs, mais privilégie le flux tendu grâce aux 2 millions de litres de ses cuves.
Elle est bien distribuée à l'étranger, vous avez croisé nombre de ses produits dans nos supermarchés. Elle élabore également à destination des yuppies américains un produit haut de gamme *(Quorum)*. Idem pour la *Pro-Polonia*, qui tient le haut du pavé européen.
La distillerie n'étant pas encore équipée pour organiser un tourisme industriel *in vivo*, la visite du musée est malheureusement réservée aux groupes. Quant à la boutique sur place, elle n'offre rien de plus que n'importe quel supermarché.

Arriver – Quitter

➢ ***En voiture :*** à env 100 km au sud-est de Sandomierz ; prendre la route 77 en direction de Nisko, puis la nationale 19 vers Rzeszów et enfin la 881. De Cracovie, à 200 km plus à l'ouest, suivre la nationale 4 (partiellement autoroutière).

➢ ***En train :*** *gare ferroviaire PKP à 2 km au nord du centre. ☎ 19-757.* Env 5 directs/j. pour ***Cracovie,*** en 2h30-3h30 de trajet. Compter 3 directs/j. pour ***Varsovie.*** Trajet : 6h.

➢ ***En bus ou minibus :*** *gare routière PKS à 800 m au nord-est du château, juste à gauche après le 1er feu.* Slt 2 bus/j. pour ***Sandomierz,*** en 2h30, ainsi que 2 bus/j. (dont 1 de nuit) pour ***Zamóśc,*** en 2h30-3h30 et 4 bus/j. pour ***Cracovie,*** en 3h30-4h.

Adresses utiles

ℹ ***Office de tourisme :*** *dans la galerie Maneż, ul. 3 Maj, 10. ☎ 17-225-48-50. 📱 606-455-724. À droite quand on regarde l'entrée principale du parc. Tlj, mar-ven 9h-17h, sam-lun 10h-16h.* Plans de la ville et de la région, bonne documentation en français ou en anglais. Bon accueil de Katarzyna Sokolik, qui parle le français.

■ ***Banques et change :*** *nombreux* ***distributeurs de billets*** *au centre-ville. Également un* ***bureau de change*** *au n° 1 du* Rynek, *tlj sf dim 8h-17h (13h sam).*

Où dormir ?

Bon marché (80-160 Zl / env 20-40 €)

🏠 ***Hotel Szwadron :*** *ul. Mickiewicza, 16. ☎ 17-225-60-42. • willaszwadron.pl • Depuis le centre, prendre la route qui rejoint au sud la 881. L'hôtel est à droite 100 m après la* Bank Polskiej Spoldzielczosci. *Doubles 120-140 Zl avec petit déj. Parking gratuit.* Le maître des lieux, Pavel Fangor, polyglotte, vous

LES CARPATES ET LA PETITE POLOGNE

fredonnera volontiers *La Marseillaise,* en souvenir de son aïeul qui servit l'armée napoléonienne. Un sacré personnage, cultivé et plein d'humour ! On aime bien son petit hôtel aux allures de pension de famille, aménagé dans sa vieille maison... de famille, justement. Chambres avec un cachet certain (jolies poutres), tout en étant confortables, donnant sur la rue ou sur le jardin. Les tailles sont variables, du vaste au petit. Très bon accueil.

Pensjonat Pałacyk : *ul. Paderewskiego, 18. ☎ 17-225-20-43. • palacyk-lancut.pl • Depuis le centre, remonter l'ul. Paderewskiego sur 200 m. Doubles 120-140 Zl selon saison, avec petit déj. Parking gratuit.* Un ancien hôtel particulier laissé dans un piteux état par les apparatchiks du Parti qui y logeaient sous le communisme. Transformé avec réussite en hôtel de charme à taille humaine, il compte seulement 6 chambres, toutes de caractère, mansardées et avec poutres apparentes. Seuls défauts : la faible luminosité, le mobilier désuet et la petite taille des salles de bains. Excellent resto (voir plus bas). Bar. Salle de petit déj emplie de trophées de chasse. L'hôtel a reçu la visite de l'abbé Pierre, de Vaclav Havel et de certains descendants de la famille Potocki, c'est dire !

Prix moyens (160-240 Zl / env 40-60 €)

Hotel Zamkowa : *ul. Zamkowa, 1. ☎ 17-225-26-71. • zamkowa-lancut.pl • Dans l'enceinte du parc du château. Double 160 Zl, petit déj inclus.* Dans l'aile droite du château, entourée d'un parc aux arbres centenaires. Autant être prévenu tout de suite, la décoration date de l'an 5 av. Jean-Paul II ! De la simple chambre à la suite comptant 3 pièces et baignoire. Certaines donnent sur une cour et les autres sur le parc, plus agréable. Des intérieurs donc assez banals, mais, reconnaissons-le, le cadre est unique. Accueil courtois.

Où manger ?

Très bon marché (moins de 20 Zl / env 5 €)

Hono Tu : *Kościuski, 2. ☎ 17-224-13-63. Proche de l'entrée nord-ouest du parc du château. Tlj 11h-minuit (2h ven-sam). Plats 10-20 Zl. Formule déj 15 Zl.* Une adresse livresque qui niche discrètement ses bibliothèques chargées et ses confortables fauteuils dans le sous-sol d'un bel hôtel particulier. Parfait pour boire un verre, mais également pour y manger des plats très bien accommodés et super copieux. Avouez que l'interminable visite du château avait aiguisé vos appétits littéraires. Alors révisez le précis de « Théorie combinée du *bigos* et du *pierogi* ».

Caffe Antico : *Rynek, 3. ☎ 17-225-61-51. Tlj sf ven 9h-23h. Plats 12-25 Zl.* Au sud de la place centrale, une petite brasserie prolongée par une terrasse ombragée. Quelques plats polonais, italiens (pizzas), grecs *(gyros),* américains (burgers) et même... chinois (n'en jetez plus !).

Cukiernia Miriada : *Zamkowa, 4. Proche de l'entrée nord-ouest du parc du château. 668-053-207. Tlj 9h (10h dim)-18h30.* En limite extérieure du parc du château et à l'abri du regard des rues passantes, cette bonbonnière tient ses promesses sucrées. D'excellents gâteaux vous feront remettre à demain les intentions de régime... Délices à consommer sur une mini-terrasse ou, mieux, à l'étage meublé de machines à coudre et de tables revêtues de napperons. Cosy au possible.

De bon marché à prix moyens (20-70 Zl / env 5-17,50 €)

Restaurant Pałacyk : *voir l'hôtel plus haut. Plats 18-30 Zl.* Une excellente table à des prix raisonnables ! Tout respire le bon goût d'une époque où l'on savait recevoir. Accueil et service discrets mais efficaces. Essayer la soupe à la poule, servie brûlante, ou encore l'assortiment de *pierogi* chou-viande-fromage, accompagnés de petites pommes de terre sautées ail-persil. Vente de produits bio de la propriété. Accueil agréable.

Vis a Vis : *plac Sobieskiego, 14. 786-20-82-06. Sur le côté de la place juste en dessous du Rynek. Tlj 12h-22h (minuit ven-sam). Plats 15-30 Zl. Formule déj 15 Zl.* Par-delà une agréable terrasse en vis-à-vis du parc du château, les traditions sortent bousculées de cette belle adresse très... néo-vieille-Pologne. Aux murs, le papier peint frise le damassé aux motifs revisités. Banquettes et chaises aux formes classiques s'habillent de cuir vieilli. Au service, des jeunes filles souriantes et dynamiques. Dans l'assiette, une cuisine gentiment créative. Canard sur lit de canneberges, poulet à la tomate séchée et ricotta, même les sauces se démarquent : au gorgonzola, au pruneau et même au miel, moutarde et épices mexicaines. Caramba et *yoush* à la fois !

Où boire un verre ? Où goûter ?

Piwiarnia : *Rynek, 5. ☎ 17-225-51-11. Tlj 10h (11h dim)-minuit (2h ven-sam).* Le pub de la place principale. Bien pour boire une bière en matant un match. Karaoké le vendredi si le cœur vous en dit. Parfois un petit concert. Snacks et restauration très simples.

À voir

Le château : *☎ 17-225-20-08. • zamek-lancut.pl/fr • En plein centre. Parc : 5h-23h. Château : tlj, juil-août 9h (10h w-e en été ; 12h lun)-16h (18h w-e) ; variables, sinon consulter le site internet. Caisse (« kasy muzeum ») à l'extérieur du parc, côté sud-ouest. Entrée : 23 Zl (château) ; réduc ; gratuit moins de 8 ans. Billet combiné, château et écuries 28 Zl. Livret en français 25 Zl. Patins obligatoires (!) pour la visite.*

COMMENT SAUVER LES MEUBLES !

À l'approche des Soviétiques, à la fin de la guerre, le comte Potocki comprit qu'il serait vite considéré comme « ennemi de classe ». Il exfiltra vers le Liechtenstein plus de 600 caisses renfermant ses trésors les plus précieux. Resté sur place, son intendant eut l'idée géniale de placarder un panneau très officiel sur la grille du château, spécifiant que la demeure était un musée de la nation polonaise. Très respectueuse des règlements, l'Armée rouge se mit au garde-à-vous et laissa le bâtiment en l'état...

Un peu d'histoire

Plusieurs noms sont venus s'inscrire dans l'histoire de la région, et celui de ce château – qui, on pèse nos mots, est un petit joyau – en fait partie. L'histoire commence au XIVe s, mais du château fort médiéval il ne reste plus grand-chose. Au siècle suivant, on « sécurisa » l'édifice par une forteresse en étoile à cinq branches. Mais peut-être la réputation du sanguinaire Stanisław Stadnicki, qui égorgeait ses voisins avant même qu'ils n'aient pu lui serrer la main, est-elle plus tenace que les vieilles pierres.

La marque la plus importante est sûrement celle de la famille ***Lubomirski,*** dès 1736, dont l'étonnante princesse-maréchale Izabela (titre assez inédit pour une dame) passait pour être la femme la plus riche de Pologne (elle possédait plus de 16 villes et 356 villages !). On lui doit la salle de bal, la grande salle à manger, l'orangerie, la galerie des statues. De qui était-elle la copine ? De Marie-Antoinette, parbleu ! Elle a pioché deux, trois idées par-ci par-là pour décorer son modeste intérieur. De ce XVIIIe s témoigne la belle façade versant délicatement dans le style baroque. Elle finit en style néoclassique rococo avec de belles tours d'angle en forme de clochers doucement orthodoxes.

La dernière famille noble à avoir occupé cette résidence est celle des ***Potocki.*** Cousin lointain de plusieurs grandes familles allemandes, il ne fut pas inquiété ni dépossédé durant la Seconde Guerre mondiale. Des officiers allemands occupaient le 2e étage, mais, comble du comble, un poste radio de la résistance polonaise était caché dans le château !

La visite de l'intérieur

Vous noterez que chaque pièce possède son parquet finement marqueté et son poêle, tous différents. Voici les salles les plus notables :

– Dans le ***hall d'entrée,*** remarquer la cheminée néo-Renaissance et le superbe sol composé de pavés en bois ciré. Suit une galerie de portraits, dont celui de la princesse-maréchale en uniforme.

– À l'étage, dans la ***salle à manger d'hiver,*** parquet finement marqueté et poêle en faïence jaune et blanc en forme de salière sur lequel se détache le « P » des Potocki.

– ***Chambre à coucher rouge :*** avec ses meubles autrichiens et sa petite desserte à café – le châtelain aimait bien flemmarder au lit avant d'aller déjeuner.

– Qui a dit que la Pologne était un pays gris ? Après le rouge sang de la pièce précédente, un petit salon de jeu tout vert, puis le jaune canari de la ***1re salle de bains.*** Basse de plafond (pour la maintenir chaude), une porte conduit à l'entresol aménagé au-dessus pour la garde-robe.

– Dans la ***2e salle de bains,*** une baignoire. La légende veut que, bonne patriote dans l'exportation de l'inutile, ce soit Marie-Antoinette qui ait offert le bidet... même principe d'aménagement de l'entresol, mais en mezzanine ouverte cette fois.

– Suit un ***boudoir de style rococo.*** Les décors sont contemporains de la princesse-maréchale et, sans doute, parmi les plus précieux du château.

– ***Petit salon en coin :*** cette fois, de style néorococo. Dans l'angle, la porte d'accès à l'une des plus belles pièces du château, généralement fermée au public (mais qui sait). Il s'agit de **la *bibliothèque,*** un petit bijou, située dans la plus ancienne tour du château.

– Vient ensuite la ***salle de bal.*** Selon les canons de la symétrie du style classique, des baies aveugles à l'intérieur répondent du tac au tac aux fenêtres donnant sur l'extérieur. Corniches en stuc peuplées de griffons. Ne manquez surtout pas, sur le côté gauche de la salle, le ***petit théâtre*** grand comme un mouchoir de poche. Vingt décors différents, comme les 140 costumes d'époque, sont encore gardés dans les caves. Un petit joyau.

LA CHAMBRE DES SECRETS

Black-out sur la bibliothèque, qui renferme 26 000 volumes, dont un grand nombre datent de 1491. Afin de ne pas les endommager, une table spéciale recouverte d'une fine couche de velours attend les rares VIP qui auront le privilège de les consulter. Et le verre des vitres a été spécialement traité au plomb afin que les UV de la lumière naturelle ne gâtent pas les fers des reliures de cuir dorées sur tranche. Une bibliothèque qui ne se livre décidément pas au premier venu !

– ***Salle à manger :*** magnifique parquet. Lorsque les comtes et leur cour étaient réunis, il fallait grosso modo 120 personnes pour faire le service. Ce qui laisse augurer les 3 623 pièces de vaisselle nécessaires par repas !

– ***Galerie des sculpteurs :*** elle s'avère assez rafraîchissante avec sa vigne en trompe l'œil qui court sur les murs faussement cyclopéens (kitschissime, mais bien réussi) pour le plus grand plaisir d'une succession de bustes et statues gréco-romaines.

– ***Salle des colonnes :*** au centre, notez la statue d'Amour signée Antonio Canova (1787). Isabela Lubomirski avait un fils adoptif d'une grande beauté (qu'elle aurait d'ailleurs enlevé à sa famille d'origine) et c'est lui qu'elle aurait fait représenter à travers cette statue.

À l'extérieur

– ***La collection d'icônes*** *(zbiorikons ; entrée : 6 Zl, réduc).* Un minuscule local accueille ce superbe ensemble d'icônes de très grande valeur (la plus ancienne remonte au XVIe s) et absolument magnifiques. La 2e collection de Pologne, après celle de Sanok !

– ***L'orangerie*** *(entrée : 3 Zl ; réduc),* le bâtiment sur la droite du château renferme une verrière où poussent quelques plantes tropicales.

– ***La collection de voitures et d'attelages*** *(entrée séparée, suivre les indications « Powozownia » : 20 Zl ; réduc),* située dans le parc d'en face (traverser la rue 3 Maja). La collection occupe les anciennes écuries et regroupe une cinquantaine d'attelages de toutes sortes, pour l'été comme pour l'hiver, qui datent de 1805 à 1900. Trophées de chasse omniprésents.

– ***La Maison des orchidées*** *(Storczykarnia)* se trouve derrière le château *(entrée : env 5 Zl ; réduc).* Cette collection unique en Pologne perpétue une tradition ancrée dans la famille Potocki. Pour la reconstituer, on s'est inspiré du *Reichenbachia,* un livre du XIXe s qui trône dans la bibliothèque du château.

La synagogue : *ul. Zamkowa. 601-176-351. En sortant des écuries, revenir vers le centre ; c'est le bâtiment jaune qui fait l'angle. De mi-juin à sept, tlj sf lun 10h-16h. Entrée : env 6 Zl. Historique en anglais.* Construite en 1761. Située devant le château, elle bénéficiait de la protection seigneuriale. L'ensemble est très bien conservé. Les femmes devaient se poster derrière les fenêtres à l'étage. Noter le Léviathan sous la coupole et la représentation des animaux du zodiaque sur les murs. Belles fresques symboliques, notamment sur la Bima, un gros portique à quatre piliers au centre de la salle de prière. Remarquer, au-dessus des chapiteaux des piliers, Adam et Ève, Abel et Caïn, Abraham et Isaac... Mais sans leur visage, puisqu'il est interdit de les représenter.

DANS LES ENVIRONS DE ŁAŃCUT

Sanktuarium i Klasztor ojców bernardinów w Leżajsku *(sanctuaire et cloître bernardins de Leżajsk) : à* ***Leżajsk.*** *17-242-53-95. À 30 km au nord-est de Łańcut par la route 877. GRATUIT (église).* Un ensemble monastique superbe, abrité par un mur défensif flanqué d'une massive tour d'angle du XVIIe s. Son église abrite un décor baroque qui rappelle aux humbles visiteurs à quel point la nature a horreur du vide. Des fresques couvrent le moindre millimètre carré des murs et plafonds. Des boiseries occupant une seconde couche joliment homogène, en bois sombre piqué de mille détails dorés. Le maître-autel est impressionnant, couvrant le mur d'abside jusqu'au plafond. Même les stalles latérales, pourtant somptueuses avec leurs innombrables statues, bas-reliefs et têtes sculptées, en restent bouche bée. On vous a gardé le meilleur pour la fin : les orgues. Sublimissimes ! Depuis le XVIIe s, elles couvrent la tribune de la nef principale, mais débordent également sur les deux nefs latérales au gré de buffets complémentaires. C'est d'ailleurs le seul orgue au monde qui peut être opéré simultanément par trois organistes. Saints, angelots, guerriers africains emplumés agrémentent richement la multitude de tubes qu'encadrent des guirlandes et rocailles dorées. Une pièce absolument magnifique.

Zagroda Muzeum : *à* ***Markowa,*** *à 9 km au sud de Łańcut. 17-226-53-46. 603-386-102. • skansen-markowa.pl • En voiture, prendre la 881 en direction de Przemyśl sur 8 km, puis c'est fléché « Skansen » à droite. Avr-nov, mar-sam 9h (10h sam)-16h, dim 11h-18h. Tarif : 6 Zl ; réduc.* Après les fastes du palais, bienvenue dans la vie rustique ! Un vieux monsieur fait le guide, et ses nombreuses clés ouvrent les portes des remises. Il actionne les instruments pour en expliciter l'utilisation. Vieux vêtements en cuir retourné, moulin et autres curiosités d'une époque maintenant révolue.

Muzeum Ulmów *(musée des Polonais ayant sauvé des juifs durant la Seconde Guerre mondiale)* **:** *à côté du Zagroda Muzeum,* ***Markowa.*** *☎ 17-224-10-15. • muzeummulmow.pl • Tlj sf lun 10h-18h (16h nov-mars). Tarif : 5 Zl ; réduc.* Dans un bâtiment bien contemporain, une exposition dédiée aux Polonais exécutés par les troupes allemandes pour avoir abrité des juifs durant la Seconde Guerre mondiale. Il est plus particulièrement dédié à la famille Ulma, qui vivait à Markowa et avait recueilli 8 juifs. Le 24 mars 1944, les Allemands ont exécuté indistinctement les Ulma et leurs hôtes : adultes, enfants et bébés. 17 personnes au total.

Przemyśl : *à 60 km au sud-est de Łańcut, par la route 881 et 70 km au nord-est de Sanok par la route 28.* Cette petite ville, nichée dans un large repli des collines, présente la particularité d'être l'une des plus grandes citadelles d'Europe. Une fortification d'un périmètre de 15 km constituée d'une trentaine de ***forteresses,*** doublée d'une seconde ceinture de 45 km avec 30 autres forteresses, dont certaines se visitent *(rens sur • visit.przemysl.pl •).* Le centre-ville déroule son habituel ***Rynek*** avec quelques demeures bourgeoises. Un peu plus haut, la ***cathédrale gréco-catholique*** est surtout notable pour son iconostase. Encore plus haut, chapeautant la colline, le ***château*** érigé au XIVe s, mais largement remanié au XVIe s. Enfin, les passionnés redescendront vers la ***tour de l'horloge,*** qui abrite en ses murs hauts de 51 m un original petit ***musée des Cloches et des Pipes*** *(Muzeum dzwonów i fajek).* Les gourmands marqueront une halte dans la ***cukierna Fiore*** *(ul. Wielkiego, face au n° 20, à 50 m du Rynek ; tlj 10h-20h)* au décor qui rappelle quelque pavillon champêtre et aux appétissantes pâtisseries et glaces.

Zamek w Krasiczynie (château de Krasiczyn) **:** *à* ***Krasiczyn.*** *☎ 16-671-83-21. À 10 km à l'ouest de Przemyśl par la route 28 en direction de Sanok. Avr-oct, tlj 9h-16h (visite des intérieurs ttes les heures) ; sinon sur résa. Accès au parc : 4 Zl ; visite guidée du château 15 Zl ; suppléments pour la tour de l'horloge (5 Zl) et le donjon (5 Zl).* Ce château du XVIIe s, devenu en partie hôtel de luxe, vaut bien un arrêt. Représentatif de la Renaissance tardive, il est joliment gardé par un quarteron de tours d'angle toutes différentes : deux d'entre elles, crénelées, font très médiévales ; une autre, poivrière, est entourée de six élégantes échauguettes chapeautées ; la dernière a la forme d'un baptistère pisan. La cour est remarquable pour les fresques en *sgrafito* qui ornent la partie haute de ses murs, technique de trompe-l'œil venue d'Italie et très appréciée en Europe centrale. On s'aperçoit, depuis cette cour, que des quatre côtés de ce massif château, seuls deux sont constitués de bâtiments, les deux autres n'étant que de simples galeries appuyées à de hauts murs... La visite des intérieurs *(en anglais sur résa 1 j. avt)* présente un intérêt limité.

SANOK

39 500 hab.

• Carte Les Bieszczady *p. 171*

Au carrefour des routes vers l'Ukraine (50 km) et la Slovaquie (20 km), Sanok n'est sans doute pas la ville la plus charmante que l'on ait croisée jusqu'à maintenant. Centre industriel, avec notamment l'usine *Autosan,* la région figure parmi les enfants pauvres de la Pologne. Très liée à l'Ukraine, culturellement mais aussi par des relations commerciales, elle paie cher la déprime économique de ce pays. Cela dit, ce serait une faute (très !) grave que de louper son Musée ethnographique à ciel ouvert et son superbe musée des Icônes ! Les alentours de Sanok

abondent d'églises en bois, au sud dans les *Bieszczady* ou juste au nord de la ville. Certaines sont classées par l'Unesco au Patrimoine mondial... le prétexte que vous cherchiez sans doute pour effectuer de jolies balades campagnardes.

UN PEU D'HISTOIRE

Les communautés *bojkos* et *łemkos* habitaient la région de Sanok avant d'être pour la plupart déportées sur ordre de Staline (suite à la guerre civile entre l'armée insurrectionnelle ukrainienne, l'UPA, et l'armée polonaise qui sévit dans les Bieszczady jusqu'en 1948). Ces populations uniates, fidèles au pape, ont tout de même conservé les rites orthodoxes (voir l'encadré).

UNE ÉGLISE, DEUX TRADITIONS

L'Église uniate refuse le schisme entre les Églises occidentale et orientale, d'où son appellation d'Église gréco-catholique. Elle se réclame ainsi du pape, tout en pratiquant les anciennes liturgies byzantines. On trouve mention d'une Église uniate organisée dans l'Ukraine du XVIe s. Elle influença l'art des icônes et la décoration des églises. Aujourd'hui encore, des communautés uniates vivent à Sanok, mais aussi à Chełm ou à Przemyśl.

Arriver – Quitter

➢ ***En voiture :*** de ***Cracovie*** (à 215 km à l'ouest), prendre l'A 4 puis la N 4 jusqu'à Pilzno, puis les routes 73 et 28. De ***Łańcut*** (à 82 km au nord), petites routes : la 877 suivie de la 835. Ça monte et ça descend, et c'est un peu cahoteux par endroits, mais c'est la route la plus courte en kilomètres. Sinon, passer par Przemyśl (petit détour, mais route plus belle encore, car beaucoup de paysages encore sauvages, des collines et des vallons).

En bus : *gare routière PKS, ul. Lipinskiego. À 1 km du centre, au niveau de la gare ferroviaire. Également un arrêt pour les bus privés à 200 m par la passerelle au-dessus du chemin de fer.* Le bus est le transport collectif le mieux adapté pour rejoindre Sanok.

➢ ***Cisna :*** env 8 bus/j. Trajet : 1h30-2h.

➢ ***Cracovie :*** 8 bus/j. et 16 minibus/j. Trajet : env 4h.

➢ ***Przemyśl :*** 2-3 bus/j. Trajet : 2h.

➢ ***Varsovie*** *(gare routière Zachodnia)* **:** env 11 bus/j. Trajet : 6h30-8h.

Adresses utiles

i @ ***Office de tourisme :*** *Rynek, 14. ☎ 13-463-60-60. • sanok.pl • De mai à mi-oct, lun-ven 9h-17h (13h w-e) ; fermé w-e hors saison sf vac scol.* On y parle l'anglais et l'allemand. Infos sur les possibilités d'hébergement et résas, activités, randonnées, services de guide de montagne. Plein de brochures, dont celle sur le thème du *Brave Soldat Szwejk* de l'écrivain tchèque Jaroslav Hašek. Le roman situe ici son lieu de garnison et vous pourrez voir sa statue en ville.

■ ***Change :*** *nombreux distributeurs de billets en ville et plusieurs bureaux de change* (kantors) *sur la rue Kosiuski.*

Où dormir à Sanok et dans les environs ?

La région des Bieszczady, notamment à Cisna, Wetlina et Solina, propose également des campings, des pensions chez l'habitant *(pokoje, noclegi)* et quelques hôtels pour randonneurs.

Camping et centre d'hébergement

Camping et centre d'hébergement et de loisirs Diabla Góra : *à Mrzygłód, à env 16 km au nord de Sanok. ☎ 13-462-72-04 (slt en saison). 600-237-900 (en anglais). • diablagora.com.pl • De Sanok, prendre la route qui longe la rivière San vers le nord jusqu'à Mrzygłód et tourner à droite ; le camping est de l'autre côté du pont. Empl. 2 pers 32-37 Zl. Chambres 4 pers 150 Zl ; 10 % en sus pour l'électricité.* Un très beau site en bord de rivière avec de grandes pelouses pour planter sa tente. Sanitaires corrects. Propose aussi des chambres avec salle de bains et de grandes maisons aux toits pointus pour les familles et les groupes. Tout confort et très bien équipées (cuisine, salon, mobilier en bois clair). Plage de sable le long de la rivière, terrains de jeu et de sport, bassin et sauna. Kayaks et vélos sur place. Également une grande taverne pour les groupes. Bar, boissons et glaces. Pas d'épicerie.

Bon marché (80-160 Zl / env 20-40 €)

Villa Dom Julii : *ul. Słowackiego, 49. ☎ 13-463-60-55. • villadomjulii.pl • Garder la N 28 qui contourne la ville par le nord, au rond-point du McDonald, entrer en direction du centre puis 1re à droite et encore 2e à droite. Double 110 Zl, petit déj 15 Zl. Dîner env 30 Zl.* Dans une villa toute verte, avec un parking et un jardin à l'arrière doté de quelques jeux pour les enfants. Petites chambres modernes et carrelées avec douche/w-c, TV et bouilloire. Très correct, voire agréable pour le prix. On se croirait presque en chambres d'hôtes, d'autant que la couleur verte fait écho aux choix écolo des matériaux (bois, literie anti-allergies). Également un resto, certes en sous-sol, mais plutôt gai avec sa déco... vert pomme. Plats polonais et grecs, plus des pizzas. Une bonne petite adresse.

Hotel Pod Trzema Rozami : *ul. Jagiellońska, 13. ☎ 13-463-09-22. • podtrzemarozami.pl • Depuis la N 84, entrer dans le centre en dépassant la gare ferroviaire, l'hôtel est à droite après le virage. Doubles 120-160 Zl selon catégorie ; petit déj 15 Zl.* Un assez bon rapport qualité-prix-emplacement pour Sanok. Demander une chambre (douche/w-c, et balcon) donnant sur les arbres à l'arrière, avec vue dégagée sur les monts au loin ; elles sont au même prix que celles donnant sur la rue. Chambres confortables. Bon accueil. Et, pour la petite histoire, c'est dans cet hôtel que descendait la garnison de Szwejk. Mais dans le roman de Hašek... c'était aussi un bordel !

Prix moyens (160-240 Zl / env 40-60 €)

Hotel Bona : *ul. Bialogórska, 47. ☎ 13-464-45-05. • bonasanok.pl • Depuis la N 28, prendre au nord sur 1,5 km la rue qui longe la rivière San. Doubles 190-220 Zl petit déj inclus. Parking gratuit.* C'est l'hôtel moderne qui surplombe la rivière San, en face du Skansen. Pas de charme fou, mais sa situation est déjà un atout dans une ville qui en manque. Demandez une chambre avec terrasse et vue sur la rivière, plus agréable que le parking. Décoration et mobilier très standard, mais bon confort tout de même. Le petit plus, c'est la piscine couverte *(15 Zl/h)* et le spa *(40 Zl/h)* avec sauna et jacuzzi, massages, etc.

Hotel Jagiellonski : *ul. Jagiellońska, 49. ☎ 13-463-12-08. • hoteljagiellonski.pl • Depuis la N 84, entrer dans le centre en dépassant la gare ferroviaire, l'hôtel est à droite. Parking gratuit à l'arrière. Doubles 170-190 Zl ; moins cher pour une chambre sans fenêtre.* Disons-le d'entrée : l'aspect négatif de l'hôtel, c'est qu'il est situé dans une avenue assez sinistre qui mène à la gare ! Le bon côté, c'est la déco bourgeoise, un rien surannée, qui ne manque pas de charme. Chambres vastes et appartements de 3 pièces. Resto assez réputé (voir plus loin). Accueil courtois.

Hotel Sanvit : *ul. Łazienna, 1. ☎ 13-465-50-88. • sanok.sanvit.pl • Juste à côté du Rynek. Selon saison et j. de la sem, doubles 150-200 Zl, petit déj inclus.* Un hôtel bien tenu, sans charme fou, mais confortable. Grandes chambres, aux couleurs assorties et aux draps estampillés du nom de l'hôtel, s'il vous plaît... Beaucoup de conférenciers et de groupes de sportifs séjournent ici. Sauna, hydrothérapie et salle de sports (payants). Moins cher le week-end.

Où manger ? Où boire un verre ?

Très bon marché (moins de 20 Zl / env 5 €)

Bar Smak : *ul. Mickiewicza, 4. ☎ 13-463-48-21. Depuis le Rynek, prendre l'ul. 3 Maja puis à droite l'ul. Piłsudskiego, c'est au bout. Tlj sf dim 9h-17h (15h sam). Pierogi 7-10 Zl ; plats de viande 10-15 Zl.* Une sorte de « bar à lait » très populaire, de 7 à 77 ans, au décor classique d'une cantine polonaise, avec un tableau au mur qui affiche les plats du jour, du *barszcz ukrainski* (soupe de betteraves à la crème) au *bigos domowy* (saucisse fumée, choucroute et purée !). *Daria jarskie* signifie « plat végétarien ». C'est copieux et sans histoire. Petite terrasse à l'arrière.

U Szwejka : *ul. 3 Maja, 15. ☎ 13-464-47-61. Depuis le Rynek prendre l'ul. 3 Maja, puis c'est face au banc sur lequel est assis le soldat Chvéïk. Tlj 11h (12h dim)-23h. Plats 12-20 Zl.* Un pub-resto aux allures de taverne campagnarde, dédié au héros antimilitariste du *Brave Soldat Chvéïk,* dont le visage goguenard s'affiche sur les murs. Cuisine variée qui tient au corps, avec des plats tchèques (goulasch), polonais et italiens (bonnes pizzas).

De bon marché à prix moyens (20-70 Zl / env 5-17,50 €)

Karczma Jadło Karpackie : *Rynek, 12. ☎ 13-464-67-00. Ouv tlj 10h-minuit. Plats 15-30 Zl.* Sur la belle et grande place de la ville, une auberge traditionnelle tenue par Teresa, une femme-chef cuisinière qui redonne vie aux plats régionaux. De la soupe de lardons et fèves vertes aux *pierogi* à la pâte de sarrasin, tout est bon, copieux... en un mot, c'est ex-cel-lent. Du sol au plafond, des murs aux tables, du bar aux banquettes, tout est en bois, « comme avant », baigné par des chants polyphoniques. Les bottes de cosaque au mur donnent la réplique. Également une belle terrasse sur la place.

Restaurant de l'hôtel Jagiellonski : *voir « Où dormir ? ».* Il remporte le prix de la qualité et du raffinement ; on vous laisse le soin de goûter. Menus économiques malgré les allures cossues des salles du sous-sol, meublées à l'ancienne (dans une gentille version petit-bourgeois).

Zajazd Sanoki : *ul. Pułku Strzelców, 24. ☎ 13-424-11-44. Un peu excentré : descendre l'ul. Mickiewicza, puis prendre à gauche Zwirki i Wigury, c'est 700 m plus loin à droite. Tlj 10h-22h (23h ven-sam). Plats 15-25 Zl. Formule déj 17 Zl.* On s'y croirait, une fois passé la porte de ce gros chalet. Grosses poutres, tables et bancs en bois, cheminée en pierre, un peu comme dans la ferme du vieil oncle Wojtek ! Il reste juste à se décider pour un bon plat du terroir, copieux et roboratif : *gulasz,* tartare, *gołabki,* à accompagner d'une (bonne) bière locale ou d'un cidre. Bon service diligent et tout sourire.

Pub Horn : *Rynek, 1. ☎ 13-464-20-15. Tlj 11h-23h. Plats 15-30 Zl.* Sur le côté gauche de l'hôtel de ville, sous un porche, au sous-sol. Salles évoquant un bistrot vieille Europe, avec moquette épaisse, soubassements, tentures. Pizzas, salades et petits plats polonais. Le soir, pour y boire un verre, l'ambiance est plutôt somnolente...

Où sortir ?

Disons-le franchement, le soir, Sanok n'est pas très animée... On espère que vous avez emporté les cartes à jouer.

Club Revolution : *ul. Mickiewicza, 13 ; près de l'entrée du parc public. 669-692-588. Ouv ven-sam 21h-3h.* Ancien cinéma converti en resto et en bar-club dansant qui exprime ses décibels dans une ou deux salles selon les soirs.

LES CARPATES ET LA PETITE POLOGNE

À voir. À faire

ꕥꕥꕥ **Skansen :** *à 2 km au nord du* Rynek*; fléché à partir du centre. Traverser la rivière San par un ancien pont de l'armée.* ☎ *13-463-16-72.* • *skansen.sanok.pl* • *Tlj 8h (9h nov-avr)-18h (16h avr et oct, 14h nov-mars). Entrée : 14 Zl ; réduc ; gratuit lun. Plan à l'entrée, mais seuls les guides (compter 60 Zl) ont les clés pour entrer dans un grand nombre de maisons. Possibilité de faire le tour en calèche.* Musée de plein air, c'est l'attraction de la ville, puisque c'est le plus grand de Pologne : 38 ha, 160 bâtiments déplacés, remontés ou construits sur place. Un guide parle le français, et c'est tant mieux, car dans ce magnifique parc on ne sait plus où donner de la tête. Visite d'un temple uniate de 1731, et des églises gréco-catholiques, en décryptant leurs architectures et leurs modes de fonctionnement. On se croirait dans un village avec ses fermes, son école, ses sanctuaires, son marché de Galicie, son musée d'icônes, ses pompiers... Ceux qui s'intéressent à l'architecture rustique et traditionnelle se régaleront : des dizaines de maisons paysannes, toutes différentes, où l'on peut observer les charpentes, le travail du bois et même les techniques de fabrication des barrières...
Auberge traditionnelle, pour siroter une bonne bière à la sortie.

ꕥꕥꕥ **Muzeum Historyczne w sanoku** (Musée historique de Sanok) **:** *dans le château (*zamek*) à 150 m du* Rynek*.* • *muzeum.sanok.pl* • *Ouv lun 8h-12h, mar-dim 9h-17h (15h jeu-dim oct-mai). Entrée : env 12 Zl ; réduc. Guide possible en français : env 62 Zl.*

Section historique
- *Au sous-sol :* la première section présente une ***collection d'objets militaires*** (armes, uniformes, décorations). De là, on accède aux restes d'un bunker aménagé par les Allemands pendant la guerre. Vient ensuite une intéressante section de ***peintres polonais*** (Pankiewicz, Boznańska...), dont certains tableaux vous donneront le mal du pays *(La Ciotat, Paysage de Provence...)*. Intéressante petite ***section archéologique*** qui mêle les restes de défenses de mammouth à des monnaies anciennes (l'une d'entre elles attestant le passage de touristes celtes au IIe s av. J.-C.) et une très belle sandale antique en cuir parfaitement conservée car... elle était tombée dans une fosse à purin (!).

Collection d'icônes
Avec un fonds de 1 000 pièces, dont 700 présentées ici, c'est la plus riche de Pologne et probablement l'une des plus belles d'Europe. Ces œuvres du XVe au XIXe s ont naturellement trouvé leur place dans les salles de ce château fondé au XVIe s. Rappelons que les icônes symbolisent le passage entre le monde réel et le monde sacré.
- *Au rez-de-chaussée :* comme il est impossible de tout vous décrire, citons, parmi les plus belles ou les plus rares, cette *Crucifixion* du XVIIe s avec un Christ au visage asiatique (l'œuvre d'un artiste Tatar ou Mogol converti au christianisme ?) ou encore le *Mandylion,* soit la représentation du visage du Christ sur un tissu. De nombreuses icônes reprennent également le thème du Christ eucharistique. Sur l'une d'elles, des branches de vigne font office de perfusion, le sang du Christ s'écoulant dans une coupe sacrée. Voir aussi les deux icônes géantes du XVIIe s. La fonction éducative des images sacrées est ici clairement perceptible. Impressionnante mise en scène du Jugement dernier. Au centre, la balance n'attend qu'à basculer vers le jardin d'Éden, à gauche... ou bien, à droite, vers le Léviathan, dans la bouche duquel atterrissent les âmes damnées. Des démons s'emploient à la faire pencher du « côté sombre ». Autour gravitent quelques pécheurs, dont un prêtre qui s'endort pendant la messe. Et, pour compléter l'instruction, en bas au centre, les peines appliquées selon les péchés commis.
- *Au 1er étage :* encore de nombreuses et magnifiques icônes, du XVIIe au XIXe s. Une petite section présente aussi des icônes qui n'en sont pas car ne répondant pas strictement aux canons : l'une est signée par son créateur (péché de vanité), l'autre n'est pas peinte à même le bois, une autre enfin est tout bonnement... une copie d'un tableau de... Rembrandt.

Expo dédiée à Zdzisław Beksiński (1929-2005)
Né à Sanok, c'est l'un des artistes modernes les plus controversés de Pologne, peintre de renommée mondiale et véritable star au Japon. Si vous ne le connaissez pas, c'est que vous avez l'esprit encore très optimiste. Il faut dire que l'artiste a successivement perdu son fils (retrouvé suicidé) puis sa femme, avant d'être lui-même assassiné en 2005 pour des motifs crapuleux.
– *Au 2e étage :* aucun tableau n'a de titre et tous déclinent le thème de la mort. Un peu glauque, mais le style est intéressant, tendance passionnant. À un moment de sa carrière, Beksiński avait arrêté de peindre pour se consacrer à des œuvres par ordinateur. On redescend vers le rez-de-chaussée au gré d'autres salles consacrées à l'artiste. On y voit, entre autres, une intéressante reconstitution de son atelier à Varsovie. Au 1er étage, émouvant tableau qu'il fit pour son fils après sa première tentative de suicide (des loups survolés par un dirigeable frappé d'un « Never more »). Des tiroirs d'archives présentent des dessins, dont l'un de ses tout premiers, à l'âge de 2 ans : une *totomobile...*

La cathédrale orthodoxe : *dans la rue qui descend du château. Clé à demander ulica Zamkowa, 16.* Cette cathédrale du XVIIIe s porte de nombreux signes de son adaptation au catholicisme, mais présente aussi quelques symboles uniates. Au centre, Christ Pantocrator entouré des apôtres. La porte royale, dorée, ne s'ouvre que durant la liturgie. Les répétitions des choristes de Sanok ont lieu le dimanche pendant la messe : « coup de chœur » assuré.

La route hassidique : *brochure en anglais intitulée « The Chassidic Route », disponible à l'office de tourisme de Sanok.* La première référence à une présence juive à Sanok remonte au XVe s. En 1941, les nazis ordonnent la construction d'un ghetto, situé entre les rues Łazienna, Zamkova et Sobieskiego. Seuls 10 % des 5 400 juifs de Sanok survivront à la Shoah. Sur les six synagogues que comptait Sanok avant la guerre, deux ont survécu. La petite synagogue Klaus *(Rynek, 10)* devrait être visitable un jour... L'autre synagogue *(ulica Franciszańska, 5)* date de 1897. Quelques vestiges de la présence juive sont également disséminés dans la région et font l'objet d'une revalorisation historique. À ***Rymanów*** (à 23 km à l'ouest de Sanok), synagogue du XVIIIe s et cimetière. À ***Lesko*** (14 km au sud-est de Sanok), peuplé à plus de 50 % de juifs avant la Seconde Guerre mondiale, il ne reste que la synagogue, construite au XVIIe s et son cimetière. À ***Baligród*** et à ***Ustrzyki Dolne*** (respectivement à 20 km au sud et 25 km à l'est de Lesko), les cimetières juifs datent du XVIIIe s.

La ligne Molotov : à Sanok et dans la région la ligne Molotov marquait la frontière entre l'URSS et l'Allemagne, après le dépeçage de la Pologne en 1939. Il faut s'imaginer une ligne entière de chevaux de frise, de fossés, de barbelés et de bunkers. Partiellement finie et peu efficace, les Allemands n'en feront qu'une bouchée de canons lors de l'opération Barbarossa, en juin 1941. Certains bunkers sont très bien conservés, d'autres ont été reconstitués. La plupart sont libres d'accès, mais il faut rester prudent. On en trouve pas mal à *Sanok* et dans les localités alentour, comme à ***Bykowce*** et ***Załuż*** (à environ 4 km à l'est), à ***Lesko*** (à 14 km au sud-est) et plus loin à ***Bórka,*** à une vingtaine de kilomètres au sud (voir la carte Bieszczady). Parfait pour une excursion historique, à pied ou à vélo.

MOLOTOV N'A PAS INVENTÉ DE COCKTAIL !

C'est en bombardant la Finlande pendant la Seconde Guerre mondiale, tout en déclarant qu'il larguait des vivres à la population, que le ministre des Affaires étrangères soviétique suscita l'invention du fameux cocktail qui porte son nom. Sous-armés mais pleins d'humour, les Finlandais répliquèrent en accueillant les chars russes à l'aide d'une bombe incendiaire artisanale, baptisée « cocktail Molotov ».

➢ ***Balade en canoë sur la rivière San :*** *au pied de l'hôtel* Bona, *en face du Skansen, on trouve un loueur de canoës,* ***Kajaki Sanok*** *(● kajakisanok.qpr.pl ●). On peut aussi s'adresser au camping* ***Diabla Góra,*** *à 16 km au nord (voir « Où dormir ? »).*

Fêtes et festivals

– ***Fête de la Communauté uniate :*** *7-9 janv, dans de nombreux villages de la région.* C'est l'équivalent de Noël pour certaines communautés comme les Bojko et les Łemko.
– ***Grands festivals folkloriques :*** *chaque w-e de mai et 1er w-e de sept au Skansen de Sanok.* Carte proposant soupes, côtelettes, poissons...
– ***Rassemblement des Łemko :*** *le dernier w-e de juil à* ***Zyndranowa,*** *début août à* ***Zdynia*** *et 2e w-e d'août à* ***Mokre.*** Les Łemko viennent de tout le pays et se rassemblent dans ces trois villages.
– ***Festival folklorique :*** *juil-août, à* ***Jawornik,*** *à côté de Komanca.* Festival organisé par les étudiants de Lublin.

DANS LES ENVIRONS DE SANOK

– ***Églises en bois, mode d'emploi :*** *brochures parfois en français bien faites, avec carte, disponibles à l'office de tourisme.* Indéniablement d'aspect oriental, ces églises furent bâties par les minorités de l'Église gréco-catholique (voir plus haut « Un peu d'histoire »).
Si vous tenez à voir les intérieurs, bien vérifier les coordonnées des personnes détentrices de la clé auprès de l'office de tourisme de Sanok (qui peut vous aider à organiser vos visites). La clé *(klucze)* se prononce « kloutch » et l'église *(cerkiew)* se prononce « tserkief ». Laisser à chaque fois une obole.
Les intérieurs suivent tous la même configuration : ils montrent un luxe d'icônes. Chaque recoin en est peint, décoré ou sculpté. Au milieu du chœur, la porte du roi *(krolewskie wrota)* est toujours réservée au prêtre qui fait l'office. Les deux portes sur le côté, moins décorées d'or, sont pour les diacres *(diakonskie wrota).*

LA VALLÉE DE LA SAN

Les églises en bois : balade d'une journée, en voiture ou à vélo (loueur à proximité de l'office de tourisme) au départ de Sanok.
Commençons par le nord ce trajet de 38 km. ***Ulucz,*** église uniate la plus ancienne de Pologne (1510) ; perchée sur sa colline, elle est très attachante par son aspect bucolique, les tombes l'entourant contribuant au charme. ***Dobra Szlachecka,*** probablement du XVIIe s, se caractérise par son portail clocher alors que les trois clochetons sont plus courants. ***Łodzina,*** toute petite, date de 1743 (à l'intérieur, iconostase restaurée du XIXe s) voisine un vénérable chêne qui se dit qu'il l'a échappé belle ! ***Hłomcza,*** perchée au-dessus de la route, s'abrite sous un toit vert. L'une de ses cloches date du XVIIe s, mais elle-même vit le jour en 1859. ***Tyrawa Solna,*** contemporaine de la précédente, austère sous son clocher gris, abrite sur ses murs et son plafond de magnifiques polychromies. En s'éloignant de la vallée de la rivière San, on parvient à ***Siemuszowa,*** plutôt notable pour son intérieur polychrome, et, pour finir, à ***Hołuckow*** (à 1 200 m de la route) qui est allée se percher sur son tertre en 1859, et renferme une exceptionnelle iconostase. Elle est aujourd'hui revenue dans le giron du culte orthodoxe.
Tiens ! si vous n'avez pas trop la « gueule de bois », on vous propose de terminer la boucle par la visite de l'atelier suivant.

L'église de Blizne : *à 31 km au nord-ouest de Sanok par la N 28 puis par la route 886. Ouv avr-oct, lun-ven 9h-17h ; sam 10h-16h ; dim 12h-15h.* Peut-être moins charmante que ses cousines perdues en forêt, elle surprend par sa taille et son massif clocher stoppé dans son élan par un énorme cube de bois. Quoique remaniée et agrandie au début du XIXe s, elle date tout de même de 1470. Respect ! À l'intérieur, Vierge gothique du XVe s, chaire de 1604 et fonts baptismaux de 1720.

LES BIESZCZADY

Au sud de Zagórz débutent les Carpates. Cette chaîne de montagnes d'Europe centrale a pris ce qu'il faut pour constituer un agréable paysage de piémont avec ses collines, ses bois, ses rivières qui serpentent dans de jolies plaines entretenues par l'homme.

Aux confins du pays, on trouve des zones préservées de l'homme, tenu à l'écart depuis 1948 (voir plus haut, « Un peu d'histoire », à Sanok), qui a laissé sur son passage quelques magnifiques églises en bois dans des paysages souvent bucoliques. La nature est encore sauvage, comme ces animaux qui la parcourent sans connaître de frontières. Près de 300 loups y vivent sur les 800 que la Pologne a recensés. Cerfs, biches et sangliers peuplent les montagnes, mais aussi chats sauvages, bisons et ours. Il faudra s'armer de patience et avoir beaucoup de chance pour pouvoir suivre des traces. La région est connue pour ses balades et elle est prise d'assaut par les randonneurs en été et le week-end. La chasse y est réglementée, et c'est, ici aussi, un problème entre chasseurs, éleveurs et écologistes.

– Rens sur les festivals folkloriques d'été sur • bieszczady.com.pl •

Où dormir ? Où manger ? Où boire un verre ?

Les *agroturystyka* pullulent dans les villages, notamment à Cisna, Komańcza, Wola Michowa ou encore à Nowosiolki et un peu partout dans cette région. Les propriétaires parlent le polonais, voire l'ukrainien.

Camping et agroturystyka Tramp : *Cisna 118, à* ***Cisna.*** *507-947-840. • bieszczadytramp.pl • En plein cœur de Cisna, derrière le* Pensjonat Karnasów. *Empl. tente env 40 Zl. En chambres 1-4 pers, 30-50 Zl/pers.* Une immense prairie à l'arrière du village, où l'on peut planter la tente mais sans espérer trop d'ombrage. Sanitaires corrects. Également 5 chambres avec salle de bains. Cuisine commune. Barbecue. Pendant les vacances, petit déj et dîner sur résa. Bon état d'esprit. La jeune et dynamique patronne parle l'anglais.

Agroturystyka Cicha Woda : *chez Bolo Lenarski, Zubracze, 23, à 4 km au nord de* ***Cisna.*** *☎ 13-468-63-02. 532-832-100. • b.lenarski@poczta.pl • Env 30 Zl/pers.* Après un petit pont, un ensemble de baraques en rondins de bois. On se croirait dans une ferme ou dans un mini-*skansen.* Petites chambres simples mais agréables avec salle de bains commune. Cuisine à disposition. Vaste jardin à l'arrière avec barbecue. Possibilité de planter la tente également. Accueil jeune et souriant (en polonais).

Noclegi u Mirosławy : ***Cisna,*** *16/1. ☎ 13-468-64-52. 602-291-848. • cisna-noclegiumiroslawy.pl • Dans le virage, après le* Pensjonat Karnasów *sur la gauche. Env 40 Zl/pers.* Une superbe vieille maison en bois avec un beau jardin largement fleuri, peuplé de transats pour se la couler douce. Certes, c'est un peu dans le virage, mais ça reste la campagne et l'accueil est chaleureux (en polonais mêlé de quelques tentatives en allemand). D'ailleurs, pensez à réserver, c'est vite plein en saison. Jolies petites chambres où le bois règne en star.

Pensjonat-karczma Karnasów : ***Cisna,*** *48A. 667-910-010. • ukarnasow.pl • Sur la route 897, à l'entrée du village à droite. Selon saison, doubles et apparts 2 pers 140-180 Zl, petit déj inclus. Resto tlj 8h-21h. Plats*

LES CARPATES ET LA PETITE POLOGNE

20-30 Zl. Au cœur du village, c'est le petit hôtel-resto de Cisna. Chambres modernes de bon goût avec salle de bains privée ou appartements dotés d'une cuisine. C'est récent et donc assez confortable. Resto fort honorable servant une bonne truite locale (demander quand même une salade à la place des frites surgelées). Bon accueil de la fille du proprio qui parle l'anglais.

À voir

Les églises de la vallée de la Oslawa : *pour organiser votre visite, voir plus haut la rubrique « Églises en bois, mode d'emploi ».* Deux grands types d'architecture dominent, *łemko* et *bojko,* du nom de ces montagnards qui peuplaient jadis la région. Mais aucune église ne ressemble à l'autre. Elles sont souvent cachées au milieu des arbres et plus éparses que celles du nord de Sanok. Ce qui leur confère un charme tout particulier. Commençons par ***Morochów*** *(au sud de Zagorz, quitter la route 892 en direction de Poraż sur 8,5 km)* avec, à l'arrière, un petit clocher séparé attachant, quoique récent (2000). À ***Szczawne*** *(sur la droite de la route 892),* juste après la voie ferrée, on aperçoit l'église au toit vert. Elle date de 1888. Toujours pas électrifiée ; les offices s'y tiennent aux chandelles. L'iconostase est contemporaine de l'édifice, les peintures sont, elles, de 1925. ***Turzańsk*** *(à gauche avt d'entrer dans Rezpedż)* est imposante avec ses trois bulbes et son clocher distinct sur l'avant ; elle fut entreprise en 1801. Son iconostase ainsi que son autel néobaroque sont de la première moitié du XIXe s. ***Rzepedź,*** d'un aspect proche de la précédente, date de 1824 avec un intérieur polychrome de 1896. L'itinéraire s'arrête à ***Komańcza*** *(sur la route 897 en direction de Dukla),* où l'église orthodoxe originelle a brûlé en 2006... et fut reconstruite à l'identique. Évidemment, il n'y a plus la patine du temps, dommage !

L'église de Równia : *à 36 km à l'est de Sanok, au sud de la N 84.* Le centre de ce modeste bourg, à 5 km au sud d'Ustrzyki Dolne, abrite une église gréco-catholique du XVIIIe s. Elle possède trois clochers trapus et sombres qui ont oublié de s'élancer vers le ciel.

L'église de Smolnik : *à 65 km au sud-est de Sanok par la N 84 puis les routes 894 et 896.* Toujours en tutoyant la frontière ukrainienne, on parvient à cette église initiée en 1791, constituée de trois parallélépipèdes dressés, ceints d'une avancée destinée à protéger les fondations et les fidèles des ruissellements. Belles polychromies intérieures.

Solina : *à 37 km à l'est de Sanok par la N 84 puis la route 895.* Ce site est connu pour son barrage hydroélectrique, le plus haut du pays, avec ses 82 m. Grâce à son lac artificiel, la ville est devenue un lieu de villégiature pour les habitants de Sanok. Activités nautiques dans la journée à Polańczyk et discothèques le soir. Quelques terrains de camping autour du lac entre Solina et Wolkowyja et pas mal d'hébergements dans le coin. Les jeunes se baignent surtout à Przystan, qui est la plus belle des plages aménagées.

À faire

➢ ***Balades en train :*** *☎ 13-468-63-35. • kolejka.bieszczady.pl •* De Majdan (à 4 km de Cisna) à Przysłup, le trajet dure 1h15 (11 km). De Majdan à Balnica, compter 45 mn (15 km). Trajets : 18-20 Zl (A/R). 1-2 départs quotidiens.

➢ La région offre de nombreuses possibilités de ***randonnées*** sur un ou plusieurs jours avec étapes dans des campings, gîtes ou hôtels. Informations à l'office de tourisme de Sanok. Se procurer la carte de la région au 1/75 000 ou la carte *Kompas* au 1/50 000.

LES BIESZCZADY

– ***Ascension du mont Polonia Wetlinska :*** au col de ***Wyzna Przelecz,*** au niveau du parking (qui offre un superbe panorama sur le mont Bukowe Berdo), commence le sentier qui permet l'ascension du mont Polonia Wetlinska (1 228 m). Les meilleurs grimpeurs la font en 1h. Refuge au sommet *(ouv en principe tte l'année).* Superbe vue sur le parc des Bieszczady et la chaîne de montagnes Tarnica (1 346 m). De l'autre côté de cette frontière commence la steppe ukrainienne.

ZAKOPANE

27 500 hab.

• Plan *p. 174-175*

À 100 km au sud de Cracovie, en suivant une route qui traverse des paysages de piémont, Zakopane se niche au pied des montagnes Tatry (les Tatras), le plus beau massif des Carpates (le sommet le plus haut côté polonais est le mont Rysy à 2 499 m). Les habitants de la région, les célèbres

Górales (Montagnards), sont des gens très attachés à leur terroir, dont ils conservent précieusement le folklore. Vous aviez forcément remarqué qu'ils sont dotés d'un accent inimitable. Quant à l'architecture de la ville, elle est devenue un style à part entière, fortement influencée par le peintre Stanislas Witkiewicz au XIXe s. Oui, mais voilà, Zakopane est devenue hyper touristique avec à la clé l'impression oppressante des foules descendues des cars, les restos un peu moins bons et plus chers qu'ailleurs, l'accueil moins souriant dans les hébergements du centre. Bref, c'est le point de départ (ou d'arrivée) des plus belles escapades montagnardes, hiver comme été, mais le bourg le paie !

STATION D'ALTITUDE TRÈS POPULAIRE

Aujourd'hui, la ville s'articule autour de la rue principale *(Krupówki)* bordée de restaurants, bars, cafés, hôtels, sur fond de montagnes. Musiciens, portraitistes, vendeurs de gadgets en tout genre, de préférence les pires et les plus futiles : pas de doute, Zakopane est devenue une machine touristique à haut débit. Les vraies spécialités locales se sont réfugiées sur le marché en bas de la rue Krupówki : ne loupez pas les fromages fumés.
Après quoi, moyennant quelques efforts, vous atteindrez les lacs de montagne, dont les surfaces bleu marine reflètent les nuages blancs poussés par le vent. Le seul monument imposant, ici, c'est la nature qu'on visite ! Respirant l'air pur, enfin (le site est classé dans les Réserves de la biosphère par l'Unesco), vous profiterez d'un superbe panorama sur les pics gris recouverts de neige éternelle.
Mais en été, même s'il y a de la place pour tout le monde, vous ne risquez jamais d'être seul. À croire que la moitié de la Pologne s'est donné rendez-vous dans ces montagnes !

Arriver – Quitter

➢ ***En voiture :*** depuis Cracovie (à 110 km au nord), prendre les routes S7, puis 7, puis 47. Gare aux embouteillages en été, surtout à l'arrivée, et gros budget parking à prévoir en ville.

En train : *gare ferroviaire PKP (plan C1), ul. Chramcówki, 35.* ☎ *19-757. Ouv 9h-21h.* Env 2 directs/j. pour ***Cracovie.*** Trajet : 3h20-4h30. Le bus est bien plus rapide.

En bus : *gare routière Zakopane Dworzec PKS (plan B1), ul. Kościuszki, 25.* ☎ *300-300-143 ou* *666-39-60-90.* Bureau d'informations ; on y parle en principe l'anglais. Bus ttes les 15 mn pour ***Cracovie.*** Trajet : 2h20 min.

Adresses utiles

Informations touristiques *(plan B1)* **:** *ul. Kościuszki, 17.* ☎ *18-201-22-11.* • *zakopane.pl* • *Ouv juil-août et janv-fév, tlj 9h-20h (17h les autres mois et fermé dim).* Un peu de documentation et quelques infos en anglais. Vente de cartes. Second ***point info*** *(plan A2)* : *ul. Kościeliska, 7 (mêmes horaires).*

■ ***Bureau de PTTK*** *(plan A2,* ***2****)* **:** *ul. Krupówki, 12.* ☎ *18-201-24-29.* • *pttkzakopane.pl* • *Tlj sf w-e 9h-16h.* C'est le bureau des guides. Certains parlent le français. Réserver 2 jours à l'avance.

✉ ***Poste*** *(plan B2)* **:** *ul. Krupówki. Lun-ven 7h-19h30, sam 8h-14h.*

■ ***Argent :*** *distributeurs de billets et bureaux de change à la gare routière ainsi que sur ul. Krupówki.*

@ ***Widmo Internet café*** *(plan B2)* **:** *ul. Krupówki, 20. Au niveau de la poste. Lun-sam 7h30 (9h sam)-20h, dim 10h-18h.*

Où dormir ?

Il est difficile et coûteux de se loger à Zakopane en été et durant les fêtes.

Campings

⛺ 🏠 ***Camping-motel Harenda*** *(hors plan par B1,* ***11****) : oś. Harenda, 51b. ☎ 18-201-47-00. • harenda.tatrynet.pl • À 3,5 km du centre. Sur la route principale en venant de Cracovie, avt d'entrer en ville, prendre la petite rue qui part à droite du* McDo, *puis c'est fléché. Tte l'année. Empl. tente 50 Zl ; chalets de 2 à 4 pers, 30-60 Zl/pers ; doubles 100-120 Zl ; petit déj 15 Zl.* De l'espace (c'est le plus grand camping de la ville), avec de grandes pelouses sans ombre, des sanitaires propres, un accueil efficace et sympa en anglais. Également des chalets confortables à l'entrée et quelques chambres avec salle de bains, au-dessus de la réception.

⛺ ***Camping Pod Krokwią*** *(plan C3,* ***12****) : ul. Żeromskiego. ☎ 18-201-22-56. • podkrokwia.pl • Tte l'année. Empl. tente 50-60 Zl. Chambres, studios et chalets 40-50 Zl/pers.* Camping 3 étoiles, propre et ombragé dans une pinède, à 1,5 km du centre et proche du centre olympique et de sa piscine... et plouf !

De très bon marché à bon marché (moins de 160 Zl / env 40 €)

🏠 ***Schronisko Młodzieżowe Szarotka*** *(AJ ; plan B1,* ***13****) : ul. Nowotarska, 45G. ☎ 18-201-36-18. • schroniskomlodziezowe.zakopane.org.pl • Ouv tte l'année. Selon saison, dortoirs (4-8 lits) 35-40 Zl/pers, double env 100 Zl. Pas de petit déj.* 📶 Une soixantaine de places dans des dortoirs mixtes et une douzaine de chambres de 2 à 4 personnes. Circulation intense (doux euphémisme !), mais protection du bruit grâce au double vitrage. Cuisine et salle à manger à disposition. Laverie. C'est un peu sommaire, mais correct pour le prix.

🏠 ***Villa Olivia*** *(plan D3,* ***14****) : ul. Droga do Olczy, 21c. ☎ 18-201-19-78. • oliviazakopane.pl • Doubles 110-150 Zl selon saison, petit déj inclus.* À l'écart du centre-ville, dans un quartier calme et aéré, un immense chalet à double toit qui renferme de grandes chambres. Certes, la multiplication des lits tend à restreindre l'espace, mais l'ensemble reste correct. Alors laissez-vous guider par les gentils proprios, dans le dédale labyrinthique de ce grand puzzle (les murs en sont d'ailleurs constellés).

🏠 ***Good-Bye Lenin*** *(hors plan par D3,* ***19****) : Chłabówka, 44. ☎ 18-200-13-30. • zakopane.goodbyelenin.pl • À 4,5 km de la gare ; bus n° 73 (arrêt « Jaszczurowka »).* Juste ce qu'il faut à l'écart du centre pour profiter de l'environnement et de nombreux départs de chemins de randonnée. D'ailleurs, le lieu s'apparente finalement plus à un refuge de montagne qu'à un *hostel* traditionnel, avec une gentille petite ambiance le soir, lorsque tout le monde se retrouve autour de son frichti dans la salle commune : témoignages de randos et impressions de baroudeurs au programme. Le staff amical contribue à ces bonnes ondes. Prévoir quand même d'être autonome côté repas, pas de dîner proposé, et les bus se font rares quand la nuit tombe.

Prix moyens (160-240 Zl / env 40-60 €)

🏠 ***Hotel Jasny Pałac*** *(plan B3,* ***16****) : ul. Tetmajera, 24. ☎ 18-201-24-37. • jasnypalac.pl • Doubles 160-290 Zl selon saison, petit déj inclus.* 📶 L'hôtel a certes des allures de petit palais, avec sa façade néo-Renaissance, ses escaliers à balustrade et son petit parc. Il fut bâti par un notable de la ville, qui, dans les années 1930, en fit un établissement de charité pour les plus démunis ! Chambres agréables, au fin parquet en bois, certaines avec balcon, mais dommage que les salles de bains soient petites et un peu vieillottes. Réveil royal, le petit déj se prend dans une salle majestueuse, entre colonnes à chapiteaux, stucs dorés... et piano demi-queue ! Fait resto.

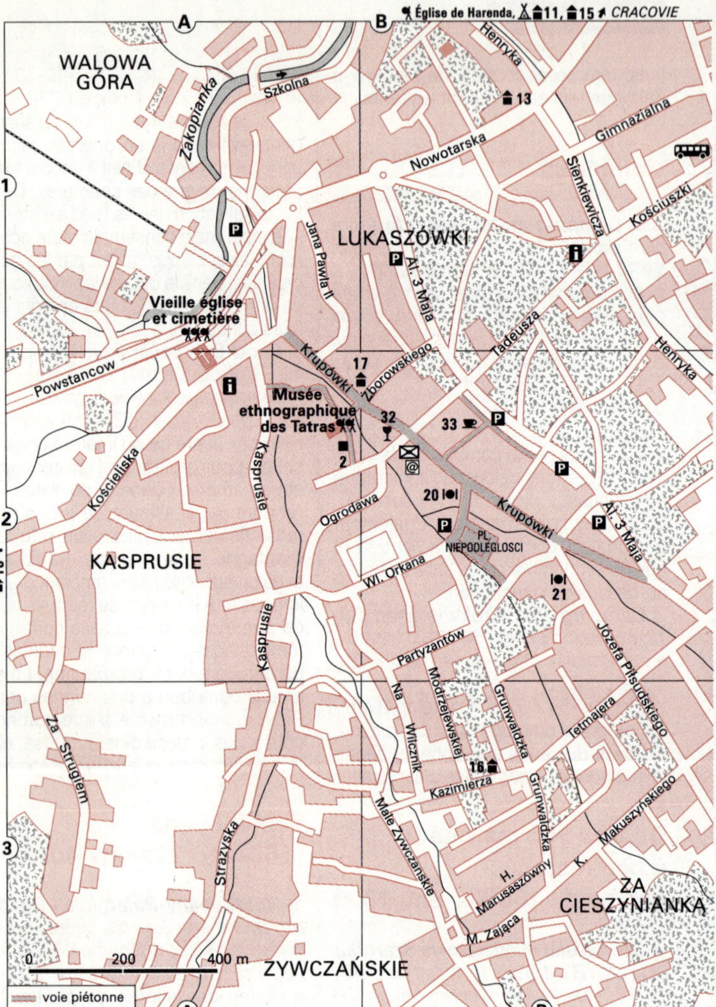

Plus chic (400-600 Zl / env 100-150 €)

Hotel Sabała *(plan A-B2,* ***17****) : ul. Krupówki, 11. ☎ 18-201-50-92. • sabala.zakopane.pl • Doubles 400-470 Zl selon saison, petit déj inclus. Remise de 10 % au resto pour les clients de l'hôtel. Parking payant.* Le bel hôtel chic du centre-ville, tout en bois,

ZAKOPANE

et quand on dit tout en bois, c'est tout en bois. Jolies chambres avec salle de bains et dessus-de-lit marron, dotées de tout le confort moderne. Accès gratuit à la piscine intérieure et au sauna.

On peut aussi s'y restaurer, dans un monumental décor intérieur en bois (nourriture et boissons y sont néanmoins plus chères et pourtant pas meilleures qu'ailleurs).

Où dormir dans les environs ?

Bon marché (80-160 Zl / env 20-40 €)

Pensjonat Paryżanka *(hors plan par B1, **15**) : Stasikówka, 1d, à **Poronin.** ☎ 18-207-42-12. • paryzanka.com • À 8 km du centre. Sortir de Zakopane en direction de Cracovie ; à Poronin, prendre sur la droite la D 961, direction Bukowina ; à Stasikowka, c'est au 2e pont sur la droite. Doubles 120-160 Zl selon saison et type, petit déj inclus ; ½ pens 30 Zl/pers en sus.* Une pension francophone, tenue par la dynamique Janina et son époux Stanislaw. Leur grande maison se cache au pied d'un petit ruisseau qui fredonne. Un lieu aménagé comme un chalet de montagne avec son luxe de lambris et frisette, qui abrite des chambres agréables et très modernes quant à elles. Cuisine délicieuse et copieuse.

MTB Hostel *(hors plan par A2, **18**) : ul. Strzelców Podhańskich, 11 à **Kościelisko.** ☎ 18-207-07-08. • mtbhostel.pl • À 6 km de Zakopane, à gauche, juste après le panneau d'entrée dans Kościelisko. Doubles sans sdb et dortoirs 30-40 Zl/pers. Petit déj 15 Zl.* Juste à l'écart de la route, cette petite maison dispose d'une grosse poignée de petits dortoirs à lits gigognes ou de chambres doubles. On y partage les salles de bains, la cuisine et le coin repas si on ne prend pas le petit déjeuner préparé par les jeunes proprios. Décoration de bois clair. Une alternative pour rester à l'écart du brouhaha de Zakopane et faire plein de balades par ici.

Où manger ?

Dans le centre, on trouve autant de restaurants et de snacks que de flocons de neige en hiver. C'est plutôt plus cher qu'ailleurs en Pologne à catégorie de restaurant équivalente. Et le service fluctue entre moyen et médiocre, selon la hauteur de la marée... touristique.

De bon marché à prix moyens (20-70 Zl / env 5-17,50 €)

Owczarnia *(plan B2, **20**) : ul. Krupówki, 26. 📱 512-351-747. Tlj 10h-23h. Plats 15-30 Zl.* Sur un fond de musique trad, on mélange ses coudes avec des grappes de Polonais en goguette sur de longues tablées en bois (des tables et bancs épais comme ça !). Le programme du repas ? Il suffit de voir l'exposition de saucisses pendouillant à proximité de l'immense gril et les pommes de terre en robe des champs qui cuisent sous la braise... Ripailles de saucisses d'agneau, boudins, côtelettes de tout poil, à la bonne franquette et en haussant le ton pour se faire entendre. Montagnard à souhait et service avec des hauts et des bas !

Bąkowo Zohylina Niźnio *(plan B2, **21**) : ul. Pilsudskiego, 6. ☎ 18-20-662-16. Tlj 13h-23h. Plats 25-35 Zl ; spécialités sur résa 1 j. avt, 55-75 Zl.* Un grand chalet entièrement en bois, des peaux de bêtes au mur et des serveurs en habit traditionnel (et non l'inverse) : le cadre est certes touristique, mais d'une grande élégance. De plus, le soir, on y danse, on y danse, au son de la musique traditionnelle... Cuisine copieuse, goûteuse à défaut d'être exceptionnelle. Porc, veau, saucisse de mouton, *pierogi.* Essayer absolument la soupe *kwaśnicapo góralsku* (pommes de terre, chou, saucisses...), servie dans une petite marmite chauffée à la bougie et aigre comme il le faut. Une bonne adresse pour qui veut se croire au sommet des Carpates.

Où boire un verre ? Où déguster une pâtisserie ?

Chata Zbójnicka *(plan C1, **31**) : ul. Jagiellońska, 27. ☎ 18-20-639-87. Tlj 15h-minuit.* Un peu à l'écart de la rue, à flanc d'une colline boisée, se planque une discrète taverne de brigands. Frappez donc à la porte et vous verrez bien comment vous serez accueilli... Peut-être comme le meilleur copain de Mandrin et de Cartouche (Janosik en Pologne) ? En tout cas, ayez un peu le sens de la repartie, mais n'y allez surtout pas en cravate sous peine de vous faire tailler un costard... vous comprendrez sur place.

Meta *(plan B2,* ***32****) : ul. Marusza Zauskiego, 2. ☎ 18-200-02-43. Tlj de 11h à plus soif.* Sur la rue principale et dans la veine des *zakąski-przekąski,* une adresse jeune et populaire qui arrose à 5 Zl (bière ou vodka) et éponge à 9 Zl (petits plats et snacks). Attention de ne pas trop « zig-zagopaner » en sortant...

Góralska Tradycja *(plan B2,* ***33****) : ul. Krupówki, 29. 80 m en retrait de la rue principale, par un passage commercial à ciel ouvert. Tlj 10h-22h.* Appétissante vitrine de gâteaux pour donner quelques vacances à vos séances de Weight Watchers. Crémeux à souhait et à déguster dans une salle chic hautement plafonnée. La rando du lendemain fera oublier les excès du jour.

À voir

La vieille église et le cimetière *(plan A1-2) : ul. Kościeliska.* La première église de Zakopane est un bel exemple d'architecture en bois de la région. Mais notre coup de cœur va droit au cimetière, si l'on ose dire. Car celui-ci est tout simplement magnifique. Vous aurez peu d'occasions d'en voir d'autres dotés d'un tel charme, d'une telle poésie. Beaucoup d'artistes sont enterrés là, et ça se sent. Nombreuses sépultures végétales, recouvertes de mousse ou d'ornements naturels, beaucoup de sculptures en bois, en pierre, en verre... Entre chien et loup, on imagine assister à des farandoles de feux follets.
Si vous avez des gènes de charpentier, nous vous conseillons un détour par deux autres églises de bois de la ville.

L'église de Harenda *(hors plan par B1) : à 3,5 km du centre. Sur la route principale en venant de Cracovie, avt d'entrer en ville, prendre la petite rue qui part à droite du* McDo, *puis à droite.* Une belle leçon de charpente que cette église. Construite en 1719 à plus de 100 km d'ici, elle fut démontée pièce par pièce et amenée à Zakopane après-guerre. Sans aucune fixation (ni vis ni clous), c'est une déclinaison avant l'heure des construction en kit. Les Suédois n'ont donc rien inventé !

La chapelle Jaszczurówka *(hors plan par D3) : à 4 km du centre.* Comme égarée dans la boucle d'un lacet de route, elle présente de belles proportions avec des allures de chalet fait de bâtons d'allumettes. Jeunette de 1904, elle est protégée par deux Vierges. Celle de Pologne et celle de Lituanie, comme en attestent les armoiries représentées sur les vitraux de part et d'autre du mignon petit chœur. Bois joliment ciselé.

Muzeum Tatrzańskie *(Musée ethnographique des Tatras ; plan A2) : ul. Krupówki, 10. ☎ 18-201-52-05. • muzeumtatrzanskie.pl • Tlj 10h-18h ; 9h-15h dim ; basse saison, fermé lun-mar. Entrée : env 7 Zl ; réduc. Fascicule en anglais disponible à l'entrée.* Beau musée d'artisanat ancien et traditionnel. Au rez-de-chaussée, art folklorique, art religieux, reconstitution de beaux intérieurs traditionnels en bois, outils, armes, costumes, céramiques colorées, reproduction de photos anciennes... Voir notamment la belle potence de cheminée en bois, sculptée comme un corps de femme, mais aussi les élégants moules à fromages. À l'étage, cartes anciennes en relief, minéraux, fossiles, animaux taxidermisés, flore des Tatras, instruments de musique... Fourre-tout, mais authentique et très vivant.

Galeria Władysława Hasiora *(plan C1) : ul. Jagiellońska, 18b. ☎ 18-206-68-71. • muzeumtatrzanskie.pl • Au fond d'une ruelle qui jouxte le supermarché* Biedronka. *Mar-sam 10h-18h ; dim 9h-15h. Fermé mar aussi hors saison.*

Entrée : 7 Zl ; réduc. Les œuvres de Władysław Hasior, un artiste original qui travaille à partir d'objets usuels, sont des compositions à mi-chemin entre la miniscénographie et la sculpture. Bonjour la psychanalyse : une poupée éventrée au milieu de soldats de plomb, un couteau faisant saigner un miroir, un landau transformé en cimetière ! En sortant de là, même la pluie battante vous semblera souriante !

À voir dans les environs

Le lac de Czorsztyn : *à 45 km au nord-est de Zakopane par la route 47 jusqu'à Nowy Targ, puis la route 969.* Les rives de ce très beau lac baignent trois sites qui méritent la balade. À l'ouest, l'***église de Dębno*** (⊛), du XVe s. Pépite gothique en bois de mélèze, à laquelle un enclos en bois donne un sacré charme, encore accentué par le clocher pointu au joli lambrequin ciselé. L'intérieur est revêtu de précieuses peintures polychromiques du XVe s. Au sud, le ***château Dunajec*** *(• zamek-w-niedzicy.pl • ; mai-sept, tlj 9h-18h30 ; oct-avr, tlj sf lun 9h-15h30 ; tarif : 14 Zl)* à ***Niedzica,*** superbement crampé depuis le XIVe s à un éperon rocheux qui domine le lac. Malgré des toits d'ardoise pointus qui chapeautent certaines de ses tours et des fenêtres percées dans ses remparts, il garde la superbe de sa silhouette médiévale et guerroyeuse. Légende locale amusante, le prétendant au trône de l'Inca (eh oui, au Pérou), Túpac Amaru, aurait été sauvé des griffes des Espagnols par un Polonais qui l'aurait ramené ici... Certes, les livres d'histoire racontent tout autre chose.

➢ En poursuivant, sur la rive orientale du lac se dressent les restes (très ruinés) du ***château de Czorsztyn,*** datant du XIIIe s *(• zamek-w-czorsztynie.pl • ; mai-sept, tlj 9h-18h ; oct-avr, 10h-15h et fermé lun ; fermé 25 nov-25 déc ; tarif : 5 Zl).* Encore de belles raisons de charger la carte-mémoire de l'appareil photo !

Manifestations

Infos sur • festiwale.zakopane.pl •

- ***Printemps du jazz :*** *en mai.*
- ***Festival international d'orgues :*** *juin-août.* Dans les cinq églises de la ville.
- ***Festival international de folklore de montagne :*** *fin août.* Grande fête pour les montagnards venus du monde entier (Hongrie, Turquie...) pour partager leurs traditions, chants et danses.

Itinéraires en montagne

Infos et conseils

- ***Bureau des parcs nationaux TPN*** *(Tatrzański Park Narodowy ; plan D3,* ***1****) : ul. Chałubinskiego, 44. ☎ 18-202-33-00 (infos touristiques). • tpn.pl •*
- ***Entrées des parcs :*** *tte l'année, adulte 5 Zl/j., enfant 2,50 Zl/j. À la sem : adulte 25 Zl, enfant 12,50 Zl ; réduc.*
- Les ***parkings*** au départ des chemins de randonnée sont souvent payants (en moyenne 10-25 Zl/j. quelle que soit la durée, même pour plusieurs jours de rando).
- ***À savoir :*** les montagnes Tatry sont au cœur d'un parc national, il faut donc rester sur les sentiers et respecter la nature. Les nombreux itinéraires sont très bien balisés. PRUDENCE cependant ! Tous les ans, on déplore des accidents, parfois mortels. Ne surestimez pas vos forces. Concernant les ***excursions tranquilles,*** une dizaine de vallées superbes sont accessibles, pour la plupart à pied, à partir de Zakopane. Il existe aussi de ***très beaux itinéraires*** en altitude, dont certains éprouvants et techniquement assez difficiles. Un minimum d'expérience s'impose.

– ***Consultez la météo avant de partir.***
– Des ***chaussures*** adéquates sont indispensables. ***Les nuits sont froides*** même en été, prévoyez aussi des vêtements chauds.
– Avant de partir, informez la réception de votre hébergement de l'itinéraire que vous comptez emprunter.
– Dotez-vous d'une carte. L'office de tourisme, le bureau du parc et autres tabacs vendent des cartes *Gauss* ou *Compass* au 1/30 000, 1/40 000 ou 1/50 000.
– ***Les refuges de montagne :*** on en compte neuf en tout dans les Tatras, en des lieux pleins de charme. Vous y trouverez toujours un self avec quelques plats roboratifs, des dortoirs avec des lits superposés et presque toujours des salles de bains. En cas de manque de place, certains acceptent qu'on dorme par terre dans les parties communes. Mais, en haute saison, même ces emplacements sommaires sont saturés. Bonne ambiance assurée.

Quelques itinéraires possibles

➢ ***Montée en téléphérique jusqu'au mont Kasprowy Wierch :*** *départ du téléphérique de* ***Kuźnice*** *dans les faubourgs sud de Zakopane ; parking obligatoire (plan D3) 2 km plus bas : compter 15 Zl/j. Navettes possibles depuis le bureau du parc (plan D3,* ***1****) : trajet 3 Zl. Tarif téléphérique : 53-69 Zl A/R selon saison ; réduc.* Il y a souvent une longue queue pour acheter les billets, car c'est le passage obligé de tous les groupes du style « la Pologne en 5 jours ». Essayez de vous les procurer la veille via une agence, ou bien levez-vous tôt. Une belle vue panoramique vous attend là-haut (1 987 m d'altitude). Dernier départ pour redescendre à 18h.

➢ ***Le plateau de Gąsienicowa :*** l'itinéraire débute à la station basse du téléphérique de Kuźnice. Voir ci-dessus.

➢ ***Dominer Zakopane par le mont Czerwone Wierchy, le mont Kopa Kondracka et le mont Ciemniak :*** s'engager sur le chemin rouge (à droite au départ du téléphérique du marché ; *plan A1*). Compter 4h de montée et la journée pour l'A/R.

➢ ***La vallée Kościeliska :*** *rejoindre, à 7 km à l'ouest, Kiry (village des gastronomes en culotte courte ?). Bus possible depuis la gare routière.* Longue de 8 km, cette vallée offre de superbes vues sur des rochers calcaires aux formes fantaisistes. Longer la rivière *Kościeliski Potok* par une route bien bitumée. Passer la chapelle *Stare Kościeliska.* À partir de ce point, plusieurs grottes à visiter : après *Brama Kraszewskiego* (un passage serré entre les rochers), les marques noires mènent à la ***grotte Mroźna*** (éclairage électrique), hérissée de stalagmites et de stalactites.
Plus loin, après une clairière sur la gauche, l'entrée de la ***grotte Mylna,*** dont la visite a donné des frissons à plus d'un. Il est très facile de s'y perdre dans la multitude des couloirs et l'on doit parfois ramper dans la boue. Suivre attentivement les marques. Une torche est indispensable. Au bout de la vallée et toujours par la même route, le refuge *Orna.*
Les plus vaillants prendront, à partir du refuge, l'itinéraire vert pour revenir par la ***vallée Tomanowa.*** Après une bonne heure et quart de marche, bifurquez sur la gauche. Une fois au *chuda Przełęcz* (le col Maigre – 1 851 m) et au *chuda Turnia* (1 858 m), rejoignez la *vallée Miętusia* par l'itinéraire rouge qui débouche sur la *vallée Kościeliska* (itinéraire noir). On retrouve ensuite la route bitumée pour Kiry. Pour l'ensemble, comptez une bonne journée, mais vous ne le regretterez pas.

➢ ***La vallée Olczyska :*** *départ depuis Jaszczurówka Bory, à 3 km à l'est de Zakopane en direction de Kuźnice.* À la hauteur de l'hôtel *Kasprowy,* prenez au rond-point sur la gauche vers la station-service. Passez le ruisseau Bystra, continuez sur cette route pendant 10 mn. Chemin payant. Comptez en tout 5h de marche.

➢ ***Le lac Morskie Oko*** *(L'Œil-de-la-Mer)* **:** *à 20 km au sud-est de Zakopane, en direction de Łysa Polana. Bus possible depuis la gare routière.* La route s'arrête à 1 km, après *Łysa Polana* (passage frontalier avec la Slovaquie). Un parking gardé payant se trouve à cet endroit. Les 8 km restants, une route sans intérêt, peuvent se parcourir soit à pied (chemin payant), prévoyez au moins 2h, soit dans une charrette tirée par deux robustes chevaux *(montée 50 Zl/pers ; descente 30 Zl/pers).* À l'arrivée, il reste 2 km à faire à pied pour atteindre le bord du lac, qui offre une vue splendide sur le *massif de Rysy* (2 499 m). Depuis le lac, un chemin mène à la sublime ***vallée des Cinq-Lacs*** *(dolina Pięciu Stawów polskich).* Un endroit magnifique, doux mélange du bleu des lacs avec le gris nuancé des rochers et le vert vif des sapins nains. Le coucher du soleil est une véritable symphonie de couleurs, de reflets et d'ombres. Un refuge, peut-être le plus sympa des Tatras, vous assure le repos après tant de sensations. Évidemment, ce qui est beau est toujours difficile d'accès, nous le savons tous. Compter une bonne journée, mais pour profiter du coucher du soleil, prévoir une nuit là-haut (résa obligatoire).

➢ ***Descente de la rivière Dunajec en radeau*** **:** *à 60 km de Zakopane. Par soi-même, l'organisation des transports est complexe. Comptez une journée et on vous conseille un tour organisé à 80-110 Zl tt compris sf le pique-nique.* Vous pouvez vous renseigner à l'office de tourisme ou au bureau du parc. Une belle aventure de 18 km en 2h15, en compagnie des montagnards bateliers. Visite d'une église et d'un château en cours de route. Parc naturel. Entrée payante sauf si vous avez pris le forfait « descente ». Cela dit, c'est assez pépère (pas du tout style Colorado en rafting) et tous les commentaires sont en polonais. Un minibus ramène les participants au parking.

KRAKÓW (CRACOVIE)

760 000 hab. (1 400 000 avec l'agglomération)

• Plan général *p. 182-183* • Centre historique (plan I) *p. 184-185*
• Kazimierz (plan II) *p. 187* • Wawel (plan III) *p. 219*

Prononcer « Cracouf ». Si Varsovie est le cerveau de la Pologne, Cracovie en est le cœur. Romantique jusqu'à la dernière pierre, fière, nostalgique et généreuse à la fois, c'est une des plus belles villes d'Europe centrale avec Prague et Budapest. On y respire l'Histoire. Chaque maison ancienne est construite sur les ruines d'une autre, encore plus ancienne. Les fresques baroques cachent des peintures gothiques, qui recouvrent, elles, des bribes de décorations romanes. Les conservateurs se demandent s'il faut détruire les bâtiments « modernes » du XIXe s qui « dérangent » la belle harmonie médiévale. Car l'attachement des Polonais à leur histoire est sans pareil en Europe. Fait rare en Pologne, Cracovie est une véritable vieille ville et non une reconstruction suite à un passé marqué par la guerre. Si la cité a ainsi survécu aux vicissitudes et aux affres de l'Histoire, c'est sans doute grâce à sa beauté : ses nombreux envahisseurs ont toujours préféré l'habiter plutôt que la détruire.
Cracovie est à la fois un haut lieu culturel et un rendez-vous festif où les bâtiments historiques, festivals et opéras sont aussi nombreux que les bars... Les amoureux de culture comme les fêtards y passeraient des

semaines sans se lasser. Il faut dire qu'il y a 170 000 étudiants, il faut bien que jeunesse s'amuse... Bref, à quelques heures de Paris, c'est une destination idéale pour une escapade de fin de semaine.
Pour être complet, un séjour à Cracovie ne saurait s'envisager sans une visite des camps d'Auschwitz. Une découverte indispensable pour comprendre la folie qui embrasa le monde entier il y a seulement quelques décennies et remplir un devoir de mémoire envers ceux qui y ont péri.

UN PEU D'HISTOIRE

De la légende...

Sur la colline de Wawel, saisis par la beauté du lieu, s'installent un peuple heureux et son roi, ***Krakus.*** Mais l'apparition d'un méchant dragon qui vient occuper une grotte sur le flanc de la colline trouble cette paisible existence. La bête harcèle les habitants et multiplie les victimes. La peur gagne la ville. Le roi ***Krakus*** promet alors la main de sa ravissante fille à celui qui chassera le monstre. Plusieurs chevaliers, tous plus courageux les uns que les autres, relèvent le défi, en vain. C'est alors qu'un ingénieux petit cordonnier tue un mouton, remplit son ventre de soufre et le jette au dragon qui dévore l'appât et se précipite aussitôt vers la Vistule pour boire, boire jusqu'à ce que son ventre éclate. Le cordonnier épouse la promise, etc. Ainsi naquit Kraków.

... à l'histoire sérieuse

Plus sérieusement, on trouve les premières traces écrites de l'existence de Cracovie dès le Xe s. La ville devient la capitale du royaume polonais au XIe s, sous le règne de ***Casimir le Rénovateur.*** Après les destructions causées par les Tatars en 1241, on y aménage la plus grande place de marché européenne de l'époque. Vous arpenterez ses 4 ha en long et en large lors de votre visite. L'université Jagielloński, fondée en 1364, attire les étudiants de toute l'Europe. Parmi eux, un élève surdoué, avec un net penchant pour les sciences exactes : ***Nicolas Copernic.***
Suite à un incendie, le château royal sur le mont Wawel est reconstruit, dans le style Renaissance au début du XVIe s, et devient le plus beau château de la Pologne. Pourtant le roi Sigismond III transfère la résidence royale à Varsovie en 1596 et Cracovie perd beaucoup de son importance.
Annexés par les Autrichiens à la suite des partages de la Pologne, Cracovie et ses environs obtiennent, au congrès de Vienne de 1815, le statut d'une minuscule république « libre, indépendante et neutre ». Il est perdu 35 ans plus tard avec le retour de la tutelle autrichienne, jusqu'en 1918.

VILLE DE CŒUR DES POLONAIS

Cracovie n'a jamais vraiment accepté qu'on lui ôte le rôle de première ville de Pologne. Pour nombre de ses habitants, elle demeure LA capitale. Pour s'en assurer, il suffit de le demander à n'importe quel *Krakauer,* comme ils se nomment avec une certaine fierté. Malgré les années de régime « égalitaire » et l'adjonction de l'immense cité ouvrière, *Nowa Huta,* la ville garde toujours son élite intellectuelle, ses nobles et sa bourgeoisie. Son université, la plus ancienne de Pologne, a une renommée internationale, ses théâtres sont les plus brillants, ses caves artistiques les plus folles. Et, comble de tout, comme pour la remercier de tant d'efforts et de tant de dignité, Cracovie a eu SON pape (Jean-Paul II), qui y fut successivement élève, étudiant, comédien-séminariste sous occupation nazie, puis prêtre, évêque et archevêque.

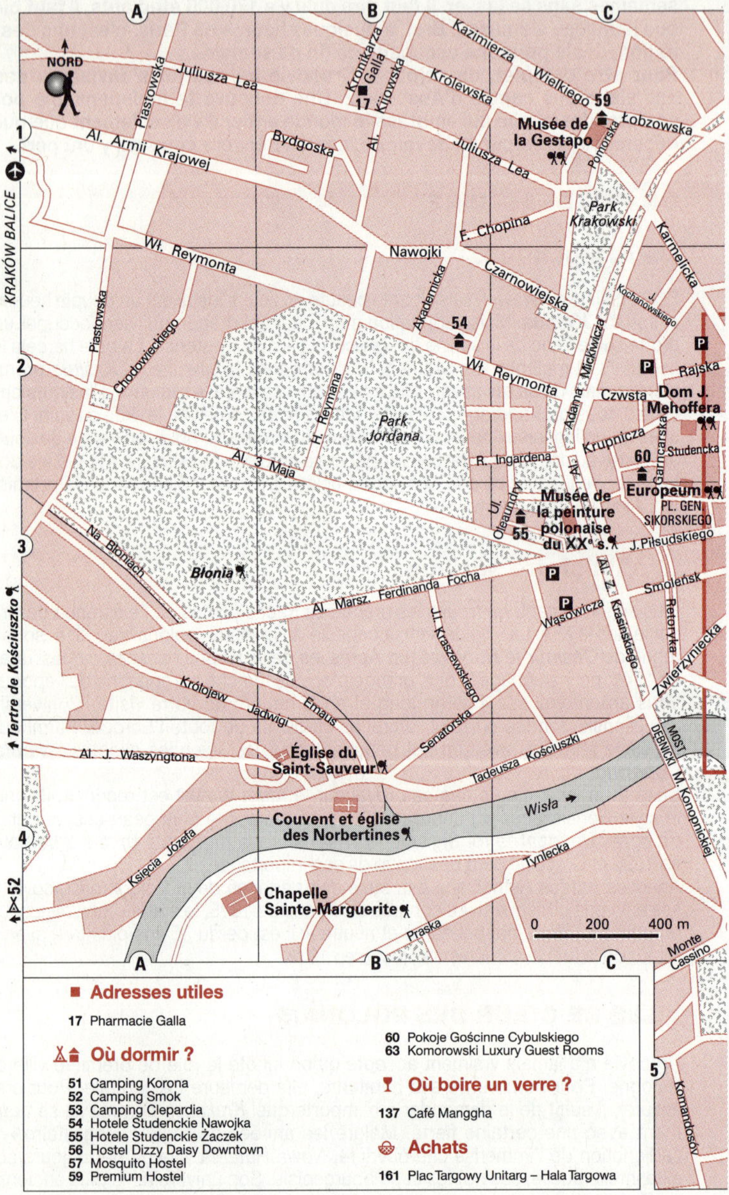

■ Adresses utiles

17 Pharmacie Galla

Où dormir ?

51 Camping Korona
52 Camping Smok
53 Camping Clepardia
54 Hotele Studenckie Nawojka
55 Hotele Studenckie Żaczek
56 Hostel Dizzy Daisy Downtown
57 Mosquito Hostel
59 Premium Hostel
60 Pokoje Gościnne Cybulskiego
63 Komorowski Luxury Guest Rooms

Où boire un verre ?

137 Café Manggha

Achats

161 Plac Targowy Unitarg – Hala Targowa

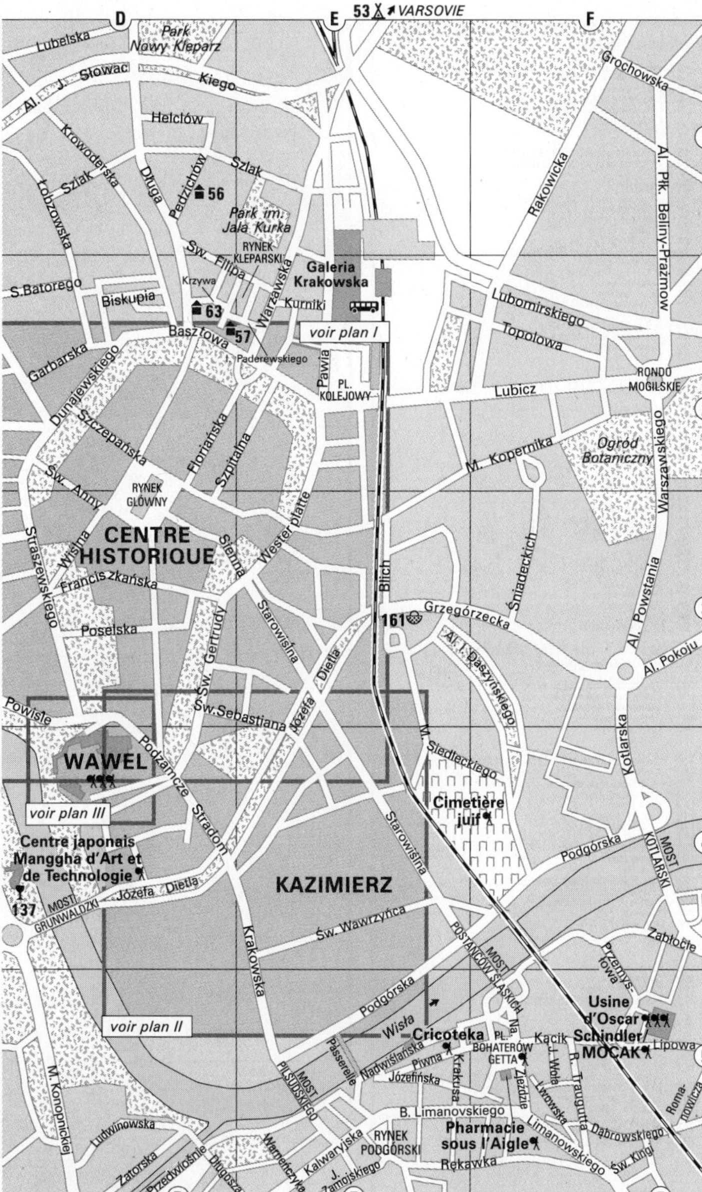

CRACOVIE – Plan général

Adresses utiles

- 3 Info Kraków Sukiennice
- 4 Info Kraków Szpitalna
- 5 Info Kraków Pawilon Wyspiańskiego
- 6 Info Kraków Św. Jana
- 8 Info Kraków Centrum Obsługi Ruchu
- 9 Old City Apartments
- @ 10 Jordan
- 14 Grosz
- 15 Consulat général de France et Institut français
- 16 Pharmacie Pod Opatrznością

Où dormir ?

- 20 Intro Hostel
- 21 Heynow Hostel
- 22 Hostel 7 Rynek
- 23 Let's Rock Hostel
- 24 Cracow Old Town Guesthouse
- 25 Flamingo Hostel
- 26 B & B La Fontaine
- 28 Greg & Tom
- 30 Dom Polonii
- 31 Hotel Warszawski
- 32 Wawel Hotel
- 33 Pokoje Gościnne Unikat
- 34 Orlowska Townhouse
- 35 Hotel Amadeus
- 36 Hotel Pollera
- 38 Hotel Francuski
- 39 Hotel Pod Różą
- 40 Hotel Copernicus

Où manger ?

- 26 La Fontaine
- 34 Cyrano de Bergerac
- 70 U Stasi
- 71 Niebieskie Migdały
- 72 Green Day
- 73 Pod Temida
- 74 Tomasza
- 75 U Babci Maliny
- 76 Chimera Salad Bar
- 77 Chłopskie Jadło
- 78 Pod Wawelem
- 82 Balaton
- 83 Klimaty Południa
- 84 Wiśniowy Sad
- 85 Smak Ukraiński
- 87 Pod Aniołami
- 88 Wierzynek
- 89 Wesele
- 93 W Starej Kuchni

Où boire un café ? Où prendre un goûter ou une glace ?

- 100 Kawiarnia Noworolski
- 101 Cukiernia Jagiellońska
- 103 Cukiernia Michalscy
- 111 Pozegnanie z Afryką
- 113 Café Zakątek
- 117 Café Bona

Où boire un verre ? Où sortir ? Où danser ?

- 22 Klub Pod Jaszczurami
- 112 Camelot et Dym
- 114 Café Philo
- 116 Jama Michalika
- 118 Ambasada Śledzia
- 119 Café Botanica
- 120 Camera Cafe
- 122 Carpe Diem II
- 124 Klub Ré
- 127 Irish Pub Pod Papugami
- 129 Piwnica Pod Baranami
- 130 Harris Piano Jazz Bar
- 131 Bunkier
- 154 Jazz Rock Café

Achats

- 118 Galeria Plakatu
- 160 Szambelan
- 162 Naturalny Sklepik
- 171 Halle aux draps (Sukiennice)

À voir

- 116 Café Jama Michalika
- 170 Musée souterrain du Rynek
- 171 Halle aux draps et musée de la Peinture polonaise du XIXe s
- 172 Statue d'Adam Mickiewicz
- 173 Église Saint-Adalbert
- 174 Tour de l'hôtel de ville
- 175 Musée de l'Université-Jagellon
- 176 Maison Szołayski
- 177 Maison Hipolitów

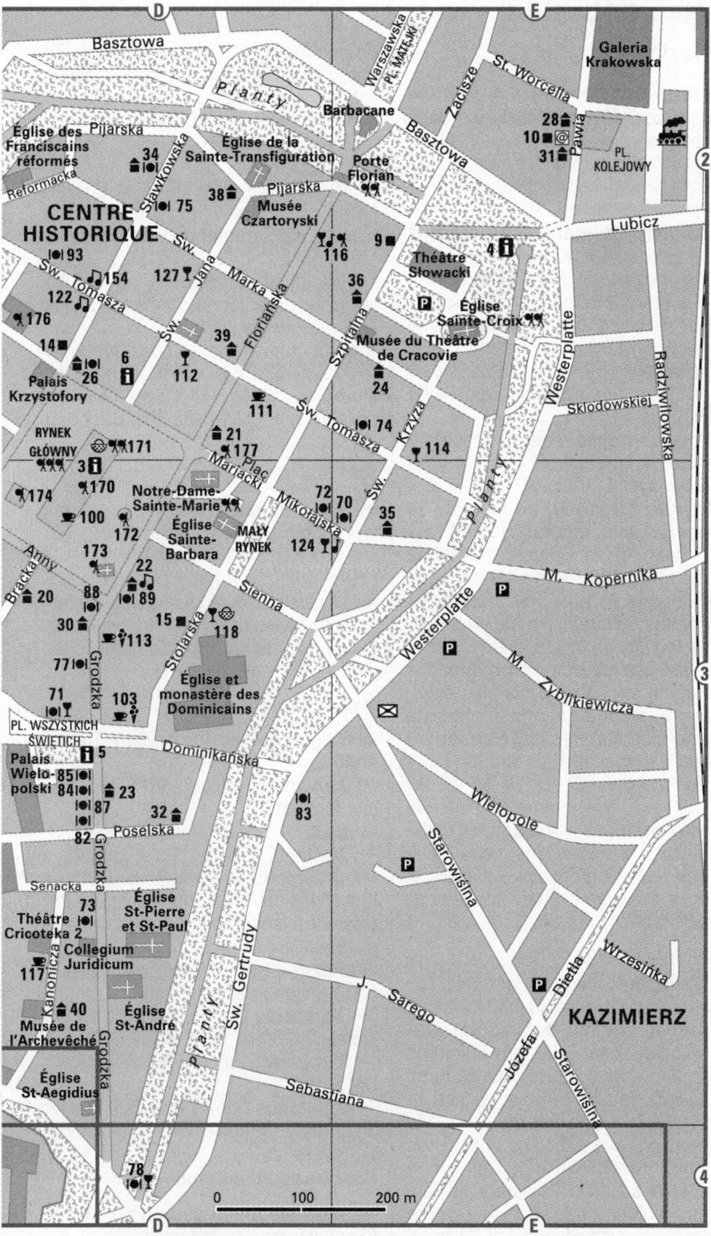

CRACOVIE – Centre Historique (Plan I)

Arriver – Quitter

En avion

✈ ***Aéroport Jean-Paul-II / Balice*** *(port lotniczy Kraków Balice im. Jana Pawła II ; hors plan général par A1) :* *à 18 km à l'ouest du centre.* ☎ *12-295-58-00 ou 0801-055-000 (24h/24).* • *krakowairport.pl* •

➢ ***Liaisons internationales :*** liaisons régulières pour **Paris-Charles-de-Gaulle** (en été, 4 vols/sem), **Bâle-Mulhouse** et **Lyon** avec *Air France* (• *airfrance.fr* •), *Easyjet* (• *easyjet.com* •), **Beauvais** et **Charleroi** avec *Ryanair* (• *ryanair.com* •), **Bruxelles** avec *Brussels Airlines* (• *brusselsairlines.com* •), **Zürich** avec *Swiss* (• *swiss.com* •).

➢ ***Vols intérieurs :*** liaisons régulières pour **Gdańsk** avec *LOT* ou *Ryanair* et **Varsovie** avec *LOT*.

– ***Change : attention,*** les bureaux de change de l'aéroport pratiquent un taux plutôt défavorable. Comparez avant de choisir et changez le minimum (vous ferez le reste en ville). Par ailleurs, les distributeurs d'argent liquide embrouillent le touriste en proposant de choisir entre un taux variable et un taux fixe (non chiffrés à l'écran, qui plus est !), ce dernier étant évidemment présenté comme plus sûr. Résultat : on y perd plus de 5 % avec ce taux fixe.

ℹ ***Info Kraków :*** ☎ *12-285-53-41. Au rdc, dans le hall du terminal 1. Tlj 9h-19h.* Plan de la ville (gratuit), infos sur les transports et les hébergements, vente de la *Krakow Tourist Card* (voir « Adresses et infos utiles. Culture »). Sympathique et de bon conseil.

Rejoindre le centre-ville

➢ ***Train (PKP) :*** *face à la sortie du terminal 1.* Trains ttes les 30 mn, 4h-minuit pour la gare centrale de Cracovie *(Kraków Główny ; plan I, E2)*, env 20 mn de trajet (2 fois plus rapide que le bus). Tarif : 8 Zl, (machines sur le quai et achat possible dans le train.

➢ ***Bus :*** *prendre à droite à la sortie du terminal 1. Arrêts à l'angle de la rue.* Départs des bus n° 208 pour la gare routière régionale *(Małopolskie Dworce Autobusowe, plan général, E2).* Tlj 4h30-22h30, ttes les heures env. Env 40 mn de trajet. Le bus n° 902 assure le service de nuit (env 1 bus/h). Les billets (4 Zl/pers ; réduc) s'achètent au kiosque à l'étage du terminal 1, aux distributeurs de l'arrêt ou dans le bus (machine automatique qui n'accepte que les pièces : ayez l'appoint).

➢ ***Taxis :*** compter 90 Zl la course jusqu'au centre-ville. Attention aux faux taxis : demandez toujours le taximètre.

➢ ***Location de voitures :*** on trouve les principaux loueurs internationaux comme ***Hertz*** *(☎ 12-285-50-84 ; • hertz.com.pl • ; tlj 7h-23h),* ***Avis*** *(📱 639-32-89 ; • avis.pl • ; tlj 6h-23h),* ***Europcar*** *(☎ 12-258-12-86 ; • europcar.com.pl • ; tlj 8h-24h),* ***Sixt, Budget...***

En train

🚂 ***PKP Kraków Główny*** *(gare ferroviaire centrale ; plan I, E2) :* ☎ *19-757.* • *pkp.pl* • *ou* • *intercity.pl* • Elle accueille l'essentiel du trafic national et international. À l'arrivée, quelques points d'informations privés proposent un service de réservation de chambres d'hôtels chez l'habitant ou en auberge de jeunesse.

Pour la Pologne

➢ ***Czętochowa :*** 11 directs/j. Trajet : 1h40-3h.

➢ ***Łańcut :*** 5 directs/j. 8h15-21h. Trajet : 2h30-3h30.

➢ ***Łódź :*** 4 directs/j. Trajet : 2h30-3h30.

➢ ***Lublin :*** 2 directs/j. Trajet : env 4h.

➢ ***Oświęcim*** *(Auschwitz-Birkenau) :* env 18 directs/j. 6h-22h. Trajet : env 2h. Restent ensuite 30 mn à pied entre la gare et le(s) camp(s).

➢ ***Poznań :*** env 10 directs/j. Trajet : 5h30-8h (choisissez le bon).

➢ ***Varsovie :*** env 1 direct/h 6h-21h. Trajet : 2h20-5h (choisissez bien !).

➢ ***Wrocław :*** env 9 directs/j. Trajet : 3h15-5h.

➢ ***Zakopane :*** env 2 directs/j. Trajet : 3h20-4h30. Le bus est bien plus rapide.

Pour les capitales proches

➢ ***Bratislava :*** 1 seul train direct (de nuit) vers 22h. Trajet : env 8h.

➢ ***Prague :*** 1 seul train direct (de nuit) vers 22h. Trajet : env 9h.

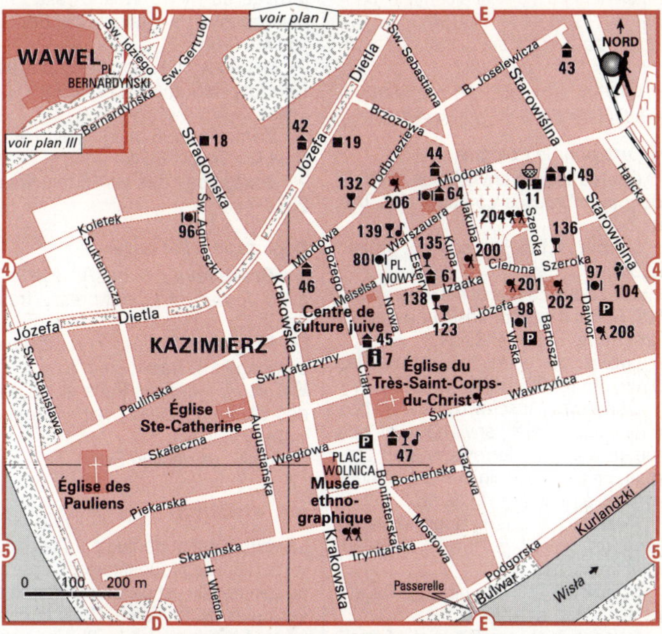

CRACOVIE – KAZIMIERZ (Plan II)

Adresses utiles

- 7 Info Kraków Kazimierz
- 11 Jarden Jewish Bookshop & Tourist Agency
- 18 LOT (Polish Airlines)
- 19 Laverie

Où dormir ?

- 42 Atlantis Hostel
- 43 Good Bye Lenin « Pub & Garden » Hostel
- 44 Momotown Hostel
- 45 Stajnia
- 46 Tournet
- 47 B & B Nad Młynkiem
- 49 Klezmer-Hois
- 61 B & B Kolory
- 64 Oberża Sąsiadów

Où manger ? Où prendre une glace ?

- 11 Dawno Temu na Kazimierzu
- 64 Sąsiedzi
- 80 Marché de la place Nowy
- 96 Chłopskie Jadło
- 97 Bagel Mamma
- 98 Zalewajka
- 104 Pracownia Cukiernicza

Où boire un verre ? Où sortir ?

- 47 Café Młynek
- 49 Klezmer-Hois
- 123 Moment
- 132 Propaganda
- 135 Les Couleurs Café
- 136 Ariel
- 138 Singer
- 139 Alchemia

À voir

- 200 Synagogue Isaac
- 201 Haute Synagogue
- 202 Vieille Synagogue
- 204 Synagogue et cimetière Remu'h
- 206 Synagogue Tempel
- 208 Musée des Juifs de Galicie

En bus et minibus

MDA *(gare routière PKS ; plan général, E2)* **:** *ul. Bosacka, 18. Résas : ☎ 703-40-33-40 (env 2,10 Zl/mn). • rozlady.mda.malopolska.pl • À 100 m* *derrière la gare ferroviaire centrale (panneaux). Guichets tlj 7h-19h45, sinon, billetterie automatique. Consignes automatiques à côté des guichets et bureau de change (vraiment en dépannage, taux inintéressant) au même étage.*

Départs pour la Pologne

➢ ***Częstochowa :*** env 25 bus et minibus/j. (nombreuses compagnies). Trajet : 2-3h.
➢ ***Łancut :*** 4 bus/j. avec *PKS.* Trajet : 3h30-4h.
➢ ***Łódź :*** env 25 bus et minibus/j. avec *PKS, Polski bus, Plomiński travel* et *AD Euro-Trans.* Trajet : 4h30-5h.
➢ ***Lublin :*** bus ou minibus env ttes les 30 mn, 5h-18h30. Trajet : 4h30-5h30.
➢ ***Oświęcim*** *(Auschwitz)* ***:*** env 30 bus ou minibus/j. Trajet : env 1h30. Les bus mènent à la gare ferroviaire (peu pratique), préférer les minibus qui ont leur terminus à proximité du camp.
➢ ***Poznań :*** 1 bus/j. avec *Voyager Transport (• voyager-transport.pl •).* Trajet : env 7h15.
➢ ***Sanok :*** 8 et 16 minibus/j. Trajet : env 4h.
➢ ***Sandomierz :*** env 5 bus et 14 minibus/j. Trajet : 2h30-3h.
➢ ***Toruń :*** 7 bus/j. avec *Plomiński Travel,* mais surtout *Polski bus.* Trajet 7h-7h50.
➢ ***Varsovie :*** env 16 bus/j. avec *Lux-Express Polska, PKS* (arrivée à la gare centrale de Varsovie) ou *Polski bus* (arrivée au métro Wilanowska ; *hors plan général de Varsovie par E8*). Trajet : 4h20-8h.
➢ ***Wrocław :*** très nombreux bus avec *NeoBus, PKS,* mais surtout *Polski bus.* Trajet : 3-4h.
➢ ***Zamość :*** 7-8 bus/j. avec *PKS* et *BusMax.* Trajet : 6-7h.
➢ ***Zakopane :*** ttes les 15 mn. Trajet : 2h20 min.

Départs vers l'étranger

➢ ***Bratislava :*** 2 bus/j. (de nuit) avec *Jordan* et *Lux-Express.* Trajet : 6h-6h30.
➢ ***Prague :*** 15 bus/j. (nombreuses compagnies). Trajet : 8h-10h.
■ *Eurolines* dessert Paris et les grandes villes françaises ; voir « Comment y aller ? ».
■ *Polski bus* dessert Berlin.

En voiture

La voiture est superflue pour la découverte des sites touristiques. L'essentiel du centre-ville est piéton ou interdit aux véhicules de tourisme. Dans le centre un seul parking *(plan I, E2),* sinon cherchez une place dans les rues alentour et videz vos poches aux sempiternels parcmètres *(compter env 3 Zl/h, lun-ven 10h-20h).* Demandez à votre hôtel s'il dispose d'un tarif négocié auprès des parkings privés du centre, assez chers *(env 60-80 Zl/24h).*

Adresses et infos utiles

Infos touristiques, agences et visites guidées

i ***Info Kraków :*** *• krakow.pl • (en anglais) et • cracovie.travel • (en français).* Parmi la profusion de bureaux d'informations touristiques, seul ce réseau est officiel. Personnel anglophone, plus rarement francophone. Documentation gratuite : cartes, brochures en français, itinéraires thématiques, mensuel culturel *Karnet,* bimensuel *Kraków in Your Pocket...* Infos sur les transports et les hébergements. Résas de visites guidées organisées par des compagnies privées et vente de la *Kraków Tourist Card.* En voici les principales adresses :

– ***Info Kraków Sukiennice*** *(plan I, D2-3,* ***3****)* ***:*** *Rynek Główny, 1-3. ☎ 12-354-27-16. Tlj 9h-19h (17h hors saison). Sur le côté de la halle aux draps.*
– ***Info Kraków Szpitalna*** *(plan I, E2,* ***4****)* ***:*** *ul. Szpitalna, 25. ☎ 12-354-27-20. Dans une petite rotonde sur le planty, face au souterrain qui conduit à la gare centrale. Tlj 9h-19h (17h hors saison).*
– ***Info Kraków Pawilon Wyspiańskiego*** *(plan I, D3,* ***5****)* ***:*** *pl. Wszystkich Świętych, 2. ☎ 12-616-18-86. Tlj 9h-19h (17h hors saison).*
– ***Info Kraków Św. Jana*** *(plan I, D2,* ***6****)* ***:*** *ul. Św. Jana, 2. ☎ 12-354-27-25. Tlj 9h-19h.* Bureau centré sur les événements culturels. C'est là qu'il faut venir acheter ses billets de spectacle.

– ***Info Kraków Kazimierz*** *(plan II, E4,* ***7****)* **:** *ul. Józefa, 7.* ☎ *12-354-27-28. Tlj 9h-17h.*
– ***Info Kraków Centrum Obsługi Ruchu*** *(plan I et plan III, D4,* ***8****)* **:** *ul. Powiśle, 11.* ☎ *12-354-27-10. Tlj 9h-19h (17h hors saison).*
■ ***Kraków Tourist Card :*** *en vente dans les bureaux* Info Kraków. *• krakowcard.com • Compter (sans ou avec transports illimités) 60-100 Zl pour 2 j. ; 70-120 Zl pour 3 j ; réduc.* Cette carte donne accès à une quarantaine de musées et monuments, à l'usage illimité des transports en commun (bus et trams) ou pas, ainsi qu'à de nombreuses réductions dans des restaurants, magasins et agences de tourisme. Attention, elle n'inclut pas les sites de la colline du Wawel.
■ @ ***Jordan*** *(plan I, E2,* ***10****)* **:** *ul. Pawia, 8.* ☎ *12-422-60-91. Lun-ven 8h-18h, sam 9h-14h.* Cette agence de voyages propose des excursions, des résas d'hôtels et des chambres chez l'habitant assez centrales.
■ ***Association des guides touristiques de Cracovie :*** ☎ *12-415-32-62. • guide-cracow.pl • Compter 300-350 Zl/4h pour un guide francophone.* Les coordonnées des guides figurent sur le site internet.

Postes et télécommunications

✉ ***Poste centrale*** *(plan I, E3)* **:** *ul. Westerplatte, 20 ; à l'angle de Wielopole. Tlj sf dim 8h-20h (15h sam).*
■ ***Centre téléphonique ouvert 24h/24 :*** *à la poste près de la gare (plan I, E2).*

Accès Internet

– Les connexions wifi ne manquent pas (hôtels, cafés et même places publiques). Sinon, dans les cybercafés, compter env 5 Zl/h *(env 1,25 €/h).*
@ ***Jordan*** *(plan I, E2,* ***10****)* **:** *ul. Pawia, 8. Lun-ven 8h-18h, sam 9h-14h.* Voir plus haut « Infos touristiques, agences et visites guidées ».

Argent, banques, change

Profusion de distributeurs automatiques de billets aux quatre coins de la ville. Pour éviter les commissions de banque, on conseille les bureaux de change *(kantor)* moyennant quelques précautions (voir la partie « Argent, banque, change », dans « Pologne utile »). Une adresse (d'autres équivalentes essaiment le coin) :
■ ***Grosz*** *(plan I, D2,* ***14****)* **:** *ul. Sławkowska, 4. Lun-ven 9h-18h30.* Propose des taux intéressants.

Représentation consulaire

■ ***Consulat général de France*** *(plan I, D3,* ***15****)* **:** *ul. Stolarska, 15.* ☎ *12-424-53-50. • cracovie.org.pl • Lun-ven 8h30-16h. Service d'urgence en dehors de ces heures au* 📱 *602-751-411.* Dans l'enceinte de l'***Institut français*** (voir plus loin « Culture. Centres culturels »).

Santé, urgences

■ ***Urgences :*** ☎ *112.*
■ ***Autres numéros*** *(depuis un fixe)* **:** ***police,*** ☎ *997 ;* ***pompiers,*** ☎ *998.*

Service de soins et pharmacies (aptekas) ouverts 24h/24

■ ***Medicover :*** *ul. Podgórska, 36 (à l'est de Kazimierz).* 📱 *500-900-500. Tlj sf dim 7h30-20h (14h sam).* Médecins parlant l'anglais et délivrant à peu près tous les soins.
■ ***Apteka Pod Opatrznością*** *(plan I, D2,* ***16****)* **:** *ul. Karmelicka, 23.* ☎ *12-631-19-80.*
■ ***Apteka Galla*** *(plan général, B1,* ***17****)* **:** *ul. Kronikarza Galla, 26.* ☎ *12-636-73-65.*

Transports

Compagnies aériennes

■ ***LOT*** *(Polish Airlines ; plan II, D2,* ***18****)* **:** *ul. Stradomska, 7.* ☎ *12-422-89-89. • lot.com • Lun-Sam 9h (10h sam)-18h. Infos et résas 24h/24 au* ☎ *0801-703-703 (depuis un poste fixe).*

Bus

🚌 ***Eurolines :*** *distribué par l'agence de voyages* Jordan, *voir plus haut « Infos touristiques, agences et visites guidées ».* Liaisons pour la Belgique (Bruxelles, Gand, Liège), la France (Bordeaux, Lille, Lyon, Metz, Nantes, Strasbourg...), mais aussi les principales villes de Pologne.

Location de voitures

Les compagnies internationales ont toutes un bureau dans le hall d'arrivée du terminal 1 de l'aéroport, ainsi qu'en ville.

■ ***Avis*** *(plan général, F2)* **:** *ul. Lubicz, 23.* ☎ *12-629-61-08.* ● *avis.pl* ● *Lun-sam 9h-17h (13h sam). Autre comptoir à la* ***gare*** *(plan général, E1-2), ul. Stwosza, 4.* ☎ *607-98-03-12. Tlj 8h-22h.*

■ ***Europcar*** *(plan général, F5)* **:** *ul. Nadwiślanńska, 6.* ☎ *12-374-56-96.* ● *europcar.pl* ● *Lun-ven 9h-17h.*

■ ***Hertz*** *(plan général, C3)* **:** *al. Focha, 1.* ☎ *12-429-62-62.* ● *hertz.pl* ● *Lun-sam 8h-16h (12h sam).*

■ ***Joka Rent-a-Car*** *(plan I, E2)* **:** *ul. Zacisze, 7.* ☎ *12-429-66-30.* 📱 *601-54-53-68.* ● *joka.com.pl* ● *Tlj sf dim 9h-17h (12h sam).*

Location de vélos

■ ***Two Wheels*** *(plan II, E4)* **:** *ul. Jozefa, 5 (quartier de Kazimierz).* ☎ *12-421-57-85.* ● *dwakola.internetdsl.pl* ● *Tlj sf dim 10h-18h (14h sam). Compter 40-50 Zl/j., plus 100 Zl de caution. Carte d'identité ou passeport demandé.*

■ ***KRK Bike*** *(plan I, C3)* **:** *ul. Św. Anny, 4.* 📱 *509-267-733.* ● *krkbikerental.pl* ● *En saison, tlj 9h-21h. Compter 8 Zl/h, 45 Zl/j. Pièce d'identité ou permis de conduire demandé.* Propose un grand choix de deux-roues avec accessoires (fauteuil enfant...), ainsi que des tours guidés de la ville.

Culture

Presse locale

– ***Kraków in Your Pocket*** **:** ● *inyourpocket.com/krakow* ● *Bimensuel gratuit en anglais, qu'on trouve aisément dans les hôtels et lieux touristiques.* Agenda très complet des manifestations culturelles, ainsi qu'une foule d'infos sur les hébergements, restos, bars et boîtes.

– ***Karnet*** **:** ● *karnet.krakow.pl* ● *Mensuel bilingue gratuit, disponible dans les bureaux du réseau* Info Kraków. Recense tous les événements culturels ainsi que les galeries et musées de la ville.

Librairies internationales

■ ***Empik*** **:** *ul. Florianska, 14 (plan I, D2) ; tlj 9h-21h et ul. Pawla, 5 (dans la galerie commerciale de la gare ferroviaire ; plan I, E2) ; tlj. 9h-22h (10h-21h dim).* C'est un peu la *Fnac* polonaise. On y trouve quelques quotidiens et magazines français, des disques, DVD, B.D., livres (dont quelques-uns en anglais).

■ ***Księgarnia Edukator*** *(hors plan général par B1)* **:** *ul. Bronowicka, 19.* ☎ *12-421-53-17.* ● *ksiegarniaedukator.pl* ● *Trams nos 4, 8 et 20 (arrêts Głowackiego ou Bronowice). Lun-sam 10h-18h (14h sam).* LA librairie française de Cracovie. Également des revues et des méthodes de polonais.

Centres culturels

■ ***Institut français*** *(plan I, D3,* ***15****)* **:** *ul. Stolarska, 15.* ☎ *12-424-53-50.* ● *institutfrancais.pl* ● *Médiathèque ouv mar-mer 15h-19h30 ; ven 10h-13h, 15h-17h ; sam 10h-16h. Fermé fin juil-août.* Organise des expos et manifestations en lien entre les cultures française et polonaise, dont le Festival de théâtre universitaire francophone.

■ ***Fundacja Judaica – Centrum Kultury Żydowskiej*** *(Centre de culture juive ; plan II, E4)* **:** *ul. Meiselsa, 17.* ☎ *12-430-64-49 ou 52.* ● *judaica.pl* ● *Tlj 10h-18h (14h w-e) ; café 10h-20h (2h du mat w-e).* Voir plus loin la rubrique « À voir à Kazimierz ».

Concerts classiques, opéras et ballets

■ ***Orchestre philharmonique de Cracovie*** *(Karol Szymanowski Philharmonic ; plan I, D3)* **:** *ul. Zwierzyniecka, 1.* ☎ *12-619-87-33.* ● *filharmonia.krakow.pl* ● C'est l'un des plus réputés, et on peut se fier aux Polonais qui ont l'oreille particulièrement musicale. Les concerts ont lieu surtout le week-end... mais malheureusement pas en été !

■ ***Théâtre Slowacki*** *(plan I, E2)* **:** *pl. Św. Ducha, 1.* ☎ *12-424-45-28 ou 25.* ● *slowacki.krakow.pl* ● *Relâche en été.* Pourquoi ne pas allier la découverte d'une salle somptueuse, construite en 1893 et inspirée de l'Opéra Garnier, au plaisir d'assister à un ballet ou à une représentation à grand spectacle du répertoire polonais ? Les opéras sont plus rares, petitesse de la salle oblige.

Épiceries, laverie automatique

■ ***Laverie*** *(plan II, E4,* ***19****)* **:** *ul. Józefa Dietla, 51.* 📱 *666-11-11-19. Tlj 7h-22h. Compter env 20 Zl pour une grosse machine (lessive comprise).* Laverie en libre-service.

🧺 ***Épiceries ouvertes 24h/24 :*** ***Delikatesy Podwawelskie,*** *Rynek Główny, 34 ; tlj 7h (10h dim)-22h ;* ***Żabka,*** *ul. Sweska, 20 ;* ***Spar,*** *ul. Szpitalna, 38... et des* ***Carrefour Market*** *qui fleurissent.*

Se déplacer

Bus et trams

Une vingtaine de lignes de trams et une centaine de bus sillonnent la ville, à l'exception du centre piéton. Sauf pour vous rendre dans les faubourgs, ils vous seront de peu d'utilité. • *mpk.krakow.pl* •

– ***Horaires :*** *5h-23h env ; bus de nuit 23h-5h.*

– ***Tarifs :*** *billet (valable dans les bus et les trams) pour un seul trajet sans changement 3,80 Zl ; tickets (en enchaînant plusieurs transports) valables 20, 40, 60 et 90 mn, respectivement 2,80, 3,80, 5 et 6 Zl ; tickets valables 24h, 48h ou 72h, respectivement 15, 24 et 36 Zl ; réduc.*

– ***Achat des billets :*** des distributeurs automatiques multilingues de tickets se trouvent à proximité de certains arrêts. Paiement par billets ou pièces. Des modèles simplifiés sont de plus en plus présents à l'intérieur des bus, mais ils ne fonctionnent qu'avec des pièces (prévoir l'appoint). Idem pour les trams, à condition que le premier wagon affiche un « A » comme « Automat ». Achat également dans les kiosques et boutiques affichant le sigle « MPK ».

– ***Attention :*** certains contrôleurs en civil arrondissent leurs fins de mois en fondant sur les usagers qui ne poinçonnent pas leur ticket dès l'entrée dans le véhicule. Ne traînassez donc pas !

– Les étudiants étrangers bénéficient de réductions sur présentation d'une carte *ISIC* ou *Euro 26.*

– Pour bouger de façon maligne, un site internet • *krakow.jakdojade.pl* • et une appli pour mobile ***jakdojade app*** évaluent pour vous la meilleure combinaison de transports pour vous mener à destination.

Taxis

À condition d'éviter ceux qui rôdent autour de la gare, spécialistes de la surfacturation, les prix, réglementés, sont très abordables. Compter 7 Zl la prise en charge, puis 2,30 Zl/km de 6h à 22h (env 3,50 Zl/km de nuit et dim). Évidemment, vérifiez que le compteur est remis à zéro

■ ***Barbakan :*** ☎ *12-196-61.*
■ ***Mega Taxi :*** ☎ *12-196-25.*
■ ***Radio Taxi 919 :*** ☎ *12-191-91.*

Véhicules électriques

Une nuée de ces véhicules patrouille dans le secteur du *Rynek* et de *Kazimierz.* Ils proposent des tours : « vieille ville » (30-50 mn), « Kazimierz et le ghetto » (30 mn), « Schindler » (40 mn), voire combinés, incluant toutes les options précitées. Le tout avec audioguide (français dispo) compris. Compter 160 Zl/h pour le véhicule entier de 4 personnes maxi (à répartir entre les occupants).

Calèches

De belles et grandes calèches proposent leurs services sur le Rynek Główny. Très touristique, bien sûr, mais très chic aussi et pas si cher à plusieurs. Compter environ 150 Zl pour un tour de 30 mn (jusqu'à 4-5 personnes), 250 Zl pour 1h.

Où dormir ?

Ville très touristique par essence, Cracovie affiche des hôtels souvent complets et plus onéreux qu'ailleurs, surtout le week-end et lors des festivals (pensez à réserver pour ces occasions et de juin à octobre). Avantage, toutefois, ils sont généralement centraux. Les aficionados des auberges de jeunesse et *hostels* seront aussi comblés. Situés dans le centre historique, ou tout proches, ils sont souvent de bonne qualité.

CAMPINGS

Éloignés du centre, ils bénéficient d'une honorable desserte en transports en commun de jour. Mais beaucoup moins le soir.

▲ ***Camping Smok*** *(hors plan général par A4,* ***52****)* **:** *ul. Kamedulska, 18.* ☎ *12-429-83-00.* • *smok.krakow.pl* • *À 4 km à l'ouest, sur la route 780 en direction d'Oświęcim (Auschwitz). Depuis le centre, trams nos 1, 2 ou 38 jusqu'à la station Salwator, puis nombreux bus (nos 109, 209, 229, 239, etc.). Ouv avr-sept. Empl. tente env 90 Zl. Épicerie, machines à laver.* Petit camping à l'herbe rase, mignon et propre, aux emplacements ombragés dans un verger d'arbres et de petits sapins. Blocs douches très propres. Accueil tantôt sympathique, tantôt plus frisquet.

▲ ***Camping Clepardia*** *(hors plan général par E1,* ***53****)* **:** *ul. Pachońskiego, 28a.* ☎ *12-415-96-72.* • *clepardia.com.pl* • *À 4 km au nord. Bus nos 164 et 503 (qui se prend sur l'al. Owackiego, à 500 m au nord de la gare ; pour le centre-ville, correspondance possible avec les trams nos 3, 18 et 19). Ouv de mi-avr à mi-oct. Empl. tente 65-85 Zl selon saison ; bungalows pour 2 avec douche 100-120 Zl.* Un beau camping avec une verte pelouse, moyennement ombragé. Sanitaires propres dans des préfabriqués, mais eau à peine chaude. Cuisine à disposition. Machines à laver. Situé à côté d'un parc (aire de jeux pour les enfants et restos), d'un supermarché et d'une grande piscine publique ouverte en été.

▲ ***Camping Korona*** *(hors plan général par D5,* ***51****)* **:** *ul. Myślenicka, 32.* ☎ *12-270-13-18.* • *camping-korona.com.pl* • *À 12 km sur la route 7 vers Zakopane (attention, fléché à la dernière minute !). Ouv de mi-mai à fin août. Empl. tente 65-70 Zl. CB refusées.* 120 emplacements sur de grandes terrasses herbeuses ou de larges pelouses en contrebas. Certes, la voie express est toute proche, mais le cadre est bien vert. Sanitaires corrects. Barbecues à disposition. Épicerie de dépannage, possibilité de laver son linge. Petit bar-resto avec billard et TV. Terrains de foot, volley et basket. Le proprio baragouine un peu l'anglais.

APPARTEMENTS ET CHAMBRES CHEZ L'HABITANT

■ **Jordan** *(plan I, E2,* ***10****)* **:** *voir plus haut « Infos touristiques, agences et visites guidées ».* Cette agence propose notamment des chambres chez l'habitant.

■ ***Old City Apartments*** *(plan I, E2,* ***9****)* **:** *ul. Szpitalana, 40.* 📱 *606-941-483.* • *oldcityapartments.eu* • *Apparts 4-12 pers 350-600 Zl pour 2 (env 60 Zl/pers suppl.).* Des appartements toujours très centraux, de tailles et styles divers : de la déco design aux lambris façon vieille Pologne. Le ménage est inclus en fin de séjour, mais pas pendant. Pas de petit déj.

RÉSIDENCES UNIVERSITAIRES

De juillet à fin septembre, ces résidences, simplement aménagées, s'ouvrent au tourisme. Notre sélection se situe à environ 10 mn de marche à l'ouest du centre historique. Réductions possibles pour les familles et pour les étudiants possesseurs de la carte *ISIC* ou *Euro 26,* ainsi que pour les longs séjours (à partir d'une semaine). Attention, toutefois, la vie estudiantine cracovienne est animée et les nuits se déroulent parfois sur fond de fiesta !

⌂ ***Hotele Studenckie Nawojka*** *(plan général, B2,* ***54****)* **:** *ul. Reymonta, 11. Résas lun-ven 8h-16h.* ☎ *12-378-11-00.* • *hotelestudenckie.pl* • *Depuis* *la gare routière, desservi par le bus nº 179, puis 200 m à pied. Selon saison, doubles avec sdb 100-130 Zl ; également des chambres pour 3-4 pers. Petit déj 10 Zl.* Chambres propres et agréables (parquet en bois, bon éclairage). Évidemment, l'ambiance dépend des occupants. Cette résidence propose en plus des cuisines communes, une épicerie, un coiffeur, une cafétéria et un café avec billard.

Hotele Studenckie Żaczek *(plan général, C3,* ***55****) : al. 3 Maja, 5. Résas lun-ven 8h-16h. ☎ 12-622-11-00. • hotelestudenckie.pl • Desservi par le bus nº 292 depuis la gare routière ou le tram nº 15. Doubles avec sdb 120-140 Zl selon saison ; également des triples. Petit déj 15 Zl.* Chambres d'un confort similaire à l'adresse précédente. Fuyez celles qui se trouvent au-dessus de la boîte de nuit, à moins d'être sourd ! Cafétéria.

HOSTELS *ET HÔTELS*

Dans le centre historique

De très bon marché à bon marché (40-200 Zl / env 10-50 €)

Intro Hostel *(plan I, D3,* ***20****) : ul. Bracka, 4. ☎ 12-430-24-02. • introhostel.pl • Entrée sous le porche ; réception 24h/24 au 3e étage (sans ascenseur). Dortoirs 6-12 lits 40-60 Zl/pers et doubles 170-200 Zl, selon taille et saison, petit déj inclus.* *Hostel* à la déco soignée, un rien chic même, avec son balcon extérieur dominant un patio tout en bois. Dortoirs propres, avec vue sur la rue (passante mais calme). Parquet en bois clair et petite frise courant sur les murs. Casiers à bagages, laverie, cuisine à dispo et salon avec TV, DVD et baby-foot à l'ancienne. Très central, la seule fausse note étant qu'il n'y a que 4 douches pour tout le monde.

Heynow Hostel *(plan I, D2,* ***21****) : ul. Floriańska, 5. ☎ 12-370-20-84. • heynow.eu • Selon saison : dortoirs 4-6 lits 55-65 Zl/pers ; doubles sans sdb 160-190 Zl. Petit déj inclus.* Au cœur du centre historique, cet *hostel* entièrement rénové occupe un immeuble du XVe s. 36 lits dans des chambres spacieuses, pimpantes et à la tonalité plutôt gaie. Casiers individuels dans les dortoirs et sanitaires propres à l'étage. La salle commune, avec TV et ordinateur, s'ouvre sur une cour intérieure rehaussée de verdure. Également une cuisine et une laverie à dispo.

Hostel 7 Rynek *(plan I, D3,* ***22****) : Rynek Glówny, 7. ☎ 12-431-16-98. • hostelrynek7.pl • Selon saison, dortoirs 8-12 lits 35-45 Zl/pers, sdb commune ; doubles 120-180 Zl avec sdb privée mais extérieure ; réduc étudiants. Petit déj inclus.* Ayant abrité la première poste de Cracovie, cette maison du XVe s a toujours un rapport avec le voyage si l'on considère que les clients sont comme les lettres : ils voyagent... La demeure conserve quelques beaux restes de sa période Renaissance : porche ouvragé au rez-de-chaussée, porte au 1er étage, cheminée à la réception. L'ensemble est accueillant, clair et spacieux mais peut s'avérer bruyant, à cause d'un bar dans la cour intérieure (et du *Rynek* sur l'autre versant). Dortoirs spartiates mais agréables, avec lits superposés en bois clair, parquets en « point de Hongrie » (si ! si !) et, pour certains, un vieux poêle. L'un d'eux, comme la plupart des chambres, donne sur la grande place. Unique ! Salle commune et cuisine pour les hôtes. On y organise parfois des soirées.

Let's Rock Hostel *(plan I, D3,* ***23****) : ul. Grodzka, 34. ☎ 12-430-30-53. • letsrockhostel.com • Entrer dans l'étroit passage qui mène à un bar-resto, puis porte sur la gauche. Sonner (réception à l'étage). Selon saison : dortoirs 4-14 lits 35-60 Zl/pers, sdb à partager ; petit déj inclus. CB acceptées.* Hébergement simple, doté de lits superposés dans les dortoirs et de peu de mobilier. Parquet au sol. L'atout du *Let's Rock,* c'est que ça bouge grâce aux conseils et résas d'excursions mais aussi de sorties (clubs, concerts, etc.), aux soirées à thème « maison ». Coin salon et cuisine à dispo. Service de laverie. Accueil tip-top.

Greg & Tom (plan I, E2, **28**) : *ul. Pawia, 12. ☎ 12-422-41-00. • gregtomhostel.com • Selon saison : dortoirs 4-6 lits 60-70 Zl/pers ; doubles sans sdb 140-150 Zl ; petit déj compris.* Réception au 2e étage de cet immeuble soviétique, qui abrite 5 dortoirs et 3 chambres spacieuses et très lumineuses. Ambiance particulière dans ce « boutique-*hostel* » qui refuse les lits superposés et propose tous les soirs de petits dîners gratuits (soirée salade, nuit hamburger ou cuisine polonaise, etc.). Parquet au sol, consigne, casiers, cuisine et salon TV (avec DVD et Playstation pour les accros !). Bref, c'est net, complet et efficace, tout comme l'accueil.

Flamingo Hostel (plan I, D2, **25**) : *ul. Szewska, 4. ☎ 12-422-00-00. • flamingo-hostel.com • Selon saison (plus cher le w-e) : dortoirs 4-12 lits 35-65 Zl/pers ; doubles sans ou avec sdb 90-160 Zl. Petit déj basique inclus.* Aménagé au 1er étage d'un immeuble classique, l'établissement mixe confort et convivialité. Doubles un peu petites mais bien tenues, tout comme les dortoirs avec lits superposés et les salles de bains communes. Cuisine équipée et confortable, salon avec TV, DVD et bouquins. Les couleurs de la déco et les fresques rigolotes s'inspirent avec naturel du flamant rose, l'emblème de la maison.

De prix moyens à chic (160-400 Zl / env 40-100 €)

Cracow Old Town Guesthouse (plan I, E2, **24**) : *ul. S. Marka, 29, mais réception à l'hôtel* Elektor, *ul. Szpitalna, 28, à 50 m de là. ☎ 12-422-30-00. • cracowguesthouse.pl • Doubles 170-270 Zl selon saison. Petit déj inclus à prendre à l'hôtel* Elektor *voisin.* Dans un petit immeuble rénové de façon contemporaine, une dizaine de chambres avec de faux airs de studios, toutes dotées d'une salle de bains (douche ou baignoire) et d'une kitchenette. Éclairée par un puits de lumière et quelques références aux Doors et à Bob Marley dans l'escalier, la déco est sympa (l'accueil un peu moins). Central et en même temps assez tranquille.

Dom Polonii (plan I, D3, **30**) : *Rynek Główny, 14. ☎ 12-422-61-58. • swp.krakow.pl • Selon saison, doubles 230-250 Zl, appart pour 2 pers 300-330 Zl ; petit déj inclus.* Au dernier étage d'un bel immeuble, dont la façade hésite entre Art nouveau et néoclassique. Idéalement situé puisque carrément sur le *Rynek*. Le très spacieux appartement peut accueillir jusque 5 personnes. Il comporte une cuisine. Les 2 chambres sont propres et dotées d'un minicoin cuisine. N'hésitez pas à aller voir les magnifiques salles au 2e étage, dont l'une est ornée d'une double arcade en pierre. On y donne des concerts de piano avec Chopin au programme. Une bonne adresse pour les séjours un peu longs.

Pokoje Gościnne Unikat (plan I, D3, **33**) : *ul. Wiślna, 10. ☎ 12-421-98-71. • noclegi-krakow.pl • Réception 24h/24. Doubles 260-340 Zl selon confort et saison, petit déj en sus.* À la lisière du *planty*, dans un bout de rue oublié du flot touristique malgré sa proximité avec le *Rynek*, cette petite adresse intimiste et sans prétention propose une vingtaine de chambres, toutes différentes. Certaines avec du mobilier ancien, d'autres avec un poêle en faïence (demandez-les). Celles dotées d'un lit double sont un peu plus grandes et celles au fond de la cour intérieure un peu moins chères, mais il faut grimper 2 étages sans ascenseur. Accueil courtois.

Hotel Warszawski (plan I, E2, **31**) : *ul. Pawia, 4-6. ☎ 12-424-21-00. • hotelwarszawski.pl • Doubles 250-420 Zl selon saison et confort, avec petit déj ; apparts 350-520 Zl.* Une solide bâtisse des années 1930, qui conserve de cette époque plus fortunée la belle façade et les grands espaces des couloirs. Sinon, calme d'hôpital et réception quasi soviétique (mais bon accueil) pour des chambres rénovées de façon assez moderne, avec de vastes salles de bains impeccables.

Hotel Pollera (plan I, E2, **36**) : *ul. Szpitalna, 30. ☎ 12-422-10-44. • pollera.com.pl • Selon saison, doubles 300-400 Zl, avec petit déj.* Cet hôtel, ouvert en 1834, possède dans son escalier des vitraux signés Stanisław Wyspiański. Chambres claires et spacieuses, avec une déco désuète et un rien kitsch. Bref, assez vieille Pologne ! Toutes bénéficient d'un ventilo, seules les 2 suites ont la clim.

■ ***B & B La Fontaine*** *(plan I, D2,* ***26****) : ul. Sławkowska, 1. ☎ 12-422-65-64. • bblafontaine.com • Doubles 190-280 Zl, avec petit déj.* Sa très belle situation au coin du Rynek Główny est son principal point fort. Les nombreux types de chambres et appartements de ce *B & B* offrent des aménagements multiples : coin salon et cuisine (extérieure mais privée pour les premiers prix, parfois commune à plusieurs chambres), clim, douche-baignoire (parfois jacuzzi dans les grands apparts), bouilloire et TV satellite. Vue sur le *Rynek* pour les 2 plus grands appartements. Ceux qui ont du mal à grimper seront orientés vers l'annexe située à environ 500 m *(ul. Wiślna, 8 ; plan I, D2).* Prestations identiques, si ce n'est que le petit déj se prend à la maison mère. Cela dit, le mobilier, « moderne », est un peu cheap.

Plus chic (400-600 Zl / env 100-150 €)

■ ***Wawel Hotel*** *(plan I, D3,* ***32****) : ul. Poselska, 22. ☎ 12-424-13-00. • hotelwawel.pl • Doubles 360-530 Zl, avec petit déj.* Idéalement situé dans une rue pavée du centre, au calme seulement troublé par les cloches du couvent voisin, ce petit hôtel occupe un immeuble du XVIe s. Les 3 étages (ascenseur jusqu'au 2e) sont déclinés en autant d'harmonies colorées : le rose, puis le vert, enfin le bleu et le noir (plus contemporain mais un peu sombre). Chambres très coquettes avec moquettes et tapis, TV, frigo et bouilloire. Les n°s 313 et 314 (au 2e) sont les plus spacieuses, avec un coin salon qui leur donne des allures de suites. Restaurant dans la cour intérieure. Accueil souriant et délicieux petit déj.

■ ***Orlowska Townhouse*** *(plan I, D2,* ***34****) : ul. Sławkowska, 26. ☎ 12-429-54-45. • orlowskatownhouse.com • Selon appart et saison, compter 490-710 Zl pour 2. Petit déj 30 Zl.* Dans ce petit immeuble XVIIe s, voici une adresse d'exception où l'on est accueilli en français. Du petit studio avec terrasse, meublé Biedermeier, au plus grand (50 m²) sur le thème années 1930 ; du grand loft (5 personnes, 80 m²) ultra-lumineux, en duplex et avec cheminée, à l'appartement (au n° 6 de la rue) plus récent ; et, enfin, au romantique « Boudoir » avec ses 50 m² d'ambiance « château de Wawel » avec poutres apparentes du XVIIe s, balcon romantique en bois et baignoire à l'ancienne... À l'esprit antiquaire émanant de l'ameublement ancien, des tapis d'Orient et des tableaux de maître s'ajoute le confort moderne des cuisines équipées, des ordinateurs portables à dispo et de la clim (sauf 2 appartements avec ventilateur). Pas de doute, on est sous le charme, même si les prix grimpent aux rideaux.

■ ***Hotel Amadeus*** *(plan I, E3,* ***35****) : ul. Mikołajska, 20. ☎ 12-429-60-70. • hotel-amadeus.pl • Doubles 430-650 Zl, selon l'humeur du temps.* Cette belle et vénérable bâtisse d'angle, située à deux pas du *Rynek,* abrite un hôtel chic (sans être classieux). Épaisse moquette dès les couloirs, tons pastel avec de belles frises murales, meubles blanc et or, et soubassements à l'ancienne n'empêchent pas un équipement moderne et abouti : TV, clim, salles de bains modernes... Au final, l'adresse sait justifier ses tarifs assez élevés pour la ville.

Très chic (plus de 600 Zl / env 150 €)

■ ***Hotel Francuski*** *(plan I, D2,* ***38****) : ul. Pijarska, 13. 📱 666-195-831. • hotel-francuski.com.pl • Doubles 360-650 Zl, petit déj inclus.* Rénové et modernisé, ce palace centenaire n'en a pas moins gardé un charme assez désuet, tentures et canapés fleuris à l'appui. Il abrite des chambres au luxe classique et parfaitement équipées. Certaines ont une vue sur le *planty* (jardins publics) ou le palais du musée Czartoryski.

■ ***Hotel Pod Różą*** *(plan I, D2,* ***39****) : ul. Floriańska, 14. ☎ 12-424-33-00. • hotelpodroza.com • Doubles*

550-720 Zl. Petit déj 60 Zl. Bien rénové, il a conservé la patine de ses murs anciens. Après l'accueil proustien, on accède aux chambres par un ascenseur montant le long d'une baie vitrée, avec vue sur la terrasse. Le mobilier se partage entre le contemporain et un vague pastiche de style ancien. Les chambres mansardées sont un peu moins chères. Resto chic attenant. Sauna et salle de sports. Accès gratuit à la piscine de l'hôtel *Stary,* à 5 mn de crawl urbain.

Hotel Copernicus *(plan I, D3,* ***40****) : ul. Kanonicza, 16. ☎ 12-424-34-00. • copernicus.hotel.com.pl • Doubles 700-1 000 Zl. Petit déj 70 Zl (!).* Affilié au prestigieux réseau *Relais et Châteaux,* cet hôtel à la façade tout en brique est aussi beau dedans que dehors : ascenseur en verre, coursives donnant sur le grand hall de réception, belles chambres dans des tons de bois foncé, agrémentées de salles de bains modernes. Sur la terrasse, un bar avec une vue insolite sur le château, et en sous-sol une piscine somptueuse.

Aux abords du centre historique

De très bon marché à prix moyens (40-240 Zl / env 10-60 €)

Hostel Dizzy Daisy Downtown *(plan général, D1,* ***56****) : ul. Pędzichów, 9. ☎ 12-292-01-71. • krakowhostel.pl • Dortoirs 6-10 lits 25-50 Zl/pers ; doubles 100-130 Zl selon saison. Moins cher si résa sur Internet. Petit déj env 10 Zl.* Une AJ au calme. On a bien aimé l'ambiance dans les espaces communs, notamment le chouette salon-cuisine, et un coin terrasse dans la cour pour refaire le monde. Dortoirs et chambres avec lits superposés. Parquet dans la partie ancienne. Casiers individuels, consigne, laverie et machine séchante. Location de vélos.

Mosquito Hostel *(plan général, D-E2,* ***57****) : Rynek Kleparski, 4-6. ☎ 12-430-14-61. 660-926-190. • mosquitohostel.com • Derrière la* Millenium Bank *; réception au 2e étage. Dortoirs 60-80 Zl/pers, doubles 150-220 Zl avec ou sans sdb ; petit déj inclus.* En retrait du marché Kleparski, dans un immeuble à priori peu engageant. Mais, fort heureusement, on y trouve un ascenseur et une AJ très bien retapée, que les aficionados du genre ont même classée au 3e rang mondial, c'est dire ! Chambres dans les tons orangés, impeccables, avec lits superposés, grands casiers et coffres. Cuisine commune au fond. Soirées thématiques avec collation offerte. Beaucoup d'ambiance. Infos pratiques et conseils de sorties. Laverie. Location de vélos à proximité. Tours organisés. Bon accueil.

Premium Hostel *(plan général, C1,* ***59****) : ul. Pomorska, 2. ☎ 12-633-30-48. • premiumhostel.pl • Réception 24h/24 au 3e étage. Ascenseur. Selon saison : dortoirs 4-8 lits avec sdb 30-55 Zl/pers ; doubles 90-230 Zl ; petit déj 10 Zl, café et thé gratuits à disposition. Réduc avec la carte des AJ ou sur Internet.* Pension pour étudiants avant 1939, l'établissement occupe un lieu historique et de sinistre mémoire : il fut le siège de la Gestapo pendant la guerre. Vous voilà prévenu, même si aucun fantôme lugubre n'y a été signalé. L'*hostel* distribue ses chambres standard et dortoirs de part et d'autre d'un long couloir. Tous ont leurs propres salle de bains, serviettes, fer à repasser et TV. Salle commune agréable avec cuisine, qui épouse l'angle arrondi de l'immeuble et offre une perspective panoramique. Service de laverie.

Pokoje Gościnne Cybulskiego *(plan général, C2,* ***60****) : ul. Cybulskiego, 6. ☎ 12-423-05-32. 501-391-841. • freerooms.pl • Trams nos 4, 12 et 15 depuis la gare (arrêt Teatr Bagatela). Doubles 190-250 Zl selon confort, petit déj inclus.* Situé dans un agréable quartier résidentiel, ce vieil immeuble bien rénové propose des chambres lumineuses et meublées avec du bois clair. Confort différent selon le prix. Les plus chères avec cuisinette (cuisine commune pour les autres). Certaines avec vue sur un jardinet sympa. Petite documentation bienvenue dans les chambres. Laverie. Également d'autres chambres à louer dans le quartier. Accueil courtois.

Plus chic (400-600 Zl / env 100-150 €)

Komorowski Luxury Guest Rooms *(plan général, D2,* ***63****) :* *ul. Długa, 7. 505-989-371. • hotelkomorowski.com • Réception au 2e étage. Doubles 360-560 Zl selon taille et confort. Petit déj 25 Zl.* Ne vous fiez pas à l'aspect chagrin de la façade, une jolie surprise vous attend au 2e étage. Après une enfance canadienne, Bart a renoué avec ses racines polonaises et décidé de réhabiliter l'immeuble de sa grand-mère. D'ailleurs, lorsqu'il est présent, il est aux petits soins pour ses hôtes et parle très bien le français. Dans ces chambres habillées de noir, rouge et blanc, qui marient le verre, la pierre et l'eau, c'est la salle de bains qui tient la vedette. Les prix varient en fonction de la taille... du jacuzzi et de la chambre elle-même, généralement assez étriquée.

Dans le quartier de Kazimierz

De très bon marché à bon marché (40-160 Zl / env 10-40 €)

Good Bye Lenin « Pub & Garden » Hostel *(plan II, E4,* ***43****) :* *ul. Berka Joselewicza, 23. ☎ 12-421-20-30. • goodbyelenin.pl • Dortoirs 4-10 lits 30-55 Zl/pers selon saison ; doubles 110-150 Zl selon saison ; petit déj inclus. CB acceptées.* Dans une cour paisible (avec parking), une maison aux murs jaunes abrite cet *hostel* célèbre pour sa déco inspirée par le communisme défunt et le vieux Lénine barbichu. Le lieu est drôle, décalé et très bien aménagé. Dortoirs ou chambres doubles, presque partout avec douche, w-c privatifs et grands casiers individuels. Cuisine équipée. Laverie avec sèche-linge. Également un pub animé le week-end et plein d'événements sympas comme des soirées cinéma-barbecue ou musique. Accueil top.

Atlantis Hostel *(plan II, E4,* ***42****) :* *ul. Józefa Dietla, 58. ☎ 12-421-08-61. • atlantishostel.pl • Selon saison : dortoirs 4-10 lits 28-65 Zl/pers ; doubles 125-165 Zl. CB acceptées.* Auberge d'ambiance conviviale, très bien située dans des vieux murs. Intérieur rénové et propre, sanitaires communs compris. Belle vue sur un jardin à l'arrière. Pas de petit déj mais café, thé et céréales sont à disposition dans la cuisine, alors...

Momotown Hostel *(plan II, E4,* ***44****) :* *ul. Miodowa, 28. ☎ 12-429-69-29. • momotownhostel.com • Tram nos 3, 8 ou 13 (et 76 en été). Selon saison, dortoirs 4-12 lits 40-50 Zl/pers ; doubles sans ou avec sdb 120-165 Zl. Petit déj inclus.* Collages de photos de presse et peintures maison donnent le ton de cet *hostel* ultra-personnalisé et bien tenu. Dortoirs simples (avec lits superposés et coffres) mais moins froids qu'ailleurs, malgré le carrelage. Laverie, baby-foot, location de vélos. Atmosphère très conviviale.

Stajnia *(plan II, E4,* ***45****) :* *ul. Józefa, 12. ☎ 12-423-72-02. Accès également par ul. Meiselsa. Double avec sdb 160 Zl.* En plein Kazimierz, c'est dans cet édifice, maison d'hôtes dès le XIXe s, que fut tournée une scène clé de *La Liste de Schindler*. Chambres réparties au rez-de-chaussée et à l'étage autour d'une belle cour. Celle-ci sert de terrasse au pub de l'*hostel,* et l'ensemble se prolonge même jusqu'à la rue parallèle, dans une ambiance de verdure. Chambres agréables et personnalisées, avec parquet, meubles bourgeois et petits tableaux de la vie juive d'autrefois. Une excellente affaire, vu la situation et le charme des lieux.

De prix moyens à chic (160-400 Zl / env 40-100 €)

Tournet *(plan II, E4,* ***46****) :* *ul. Miodowa, 7. ☎ 12-292-00-88. • nocleg.krakow.pl • Doubles avec sdb 140-200 Zl selon taille et saison, petit déj inclus. CB acceptées.* Situation

LES CARPATES ET LA PETITE POLOGNE

idéale, à la limite entre Kazimierz et la vieille ville pour une quinzaine de chambres à la déco standard. Les moins chères, sans TV, sont aussi les plus petites (logique). Bon accueil.

B & B Nad Młynkiem *(plan II, E4,* ***47****)* **:** *pl. Wolnica, 7. ☎ 12-430-62-02. • cafemlynek.com • Double avec sdb 170 Zl, petit déj inclus.* En haut d'un rude escalier, au 3e et dernier étage d'un immeuble bâti à l'angle de l'agréable place, ce *B & B* n'offre que 4 chambres mansardées, très propres, avec TV. Petit déj servi au sympathique *Café Młynek* du rez-de-chaussée (voir « Où boire un verre ? Où sortir ? »). Bonne atmosphère.

B & B Kolory *(plan II, E4,* ***61****)* **:** *ul. Estery, 10. ☎ 12-421-04-65. • kolory.com.pl • Double 240 Zl, petit déj inclus.* Depuis une jolie boutique d'art naïf et religieux, située sur la grande place Nowy, un vieil escalier en bois distribue la quinzaine de petites chambres coquettes, décorées de façon assez traditionnelle, un peu à l'image de la boutique. Toutes avec salle de bains et TV. Également 2 appartements. Bon accueil.

Oberża Sąsiadów *(plan II, E4,* ***64****)* **:** *ul. Miodowa, 25. ☎ 12-633-34-44. • apartamenty.oberza.pl • Doubles et suites avec sdb 180-520 Zl selon saison ; petit déj 20 Zl.* Les doubles, petites, de cet hébergement sont toutes décorées différemment, dans un esprit rétro (voire médiéval) très réussi. Pour autant, le confort est bien là, avec notamment de superbes salles de bains modernes. Bien plus spacieuses et lumineuses, les suites, parées de teintes claires et de piquetis de fleurs, profitent d'une étroite terrasse donnant sur la cour intérieure. L'ensemble est bien tenu.

Klezmer-Hois *(plan II, E4,* ***49****)* **:** *ul. Szeroka, 6. ☎ 12-411-12-45. • klezmer.pl • Selon saison, doubles 230-320 Zl, avec petit déj.* Situé dans un ancien bain rituel juif *(mikveh),* malheureusement plus accessible, cet hôtel fait aussi café, restaurant et salle de concert de musique *klezmer.* Il offre des chambres spacieuses à la déco assez raffinée. Certaines ont une douche privative dans le couloir.

Où manger ?

Dans le centre historique et aux abords

De très bon marché à bon marché (moins de 40 Zl / env 10 €)

Comme dans le reste des grandes villes polonaises, les bars *mlecznys* (« bars à lait »), ces petites cantines populaires, proposent une cuisine locale sans bourse délier ou presque ! L'occasion de manger des *pierogi* pour pas cher : une forme de « dumpling social »... Mais, attention, ils ferment souvent tôt.

Tomasza *(plan I, E2,* ***74****)* **:** *ul. Tomasza, 24. ☎ 12-422-17-06. Tlj 8h (9h dim)-22h. Plats 12-20 Zl.* Une photo de vache en plein exode rural, placardée juste au-dessus du comptoir, plante le décor de ce bar à lait au cadre totalement revisité. Lieu jeune et lumineux, on y est gratifié d'un accueil chaleureux. Pour le reste, la carte-ardoise ne déroge pas aux canons du genre, avec d'excellents foies de volailles et *pierogi.* Pour ne rien gâcher, on n'y est pas traité en vache à lait !

Niebieskie Migdały *(plan I, D3,* ***71****)* **:** *plac. W. Świętych, 11. 730-055-500. Tlj 8h (11h lun, 9h dim)-22h. Petite restauration à moins de 15 Zl.* Un lieu très très très sympa, et jeune, et frais, qui change des restos sombres. Normal, ce n'est pas véritablement un resto, mais plutôt un café qui propose des bagels et autre restauration sur le pouce. Murs de briques, banquettes bleues (après tout, le nom du lieu signifie littéralement « l'amande bleue »), moderne, lumineux et soigné. On y trouve même une bière bio régionale, la *Wilk.* Commande au comptoir, sans en faire tout un roman !

U Stasi *(plan I, E3,* ***70****)* **:** *ul. Mikołajska, 16. ☎ 12-421-50-84. Tlj sf* *w-e 12h-17h. Fermé juil. Plats 9-20 Zl. Carte en français.* C'est un bar à lait qui reste dans son jus depuis des lustres. Au bout d'un passage, dans une petite cour, on fait la queue, on mange et on paie en partant, en n'oubliant pas de débarrasser son assiette. Plats du jour, bons *pierogi* végétariens, salés, sucrés et, s'il y en a, excellent boudin noir à accompagner d'un lait caillé *(kefir)*. Fraîcheur garantie, car le resto ferme lorsque les stocks du jour sont épuisés. Du coup, venez tôt car vous ne serez pas seul !

Green Day (plan I, D3, **72**) **:** *ul. Mikołajska, 14. ☎ 12-431-10-27. Lun-sam 11h-22h (21h dim). Plats 7-17 Zl.* Avec sa mezzanine et ses poutres, ce bar à lait a cédé au pittoresque pour offrir un peu de confort à ses clients. Cuisine du monde exclusivement végétarienne : soupe du jour, gaspacho, enchiladas, pitas, samoussas, *kofta*, curry et *naleśniki,* d'excellentes grosses crêpes, par exemple aux épinards. Jus de fruits et de légumes. Pour le reste, règlement à la commande et service en caisse comme d'hab'.

U Babci Maliny (plan I, D2, **75**) **:** *ul. Sławkowska, 17. Dans l'Académie des sciences. ☎ 12-422-76-01. Tlj 11h (12h w-e)-21h. Plats 12-25 Zl.* Ne pas s'en laisser compter par le couloir très institutionnel, c'est bien là, dans la cour intérieure et au sous-sol. Première surprise passée, voici la 2de : vous quittez la coquette Cracovie pour être transporté dans un intérieur d'auberge campagnard folklo à fleur de plancher, bancs, vaisselier, lit paysan, four à pain, tas de bois. N'attendez pas qu'une paysanne en sabots vienne assurer le service, il faut commander à la caisse, prendre son ticket et rester attentif à l'annonce du numéro (en version originale non sous-titrée). Copieuse cuisine polonaise de « bar à lait ».

Pod Temida (plan I, D3, **73**) **:** *ul. Grodzka, 43. ☎ 422-08-74. Tlj 9h-20h. Plats 4-17 Zl.* Petites salles voûtées de couleur crème pour ce bar à lait populaire, pas mal touristique et central à la fois. Les habitués reconnaîtront les grands classiques de ce type d'établissement, les autres découvriront l'ambiance de cantine, et la commande au comptoir de *pierogi, bigos* et autres réjouissances. Ne ménagez pas votre plaisir, ça ne coûte vraiment rien !

Chimera Salad Bar (plan I, D2-3, **76**) **:** *ul. Św. Anny, 3. ☎ 12-292-12-12. Tlj 9h30-22h. Plats au buffet 15-20 Zl, menu végétarien 20 Zl ; compter 40-55 Zl côté resto.* Dans la belle cour intérieure avec tonnelle, l'un des selfs incontournables de Cracovie, bondé en été. Il faut dire que le buffet, fort alléchant, n'est pas trop ruineux. De plus, les propositions sortent un peu des sentiers battus : tartelettes aux brocolis, courgettes farcies au riz, sympathiques salades, etc. Au sous-sol, resto traditionnel dans une belle cave en pierre, avec ses niches et ses tableaux. Nettement plus cher, en revanche.

De bon marché à prix moyens (20-70 Zl / env 5-17,50 €)

Klimaty Południa (plan I, D3, **83**) **:** *ul. Św. Gertrudy, 5. ☎ 12-422-03-57. Tlj 9h-minuit. Petit déj 14-18 Zl. Plats 25-45 Zl.* Après avoir pénétré dans la cour, il vous faut encore passer le porche pour accéder à cette adresse discrète. La patronne, qui est tombée amoureuse de la Provence et y possède une maison, a voulu recréer ici un petit bout du pays des cigales. Résultat, on déguste sous la tonnelle (parfois habitée par un perroquet qui ne babille ni en français ni en polonais) une bonne cuisine d'inspiration méditerranéenne. Et le week-end, on y entend quelques vieux standards français, au son d'une guitare ou de l'accordéon *(concerts ven-dim 20h).*

Balaton (plan I, D3, **82**) **:** *ul. Grodzka, 37. ☎ 12-422-04-69. Tlj 12h-22h. Plats 20-55 Zl. Musique tzigane ven-sam soir.* Dans une belle maison patricienne, ce petit resto hongrois célèbre le goulasch et autres spécialités magyares comme les poivrons farcis, copieux ce qu'il faut. Le cadre est simplissime et comme le service, tout en efficacité. Une valeur sûre.

Wiśniowy Sad (plan I, D3, **84**) **:** *ul. Grodzka, 33. ☎ 12-430-21-11. Tlj 12h-23h. Plats 25-40 Zl (service 10 % en sus).* Au bout d'un passage, à l'écart de l'animation de la rue, ce n'est pas une cerisaie (traduction du nom de ce resto) qui vous attend, mais une petite salle meublée comme chez grand-mère, qui invite à une escapade dans le Grand Est européen. L'occasion de savourer quelques plats ukrainiens ou russes avec une lampée de vodka ou, plus simplement, une des nombreuses spécialités de raviolis, des *pilmieni* de Sibérie aux ravioles du Caucase, histoire de changer des *pierogi* ! Portions malheureusement un peu justes que feront oublier les petits concerts de fin de semaine.

|●| *Smak Ukraiński* *(plan I, D3,* ***85****)* **:** *ul. Grodzka, 21.* ☎ *12-421-92-94. Tlj 12h-22h. Plats 20-30 Zl.* Une bonne cuisine ukrainienne, pas si éloignée de la cuisine polonaise, servie dans une chaleureuse petite salle voûtée, vivement colorisée par des tapis muraux et autres frises au pochoir aux motifs géométriques. De quoi mettre en valeur toutes les « saveurs ukrainiennes » (le nom du resto).

|●| 🍷 *Pod Wawelem* *(plan I, D4,* ***78****)* **:** *ul. Św. Gertrudy, 26.* ☎ *12-421-23-36. Tlj 12h-23h (22h dim). Plats 20-35 Zl (jusqu'à 60 Zl pour une viande).* Grande et belle brasserie, où s'active une armée de jeunes serveuses en jupette. Leur amabilité est moins pétillante que les brassées de bière qu'elles charrient dans les 2 salles, ainsi que sur la terrasse couverte tournée vers le *planty* et la colline du château. Les amoureux du calme passeront leur chemin, surtout aux heures de forte affluence. L'ambiance de taverne est bruyante comme un hall de gare ! Cela dit, les vrais carnivores ne pourront résister à l'appel des brochettes et assortiments de viandes servis en portions gargantuesques juchées sur des pyramides d'accompagnements.

|●| *W Starej Kuchni* *(plan I, D2,* ***93****)* **:** *ul. Św. Tomasza, 8.* ☎ *12-428-00-22. Tlj 12h-23h. Formules déj 18-26 Zl. Plats 20-50 Zl.* L'atmosphère et le menu de cette « vieille cuisine » surfent une fois de plus sur la mode rustico-nostalgique qui s'empare d'un nombre croissant de restos polonais. La déco réussit à combiner tous les clichés d'une campagne rêvée : pavés et poutres de bois, four traditionnel, vieux cuivres et rayonnages de bouquins en trompe l'œil. Dans la même veine, les plats typiquement polonais sont goûteux sans jouer l'originalité (truite, chou farci, *pierogi*, etc.). En bref, c'est une adresse fiable et bien placée.

|●| *Chłopskie Jadło* *(plan I, D3,* ***77****)* **:** *ul. Grodzka, 9.* 📱 *725-100-559. Tlj 12h-22h (23h ven-sam). Plats 20-70 Zl.* On ne le dirait pas, mais cette bonne grosse auberge paysanne de montagne, avec son vieux four, ses banquettes en bois et ses instruments agraires, est en fait une chaîne de restaurants. Le repas commence par de grosses tranches de pain au levain, sur lesquelles on étale une bonne couche de saindoux ou de fromage blanc fouetté. La cuisine, rustique et copieuse, s'avère fort honnête. Cette enseigne à l'effigie de poule a nidifié un peu partout en ville.

|●| *La Fontaine* *(plan I, D2,* ***26****)* **:** *ul. Sławkowska, 1.* ☎ *12-422-65-64. Tlj 12h-23h. Plats 30-55 Zl. Formules 2-3 plats 60-80 Zl. Carte en français.* Pierre Gaillard, un Français, et son épouse d'origine polonaise sont aux commandes de ce très bon resto, niché dans une succession de caves du XIIIe s et décorées à la manière provençale. La carte de cuisine française offre une palette très inventive. Aux traditionnels filet mignon, magret d'oie ou encore bouillabaisse, chose rare en Pologne, s'ajoutent des spécialités inspirées de la cuisine locale, sonnant le rappel de ravioles, galettes de pomme de terre et choucroutes *(bigos)* réinterprétées. Large choix de vins, certains servis au verre.

De prix moyens à chic (40-100 Zl / env 10-25 €)

|●| *Wesele* *(plan I, D3,* ***89****)* **:** *Rynek Główny, 10.* ☎ *12-422-74-60. Tlj 12h-23h. Résa conseillée. Plats 30-60 Zl.* Pas d'illusion, avoir sa façade sur la place principale joue un peu sur les tarifs, pourtant cette enseigne est une bonne valeur. Les soupes dans les miches de pain, les *kotlet*, les foies de volailles à la vodka et à la pomme, la poitrine de poulet farcie au fromage et noisette sur lit d'épinards, toujours joliment mises sur assiette, ne décevront pas vos papilles. Cadre plaisant de mise rustique avec mezzanine et bois clair omniprésent.

🍴 ***Pod Aniołami*** *(plan I, D3,* ***87****) : ul. Grodzka, 35. ☎ 12-421-39-99. Tlj 13h-minuit. Plats 50-70 Zl. Menu (5 services) 130 Zl.* Le restaurateur de *Sous les Anges* a transformé un dédale de petites caves en une ferme qui rend hommage à la cuisine du terroir polonais. Reconstituant l'art de vivre campagnard, il a multiplié les atmosphères en disséminant, au gré des niveaux, vieux bancs patinés, pressoirs, serrures anciennes... C'est immense et parfois rempli le soir. Au sous-sol, atmosphère intimiste et viandes cuisant sous vos yeux.

🍴 ***Wierzynek*** *(plan I, D3,* ***88****) : Rynek Główny, 15. ☎ 12-424-96-00. Tlj 12h-23h. Plats 80-120 Zl. Menu (5 services) 185 Zl.* Un des restos historiques de Cracovie par excellence, puisque le premier repas y fut servi en 1364, à l'occasion d'une conférence au sommet des monarques invités par Casimir le Grand. Pour l'occasion, le bourgeois Wierzynek offrit à chacun des convives un couvert en argent. Depuis, chefs d'État et têtes couronnées ont largement fait la réputation des lieux. L'intérieur est à la hauteur du cadre historique : 13 salles en tout, un peu pompeuses, les plus belles de style Renaissance, sauf celle du gril (belles salades), tout en bois. Goûteuse cuisine polonaise traditionnelle à des prix plutôt abordables pour ce type d'adresse, serveuses en costume d'époque, dégustation de *tokay* et de miel. Musique classique à 19h en saison.

🍴 ***Cyrano de Bergerac*** *(plan I, D2,* ***34****) : ul. Sławkowska, 26. ☎ 12-411-72-88. Tlj 12h-23h. Plats 55-75 Zl. Carte en français.* Ce bijou de décoration et d'art culinaire est l'œuvre d'une Polonaise ayant vécu 25 ans à Paris. Les trouvailles d'antiquaires, vieux buffets, tables à la patine rassurante, horloge comtoise et tapis d'Orient, créent une atmosphère de château, dans des caves en pierre du XVe s, d'une ampleur étonnante. La cuisine est avant tout française (excellent foie gras maison), mais la carte est aussi émaillée de plats polonais d'autrefois comme le chevreuil aux airelles ou la pièce de bœuf aux cèpes... Les serveurs anglophones en tenue blanc et noir vous initieront aux subtilités de la carte. Cave à vins française qui a du nez et livre d'or à rallonge.

Dans le quartier de Kazimierz

Pas casher mais chère, ce n'est pas ici que la cuisine remportera un accessit... Pour des ambiances décontractées, consulter la rubrique « Où boire un verre ? », certains bars ferraillant aussi dans le domaine du couteau et de la fourchette.

De très bon marché à bon marché (moins de 40 Zl / env 10 €)

🍴 ***Échoppes du marché de la pl. Nowy*** *(plan II, E4,* ***80****) : sur les flancs de la jolie rotonde. Tlj 6h-15h. Compter 4-8 Zl.* Dès l'aube, elles régalent ouvriers et maraîchers, mêlés à de jeunes Cracoviens de retour de soirée, d'une soupe ou d'un plat reconstituant avalés sur le pouce. Mais la spécialité du coin, c'est le *zapiekanki,* sorte de panini à la polonaise, pas diète du tout. Les Cracoviens ont beau dire que ce n'est pas terrible, il y a toujours foule !

🍴 ***Sąsiedzi*** *(plan II, E4,* ***64****) : ul. Miodowa, 25. 📱 790-733-790. Prendre la porte de droite, celle de gauche étant celle du restaurant plus chic. Tlj 11h-21h. Plats 15-25 Zl.* Une sorte de bar à lait, pas cher, populaire et même coquet pour le prix. Belle vaisselle et plein de jolis graffitis sur les murs du fond. On commande et on paie au comptoir, bien sûr. Puis on « Sąsied » pour déguster de bons *barszcz, pierogi,* foies aux pommes et oignons, rouleau de chou farci, etc. Le tout à faire descendre avec un *kompot* (sirop de fruits). Accueil sans fioritures mais le rapport qualité-prix est impeccable.

🍴 ***Bagel Mamma*** *(plan II, E4,* ***97****) : ul. Dajwor, 10. ☎ 12-346-16-46. Tlj 9h-18h. Bagels 10-17 Zl.* Les pays d'Europe centrale se disputent l'origine de ce petit pain en forme de couronne (très en vogue aux USA)... Mais le fait est que les juifs du ghetto de Cracovie le citaient déjà au XVIIe s. Alors, histoire de renouer avec ses possibles racines, ce fast-food propose maintes essences de bagels (au pavot, au sésame...), à accommoder avec des garnitures variées (falafel, houmous...). Des bagels à la cannelle et aux raisins secs permettent même des compositions sucrées. Certes, le tout est un peu... étouffe-chrétien.

De bon marché à prix moyens (20-70 Zl / env 5-17,50 €)

Dawno Temu na Kazimierzu (plan II, E4, **11**) : *ul. Szeroka, 1. ☎ 12-421-21-17. Tlj 10h-23h (résa conseillée le soir). Plats 20-45 Zl.* Un peu à l'écart des autres restos de cette grand-place touristique de Kazimierz, ce qu'on aime ici, c'est l'ambiance intime et chaleureuse (le service l'est moins). La petite salle s'est vêtue de la tête aux pieds de vieilleries qui rappellent le passé juif du quartier. On aurait d'ailleurs tant aimé que la carte poussât un peu plus la porte de cette *Yiddish mamma* qu'on entend en fond sonore ! Allez, un peu de carpe en entrée, un mix Jérusalem en plat et un petit verre de vin d'Israël, et on en reprend le refrain...

Zalewajka (plan II, E4, **98**) : *ul. Wąska, 2. 533-339-229. Tlj 12h-22h. Plats 20-25 Zl (façon bar à lait) ; 30-40 Zl (façon resto).* Qu'on les dévore dans la petite salle du rez-de-chaussée ou dans celle du sous-sol, les petits plats proposés à cette adresse de quartier raviront tous les palais. Sur fond de murs en brique peints en blanc, les *gołabki* (littéralement « pigeons », même s'il s'agit de feuilles de chou farcies) vous feront roucouler. Pas mal non plus ce poulet farci aux champignons, servi avec douceur et gentillesse. Les prix aussi sont d'ailleurs gentils ici.

Chłopskie Jadło (plan II, D4, **96**) : *ul. Św. Agnieszki, 1. ☎ 12-421-85-20. Tlj 12h-23h (minuit ven-sam). Plats 30-50 Zl.* Si les murs changent, le concept, la carte et l'ambiance restent identiques aux autres adresses en ville (voir plus haut le commentaire concernant sa petite sœur de couvée, dans le centre historique).

Où boire un café ? Où prendre un goûter ou une glace ?

Vivante, jeune, branchée, ce n'est pas à Cracovie qu'on mourra de soif. Les lieux rivalisant de goût pour la mise en valeur des vieux murs, on se rince l'œil autant que la glotte.
Et puis, le territoire n'étant pas formellement marqué entre cafés et restaurants, n'hésitez pas à parcourir la rubrique « Où manger ? » pour aller lever votre pinte.

Dans le centre historique

Kawiarnia Noworolski (plan I, D3, **100**) : *Rynek Główny, 1. ☎ 12-422-47-71. Tlj 9h-23h.* Archi-touristique et pourtant agréable. Occupant un immense espace au rez-de-chaussée de la halle aux draps *(Sukiennice)*, le lieu cherche à réinventer la mode du café viennois au gré d'une succession de belles salles élégantes et précieuses sur un sol de marbre. Le tout dans une déco hétéroclite et fantasque, entre grandes glaces, armoires à poupées et ornements d'inspiration aztèque. Particulièrement sympa le soir, face aux lumières de la *Główny*.

Cukiernia Jagiellońska (plan I, D2, **101**) : *ul. Jagiellońska, 5. ☎ 12-421-22-91. Tlj 9h-20h.* Une maison fondée en 1933, où tout semble figé dans un décor désormais plus désuet que rétro. En fin de journée, les vieux Cracoviens viennent y chercher la pâtisserie du soir ou, en couple, discuter devant un thé ou un café en grignotant une tranche d'excellent *makowiec*.

Cukiernia Michalscy (plan I, D3, **103**) : *pl. Dominikański, 1. Tlj 7h*

LES CARPATES ET LA PETITE POLOGNE

(8h30 dim)-20h. Dans un décor banal de cafétéria, des glaces, des tartelettes aux myrtilles, framboises ou fraises et de copieuses parts de gâteaux, le tout fait maison.

Café Zakątek *(plan I, D3,* ***113****)* ***:*** *ul. Grodzka, 2. 602-71-07-33 Tlj 10h-23h.* Au fond d'un joli passage, proche de la place centrale mais loin de son tintamarre. Voilà quelques tables à l'extérieur et 2 petites salles cosy, aux murs tapissés et garnis de planches d'herboristerie. Toutes boissons, petits déj, sandwichs, gâteaux et glaces sont servis par des jeunes sympas mais pas toujours hyper pro.

Café Bona *(plan I, D3,* ***117****)* ***:*** *ul. Kanonicza, 11. ☎ 12-430-52-22. Tlj 11h-19h.* Dans une jolie partie du vieux centre, sur la place face à l'église Saint-André. Un petit café-librairie avec quelques tables en terrasse et une jolie salle à l'arrière. Pas donné-donné, mais on y déguste de bons gâteaux pour accompagner son café sur fond de bonne musique. Pas mal de livres en anglais et quelques-uns en français. Bien pour une pause dans le quartier.

Pozegnanie z Afryką *(plan I, D2,* ***111****)* ***:*** *ul. Św. Tomasza, 21. ☎ 12-421-23-39. Tlj 10h-21h (17h w-e).* Ce temple du café tire son nom du film où se papouillent *pan* Redford et *pani* Streep : *Out of Africa.* Il s'abrite dans une petite salle à la déco chaleureuse (jolie carte du monde des producteurs). Éthiopie, Jamaïque, Amérique du Sud, les cafés viennent de partout et sont plus ou moins sages en s'acoquinant parfois d'une lichette d'alcool. Pour passer à l'acte, la boutique propose à la vente plus de 70 variétés de *kawa.* Le lieu a fait de nouvelles pousses dans une dizaine d'autres cités polonaises.

Dans le quartier de Kazimierz

Pracownia Cukiernicza *(plan II, E4,* ***104****)* ***:*** *Starowiślna, 83. Tlj 9h-19h.* Si ce glacier ne paie pas de mine, il attire pourtant des foules de Cracoviens. L'immense queue quasiment toute la journée rappelle l'époque glacée du communisme. Sauf que, désormais, on n'attend pas pour trouver un étal vide mais pour se régaler de parfums délicieux !

Où boire un verre ? Où sortir ?

Une cave, une terrasse, un bar. Telle est la trilogie qui gouverne la vie nocturne de Cracovie. Et vu le nombre infini de caves gothiques, vous pouvez y passer votre jeunesse. Même les sages terrasses du *Rynek* abritent un centre bien plus nerveux à l'arrière, dans les cours et les caves. Les étudiants des 11 universités cracoviennes font le reste. Voici quelques coups de cœur.

Dans le centre historique

Camelot *(plan I, D2,* ***112****)* ***:*** *ul. Św. Tomasza, 17. ☎ 12-421-01-23. Tlj 9h-minuit.* L'un de nos bistrots préférés, avec son voisin mitoyen, le *Dym.* Délicieusement situé juste en face d'une église, le *Camelot* est devenu la coqueluche d'une jeunesse bien-portante... Peut-être à cause des belles parts de gâteau servies sous les lustres de cristal. Et en été, la terrasse sur rue de cet incontournable de Cracovie ne désemplit pas, à l'ombre du palmier qu'on sort aux beaux jours. Quelques tables à l'arrière aussi, dans une courette plus calme.

Dym *(plan I, D2,* ***112****)* ***:*** *ul. Św. Tomasza, 13. ☎ 12-429-66-61. Tlj 10h-23h (minuit sam).* En été, ses tables débordent sur la rue et sa terrasse se confond avec celle de son voisin. Mais une fois les frimas revenus, il garde des accents « sudistes » avec ses tonalités bleu azur et ses petites expos de photos. Très agréable.

Café Philo *(plan I, E2-3,* ***114****)* ***:*** *ul. Św. Tomasza, 30. Tlj 10h-minuit.* On apprécie cette philo-ci, où la clientèle un brin anticonventionnelle laisse sagement les livres dans les rayonnages qui tapissent les murs. On se consacrerait plutôt ici à une étude comparée entre vodka et bière, dans une ambiance de gentil chahut. *Zdrowie !*

Jama Michalika *(plan I, D-E2,* ***116****)* ***:*** *ul. Floriańska, 45.*

☎ *12-422-15-61. • jamamichalika.pl • Tlj 9h-22h (23h ven-sam).* Créé en 1895, ce café a accueilli l'élite artistique du début du XXe s. Au fil des ans, elle y a fondé le cabaret du *Petit Ballon Vert.* Autrefois célèbre, il a laissé en souvenir une décoration qui lui donne rang de musée vivant. Sous des verrières et des vitraux Art déco, les murs sont tapissés de caricatures et de peintures. Un air de nostalgie qui semblera poussiéreux à d'aucuns. Certains soirs de week-end, à partir de 20h, des petits orchestres et des troupes de théâtre font revivre la tradition du cabaret.

Café Botanica *(plan I, D3,* ***119****) : ul. Bracka, 9. 530-717-438. Tlj 9h-23h (minuit ven-sam). Plats 11-18 Zl.* La silhouette métallique d'un *Quercus ilex* (le chêne, pour les botanistes) donne le *la* dans l'entrée. Décor assez design (mais sombre) avec, au fond, quelques arcades en brique surmontées d'une mezzanine. Ici, la chimie de l'agroalimentaire s'éclipse, pour le plus grand plaisir des amoureux des jus de fruits naturels, *shakes* et autres smoothies. Bonnes bières, tartines, quiches, burgers et salades pour caler les faims de journée.

Camera Cafe *(plan I, D3,* ***120****) : ul. Wiślna, 5. 601-190-381. Tlj 10h-22h.* En entrant dans cette jolie *camera obscura,* on a l'impression de parfaire le cadrage d'une photo sur une salle étirée, voûtée et légèrement en gradin. Déco moderne stylisée et vieux films muets projetés sur un mur. Spécialité de chocolats chauds. Également du café et des smoothies. Salades et desserts pour grignoter.

Bunkier *(plan I, D2,* ***131****) : pl. Szczepanski, 3a (planty). ☎ 12-431-05-85. Tlj 9h- 1h. Plats 15-25 Zl.* Entrer dans ce pavillon allongé aux faux airs de jardin d'hiver – il est alors protégé du froid par des bâches transparentes –, c'est s'imprégner d'une atmosphère bohème où toutes les couches de la société semblent bienvenues, du cravaté à l'alternatif. Vieux ventilos, plancher, tables de bois dépareillées et belle dentelle métallique se marient à merveille. Petits déj, salades, sandwichs, petits plats savoureux « italo-orientaux », plein de cafés, de thés, bière pression, vins au verre, cocktails y sont servis de manière complice, sous un éclairage savamment dosé en soirée, immergé dans un fond musical de qualité. Un vrai succès.

Klub Ré *(plan I, D-E3,* ***124****) : ul. Św. Krzyża, 4. ☎ 12-431-08-81. • klubre.pl • Tlj 12h-2h.* À l'écart de la grand-place et de ses touristes, c'est un vaste bar bondé de jeunes, avec une grande terrasse arborée aux beaux jours, où sont parfois organisées des séances de cinéma. Sinon, on s'enfonce vers un réseau souterrain de jolies salles voûtées où la déco déjantée décoiffe les classiques murs de brique. Hors juillet-août, programmation régulière de groupes locaux de rock alternatif. Bière à la pression.

Ambasada Śledzia *(plan I, D3,* ***118****) : ul. Stolarska, 8. 662-569-460. Tlj 9h-6h du mat (7h sam).* Située face aux consulats des États-Unis et d'Allemagne, non loin de leur équivalent français, cette « ambassade du hareng » joue la carte de l'humour et de la bonne humeur. Terrasse animée où la jeunesse cracovienne vient dès l'apéro et jusque fort tard dans la nuit mélanger bière et vodka (ouille, le mal de tête !), comme dans un rituel. Il faut dire que ce n'est pas cher... Mais on vous conseille d'accompagner l'apéro d'un p'tit hareng, si vous ne voulez pas franchir sans passeport la frontière du raisonnable.

Irish Pub Pod Papugami *(plan I, D2,* ***127****) : ul. Św. Jana, 18. ☎ 12-422-61-01. Tlj 12h-2h.* L'Irlande parade dans 3 petites salles du XVIe s, dont la principale accueille un bar en bois, massif à souhait. On retrouve cet esprit cosy dont les Anglo-Saxons ont le secret. Clientèle bien sous tous rapports, ambiance feutrée et sage le soir, à en juger par les bars à l'entour. Le perroquet qui plastronne sur les vitraux est ce fameux « Papugami ».

Piwnica Pod Baranami *(plan I, D3,* ***129****) : Rynek Główny, 27. ☎ 12-422-01-77. • piwnicapodbaranami.pl • Tlj 11h-4h.* Pas de confusion : la terrasse sur le *Rynek* est une façade de respectabilité. C'est dans le sous-sol accessible depuis la cour que résonnaient (et raisonnaient) jadis des contestataires, à l'époque communiste. Depuis des lustres antre des étudiants, cet assemblage de caves communicantes expose tout ce que la Pologne compte de plus représentatif dans ses trésors ruraux. Les tables sont des tonneaux découpés, un piano fou est accroché au mur en compagnie d'une carriole. Le lieu projette également des films à l'occasion (● kinopodbaranami.pl ●).

Harris Piano Jazz Bar *(plan I, D2-3,* ***130****)* **:** *Rynek Główny, 28. ☎ 12-421-57-41. ● harris.krakow.pl ● Tlj de 11h (10h w-e) à pas d'heure. Concerts à env 21h30 (gratuits en sem, 15-25 Zl w-e).* Avant d'accéder à cette cave de jazz, il faut s'arrêter sur la mezzanine pour rendre un premier hommage à la statue du trompettiste noir de la Nouvelle-Orléans. Les musiciens en chair et en os sont plus bas. Harris est réputé pour le sérieux de sa programmation jazz. Le bar fourmille de mille trouvailles, comme les mobiles de pochettes de disques en suspension au plafond.

Dans le quartier de Kazimierz

Kazimierz regorge de bars branchouilles, tendance bobos...

Café Młynek *(plan II, E4,* ***47****)* **:** *pl. Wolnica, 7. ☎ 12-430-62-02. De 9h (14h dim) au dernier client. Plats 17-22 Zl.* Voici un sympathique café de quartier en retrait de l'agitation touristique. Belle terrasse sur la place. Atmosphère un peu bohème. Petites expos et concerts de temps à autre. On aime bien.

Propaganda *(plan II, E4,* ***132****)* **:** *ul. Miodowa, 20. 600-331-922. Tlj de 16h au dernier client.* L'*Ostalgie* est décidément à la mode et, à Cracovie, elle a fait pousser d'étranges fleurs. Ainsi ce café, véritable antiquaire de démocratie populaire. Vieux postes télé, guitares construites à la débrouille, affiches de propagande, les intérieurs aux tons bruns reconstituent, non sans humour, la vie quotidienne sous le communisme. Le must, un petit coin salon, avec fauteuils et lampes d'époque. Un petit décor de rêve... ou de cauchemar !

Les Couleurs Café *(plan II, E4,* ***135****)* **:** *ul. Estery, 10. ☎ 12-429-42-70. Tlj 8h-2h.* Des murs tapissés d'affiches de Gainsbourg, *Pernod* (ben tiens !), Vanessa Paradis, *La Vache Qui Rit* (pas Vanessa !), la Belle Époque et les Têtes Raides, difficile de faire plus *francuski* ! Une fois passé les clichés, on entre dans un vrai café français d'aujourd'hui. Au service près, d'ailleurs, car il faut aller commander et retirer au grand zinc, auprès d'officiants pas super enthousiastes... Pour les nostalgiques, c'est quand même l'occasion de se ressourcer avec un pastis ou un vin français servi au verre. Petit déj et grignotage (salades, toasts).

Ariel *(plan II, E4,* ***136****)* **:** *ul. Szeroka, 18. ☎ 12-421-79-20.* On se souvient de ce temps où l'ancien ghetto était encore déglingué et pas à la mode. Ce temps où *Ariel* était seul ici à agiter son chandelier à 7 branches, son intérieur tapissé de souvenirs judaïsants, ses concerts de musique *klezmer...* Ce temps de chamailleries à la *Don Camillo,* où deux cafés *Ariel* côte à côte, avec chacun son proprio, se disputaient le nom... ce qui valait bien des confusions. Désormais, l'un d'entre eux a monté le *Klezmer-Hois* (voir ci-après !) non loin. Un seul café *Ariel* subsiste, mais l'adresse s'est sacrément embourgeoisée et le porte-monnaie y pleure pour manger. Alors contentez-vous d'un verre.

Klezmer-Hois *(plan II, E4,* ***49****)* **:** *ul. Szeroka, 6. ☎ 12-411-16-22. Tlj 9h-23h.* Logée dans le bâtiment d'un ancien bain rituel *(mikveh),* cette adresse recrée l'ambiance d'un appartement des années 1930 avec un porche Renaissance. Divisé en une partie salon de thé et une autre salle à manger, l'endroit accumule les antiquités dans une atmosphère de vieille carte postale : canapés, portraits d'ancêtres, rideaux de dentelle, piano patiné mais prêt à l'emploi, et le charme d'un parquet poli par les ans. Bien pour boire un verre car la cuisine est plutôt décevante (carte d'inspiration juive qui fait dans le cash-cher plus que dans le casher). On peut s'installer en terrasse si on aime le vacarme du tram. Concerts *(payant)* de musique *klezmer* tous les soirs dès 20h.

Moment *(plan II, E4,* ***123****)* **:** *ul. Estery, 22. 668-034-000. Tlj 9h-1h.* Un grand bar branché à l'esprit *revival,* soit une déco à coups de points et de ronds tirant sur les oranges et les marrons, plus quelques montres molles à la Dalí. Coussins sur les rebords des fenêtres, musique lounge et ambiance on ne peut plus bobo. Cocktails, smoothies et toutes les boissons à la mode. Pas donné-donné, mais atmosphère bien relax. Bon accueil et bon service.

Singer *(plan II, E4,* ***138****) : ul. Estery, 20. ☎ 12-292-06-22. Tlj de 9h au dernier client.* Une institution dans le quartier. Les salles sont éclairées à la lumière de bougies et la terrasse accueille les tables de machines à coudre *Singer* qui lui chantent son nom. Quel bonheur de se poser au son du saxo de Coltrane... en buvant une bière chaude au sirop ! Le soir, la fréquentation se fait plus dense, il est alors difficile de se trouver une place, mais pas d'y faire des rencontres sympas.

Alchemia *(plan II, E4,* ***139****) : ul. Estery, 5. ☎ 12-421-22-00. • alchemia.com.pl • Tlj 9h-minuit (plus tard le w-e).* Institution de la vie nocturne cracovienne, *Alchemia* se distingue par la qualité et l'éclectisme de sa programmation musicale, n'hésitant pas à passer des concerts de jazz et de musique *klezmer* aux soirées électro. Il accueille également des expos de peinture et de photo. Dans une belle alchimie d'espaces aux ambiances variées, éclairés à la bougie, le brassage des âges et des styles garantit une atmosphère sans chichis qui tranche avec les bars bobos du quartier. Une excellente adresse.

Hors les murs

Café Manggha *(plan général, D4,* ***137****) : ul. M. Konopnickiej, 26. ☎ 12-267-27-03. Dans le Centre japonais d'art et de technologie. Tlj sf lun 10h-18h.* Un bar très apprécié des connaisseurs, car c'est l'un des rares établissements qui offrent, aussi bien derrière sa grande baie vitrée que sur sa jolie terrasse, une telle vue sur le château et la Vistule. Très calme, pas très cher et pas touristique du tout.

Où danser ?

Foin de boîtes classiques, Cracovie s'éclate dans des bars (très) nocturnes, particulièrement bondés du jeudi au samedi. Entrée généralement payante *(15-25 Zl, en moyenne),* mais parfois gratuite pour les filles (veinardes !).

Dans le centre historique

Klub Pod Jaszczurami *(plan I, D3,* ***22****) : Rynek Główny, 8. ☎ 12-429-45-38. • podjaszczurami.pl • Tlj 9h-2h (3-4h ven-sam).* En voilà une belle adresse, logée dans l'enceinte de l'*Instytut Sztuki,* soit l'école des Beaux-Arts. Ce club, baptisé « Sous les lézards », s'anime sous des voûtes gothiques asymétriques du vénérable édifice, ce qui le rend assez unique. La bière coule à flots, et c'est bondé le week-end. Multiple programmation (consulter le site internet), mais aussi des soirées *karaoke* (aïe ! aïe ! aïe !).

Jazz Rock Café *(plan I, D2,* ***154****) : ul. Sławkowska, 12. 📱 514-90-99-07. Tlj 18h-6h. Entrée 8-10 Zl ven-sam.* Malgré le nom du club, point de jazz ici mais du trip-hop, du rock et du metal, répartis entre 2 salles distinctes sobres et sombres. Bonne musique : avec les grands classiques pop et rock des années 1980 et 1990. Cocktails aux noms gentiment provocateurs *(LSD, Kamikaze...).*

Carpe Diem II *(plan I, D2,* ***122****) : ul. Slawkowska, 6. ☎ 12-426-10-90. Tlj 18h-4h.* Musique standard de discothèque (variétés de dance et de R'n'B) dans une déco axée sur la moto. Même le dimanche, la piste de danse vrombit. Pas de doute, la cueillette du jour se fait ici de nuit...

Achats

Attention, le samedi, la majorité des commerces ferment vers 15h.

Sukiennice *(l'ancienne halle aux draps ; plan I, D2-3,* ***171****) : au centre du Rynek Główny. Lun-ven 7h-20h ; w-e 10h-15h.* Cette halle accueille sous ses voûtes de nombreuses échoppes proposant tout ce que la Pologne produit en artisanat. De l'ambre, des œufs peints, des jeux d'échecs, des fourrures et la spécialité locale qui fait l'objet d'un concours chaque année à Noël : les crèches en papiers de chocolat.

Galeria Plakatu *(plan I, D3,* ***118****) : ul. Stolarska, 8-10. ☎ 12-421-26-40. Tlj sf dim 12h-17h (14h sam).* Dispose d'un grand choix d'affiches et de posters, un art dans lequel les Polonais sont passés maîtres.

Szambelan *(plan I, D3,* ***160****) : ul. Gołębia, 2 (entrée côté ul. Bracka). ☎ 12-628-70-93. Lun-sam 11h-20h (21h ven-sam), dim 12h-18h.* De grandes fioles remplies de diverses vodkas « sèches », parfumées ou arrangées. Également des absinthes. Jolies bouteilles en vente pour rapporter un souvenir typique, à consommer cul-sec mais... avec modération.

Plac Targowy Unitarg – Hala Targowa *(plan général, E3,* ***161****) : ul. Grzegórzecka, 3. Tlj de tôt à midi, pic d'animation le w-e.* De la vraie puce, pittoresque et bien populo. Bouquins, timbres, argenterie, cuivres, vaisselle, cartes postales, etc. Petits restos.

Naturalny Sklepik *(plan I, D2,* ***162****) : ul. Krupnicza, 8. ☎ 12-422-96-83. Tlj sf dim 9h-19h (15h sam).* Un petit coin de campagne que cette boutique bio. On y trouve de beaux légumes et des fruits de saison, du fromage de chèvre dans tous ses états, pain de pays, fruits secs, thés... Quelques tables sont à disposition dans la cour intérieure, bien cachées derrière fleurs, fougères et tronc d'arbre.

À voir

Comptez trois jours au moins pour découvrir Cracovie, en mesurer la densité artistique et historique, s'imprégner de son atmosphère en arpentant ses places, jardins, rues et ruelles.
– Attention, certains musées n'en finissent pas de se rénover, d'autres ont des horaires fluctuants. N'hésitez pas à vérifier leurs sites internet, ainsi que • *mhk.pl/oddzialy* •
– Selon la durée de votre séjour et vos désirs de visite, voir ce que propose la ***Kraków Tourist Card*** (voir « Infos touristiques, agences et visites guidées » dans « Adresses et infos utiles »).
– La ville se découvre essentiellement à pied, les distances étant rarement très longues entre deux sites. Les transports sont tout au plus utiles pour rejoindre Kazimierz ou le quartier des usines Schindler.
– Au départ du *Rynek,* on peut aussi s'offrir des tours commentés en véhicule électrique ou en calèche (voir la rubrique « Se déplacer » plus haut).

CENTRE HISTORIQUE : LA VIEILLE VILLE
(STARE MIASTO ; plan I)

Construite autour du *Rynek Główny* sur un plan en damier, à l'exception de sa partie sud, la vieille ville épouse le tracé médiéval des rues. Après des siècles d'histoire, elle présente une variété typique de styles de l'Europe centrale où le gothique se mâtine de styles Renaissance et baroque.

Autour du Rynek Główny

Rynek Główny *(place du Marché ; plan I, D2-3)* **:** avec ses 200 m de côté, cette place carrée est l'une des plus grandes que le Moyen Âge ait léguées à l'Europe. Ceinturée aujourd'hui de façades néoclassiques, elle s'enorgueillit d'une unité qui lui donne un incomparable air fin de siècle triomphant, renforcé par la présence de ces impressionnantes et élégantes calèches qui trimballent les touristes à la recherche d'une grandeur disparue. Jusqu'au milieu du XIXe, le Moyen Âge était toujours bien présent. C'est en effet à cette période que la municipalité a décidé de détruire les baraques de marché qui encombraient la place. Toutes les rues alentour avaient leurs spécialités : les volailles entre Floriańska et Św Jana, Bracka pour le plomb, Wiśla pour le charbon et les juifs étaient groupés à l'emplacement de l'actuelle statue de Mickiewicz. Les vendeurs de fleurs et de souvenirs poursuivent

aujourd'hui cette tradition marchande, dont le dernier vestige est l'immense halle aux draps, au centre de la place, la plus grande subsistant en Europe.
Le soir, la place s'anime : des concerts sont organisés tous les jours de mi-mai à mi-septembre, des cracheurs de feu rivalisent avec les jongleurs pour amuser le chaland...

Sukiennice *(halle aux draps ; plan I, D2-3,* ***171****)* **:** *au centre de la place.* L'origine de ce marché couvert remonte au début du XIVe s. Incendié en 1555, il fut rebâti dans le style Renaissance, d'où son attique de pierre masquant le toit. Le XIXe s s'est cru obligé de lui adjoindre ses actuelles arcades, dont la jolie perspective accueille une multitude de boutiques de souvenirs et deux cafés.

Podziemia Rynku *(musée souterrain du Rynek ; plan I, D3,* ***170****)* **:** *Rynek Główny, 1. ☎ 12-426-50-60. • mhk.pl • Tlj : avr-oct 10h-22h (20h lun, 16h mar) ; nov-mars, 10h-20h (16h mar). Attention, fermé le 2e mar du mois. Dernier accès 75 mn avt fermeture. Ticket (à retirer au* Visitor Center *de l'autre côté de la halle ; tlj 10h-20h ; 19h nov-mars) : 19 Zl ; réduc ; gratuit mar et moins de 7 ans.* Ce musée s'étend sous une grande partie de la place. Il permet de découvrir la campagne de fouilles menée ici même. Celles-ci ont mis au jour des fondations et des étables des XIIe et XIIIe s. Nombreux objets exposés (pièces, bijoux, médailles) et photos d'un cimetière du XIe s. Les cartes et panneaux interactifs retracent l'histoire de la ville et révèlent l'importance de Cracovie dans le commerce de l'Europe centrale au Moyen Âge. Néanmoins, ce n'est pas un musée majeur.

Galeria w Sukiennicach *(musée de la Peinture polonaise du XIXe s ; plan I, D2-3,* ***171****)* **:** *Rynek Główny, 3 (au 1er étage). ☎ 12-433-54-00. • muzeum.krakow.pl • Tlj sf lun 10h-18h (20h mar, 16h dim). Dernier accès 1h avt fermeture. Entrée : 16 Zl ; réduc ; gratuit dim. Audioguide en anglais 7 Zl.* Ces anciennes salles de bal sont l'un des cinq sites du Musée national. Les impressionnantes peintures historiques de Jan Matejko sont l'attraction principale à côté d'autres grands noms de cette période, comme Malczewski, Gierymski, Chełmoński et Witkacy, dignes représentants des courants réalistes et impressionnistes. Noter le tableau expressionniste de Podkowiński, représentant une femme nue sur un cheval écumant. Exposé pour la première fois en 1894, il provoqua un véritable scandale et fut taxé d'œuvre pornographique (les critiques n'y sont pas allés avec le dos de l'écuyère !). Après ces émotions, on peut marquer une halte de chat perché au ***café Szał*** qui bénéficie d'une belle vue plongeante sur le *Rynek.*

Sur le côté est de la halle se dresse la ***statue d'Adam Mickiewicz*** *(plan I, D3,* ***172****),* le grand poète romantique, chantre de l'indépendance nationale. Détruite par les nazis, elle fut méticuleusement reconstituée. C'est à ses pieds que se déroule chaque année, en décembre, le concours de crèches de Noël (voir plus loin la rubrique « Fêtes et festivals »). Et, plus prosaïquement, c'est le meilleur point de rendez-vous de Cracovie pour être sûr de ne pas se rater.

Kościół Mariacki *(basilique Notre-Dame-Sainte-Marie ; plan I, D3)* **:** *Rynek Główny, 5. Accès à la tour (avr-oct) ttes les 30 mn, 9h10-17h40. Prix : 15 Zl ; réduc.*
Édifiée une première fois au XIIe s, puis détruite lors des invasions tatares, l'église paroissiale de Cracovie eut à subir trois reconstructions successives avant de renaître en 1355 comme l'une des plus belles églises gothiques du pays.

À l'extérieur

Une coupole Renaissance couronne la tour la plus basse (69 m). La plus haute (82 m) se distingue par un remarquable chapiteau de 16 petits clochetons dont la flèche du XVIIe s se termine par une couronne dorée de 2,50 m de diamètre et d'un poids de 350 kg. Elle servait jadis de tour de guet, une tradition entretenue encore aujourd'hui, à chaque heure, lorsque s'élèvent les notes du *Hejnał.* Cette mélodie vous fera immanquablement lever les yeux dans sa direction. D'origine légendaire (voir l'encadré), le *Hejnał* est devenu le symbole de la ville. Il est retransmis chaque jour, à 12h, à la radio nationale.

La nef
GRATUIT : réservée à la prière, faites-vous discret.
En entrant, jetez un œil à droite sur la *chapelle de la Vierge noire* de Częstochowa, qui est une copie de l'originale, bien que certains soutiennent que ce soit elle la vraie. Par-delà, on a une vue globale de l'intérieur de l'église, avec un aperçu lointain du chœur et de son retable.

LE COUAC FINAL

Cracovie fut saccagée une seule fois, en 1241, par les Tatars, qui s'en étaient emparés par surprise. Les Cracoviens revivent cette lointaine tragédie toutes les heures, de jour comme de nuit, été comme hiver. Une sonnerie de trompette retentit de la tour de l'église Notre-Dame aux quatre points cardinaux et, après quelques notes, elle s'arrête brusquement. C'est pour rappeler la légende d'une flèche tatare qui se serait plantée dans la gorge du guetteur en train de sonner l'alar...

Le chœur
Tlj 11h30 (14h dim et j. fériés)-18h. Entrée : 10 Zl ; réduc. Cérémonie d'ouverture du retable à 11h50 en sem.
En entrant, à droite, notez l'énorme *crucifix* de pierre. Cette œuvre du grand sculpteur allemand Veit Stoss introduit le vrai trésor de cette église.
Le ***chœur*** est dominé par un monumental ***retable,*** sculpté dans du bois de tilleul, de 1477 à 1489, par ce même artiste qui fit absolument tout tout seul. Haut de presque 16 m, large de 11 m avec les volets ouverts, ce triptyque forme le plus grand autel sculpté de la fin du gothique. Certaines sculptures font près de 3 m de hauteur, car le maître, sachant que son œuvre allait être regardée d'en bas, avait prévu l'effet de perspective. La partie centrale représente la Vierge entourée des 12 apôtres. L'ensemble fait penser à une bande dessinée colossale, avec son côté jours de semaine et son côté jours de fête. Socle, frise, volets et vantaux sont peuplés de reliefs. Les personnages sont d'une force expressive et d'un réalisme surprenants. On admirera le soin du détail : les muscles tendus sur les bras, les rides sur les visages. Veit Stoss prit ses contemporains comme modèles : artisans, étudiants ou servantes. Grâce à ses couleurs vives, le retable émerge du fond sombre du chœur, un effet renforcé par la lumière dorée des admirables vitraux du XIVe s.
Conseil : comme le triptyque fermé porte 12 panneaux sculptés représentant les scènes de l'histoire de la Sainte Famille, autant venir à l'église à l'ouverture matinale (en semaine), pour faire d'une pierre deux coups en admirant ses deux faces. On observera au-dessus les frises dues à Jan Matejko, le grand peintre historique du XIXe s.
En décrochant votre regard de ces merveilles, tournez-vous vers la tribune pour ne pas manquer, non plus, les superbes ***vitraux*** Art nouveau signés Stanislas Wyspiański, artiste polyvalent de la fin du XIXe s.

LES CARPATES ET LA PETITE POLOGNE

En retrait de l'église Notre-Dame, la petite ***kościół Św. Barbary*** *(église Sainte-Barbara ; plan I, D3).* Édifiée au XIVe s pour servir de chapelle au cimetière que les Autrichiens fermèrent au début du XIXe s, elle a, paraît-il, été bâtie avec les briques restant de la construction de sa grande voisine. L'intérieur est empreint d'une belle harmonie baroque : des mobiliers aux orgues en passant par les plafonds joliment peints.
– À l'arrière de celle-ci, le tranquille ***Mały Rynek*** *(plan I, D3)* servit longtemps de marché à viande.
– Attenante, la rue Sienna abrite, au premier étage du n° 5, le ***Club des intellectuels catholiques*** *(KIK),* seule organisation indépendante tolérée dans la Pologne poststalinienne. C'est ici qu'en 1980 le syndicat Solidarnoś́ć encore balbutiant trouvait conseils et appuis.

Kościół Św. Wojciecha *(église Saint-Adalbert ; plan I, D3,* ***173****) : Rynek Główny ; au sud de la place, à l'angle de la rue Grodzka. Lun-sam 10h-16h ; fermé dim. En été, concert classique tlj vers 18h. Tarif : env 65 Zl.* C'est la plus vieille église de la ville. Selon la légende, l'évêque slave Adalbert y tint ses premiers sermons vers l'an 995, avant d'aller convertir au nord les Prussiens qui le mirent à mort. Magnifique plafond Renaissance restauré.

Wieża ratuszowa *(tour de l'hôtel de ville ; plan I, D3,* ***174****)* **:** *tlj 10h30 (12h nov-déc)-18h. Dernier accès 30 mn avt fermeture. Entrée : 9 Zl ; réduc.* Cette tour gothique est l'ultime vestige de l'hôtel de ville du XIVe s, malencontreusement démoli en 1820 par les autorités municipales pour vétusté. On peut grimper au sommet, qui offre à travers trois fenêtres seulement une belle vue sur la ville ; le reste n'est pas passionnant.

Pałac Krzysztofory *(palais Krzysztofory ; plan I, D2)* **:** *Rynek Główny, 35 ; à l'angle d'ul. Szczepańska. ☎ 12-619-23-35. • mhk.pl • Tlj sf lun 10h-17h30. Tarif : 12 Zl ; réduc.* Le palais Krzysztofory se restaure peu à peu. C'est un bâtiment gothique édifié par de riches marchands au XVIIe s. Belles loggias en arcades supportées par des doubles colonnes de style toscan. Le musée d'Histoire de la ville qu'il abrite est en travaux jusqu'en 2020, à priori.

Avant de quitter la place, un tour d'horizon des édifices qui la bordent est plus que conseillé. La plupart de ces maisons patriciennes pluricentenaires furent habitées par des artistes ou des personnages célèbres.
– À l'est, au no 6, à l'angle d'ulica Sienna, la ***Maison grise*** accueillit dans ses appartements gothiques le premier roi élu de Pologne, Henri de Valois.
– Juste à côté, au no 7, le ***palais Montelupich,*** avec son monumental portail Renaissance, servit de siège à la première poste du pays sous le règne du roi Sigismund.
– Au no 9, le ***palais*** gothique ***Bonerowska*** fut le domicile du peintre et écrivain Stanislas Wyspański.
– Au sud, au no 20, le ***palais Potocki*** est représentatif de l'architecture classique de Cracovie avec sa cour ornée de loggias, tout comme le ***palais Pod Baranami*** (no 27) du XVIe s.
Les immeubles de la face ouest eurent leurs façades remaniées aux XIXe et XXe s, tout en conservant en partie leurs intérieurs Renaissance.

Le nord

Kamienica Hipolitów *(maison Hipolitów ; plan I, D2-3,* ***177****)* **:** *pl. Mariacki, 3. ☎ 12-422-42-19. • mhk.pl • Nov-mars, mer-dim 10h-17h30 ; avr-oct, mer-dim 9h-16h. Entrée : 9 Zl ; réduc ; gratuit mer.* Cette exposition présente sur deux étages la reconstitution d'un intérieur bourgeois de Cracovie.

La rue Floriańska *(plan I, D2)* **:** percée au XIIIe s, elle conduit à la porte Florian, entrée historique de la vieille ville. Depuis son origine, sa vocation est commerçante, une tradition que le tourisme et l'éclosion des boutiques n'ont fait qu'amplifier. Elle conserve quelques beaux immeubles Renaissance. L'écrivain Joseph Conrad (né Konrad Korzeniowski) vécut quelques années de sa jeunesse dans une pension de cette rue, avant de partir en France et en Angleterre, pour devenir marin.
– Au no 25, un petit ***musée de la Pharmacie*** *(muzeum Farmacji)* : *☎ 12-422-42-84. • muzeumfarmacji.pl • Mar 12h-18h30 ; mer-dim 10h-14h30. Entrée : 9 Zl ; réduc.* Il présente d'anciens intérieurs d'échoppes, dont une boutique du XVIe s, et plusieurs collections savantes sur les ustensiles de jadis.
– Au no 45, le célèbre ***café Jama Michalika*** *(plan I, D-E2,* ***116****),* où se déroulaient, entre les deux guerres, les folles soirées du cabaret *Zielony Balonik (Le Petit Ballon Vert),* qui réunissaient l'élite intellectuelle de l'époque. De nombreuses caricatures, le mobilier qui est en soi une plaisanterie, les marionnettes du guignol de l'époque et le décor original de la scène sont restés intacts. Une pause-café (et pourquoi pas dessert) s'impose.
La rue se termine par la ***porte Florian,*** occupée aujourd'hui par des vendeurs de peintures à deux sous.

Brama Floriańska et l'ancienne fortification (porte Florian ; plan I, E2) : *une partie de l'ancienne fortification se visite depuis l'extrémité de ul. Pijarská. • mhk.pl • Avr-oct slt, tlj 10h30-18h ; fermé le 2e mar du mois. Entrée : 8 Zl ; réduc. Billet combiné avec la barbacane : 10 Zl.* La *brama Floriańska* est l'une des sept portes de l'enceinte qui furent édifiées entre les XIIIe et XVe s. Comprenant 47 tours, dont deux subsistent de part et d'autre, l'enceinte fut démolie en 1806 sur ordre des Autrichiens, alors occupants de la ville. Ce fragment des remparts doit sa survie à un certain sénateur Radwański. Il avait justifié auprès des Autrichiens sa sauvegarde « par crainte des courants d'air dans la vieille ville, ceux-ci pouvant provoquer des rhumes ou même des paralysies auprès des femmes et des enfants ». Cet argument médical s'est avéré convaincant ! Le parcours de visite est jalonné de panneaux en anglais. Retraçant l'histoire de sa construction et de ses tours aux noms de métiers (tour du Barbier, du Boucher...), ils permettent de mieux s'imaginer l'aspect de la Cracovie médiévale.

LOTO ÉCOLO

Après la destruction des remparts, Florian Staszewski fut l'un des artisans de leur transformation en un agréable parc urbain. Afin de réunir les fonds nécessaires à l'achat des arbres et plantes, il créa dès 1821 une loterie. Sur la place du Marché, on affichait les résultats du tirage hebdomadaire.

– Juste au-delà de la porte, la ***barbacane*** est ce bastion circulaire construit au XVe s pour renforcer la défense de la porte. Elle servait également de passage symbolique pour les défilés de couronnement, le retour des troupes victorieuses et les cortèges funéraires de rois ou de héros. C'est l'une des dernières encore intactes en Europe. Ses murs de 3 m d'épaisseur étaient jadis reliés à la porte par un tunnel aujourd'hui disparu.

Immédiatement après la ***rue Pijarska*** se trouve la très baroque ***Kościół Przemienienia Pańskiego*** *(église de la Sainte-Transfiguration ; plan I, D2).* Si elle est fermée, jetez toujours un coup d'œil par la porte vitrée. Sur la partie supérieure de l'autel, des trompe-l'œil à dominante pastel annoncent la douceur du Ciel. Malgré la profusion de stucs et autres luxuriances, l'ensemble reste harmonieux.

Muzeum Czartoryskich *(musée Czartoryski ; plan I, D2)* **:** *ul. Św. Jana, 19. ☎ 12-370-54-60/61. • muzeum-czartoryskich.krakow.pl •* ***En rénovation jusqu'à nouvel ordre.*** Ce département du Musée national, qui est aussi le plus vieux musée de Pologne, occupe un pâté de maisons constitué par le palais lui-même (XIXe s), par un ancien couvent du XVIIIe s et par un arsenal du XVIe. Il renferme la riche collection du prince Czartoryski actuellement mise en sommeil. Son fleuron, ***La Dame à l'hermine*** de Léonard de Vinci, a été provisoirement transféré dans le château de Wavel.

La rue Szpitalna *(plan I, D-E2)* **:** située à l'est de la rue Floriańska, elle est tout aussi aristocratique que sa voisine.

– Au no 24, une ***synagogue*** reconvertie après-guerre en église orthodoxe *(ouv slt lors des offices).* Ce n'est pas si fréquent, l'usage d'alors étant plutôt une reconversion en magasin, cinéma ou musée.

Le théâtre Słowacki *(plan I, E2)* **:** construit en 1893. Regardez-le bien. Il ne vous rappelle rien ? Allons, un petit effort ! L'Opéra de Paris, bien sûr ! Le bâtiment en est largement inspiré, dans des dimensions plus modestes. Portant le nom du poète romantique Juliusz Słowacki, il fut construit à l'emplacement d'un couvent du Moyen Âge dont la démolition souleva les protestations de l'élite artistique du moment, et en particulier du peintre Jan Matejko. L'intérieur croule sous les dorures. Pour sa programmation, voir plus haut « Adresses et infos utiles. Culture ».

Kościół Św. Krzyża (*église Sainte-Croix ; plan I, E2*) **:** *à droite du théâtre Słowacki. Accès pendant les messes ; le reste du temps, coup d'œil à l'intérieur possible depuis le porche.* Édifiée au XVe s, cette église se singularise par la modestie de son extérieur qui ne présage pas de sa superbe voûte gothique en palmier supportée par un pilier unique. Le chœur et la nef comportent aussi de très belles fresques restaurées au XIXe s par Stanisław Wyspiański, tombé amoureux de cette église qu'il considérait comme le plus bel édifice gothique de la ville.

L'ouest

L'université Jagielloński (*plan I, D3*) **:** *entre les rues Św. Anny, Jagiellońska et Gołębia.* Elle fut implantée en 1364 par Casimir le Grand, sur le périmètre du quartier juif, qui, progressivement exproprié, émigra en 1400 au sud de la ville à Kazimierz (voir plus loin). On y trouve les plus anciennes écoles de Pologne et bénéficie durant l'année universitaire d'une animation digne du Quartier latin à Paris.

Collegium Maius (*plan I, D3*) **:** *ul. Jagiellońska, 15 ; à l'angle d'ul. Św. Anny.* D'une magnifique architecture gothique du XVe s, c'est le cœur historique de l'université. À la fin du Moyen Âge, il pouvait se prévaloir d'être le centre intellectuel de l'Europe. Il n'a cessé de collectionner les élèves célèbres comme Nicolas Copernic ou, plus récemment, l'écrivain Czesław Miłosz. Quant au futur pape Jean-Paul II, il y a joué la comédie dans la cour...
Vaste bâtiment, il s'ouvre sur une paisible cour à arcades qui conduit au ***muzeum Uniwersytetu Jagiellońskiego*** (*musée de l'Université-Jagellon ; plan I, D2-3, 175*) **:** *☎ 12-663-13-07 (résa). • maius.uj.edu.pl • Tlj sf dim 10h-15h (18h mar et jeu avr-oct ; 16h mar nov-mars). Dernière entrée 40 mn avt fermeture. Visite guidée (obligatoire) de 30 mn. Entrée : 12 Zl ; avec expos provisoires 16 Zl ; réduc.*
– **Le rez-de-chaussée** (*billetterie*) **:** permet de découvrir une partie du *lectorium*, avec des fresques murales dédiées aux mathématiques et à la géographie, les salles de cours et la salle alchimique.
– **La cour** (*accès libre*) **:** harmonieuse démonstration qu'un carré a quatre côtés égaux... même lorsqu'ils sont joliment agrémentés de galeries à arcades, d'un puits qui en forme le centre de gravité et d'une horloge qui, toutes les 2 heures *(9h-17h)*, organise un défilé de recteurs et de suzerains (Jagelon et la reine Edwige) qui tournent... comme la Terre selon Copernic.
– **Le 1er étage** (*partie payante*) **:** réservé à une somptueuse bibliothèque, aux appartements des professeurs (magnifique escalier à vis de style Renaissance), à la salle d'honneur *(aula magna)* recouverte de portraits des rois polonais, des professeurs et des différents donateurs, qui plus est dotée d'une belle porte marquetée et d'un plafond à caissons Renaissance. La pièce maîtresse, outre une impressionnante collection de sceptres de recteurs, est le plus vieux globe du monde (1510), qui indique le tracé du continent américain sous le nom de « pays nouvellement découvert » ! Enfin, une vitrine expose l'oscar, le lion d'or et l'ours d'or remportés par le cinéaste Andrzej Wajda, qui a étudié au *collegium Minus*.

Kościół Św. Anny (*église Sainte-Anne ; plan I, D2*) **:** *ul. Św. Anny, 11.* Représentative d'un baroque tardif et abâtardi du XVIIe s, elle fut l'église de l'université et accueillait les cérémonies officielles de cette dernière, les mortuaires comme les festives, telle l'inauguration de la rentrée. Elle se distingue par la hauteur de son dôme central, d'inspiration italienne.

En face, au no 12, le ***collegium Nowodvorski*** (*plan I, D2-3*) du XVIe s, dont le plus illustre élève fut Jan III Sobieski, le vainqueur des Turcs à Vienne, en 1683.

Collegium Minus (*plan I, D3*) **:** *ul. Gołębia.* Ce bâtiment reconstruit au XVIIe s est depuis le XVe s la faculté des arts, dont notamment Jan Matejko fut successivement élève et professeur.

Collegium Novum *(plan I, D3) : à l'angle d'ul. Gołębia et d'ul. Jagiellońska.* Une copie néogothique (XIXe s) du collegium Maius, aujourd'hui centre administratif de l'université.

➢ De là, il n'y a plus qu'à rebrousser chemin en remontant la rue Jagiellońska, pour quitter le quartier de l'université et gagner la ***place Szczepański*** *(plan I, D2)* qui offre quelques curiosités :

À l'angle d'ulica Jagiellońska, le ***théâtre Stary*** *(plan I, D2)* est l'un des plus anciens de Pologne. Il a vu le jour au début du XIXe s et s'est enrichi depuis d'une élégante façade Art nouveau. Sa programmation est aussi l'une des plus prestigieuses de Pologne, avec des metteurs en scène comme Andrzej Wajda ou Konrad Swinarski.

Kamienica Szołajskich *(maison Szołayski ; plan I, D2,* ***176****) : ul. Szczepańska 11. ☎ 12-433-54-50/51. • mnk.pl • Tlj sf lun 10h-18h (16h dim). Dernière entrée 30 mn avt fermeture. Entrée : 12-20 Zl (selon expo) ; réduc ; gratuit dim.* Cette demeure bourgeoise, en perpétuelle évolution depuis le XVIe s, accueille de belles expositions temporaires. Les sujets approchent divers aspects de l'art moderne au travers de l'incroyable collection de Feliks Manggha Jasieński (15 000 objets au total), partiellement exposée ici au gré de thèmes aussi riches et variés que : « L'Art nouveau et les peintres polonais » ou « Les affiches françaises de l'Impressionnisme à l'Art contemporain » ou « De l'art japonais à l'art européen ».

Bunkier sztuki *(galerie d'art Bunkier ; plan I, D2) : pl. Szczepański. ☎ 12-422-10-52. • bunkier.art.pl • Tlj sf lun 11h-19h. Entrée : 12 Zl ; réduc.* Des expos de peinture et de sculpture – majoritairement d'art contemporain polonais – y sont organisées périodiquement.

Kościół Reformatów *(église des Franciscains réformés ; plan I, D2) : ul. Reformacka, 4. Ouv à partir de 11h.* Reconstruite au XVIIe s après la destruction par les Suédois du couvent initial, elle renferme dans sa crypte les restes momifiés de la famille des donateurs. C'est un rare exemple de momification naturelle due au microclimat des caves. Mais préparez-vous à une grande frustration : son accès est interdit au public afin de préserver ces lugubres reliques humaines.

Kościół Karmelitów *(église des Carmes ; plan I, D2) : au croisement de Karmelicka et Garbarska.* Ce monastère baroque abrite une église et un charmant petit musée. À la fin du XIVe s, des carmes venus de Bohême établissent ici une fondation. L'église fera l'objet d'un célèbre pèlerinage en Pologne et, à partir du XVIe s, les rois polonais viennent y prier. Aujourd'hui, (presque) rien n'a changé : les moines distribuent de la nourriture aux indigents du quartier et cultivent leur jardin. Passé le cloître, aux plafonds entièrement peints, on accède à l'église. Inhabituel, des bancs sont disposés entre la nef et l'autel. Comme autrefois, ils sont réservés aux moines. À droite de l'autel, voir la chapelle de Notre-Dame de Cracovie. Contrairement aux apparences, la magnifique icône ne représente pas une Vierge Noire. Le jardin des moines n'est pas ouvert aux visiteurs, mais peut-être qu'en demandant poliment... Entre senteurs bucoliques et petits pommiers, on oublie presque qu'on est à Cracovie !

APPARITION MIRACULEUSE

Si l'icône exposée dans la chapelle de l'église des Carmes est bien réelle, elle doit sa création à une légende qui remonte au XVIe s. Un moine aurait commencé à dessiner le visage de la Vierge sur le mur. Au retour de sa pause-déjeuner, ô surprise, son travail avait été achevé, le visage apparaissant complètement ! Depuis, la chapelle a été déclarée miraculeuse, devenant, comme il se doit, un lieu de pèlerinage très fréquenté.

– **Musée :** *tlj 10h-17h ; 14h-19h dim.* Partitions médiévales (toujours jouées) que les carmes tchèques auraient apportées à la fin du XIVe s. Certaines sont ornées de magnifiques enluminures peintes.

Europeum *(plan général, C2-3)* **:** *pl. Sikorskiegi, 6. ☎ 12-433-57-64. • mnk.pl • Tlj sf lun 10h-18h (16h dim). Billet : 9 Zl ; gratuit moins de 7 ans ; réduc.* Cette annexe du Musée national présente une belle collection de peintures et sculptures de l'Europe occidentale du XVIe au XIXe s. Parmi celles-ci, une *Adoration de l'Enfant* de Lorenzo Lotto, une *Prédication de saint Jean-Baptiste* et une *Fuite en Égypte* de Pieter Bruegel, ainsi qu'un paysage mordoré de Rembrandt et une nature morte de Maurice de Vlaminck parmi les toiles les plus célèbres. Voir aussi un allégorique tableau de Félix Barrias mettant en scène la mort de Chopin. Côté sculpture, votre fibre patriote notera au rez-de-chaussée un buste de Napoléon par Canova et un autre de Voltaire par Houdon. Ces collections, réunies à la fin du XVIIIe s par la princesse Isabelle Czartoryska dans son palais de Puławy, eurent à subir le destin mouvementé de la Pologne. En 1831, après la révolte nationale contre les Russes et la confiscation de ses biens, la princesse transféra la collection dans son hôtel parisien. Ce n'est qu'en 1870 que les tableaux purent être réacheminés à Cracovie. Il ne leur restait plus qu'à attendre l'arrivée des nazis, qui dérobèrent 843 objets d'art. Parmi les plus remarquables, *La Dame à l'hermine,* de Léonard de Vinci, fut retrouvée en Bavière dans la maison de campagne de Hans Frank (dit « le boucher de Cracovie »), le *Paysage avec le bon samaritain,* de Rembrandt, fut repris à l'ancien avocat de Hitler, mais un autoportrait de Raphaël court toujours.

Dom Józefa Mehoffera *(maison Joseph-Mehoffer ; plan général, C2)* **:** *ul. Krupnicza, 26. ☎ 12-433-58-80. • mnk.pl • Tlj sf lun 10h-16h. Entrée : 9 Zl ; réduc ; gratuit dim et moins de 7 ans.*
Cette maison offre la triple vertu de présenter un intérieur bourgeois du début du XXe s, de partager l'intimité quotidienne d'un grand artiste cracovien qui y vécut, et de voir l'exposition de ses œuvres. Côté bâtisse, on est largement servi, de l'escalier monumental à la sous-face richement ornée, jusqu'aux parquets anciens du 1er étage et au somptueux jardin que l'on apprécie par les fenêtres de la bibliothèque ou du salon. Bibliothèque dont les livres ont été chassés par des tableaux (belle trinité peinte sur bois). Le salon résonne encore des rires et des chants des réceptions de ses jeunes temps, piano demi-queue à l'appui, lorsqu'on se pressait sous l'autoportrait du maître de séant en admirant la reproduction faite maison d'un tableau d'Élisabeth Vigée-Lebrun, au-dessus de la cheminée. Les mobiliers *Biedmeier* foisonnent : un divan au salon, des chaises dans la salle à manger...
Au 1er étage, la chambre de Madame sert de lieu d'exposition à un intéressant travail autour des vitraux : l'artiste composa entre autres ceux de la cathédrale arménienne de Lvov (désormais en Ukraine) ; travail dont on voit les ébauches dans la salle à manger, aux côtés de porcelaines de Bretagne. La chambre de Monsieur mêle à des meubles de style Empire français les façons Art nouveau des rideaux (les motifs ayant été dessinés par... devinez qui !). Encore quelques œuvres et pièces de vie, dont un joli cabinet japonais, et un très beau travail de vitrail (encore) dans l'antichambre : « *Vita scomnium breve* », la vie est un court rêve... à méditer.

Dom Śląski *(musée de la Gestapo ; plan général, C1)* **:** *ul. Pomorska, 2 (sous-sol). ☎ 12-633-14-14. • mhk.pl • Avr-oct, tlj sf lun 10h-17h30 ; nov-mars, mar-mer et ven 9h-16h, jeu 12h-19h et w-e 10h-17h. Entrée : 6 Zl ; réduc ; gratuit mar.*
Ce vaste édifice abritait les bureaux de la Gestapo de Cracovie. Tout le quartier était bouclé et appartenait à la tristement célèbre police politique allemande. Les 1er et 2e étages servaient de salles d'interrogatoire, et les sous-sols de cellules. Peu de détenus en sortirent vivants, et un seul s'en est échappé.
– La petite exposition permanente reconstitue la vie des résistants polonais et juifs à Cracovie sous l'occupation, avec des documents d'archive parfois insolites. Mitraillettes Sten Mk II, fabriquées par la Résistance polonaise. Voir les divers

objets confectionnés – on se demande comment – par les détenus de la prison de Montelupich, non loin d'ici (napperon brodé, pièces d'échecs...). Affiches antisémites, vêtements de prisonniers. Photos sur l'Organisation juive de combat (ŻOB). Le 22 décembre 1942, ses membres éliminèrent sept officiers allemands au café *Cyganeria*, un cabaret fréquenté par l'occupant (au n° 38 de la rue Szpitalna).
– On visite ensuite les lugubres cellules, au sous-sol, dans la cour. Les quelque 600 inscriptions des prisonniers, sur les murs, datent des années 1943-1945. Elles montrent que des détenus de toutes les nationalités (Polonais, Russes, Tchèques...) défilèrent dans ces geôles. Parmi eux, un Allemand, qui s'indigne de son sort : « Ici est détenu un citoyen du Reich allemand, pourquoi ? Parce que la police a entendu quelque chose... » D'autres démontrent une détermination absolue, comme ce graffiti en latin : « Qu'il est doux de mourir pour la patrie. » Au fond, photos des prisonniers, avec un historique (en anglais) sur les conditions de leur arrestation. Nombre d'entre eux étaient des résistants actifs. Un martyrologe et un hommage au courage, dans ce musée à l'ambition certes très mesurée.

Le sud

La rue Grodzka *(plan I, D3-4)* **:** *naissant au Rynek Główny.* Elle forme avec la rue Florianska l'artère royale. Elle ne tarde pas à rejoindre la place Dominikański qui compte deux monuments majeurs :

Kościół Dominikanów *(église et monastère des Dominicains ; plan I, D3)* **:** *ul. Stolarska, 12.* D'abord simple église, en remplacement de celle détruite par les Tatars en 1241, elle se mua au fil des siècles en l'une des plus grandes de la ville. C'était sans compter avec l'incendie de 1850, qui détruisit la majorité de sa décoration intérieure en même temps qu'une bonne partie du quartier environnant. Elle se présente aujourd'hui sous l'aspect d'un édifice façon XIIIe s, agrémenté d'une série de chapelles Renaissance ayant survécu à l'incendie.
Sa nef est décorée dans un style néogothique qui inclut des confessionnaux monumentaux. En haut de quelques marches, à gauche du chœur, la *chapelle Saint-Hyacinthe* (Św. Jakuba) est la plus ancienne et abrite le tombeau du saint fondateur du monastère. Inspirée de la chapelle Sigismond du château Wawel, elle présente une belle ornementation de stuc signée Baldassare Fontana et des peintures du Vénitien Thomas Dolabella relatant la vie du saint.
Au sud, la chapelle baroque de la riche famille Myszkowski est l'œuvre de l'atelier du Florentin Santi Gucci, un de ces nombreux artistes italiens qui, au XVIe s, officiaient en Pologne. Dans le chœur, une série de tombeaux, dont celui de l'humaniste Filip Kallimach, attribué à Veit Stoss.
– On accède au ***couvent gothique*** par le porche Renaissance, au nord, près de la sacristie. Doté d'un paisible cloître et d'un réfectoire roman, il servit dans les années 1980 de QG aux étudiants en révolte contre le régime, qui y organisèrent des expositions de peintures subversives.

Pałac Arcybiskupi *(palais archiépiscopal ; plan I, D3)* **:** *de l'autre côté de la rue, au n° 3 d'ul. Franciszkańska.* Bâti au XIVe s, puis remanié au milieu du XVIIe, il fut également ravagé par l'incendie de 1850, qui le priva en partie du faste de ses appartements. Il abrite depuis la fin du XIXe s une riche collection d'art inaccessible au commun des mortels. Son dernier titre de gloire est d'avoir hébergé le célèbre cardinal Karol Wojtyła, alias Jean-Paul II. Dans la cour, sa statue célèbre son retour triomphal au pays en 1979.

Kościół Franciszkanów *(église et monastère des Franciscains ; plan I, D3)* **:** *pl. Wszystkich Świętych.* L'église, puissante et massive, bâtie au XIIIe s, s'est posée en rivale de sa voisine. C'est à elle qu'échut, en 1385, le privilège d'accueillir le baptême solennel du grand-duc de Lituanie, Ladislaw Jagiełłon, condition préalable à son accession au trône de Pologne. Affectée comme sa coreligionnaire

LES CARPATES ET LA PETITE POLOGNE

par l'incendie de 1850, elle en tira néanmoins un meilleur profit en faisant appel en 1897 à l'artiste sécessionniste Stanislas Wyspiański. Celui-ci la dota de fresques et de vitraux Art nouveau qui font aujourd'hui sa renommée. Le plus célèbre étant, à l'ouest, le portrait de Dieu Créateur du monde surgissant dans une apothéose de couleurs, inspiré de la chapelle Sixtine du Vatican.

– Au sud de l'église, le ***couvent,*** peu endommagé, possède un beau cloître gothique avec des fragments de fresques du XVe s. Mais il faut pénétrer à l'intérieur pour découvrir une impressionnante galerie de portraits des évêques de Cracovie, depuis le milieu du XVe s jusqu'à l'évêque en titre, monseigneur Piotr Tomicki.

Le palais Wielopolskich *(plan I, D3)* **:** il borde la petite place Wszystkich Świętych, contiguë à la place Dominikański (regardez bien votre plan !). D'un âge respectable puisqu'il est né au XVIe s, il dut entre-temps changer plusieurs fois de style et de propriétaire, avant que l'incendie de 1850 ne lui donne son actuelle façade et sa fonction de mairie de Cracovie.

Muzeum archeologiczne *(Musée archéologique ; plan I, D3)* **:** *ul. Senacka, 3. ☎ 12-422-71-00. • ma.krakow.pl • Tlj sf sam : en juil-août, 10h-17h (15h dim) ; hors saison, 9h-15h (18h mar et jeu) ; dim 11h-16h. Dernier accès 30 mn avt fermeture. Entrée : 9 Zl ; réduc ; gratuit dim.* Avant de devenir un musée, ce bâtiment du XVIIe s fut d'abord un couvent carmélite, puis une prison, de l'époque des Habsbourg jusqu'à la Seconde Guerre mondiale. Son point fort est de présenter un large panorama de la Małopolska (Petite Pologne), du Paléolithique au début du Moyen Âge. Il possède aussi la seule sculpture jamais découverte d'un dieu païen slave : un phallus à quatre faces de 2,50 m ! On remarquera aussi une collection de sarcophages égyptiens et d'art antique, trouvée par les soldats polonais au Moyen-Orient lors de la dernière guerre, tandis qu'une autre section expose le produit des fouilles du site de Nowa Huta, faites lors de la construction du monstrueux combinat sidérurgique (voir « Dans les environs de Cracovie »). Ne manquez pas de vous promener dans le magnifique jardin, bien taillé sans être symétrique.

➢ Le retour sur la rue Grodzka permet de rejoindre la ***place Marii Magdaleny,*** entourée par deux églises...

Kościół Św. Piotra i Pawła *(église Saint-Pierre-et-Saint-Paul ; plan I, D3)* **:** *ul. Grodzka, 54. En été, concert de musique classique ts les soirs de la sem à 20h ; compter 50-60 Zl.* Les statues des 12 apôtres montent la garde devant cette église commanditée par les jésuites arrivés en catastrophe à Cracovie en 1580 pour combattre la sédition protestante. Entre-temps, la pollution a fait son travail de sape et les apôtres d'origine ont dû se réfugier dans une remise, remplacés par des copies. Ce différend scholastique offrit à la ville son premier édifice baroque. Malgré quelques décorations en stuc dues à Giovanni Falcone, l'intérieur sévère porte un fond de gravité dans le chœur. La crypte (décrétée Panthéon national en 2010) servait depuis belle lurette de tombeau au champion de la Contre-Réforme, le prédicateur Piotr Skarga. Il a été rejoint en 2013 par Sławomir Mrożek, dessinateur satyrique et dramaturge franco-polonais.

– Face à elle, de l'autre côté de la rue, le ***collegium Juridicum*** *(plan I, D3),* l'une des plus anciennes annexes de l'université, d'un beau gothique tardif.

Kościół Św. Andrzeja *(église Saint-André ; plan I, D3)* **:** *ul. Grodzka, 56.* Massive église romane du XIe s, elle servit de refuge à la population lors de l'invasion tatare de 1241 et s'en sortit intacte. Cet épisode tragique passé, elle dut pourtant céder à la nouvelle mode du jour et s'habiller en baroque au XVIIIe s. Les modistes de l'époque ne l'on pas ratée : elle porte toutes les dentelles et falbalas de ce style parfois tarte à la crème... Noter les belles orgues. Concomitamment, les tours puissantes furent alors coiffées de coupoles et l'intérieur remodelé de décorations en stuc qui contrastent avec la simplicité de sa structure. Le trésor conserve une mosaïque byzantine de la Vierge du début du XIIIe s, qui aurait, dit-on, porté chance aux assiégés.

Kościół Św. Idziego *(église Saint-Aegidius ; plan I, D3-4)* **:** *au bout de la rue Grodzka. En été, env 3 concerts de musique classique/sem.* Datant de la première moitié du XIVe s, c'est la petite sœur gothique des deux précédentes. La grosse croix à l'arrière veille au souvenir des soldats et officiers polonais exécutés sous les ordres de Staline dans la forêt de Katyń (aujourd'hui située en Biélorussie) pendant la Seconde Guerre mondiale.

➢ Le château est maintenant devant vous, mais avant de partir à son assaut, un ultime détour par la rue Kanonicza s'impose.

La rue Kanonicza *(plan I, D3)* **:** jadis tronçon de la voie royale, elle garde le charme de ses demeures patriciennes aux façades gothiques et Renaissance finement travaillées et bien alignées. C'est l'une des plus belles rues du vieux Cracovie. Du sud au nord :
– Au no 25, à l'angle d'ul. Podzamcze, le ***palais Długosz*** *(plan I, D3).* Avant de devenir la demeure de l'historien Jan Długosz, ce palais du XVe s fut d'abord un bain royal.
– Aux nos 19-21, le ***muzeum Archidiecezjalne*** *(musée de l'Archevêché ; plan I, D3).* *☎ 12-421-89-63. • muzeumkra.diecezja.pl • Tlj sf lun 10h-16h (15h w-e). Entrée : 5 Zl ; réduc.*
Ce musée, inauguré en 1994, occupe les vieux murs de deux maisons du XIVe s. Sa visite complète celle de la maison Szołayski (voir plus haut), car, comme elle, il offre un éventail d'art religieux recueilli dans les églises de la région de la Małopolska et de Cracovie. La section de sculptures gothiques, particulièrement riche, se distingue par une très belle *Madone à l'Enfant Jésus* du début du XVe s représentative de cette école et un magnifique bas-relief de l'*Adoration des Mages,* de 1450, provenant de l'église Notre-Dame *(Mariacki).* La salle des peintures a pour pièce vedette une série de tableaux de Hans Suess de Kulmbach illustrant la légende de sainte Catherine d'Alexandrie, exécutée pour la chapelle de la famille Boner dans l'église Notre-Dame, ainsi qu'une remarquable *Annonciation* de 1580 signée Jakob Mertens.
L'autre curiosité du musée reste la *chambre de Karol Wojtyła (alias Jean-Paul II),* qui, avant d'être pape, y séjourna de 1951 à 1958 comme simple prêtre. On y voit son mobilier, sa paire de skis, ses vieux vêtements et ses chaussures – autant de reliques qui sentent le culte de la personnalité !
– Au no 15, la ***Galerie ukrainienne.*** *Ouv jeu-dim 14h-16h.* Icônes et peintures des XVIIe et XVIIIe s, et art orthodoxe contemporain de Jerzy Nowosielski.
– Au no 5, l'ancien siège du ***théâtre Cricoteka 2*** *(plan I, D3),* de Tadeusz Kantor (1915-1990). On vous le précise comme témoignage historique, car l'impressionnant nouveau siège de la Cricoteka est plus loin désormais (voir le chapitre « Au sud : le ghetto de Podgórze »).

LA COLLINE DU CHÂTEAU WAWEL
(plan général D4 et plan III)

Ici bat le cœur historique de la Pologne. Durant plus de 5 siècles, la colline du château fut le centre politique et administratif du pays. Même après la décision du roi Sigismund III Vasa de transférer en 1596 la capitale à Varsovie, rois et princes continuèrent de se faire enterrer dans la cathédrale du château, de même que les plus grands poètes et héros de la nation.
Pour tous les Polonais, la colline du château est, plus qu'un monument, un véritable livre d'histoire et un symbole de la fierté et de l'unité nationales. Ils effectuent ici un véritable pèlerinage aux sources de la Pologne.

Infos pratiques

– ***L'accès à la colline :*** *se fait par les* ***Brama Herbowa*** *et* ***Bernardyńska*** *(portes de la Monnaie, au nord et des Bernardins, au sud).* On accède librement (et donc gratuitement) à l'esplanade et à la cour du château. On peut également visiter la nef de la cathédrale sans bourse délier. En revanche, le reste des sites nécessite l'achat de (nombreux !) billets.

– Pour une visite approfondie, compter une grosse demi-journée. Consigne : à droite avant le portail, par la rampe d'accès sud. Obligatoire pour les gros sacs à dos.

– ***Conseils importants (!) :*** le Wawel rassemble plusieurs sites qui, malheureusement, ne marchent pas tous du même pied, tant au niveau des horaires que des tarifs et conditions d'accès. En été, soyez sur place dès l'ouverture, sous peine d'affronter de grosses files d'attente, voire de faire chou blanc pour certaines visites, à moins d'avoir réservé vos billets à l'avance au bureau des guides. À toute époque, il faut de toute façon bien réfléchir à ce qu'on veut voir avant de se lancer : le temps passé à attendre ne laisse pas de seconde chance, sans même parler des quotas d'entrées appliqués à certains sites. Pour ceux-ci, le décompte des billets restant disponibles est affiché près des caisses et on vous imposera un horaire de visite à respecter impérativement. Enfin, que l'entrée d'un site soit gratuite ou pas, il vous faut un billet pour y accéder. Au final, le coût global grimpe vite (d'autant que la *Kraków Tourist Card* n'a pas cours ici) !

– ***Informations générales :*** *☎ 12-422-51-55 (ext. 219). • wawel.krakow.pl • Accès général à la colline Wawel : de l'aube au crépuscule ; fermeture de la cour à arcades du château royal 30 mn plus tôt ; dernière entrée 1h avt fermeture du château. Horaires des sites : variables, voir sous chacun d'entre eux.*

– ***Visitor Center*** *(plan III, D4)* ***:*** *☎ 12-422-09-04. Tlj à 9h, ferme à 17h nov-fév, 18h mars et oct, 19h avr et sept, 20h mai-août.* Vous y trouverez un point d'information, le bureau des réservations et des guides (BOT), une billetterie, un restaurant, un café, une boutique, un bureau de poste et un accès Internet.

– ***Billetterie :*** *ouv avr-oct, tlj 9h (9h30 w-e et j. fériés)-16h45 (17h45 mai-juin ; 18h45 juil-août) ; nov-mars tlj sf lun 9h (9h30 dim)-14h45. Avr-oct, pour tt billet comprenant 3 sites, le 4e est proposé à 1 Zl slt. Jours de gratuité : lun avr-oct, dim nov-mars.*

– ***Bureau des réservations et des guides (BOT) :*** *☎ 12-422-16-97. Avr-oct, tlj 9h-16h (14h lun) ; nov-mars, tlj sf dim 9h-15h. Paiement en espèces. Résa à l'avance : supplément 16 Zl.*

– ***Visites guidées :*** alors, guide ou pas guide ? La seule certitude est que le château est pauvre en explications. *Compter 75 Zl/expo à diviser entre les membres du groupe, plus 16 Zl (résa), plus coût du billet de la visite choisie. À vous de voir. Service de guides en plusieurs langues (généralement polonais, anglais et allemand).*

– ***Audioguide en français :*** *20 Zl ; réduc.* Couvre les appartements royaux, le trésor de la Couronne et l'exposition d'art oriental.

Katedra na Wawelu *(cathédrale)*

Au nord-ouest de l'esplanade. • katedra-wawelska.pl • Tlj 9h (12h30 dim et j. fériés)-17h. Musée fermé dim. Audioguide en français (bien conçu, conseillé) : 7 Zl. Accès gratuit à la nef. Pour le reste, billet combiné pour les chapelles, la tour Sigismond, la crypte et le musée de la Cathédrale : 12 Zl ; réduc.

Un peu d'histoire

Elle fut fondée par Bolesław le Vaillant (966-1022) vers l'an 1020, des restes romans subsistent dans l'aile ouest du château. Un édifice plus vaste lui succède un siècle plus tard, au tournant du XIIe s, mais pour peu de temps, car l'incendie de 1305 ravage presque tout, à l'exception de la crypte Saint-Léonard. Sa forme gothique actuelle date de la reconstruction du XIVe s, qui dura 44 ans (1320-1364), sous les règnes de Władysław Łokietek et Kazimierz le Grand.

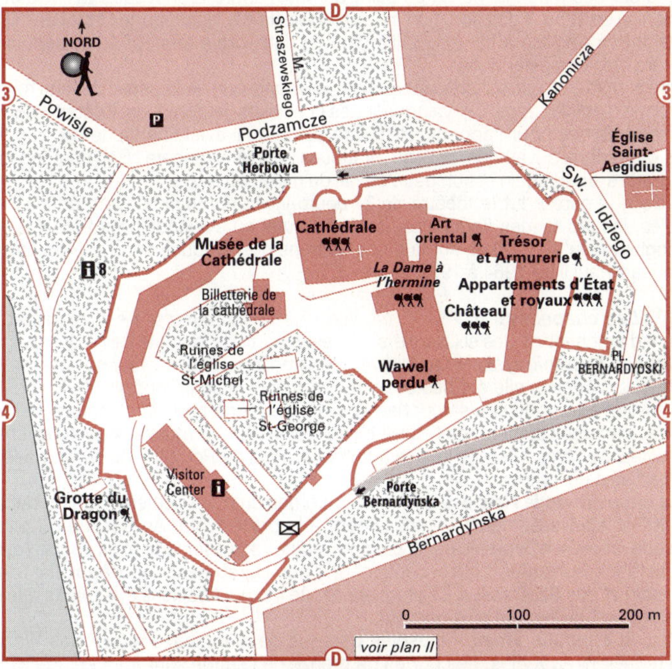

CRACOVIE – WAWEL (PLAN III)

> **DES AMULETTES GÉANTES**
>
> *Avant de pénétrer dans la cathédrale par la porte massive, on remarque sur la gauche la chaîne où pendent des os d'animaux préhistoriques. Une double légende les entoure. Ce seraient les os du dragon qui hantait jadis la colline. On leur attribue le pouvoir d'éloigner les forces du mal et de protéger la cathédrale, la Pologne et le monde, tant qu'ils existeront. On est rassuré !*

Au cours des siècles suivants, monarques, princes et archevêques lui adjoignent chapelles et mausolées, ainsi qu'une petite muraille percée de trois portes. Plus qu'une simple cathédrale, elle devient alors le grand sanctuaire de la nation polonaise.

Au début du XVIe s, ces travaux d'embellissement culminent avec la construction de la *chapelle Sigismond.* On doit ce chef-d'œuvre Renaissance de l'Europe centrale à l'architecte florentin ***Bartolomeo Berrecci.*** Elle est surnommée la « perle au nord des Alpes » ou, plus exotique (et un brin exagérateur...), le « Taj Mahal polonais ».

La visite

La nef : au centre, à la croisée du transept, le ***mauzoleum Św. Stanisława*** *(mausolée de saint Stanislas),* au lourd baldaquin baroque. Le sarcophage en argent du XVIIe s, dû à l'atelier du maître fondeur de Gdańsk Peter Van der Rennen,

relate sur ses faces la vie de ce saint qui fut d'abord archevêque avant d'être canonisé en 1253. Il doit son martyre au roi Bolesław le Hardi, qui le fit tuer en 1079 pour s'être opposé à lui. Accueillie dans la cathédrale dès 1254, sa dépouille généra bien des pèlerinages.
Juste à droite, un autre mort célèbre, l'ancien grand-duc de Lituanie, devenu roi de Pologne, *Ladislas Jagellon.* Vainqueur des chevaliers Teutoniques, il vécut jusqu'à 80 ans, fait rare pour l'époque. Peut-être parce qu'il avait l'habitude de prendre des bains et ne buvait que de l'eau, pratiques plus rares encore ! Son sarcophage en marbre à baldaquin est un beau travail du milieu du XIVe s.
Au-delà, le chœur fut le théâtre de 37 couronnements royaux. On y admire les stalles, les tapisseries flamandes, le maître-autel où s'agenouillèrent les rois de Pologne jusqu'en 1600 et, sur la droite, le trône des évêques de Cracovie, utilisé par Jean-Paul II de 1964 à 1978.

Les chapelles : *accès payant, voir plus haut.* Leur visite est un véritable cours d'architecture des six derniers siècles. À partir de la droite de l'entrée :
– ***Kaplica Świętokrzyska*** *(chapelle de la Sainte-Croix)* **:** conservant son caractère gothique d'origine, elle est dédiée au roi Kazimierz IV Jagiellończyk (1447-1492), un privilégié puisque son sarcophage de marbre rouge porte la signature de Veit Stoss, le maître sculpteur de l'église Notre-Dame. Sur les murs aux couleurs chatoyantes, de rares fresques d'inspiration byzantine de Pologne, du XVe s, dues à des artistes de Pskow.
– ***La chapelle de la Reine-Sophie :*** si son ornementation actuelle date du début du XXe s, elle ressemblait originellement à la précédente. Au-dessus du pilier gauche, chercher Copernic sur le plafond. Indice : son astrolabe et sa coupe yéyé.
– Les deux suivantes sont « seulement » nobiliaires avec les dépouilles des ***Potocki*** et des ***Szafraniec.*** La première est de facture néoclassique tandis que la seconde est nettement plus baroque.
– Puis la ***chapelle Waza,*** mausolée baroque de la dynastie royale des Waza, qui régnèrent au XVIIe s. Les portes de bronze de l'entrée sont frappées de leurs armoiries.
– Ensuite, reconnaissable de l'extérieur à sa coupole dorée, voici le joyau de la colline, la ***kaplica Zygmuntowska*** *(chapelle Sigismond).* On le dit, on le répète haut et fort : un chef-d'œuvre ! Elle serait le plus bel exemple de Renaissance toscane au nord des Alpes. Dans cette alcôve à droite de la nef, le regard est immanquablement attiré par le magnifique double cénotaphe de marbre rouge, contrasté par des gris et le blanc des médaillons de stuc. Il commémore les derniers Jagellons, le roi Sigismond Ier le Vieux (1467-1548) et son fils, Sigismond II Auguste (1520-1572). À voir aussi, deux très beaux autels et, au-dessus de la grille, des peintures de George Pencz, élève de Dürer.
– En face, la ***tombe de la reine Jadwiga*** *(Edwige d'Anjou),* l'épouse très pieuse de Ladislas Jagellon, premier roi de cette dynastie. Juste à côté sont exposés son orbe et son sceptre. Et, comme si son tombeau ne suffisait pas, les dévots sont allés exposer un reliquaire de cette même sainte Edwige dans le fond à gauche du déambulatoire.
– Les autres chapelles accueillent de vénérables dépouilles d'archevêques du XIVe s, dont celle de l'évêque Konarski, qui partage sa chapelle avec le souvenir de l'incontournable saint Jean-Paul II : ça confine à l'idolâtrie !
À remarquer encore, à droite du grand autel, le ***sarcophage de Kazimierz le Grand*** (1333-1370), chef-d'œuvre de l'art gothique en marbre rouge de Hongrie. On dit que ce roi « trouva la Pologne faite de bois et la laissa en brique », il le prouve avec la cathédrale puisqu'elle fut achevée durant son règne. Et, à gauche du chœur, la ***tombe du roi Władysław Łokietek*** (1306-1333) qui ordonna sa construction.
– ***Le trésor*** de la cathédrale se trouve dans l'angle nord-est de l'édifice, derrière la sacristie, mais la plupart de ses richesses sont exposées dans le musée de la Cathédrale.

Wieża Zygmuntowska *(la tour Sigismond)* **:** *accès payant, voir plus haut.* Depuis la sacristie, un escalier grimpe au sommet de cette tour du XIVe s, et permet d'admirer, outre le paysage sur la ville, ses cinq cloches dont la plus grande est inscrite au guide des records du Moyen Âge : 13 t, 2 m de haut, 2,50 m de diamètre (soit une circonférence de quasi 8 m). C'est Quasimodo qui aurait jubilé ! Pour actionner son marteau de 350 kg, et cela arrive environ 300 fois par an, il faut pas moins de 8 hommes. La légende raconte que son timbre puissant a le pouvoir de chasser les nuages et de faire apparaître le soleil. Le marteau, une fois effleuré, a aussi la propriété de promettre le mariage dans l'année, mais aux filles seulement !

Les groby królewskie *(cryptes royales)* **:** *accès payant, voir plus haut.* Dans l'aile gauche de la cathédrale, elles ont accueilli dès le XVIIe s les dépouilles de plusieurs reines et rois polonais, ainsi que celles de héros nationaux comme Tadeusz Kościuszko, leader de l'insurrection contre les Russes de 1793, ou encore le maréchal Józef Piłsudski et le prince Józef Poniatowski, un des chefs de la guerre d'indépendance de 1813. Parmi elles, la *crypte de Saint-Léonard,* ultime vestige de la seconde cathédrale.

AUX HÉROS (?), LA PATRIE RECONNAISSANTE

En 2010, après leur dramatique décès dans l'accident d'avion de Smolensk, le cercueil du président nationaliste Lech Kaczyński et de son épouse fut installé dans la crypte des rois et des héros. La polémique agite depuis les murs de ce vénérable panthéon des grands hommes. Kaczyński n'était pas roi... Était-il un héros ?

– Dans une seconde crypte accessible depuis le déambulatoire, à gauche du chœur, se trouvent les tombes des deux grands poètes romantiques, *Adam Mickiewicz* et *Juliusz Słowacki,* qui a donné son nom au grand théâtre de Cracovie.

Muzeum Katedralne *(musée de la Cathédrale)* **:** *en face de la cathédrale. Mêmes horaires que la cathédrale mais fermé dim et j. fériés.* Ce petit musée expose ce qu'il reste du trésor de la cathédrale après les pillages successifs des envahisseurs. L'objet le plus précieux est la lance de saint Maurice, commandant de la légion romaine qui avait refusé de massacrer les chrétiens. En l'an 1000, elle fut offerte à Bolesłav le Vaillant par Otton III et devint l'emblème de la royauté et de l'indépendance polonaise. À voir aussi, l'épée de Sigismond Auguste, brisée en deux endroits lors de son enterrement pour symboliser la peine causée par sa disparition et l'absence de descendance. À côté, une couronne du XIVe s qui aurait appartenu à Kazimierz le Grand et le manteau porté par le dernier roi de Pologne, Stanislas Auguste Poniatowski, lors de son couronnement en 1764. Dans la très belle collection de chasubles, un chef-d'œuvre réalisé au début du XVIe s arbore d'exceptionnelles broderies en relief relatant les épisodes de la vie de saint Stanislas. Plus anecdotique, une salle est consacrée à Jean-Paul II.

Zamek (château)

Le château est divisé en 6 grandes sections, aux horaires et tarifs différents. Nous vous les indiquons donc pour chaque site, les billets s'achetant à la billetterie détaillée plus haut.

Un peu d'histoire

Depuis sa cour intérieure, ce château se présente comme un magnifique palais italien de la Renaissance. Difficile d'imaginer qu'il fut auparavant une gaillarde forteresse gothique édifiée au XIVe s par ***Kazimierz le Grand,*** à la place d'un petit château roman du XIe s. Il doit son existence à l'incendie qui ravagea la forteresse en 1499 et incita le roi Sigismond le Vieux à se faire bâtir une nouvelle résidence, au début du XVe s, par les architectes italiens Francesco Florantino et Bartolomeo Berrecci.

Tout comme la cathédrale, le château incarna jusqu'au début du XVIIe s l'identité nationale. Son rôle déclina quand la Cour se fixa définitivement à Varsovie. Pillé successivement par les Suédois et les Prussiens, il tomba ensuite entre les mains des Autrichiens, qui le transformèrent en caserne. Les deux églises gothiques extérieures furent rasées pour permettre l'installation d'une place d'armes, et les anciennes fortifications gothiques remplacées par l'actuelle enceinte de brique. Le château ne retrouva sa dignité qu'en 1903, lorsque les Polonais le rachetèrent aux Autrichiens. Sa restauration fut interrompue par les nazis. Le gouverneur de Pologne, installé à Cracovie, le sinistre Hans Frank, l'habita et attribua les appartements royaux à ses hommes de main. Les dégâts furent cependant limités car, dès le début de la guerre, les Polonais avaient eu la bonne idée d'évacuer leur contenu le plus précieux vers le Canada. Il fallut néanmoins plusieurs années de recherches pour tout retrouver, et c'est aussi grâce à des dons et des rachats dans les salles des ventes que le château a pu recouvrer son faste.

La visite

La Dame à l'hermine *(plan III, D4)* **:** *en attendant son retour au musée Czartoryski, elle est exposée dans une salle de l'aile ouest, au 2e étage de la cour du château (à gauche en entrant). Tlj sf lun (et dim nov) 9h30 (10h w-e)-17h (16h nov-mars) ; dernière entrée 1h avt. Billet : 10 Zl ; réduc ; gratuit dim déc-mars.* *La Dame à l'hermine* est un chef-d'œuvre de délicatesse signé Léonard de Vinci. Pourquoi une hermine ? Car au XVIe s ce petit mustélidé était un animal de compagnie courant (préféré à son cousin le furet, plus grand et aux dents plus acérées). Quant à la Dame, elle fut longtemps un mystère. Une confusion s'est faite avec le portrait de la *Belle Ferronnière,* nom donné à la maîtresse de François Ier et autre chef-d'œuvre du maître de la Renaissance, exposé au Louvre. Mais les historiens de l'art pensent désormais que *La Dame à l'hermine* est une autre femme : Cecilia Gallerani, maîtresse du duc de Milan, Ludovico Sforza. Quoi qu'il en soit, ces maîtresses auront dignement inspiré le Maître... qui a signé là avec maestria l'un de ses quatre uniques portraits de femmes.

JEU DE PISTE

Après quelques siècles sans nouvelles, La Dame à l'hermine *est acquise par les Czartoryski en 1798. En 1830, fuyant les troupes tsaristes, ceux-ci l'accrochent dans l'hôtel Lambert, sur l'île Saint-Louis, à Paris. Mais, face aux Prussiens et à la Commune, on la rapatrie en Pologne, dans le musée familial. En 1939, les nazis s'en emparent. L'année suivante, Hans Frank, gouverneur général de la Pologne, exige son retour à Cracovie. Le « bourreau de la Pologne » l'accroche dans son appartement du château de Wawel.* La Dame *sera finalement retrouvée dans sa propriété de Bavière, à la fin de la guerre, et restituée au musée Czartoryski... avant de re-séjourner provisoirement au Wawel. Il court, il court le furet !*

Reprezentacyjne Komnaty królewskie *(appartements d'État ; plan III, D4)* **:** *dans l'angle sud-est de la cour. Visites : avr-oct, tlj sf lun 9h30 (10h w-e)-17h ; nov-mars, 9h30 (10h dim)-16h. Dernière visite 1h avt fermeture. Au rdc et au 2e étage, visite à heures fixes mais sans guide (panneaux en anglais) ; 18 Zl (16 Zl nov-mars) ; réduc ; gratuit dim déc-mars.*

Au rez-de-chaussée, trois pièces servaient de suite au gouverneur de Cracovie. Beaux plafonds Renaissance en bois et encadrements de pierre (de style Renaissance aussi, largement reconstruits au XXe s).
Au 2e étage, les plafonds originaux ont été endommagés lors d'un incendie en 1702, mais il reste des bribes de frises murales originelles (dont certaines parties ont été reprises au début du XXe s). Reste à voir le point d'orgue de la visite : la collection de ***tapisseries d'Arras*** du roi Sigismond Auguste. Au total, 136 pièces sur 356 que comptait la série initiale. Elles ont bon gré mal gré survécu à la soldatesque russe, autrichienne et nazie (au prix parfois de péripéties et d'odyssées inénarrables et... harassantes !) Celles représentant des scènes de l'Ancien Testament, dues à l'atelier du Bruxellois ***Michel Coxie,*** surnommé le Raphaël flamand, sont parmi les plus belles. À remarquer aussi, la ***salle du trône*** avec son plafond garni de 30 têtes de monarques, la grande évocation de la bataille navale de Lépante en 1571 où l'on voit les pauvres Turcs entraînés dans l'eau par des diables, la ***salle d'audience*** à l'extrémité sud, qui possède des frises de Hans Dürer (le frère du célèbre Albrecht Dürer), le ***cabinet d'étude*** du roi (surchargé d'œuvres d'artistes flamands), la *salle de Justice* avec un portrait du prince Sigismond Vasa par ***Rubens,*** et la ***salle des Sénateurs*** où se réunissait le Parlement lorsque Cracovie était capitale royale.

Prywatne Apartamenty królewskie *(appartements royaux ; plan III, D4)* **:** *dans l'angle sud-est de la cour. Visites : avr-oct, tlj sf lun 9h30 (10h w-e)-17h ; nov-mars, tlj sf dim-lun 9h30-16h. Dernière visite 1h avt fermeture. Visite guidée imposée (en anglais), à heures fixes ; 25 Zl (21 Zl nov-mars) ; réduc.*
Situés au 1er étage de l'aile sud du château, ces appartements transpirent la richesse de ce que fut ce royaume de Pologne. Ils furent pourtant plusieurs fois victimes d'incendies, pillés, négligés, occupés par des troupes armées voire un nazi peu recommandable... Bref, commençons par le commencement.
Après le grand incendie qui ravagea cette aile du château à la fin du XVIe s, tout fut rebâti, redécoré, remeublé dans un style baroque. Nombre de pièces exhibent de superbes plafonds à caissons peints, des bribes de fresques murales et de beaux encadrements de portes sculptés en pierre. Mais on voit également un riche mobilier : un coffre de mariage du XVIe s venant d'Italie, un superbe lit à baldaquin de style anglais, un buffet allemand aux colonnettes richement ouvragées, un joyau d'armoire du XVIIIe s, des plats en argent et une horloge néerlandaise d'une bien belle facture... Une partie des appartements, occupés par le nazi Hans Frank durant la Seconde Guerre mondiale, fait désormais office de résidence présidentielle. Dans la tour d'angle, les murs sont couverts de cuir de Cordoue ouvragé du XVIIIe s. Les plafonds dorés tranchent avec le marbre brun de Pologne de la cheminée et des encadrements de porte. Depuis la chambre de la reine, très belle vue sur Cracovie : on en oublierait presque le magnifique plafond doré en coupole. Plus loin, la chambre d'été de Sigismond, très lumineuse : il s'y serait adonné à sa passion pour l'alchimie. On finit par la salle des colonnes, qui fut relookée à la mode du XVIIIe s pour la venue de Stanislas, dernier roi de Pologne.

Skarbiec Koronny *(trésor de la Couronne ; plan III, D4)* **:** *au rdc de l'angle nord-est du château. Lun (avr-oct slt) 9h30-13h, autres horaires identiques aux appartements royaux. Billet combiné avec l'armurerie : 18 Zl (16 Zl nov-mars) ; réduc ; gratuit lun avr-oct.*
Au temps de sa splendeur (XVIe s), vous auriez pu admirer pas moins de six couronnes royales, quatre sceptres et globes impériaux, des tenues d'apparat, des bijoux précieux, etc. Tout cela n'existe plus, le trésor ayant été victime des pillages successifs. Les Prussiens notamment se chargèrent, en 1795, de fondre les couronnes pour en récupérer l'or et vendre les diamants au détail. Ils snobèrent cependant le menu butin aujourd'hui exposé dans ces superbes salles gothiques voûtées du XIVe s. Le tout ayant bien sûr survécu, depuis, aux invasions nazies et russes.
La pièce vedette est une épée du milieu du XIIIe s : le *Szczerbiec.* Copie de l'arme utilisée par Bolesław le Vaillant lors de la conquête de Kiev en 1018, elle fut l'épée de

couronnement de tous les rois polonais depuis 1320. Sinon, beaucoup de bijoux, les chaussures de couronnement du roi Sigismond Auguste et la magnifique bannière du XVIe s fabriquée pour l'intronisation de sa troisième femme. Également, l'épée de tournoi de Sigismond Ier et les présents offerts par le pape au roi ***Jean III Sobieski*** pour fêter sa victoire sur les Turcs à Vienne en 1683. Louis XIV s'est contenté de lui envoyer la cape de chevalier de l'ordre du Saint-Esprit. Vu le poids, le transport a dû coûter cher !

Zbrojownia *(armurerie ; plan III, D4)* **:** *après le trésor. Billet combiné avec le trésor et mêmes horaires.* Une création des restaurateurs du château, qui possédaient dans leurs bagages une importante collection d'armes provenant de la richissime famille Radziwiłł. À côté d'impressionnantes cuirasses de hussards, 5 siècles de trophées de guerre conquis sur les envahisseurs successifs de la Pologne : boucliers, épées de tournoi, mais surtout les répliques des bannières des chevaliers Teutoniques saisies lors de la sanglante bataille de Grunwald (1410).

Wystawa Sztuki Wschodniej *(exposition d'art oriental ; plan III, D4)* **:** *aile ouest du château. Avr-oct, tlj sf lun 9h30 (10h w-e et j. fériés)-17h ; nov-mars, tlj sf dim-lun à 11h et 14h slt (juste pour le temps de la visite). Entrée : 8 Zl (7 Zl déc-mars) ; réduc.* Ce modeste espace évoque les influences de l'Orient dans la culture polonaise à travers une petite collection d'objets. Les plus belles pièces sont les tentes, bannières, tapis et armures pris lors de la bataille victorieuse contre les Turcs à Vienne en 1683. Beau butin ! Également des porcelaines d'Extrême-Orient et un rare vase en bronze chinois du début du Ier millénaire av. J.-C.

Wawel zaginiony *(le Wawel perdu ; plan III, D4)* **:** *entrée par l'aile ouest (sortir de la cour... c'est à 50 m à gauche... ne vous perdez pas !). Avr-oct, tlj 9h30 (10h w-e et j. fériés)-17h (13h lun) ; nov-mars, tlj sf lun 9h30 (10h dim)-16h. Dernier accès 1h avt fermeture. Entrée : 10 Zl ; réduc ; gratuit lun en été, dim en hiver.* Cette section, à la muséographie bien pensée, peut constituer une belle introduction au Wawel. Vestiges des éléments les plus anciens du château, illustrés par une maquette et des plans retraçant les différentes étapes de construction du château. On explore la partie archéologique depuis une passerelle : restes de la rotonde de Saint-Félix-et-Saint-Audacte, la plus vieille église de Pologne (début XIe s) en forme de trèfle, traces de sépultures du haut Moyen Âge et des fondations du château gothique, éléments des cuisines royales du XVIe s. Belle exposition de briques vernissées finement ouvragées qui couvraient les poêles royaux aux XVIe et XVIIe s, ainsi qu'un *lapidarium* contenant des fragments d'architecture de la même époque (chapiteaux en pierre, frises, meneaux). Très bel escalier à vis à la sous-face ornementée et bel autel du XVIe s aux colonnes finement ciselées.

Smocza Jama *(grotte du Dragon ; plan III, D4)* **:** *près de la tour des Voleurs* (Baszta Złodziejska), *de l'autre côté du jardin central, sur la promenade des remparts face à la Wisła. Tlj : juil-août 10h-19h (17h avr et sept-oct ; 18h mai-juin). Fermé nov-mars. Billet : 3 Zl ; gratuit moins de 7 ans.* Au passage, remarquez dans le jardin les fondations des deux églises gothiques du XIVe s démolies par les Autrichiens. Le soir, le dragon crache du feu à intervalles réguliers ; cela amuse beaucoup les mômes.
– *Petit conseil :* terminez de préférence par cette visite, qui vous conduit en bas du château, sur les bords de la Vistule. Dans l'autre sens, ça grimpe !
Au VIIe s habitait sous la colline du Wawel un dragon... Ainsi débute la légende (voir l'introduction de Cracovie) que les petits Polonais ont dans la tête lorsqu'ils contemplent devant la grotte le dragon de bronze forgé par Bronisław Chromy. Quant à la grotte, on accède à son long ventre par un interminable escalier circulaire de 135 marches. La visite est couronnée par la réunion des différents éléments : l'eau de la Wisła, la terre du château et de l'escalier, le feu de la grotte et du dragon... Cela dit, payer pour descendre un escalier, ça fait un peu rugir !

➢ *Le* ***chemin de halage*** de la Wisła offre de belles balades sous la silhouette très sérieuse du Wawel.

KAZIMIERZ (*plan général D-E-F4-5 et plan II*)

Un peu d'histoire

Ce quartier au sud-est de la colline du Wawel fut à l'origine une ville indépendante, fondée en 1335 par le roi polonais Kazimierz III Wielki qui, outre son nom, lui offrit une charte municipale et de nombreux privilèges. Les habitants surent en tirer profit et la petite bourgade devint vite un centre commercial important, avec son propre hôtel de ville, sa place du Marché et ses deux églises retranchées derrière les murs de son enceinte.

Le tournant décisif de son histoire fut cependant la décision du roi Jan Olbracht d'y transférer, en 1495, l'importante communauté juive du quartier Św. Anny à Cracovie, devenu le secteur de l'université. Désormais, la ville eut un pôle chrétien et un pôle juif séparés par un mur. Mais au fil des siècles, le quartier juif, florissant, finit par imprégner de son atmosphère la ville entière. Il ne fut pourtant rattaché définitivement à Cracovie qu'à l'aube du XIXe s. À la veille de la Seconde Guerre mondiale, Kazimierz était le centre de la culture juive en Pologne. La population de Cracovie comptait environ un quart de juifs, soit environ 70 000 personnes. Parmi eux, le cinéaste ***Roman Polanski*** et la fondatrice d'un empire cosmétique, ***Helena Rubinstein.***

Longtemps après la guerre, une impression d'abandon flotta dans ces rues, anéanties par la disparition de la presque totalité de leurs habitants dans les camps et les chambres à gaz d'Auschwitz. Cela dura jusqu'à la fin de l'ère communiste. Dans les années 1980, l'Unesco inscrivit Kazimierz sur sa liste du Patrimoine mondial de l'humanité, mais il fallut attendre la chute du mur de Berlin pour que le tournage de ***La Liste de Schindler*** de Steven Spielberg le tirât triomphalement de l'oubli. Le film a depuis déclenché un intérêt croissant pour ce pan de l'histoire polonaise.

LE JUSTE ET L'OBSTINÉ

En entrant dans une maroquinerie de Beverly Hills, le romancier Thomas Keneally n'imaginait pas découvrir une histoire extraordinaire. Le patron de la boutique, Leopold Page né Poldek Pfefferberg, lui raconta comment il avait survécu au ghetto de Varsovie et au camp de Plaszów grâce à un homme : Oskar Schindler. Depuis, il s'était promis de le faire connaître au monde entier. Keneally écrivit le récit, puis Leopold appela Spielberg chaque semaine... pendant 10 ans (!) pour le convaincre d'en faire un film. « Schindler m'a donné la vie, je veux lui donner l'immortalité », disait-il. Mission accomplie.

La visite

Toutes les agences de tourisme ont inscrit Kazimierz en grand sur leurs brochures. Résultat, c'est devenu un des quartiers à la mode de la ville avec rassemblement de noctambules, surtout du côté de la place Nowy où se tient un petit marché dans la journée. Nombre de cafés ou restaurants surfent également sur le souvenir juif de ces murs : les chandeliers à 7 branches et autres portraits de rabbis y fleurissent, sur fond de concerts de musique *klezmer.*

ℹ *Info Kraków Kazimierz* (*plan II, E4,* ***7***) **:** *ul. Józefa, 7.* ☎ *12-422-04-71.* • *infokrakow.pl* • *Tlj 9h-17h.* Toute l'info pour découvrir le quartier.

■ ***Fundacja Judaica – Centrum Kultury Żydowskiej*** (*Centre de culture juive ; plan II, E4*) **:** *ul. Meiselsa, 17.* ☎ *12-430-64-49 ou 52.* • *judaica.pl* • *Lun-ven 10h-18h (14h w-e) ; café 10h-20h (2h du mat w-e).* Ce centre, couplé au département de recherche sur la culture juive de l'université Jagielloński, permet à la diaspora ashkénaze de retrouver ses racines. Le bâtiment neuf occupe l'ancienne demeure B'ne Emuna, construite en 1886, dans laquelle on conservait les attributs des guildes de la ville.

Hormis l'agréable café *Ogrod na Dachu Każimierza* dont les tables somnolent sous le puits de lumière de la galerie, en été seules quelques expos temporaires rythment l'activité du centre. Mais en hiver, on y diffuse des films, ont lieu des concerts et des conférences.

■ **Jarden Jewish Bookshop & Tourist Agency** *(plan II, E4, **11**) : ul. Szeroka, 2. ☎ 12-421-71-66. • jarden.pl • Tlj sf sam 9h (10h dim)-18h. Tarif variable selon tour choisi et nombre de visiteurs. Pour un guide francophone : prix majoré et résa impérative plusieurs j. à l'avance.* Une agence spécialisée dans la visite des sites relatifs à l'histoire juive. Visites guidées à pied ou en voiture, de 2h à 3h, incluant les différents lieux de tournage de *La Liste de Schindler,* de Steven Spielberg : quartier de Kazimierz, ancien ghetto, etc. Organise également une visite d'Auschwitz et de Birkenau. Fait aussi librairie.

Autour de la place Nowy

Au centre du district, la ***place Nowy*** est occupée par la ***Okraglak Hala*** en brique rouge, un petit marché couvert du XIXe s, pratiquement resté en l'état. C'est là qu'officiaient les bouchers casher. Les bars tout autour de la place ne désemplissent pas le soir.

Synagoga Tempel *(plan II, E4, **206**) : ul. Miodowa, 24. ☎ 12-423-20-97. Tlj sf sam 10h-18h (14h ven). Entrée : 10 Zl ; réduc.* Ce bel édifice néoclassique bâti en 1862 par l'Association des juifs progressistes est la deuxième synagogue de Kazimierz à être ouverte au culte. De fins motifs de style mauresque recouvrent le plafond et la galerie circulaire, tandis que l'ensemble baigne dans des tons ocre et dorés. Sur la partie supérieure de l'autel, toits-chapiteaux évoquant Jérusalem, et, au-dessus, voûte céleste aux étoiles sobrement stylisées. Les vitraux furent restaurés en 1970.

Au n° 12 de la ***rue Józefa*** *(plan II, E4),* une ***cour typique du ghetto*** rejoint à l'arrière la rue Meiselsa. Parmi les plus belles du quartier, elle servit de cadre à Spielberg pour la scène de la liquidation du ghetto, qui n'était pourtant pas situé à Kazimierz, puisque les nazis l'avaient transplanté plus au sud...

Synagoga Isaac *(ou Ajzyk ; plan II, E4, **200**) : Kupa, 18. Tlj sf sam 8h30-18h (16h nov-mars ; 14h30 ven tte l'année). Entrée : 7 Zl.*
Elle fut commanditée au XVIIe s à un architecte italien par le riche marchand Isaac Jakubowicz, malgré les protestations de l'école paroissiale voisine, qui n'appréciait guère cette promiscuité. Dévastée par les Allemands, elle fut reconstruite en 1950 pour devenir l'atelier d'un peintre, puis servit de magasin où l'on entreposait des décors de théâtre. Grâce au dynamisme (et aux fonds) de la communauté juive de Kraków, les premiers travaux de réhabilitation débutèrent en 1983 et elle a été rendue au culte.
Son style baroque devient très discret à l'intérieur. Çà et là, quelques restes d'inscriptions historiques aux murs. À droite de l'Arche sainte (autel), voir le reste d'une *menora* (chandelier à sept branches) peinte. Ses branches pointent dans des directions différentes, une représentation stylisée plutôt inhabituelle. La galerie des femmes *(ezrat nashim),* située au 1er étage, se distingue de la salle principale.
– Dans la petite salle à gauche après l'entrée se trouve la seule ***boutique casher*** de Cracovie (la plupart des produits viennent d'Israël).

Autour de la rue Szeroka

Cette rue en forme de place est le centre de la ville juive. Elle fut utilisée par Steven Spielberg pour de nombreuses scènes de son film.

Galicja Żydowskie Muzeum *(musée des Juifs de Galicie ; plan II, E4,* ***208****) : ul. Dajwór, 18 ; au sud de Szeroka. ☎ 12-421-68-42. • galiciajewishmuseum.org • Tlj sf Yom Kippour et 25 déc 10h-18h. Entrée 16 Zl ; réduc.* Au terme d'un long travail sur l'histoire des juifs de Galicie (en Pologne, pas la Galice espagnole...), feu le photographe britannique Chris Schwarz a créé cet espace contemporain en brique, verre et métal, comme un lieu de découverte et d'échanges avec la culture judaïque. Ses clichés, rassemblés dans l'exposition permanente « Traces de mémoire », sont une réflexion sur la destinée des juifs de Pologne, et plus largement sur l'histoire, sur les marques, tantôt indélébiles, tantôt évanouies, qu'elle laisse dans les paysages et dans le cœur des hommes. Également un agréable café-librairie.

Stara Synagoga *(Vieille Synagogue ; plan II, E4,* ***202****) : Szeroka, 24. • mhk.pl • Avr-oct, lun 10h-14h, mar-dim 9h-17h ; nov-mars, lun 10h-14h, mar-jeu et w-e 9h-16h, ven 10h-17h. Entrée : 10 Zl ; réduc ; gratuit lun. Audioguide en anglais et allemand : 10 Zl. Expo temporaire 1 fois/an, le prix et l'expo permanente peuvent alors changer.*

Construite à la fin du XVe s, c'est la plus grande des huit synagogues de Kazimierz et le plus vieil édifice juif encore debout en Pologne. Inspirée des synagogues de Worms, Prague et Regensburg, elle fut rebâtie dans le style Renaissance par le Florentin Mateo Gucci après l'incendie qui ravagea le quartier en 1557.

Son nom est associé à l'histoire du pays. C'est ici que ***Tadeusz Kościuszko*** chercha à rallier les juifs à l'insurrection de 1794. Sur le mur du hall d'entrée, une citation du héros national : « Ils l'ont prouvé au monde entier, dès que l'humanité a dû y gagner, les juifs n'ont jamais épargné leurs vies. » Peu avant la Seconde Guerre mondiale, en 1931, le président polonais Ignacy Mościcki rencontra ici la communauté juive.

Comme d'habitude, les nazis firent leur travail de démolition, et la synagogue fut rebâtie dans son style d'origine en 1956, avant d'être transformée en *musée de l'Histoire et de la Culture des juifs de Cracovie (muzeum Historyczne ; mêmes horaires que la Vieille Synagogue).* Objets liturgiques au rez-de-chaussée dans la salle de prière, avec au centre une magnifique *bimah* (la chaire d'où est lue la Torah) du XVIe s. Schofars du XIXe s, kippas cousues, châles de prière, service de table pour la cérémonie du *kiddush* (avec du pain tressé). Belles bannières de la Torah illustrant des scènes de jeux d'enfants. Au 1er étage, peintures juives et quelques vieilles photos du quartier.

La Haute Synagogue *(Wysoka ; plan II, E4,* ***201****) : Józefa, 38 ; entrée par l'escalier du no 40. Tlj 10h-20h. Entrée : 9 Zl ; réduc.* On achète son billet dans la vaste librairie du rez-de-chaussée (grand choix de livres, dont certains en français). Édifiée en 1550, la synagogue tient son nom de ce que la salle de prières, pour des raisons de sécurité, était logée au 1er étage du bâtiment. Détruite par les Allemands, elle ne fut restaurée qu'en 1966. Dans la salle de prière, quelques traces très parcellaires de la décoration Renaissance. Avant la guerre, les murs étaient entièrement recouverts de peintures. Celles qui entourent les fenêtres remontent à la fin du XVIe s. Joli Aron Ha-Kodesh (Arche sainte) Renaissance, de part et d'autre duquel trônent deux lions ailés. Expos temporaires.

La synagogue Remu'h *(plan II, E4,* ***204****) : Szeroka, 40. Tlj sf sam 10h-18h (14h ven). Entrée : 10 Zl ; réduc. Kippa obligatoire. Intérieurs partiellement en cours de rénovation en 2017.*

Bâtie en 1558 sur le site d'une première synagogue en bois, elle a été rouverte au culte après sa restauration, suite aux dévastations nazies. Elle porte le nom du rabbin et savant Moses Isserles, dit « Remu'h », fils de son fondateur. Sous l'Occupation, les nazis en firent un entrepôt de sacs mortuaires, non sans en avoir au préalable dérobé les objets précieux... Toute petite, elle servait originellement à l'entourage proche du fondateur. Jolie *birmah* au centre, avec une porte polychromée à deux battants (XVIIIe s). Paniers de fruits, bouquets de fleurs, *menora* surmontée d'une couronne, ses peintures symétriques évoquent l'art populaire. S'épanchant au-dessus de la cour, un saule pleure les années sombres.

– À l'arrière de la synagogue, le ***cimetière Remu'h*** *(mêmes horaires et même billet).* Une proximité plutôt rare dans le judaïsme. Son origine remonte à 1533, et il fonctionna jusqu'en 1800, date à laquelle il fut fermé par les Autrichiens pour raisons sanitaires (trop près des maisons !). Après sa destruction par les nazis, les fouilles et les restaurations ultérieures ont pu mettre au jour plus de 700 stèles, dont certaines datent de la Renaissance. Même si son état laisse un peu à désirer, c'est l'un des plus beaux vestiges d'un cimetière juif de cette époque en Europe. Les stèles furent enterrées par les juifs eux-mêmes pour les préserver de l'invasion suédoise au XVIIe s. Celles d'entre elles qui n'ont pas pu être reconstituées ont été cimentées dans un mur dit « des Lamentations », la destruction du cimetière évoquant celle du second Temple de Jérusalem. Ses inscriptions stylisées en hébreu illustrent un bel exemple d'art sépulcral juif. Comme par le passé, les tombes sont couvertes de cailloux, une tradition qui remonte à la Bible, où les sépultures dans le désert de Palestine étaient ainsi signalées aux passants. Très visitée par les juifs pieux, la ***tombe de Remu'h*** n'a pas été détruite par les nazis, car on raconte que les sbires (superstitieux ?) chargés de cette tâche prirent peur : un d'entre eux succomba brutalement et pour une raison inconnue en accomplissant sa sale besogne dans ce cimetière.

Le nouveau cimetière juif *(plan II, E4 ; plan général, E-F4)* **:** *ul. Miodowa, 55. Au bout de cette rue après la voie ferrée. Tlj sf sam 9h-17h. Entrée libre. Kippa obligatoire.* Ceux qui voudront continuer d'explorer les traces de l'histoire juive pourront également visiter ce cimetière, créé en 1800 après la fermeture du petit cimetière Remu'h. Son étendue donne une idée de l'importance de la communauté juive de Cracovie. Son état d'abandon avancé rend sa visite poignante. Plusieurs grands noms y sont enterrés, comme le peintre Maurycy Gottlieb. À l'entrée, sur la droite, un monument à la mémoire des familles victimes de la Shoah.

Le quartier chrétien

Kościół Bożego Ciała *(église du Très-Saint-Corps-du-Christ ; plan II, E4)* **:** *au nord-est de la place.* Première église de la ville, elle fut édifiée en 1340 par Casimir le Grand pour servir d'église paroissiale. Un couvent compléta le bâtiment au XVe s. Elle aurait servi de camp de base au roi suédois Carl-Gustav lors du siège de la ville au XVIIe s. Son intérieur baroque est un chef-d'œuvre de la sculpture cracovienne, en particulier le maître-autel et les stalles massives. À remarquer aussi, la chaire en forme de bateau et, dans le chœur, un vitrail de 1420.

Muzeum etnograficzne *(Musée ethnographique ; plan II, E4-5)* **:** *pl. Wolnica, 1. ☎ 12-430-55-75. • etnomuzeum.eu • Tlj sf lun 10h-19h. Entrée : 13 Zl ; réduc ; gratuit dim.* Installé dans l'ancien hôtel de ville de la fin du XIVe s, souvenir de l'époque où Kazimierz était une cité indépendante. Le XVIe s lui donna sa tour actuelle et son aspect Renaissance. Le musée est une excellente introduction au monde exotique des campagnes d'autrefois. Chaque pièce du rez-de-chaussée reconstitue des intérieurs ruraux : fermes, forge, école, moulin. On y voit aussi de belles maquettes anciennes. Les étages présentent une foule d'objets et d'outils employés dans les activités de culture, de chasse et de pêche. Les couleurs vives de la superbe collection de costumes traditionnels se retrouvent dans les objets fabriqués pour les fêtes villageoises et religieuses, comme dans l'art naïf de la sculpture sur bois. Une collection riche et intéressante, mais on regrette la rareté des explications en anglais.

Kościół Św. Katarzyny *(église Sainte-Catherine ; plan II, D4)* **:** *à l'ouest de la place, dans ul. Skałeczna.* Fondée dans la seconde moitié du XIVe s, elle présente une large structure de basilique gothique. Malgré sa conversion en arsenal par les Autrichiens au XIXe s, elle a pu conserver un très beau porche gothique sur sa face sud, alors que l'intérieur, plus endommagé, n'offre au visiteur qu'un maître-autel du XVIIe s. Dans le jardin du couvent subsistent des fragments de l'enceinte médiévale de la ville.

Kościół Paulinów *(église des Pauliens ; plan II, D4-5)* **:** *église fermée à l'heure du déj. Accès à la crypte tlj 9h-12h, 14h-17h. Entrée : env 3 Zl ; réduc.*
Appelée aussi « **le Rocher** » *(Skałka),* du nom de la petite falaise où elle a été construite. Cette église baroque du XVIIIe s, élevée à la place d'un premier édifice roman, vaut qu'on vous dise la légende qui l'entoure.
C'est ici que le roi Bolesław le Hardi aurait, en 1079, décapité de ses propres mains l'évêque Stanislas, qui s'était opposé à lui et l'avait excommunié. Canonisé en grande pompe en 1253, son martyre érigea le prélat en saint patron de la Pologne. Ce précédent historique fut à l'origine de la lutte d'influence qui opposa, au Moyen Âge, l'Église et les rois polonais. Par acte de repentance, ces derniers non seulement firent construire un somptueux mausolée dans la cathédrale du Wawel, mais prirent l'habitude de se recueillir ici après chaque couronnement. Aucun roi portant le nom de Stanislas (ils ont été deux !) n'osa se faire enterrer dans les cryptes royales de la cathédrale. Cette légende a la vie longue puisque chaque année, à l'anniversaire de la mort du saint (le 8 mai), le clergé au grand complet organise un pèlerinage solennel depuis le Wawel.
À l'intérieur, l'autel dans l'aile gauche conserve le supposé tronc d'arbre ayant servi à la décapitation, tandis que devant l'église la statue du saint est juchée sur le bassin où son corps aurait été jeté. La crypte de l'église creusée dans la roche est devenue au XIXe s le mausolée des célébrités, tels le peintre Stanisław Wyspiański, le compositeur Karol Szymanowski ou l'historien médiéval Jan Długosz. Le poète *Czeslaw Milosz,* Prix Nobel de littérature, y repose depuis 2004.

Au sud : le ghetto de Podgórze

En mars 1941, tous les juifs de Cracovie furent expropriés de Kazimierz (entre autres) et claquemurés à Podgórze, sur la rive droite de la Vistule, dans un nouveau ghetto créé de toutes pièces et impitoyablement gardé par les Allemands. On y accède par le pont Powstańców Śląskich *(plan général, E-F5),* le même qu'empruntèrent, sous bonne garde, les juifs expropriés. Dans *La Liste de Schindler,* la scène d'entrée dans le ghetto a été filmée sur le pont Piłsduskiego, que vous apercevez sur la droite. Ayant conservé ses structures et son arche à la Eiffel, il était sans doute plus cinématographique... Les routards *pedibus* emprunteront de préférence la passerelle piétonne (et cycliste) qui enjambe la Vistule dans le prolongement de la rue Mostowa *(plan II, E5).*
Fin 1942, le ghetto fut divisé par des barbelés en deux zones distinctes. Les personnes jugées aptes au travail furent regroupées dans la zone A, tandis que les « inactifs », essentiellement des enfants, des femmes et des personnes âgées, furent confinés dans la zone B. Les 13 et 14 mars 1943, les nazis liquidèrent le ghetto : les habitants de la zone A furent déplacés à 1,5 km, au camp de travail de Plaszov dirigé par Amon Göth, dit « le Boucher ». La population de la zone B fut exécutée sur place ou envoyée dans les camps d'extermination.

La place Bohaterów Getta *(place des Héros-du-Ghetto, ex-place Zgody ; plan général, F5)* **:** Au centre du ghetto, c'est d'ici que les Allemands opéraient les déportations. Un épisode bien illustré par le film de Spielberg. Les chaises métalliques disposées sur le parvis représentent le peu de mobilier que les juifs persécutés et chassés de leur domicile emportaient. Vides, elles symbolisent aussi leur cruelle absence.

Apteka Pod Orłem *(pharmacie sous l'Aigle ; plan général, F5)* **:** *pl. Bohaterów Getta, 18. ☎ 12-656-56-25. • mhk.pl • Lun 10h-14h, mar-dim 9h-17h. Fermé 2e mar du mois. Dernier accès 30 mn avt fermeture. Entrée : 10 Zl ; réduc ; gratuit lun. Billet combiné avec la fabrique Schindler et le musée de la Gestapo (valable 7j.) 25 Zl. Résa obligatoire 3 j. avt (possible sur Internet). Audioguide : env 10 Zl.*
Les pots à médecines alignés sur les rayons de deux étagères d'origine sont

les derniers témoignages de l'activité passée de cette échoppe qui fut la seule pharmacie du ghetto. Son propriétaire, le docteur Tadeusz Pankiewicz, refusant de s'établir dans un autre quartier, fut le seul Polonais non juif à travailler et à vivre dans le ghetto, de sa création à sa liquidation. Il parvint à convaincre les Allemands que sa présence éviterait la propagation de maladies, notamment du typhus, qui sévissaient dans le ghetto. Pendant plus de 2 ans, épaulé par ses trois assistantes, il apporta son aide à la population massacrée sous ses yeux. « Je voyais, des fenêtres de ma chambre de garde, les crimes les plus terribles que se permettait l'occupant sur la population juive sans défense. » Pour leur éviter la déportation, il teignait les cheveux des personnes âgées, colorait les joues des plus faibles, fournissait de faux papiers et des cachettes. Ses notes furent rassemblées dans un récit, *La Pharmacie du ghetto de Cracovie,* paru aux éditions Actes Sud. Décédé en 1993, Tadeusz Pankiewicz a été honoré du titre de Juste parmi les Nations par le gouvernement israélien. Son officine est devenue un musée exposant photos et témoignages sur la vie du ghetto et le camp de travail de Płaszów.

Le ghetto *(plan général, F5)* **:** il s'étendait entre les rues Lwowska, Rękawka et la place Podgórski, où se trouvait son entrée principale, parfaitement reconstituée dans le film de Spielberg. Les fantômes du passé errent encore dans ces rues, qui ont peu changé depuis la guerre. Certaines cours intérieures et de vieux immeubles décrépits laissent imaginer les conditions de vie de ces juifs entassés à raison de quatre familles par appartement, avec la faim et la maladie pour quotidien. Lors de la liquidation du ghetto, la rue Lwowska vit défiler des colonnes de juifs, déportés vers Auschwitz ou le camp de Płaszów, non loin.

– Plusieurs vestiges marquent ces années sombres. Quelques *pans du mur du ghetto,* dont l'un de plusieurs mètres de longueur, entre les nos 25 et 29 de la rue Lwowska. Le long du parapet, la succession d'arcs évoque autant les rouleaux de la Torah que les tombes juives *(macévas)...* Au no 1 de la place Podgórski, le siège du Conseil juif *(Judenrat)* recevait ses consignes de la police allemande, installée dans le même immeuble. La rue *Józefińska* constituait un axe important du ghetto. Sont restés intacts les édifices de l'orphelinat (au no 12), de l'hôpital (au no 14) et des Œuvres sociales juives (au no 18).

Cricoteka *(plan général, E5)* **:** *ul. Nadwiślańska, 2. ☎ 12-442-77-70. • news.cricoteka.pl • ♿ Tlj sf lun 11h-19h. Entrée : 15 Zl (prêt d'une tablette explicative inclus) ; réduc.* Faut-il encore présenter l'auteur de ce théâtre atypique ? Kantor a aussi trempé dans la peinture et initié des happenings restés dans toutes les mémoires. Dans un édifice impressionnant de modernisme (et de taille), tout spécialement construit, on découvre l'univers de l'artiste au travers de certaines de ses productions (théâtre, danse, films d'archive, performances...), mais aussi d'expositions temporaires d'artistes amis, disciples, admirateurs de Kantor.

Fabryka Emalia Oskara Schindler *(l'usine de céramique*

OSKAR AUX SEPT OSCARS

Homme d'affaires morave installé à Cracovie dès 1939, Oskar Schindler, membre du parti nazi, est un profiteur de guerre. Aimant la bonne chère et les femmes, il comprend vite que les juifs sont une main-d'œuvre quasi gratuite pour son usine de vaisselle émaillée. Lorsqu'il se rend compte qu'ils sont destinés à la chambre à gaz, il décide de les protéger et va jusqu'à Auschwitz récupérer 300 femmes envoyées « par erreur ». Grâce à sa diplomatie et à quelques dessous-de-table judicieux, il sauve 1 100 juifs en les inscrivant sur une liste de travailleurs « indispensables » à la bonne marche de son usine qui fournit la Wehrmacht. Honoré de la médaille des Justes des Nations, Schindler est enterré en Israël en 1974, parmi ses protégés.

d'Oskar Schindler ; plan général, F5) **:** *ul. Lipowa, 4. ☎ 12-257-10-17. • mhk.pl • Depuis le bd Na Zjeździe, compter env 10 mn à pied, par la rue Kącik en passant sous la voie de chemin de fer. Avr-oct, lun 10h (14h 1er lun du mois)-16h et mar-dim 9h-20h ; nov-mars, tlj 10h-18h (14h lun). Dernière visite 1h30 avt fermeture. Résa vivement conseillée sur le site internet car le nombre de visiteurs quotidiens est restreint. Entrée : 21 Zl ; réduc ; gratuit lun. Billet combiné avec l'Aptcka Pod Orlem et le musée de la Gestapo (valable 7 j.) 25 Zl.*

Au milieu d'une zone industrielle, l'usine ne fonctionne plus depuis longtemps, mais son bâtiment administratif, repérable à sa longue façade blanche et aux photos de quelques protégés de Schindler, abrite un musée exceptionnel, consacré à « Cracovie sous l'occupation nazie ». Le visiteur traverse différents lieux reconstitués de la ville, au fil d'un parcours chronologique. Tous les moyens sont mis en œuvre pour se sentir littéralement immergé dans cette époque : reconstitution d'échoppes, logements, geôles, cachettes et camps d'une grande puissance évocatrice, abondance de documents, photos et témoignages filmés présentés sur différents supports et bandes-son ranimant les voix et musiques d'autrefois. Le plus compliqué, dans ce musée, est de savoir où donner de la tête, tant il y a de documents et d'informations à ingurgiter. La muséographie elle-même tend à rendre le visiteur confus, à le perdre, en l'enfonçant toujours plus dans les horreurs de la guerre...

Tout débute dans la boutique d'un photographe, au milieu de portraits radieux. Bien vite, le ciel s'assombrit autour d'un ancien stéréoscope projetant des clichés de l'Anschluss. Le 1er septembre 1939, dans le fracas des armes et des chars, la plongée vers l'enfer commence sous le drapeau nazi, lorsque le Rynek Glowny est rebaptisé Adolf Hitler Platz... « Mise au pas » du pays à coups de lois abjectes, exécutions et emprisonnements des opposants, anéantissement de la communauté juive entre les murs sombres du ghetto et dans les camps. La section consacrée au ghetto est particulièrement parlante. Par exemple, la reconstitution des murs qui le ceinturaient, conçus par les nazis sous la forme de tombes juives pour mieux terrifier la population, ou encore ce mausolée de gamelles en inox...

Au bout de ce parcours éprouvant et passionnant, le sol (en plaques de caoutchouc) semble vouloir se dérober sous les pieds, comme pour mieux faire sentir le gouffre qui s'est ouvert avec la guerre. En évoquant la variété des comportements observés à cette époque, des plus héroïques aux plus lâches, les dernières salles invitent à l'introspection en se posant une question toute simple en apparence, et pourtant : au milieu d'une telle tragédie, aurions-nous eu le courage de Schindler ? Une visite indispensable.

Le MOCAK *(musée d'Art contemporain ; plan général, F5)* **:** *ul. Lipowa, 4. ☎ 12-263-40-00. • mocak.com.pl • Tlj sf lun 11h-19h. Dernière entrée 1h avt fermeture. Entrée : 10 Zl ; réduc.* Dans un édifice contemporain signé Claudio Nardi, à l'emplacement symbolique de l'ancienne usine d'ustensiles de cuisine d'Oskar Schindler. Plusieurs expositions temporaires consacrent l'art contemporain polonais et mondial des 20 dernières années. Des œuvres qui font ressortir les souffrances endurées par ici : dépressifs, s'abstenir.

Le camp de travail de Płaszów *(hors plan général par F5)* **:** *dans le prolongement de Wielicka, vers le sud, prendre les rues Jerozolimska et Abrahama.* Construit en 1942 sur l'emplacement de deux cimetières juifs dont les pierres tombales furent utilisées comme route et pour le soubassement des baraques. Le camp fit des milliers de morts, victimes des conditions de détention. Les prisonniers étaient affectés à des travaux harassants à l'intérieur et à l'extérieur du camp. Leur espérance de vie (drôles de mots ici) ne dépassait pas 4 semaines. Depuis la rue Abrahama, on peut apercevoir l'ancienne carrière principale. Le camp fut détruit par les Allemands avant la fin de la guerre. Il reste encore quelques vagues vestiges à l'angle d'ul. Wielicka et d'ul. Jerozoliemska. Parmi ceux-ci, l'unique dalle funéraire restante de l'ancien cimetière juif de Podgórze. Non loin se dresse, sur une colline visible de la route, le monument édifié en 1960 à la mémoire des victimes. En 2000 a été inauguré un autre monument, plus modeste, en hommage aux juives hongroises qui transitèrent par Płaszów avant de rejoindre les chambres à gaz de Birkenau. Dans les environs, les ***maisons des bourreaux*** sont encore visibles. Amon Göth logeait au nº 22 de la rue Heltmana. Directeur du camp, il prenait un malin plaisir à abattre les détenus à toute occasion. Au nº 3 de la rue Jerozolimska, la « maison grise », de sinistre mémoire. Dans cette villa d'un étage vivaient des SS d'une cruauté sans égale (Landsdorfer, Ekert...). Les caves servaient de salles de torture.

SUR LA RIVE DROITE DE LA WISŁA (plan général D4)

Muzeum Sztuki i Techniki Japońskiej *(Centre japonais Manggha d'art et de technologie ; plan général, D4)* **:** *ul. Konopnickiej, 26. ☎ 12-267-27-03. • manggha.krakow.pl • Tlj sf lun 10h-18h. Entrée : env 20 Zl ; réduc ; gratuit mar.* Ce bâtiment futuriste est l'œuvre de l'architecte vedette japonais Arata Isozaki. Le réalisateur Andrzej Wajda l'a sponsorisé en faisant don du prix qu'il reçut de la Ville de Kyoto en 1987. Le musée accueille une partie de la collection de Feliks Manggha Jasieński. Amoureux fou du Japon, ce bien nommé écrivain et voyageur polonais, mort en 1926, a patiemment récolté vieilles armures, tissus, sabres, céramiques anciennes et gravures du pays du Soleil-Levant. Au total, plus d'un millier de pièces, exposées par roulement. Le centre vise également à populariser dans son grand auditorium la culture japonaise et accueille des expos temporaires.
Si vous ne voulez pas visiter le musée (entrée un peu chère quand même), accès gratuit au café, offrant une superbe vue sur la colline du Wawel.

La plage *(plan général, D4)* **:** *ul. Konopnickiej.* Modeste, fluviale, les habitants l'attendaient depuis longtemps, pour les jours de chaleur. Une piscine a même été installée dans une péniche. Grand pavillon bar et du sable pour les chaises longues.

À L'OUEST, LE QUARTIER DE PÓŁWSIE ZWIERZYNIECKIE (plan général A-B4 et C3)

Ce vaste faubourg à l'ouest de la vieille ville est surtout connu pour le tertre de Kościuszko. Pour s'y rendre, on peut engager une longue balade à pied mêlant culture et bol d'air. Au menu de celle-ci, avant d'arriver au tertre :

Galeria sztuki polskiej XX wieku *(musée de la Peinture polonaise du XXᵉ s ; plan général, C3)* **:** *au nº 1 d'al. 3 Maja, à l'angle d'al. Adama Mickiewicza. ☎ 12-433-55-00. • mnk.pl • Tlj sf lun 10h-18h (16h dim). Entrée : 11 Zl ; réduc ; gratuit dim (expos permanentes).* Cette lugubre caserne moderne, intitulée poétiquement le « Nouveau Bâtiment » *(Nowy Gmach)*, héberge les grands peintres de la fin du XIXᵉ s et du début du XXᵉ s. Le mouvement Młoda Polska est bien représenté, notamment par Stanisław Wyspiański (croquis des vitraux de la cathédrale de Wawel). On y trouve aussi les œuvres majeures de Mehoffer, Witkiewicz et Malczewski. Les amateurs reconnaîtront également quelques œuvres de Tadeusz Kantor.

À l'arrière, le ***Błonia*** *(plan général, A-B3)*, la plus grande pelouse de Cracovie : *le long d'al. 3 Maja.* Jadis propriété ecclésiastique formée de marécages asséchés, elle accueille encore aujourd'hui, ici et là, quelques vaches. Elle fut le théâtre des parades des légions du maréchal Piłsudski et des messes « Woodstock » de Jean-Paul II (en 1979, 1983 et 1987), qui attirèrent plus de 2 millions de personnes.

Kościół i klasztor Norbertanek *(église et couvent des Norbertines ; plan général, B4)* **:** *près de la Wisła, au nº 88 d'ul. Kościuszki.* Une petite cité monastique fortifiée du XIIIᵉ s, avec un beau porche roman et un intérieur néoclassique. Toujours habitée par des nonnes. La procession annuelle du Lajkonik démarre d'ici (voir la rubrique « Fêtes et festivals »).

Juste au-dessus, sur la colline, la ***kościół Św. Salwatora*** *(église du Saint-Sauveur ; plan général, B4)* est l'une des plus vieilles de Cracovie, avec dans ses fondations des restes romans datant de l'an mille.

Sur l'autre rive, la ***chapelle Sainte-Marguerite*** *(kaplica Św. Małgorzaty ; plan général, A-B4)* date seulement du XVIIe s.

Kopiec Kościuszki *(tertre de Kościuszko ; hors plan général par A4)* **:** *ul. Waszyngtona. Entrée par la chapelle néogothique de Saint-Bronisława, transformée en musée Kościuszko. • kopieckosciuszki.pl • Trams n°s 1, 2 ou 6 jusqu'à Salwator, puis bus n° 100. Ouv de 9h à la tombée du jour (23h ven-dim mai-sept). Entrée : 12 Zl ; réduc.* Élever à la main une colline haute de 34 m démontre une « monumentomanie » aiguë. Les habitants de Cracovie ont réalisé cette performance entre 1820 et 1823, à la gloire du héros national, Tadeusz Kościuszko (1746-1817, né en Lituanie et issu d'une famille de petite noblesse). Il fréquente les écoles militaires, puis, sensible aux Lumières, gagne l'Amérique en 1776 et combat aux côtés de George Washington. Pour services rendus, il est nommé général avec la citoyenneté américaine. De retour en Pologne en 1784, il reçoit les pleins pouvoirs des patriotes polonais en 1794 pour bouter l'envahisseur russo-prussien. Il met les Russes en déroute mais est vaincu à Szczekociny. Après avoir défendu Varsovie, il est blessé, ce qui met fin au soulèvement polonais. Emprisonné en Russie, il est envoyé en exil en Suisse après 1798.
Le sommet du tertre offre une vue panoramique (et lointaine) sur Cracovie. Les fortifications qui l'entourent sont un « cadeau » des Autrichiens.

QUAND KOŚCIUSZKO ATTEINT DES SOMMETS !

Le point culminant d'Australie, dans les Snowy Mountains, est le mont Kościuszko (2 208 m). Le héros polonais n'a pourtant jamais posé la botte au pays des kangourous. Oui mais, ledit sommet fut découvert par l'un de ses compatriotes, Paul Edmund Strzelecki. Pas très physionomiste, mais assurément cocardier, ce dernier aurait, dit-on, trouvé une ressemblance de forme entre la montagne australienne et la colline de Cracovie...

Fêtes et festivals

Le catalogue très chargé des manifestations cracoviennes étant sujet à variations, il est plus que conseillé d'en vérifier les dates auprès de l'agence culturelle *Centrum Informacji Kulturalnej* (voir « Adresses utiles. Centres culturels »), ou sur les sites *• biurofestiwalowe.pl •* et *• cracovie.travel •*

Décembre-janvier

– ***Crèches de Noël de Cracovie*** *(szopki)* **:** tradition locale pour laquelle toute la ville fouille dans ses poubelles à la recherche de matériaux pour « bricoler », avec un goût infini du détail, des scènes de la Nativité et des maquettes d'églises. La plus représentée est la volumineuse église *kościół Mariacki.* Les lauréats du concours de la plus belle crèche ont l'honneur de voir leur œuvre exposée pendant tout le mois de janvier dans le musée d'Histoire de la ville, qui intégrera ensuite les meilleures créations à sa collection permanente.

Février-mars

– ***Festival international des chansons de marins :*** *fin fév. • shanties.pl •* L'un des meilleurs du genre.

– ***Festival national des films d'animation :*** *en mars.* Les Polonais sont très doués dans ce domaine.
– ***Journées Bach :*** *en mars.* • *amuz.krakow.pl* • Organisées par le conservatoire de musique de Cracovie.
– ***Festival Misteria Paschalia :*** *fin mars, voire début avr.* Festival de musique ancienne sur le thème de Pâques et de la Semaine sainte.

Avril-mai

– ***Festival « Les vieux et les jeunes – Jazz à Cracovie » :*** *en avr.*
– ***Mois de la photographie :*** *en mai.*
– ***Journées du patrimoine de la Petite Pologne :*** *en mai.* Sur 2 jours, visite de lieux et bâtiments généralement fermés au public.
– ***Rencontres de musique orthodoxe :*** *en mai.*
– ***Festival du film de Cracovie :*** *en mai-juin.* • *krakowfilmfestival.pl* •

Juin-juillet-août

– Ne manquez pas la célébrissime ***procession Lajkonik,*** qui nous renvoie sept siècles en arrière, lorsque, au XIIIe s, les hordes tatares déferlèrent sur la ville. Lajkonik, qui n'est plus aujourd'hui qu'un folklorique personnage emmanché sur un cheval de carnaval, fut jadis ce fier batelier qui, après sa victoire sur le khan, se para des atours de son adversaire pour défiler triomphalement depuis l'église des Norbertines *(kościół Norbertanek),* dans le faubourg de Zwierzyniec, jusqu'au *Rynek.* L'actuel costume est une copie de celui créé par Stanislas Wyspiański, un artiste du début du XXe s, et conservé au Musée historique.
– ***Fête de la Ville de Cracovie :*** *en juin.*
– ***Festival de la culture juive :*** *fin juin-début juil, dans le quartier de Kazimierz.* • *jewishfestival.pl* • Concerts, expos, théâtre et cinéma. Une véritable curiosité dans une Pologne vidée de ses habitants juifs.
– ***Festival international de concerts d'orgue d'été :*** *de mi-juin à mi-août.* Dans l'enceinte de la bucolique abbaye de Tyniec, juchée sur un rocher au bord de la Vistule à quelques kilomètres à l'ouest de Cracovie.
– ***Festival de musique traditionnelle :*** *en juil.* • *rozstaje.pl* •
– ***Académie internationale de jazz d'été :*** *en juil.* • *jazz.krakow.pl* •
– ***Wawel au crépuscule :*** *en juil-août.* Chaque semaine, un concert classique au château.
– ***Festival de musique de la vieille ville :*** *en août.* Véritable mise en musique du vieux Cracovie.
– ***Cracovia Sacra :*** *le 15 août.* Une nuit sacrée... et une sacrée nuit, à ne pas manquer, avec visites de monastères et de cloîtres habituellement fermés, plus des concerts dans les églises.
– ***Festival du pierogi :*** *mi-août.* Stands de dégustation sur la place Szczepanski, concerts de musique folklorique, ambiance bon enfant et chaleureuse.
– ***Coke Music Festival :*** *fin août.* • *livefestival.pl* • Accueille chaque année des pointures de la musique actuelle.

Septembre-octobre-novembre

– ***Festival Sacrum Profanum :*** *sept.* Festival de musique classique consacré, chaque année, à un pays différent. Le concert final bénéficie de l'excellente acoustique de la fonderie de Nowa Huta.
– ***Rencontres avec la culture juive :*** *oct-nov.* Concerts, conférences et expos dans le quartier de Kazimierz.

DANS LES ENVIRONS DE CRACOVIE

Nowa Huta *(la Fonderie nouvelle ; hors plan général par F2)* **:** *trams n°s 4 et 10 depuis le planty à l'est du vieux centre, ou n° 22 depuis la lisière nord de Kazimierz (tous 3 font le tour de Nowa Huta en poussant jusqu'au combinat sidérurgique).*

Un peu d'histoire

Cracovie était considérée par la dictature communiste comme une ville rebelle, sa bourgeoisie et son élite intellectuelle se montrant hostiles aux communistes. Lors du référendum de 1949, les Cracoviens avaient d'ailleurs répondu « non » en majorité à l'avènement de ce « pouvoir populaire ». En construisant, de 1949 à 1956, une industrie lourde à la porte de la ville historique, avec une vaste cité ouvrière associée de 150 000 habitants, les communistes voulaient changer la structure sociale de la population et « détruire les nids de la contre-révolution ». Son implantation fit l'objet d'une propagande intensive pour convaincre que cet urbanisme pouvait garantir « le bonheur des ouvriers ».

Résultat, cette ville ouvrière s'est faite cité-modèle. On était très fier de vivre et de travailler ici. Attention, il ne s'agit pas d'un parc d'attractions, mais presque d'un musée à ciel ouvert ouvrier et urbain ! Et le quartier n'a pas tellement changé depuis le communisme... ensemble de cages à lapins sinistres, réparties dans des quartiers répondant aux doux noms de secteur A, secteur B, etc. Dans ce paradis des travailleurs, l'emplacement et la disposition des rues permettaient à la police de briser toute grève éventuelle, non mais !

La « visite »

De la place centrale – où trônait une statue de Lénine (démantelée aujourd'hui) – partaient la rue de la Révolution-d'Octobre et la rue de Lénine. Suivant la règle « à chaque régime sa nomenclature », elles ont été rebaptisées avenue du Général-Anders et avenue de la Solidarité. Puisque le paradis terrestre était atteint, la construction d'un lieu de culte, réclamée pendant 20 ans par l'épiscopat, était sans fondement. C'est seulement dans les années 1970 que fut bâtie la première église (quartier Dąbrowszczków), appelée ***L'Arche.*** Les Polonais acceptent à présent de regarder cette monstruosité architecturale avec un peu de recul. Ils l'ont inscrite au registre des Monuments historiques, comme témoignage d'une conception révolue de la « cité idéale » conçue pour exalter l'avènement de « l'homme nouveau » affranchi de la religion et tourné vers la libération par le travail collectif. En bref, un gros raté de l'histoire. Aujourd'hui, le quartier est actif sur le plan culturel. Le théâtre Łaznia Nowa abrite un studio de musique, d'où est sorti Wu-Hae, groupe alternatif de rock et de hip-hop qui monte en Pologne.

UN COMMUNISME ÉGALITAIRE... MAIS PAS TROP

Malgré l'idéologie officielle, la hiérarchie se lit aujourd'hui encore dans la structure de nombreux immeubles : au-dessus des boutiques se tenaient les appartements populaires, et, au 2e étage, ceux des fonctionnaires du Parti, aux fenêtres et à la superficie plus grandes... comme dans les immeubles bourgeois de l'industrie « capitaliste », « réactionnaire » et « conservatrice », quoi !

■ ***Crazy guides :*** *ul. Krakusow, 1a.* *500-091-200.* • *crazyguides.com* • *Sur résa, on vient vous chercher à l'endroit et à l'heure de votre choix. Visites en anglais.* Le but de cette agence de guides : reconstituer le quotidien de l'époque communiste. Et comment cela, camarade ? Grâce à une visite interactive et déjantée, le tout s'effectuant dans une vieille Trabant ! 2 formules pour Nowa Huta ; une visite de 2h30 en extérieur *(139 Zl/pers)* et une version « deluxe » de 4h *(179 Zl/pers),* avec resto, visite d'un appartement typique de l'ère Jaruzelski et même possibilité de conduire la Trabant ! Également d'autres parcours thématiques (visite d'une ferme communiste...). Une équipe de doux dingues, qui déborde d'anecdotes instructives à vous raconter.

Les mines de Wieliczka (*Kopalnia Soli*) **:** *☎ 12-278-73-02/66. • kopalnia.pl • À 10 km au sud-est de Cracovie. Attention, il y a foule le w-e et pdt les vac scol !*

➢ ***Accès :*** *en bus, compter 4 Zl. Le n° 304, depuis la rue Kurniki (plan général, B2), devant l'hôtel* Red Brick *; départ ttes les 15 mn env ; trajet 40 mn ; arrêt Wieliczka Kosciol. Sinon, minibus* SK-Bus *(entre autres) : depuis la rue Worcella (plan général, B2 ; juste sous ul. Kurniki) ; ttes les 20-30 mn, trajet 20-25 mn.*
En train : ttes les 20-30 mn depuis la gare centrale de Cracovie. Trajet : 25 mn.
En voiture : direction Rzeszów (route 4) jusqu'à la sortie de la ville ; au croisement avec l'autoroute E 40, continuer tt droit et suivre les panneaux. Parkings payants (env 20 Zl) ; éviter le 1er, il y en a un plus près du site.

– ***Visites*** exclusivement guidées et départs à heures fixes en fonction des langues (voir plus bas). Caisse pour les touristes individuels sur la droite. Partiellement aménagé pour les personnes handicapées, mais il est nécessaire d'appeler un peu à l'avance. La visite se fait à pied. Évidemment à déconseiller aux claustrophobes ! Sortir une petite laine, température de 14 °C.
– ***Horaires :*** *avr-oct, tlj 7h30-19h30 ; nov-mars, tlj 8h-17h ; fermé 1er janv, dim de Pâques, 1er nov, 24-25 déc.*
– ***Tarifs :*** *visite en langue étrangère 84-89 Zl selon saison ; ticket famille (2 adultes + 2 enfants 4-17 ans) 232 Zl ; réduc ; gratuit moins de 4 ans. Prévoir env 3h pour la visite. Audioguide inclus. Droit photo et vidéo : 10 Zl (!).*
– ***Visites francophones :*** *tte l'année à 12h05 (plus 10h15 et 15h15 en été).*
– ***Visites anglophones :*** *juin-sept, 8h30-18h ttes les 30 mn ; oct-mai, ttes les heures 9h-17h (ttes les demi-heures 10h-13h).*
– Il existe ***deux autres parcours de visite,*** le « parcours minier » (interdit aux moins de 10 ans) et « les secrets de la mine de sel », qui permettent notamment de découvrir des endroits insolites plus difficilement accessibles. À réserver à l'avance sur le site internet.

Un peu d'histoire

Le sel, déposé il y a 14 millions d'années au fond de ce qui était alors une mer, chassée ensuite par l'émergence des Carpates, est récolté dans la région depuis 5 millénaires et exploité dans cette mine depuis le XIIIe s. Il fut l'une des principales sources de richesse des rois polonais, comptant pour un tiers de leurs revenus. D'où la taille monstrueuse de cette mine, inscrite au Patrimoine mondial de l'Unesco depuis 1978. Ses galeries de 30 km sur 9 niveaux atteignent une profondeur de 327 m sur une superficie de 10 km² aérés par 26 puits de surface et 180 souterrains. Il faudrait une semaine pour les parcourir entièrement. Seuls les trois niveaux supérieurs sont ouverts au public, à partir du huitième, c'est sous l'eau, depuis les terribles inondations de 1993. L'eau est d'ailleurs une véritable épée de Damoclès pour l'ensemble des mines, et la seule raison de son exploitation actuelle, symbolique (15 000 t par an). C'est qu'il faut bien pomper la saumure qui se crée, sinon ce Patrimoine de l'humanité disparaîtrait ! Réputée pour son microclimat, la mine est pourvue d'un sanatorium à 200 m de profondeur. Notre guide tint à rajouter que, de son côté, il travaille dur pour prouver que cet air, qui pique un peu le nez au début, est la meilleure des cures contre les gueules de bois. À confirmer !

La visite

Après avoir descendu les 390 marches d'un escalier en bois, l'exploration conduit progressivement de - 64 m à - 135 m. Au début, on a plutôt l'impression de pénétrer dans une mine de... bois tant les couloirs sont étayés de rondins, dont le volume total est estimé à 1 million de mètres cubes ! Mais bientôt sols et parois se font cristaux. On pourrait assimiler ceux-ci à des grains de riz dans le gros gâteau de la croûte terrestre, les plus gros faisant quand même 100 000 m³. Les galeries visitées ont été percées entre les XVIIe et XIXe s à la main, la première utilisation d'explosif ne date que de 1790. L'émerveillement va croissant. Passage par plusieurs salles à thème : Nicolas Copernic, légendes, brûleurs de méthane, grotte aux Nains, évocation du travail des chevaux (utilisés de l'an 1600 à 2002), salles des treuils, triste salle Staszic, convertie un temps en usine de pièces d'avion par les Allemands et chapelles décorées de statues taillées à la main.

L'immense chapelle dédiée à la reine Kinga (1224-1292) est le point d'orgue de la visite. Un million de visiteurs annuels polissent son pavage de sel. Selon la légende, cette fille du roi de Hongrie Bela IV est à l'origine de la mine. Cette véritable ***cathédrale souterraine,*** creusée pendant plus de 30 ans, entre 1895 et 1927, fait 54 m de long sur 12 m de haut. Son acoustique exceptionnelle permet l'organisation de concerts. Messe tous les samedis, mais pour les mariages il faut contacter l'administration, et addition « salée ». On y remarque, entre autres choses étonnantes, une crèche avec un petit Jésus en sel rose, une reproduction de la *Cène* de Léonard de Vinci et (saint) Jean-Paul II, bien sûr, depuis 1999. Une quarantaine d'autres églises et chapelles occupaient les galeries lorsqu'elles étaient en activité...

ÇA NE MANQUE PAS DE SEL !

En Pologne, comme en Allemagne et en France, on parle de prix « salés ». Le coût plus que le goût explique cette expression. Car le sel, denrée d'échange de première importance depuis la nuit des temps, a toujours une relation avec l'argent. Ainsi, les mots salaire *et* solde *dérivent du mot* sel *!*

Après d'autres surprises, comme le lac aux parois de sel noirci quoique très pur (jusqu'à 99,8 %), la salle multimédia Lill Gorna avec son cinéma 5D et un spectacle projeté sur un cristal de sel, et la grande salle de repos-snack à l'impressionnante charpente (expos temporaires), une gigantesque pièce de 36 m de haut avec ascenseur accueille les premières boutiques. C'est alors la fin du parcours guidé. On remonte à la surface en ascenseur.

LA SILÉSIE ET LES SUDÈTES

La Silésie et la chaîne de montagnes des Sudètes s'étendent au-delà des frontières, en République tchèque et en Allemagne. La région fut le théâtre de nombreux conflits au XXe s. Aujourd'hui, elle abrite quelques hauts lieux de l'histoire polonaise, Wrocław, les églises de Jawor et de Świdnica, classées au Patrimoine de l'Unesco, le sanctuaire de Jasna Góra, les monts Tabulaires, la petite ville de Kłodzko, au cœur des Sudètes, et le funeste camp d'Auschwitz.

LA SILÉSIE

OŚWIĘCIM (AUSCHWITZ)

Le camp d'Auschwitz se situe à 5 km de la ville d'Oświęcim, à 66 km à l'ouest de Cracovie. Le second camp, Birkenau, est à 3 km.

PRÉCAUTIONS D'USAGE

La visite des camps porte une charge émotionnelle intense, elle est même éprouvante. Pour cette raison, elle n'est pas recommandée aux enfants de moins de 14 ans. Même s'ils croient être suffisamment bien préparés,

de nombreux visiteurs (quel que soit leur âge) s'effondrent en pleurs au sortir des bâtiments. Les murs parlent, et leur écho est lourd de sens.
Cet endroit terrible symbolise à lui seul un génocide perpétré partout en Europe contre les peuples juif et tsigane. Mais pas seulement : on estime que plus de 10 millions d'Européens ont été victimes du système concentrationnaire nazi entre 1933 et 1945. La masse de souffrance humaine, de désespoir et d'horreur que renferme le site du camp de concentration d'Auschwitz et de son avatar, le camp d'extermination de Birkenau, est infinie.

Arriver – Quitter

➢ ***En voiture :*** *Oświęcim se situe à 66 km à l'ouest de Cracovie par l'A 4.*
➢ ***En bus :*** *liaisons avec la gare routière principale de Cracovie (Dworzec Autobusowy). Horaires sur • rozlady.mda.malopolska.pl •* C'est le moyen le plus pratique de rejoindre le site. Env 30 bus ou minibus/j. Trajet : env 1h30. Les bus mènent à la gare ferroviaire (peu pratique), tandis que les minibus ont leur terminus à proximité du camp d'extermination.
➢ ***En train :*** env 18 directs/j. depuis Cracovie *(Kraków główny)*. Trajet : 2h.
– Les horaires de retour des trains et bus vers Cracovie sont affichés à l'intérieur du camp.

➢ ***Pour rejoindre les camps depuis la gare :*** devant la gare ferroviaire, les bus urbains nos 20 ou 29 (lun-ven 6-12 bus/j. 7h50-18h) desservent le camp Auschwitz I. Sinon, c'est en taxi (15 Zl env) ou *pedibus*. Les camps sont à droite en sortant de la gare, un plan sur un totem permet de se fixer les idées (Auschwitz I se situe à 2 km et Birkenau à 3 km, bien fléchés). On pourra s'étonner d'une desserte à la fois pauvrette et assez compliquée de ces sites pourtant majeurs pour la mémoire de l'humanité !

Où dormir ? Où manger ?

Bon marché (80-160 Zl / env 20-40 €)

⌂ ***Międzynarodowy Dom Spotkań Młodziezy*** *(Maison internationale de rencontres des jeunes)* **:** *ul. Legiónow, 11. ☎ 33-843-21-07. • mdsm.pl • À proximité du musée, en direction du centre-ville, près du pont sur la Soła. Double 170 Zl, avec petit déj.* Ce lieu construit en 1986, à l'initiative de l'organisation de jeunesse allemande évangélique *Aktion Sühnezeischen Friedensdienste,* est un centre de réflexion des jeunes du monde entier sur la tragédie d'Auschwitz et la Seconde Guerre mondiale. On y propose des séminaires avec, au programme, la visite du camp-musée, des discussions, des rencontres avec les anciens détenus. Il accueille aussi, dans la mesure des places disponibles, des touristes individuels. Chambres (2-5 personnes) confortablement aménagées. Possibilité de prendre des repas sur place, dont des plats végétariens à base de tofu. Transports organisés vers et depuis le camp.

|●| ***Restauracja Skorpion :*** *ul. Powstańców Śląskich, 29. ☎ 33-843-25-47. Face à la gare. Plats 18-25 Zl.* Bonne cuisine polonaise, et même chinoise pour changer un peu. Bien tenu et pas excessif. Décor qui fait Ancien Régime avec ses rideaux en sourcils de Brejnev. Les cris de la perruche égaient un peu l'ambiance tristounette et occupent l'attente longuette.

|●| ***Self :*** sur le site du musée, dans le bâtiment d'accueil. Surtout pour les groupes. Spécialités polonaises à des prix raisonnables mais de qualité moyenne. Également un ***buffet-service*** parmi les échoppes en bordure du parking, pour quelque hot-dog aux cornichons : de toute façon, côté appétit, après la visite du camp, c'est vraiment pas ça.

À voir dans la ville

Centrum żydowskie w Oświęcimiu *(centre et musée juif d'Auschwitz)* **:** *pl. ks. Jana Skarbka, 5. ☎ 33-844-70-02. • ajcf.org • À gauche en entrant dans la ville même, juste après avoir passé le pont en venant de la gare et du camp. Ouv 10h-18h (17h oct-mars). Fermé sam et j. fériés juifs. Entrée (musée) : env 10 Zl ; réduc.* Ce centre de diffusion de la culture juive inclut un musée retraçant la vie des juifs d'Oświęcim avant la guerre autour de la seule synagogue (chewra Lombej Misznajot) qui n'ait pas été détruite par les nazis. La ville comptait 60 % de juifs avant les déportations nazies, il n'en reste désormais plus aucun.

Muzeum Zamek w Oświęcimiu *(musée du château d'Auschwitz)* **:** *ul. Zamkowa, 1. ☎ 33-842-44-27. • muzeum-zamek.pl • À 50 m du centre et du Musée juif. Juin-sept, tlj sf lun 10h (11h w-e)-18h ; oct-mai, tlj sf sam 10h (11h dim)-16h (18h mer, 15h ven et dim). Entrée : 5 Zl ; réduc. Donjon : 5 Zl ; réduc. Gratuit (sf expos temporaires) mar. Audioguide en français.* Ce château plonge ses racines dans le lointain XIe s, même s'il a été largement remanié ensuite. Le musée qu'il accueille présente une collection témoignant de la vie de la communauté juive locale avant la Seconde Guerre mondiale. Des objets rituels y sont présentés, ainsi que l'appartement reconstitué d'une famille juive, en vis-à-vis de celui d'une famille catholique. Également une section archéologique, exhibant le résultat de fouilles récentes opérées dans la vieille ville et ses environs : épées, haches, pointes de flèches et autres attributs guerriers. Pour clore la visite, on peut grimper au sommet de la tour, pour un panorama sur la campagne alentour.

À voir dans les proches environs

LES CAMPS D'AUSCHWITZ

Le site comprend les camps d'Auschwitz I et de Birkenau (Auschwitz II à Brzezinka), distants de 3 km. *Une navette gratuite relie les 2 camps, ttes les 15 mn, avr-oct ; ttes les 30 mn nov-mars. Sinon, compter 30 mn à pied ou 15 Zl en taxi.*
Informations et réservations : *☎ 33-844-80-99. • auschwitz.org •*
– **Horaires :** *les 2 camps sont ouv tlj dès 8h ; fermeture : 19h juin-août ; 18h avr-mai et sept ; 17h mars et oct ; 16h fév ; 15h nov et janv ; 14h déc.*
– **Entrée et conditions de visite :** *entrée non recommandée aux moins de 14 ans. Tenue et attitude correctes s'imposent, cela va de soi. Sacs de plus de 20-30 cm interdits sur le site (consigne payante).* Auschwitz I est accessible en visite libre et gratuite de novembre à mars. D'avril à octobre, visite libre et gratuite avant 10h et après 15h, mais guidée et payante de 10h à 15h (voir juste après). Birkenau est en visite libre et gratuite toute l'année.
– **Visite guidée ou pas ?** En saison, si vous voulez visiter seul, à votre rythme et avec le recueillement que suggère ce lieu, arrivez tôt le matin à Auschwitz I (les visites guidées étant imposées de 10h à 15h) et enchaînez sur la visite de Birkenau (visite libre toute la journée), ou commencez dans l'après-midi par Birkenau pour enchaîner (après 15h) sur Auschwitz I. Cela étant, le professionnalisme et l'érudition des guides permettent de bien saisir le sens des expositions et de comprendre le fonctionnement de cette « usine de la mort ». À vous de voir, donc...
– **Les visites guidées :** *obligatoires pour Auschwitz I avr-oct, 10h-15h. Durant cette période, les visites non guidées (8h-10h et 15h-19h) doivent également être réservées ! Plusieurs visites/j. en français (horaires variables, voir le site internet). Compter 45 Zl pour la visite (incluant les 2 camps) ; réduc. Durée : env 3h30.* Pas de réservation obligatoire (mais conseillée à l'avance sur Internet pour augmenter vos chances d'avoir un tour guidé en français) pour les individuels ; on peut s'adresser à

la caisse, à Auschwitz I, avec le risque qu'il n'y ait plus de place pour le tour guidé en français (prévoir 30 mn à 1h30 d'attente et débuts d'après-midi souvent surchargés).
– ***Quelques lectures édifiantes :*** *La mort est mon métier,* de Robert Merle (voir « Livres de route » dans « Pologne utile »), *Auschwitz, les nazis et la solution finale,* de Laurence Rees (Le Livre de Poche nº 31018). Et le poignant témoignage de Primo Levi, *Si c'est un homme* (Presses Pocket nº 3117).

Un peu d'histoire

Rappelons avant toute chose que, dans l'horreur, la paternité des camps ne revient pas aux nazis. Les camps de concentration sont nés au début du XXᵉ s lors de la guerre des Boers en Afrique du Sud. Ce sont les Anglais qui les ont inaugurés. Rappelons aussi qu'il y a un distinguo fondamental entre camp de concentration et camp d'extermination. À la différence de Treblinka, Auschwitz était à la fois un camp de concentration et un camp d'extermination.

Les bâtiments d'Auschwitz, qui étaient avant la guerre propriété de l'armée polonaise, ont été transformés en camp de concentration dès le début de l'année 1940. Les premiers prisonniers, un groupe de 728 Polonais, arrivèrent en juin de la même année. Parallèlement à l'accroissement du nombre de détenus, le camp fut agrandi. Mais, bien vite, les nazis se rendirent compte qu'Auschwitz allait dépasser ses capacités. En 1941, le camp reçut la visite de Himmler, le chef de la SS, qui ordonna la construction d'un deuxième camp (ou *Stammlager*) à Brzezinka, un village à 3 km d'Auschwitz, d'une superficie de 175 ha, dont Auschwitz ne serait qu'une « annexe ». Himmler prit la décision de faire de ce complexe concentrationnaire un lieu d'extermination systématique. Il savait s'y prendre : c'était un ancien éleveur de poulets. En 1942, Auschwitz III (Monowitz) fut construit près de l'usine chimique *IG-Farben Industrie* (consortium de plusieurs entreprises chimiques, dont *AGFA, BASF, Bayer* et *Hoechst*), qui employait les détenus. Le plus célèbre d'entre eux fut l'écrivain italien Primo Levi. *IG-Farben* était responsable du logement des prisonniers et de leur nourriture, et rétribuait le camp pour la fourniture de main-d'œuvre. Le consortium versait 4 marks par jour à la caisse du camp pour un spécialiste et 3 marks pour un manœuvre. Ainsi, pour 7 mois de travail des hommes et 9 mois de travail des femmes, l'administration du camp gagnait plus de 12 millions de marks. Il n'y avait pas de petits profits pour les nazis !

SS ET GRANDE INDUSTRIE, MAIN DANS LA MAIN

D'emblée, la coopération entre IG-Farben *et la SS est totale à Auschwitz. Dans son usine, la compagnie adopte sans hésiter les méthodes et la mentalité de la SS. Un jour de 1944, un groupe de nouveaux détenus est accueilli par un discours sur le camp de travail de l'*IG-Farben Industrie *: « Vous n'êtes pas là pour vivre, mais pour périr dans le béton. » En effet, la firme se débarrassait des cadavres des détenus en les jetant dans des tranchées creusées pour les câbles recouvertes ensuite de ciment.*

Au début, les prisonniers qui parvenaient à Auschwitz étaient soit des prisonniers de droit commun arrêtés par la Gestapo ou la Kripo (la police criminelle), soit des prisonniers de guerre condamnés au camp de concentration. Mais, dès 1942, selon le programme de « solution finale » mis sur pied à la conférence de Wannsee, les nazis y organisèrent la déportation systématique des « bâtards du genre humain » : juifs, gitans, homosexuels, témoins de Jéhovah, prostituées et asociaux, prisonniers politiques... Y seront également déportés des résistants, victimes du décret « Nuit et Brouillard » *(Nacht und Nebel).* Parmi eux, 3 000 Français. Les premiers convois de juifs, qui furent acheminés par le *RSHA* (*Reichssicherheitshauptamt* – la Direction générale des services de sécurité du Reich, dirigée par Adolf Eichmann) au mois de mars 1942, provenaient de France et de Slovaquie. La plupart des arrivants étaient convaincus qu'ils étaient déportés vers les nouveaux territoires de l'est de l'Europe. On leur vendait des parcelles de terrains inexistants ou on leur proposait du travail fictif. La présence de vaisselle ou de boîtes de cirage dans les bagages des déportés montre qu'ils ne prévoyaient pas la nature réelle de leur séjour.

La majorité d'entre eux apportaient de quoi vivre durant 3 jours de voyage. Ils devaient, pour la plupart, payer leur billet de train... Beaucoup de ces prisonniers parcoururent jusqu'à 2 400 km entassés dans des wagons à bestiaux fermés hermétiquement. Un trajet qui pouvait durer jusqu'à 10 jours, pendant lesquels ils n'avaient rien à manger. Les plus faibles d'entre eux, surtout les enfants et les vieillards, mouraient avant d'arriver au camp.

Sélection

Les trains s'arrêtaient sur une rampe spécialement aménagée dans le camp de Birkenau, à proximité des chambres à gaz. Les « kapos » (des prisonniers assurant l'encadrement) procédaient ensuite à la sélection des individus les plus solides pour travailler dans les camps et les usines des alentours. On assurait à ceux qui étaient destinés au gaz (75 % en moyenne, pour la plupart des femmes, des enfants et des vieillards) qu'ils seraient conduits au bain pour décontamination des poux. Dans le plafond de la ***chambre à gaz,*** des douches factices étaient aménagées. À coups de bâtons et de crocs de chiens, les SS précipitaient près de 2 000 victimes dénudées dans une pièce d'une superficie de 210 m^2. Le Zyklon B, un puissant insecticide fabriqué par *IG-Farben,* était diffusé alors par les lucarnes du plafond.

Après 20 mn, on ouvrait les portes et l'on dépouillait les cadavres : les prisonniers qui assuraient l'encadrement récupéraient les dents en or, les boucles d'oreilles et les bagues. Ensuite, les cadavres étaient transportés dans les fours crématoires ou sur des bûchers en plein air. Les cendres des victimes étaient dispersées dans les lacs des environs ou utilisées comme engrais. Les SS tuaient également les détenus en les fusillant, en leur injectant du phénol dans le cœur ou par pendaison. Les camps d'Auschwitz et de Birkenau sont responsables de la mort d'un million de juifs, soit environ 17 % des victimes de la Shoah.

Les autres détenus étaient employés aux travaux forcés dans le camp ou dans une quarantaine d'usines des environs. Les conditions de détention étant atroces, la plupart mouraient au bout de quelques semaines, d'épuisement, de maladie, de faim ou de soif. Il s'agissait d'une autre forme d'extermination programmée, par épuisement. Une fois inaptes à la tâche, les prisonniers étaient supprimés s'ils n'avaient pas déjà succombé. Rien n'était laissé au hasard dans l'organisation du camp. Pour parfaire leur entreprise de mort, les SS veillaient à saper toute forme de solidarité parmi les détenus, ce qui n'a pas empêché de nombreux cas d'entraide.

Tous les témoignages des survivants des camps concordent pour dire que ceux qui « organisaient » le trafic des restes spoliés étaient facilement repérables. Mieux habillés, bénéficiant de rations plus copieuses, de douches chaudes plus fréquentes, de vêtements propres chaque jour et parfois même pour certains de la possibilité d'introduire des draps dans les blocs tandis que les autres détenus dormaient à cinq sur un châlit. Les médicaments étaient également une denrée rare, et la source de tous les trafics.

LE BONHEUR EST AU « CANADA »

Ayant dépouillé les déportés de tous leurs effets personnels, les SS entreposaient les objets précieux dans un magasin qu'on surnommait « Canada » (supposé être un pays d'opulence), objet de toutes les convoitises et de toutes les corruptions. Certains prisonniers y avaient accès et s'assuraient un sort meilleur en « organisant » les trafics, arrosant au passage les SS, qui fermaient les yeux.

LA SILÉSIE ET LES SUDÈTES

Pour obtenir les faveurs des kapos ou des *Blockälteste* (les chefs de bloc), certains étaient prêts à « payer en nature ». Mais lorsque s'ébruitait ce genre de liaison, le *Blockälteste* (la plupart du temps, allemand) était condamné à la castration et son partenaire à la mort. Dans cette rubrique, Himmler ordonna même qu'on organisât des bordels (voir l'encadré, plus loin).
Les moins chanceux, les plus fragiles devenaient de pauvres hères à qui l'on volait souliers, habits et couvertures. Ils étaient surnommés dans le camp les « musulmans ». Les premiers symptômes (peau grise et rapidement infectée, yeux voilés, muscles décharnés, déplacements d'une lenteur caractéristique...) apparaissaient lorsque l'organisme avait perdu un tiers de son poids originel.
Dans l'enceinte du camp, les nazis avaient aménagé des « hôpitaux » afin de pratiquer des « expériences » pseudo-médicales sur les détenus, juifs en grande majorité. La plupart d'entre eux périssaient à la suite des terribles traitements qu'on leur infligeait. Il s'agissait, entre autres, de trouver un moyen efficace et peu coûteux de stériliser massivement les femmes et les hommes afin de « contrôler leur reproduction ».

Enfants

La présence d'enfants dans cet univers déshumanisé symbolise le mal suprême que fut Auschwitz. 216 000 enfants juifs de toute l'Europe furent gazés ici. Dès 14 ans, les déportés pouvaient être aptes au travail. À peine sortis de l'enfance, des adolescents innocents revêtaient le « pyjama » rayé et étaient jetés dans la plus atroce des jungles.

Évasions

Les estimations basses font état d'une centaine d'évadés, d'autres sont plus optimistes et pensent que 400 tentatives furent couronnées de succès. Certains creusaient un trou dans le sol, s'y cachaient 3 jours et en sortaient le quatrième, quand intervenait la relève des vigiles. En majorité d'origine polonaise et russe, ils étaient bien souvent militaires et/ou exerçaient des métiers stratégiques (les électriciens, par exemple). Il semble que les évasions furent plus importantes à Birkenau qu'à Auschwitz, non seulement grâce à l'environnement qui facilitait la prise en charge par les mouvements de résistance, mais aussi par la présence du « Canada » qui encourageait la corruption des kapos.

« On ne savait pas »

Difficile de croire que les employés du train qui accompagnaient les convois jusqu'à la plate-forme n'avaient pas une idée de ce qui se tramait derrière les barbelés. Difficile de croire que les employés de la fabrique *Alex Zink,* en Allemagne, ignoraient qu'ils transformaient les cheveux des femmes achetés par sacs à la Kommandantur d'Auschwitz en chapeaux de feutre. Difficile de croire aussi que les autorités locales ne savaient pas ce qui se passait sous leurs yeux, alors que les Danois, eux, firent bloc contre la formation des convois de juifs. Les crématoires répandaient leur odeur jusqu'à 30 km à la ronde. Difficile de croire que l'on n'était pas au courant, alors qu'en 1943 Hannah Arendt, exilée aux États-Unis, en discutait avec le philosophe Karl Jasper. On peut y ajouter également tous les témoignages des cadres de l'*IG-Farben* au procès de Nuremberg...

Visite

– ***Le camp d'Auschwitz I et musée :*** *brochure en français 5 Zl. À l'entrée, projection d'un documentaire de 15 mn env sur la libération du camp (dont une version en français, 10h-14h, ttes les heures ; 3,50 Zl). Parking : 8 Zl pour 12h (pas de tarif horaire).*
Outre le camp lui-même, dans chaque bloc les présentations de photos, vêtements, chaussures, vaisselle, etc. font office de musée.
Les images terrifiantes tournées en 1945 par l'Armée rouge n'ont été montées en documentaire qu'en 1965. Plusieurs bâtiments de brique rouge (les fameux « blocs »), entre lesquels se balancent tranquillement les peupliers argentés, ont été

transformés en salles d'« exposition ». On y pénètre par la tristement célèbre porte où l'inscription ***Arbeit Macht Frei*** (« le travail rend libre ») s'étire en arcade sur un montant de fer forgé. L'enseigne d'origine a été volée à la mi-décembre 2009. À cet endroit, un orchestre de déportés rythmait chaque jour, matin et soir, le départ et le retour des travaux forcés. Une vision macabre, illustrée par un dessin sur un panneau. Il fut réalisé par un survivant quelques années après la guerre.

LE COMBLE DE L'HORREUR

Devant la recrudescence des relations homosexuelles, Himmler eut l'idée d'ouvrir un bordel (à gauche en entrant dans le bloc 24) au bénéfice des gardiens et de certains prisonniers collabos. Bien entendu, les 200 femmes forcées étaient des prisonnières, souvent des Polonaises, c'est-à-dire des Untermensch *(la race inférieure). Privées de liberté, elles perdaient aussi leur restant de dignité.*

Les blocs 1 à 10 étaient réservés aux femmes. Dans le bloc 4 s'entassent, derrière une vitrine, les cheveux des déportés, uniformément grisés par le temps. Ils étaient vendus 50 pfennigs le kilo et servaient à fabriquer de la toile ou des tapis. À leur arrivée, les Russes en trouvèrent 7 tonnes ! On y voit aussi des boîtes de Zyklon B, produites par une annexe de l'*IG-Farben* et utilisées dans les chambres à gaz. Dans les vitrines du bloc 5 s'accumulent les prothèses et béquilles, les chaussures, les tonnes de montures de lunettes et les amas de valises destinées à ravitailler les Allemands. Ces dernières portent encore les noms et adresses de leurs propriétaires. Pour les rassurer et opérer dans le calme, les SS faisaient croire aux déportés qu'ils récupéreraient leurs effets une fois leur détention terminée... Puis le parcours monte en puissance avec la galerie de portraits des premiers prisonniers polonais aux yeux écarquillés et les fiches anthropométriques (bloc 6), les clichés fuyants des jumeaux apeurés que le docteur ***Mengele*** réservait à ses expériences... Entre les blocs 10 et 11, le peloton d'exécution. Enfin, le bloc 11, qui se serre contre une double rangée de barbelés, était celui des récalcitrants. Avant de les faire passer entre les deux blocs précédents, on les faisait « réfléchir » dans ce bâtiment d'isolement. Plusieurs solutions étaient employées. La faim, la suffocation (dans des petites pièces sans fenêtre) ou les châtiments corporels, voire les trois à la fois, dans un *Stehbunker* (cellule où l'on ne pouvait ni s'asseoir ni se coucher).

Sur la gauche du bloc 1 se trouve la seule chambre à gaz d'Auschwitz I. Si elle n'a pas été détruite, c'est parce qu'elle servait également d'abri antiaérien. Pour couvrir les cris de leurs victimes, les gardiens faisaient tourner un moteur de camion à chaque gazage. Enterrées comme un bunker se succèdent une salle de désinfection et une de crémation. Les cendres des 340 corps brûlés quotidiennement servaient d'engrais...

Chaque nation victime des exterminations s'est vu attribuer un bloc. Le bloc 20, dédié à la mémoire des déportés français, a été inauguré par Jacques Chirac en 2005. Il faut se souvenir que 76 000 juifs de France, dont plus de 10 000 enfants, ont connu l'horreur de cette déportation. Après la Pologne et la Hongrie, la France arrive troisième en Europe pour le nombre de juifs déportés à Auschwitz... La salle qui expose les photos de quelque 2 000 enfants est particulièrement émouvante.

– ***La Judenrampe :*** *située à 400 m env avt d'arriver au camp de Birkenau, sur la gauche de la route (panneau) qui y mène en venant du camp d'Auschwitz.* Un site dédié à la mémoire des juifs de France déportés et exterminés à Birkenau. Deux wagons de marchandises de l'époque ont été conservés sur un tronçon de cette funeste voie ferrée par laquelle furent acheminés des milliers de juifs destinés au camp de Birkenau. Une stèle rend hommage à la mémoire de ces innombrables victimes du nazisme.

– ***Auschwitz II – Birkenau :*** *situé à* ***Brzezinka,*** *à 3 km du camp d'Auschwitz I. Navettes gratuites entre les 2 sites ttes les 30 mn (de mi-avr à oct) sinon un taxi coûte 15 Zl. À pied, compter 30 mn. Parking : 2 Zl/h.* Le frisson commence dès l'extérieur, à la vision de ces rails passant sous les jambes arquées d'une tour de surveillance (qui contrôlait du regard la zone de débarquement et l'ensemble du camp). Par-delà, préservé en l'état, le site s'étend sur une vaste plaine marécageuse, ceinturée de

près par des rangées de barbelés et au loin par une rangée d'arbres. Demander à l'entrée les endroits à voir en priorité (c'est très vaste). Plus de 100 000 personnes étaient incarcérées ici en permanence. Plus de 300 baraques s'y alignent, dans un ordre géométrique précis, séparées par des barbelés. Si le nom de Birkenau claque moins à l'oreille qu'Auschwitz, il n'en demeure pas moins que c'est bien dans cette immense usine de la mort que la majorité des victimes ont péri.
Au centre, la voie ferrée et la tristement célèbre plate-forme, où les kapos sélectionnaient les déportés juifs. C'est à partir de mai 1944 que la voie ferrée principalement destinée à l'acheminement des 400 000 juifs hongrois a été prolongée jusqu'à l'intérieur du camp. À droite, quelques baraques en bois réservées aux hommes, au milieu de celles destinées à la quarantaine. Dans ces vastes granges sans fondation, il subsiste les latrines et les châlits de bois (d'origine), promis à la putréfaction. Pas besoin de mots pour se figurer les conditions de vie en plein hiver. Chaque activité était strictement chronométrée, y compris le passage (collectif) aux latrines, qui ne dépassait pas quelques dizaines de secondes. Mal entretenues, les latrines étaient un lieu infect de puanteur. Les SS n'y entrant jamais, c'était aussi le seul endroit où les détenus pouvaient parler « librement ».
Sur la droite toujours, la troisième rangée de baraquements abritait le « camp des familles ». Il était réservé aux juifs tchèques, qui y connaissaient des conditions de détenus presque normales. Les familles n'étaient pas séparées et les rations alimentaires étaient plus importantes. À la base de ce camp dans le camp, une volonté de propagande, qui s'inscrit dans la visite de la Croix-Rouge au camp de Terezín, en Bohême, en juin 1944. L'ensemble des familles n'en sera pas moins gazé... Sur la gauche, les baraquements en dur réservés aux femmes. Longer la voie de chemin de fer sur 25 m. Sur la gauche d'un bâtiment se trouve une charrette protégée par un auvent. En face, deux bâtiments. Dans celui de gauche, l'un des murs porte encore une fresque aux inscriptions gothiques réalisées par les occupantes. Si l'on continue à longer la voie de chemin de fer (à 1 km de l'entrée), on accède par un perron au ***monument à la Gloire des Victimes,*** inauguré en 1967, portant un texte inscrit en 20 langues : « Que ce lieu où les nazis ont assassiné un million et demi d'hommes, de femmes et d'enfants, en majorité des juifs de divers pays d'Europe, soit à jamais pour l'Humanité un cri de désespoir et d'avertissement. »
C'est aussi ce chemin qu'empruntaient les détenus sélectionnés pour la mort immédiate. Au bout de la voie, de part et d'autre du perron, les deux complexes abritant chambres à gaz et fours crématoires ont été détruits par les nazis, qui voulaient effacer les traces de leurs crimes avant de quitter le camp... Deux autres se trouvent derrière, dans la forêt.
Un sujet d'étonnement : les deux grandes croix catholiques qui surmontent l'ancienne *Kommandantur...* reconvertie en église par les Polonais. On espère que les lieux ont été exorcisés avant d'être consacrés !

« L'ANGE DE LA MORT »

Les SS tatouaient leur rhésus sanguin sous le bras. C'est grâce à cette trace indélébile que les Alliés les ont repérés après mai 1945. Mengele ne voulut jamais souiller sa peau avec un tatouage vulgaire. Il ne fut jamais identifié malgré quelques mois d'emprisonnement et fut libéré. Il est mort en 1979, d'une attaque cardiaque lors d'une baignade au Brésil...

LA ROUTE DES NIDS D'AIGLE

Pour aller de Cracovie à Częstochowa (et vice versa), les plus pressés prendront l'autoroute, mais on vous conseille vivement de suivre les petites routes pépères qui traversent une campagne riante, agrémentée de collines et de vallées dans un paysage marqué par la présence de vieux châteaux fort(s)

en ruine. Ceux-ci rappellent l'importance stratégique de cette région au Moyen Âge. Pour gagner Pieskowa Skała, à 30 km au nord-ouest de Cracovie, on traverse ce que l'on appelle le « Jura cracovien », une région de falaises rocheuses calcaires, encaissées et ceinturées de forêts, au cœur du parc national d'Ojców *(Ojcowski Park Narodowy)*. On continue ensuite sur la route 791 via Olkusz, en direction de Zawiercie. C'est sur cette portion que l'on trouve les paysages typiques de la route des Nids d'aigle. Poursuivre son chemin vers Zarki puis Janów, avant d'arriver à Częstochowa, 25 km plus loin.

Où dormir ? Où manger ?

Dans la vallée verdoyante autour d'Ojców, nombreuses ***chambres chez l'habitant*** signalées par le panneau « *Pokoj* » ou « *Nocleji* ».

Camping *(pole namiotowe)* ***et chambres à la ferme*** *(agroturistyka)* ***Na Podzamczu :*** *à **Pieskowa Skała.** ☎ 12-389-62-12. • pieskowaskala noclegi.net • Au carrefour de la route d'Olkusz (fond de vallée) et d'Ojców, au pied du château, prendre la route qui monte en sous-bois ; c'est 1 km plus haut, à gauche. Empl. tente 18 Zl ; doubles 70-80 Zl, petit déj 10 Zl.* Un camping à taille humaine et des chambres, installés dans une petite ferme située à l'écart de la route et en bordure de champ. L'une des filles bredouille l'anglais. Simple, propre, rustique et pas cher. Salle de resto avec petite cheminée et instruments agricoles au mur.

Zajazd Zazamcze : *à **Ojców** (à 1 km du village, en direction de Skała). ☎ 12-389-20-83. • zajazdzazamcze.ojcow.pl • Double 160 Zl, petit déj inclus. Plats 15-25 Zl. Menus résidents 17-30 Zl.* Dans un petit hameau tranquille, bien enchâssé dans la gorge, ce grand chalet accueille une grosse poignée de chambres chaleureuses. De taille correcte, elles sont dotées d'un ameublement tout simple en pin blanc, ayant pour la plupart le charme d'être logées sous les toits. Au rez-de-chaussée, agréable petite salle de restauration qui ne dépare pas dans la tonalité rustique-campagnarde.

À voir sur la route

Ojców : *à 25 km de Cracovie par la route 94, tourner à droite (fléché sur 8 km). Au village, parking obligatoire 10 Zl.*
Au cœur du Jura cracovien, dans une gorge où la petite rivière Prądnik se faufile entre les falaises calcaires, de couleur claire, sculptant des formes fantasques et creusant de profondes cavernes. À 200 m du village, sur la route de Skała, jolie chapelle tout en bois, la ***Kaplica Ojcowie*** qui enjambe un ruisseau. Les maisons du village sont éparpillées dans les recoins de la vallée, entre la rivière, les prés et les bois. C'est là tout le charme de cette enclave de fraîcheur, si proche de Cracovie et incluse dans le parc national d'Ojców.
Surplombant le village, quelques murs d'enceinte et une tour qui abrite un petit musée, sont les ruines d'un château médiéval. Selon la légende, Casimir le Grand l'aurait fait bâtir sur l'emplacement d'un autre plus ancien, signalé à la fin du XIIIᵉ s et qui servait de refuge à son père, Władysław Łokietek, à l'époque des luttes pour l'accession au trône de Cracovie. C'est d'ailleurs pour honorer ce père que Casimir baptisa le lieu *Ojców*, nom dérivé du mot « père ».

Grota Łokietek (grotte de Łokietek) **:** *on y accède à pied depuis Ojców (balade d'env 2,5 km), ou depuis la route de Cracovie (nº 94), en direction de Czajowice (parking obligatoire 6 Zl, puis 400 m à pied). ☎ 12-419-08-01. Ouv de mi-avr à mi-nov. • ojcowskiparknarodowy.pl • Visite guidée tlj : avr-août 9h-18h30, 17h30 sept, 16h30 oct, 15h30 nov. Entrée : 8 Zl ; réduc.* Sobre, sans stalactites ni stalagmites, elle peut attirer par son aura légendaire. L'histoire se passe au début du XIVᵉ s, lorsque Władysław Łokietek (« Petite-Coudée »), futur roi de Pologne, fuit les chevaliers du roi tchèque, qui rêve, lui aussi, du trône de Cracovie. Łokietek choisit cette grotte comme cachette, aidé par les araignées qui dissimulent l'entrée de la caverne : d'où une grille en forme de toile d'araignée.

Zamek Pieskowa Skała *(château de Pieskowa Skała)* **:** ☎ *12-389-60-04. • pieskowaskala.eu • À 8 km au nord d'Ojców. Avr-oct tlj sf lun 9h (10h avr et oct)-17h (18h w-e, mai-sept), ven 9h-13h ; nov-mars groupes slt (billetterie fermée 1h avt). Château 11 Zl ; galerie de peinture anglaise 10 Zl ; billet combiné 18 Zl ; réduc. Gratuit ven. Parking obligatoire 7 Zl.* Très beau château qui domine la vallée de Prądnik du haut d'un éperon rocheux. Élevé au XIVe s, il faisait partie du système de défense de la frontière silésienne. Plus tard, les propriétaires rêvèrent d'une résidence digne des rois et firent transformer le château d'après le modèle de Wawel, à Cracovie. Aux angles de la muraille d'enceinte, jolies échauguettes à pompon. Dans les cours, les éléments naturels se mêlent avec harmonie à l'architecture baroque (lierre courant sur le donjon, parterres de fleurs, vue sur la forêt...). À l'intérieur, des collections de meubles, objets, vêtements et de peintures du Moyen Âge jusqu'aux années 1930. Dans une aile a été aménagée une galerie exposant des peintures anglaises.

Pustynia Błędowska *(désert de Bledow)* **:** *à proximité des villages de Klucze et de Checcio. Depuis Skala, suivre sur 18 km la route 773 vers l'ouest, puis la route 94 ; à Olkusz, prendre plein nord par la route 791 sur 8 km.* Ce désert atypique, à plusieurs centaines de kilomètres de la mer la plus proche, est une vieille histoire qui remonte à la fonte des glaciers. Ajoutez-y un fort assèchement de la zone durant l'exploitation de mines de zinc et d'argent au Moyen Âge. Et l'on obtient l'un des rares déserts d'Europe (cinq en tout), qui étend ses sables sur une zone d'une quarantaine de km², avec une couche de sable atteignant plus de 40 m de profondeur. On le tangente par la route, et pourquoi ne pas y traîner ses Pataugas pour se rejouer *Tintin et le crabe aux pinces d'or* : on y observe des mirages comme en plein Sahara.

NE VOUS PRIVEZ PAS DE DÉSERT

Au nord-ouest de Cracovie, le désert de Bledow est l'une des rares surfaces sablonneuses d'Europe. Voilà pourquoi les blindés de l'Afrikakorps s'y entraînèrent, pendant la dernière guerre mondiale, avant de combattre en Afrique du Nord.

Zamek Ogrodzieniec *(château d'Ogrodzieniec)* **:** *à 2 km du village, sur la route de Pilica.* ☎ *32-67-32-285. • zamek-ogrodzieniec.pl • Depuis Skała, route 773 plein ouest sur 25 km ; puis à Olkusz, route 791 sur 20 km plein nord. Tlj 9h-20h (19h sept ; 18h avr et oct ; 15h nov) ; fermé déc-mars. Entrée : 12 Zl ; réduc ; gratuit moins de 6 ans. Parkings au village 5 Zl.* Au sommet d'un piton rocheux aux flancs herbeux s'élancent dans le ciel les ruines fantomatiques de ce puissant château du XIIIe s. Cette silhouette splendide et pitoyable évoque la peinture romantique. Destiné à protéger le Sud polonais contre les attaques tchèques (Silésie) et tatares, le château fut puissant et rayonna jusqu'à l'invasion suédoise en 1655. Saccagé et pillé en 1702, il connut par la suite une longue période de décadence jusqu'à son abandon complet en 1810. Passé un pont-levis (avec sa herse), on pénètre une cour intérieure occupée par quelques boutiques de souvenirs. Visite intéressante des remparts, des bastions crénelés, des caves obscures. Très belle vue sur la plaine.

Le cimetière juif de Zarki : *depuis Ogrozienec, suivre la route 791 jusqu'à Zawiercie, puis sur 20 km les routes 791 et 793 vers le nord. Le cimetière est fléché à gauche de la rue principale en direction de Janow.* Petite bourgade au cœur de la plaine agricole, Zarki possède un vieux cimetière juif comptant 700 tombes (en granit, en pierre ponce et en ciment), avec des symboles sculptés : couronne, lion, branche brisée d'olivier, cruche versant de l'eau, Torah, bibliothèque, chandeliers.

Zamek Bobolice *(château de Bobolice) et* **Zamek Mirów** *(chateau de Mirów)* **:** ***à Bobolice,*** *à 12 km env à l'est de Zarki. • zamekbobolice.pl • Sentier de 2 km reliant les 2 châteaux.* Dans le chapelet des ouvrages défensifs de Casimir le Grand, ces jumeaux sont séparés de 2 km. Tous deux furent ravagés par l'ouragan des troupes suédoises, en 1656. Mais si Mirów est demeuré sérieusement ruiné, Bobolice a été carrément reconstruit pour devenir un hôtel-resto, affichant fièrement ses hauts murs, ses tours chapeautées de toits en ardoise, et même quelques structures de bois.

➢ Depuis Zarki, continuer la route 793 sur 8 km vers le nord, puis tourner à gauche vers ***Zrębice,*** pour voir au passage la jolie petite église en bois ***kościół Św Łętego,*** qui fait chambre à part avec son clocher. Contrastant avec son aspect extérieur très simple et austère, l'intérieur est particulièrement chargé d'un mobilier baroque de chez baroque.

Zamek Olsztyn (château d'Olsztyn) **:** *dans le bourg. • zamekolsztyn.pl • À 5 km à l'ouest de Zrębice, par la route 46. Tlj 9h-17h. Entrée : 5 Zl (3 Zl en sus pour grimper au donjon) ; réduc.* Datant du tout début du XIVe s, cette imposante silhouette de la campagne jurassienne polonaise est due à (allez, devinez)... Casimir le Grand. Mis à mal une première fois en 1586, c'est en 1656, lors de l'attaque suédoise sur la région, que la place forte sera fortement détruite. La suite, c'est ruine et désolation, jusqu'au début du XVIIIe s où ses pierres seront pillées pour fabriquer une église au village : faites la prière, pas la guerre. C'est donc le fantôme de lui-même que vous verrez en ce XXIe s. Un ensemble de solides murailles, et surtout une haute tour très caractéristique : l'ancien donjon octogonal du XIIIe s, haut de 35 m, rehaussé d'un étrange chapeau en brique au XVe s.

CZĘSTOCHOWA

240 600 hab.

• Plan *p. 250-251*

Le « Lourdes polonais », avec tout ce que cela suppose de références religieuses. « Reine de la Pologne », la Vierge noire de Częstochowa y est omniprésente. Même si un récent saint, d'origine polonaise et papale, tend à lui faire concurrence en s'affichant partout sous des formes aussi multiples qu'ostentatoires... La ville vit au rythme des pèlerinages et des offices religieux. Toute la cité est organisée autour de la large avenue Najświętszej Maryi Panny (de la Sainte-Vierge), dite « NMP », qui mène au pied de la colline sur laquelle se dresse le monastère Jasna Góra (la Montagne lumineuse). Cette église-forteresse représente d'ailleurs le seul véritable attrait de la ville. Pour l'anecdote, l'arrière-grand-père de Juliette Binoche fut organiste dans la cathédrale de Częstochowa.

UN PEU D'HISTOIRE

Le ***culte de la Vierge noire*** reste toujours très vivace en Pologne. Le pèlerinage du 15 août réunit chaque année plus de 1 million de personnes, la plupart venues à pied de tous les coins du pays. Rien d'étonnant à cela : la Vierge

UNE TERRE À MARTYRS

Quand, en 1621, des Polonais viennent demander au pape Paul V le don de quelques reliques pour attirer les pèlerins, le Saint-Père répond : « Ramassez un peu de votre terre ; il n'y en a pas une parcelle qui ne soit la relique d'un martyr. »

noire n'a pas seulement une importance religieuse, elle est aussi un symbole national. Durant 600 ans, le monastère n'a jamais cédé aux attaques de l'ennemi. En 1655, la forteresse résiste avec succès à un siège de 6 semaines entrepris par les troupes protestantes suédoises, fortes de près de 4 000 hommes et de 36 canons, alors que la défense est assurée par 160 soldats, 70 religieux et 24 canons. À la veille de Noël, après une ultime attaque, l'armée suédoise lève le camp. Cette défense « miraculeuse » fut un moment crucial qui contribua à mobiliser la nation polonaise, jusqu'à bouter finalement l'envahisseur suédois hors des frontières.
Au cours des siècles suivants, la Pologne s'est sans cesse trouvée obligée de soutenir des sièges. Sous l'Occupation, l'Église est toujours restée la seule et la dernière « Patrie ».

La ville phare du catholicisme polonais

La langue nationale, interdite par l'occupant, se chantait en cantiques, se chuchotait en confession. Au milieu des écroulements et des bouleversements constants de l'Histoire, Dieu a été le seul recours de la Pologne, et être polonais était, avant tout, être catholique. Les princes de l'Église participaient étroitement à toutes les luttes politiques du pays... Le premier Sénat polonais a été un Sénat d'évêques, et jusqu'en 1929 le gouvernement polonais a toujours comporté un ou plusieurs prélats. Le bas clergé, lui, se faisait tuer dans les campagnes aux côtés de ses paroissiens... y compris récemment, sous le régime communiste.
La ferveur religieuse attachée à Częstochowa avait le don d'énerver les communistes, qui se sont empressés de transformer la ville en un puissant centre industriel. Depuis, une cheminée d'usine nargue la haute tour de Jasna Góra, à l'autre bout de la NMP (nom abrégé de l'artère principale), dans une piquante perspective symbolique.

Arriver – Quitter

En train

Gare ferroviaire PKP *(plan C2)* **:** *al. Wolności, 21. ☎ 19-757. • pkp.pl • ou • intercity.pl •*
➢ ***Cracovie :*** 11 directs/j. Trajet : 1h40.
➢ ***Łódź :*** env 12 directs/j. Trajet : 2h-2h30.
➢ ***Toruń :*** env 3 directs/j. Trajet 4h30.
➢ ***Varsovie :*** env 13 trains/j. Trajet : 2h-3h.
➢ ***Wrocław :*** env 13 directs/j. Trajet : 1h30-2h.

En bus

Gare routière PKS *(plan C3)* **:** *al. Wolonośći, 45. Infos : ☎ 34-379-11-49. • pks-czestochowa.pl • Depuis la gare ferroviaire, emprunter le passage souterrain, c'est juste à gauche.*
➢ ***Cracovie :*** env 25 bus et minibus/j. (nombreuses compagnies). Trajet : 2-3h.
➢ ***Łódź :*** env 10 bus/j. avec *PKS, Polski bus* et *AD Euro-Trans.* Trajet : 2h-2h30.
➢ ***Toruń :*** env 6 bus/j. Trajet 4h30-5h30.
➢ ***Varsovie :*** 4 bus/j. avec *PKS* (arrivée à la gare centrale de Varsovie) ou *Polski bus* (arrivée au métro Wilanowska ; *hors plan général de Varsovie par E8*). Trajet : env 3h30.
➢ ***Wrocław :*** env 5 bus/j. Trajet : 3h30-4h.

Adresses utiles

Informations touristiques *(plan C2)* **:** *al. Najświętszej Marii Panny, 65 (l'av. principale, abrégée en NMP). ☎ 34-368-22-50. • czestochowa.pl • Tlj sf dim 9h-17h (plus tôt en hiver).* Tous les renseignements sur la ville et les environs, résas d'hôtels. Accueil pro et jovial. Plan de la ville et brochures sur les sites en français.
■ ***Banques et change :*** distributeurs

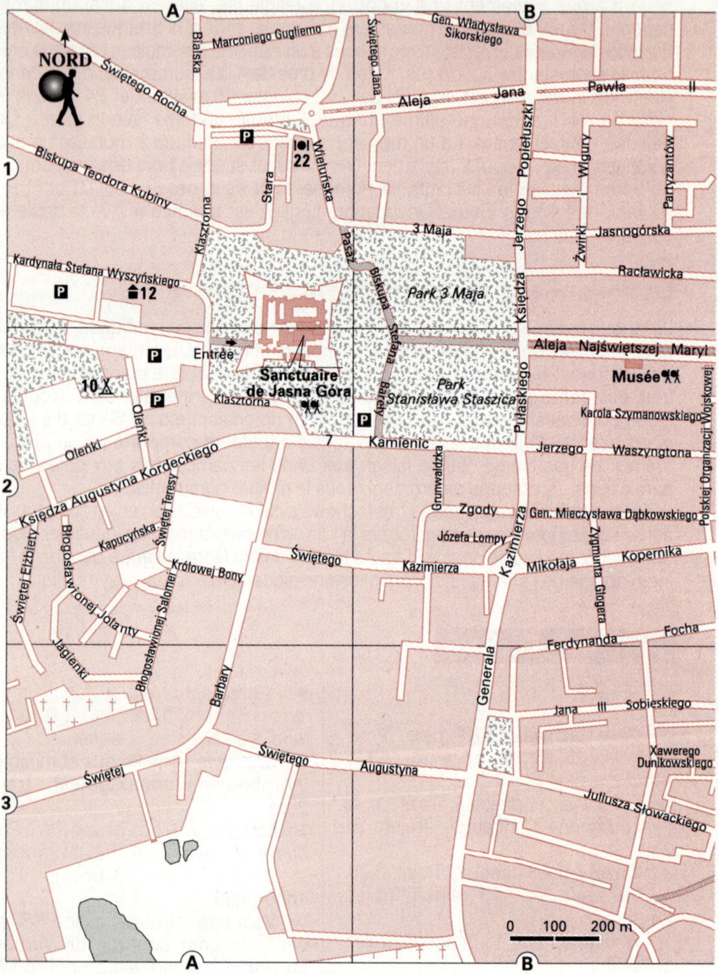

■ **Adresses utiles**

- Informations touristiques
- @ Internet Cafe

Où dormir ?

- **10** Camping Oleńka
- **11** Hotel Haga
- **12** Dom Pielgrzyma
- **13** Hotel Polonia
- **14** Pokoje Gosćine Polo
- **15** Hotel Wenecki
- **16** Hotel Sonex

LA SILÉSIE ET LES SUDÈTES

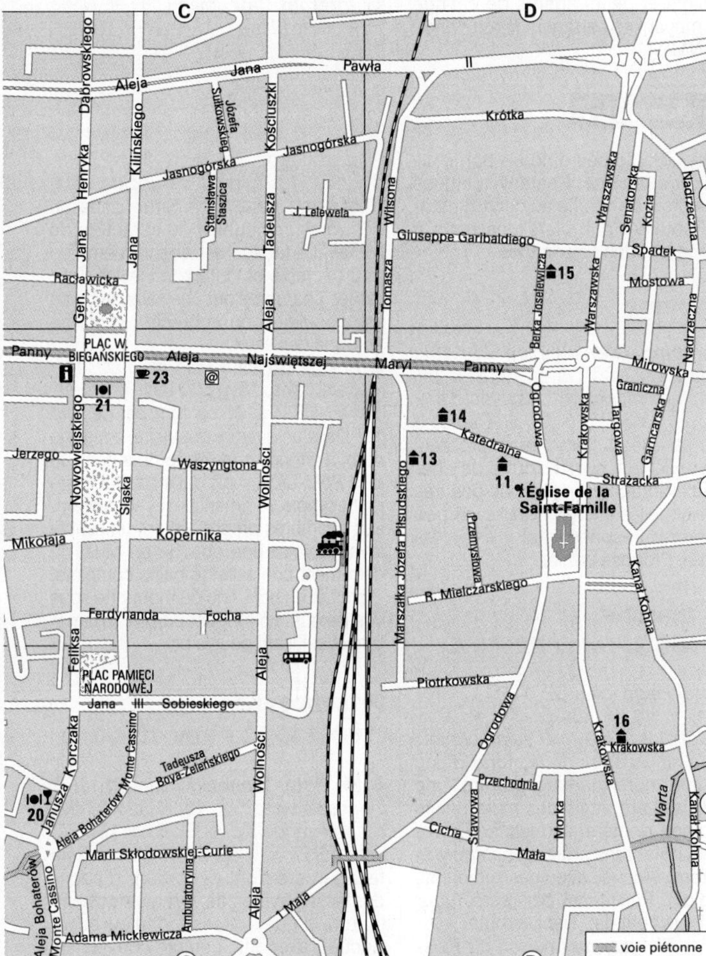

CZĘSTOCHOWA

Où manger ? Où boire un verre ou grignoter une pâtisserie ?

- **20** Browar Czenstochovia
- **21** Pod Ratuszem
- **22** Sekwana
- **23** Jałowiec

de billets et petits agents de change (taux moyen) se partagent la rue principale *(NMP).*

@ ***Internet Cafe*** *(plan C2) : al. NMP, 35 (dans la cour).*

Où dormir ?

La ville compte peu d'hôtels bon marché ou de charme. Restent quelques bons hôtels de chaîne au confort standard, souvent complets des mois à l'avance lors des pèlerinages.

Camping

▲ ***Camping Oleńka*** *(plan A2,* ***10****) : ul. Oleńki, 22-30. ☎ 34-360-60-66. • camping@mosir.pl • Empl. tente env 40 Zl ; bungalows 110-120 Zl.* Camping vert ombragé et calme, mais propreté relative. Bungalows en forme de chalets de montagne. Un petit lac pas très loin. Accueil aimable. Parfois un peu encombré, l'espace vital y est alors compté. Propose un bar.

Bon marché (80-160 Zl / env 20-40 €)

▲ ***Hotel Haga*** *(plan D2,* ***11****) : ul. Katedralna, 9. ☎ 34-324-61-73. • haga.pl • Doubles 100-120 Zl selon confort (lavabo slt ou sdb).* Au fond d'une cour intérieure (parking gratuit), une façade austère, mais des murs peints en orange derrière lesquels se trouve ce petit hôtel sans prétention, propre et bien tenu. Accueil avec des rudiments d'anglais. Fait aussi bar-resto, pour prendre le petit déj. Tient la route.

▲ ***Dom Pielgrzyma*** *(maison du Pèlerin ; plan A1,* ***12****) : ul. Kardynała Wyszyńskiego, 1/31. ☎ 34-377-75-64. • jasnagora.pl • Souvent complet, résa conseillée. Double avec sdb 150 Zl ; dortoirs (4 pers) avec lavabo, sans ou avec w-c 30-40 Zl/pers ; petit déj 10 Zl.* Un vaste édifice bien situé. En principe, la maison est prévue pour les groupes de pèlerins, mais dans l'usage, elle est ouverte aux touristes individuels. Surtout des dortoirs, où garçons et filles sont séparés. Également des chambres simples, doubles et triples avec salle de bains. Confort monacal, certes !

▲ ***Hotel Polonia*** *(plan D2,* ***13****) : ul. Piłsudskiego, 9. ☎ 34-324-23-88. Double 110 Zl, petit déj inclus. Parking gardé payant.* Situé dans un des rares immeubles de caractère de la ville. La façade est quand même un peu décrépie et l'intérieur vieillot. Toutes les chambres ont une salle de bains (minuscule) et on apprécie le charme suranné des lieux.

▲ ***Pokoje Gosćine Polo*** *(plan D2,* ***14****) : ul. Katedralna, 18. 📱 500-891-359. Doubles 90-120 Zl selon confort ; pas de petit déj.* Dans un quartier populaire, malgré le nom, n'attendez pas de tomber dans un chic *Polo-Club,* mais dans un établissement simple, rudimentaire et accueillant. Les chambres proposées ont un simple lavabo, voire une douche en plus, ou carrément une salle de bains complète. Plancher en bois, lino ou moquette sous vos petons. Le tout est propre, minimaliste et suffisant pour le prix.

Prix moyens (160-240 Zl / env 40-60 €)

▲ |●| ***Hotel Wenecki*** *(plan D1,* ***15****) : ul. Joselewicza, 12. ☎ 34-324-33-03. • hotelwenecki.pl • Double 180 Zl ; petit déj 25 Zl. Plats 20-35 Zl.* La vaste façade ocre dont débordent d'abondantes jardinières de géraniums donne le ton d'une adresse chaleureuse. Accueil avenant, couloir couvert de fresques sur le thème de Venise, tout comme certains faux vitraux des fenêtres, et ça se termine dans de vastes chambres tapissées et meublées à l'ancienne. Resto proposant un tout petit choix de plats classiques pour qui ne voudrait pas ressortir en ville. On aura ensuite la soirée devant soi pour profiter du billard.

▲ |●| ***Hotel Sonex*** *(plan D3,* ***16****) : ul. Krakowska, 45. ☎ 34-366-80-80. • hotelsonex.pl • À 10 mn à pied du centre. Doubles 150-170 Zl (plus cher le w-e) ; petit déj 25 Zl. Resto tlj 12h-23h. Plats autour de 50 Zl.* L'extérieur un peu tristoune cache un établissement confortable et rénové, qui n'a pas volé ses 3 étoiles. Propre et bien entretenu. Accueil prévenant et discret. Chambres agréables, nickel et fonctionnelles. Le resto attenant a élu domicile dans une grande salle haute de plafond, agrémentée d'une déco rétro. Service impeccable en nœud pap', chandeliers sur les tables, serviettes pliées avec art. Un bortsch aux ravioles d'anthologie pour débuter. Le bœuf chateaubriand ou la poitrine de canard enfonceront le clou. Pianiste jazz en fond sonore certains soirs.

Où manger ? Où boire un verre ou grignoter une pâtisserie ?

De bon marché à prix moyens (20-70 Zl / env 5-17,50 €)

Browar Czenstochovia *(plan C3,* ***20****)* **:** *Korczaka, 14. ☎ 34-365-19-35. Depuis le milieu de NMP, descendre la rue Nowowiejskiego sur env 600 m, c'est juste à droite quand la rue change de nom. Tlj 12h-23h (22h dim). Plats 20-45 Zl.* Eh non, les meilleures adresses ne sont pas les plus centrales. Cette microbrasserie mérite un petit effort pour l'atteindre, mais elle le rend bien. On y boit 4 sortes de bières brassées in situ, on y dévore quelques bons plats joliment copieux pour mettre du solide dans le liquide, et on passe un agréable moment sur fond de musique qui ne la ramène pas, calé dans une niche ou coincé dans de petits fauteuils en demi-lune. À l'étage, on est dans le bain puisqu'on a un œil sur les cuves de bière. Ah ! Un détail. Les soiffards se précipiteront sur un « Tuba » de bière : rien moins qu'une chope de 3 l (haute de près de 1 m !). Après, on chante comme un Polonais avant de confier le volant à celui qui n'a rien bu...

Pod Ratuszem *(plan C2,* ***21****)* **:** *NMP, 45. 516-032-037. En sous-sol de l'hôtel de ville. Tlj 8h-23h (2h ven-sam). Menu déj en sem 13,50 Zl. Plats 15-50 Zl.* On s'engouffre dans ces sous-sols de la mairie, joliment aménagés, pour oublier que la cité n'a rien pour gagner un prix de beauté urbanistique. Une longue litanie de bons plats y incite au péché de (bonne) chère : poulet, porc, mais aussi sanglier ou lapin défilent en procession, accommodés de façon classique ou avec des accents parfois inventifs ce qu'il faut. Et, sous ces belles voûtes de brique agrémentées de murs de pierre blanche, le service se démène avec une appréciable serviabilité.

Sekwana *(plan A1,* ***22****)* **:** *ul. Wieluńska, 24. ☎ 34-324-89-54. Plat env 20 Zl.* Un établissement qui propose une belle carte avec, entre autres, des volailles aux prunes, du lapin et autres plats de la tradition polonaise un brin revisitée. Accueil prévenant et bon rapport qualité-prix.

Jałowiec *(plan C2,* ***23****)* **:** *NMP, 43. À deux pas de la mairie, en tournant le dos au sanctuaire. Tlj 9h (11h dim)-18h (17h sam).* Un tas de bons gâteaux qui fondent sous le regard avant de vous tomber sur les hanches... Et une poignée de tables pour savourer café, thé et les fruits sucrés du péché.

LA SILÉSIE ET LES SUDÈTES

À voir

Le sanctuaire de Jasna Góra *(plan A1-2)* **:** *☎ 34-377-77-77. • jasnagora.pl • Ouv 5h-21h30.*

Office d'informations religieuses *(dans le sanctuaire)* **:** *☎ 34-365-38-88. • jci.jasnagora.pl • Tlj 8h (9h de Noël à mi-janv)-18h (17h mars, 16h de mi-janv à fév et nov-Noël, 15h de Noël à mi-janv).* Les sœurs et les laïques de l'accueil parlent souvent l'anglais ou le français. Plan précieux (en français) pour s'y retrouver dans le dédale des églises, chapelles et autres cloîtres.

– ***Visites guidées :*** *possibles, en français. Rens et résas au centre d'information. S'y prendre bien à l'avance en saison. Compter 100 Zl pour un petit groupe.*

Un peu d'histoire

Le couvent fut fondé en 1382 par Ladislas II, duc d'Opole, pour recevoir les paulins, disciples de l'ermite saint Paul. Puis le duc fit venir une icône de la Vierge noire, source de miracles légendaires, qui devint très vite un objet de vénération. Dès lors, le monastère, gardien d'un fabuleux trésor, fut l'objet de nombreuses convoitises. Fortifié dans la première partie du XVIIe s, le monastère soutint victorieusement, grâce à la Vierge, dit-on ici, de nombreux sièges. Jean-Paul II lui a rendu quatre visites au cours de son pontificat.

La visite

Jasna Góra est entouré d'un rempart et de bâtiments monastiques. L'édifice majeur, la ***basilique de la Sainte-Croix,*** est une église gothique, remaniée dans le style baroque, avec une riche décoration intérieure : stucs et polychromies, maître-autel très intéressant par le foisonnement de ses formes baroques.

– Tout au fond, à gauche, dans la ***chapelle Notre-Dame,*** siège le célèbre tableau de la ***Vierge noire.*** *L'icône est solennellement dévoilée chaque jour, en principe, 6h-12h (13h w-e et fêtes) ; elle est de nouveau dévoilée à 13h30 (14h w-e et fêtes).* Puissamment éclairée, la chapelle fait feu de toutes ses ostensibles décorations baroques sous un plafond en stuc très richement ouvragé. Il y règne une atmosphère mystique, recueillie et émouvante : les pèlerins se pressent, agenouillés, toute leur dévotion tournée vers Elle. Derrière la grille, sur l'autel, la Vierge noire tourne vers l'assemblée son visage sombre, triste, les yeux baissés. Elle prie. Peut-être songe-t-elle aux souffrances que son fils, encore petit, à sa gauche, devra affronter. En 1430, l'icône miraculeuse fut profanée par une bande de pillards armés par des chevaliers polonais. Lors de sa restauration, on laissa volontairement deux traces du sacrilège, deux cicatrices sur la joue droite, qui accentuent la gravité de son visage. Sa main droite repose sur sa poitrine comme dans un geste d'excuse ou de salut.

– ***Le trésor*** *(Skarbiec)* ***:*** *tlj 9h-17h (16h nov-fév). Explications en polonais slt.* Nombreuses pièces d'orfèvrerie (bijoux, chapelets, coupes, calices, croix) : deux couronnes offertes par Pie X ; une horloge à neuf cadrans ; un calice, don de l'épiscopat français. L'ostensoir en or massif (12 kg), donné par la nation en action de grâces après la libération du pays alors sous le joug des Suédois (1672), n'est plus visible.

– ***L'arsenal :*** *ouv 9h-17h (16h nov-fév).* Des armes et autres objets d'art militaire, des trophées de guerre, notamment ceux que rapporta de Vienne le roi Jan III Sobieski, trouvés dans les tentes du grand vizir, après sa victoire sur les Turcs en 1683.

– ***La grande salle des Chevaliers,*** avec des bannières antiques, plusieurs tableaux historiques intéressants et une exposition particulièrement fournie d'objets ayant appartenu ou relatifs à Jean-Paul II : d'innombrables médailles commémoratives, des calottes et chasubles, mais aussi de riches cadeaux offerts par différents pays du monde. C'est dans cette salle que se réunissait la Diète sous le règne de Jan Casimir, dans la seconde moitié du XVIIe s.

Muzeum Częstochowskie *(musée de Częstochowa, galerie de peinture et sculpture ; plan B2)* ***:*** *NMP, 47. ☎ 34-360-56-31. • muzeumczestochowa.pl • Tlj sf lun. Juin-oct 11h-17h (18h w-e). Oct-mai, mar, jeu-ven 9h-15h30 ; mer et w-e 11h-17h. Entrée : 12 Zl ; réduc.* Cette galerie propose une belle expo permanente sur les peintres polonais. Très variées, les œuvres vont de beaux paysages maritimes, dont une *Baie de Saint-Tropez* de Jósef Pankewicz, à d'autres paysages plus urbains comme cette œuvre de Jósef Mączynski représentant les rues de Paris la nuit. Une très sombre *Nuit de Kupola,* de Ferdynand Rusczczyc, et des ébauches de vitraux des compères Jósef Mehoffer et Stanisław Wyspiański. Quelques natures mortes et autres paysages vaguement croqués à la façon de Gauguin ou de Cézanne. Pour finir, une toile de Tadeusz Kantor qui explose de couleurs telle une palette.

***Kościół Św. Rodziny** (église de la Sainte-Famille ; plan D2) :* *sur la pl. Papieża Jana Pawła II.* Immanquable, avec ses deux clochers pointant vers le ciel. Brique rouge typique de la région, atténuée par les porches en pierre néogothiques de l'entrée. Sur les murs latéraux de la nef, les statues sont de facture récente, mais travail intéressant du bois : les tailles de coupe, apparentes, représentent l'élément décoratif principal.

Fêtes et pèlerinages

À moins de vouloir absolument être porté par la foule, éviter la saison des pèlerinages et fêtes religieuses.
- ***Fête de Notre-Dame :*** *à partir du 3 mai.* Notre-Dame est la reine de Pologne. C'est le plus grand pèlerinage du pays.
- ***Assomption :*** *15 août.* Le jour où la Vierge Marie monte au ciel.
- ***Fête de Notre-Dame de Częstochowa :*** *26 août.*

WROCŁAW

632 000 hab.

• Plan *p. 256-257*

Au gré d'une histoire mouvementée qui l'éloigna du giron polonais pendant près de 6 siècles, la belle Wrocław s'est forgé une identité bien distincte de celle des autres villes du pays. Capitale de la basse Silésie et 4e ville de la Pologne, celle que l'on appelait Breslau avant 1945, « la ville aux cent ponts », est bâtie sur l'Oder et quatre de ses affluents. C'est une ville à la composition insolite où, sur de grandes places marquées par les volumes pesants de l'architecture socialiste, poussent de superbes églises en brique rouge dite « de Silésie », fleurons du gothique germanique. L'œil trouvera aussi du plaisir dans les formes légères du classicisme ou les volutes Art nouveau de certains immeubles. Jeune et universitaire, Wrocław s'enorgueillit de son passé tout en rêvant du futur dynamique. L'un de nos coups de cœur, assurément.

UN PEU D'HISTOIRE

Évêché depuis l'an 1000, Wrocław se trouve au XIIIe s au cœur d'une des régions les plus stables et les plus prospères de la Pologne. En 1335, elle bascule dans la couronne de Bohême. En 1387, elle devient membre de la Ligue hanséatique, qui regroupait les villes les plus riches du nord de l'Europe. Son statut attise rapidement la convoitise de ses puissants voisins germaniques. Du XIVe s jusqu'en 1945, la capitale de la Silésie reste de fait sous contrôle des souverains de Bohême, puis de Prusse et enfin d'Allemagne.
En 1935, Wrocław compte 630 000 habitants, dont 20 000 juifs qui, pour la plupart, s'enfuient quand Hitler prend le pouvoir. Les autres seront déportés.
En janvier 1945, l'armée russe libère une ville en partie détruite, mais heureusement pas autant que Varsovie. En août, lors de la conférence de Potsdam, la Pologne perd à l'est l'Ukraine polonaise, prise par l'URSS, mais récupère à l'ouest la Silésie, germanisée, dont fait partie Wrocław. Entre 1945 et 1948, la population allemande de la ville, environ 200 000 individus, s'enfuit ou est « rapatriée » de force. Elle est remplacée par des émigrants polonais originaires de Lwow (aujourd'hui appelée Lviv), devenue ukrainienne. Les liens entre les deux cités sont restés très forts. La reconstruction, l'après-guerre et la période de dictature communiste sont pour Wrocław l'occasion de se constituer une identité polonaise.

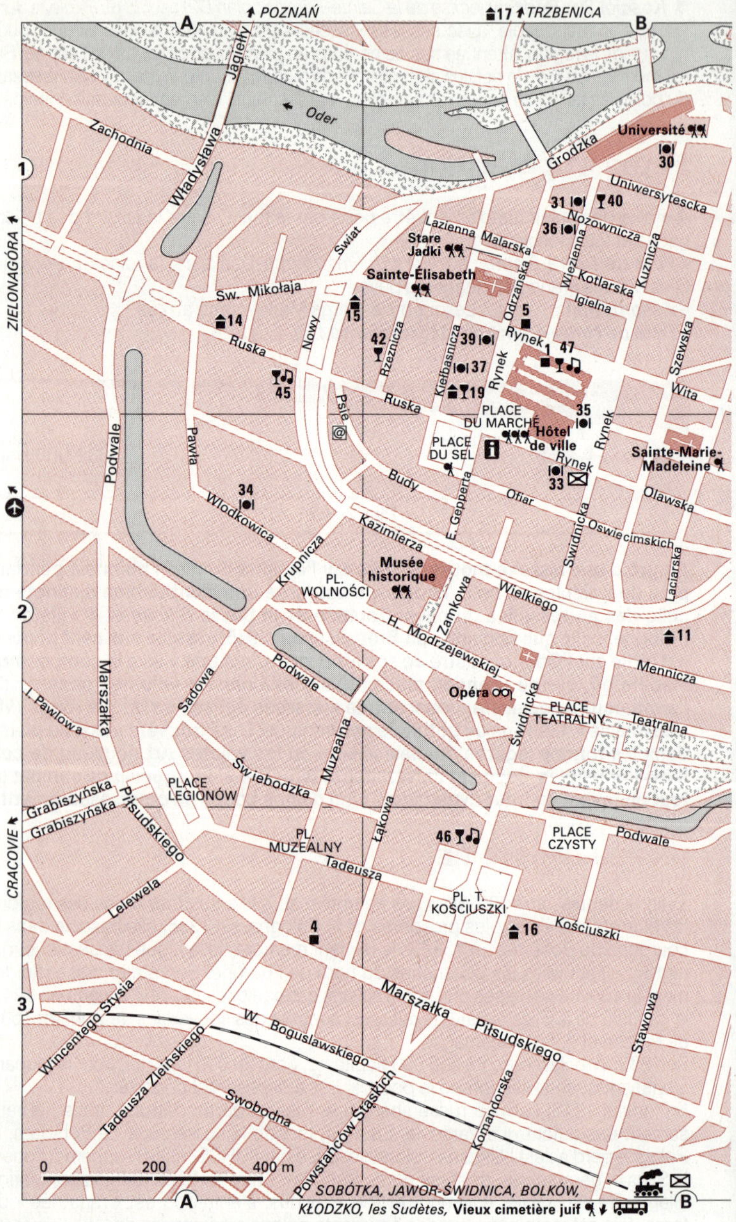
POZNAŃ
17 TRZBENICA
A
B
1
2
3
ZIELONA GÓRA
CRACOVIE
Oder
Jagiełły
Władysława
Zachodnia
Grodzka
Université
30
Uniwersytecka
31
40
Nozownicza
36
Łazienna
Malarska
Stare Jadki
Świat
Sainte-Élisabeth
Więzienna
Kotlarska
Kuźnicza
Odrzańska
Igielna
Sw. Mikołaja
14
15
Nowy
5
Ruska
42
Rzeźnicza
Kiełbaśnicza
39
Rynek
1
47
37
Szewska
45
19
Wita
Psie
Ruska
PLACE DU MARCHÉ
35
PLACE DU SEL
Hôtel de ville
Sainte-Marie-Madeleine
Rynek
Podwale
Pawła
Budy
33
34
Włodkowica
E. Gepperta
Ofiar
Oławska
Świdnicka
Oświęcimskich
Kazimierza
Musée historique
Krupnicza
PL. WOLNOŚCI
Łaciarska
Zamkowa
Wielkiego
H. Modrzejewskiej
11
Mennicza
Podwale
Opéra
PLACE TEATRALNY
Teatralna
Sadowa
I. Pawłowa
Marszałka
Świdnicka
Świebodzka
Muzealna
PLACE LEGIONÓW
Grabiszyńska
Grabiszyńska
Piłsudskiego
Łąkowa
46
PLACE CZYSTY
Podwale
PL. MUZEALNY
Tadeusza
PL. T. KOŚCIUSZKI
Kościuszki
16
Lelewela
4
Marszałka
Piłsudskiego
Wincentego Stysia
W. Bogusławskiego
Stawowa
Tadeusza Zielińskiego
Swobodna
Powstańców Śląskich
Komandorska
0
200
400 m
SOBÓTKA, JAWOR-ŚWIDNICA, BOLKÓW,
KŁODZKO, les Sudètes, Vieux cimetière juif

Adresses utiles

- Office de tourisme
- Intermax Internet Café
- 1 PTTK
- 4 Lot
- 5 Alliance française et Consulat honoraire de France

Où dormir ?

- 11 Cinamon Hostel
- 12 Hostelling International Tumski et Tumski Hotel
- 14 Boogie Hostel
- 15 Boogie Hostel Deluxe
- 16 Hotel Savoy
- 17 Cilantro Bed & Breakfast
- 18 Hotel Lothus
- 19 Dwór Polski

Où manger ?

- 30 Bar-self Bazylia
- 31 Kociołek
- 32 Hala Targowa
- 33 Pierogarnia Stary Młyn
- 34 Sarah
- 35 Bar Vega
- 36 Le Bistrot Parisien
- 37 Karczma Piastów
- 39 Karczma Lwowska

Où boire un verre ? Où sortir ?

- 12 Bar flottant
- 19 Czeski Film
- 40 Motyla Noga
- 42 Papa
- 43 Cafeterie Chic
- 45 Bars et clubs du Pasaż Niepolda
- 46 Music Club Liverpool
- 47 PRL et Pijalnia Wódki i Piwa

WROCŁAW

Arriver – Quitter

En avion

✈ ***Aéroport Nicolaus Copernicus*** *(hors plan par A2)* **:** *ul. Skarżyńskiego, 36, à* ***Strachowice*** *; à 13 km à l'ouest de la ville. ☎ 71-358-13-81. • airport.wroclaw.pl •*

➢ ***Vols internationaux :*** liaisons régulières pour **Beauvais** avec *Ryanair* *(• ryanair.com •).*

➢ ***Vols intérieurs :*** liaisons régulières avec ***Varsovie.***

– ***Pour rejoindre le centre-ville :*** bus n° 106, ttes les 20 mn, 5h-23h jusqu'au terminus à la gare ferroviaire de Wrocław *(Dworzec Glowny ; plan B3).* De nuit, bus n° 206. Compter 3 Zl. En taxi : trajet 30-45 mn, 50-60 Zl.

■ ***LOT*** *(plan A3, 4)* **:** *ul. Marszałka Piłsudskiego, 36. ☎ 71-343-90-32. Lun-ven 9h-17h.*

En train

🚂 ***Gare ferroviaire Dworzec Glowny PKP*** *(plan B3)* **:** *ul. Marszałka Piłsudskiego, 105. ☎ 19-757. • pkp.pl • ou • intercity.pl •* Belle gare aux plafonds voûtés comptant des guichets (dont certains réservés aux billets internationaux), un bureau de change, un distributeur de billets et une consigne à bagages.

➢ ***Cracovie :*** env 9 directs/j. Trajet : 3h15-5h.

➢ ***Częstochowa :*** env 13 directs/j. Trajet : 1h30-2h.

➢ ***Gdańsk :*** env 3 directs/j. Trajet : 6h30-7h30.

➢ ***Łódź :*** env 6 directs/j. Trajet : 3h30-4h.

➢ ***Poznań :*** env 1 direct ttes les heures. Trajet : 2h30-3h15.

➢ ***Varsovie :*** env 6 trains/j. Trajet : 3h30 (7h pour quelques tortillards).

En bus

🚌 ***Gare routière Dworzec Centralny PKS*** *(hors plan par B3)* **:** *ul. Sucha, 1/11. Derrière la gare ferroviaire.* On trouve dans la gare un distributeur *ATM* et un bureau de change *(ouv 7h-20h).* Les billets internationaux *(miedzynarodowe)* s'achètent au guichet n° 3.

Départs pour la Pologne

➢ ***Cracovie :*** très nombreux bus avec *NeoBus, PKS,* mais surtout *Polski bus.* Trajet : 3-4h.

➢ ***Częstochowa :*** env 5 bus/j. Trajet : 3h30-4h.

➢ ***Łódź :*** env 10 bus/j. avec *PKS,* mais surtout *Polski bus.* Trajet : 3h30-4h30.

➢ ***Poznań :*** env 5 bus/j. (dont 3 de nuit). Trajet : env 3h30.

➢ ***Varsovie :*** 14 bus/j. avec *PKS* (arrivée à la gare centrale de Varsovie) ou *Polski bus* (arrivée au métro Młociny ; *hors plan général de Varsovie par A1*). Trajet : 5h-7h30.

Départs vers l'étranger

■ ***Avec Eurolines :*** *• eurolinespolska.pl • Billets vendus par l'agence* Jola *Wrocław, ul. Piotra Skargi, 29 (plan C2). ☎ 71-342-66-01. • jola.wroclaw.pl •*

➢ ***Bruxelles ou Paris via Berlin :*** 3 liaisons/sem. Trajet : Berlin en 4h30, Bruxelles et Paris en 17h.

➢ ***Genève via Zürich, Berne, Lausanne :*** 3 bus/sem. Trajet : Zürich en 14h, Genève en 20h.

■ ***Polski bus*** assure également des liaisons pour Berlin et Prague.

Adresses utiles

– Petit avertissement : témoignage de son long passé prussien, la numérotation des maisons se fait « en fer à cheval »... Petite explication : les numéros vont croissant sur le côté d'une rue (souvent deux numéros pour une même entrée : 8-9 ou 24-25...) ; une fois arrivé au bout de la rue, on change de trottoir et on revient au début par ordre croissant toujours. Déroutant dans un premier temps...

Infos touristiques

ℹ ***Office de tourisme*** *(plan B2)* **:** *Rynek, 14. ☎ 71-344-31-11. • wroclaw-info.pl • Tlj 10h-20h (9h-19h en hiver).* Plus proche de la boutique de souvenirs que du bureau d'info. Dispose surtout de documentation payante sur la ville et sa région. Possibilité aussi de réserver des tours guidés de la ville. Quelques renseignements pratiques (hébergement, transport) et la brochure *Wrocław in Your Pocket*. Accueil serviable en anglais et en allemand.

■ ***Bureau PTTK*** *(plan B1, **1**) : Rynek, 11-12. ☎ 71-344-39-23. • pttk.wroclaw.pl • Au centre de la pl. du Marché. Au 1er étage. Ouv lun-ven 9h-17h.* Association de guides expérimentés pour des excursions dans la ville et les environs. Réserver quelques jours à l'avance pour obtenir un guide francophone.

Poste et télécommunications

✉ ***Poste*** *(plan B2) : Rynek, 28. Tlj 24h/24.*

@ ***Intermax Internet Café*** *(plan A2) : ul. Psie Budy, 10-11. Ouv lun-sam 9h-23h, dim 12h-22h. Entrée par la rue Kazimierza Wilkiego, en face du cinéma Helios.* D'autres cybercafés dans le quartier de l'université *(plan B1)*.

– À noter, un réseau wifi gratuit dans l'hypercentre (en plus des connexions généralisées dans les bars et hôtels).

Urgences

■ ***Pharmacie ouverte 24h/24 :*** dans le quartier de la cathédrale et du jardin botanique, ***Apteka Magiczna,*** *ul. Niemcewicza, 6. ☎ 71-327-40-60.*

■ ***Consulat honoraire de France*** *(plan B1, **5**) : Rynek, 58. 📱 515-155-538. • richard.kepinski@gmail.com • Permanences : mar et ven 10h30-12h30 ou sur rdv.*

Culture

■ ***Alliance française*** *(plan B1, **5**) : Rynek, 58. ☎ 71-344-22-72. • alliance-francaise.pl/wroclaw • Au 3e étage. Médiathèque : lun-ven 10h30-18h30 (15h30 mer).* Bibliothèque et expos.

■ ***Empik*** *(plan B1) : Rynek, 50. Tlj 9h (11h dim)-21h.* Quelques journaux français.

– ***Wrocław in Your Pocket :*** *• inyourpocket.com • Ts les 2 mois.* Gratuit en anglais comportant un agenda culturel détaillé, des infos sur les sites à visiter et une liste des endroits où manger et où boire un verre. Dispo à l'office de tourisme et dans certains hôtels ou bars.

– ***The Visitor :*** *• thevisitor.pl •* Brochure équivalente à la précédente.

Où dormir ?

De très bon marché à bon marché (40-160 Zl / env 10-40 €)

🏠 ***Résidences universitaires :*** nombreuses possibilités en été, mais variables chaque année. S'informer auprès de l'office de tourisme.

🏠 ***Cinnamon Hostel*** *(plan B2, **11**) : ul. Kazimierza Wielkiego, 67. ☎ 71-344-58-58. • cinnamonhostel.com • Accès dans la cour à gauche. Réception et chambres au 2e étage. En dortoir de 3-12 lits, 40-60 Zl/pers ; doubles sans sdb 140-160 Zl ; petit déj inclus.* 💻 📶 Dortoirs plutôt spacieux dotés, comme les chambres, de parquet et de hauts plafonds. L'ensemble tourné côté cour et côté jardin, ou plutôt court de tennis, est épargné par les bruits de l'avenue et baigne dans des couleurs d'épices et d'aromates, du vert basilic au jaune safran ou vanille. Petite cuisine et salon à disposition. Accueil très agréable.

🏠 ***Auberge de jeunesse PTSM Na Wyspie (Hostelling International Tumski*** *; hors plan par C1, **12**) : Wyspa Slodowa, 10. ☎ 71-322-60-88. • hotel-tumski.com.pl/schronisko • Lits en dortoir 40-70 Zl, petit déj en sus.* 📶 Le rez-de-chaussée de l'hôtel *Tumski*, également mentionné plus loin, abrite cette auberge de jeunesse officielle. Doubles (dont 2 avec salle de bains privée) et dortoirs jusqu'à 10 lits, superposés sauf dans une des doubles. Sanitaires communs en nombre suffisant. Ensemble propre et fonctionnel, avec la même vue sur l'Oder et ses rives que dans la partie chic du bâtiment. Idéal pour des groupes de collégiens, de lycéens et d'étudiants.

🏠 ***Boogie Hostel*** *(plan A1, **14**) : ul.*

Ruska, 34 ☎ 71-342-44-72. • boogiehostel.pl • Selon saison et jour de la sem : lits en dortoir 30-65 Zl/pers ; doubles 90-190 Zl sans ou avec sdb. La façade chocolat de ce petit immeuble de 3 étages cache un aménagement intérieur assez minéral, alliant briques et pierres polies. Au choix, escalier en spirale ou ascenseur pour rejoindre le salon-réception. Chambres et espaces communs (cuisine, salon) avec stratifié au sol, couleurs tendance (violet, gris souris, moutarde, etc.) et bonne literie, essentiellement non superposée. Tout est impec. Laverie. Accueil parfaitement anglophone, branché et dynamique. Pas forcément de boogie-woogie le soir, certaines chambres étant vraiment minus...

De bon marché à prix moyens (80-240 Zl / env 20-60 €)

Boogie Hostel Deluxe *(plan A1, **15**) : ul. Białoskórnicza, 6. ☎ 71-342-11-60. • boogiehostel.com • Selon saison et j. de la sem (plus cher le w-e, ici), doubles avec sdb 140-190 Zl, petit déj compris.* À 5 mn du « Boogie du pauvre », les 12 chambres du « Deluxe », nickel et joliment moquettées, disposent toutes de salle de bains et de TV. Petit jardin, salon et kitchenette à dispo. Accueil perfectible.

Hotel Savoy *(plan B3, **16**) : pl. T. Kościuszki, 19. ☎ 71-344-30-71. Réception à l'étage. Selon confort, doubles avec sdb 200-220 Zl, petit déj inclus.* Cet immeuble des années 1930 à la façade défraîchie abrite un intérieur guère plus enthousiasmant. Mais alors, direz-vous ! Eh bien, si les chambres 1er prix présentent des signes d'usure, elles demeurent logeables, tandis que les plus chères, rénovées, sont assez grandes et fort honorables. On y aura parfois la surprise d'un balcon ou d'un téléphone vintage bien coordonné aux parquets rétro. Accueil sans détour et en allemand (au mieux en *polanglais*).

Cilantro Bed & Breakfast *(hors plan par B1, **17**) : ul. Pomorska, 32. ☎ 71-793-86-82. • cilantro.pl • Double 190 Zl, petit déj inclus. Parking gratuit.* Au 6e étage (ascenseur...) d'un immeuble moderne, jamais qu'à 10 mn à pied de l'île de Sable, ce *B & B* frais et lumineux est habillé de tonalités et de grands motifs baroques bien dans l'air du temps. Ses 9 chambres ont parfois un balcon, attribut dont on peut profiter au petit déj. Les doubles peuvent se transformer en triples, et il y a une familiale. Cuisine équipée à dispo. Management relax et serviable.

De prix moyens à chic (160-400 Zl / env 40-100 €)

Tumski Hotel *(hors plan par C1, **12**) : Wyspa Slodowa, 10. ☎ 71-322-60-99. • hotel-tumski.com.pl • Doubles 330-380 Zl selon j. de la sem, petit déj compris. Parking payant.* Sur un îlot charmant, séparé des berges par plusieurs bras de l'Oder, ce super petit hôtel est proche du quartier de la cathédrale et peu éloigné du *Rynek*. S'il occupe une ancienne école de meuniers datant de 1885, il ne roule pas pour autant ses clients dans la farine... Toutes plus ou moins pareilles, sauf la jolie suite avec fenêtre en bow-window et les standard du 4e, en partie mansardées, les chambres sont confortables (ventilo, minibar, TV) et fonctionnelles, pas immenses mais aux plafonds hauts. Certaines donnent sur la rivière. Un regret, le petit déj manque de variété. Accueil rodé et souriant.

Hotel Lothus *(plan C2, **18**) : ul. Wita Stwosza, 22-23. ☎ 71-341-97-38. • lothus.pl • Doubles 210-410 Zl selon j. la sem, petit déj compris.* Derrière la façade néoromane, les panneaux de bois ajourés, lanternes chinoises et autre mobilier incrusté de nacre de la réception annoncent un voyage extrême-oriental que le nom de l'hôtel laissait présager. Les chambres, de taille et de tenue correctes, sont beaucoup plus sobres, dans leurs tons jaunes et bordeaux. Seuls quelques détails décoratifs discrets évoquent le Vietnam dont est originaire son proprio. Dépaysant mais pas trop ! Accueil pro et souriant.

Dwór Polski *(plan B1, **19**) : ul. Kiełbaśnicza, 2. ☎ 71-372-34-15. • dworpolski.wroclaw.pl • Doubles 220-380 Zl selon taille, déj inclus.* Juste à l'arrière du *Karczma Piastów* (voir « Où manger ? »), donc très central, le confort moderne s'est glissé dans un décor ancien et chic, tout en restant abordable. À vrai dire, ça commence un peu à dater, pour ce qui est du style. Bon accueil.

Où manger ?

Très bon marché (moins de 20 Zl / env 5 €)

|●| ***Kociołek*** *(plan B1,* ***31****) : Nożownicza, 4 (angle Więzienna). Tlj 12h-24h. Plats 15-20 Zl.* Du rustique design, vous en aurez plein les yeux dans cette longue salle largement vitrée qui aligne tables, bancs et mange-debout en bois sombre. L'ensemble baigne dans une ambiance de chapelets suspendus de fourchettes et cuillères en bois. Fond de musique jazzy, service avenant... Et la cuisine ? D'originaux *kociołek* (chaudrons) contenant des ragoûts pleins de bons ingrédients, allant des épinards à la saucisse fumée ; mais également des *makarons* (gratins de macaronis). C'est goûteux, plein de relief et relevé à souhait.

|●| ***Bar-self Bazylia*** *(plan B1,* ***30****) : ul. Kuznicza, 42. ☎ 71-375-20-65. Tlj 8h-19h. Repas complet max 15 Zl.* Très bien pour déjeuner (ferme tôt le soir) ou manger sur le pouce un petit plat polonais en admirant la belle façade de l'université à travers les grandes baies vitrées. Cadre design et moderne pour une bonne cuisine de cantine, avec pour concept la pesée du plat de résistance *(compter 2,60 Zl les 100 g).*

|●| ***Hala Targowa*** *(plan C1,* ***32****) : dans le marché. Plats 4-7 Zl.* Un resto-traiteur populo à souhait, avec un comptoir et quelques tables. Pour les initiés (et pour nous aussi !), ce serait le meilleur rapport qualité-prix de la ville, en tout cas pour les *pierogi*... Autres classiques tels que *kotlet schabowy*, etc.

|●| ***Bar Vega*** *(plan B1-2,* ***35****) : ul. Sukiennice, 1-2. ☎ 71-344-39-34. Sur le Rynek. Lun-ven 8h-19h, w-e 9h-19h (21h sam). Plats 12-22 Zl.* Un bar-self végétarien doté d'une salle agréablement aménagée avec une bibliothèque en saillie d'un côté et de larges fenêtres donnant sur le *Rynek* de l'autre. L'occasion, par exemple, de déguster à pas cher une côtelette de soja avec de la purée maison et un jus d'orange pressée. Sert aussi des plats végétaliens, l'après-midi en semaine.

De bon marché à prix moyens (20-70 Zl / env 5-17,50 €)

|●| ***Pierogarnia Stary Młyn*** *(plan B2,* ***33****) : Rynek, 26. ☎ 71-344-14-15. Tlj 11h-23h. Plats 14-25 Zl.* Les yeux encore pleins des fioritures gothiques de l'hôtel de ville, on n'est pas dépaysé par l'ambiance presque médiévale de cette chaîne polonaise. Le lieu est scénarisé à outrance, le service au lance-pierre, les *pierogi* (et dérivés) plus chers et moins authentiques que dans les bars à lait... Oui mais voilà, on est sur LA place, et l'ensemble reste d'un rapport correct.

|●| ***Le Bistrot Parisien*** *(plan B1,* ***36****) : ul. Nożownicza, 1d. ☎ 71-341-05-65. Tlj dès 12h (11h dim). Plats 30-60 Zl.* Élégante adresse conforme à tous les canons décoratifs de l'estaminet français à l'étranger : dominante bordeaux dans la 1re salle (la 2de a gardé ses vieux murs en brique), chaises Thonet, guéridons en marbre et fonte nappés de blanc, photos du vieux Paris et ambiance assurée par des chansons gauloises. Tarte chèvre-figues, canard mariné avec purée de panais, escargots, cuisses de grenouilles... tout ça est de bonne facture, à des prix raisonnables et servi avec prévenance. Bien !

|●| ***Sarah*** *(plan A2,* ***34****) : ul. Włodkowica, 5. ☎ 71-792-49-56. Tlj 12h-23h. Plats 20-40 Zl.* Juste à côté de la *syna*, on en pince pour cet agréable petit resto juif, annoncé en vitrine par 2 beaux chandeliers à 7 branches. À l'intérieur, déco de grand-mère avec ses vieux meubles et tables couvertes de nappes en dentelle. On s'y régale d'un poisson à la yiddish, de gésiers d'oie ou d'un poulet Ezekiel. Le tout en

bonne compagnie : boulgour, *ogórki* (cornichons aigre-doux), sauces tomates orientalisantes... Une vision réussie de la cuisine juive polonaise revisitée.

🍽 ***Karczma Piastów*** *(plan B1,* ***37****) : ul. Kiełbaśnicza, 6.* ☎ *71-372-48-96. Tlj 11h-23h. Plats 20-45 Zl.* Cette valeur sûre fait partie du fameux établissement hôtelier et gastronomique *Dwór Polski.* Choisir entre les quelques tables, dans cette rue calme aux façades anciennes restaurées, la salle rustique et soignée ou la terrasse qui occupe la cour intérieure, tout en longueur. Joli choix de spécialités polonaises et silésiennes, proposées à un tarif plutôt raisonnable. Service perfectible.

🍽 ***Karczma Lwowska*** *(plan B1,* ***39****) : Rynek, 4.* ☎ *71-343-98-87. Ouv 11h-23h. Plats 30-40 Zl (accompagnement env 10 Zl jamais inclus).* Des amoureux de la ville de Lviv (Lwow) ont créé ce resto au 1er étage d'un très bel immeuble, mais ils proposent également une terrasse sur le *Rynek.* Tout, des peintures murales aux vieilles cartes postales en passant par la cuisine régionale roborative, rappelle cette ville dont beaucoup d'habitants de Wrocław sont originaires. Goûtez au rôti de veau à la Dzieduszycki selon la recette d'un comte, lui-même venu de Lviv.

Où boire un verre ? Où sortir ?

🍷 ***Pijalnia Wódki i Piwa*** *(plan B1,* ***47****) : Rynek, 13-14.* 📱 *533-171-410. Tlj 24h/24.* Chaque ville polonaise qui se respecte compte sa *Pijalnia...* simple comme bonjour, bonsoir, bonne nuit : à toute heure on peut grignoter un (tout) petit quelque chose en sirotant une bière pression ou une vodka. Le tout à prix modique *(4 Zl le glouglou, 8 Zl le miam-miam).*

🍷 ***Motyla Noga*** *(plan B1,* ***40****) : ul. Wiezienna, 6.* ☎ *71-319-42-29. Tlj 11h-1h (3h w-e).* Se faire envoyer à l'ombre est rarement une bonne nouvelle. Mais on l'apprécie volontiers sur cette terrasse-là, aménagée dans la cour d'une ancienne prison, pavée et entourée de sévères murs de brique. Aux premiers frimas, on pourra même se réfugier dans une salle voûtée dédiée au cinéma. Projection aux beaux jours dans la cour, d'ailleurs. Bon choix de cocktails, bières et même du cidre polonais.

🍷 ***Papa*** *(plan B1,* ***42****) : ul. Rzeznicza, 32-33.* ☎ *71-341-04-85. Tlj de 12h (16h w-e) jusqu'à 1-2h du mat.* Immense bar-lounge où un monumental bar central s'appuie sur 4 colonnes (et un certain nombre de piliers lorsque la soirée avance...). Généreuse carte des cocktails, plus chers que dans le troquet du coin, mais d'une efficacité certaine. Les volumes spacieux, confortables et bien décorés (photos « papa-raziennes » de cinéma et de mode aux murs, écrans TV, sofas) et l'ambiance glamour attirent les gens branchés (ou ceux qui croient l'être). Fait aussi resto.

🍷 ***Cafeterie Chic*** *(plan D1,* ***43****) : ul. Katedralna, 6.* ☎ *71-327-13-55. Tlj 9h-21h.* À l'ombre de l'église Sainte-Croix, vous ne risquerez pas de vous faire sermonner par le prêtre puisque ce salon de thé ne sert pas d'alcool mais d'excellents expressos et des pâtisseries, dans une petite salle joliment meublée et climatisée en été. Adresse un peu chic mais pas chère.

🍷 ***Czeski Film*** *(plan B1,* ***19****) : ul. Kiełbaśnicza, 2.* ☎ *71-342-25-49. Tlj 9h (12h w-e)-minuit (2h ven-sam).* La terrasse, dans le passage de l'hôtel *Dwór Polski,* est plutôt plaisante. La salle est plus commune, mais les caveaux attirent pas mal de jeunes qui mettent une bonne ambiance. Ceux-ci tournent rarement aux *shakes,* pourtant bien réalisés. Un peu de laisser-aller dans le service toutefois.

🍷 ***Bar flottant*** *(hors plan par C1,* ***12****) :* dans le secteur de l'île de Sable, derrière l'hôtel *Tumski.* On peut se désaltérer à l'abri ou, mieux, sur le pont haut de cette barge ressemblant à une sorte de paquebot sans hélice. Bien amarrée, rassurez-vous... Attention quand même au débarquement.

🎵 ***Bars et clubs du Pasaż Niepolda*** *(plan A1,* ***45****) : accès notamment* *par le 51, rue Ruska. Jusqu'à 3-4h en fin de sem.* Dans ces passages et cours intérieures entourés de vieux immeubles et de fabriques se regroupent plusieurs bars et clubs comme le *Niebo.*

♪ ♫ ***Klub Muzycny Liverpool*** *(plan B3,* ***46****)* **:** *ul. Świdnicka, 37.* • *liverpool.wroclaw.pl* • *Entrée sous les arcades. Tlj de 19h jusqu'à pas d'heure !* Un couloir un peu suspect mène à une cave décorée dans l'esprit du célèbre club des Beatles à Liverpool. Cette boîte est bien connue des étudiants, qui y fêtent volontiers la fin des examens. Soirées à thème 80's en fin de semaine, jam les jeudis (consulter le site).

🍷 ♫ ***PRL*** *(plan B1,* ***47****)* **:** *Rynek, 10.* ☎ *71-342-55-26.* • *prl.wroc.pl* • Le siège de l'ancien Parti communiste a gardé sa déco d'antan, avec lourdes tentures rouges, affiches de propagande et portraits de dignitaires. Petites alcôves privées pour comploter à l'aise. Karaoké en début de semaine en sous-sol et piste de danse très fréquentée tous les soirs.

Où écouter de la musique classique ?

L'Opéra de Wrocław *(plan B2)* **:** *ul. Świdnicka, 3.* • *opera.wroclaw.pl* • Depuis sa création en 1841, l'opéra a accueilli les plus grands musiciens, à commencer par Brahms et Chopin. Réputé pour la qualité de ses spectacles.

À voir

– Le pavé du centre-ville est battu par d'amusants nains en bronze réalisés par des artistes locaux. Se lancer à leur recherche est un jeu de piste ludique.

Le Rynek et ses environs

Rynek et Ratusz *(place du Marché et hôtel de ville ; plan B1-2).*

L'hôtel de ville

Tlj sf lun-mar 10h-17h (18h dim). GRATUIT ; expos temporaires 7-20 Zl. Bâti à la fin du XIIIe s, il est l'un des rares exemples de gothique tardif appliqué à l'architecture civile. La plus belle et la plus intéressante de ses façades est peut-être celle du sud, ornée de nombreuses frises en relief des XVe et XVIe s. Exécutées avec réalisme, elles nous font revivre les scènes de la vie quotidienne au Moyen Âge. Du côté est, reconstitution d'un ancien pilori. À l'intérieur, quelques salles voûtées gothiques et une exposition retraçant l'histoire de la construction de l'édifice (panneaux explicatifs en anglais).

Le Rynek

Cette vaste place mérite qu'on s'y attarde. De style gothique à l'origine, du milieu du XIIIe s, les maisons on été revues et corrigées au fil des siècles dans des déclinaisons de styles Renaissance, baroque ou classique. La Seconde Guerre mondiale a eu raison d'une bonne partie de cette superbe architecture, mais l'ensemble a été ensuite rebâti dans le style d'origine. Les années aidant à donner une belle patine, cette suite de frontons est redevenue aujourd'hui un petit joyau. On se régale l'œil de bordées de pignons, ornementations de fenêtres, portes magistrales, façades pomponnées, colorées... Malheureusement, les commerces du rez-de-chaussée avec leurs parasols et autres bandeaux publicitaires gâchent souvent la partie basse des immeubles. Commençons la revue des troupes par le coin nord-ouest du *Rynek.* Au n° 2, une grande résidence patricienne de la Renaissance flamande, la ***maison des Griffons,*** arbore une série mi-bas-reliefs, mi-statues de lions, griffons, aigles et oies sur son pignon. Aux nos 4, 5, la ***maison du Soleil d'or*** (levez les yeux vers la corniche et jusqu'au faîte du toit, vous y verrez le soleil... même sous la pluie), et, au nº 6, de jolies maisons baroques. Au nº 8, la ***maison des Sept Électeurs*** se distingue par de magnifiques peintures en trompe l'œil (faux balcons, statuaire factice...), l'une des plus remarquables de ce tour d'horizon stylistique. Le nº 13 est l'une des rares bâtisses à illustrer le style Sécession sur la place. De style Renaissance, les nos 22 et 23, dits ***maison du Pot d'or*** et ***maison de la Verte Citrouille.*** Au nº 41, jolie « petite » ***maison du Chien d'or.*** Pour continuer le bestiaire, au nº 42, la ***maison à l'Aigle d'or*** puis, au nº 43, la ***maison au Pélican d'or...*** et enfin, au nº 44, la ***maison au Cerf d'or,*** joliment ornée d'une statue de cervidé dorée.

✪ ***Plac Solny*** *(place du Sel ; plan B2)* **:** une sorte de *Rynek*-bis, originellement dédiée au marché du sel. Intéressant ensemble baroque qu'on embrasse d'un seul regard circulaire.

✪✪ ***Muzeum Historyczne*** *(musée historique ; plan B2)* **:** *ul. Wilkiego, 15. ☎ 71-391-69-40. • muzeum.miejskie.wroclaw.pl • Tlj sf lun 10h-17h (18h dim). GRATUIT. Expos temporaires 10-30 Zl selon expo. Audioguide 15 Zl.* L'imposant palais Kroleński, ancienne résidence royale (du temps des Prussiens), accueille ce musée historique de la ville de Wrocław. Bâti en 1750 en style baroque, le palace a été pour moitié détruit lors du second conflit mondial. Restauré, pas moins de 1 000 ans d'histoire y sont désormais présentés au travers d'objets de la vie courante (urnes, outils, clés...), œuvres d'art (retable et statuaire du Moyen Âge, galerie de portraits des XVIe-XVIIe s). Du XXe s, le musée retient l'épisode du nazisme et de la Seconde Guerre mondiale, avant de présenter quelques souvenirs revendicatifs du temps de Solidarnośc. Ne pas rater les ***appartements royaux*** reconstitués avec une incroyable précision et la très bluffante ***salle Beyersdorf*** aux murs tapissés de carreaux hollandais du XVIIe s. Pour finir en beauté par de beaux extérieurs, les jardins baroques ont été recréés tels qu'ils existaient jadis.

✪✪ ***Bazylika Św Elżbiety*** *(basilique Sainte-Élisabeth ; plan B1)* **:** *au nord-ouest de la pl. du Marché. Ouv 8h (13h dim)-18h. Montée dans la tour : avr-oct slt, tlj 10h-19h ; 5 Zl ; réduc.* Sur l'emplacement d'une première église romane détruite en 1241 par les Mongols, il est décidé, 5 ans plus tard, de construire un édifice aux dimensions dignes du *Rynek* voisin. Ce sera l'église principale des bourgeois, et la concurrente de Sainte-Marie-Madeleine. Pendant les presque 8 siècles de son histoire, elle connaîtra plusieurs destructions, dont quatre incendies au XIVe s. En 1529, par un jour de grand vent, c'est carrément sa flèche gothique de 130 m qui s'écroule. D'après la légende, cela n'aurait pas causé plus de tracas qu'un sans-abri réveillé et un chat effrayé ! Le nouveau clocher de style Renaissance sera prudemment limité à une hauteur de 91 m. En 1806, l'église essuie un obus de Napoléon. Peut-être grâce à cet entraînement assidu, elle évite le pire en 1945 et n'est touchée qu'à 10 % alors que 70 % de la ville est en poussière. Remarquer les restes de polychromie sur la voûte et les belles stalles des XVe et XVIe s. L'autel originel est exposé au Musée national de Varsovie.

✪✪ ***Stare Jadki*** *(plan B1)* **:** *entre ul. Kiełbaśnicza et Odrzańska.* Les rez-de-chaussée des maisonnettes bordant cette ruelle percée au XIIIe s abritaient autrefois des étals de bouchers. D'ailleurs, on peut encore voir un linteau sculpté illustrant les activités de cette corporation. Ils sont désormais occupés par de jolies boutiques d'artisanat. L'occasion de penser à belle-maman qui garde le chat.

✪✪ ***Galeria Awangarda*** *(plan C1-2)* **:** *ul. Wita Stwosza, 32. ☎ 71-790-25-82. • bwa.wroc.pl • Tlj sf lun 11h-18h (12h-20h ven). Entrée : 8 Zl ; gratuit mer et moins de 7 ans.* Palais néoclassique bâti à la fin du XVIIIe s par Carl Gotthard Langhans, qui réalisa plus tard la porte de Brandebourg à Berlin. Jérôme Bonaparte, le frère de Napoléon, y logea après la conquête de la ville par les troupes napoléoniennes. Lourdement détruit pendant la Seconde Guerre mondiale, il n'en reste plus que le portique surmonté d'un balcon et le hall d'entrée à colonnades, aujourd'hui intégrés dans une structure plus moderne au service de la BWA. Cette institution artistique y présente des expositions de très grande qualité privilégiant les artistes contemporains de Pologne et des pays limitrophes.

Kościół Marii Magdaleny *(église Sainte-Marie-Madeleine ; plan B2)* **:** *ul. Olawska, 19. Tlj 11h (10h w-e)-18h. Accès à la tour (9h-21h) : 5 Zl.* Dans une rue attenante à la place du Marché. Une écrasante basilique gothique à deux tours, reliées entre elles, à leur sommet, par un audacieux pont d'où l'on jouit d'une vue spectaculaire sur la vieille ville. Sur le côté sud, un portail roman du XIIe s.

Hala Targowa *(plan C1)* **:** *ul. Piaskowa.* Difficile de manquer cette immense halle aux murs de brique, dont l'intérieur révèle une charpente et des voûtes de béton. Elle abrite un grand marché où vous trouverez tous les produits polonais : champignons, baies, saucisses, etc.

Uniwersytet Wrocławski *(université de Wrocław ; plan B1)* **:** *pl. Uniwersytecka, 1. ☎ 71-375-26-18. Tlj sf mer 10h-15h30. Entrée : 10-12 Zl.* Splendide bâtiment baroque fondé par les jésuites en 1670. Après la guerre austro-prussienne de 1741, elle devint un hôpital, puis une prison, et une épicerie en 1757. Pendant la Seconde Guerre mondiale, les nazis en firent leur quartier général. Après 1945, des professeurs venus de Lviv participèrent à la renaissance du lieu. Parmi les célébrités y ayant enseigné par le passé, ***Aloïs Alzheimer,*** le neurologue qui donna son nom à la maladie. Vous vous en souvenez ? Admirez la façade, plus rutilante que jamais depuis sa restauration. Au 1er étage, une superbe salle des fêtes, ***Aula Leopoldina,*** dédiée à l'empereur Léopold. Ça change de l'académie moderne, dont les amphis n'ont rien de chefs-d'œuvre !

Kościół Najświętszego Imiena Jezus *(église des Jésuites ; plan B1)* **:** *à l'est du complexe de l'université, dont elle fait partie. Tlj (sur résa) 12h-16h.* Sa construction, commencée en 1698, est définitivement interrompue par la guerre en 1714. Elle ne sera donc jamais menée à son terme, d'autant que la ville est principalement protestante... Pourtant, son style baroque tardif est particulièrement abouti. Sur la droite de l'autel, noter la copie de la *Pietà* de Michel-Ange. Dans la chapelle, parmi les personnages qui la décorent, certains sont de complexion exotique. Destinés à évoquer les nouveaux mondes, elles provoquèrent un véritable choc à l'époque.

Les îles

Wyspa Piaskowa *(île de Sable ; plan C1)* **et Notre-Dame-de-Sable :** ces noms poétiques pour l'île et la cathédrale évoquent les modèles italiens d'églises dédiées aux chrétiens massacrés sur le sable des arènes. En venant du *Rynek,* on pénètre sur ***l'île de Sable*** par le plus vieux pont de Wrocław. Tout de suite à droite, la bibliothèque universitaire, dont les volumes les plus précieux ont brûlé pendant la dernière guerre. Plus loin, ***Notre-Dame-de-Sable*** qui date de la fin du XIVe s, mais les derniers travaux ont permis de découvrir les traces d'édifices antérieurs. Ne manquez ni le tympan roman du XIIe s ni la fresque murale du XVe. Dans la nef, à droite, une ***crèche animée*** *(petite donation suggérée)* de centaines d'automates est en mouvement toute l'année avec un paroxysme en fin d'année, pour la magie de Noël. Les enfants en sortiront avec des étoiles plein les yeux.

Ostrów Tumski

En sortant de *Notre-Dame-de-Sable,* empruntez à droite le pont Tumski *(Most Tumski).* Ostrów Tumski est le berceau de la ville, là où tout a commencé aux IXe et Xe s. Le premier évêché de la ville y fut fondé en l'an mille. Dès lors, l'île devint le centre de la vie religieuse de Wrocław, ce qu'elle est restée jusqu'à aujourd'hui. Y sont préservés les témoins du passé les plus somptueux, les églises et édifices sacrés. Une très belle balade à faire à pied.

Kolegiata Świętego Krzyża *(collégiale Sainte-Croix ; plan C-D1)* **:** grandiose, élancée, on la confondrait presque avec la cathédrale. Cette construction présente l'originalité d'abriter deux églises superposées où se pratiquaient les deux cultes : catholique et réformé. Bel exemple de tolérance. Le savant astronome ***Nicolas Copernic*** (1473-1543) fut scolastique (enseignant en théologie et en philosophie) dans cette collégiale de 1503 à 1538.
En ressortant, une petite rue aux maisons des XVIe et XVIIIe s (reconstruction totale) mène à la cathédrale.

Katedra Św. Jana Chrzciciela *(cathédrale Saint-Jean-Baptiste ; plan D1)* **:** *pl. Katedralny, 18. Lun-sam 10h-17h30 ; dim 14h-16h. Chapelles baroques et tour : juin-sept, tlj 10h (14h dim)-17h30 ; oct-mai tlj 10h (12h lun, 14h dim)-16h. Tarif : 4 Zl.* Fondée en 1244, elle a été reconstruite dans le style du gothique tardif après la Seconde Guerre mondiale. On y trouve cependant un grand nombre d'ornements baroques et d'ajouts néogothiques. Dans la nef centrale, une chaire du baroque silésien. Clocher accessible en partie par un ascenseur.

Ogród botaniczny *(jardin botanique ; hors plan par D1)* **:** *ul. Ostrów Tumski. ☎ 322-59-57. • ogrodbotaniczny.wroclaw.pl • Avr-oct, tlj 8h-18h (20h mai-août) ; fermé en hiver. Entrée : 15 Zl. Ts les dim en été, concerts de musique classique à 11h et 16h.* Très joli et parfait pour une halte nature.

À l'est

Muzeum Narodowe *(musée national ; plan D1)* **:** *pl. Powstańców Warszawy, 5. ☎ 71-372-51-50. • en.mnwr.art.pl • Tlj sf lun 10h-17h (18h sam) ; oct-mars, ferme 1h plus tôt. Entrée : 15 Zl ; réduc ; gratuit sam et moins de 7 ans.* Un imposant bâtiment de la néo-Renaissance flamande. Collections d'art silésien, du Moyen Âge au baroque : sculptures en bois, peintures, anciennes pierres funéraires. Le second étage confirme que l'activité artistique est restée intense en Pologne tout au long du XXe s. Entre autres pièces remarquables, plusieurs toiles de Kantor et les étonnants mannequins en bois sculptés par Magdalena Abakanowicz. Une salle spéciale est consacrée aux maîtres étrangers : les œuvres les plus précieuses sont celles de Giovanni Santi, père de Raphaël, et d'Albrecht Dürer.

Racławice Panorama *(panorama Racławicka ; plan C-D1)* **:** *ul. Purkyniego, 11. ☎ 71-344-16-61. • panoramaraclawicka.pl • Tlj sf lun 9h-17h (16h d'oct à mi-avr) ; visites ttes les 30 mn. Entrée : 30 Zl ; réduc ; gratuit moins de 7 ans.* Commentaires (audioguide fourni) en français très bien faits. Cette étrange rotonde en béton recèle une grande toile de 120 m de circonférence sur 15 m de haut, formant un panorama à mi-chemin entre la peinture et le décor de théâtre. C'est l'un des rares exemples encore visibles de ce genre de divertissement, très en vogue fin XIXe s, avant l'avènement du 7e art. Il en existe un autre aux Pays-Bas, le panorama *Mesdag* de La Haye. L'immense toile, œuvre de deux grands artistes de l'école réaliste, raconte l'une des batailles de l'insurrection de ***Kościuszko*** de 1794. Il leur aura fallu pas moins de 9 mois pour la réaliser. Initialement présentée à Lviv, elle connut maintes péripéties lors de la Seconde Guerre mondiale avant d'être rapatriée à Wrocław, manu militari, lors du redécoupage de la Pologne d'après-guerre. Outre sa valeur esthétique, elle représente un manifeste patriotique de la lutte pour l'indépendance et fut pour ces raisons privée d'exposition par les Russes, de 1946 à 1985. D'ailleurs, le bâtiment actuel a été érigé en 1967, mais les autorités communistes tergiversèrent 20 ans avant de l'ouvrir au public... Les Polonais s'y pressent en famille pour revivre pieusement cet épisode historique. Présenté avec un bluffant premier plan (du sable, des arbustes, des débris de caisses et autres objets), c'est à voir absolument !

Muzeum Architectury *(musée de l'Architecture ; plan C2)* **:** *ul. Bernardynska, 5. ☎ 71-344-82-79. • ma.wroc.pl • Tlj sf lun 11h-17h (16h mer, 19h jeu). Entrée :*

10 Zl. Seul musée d'architecture du pays, il est assez modeste et essentiellement légendé en polonais. Son principal intérêt vient de son installation dans le monastère gothique des Bernardins, qui ne l'occupèrent que quelques décennies avant d'être chassés par la Réforme. Joli cloître où se trouve une maquette de Wrocław en 1740 et expo intéressante d'arts appliqués à l'architecture (vitrail, poêles en faïence, plafonds de bois...) dans l'église.

Hala Stulecia *(halle du Centenaire ; hors plan par D2)* **:** *Zygmunta Wróblewskiego. • halastulecia.pl • Trams n°s 4 et 10 depuis ul. Wielkiego (plan B2), arrêt Hala Stulecia. Tlj, avr-oct 9h-18h (19h ven-sam, 18h dim) ; tlj sf 1er lun du mois nov-mars 9h-17h. Entrée : 12 Zl.* Cette halle en béton armé fut inaugurée en 1913 pour le centenaire de la défaite de Napoléon à la bataille de Leipzig. Elle affichait alors une architecture révolutionnaire, sa construction tint de l'exploit. De nos jours, sa masse grise, concentrique et lobée, peut paraître surannée, mais ses dimensions restent impressionnantes : plus de 40 m de haut, 70 m de diamètre. À l'intérieur, 6 000 sièges. Elle accueillit Hitler puis, rebaptisée « halle du Peuple » *(Hala Ludowa)* après la guerre, servit de lieu de célébration pour la récupération de la Silésie des mains germaniques – un paradoxe pour un édifice dû au génie allemand. En 1997, Jean-Paul II y célébra la messe. Après un complet toilettage, la « grosse verrue », percée de ses centaines de baies vitrées rectangulaires, s'engage avec crânerie dans un nouveau siècle d'existence.

Wrocław juive

Une pierre tombale de 1203 (aujourd'hui au musée d'Archéologie), retrouvée dans un cimetière désaffecté, témoigne de la présence ancienne d'une communauté juive à Wrocław. Une seule ***synagogue*** a survécu à la Seconde Guerre mondiale : elle se trouve dans l'ancien quartier juif *(pawla. Wlodkowica, 7 ; plan A2).*

Le vieux cimetière juif de Wrocław *(Cmentarz Żydowski ; hors plan par B3)* **:** *ul. Slezna, 37-39. Tram nº 9 depuis Piaskowa (plan C1-2), arrêt Wiśniowa.* Construit en 1856, il fut fermé par les nazis en 1942 mais pas détruit. Abandonné jusque dans les années 1970, il a été restauré et rouvert 20 ans plus tard comme un lieu de souvenir. Il compte environ 1 200 tombes.

Festivals

– ***Jazz on the Odra River*** **:** *pdt 4 j. durant la 2de quinzaine d'avr.* Nombreux concerts.
– ***Wratislavia Cantans*** **:** *2 sem début sept. Programme complet sur • nfm.wroclaw.pl •* Festival international d'oratorios et de cantates organisé dans les églises et sites historiques de la ville. Accueille chaque année de grandes voix, comme Barbara Hendricks ou Cecilia Bartoli.

DANS LES ENVIRONS DE WROCŁAW

Trzebnica **:** *sur la route de Poznań, à env 20 km de Wrocław.* Trzebnica vaut une petite halte. L'église fut construite au début du XIIIe s par le prince de Silésie, Henryk I Brodaty (Henri le Barbu), pour sa femme. Comme elle lui préférait la vie religieuse, il lui fit bâtir un couvent, où elle se retira après la mort du prince. Le couvent est devenu un hôpital, après que l'ordre des cisterciennes a été aboli. Fin XVIIe s, l'église et l'abbaye furent reconstruites après un incendie, dans le style gothique qui prévalait à l'époque. Du bâtiment originel, on peut voir un portail roman à gauche en entrant dans le narthex. Le roi David y est représenté jouant de la harpe à sa bien-aimée.

Une belle histoire qui se solde par une belle église, dont l'intérieur est d'un luxe princier et d'une blancheur « mariale ». Chaque pilier de la nef est ponctué d'autels baroques exubérants à souhait et l'orgueilleuse chaire rappelle le premier péché capital à qui l'aurait oublié. Sur les hauteurs de la nef, de jolies tribunes latérales voilées de grilles en bois sombre viennent trancher sur la blancheur ambiante. Tout comme le très beau buffet d'orgue, d'ailleurs. Pour finir ce petit tour d'horizon, on vous laisse vous emplir l'œil de décorations baroquissimes dans le chœur, encadré par d'imposantes colonnes surmontées de la Vierge. La sœur Edwige fut canonisée peu après sa mort, et son tombeau se trouve dans la chapelle à droite du chœur. Son mari serait jaloux d'un tel luxe, d'autant que son tombeau, au pied de l'autel, est tout riquiqui.

LES ÉGLISES DE LA PAIX

Avec les églises de Jawor et de Świdnica, la basse Silésie recèle deux trésors classés au Patrimoine de l'Unesco depuis 2001. Ce sont les deux plus grandes églises en bois d'Europe, mais il ne faudrait surtout pas s'arrêter à ces seuls records de taille. Leur caractère particulier provient du contexte historique qui les a vues naître et de leur qualité artistique qui laisse sans voix... Un modèle unique de « baroque réformé » !

Un traité pour origine

Quand le traité de Westphalie met fin à la guerre de Trente ans en 1648, il édicte le principe selon lequel la religion du souverain doit être adoptée par tous ses sujets. Comme la Silésie, majoritairement protestante, est aux mains des Habsbourg catholiques, une clause exceptionnelle prévoit que trois églises luthériennes puissent y être bâties. Tolérance surprenante après un conflit d'une telle violence, elle est toutefois limitée par des règles strictes comme l'obligation de bâtir hors des murs de la ville (à la distance d'un coup de canon) et l'interdiction d'utiliser la pierre et la brique. Certains espéraient sans doute voir pousser de fragiles cabanons... C'était sans compter sur le génie d'Albrecht von Säbisch ! Architecte jusqu'alors spécialiste ès fortifications, il conçoit des structures de bois et de torchis, aussi grandes que complexes, à même d'accueillir des milliers de fidèles. Tout, mais vraiment tout, y est en bois, y compris les maîtres-autels et chaires : les piliers semblant être en marbre ou les parties paraissant être en pierre ne sont qu'un faux-semblant dû à un incroyable travail de peinture. Après quelques tâtonnements à Glogów – où l'église s'effondre puis disparaît définitivement dans un incendie –, il s'attelle aux églises de Jawor et Świdnica. Leurs vastes nefs permettent aux artistes d'exercer leurs talents d'autant plus gaiement qu'aucune restriction n'a jamais été imposée à la déco intérieure. Heureux oubli !

Jawor : *à env 70 km à l'ouest de Wrocław. Prendre l'autoroute A 4, sortie Strzegom après env 40 km et bifurquer 2 km plus loin à gauche vers Jawor. Accessible en train et en bus depuis Wrocław.* Le bourg possède son *Rynek* « syndical », cerné de maisons à arcades et pignons, toutes colorées mais pas toujours de première fraîcheur... À part ça, RAS à Jawor, autant filer vers la célébrité locale.

– ***Kościół Pokoju*** *(église de la Paix) : park Pokoju, au nord-ouest du Rynek (direction Legnica). ☎ 76-870-51-45. Avr-oct, tlj 10h (12h dim)-17h ; nov-mars groupes slt. Entrée : 10 Zl ; réduc. Audioguide en français gratuit.* Voici l'un des vaisseaux de bois d'Albrecht von Säbisch, aux colombages contrastant joliment avec la verdure du parc. Construit en 18 mois sur un plan basilical à trois nefs, il pouvait accueillir 6 000 fidèles. Son apparence de grosse église de campagne s'évanouit dès qu'on franchit son seuil tant l'intérieur, luxuriant et démesuré, s'apparente à un théâtre. Tout est en bois et tout est peint. Florilège de médaillons sur les deux galeries ajoutées au XVIIIe s aux deux d'origine, elles-mêmes ornées de scènes bibliques, plafonds bleu et blanc couverts de motifs végétaux, loges et confessionnaux à la déco de carte à jouer... Impressionnant et superbe.

Świdnica : *à 50 km au sud-ouest de Wrocław par la route 35 et 35 km au sud-est de Jawor par la route 362. Accessible en train et en bus depuis Wrocław.* Places, belles demeures et vestiges médiévaux composent le centre de cette petite ville. Au sud du *Rynek,* la grande tour-citerne a été transformée en galerie *(ouv 11h-17h).* Dans un joli parc.

– ***Kościół Pokoju*** *(église de la Paix)* **:** *au nord de la ville, fléché.* ☎ *74-852-28-14. Avr-oct, tlj 9h (12h dim)-18h ; nov-mar groupes slt. Entrée : 10 Zl ; réduc.* Après une collecte de fonds assez laborieuse, cette église fut finalement réalisée en 1657. Sous les mêmes dehors que Jawor, elle est à l'intérieur encore plus luxueuse et plus grande (jusqu'à 7 500 fidèles). Parmi les éléments remarquables, notez le superbe plafond à médaillons : la Sainte Trinité est entourée de scènes de l'Apocalypse. Nombreux éléments baroques dont le pupitre et l'autel, tout sauf dépouillés.

➢ Si vous êtes motorisé, entre Jawor et Świdnica, nous vous suggérons d'emprunter la route passant par ***Bolków,*** une jolie bourgade coiffée d'un château. Elle réserve son pesant de virages et de collines boisées. À partir de là, les itinéraires filant vers Karpacz (voir « À l'ouest des Sudètes ») ne sont pas moins jolis. Ensuite, il est possible de rejoindre Kłodzko au cœur des Sudètes, en longeant la frontière tchèque.

Zacisze : *à* ***Bolków,*** *non loin de la place du village.* ☎ *75-741-41-15. Suivre la direction « Centrum » puis les panneaux. Tlj 10h-22h. Plats 10-25 Zl.* Petit déj, *pierogi,* kebab à la mode locale, incontournable *kotlet schabowy* ou beignets de pommes de terre accompagnés de goulasch sont généreusement, joliment et gentiment servis. On ne regrette décidément pas d'avoir pris le chemin des écoliers. Sur la terrasse, la photo d'une rue de Bolków avant la guerre pleine d'enseignes en allemand.

LES SUDÈTES

Au sud et sud-est de Wrocław, vers la frontière tchèque, cette région montagneuse et boisée s'étend sur ces deux pays. Elle a certainement été l'une des plus convoitées de l'histoire de la Pologne. En 1526, elle passa sous la domination des Habsbourg d'Autriche, puis se retrouva sous la main des Prussiens.

Redevenue tchèque après la Première Guerre mondiale, elle marqua les prémices de la seconde... Les germanophones qui la peuplaient alors en majorité créèrent un parti d'abord autonomiste, puis pronazi. En septembre 1938, lors de la conférence de Munich organisée pour régler cette question, Hitler adressa un ultimatum à la Tchécoslovaquie, qui dut céder devant les pressions franco-britanniques et les menaces du Führer d'organiser un plébiscite. Profitant du « lâche soulagement » des Français et des Anglais, Hitler occupa la région dès le 1er octobre 1938. On connaît la suite... Pour Hitler, d'ailleurs, les Sudètes sont si germaniques par essence qu'elles ne pourront que le rester : à la fin de la guerre, il fait cacher des

LE TRÉSOR AU BOUT DU TUNNEL

Réputées pour avoir été la cassette secrète où Hitler cacha une partie du trésor de guerre, les Sudètes suscitent bien des fantasmes. À l'été 2015, deux chasseurs de trésors déclarent avoir localisé un train, emmuré dans un tunnel depuis la Seconde Guerre mondiale, à proximité du village de Walbrzych (dont le château était l'un des QG de Hitler). Branle-bas de combat, la zone supposée est bouclée par l'armée et... un an plus tard les pelleteuses creusent, creusent. Sans trouver le train fantôme !

œuvres d'art dans les grottes, souterrains (il y a fait creuser d'impressionnants réseaux de tunnels par des déportés d'Auschwitz) et châteaux qui y abondent. La région, désormais bien plus calme, est tout sauf insipide. Marcher en forêt, observer la nature, fureter dans les ruelles tout droit sorties du XVIIIe s sont autant de bonnes raisons de faire un détour dans les Sudètes.

LES SUDÈTES OCCIDENTALES

De Kłodzko à Karpacz, il n'y a guère que 130 km à parcourir si on choisit les routes qui longent plus ou moins la frontière tchèque. Petites, sinueuses, elles incitent à la conduite pépère pour savourer des paysages bucoliques et vallonnés, alternant parfois avec l'âpreté d'anciennes régions minières, comme Wałbrzych, d'une saisissante tristesse.

RADIO GLEIWITZ MENT...

Le 3 septembre 1939, Himmler grima des SS en faux soldats polonais qui simulèrent l'attaque de la radio allemande de Gleiwitz (Gliwice, au sud-ouest de la Pologne). Au total, un mort (un droit commun que l'on déguisa en militaire polonais). Cette fausse attaque sera le prétexte fallacieux à l'invasion de la Pologne par les Allemands et au déclenchement de la Seconde Guerre mondiale.

Karpacz : *au sud de Jelenia Góra, à la frontière tchèque.* Si vous vous attendiez à un petit village de montagne, c'est loupé ! Karpacz est une grosse station climatique qui profite du tourisme des trois frontières (l'Allemagne n'est pas loin). Nombreux circuits de rando ou de ski, notamment vers le mont Sniezka, le plus haut sommet des Sudètes (1 600 m). Le style souvent suranné des hôtels et restos est assez amusant. Le *musée du Jouet (Muzeum Zabawek)* rassemble une très belle collection internationale de nounours et autres marionnettes. Ce n'est qu'après 4 km de montée sinueuse après le centre (doté d'un petit office de tourisme) que vous atteindrez l'attraction principale du lieu :

– ***L'église Wang :*** *de mi-avr à nov, tlj 9h (11h30 dim)-18h (17h de nov à mi-avr). Entrée 8 Zl ; réduc.* Une perle rare, ultra-rare même, et de surcroît venue de loin. Elle ressemble à une *stavkirke* scandinave ? Bingo... Construite en Norvège au XIIe s, en bois, cette église fut achetée par le roi de Prusse, puis démontée et remontée pièce par pièce à Karpacz. Les portes et piliers sont décorés d'intrigants motifs vikings qu'on peine à imaginer autres que païens.

KŁODZKO

28 250 hab.

À 90 km au sud de Wrocław, en direction de la frontière tchèque, la petite cité de Kłodzko a vécu en première ligne l'histoire mouvementée de sa région, comme en témoigne la solide forteresse qui veille sur elle.
Étagée dans le fond d'une vallée, la ville se découvre en remontant depuis la rivière, par un petit mais photogénique pont gothique. La vie coule doucement ici, comme une bière qu'on déguste assis à une terrasse du *Rynek* et une balade le long de quelques ruelles tortueuses bordées de belles façades éclectiques, parfois décaties, mais surtout colorées, regorgeant de motifs en stuc et chargées d'histoire(s). On aime !

Arriver – Quitter

En train

Gare ferroviaire Kłodzko Miasto *(Dworzec PKP Kłodzko-Miasto)* **:** *pl. Jedności. Au sud-est du centre-ville. Pour rejoindre le centre (Rynek), traverser la rue T. Kościuszki et suivre la rue Grottgera.*

➢ ***Bystrzyca Kłodzka :*** 10 trains/j. 7h30-22h30. Trajet : env 15 mn.

➢ ***Wrocław :*** env 12 liaisons/j. Trajet : 1h50.

➢ ***Świdnica :*** 3 trains/j. Trajet : 1h30-2h.

En bus

Gare routière *(Dworzec PKS)* **:** *pl. Jedności. Devant la gare ferroviaire Kłodzko Miasto, proche du centre.* Trafic important.

➢ ***Wrocław :*** nombreux bus et minibus, 5h30-20h30. Trajet : 1h30-2h. Les minibus se prennent ul. Joannitów, à 200 m au sud de la gare routière.

➢ ***Kudowa Zdrój (via Duzniki Zdrój) :*** nombreux bus, 5h-20h30. Trajet : env 1h15.

➢ ***Bystrzyca Kłodzka :*** 8-10 bus/j. Trajet : 30-50 mn.

➢ ***Paczków :*** env 12 bus/j. 7h-20h15. Trajet : 40-45 mn.

➢ ***Świdnica :*** 1 bus/j. tôt le mat avec *PKS*. Trajet : 1h50.

Adresses utiles

Bureau d'informations touristiques : *ul. Cseska, 24.* ☎ *74-865-46-89.* • *centrumftp.nazwa.pl* • *À 200 m à l'ouest de l'hôtel de ville. Tlj 9h-18h (16h nov-mars).* Plan de la ville avec itinéraire de balade et audioguide gratuit en anglais *(caution demandée).*

✉ ***Poste :*** *pl. Chobrego, 33* (Rynek). *Tlj sf dim 8h-15h. ou pl. W. Jagiełły (à 600 m au sud-ouest du* Rynek), *au croisement des rues Wojska Polskiego et Kościuzski. Tlj sf dim 8h-19h30 (15h sam).*

Banque Pekao : *pl. Chobrego, 20.* Au nord-ouest du *Rynek*. Distributeur de billets.

Où dormir ? Où manger ? Où boire un verre ?

La cité ne brille ni par son hôtellerie ni par sa restauration, dans l'ensemble plutôt chère pour la qualité offerte. Et puis un conseil : le soir, la ville étant peu animée, ne tardez pas à planter la fourchette, sous peine d'être mis à la diète !

Camping

Baza Campingowa Lossanna *(camping Lossanna)* **:** *ul. Nowy Swiat, 57.* ☎ *74-867-30-31.* • *lossanna@tlen.pl* • *Au nord de la ville, sur les hauteurs, direction Walbrzych/Wrocław (fléché). Empl. tente 45 Zl ; double env 120 Zl. En saison slt.* Au sommet de la colline, ce camping aux pelouses bien vertes bénéficie de l'ombre d'arbres centenaires. Également des chambres dans des bungalows plus ou moins retapés et éparpillés dans le parc. Équipements communs rudimentaires.

Prix moyens (160-240 Zl / env 40-60 €)

Hôtel-restaurant Korona : *ul. Noworudzka, 1.* ☎ *74-867-37-37.* • *hotel-korona.pl* • *Sur les hauteurs de la ville, à côté de la station* BP. *Selon confort, doubles 150-180 Zl ; petit déj 15 Zl/pers. Plats 20-40 Zl.* Hésitant entre motel et chalet, le *Korona* propose des chambres moquettées à l'étage, simples et propres. Les plus chères prétendent offrir un meilleur confort... on n'a pas saisi lequel. Côté resto (notre partie préférée du lieu), on se régale de bonnes petites spécialités bien copieuses dans une ambiance de chalet très scénarisée. Accueil anglophone et plaisant.

Hôtel-restaurant Casa d'Oro : *ul. Grottgera, 7.* ☎ *74-867-02-16.* • *casadoro.com.pl* • *Suivre « Centrum », tt de* *suite à droite après le petit pont métallique, au bord de la rivière. Double env 180 Zl, petit déj inclus. Plats 30-50 Zl.* À l'entrée de la vieille ville, non loin du célèbre pont gothique, un établissement simple aux chambres moquettées et au mobilier standard. La petite salle de resto offre une palanquée de plats du cru, pas donnés quand même. La salle du fond donne sur la rivière.

Restauracja-Pub W Ratuszu : *pl. B. Chrobrego, 3. ☎ 74-865-81-45. Plats 20-60 Zl. Tlj 10h-21h (23h pour le pub).* Emplacement idéal sur le *Rynek*, au pied de l'hôtel de ville *(ratusz)*. Terrasse étagée sur la pente de la place, face à la colonne « de la peste », cernée d'anges aux ailes dorées. À l'intérieur, on choisit entre le glouglou, à droite, dans une salle de pub classique, ou le miam-miam, à gauche, dans une salle aux rideaux plissés à quatre épingles. Bonne cuisine à base de viandes, poissons et autres plats de pâtes.

Pub Przy Młynie : *ul. Kościuski, 1. ☎ 74-647-09-97. Ouv 10h (12h dim)-23h. Après l'hôtel* Marhaba, *dans le virage sur la droite en allant vers le haut de la ville. Plats 20-35 Zl.* Plutôt intéressant le soir, pour une bonne biroute à la pression, ou pour grignoter une cuisine classique, goûteuse et bon marché. Très bonne truite. Installé au sous-sol d'un vieux moulin en bord de rivière, d'où son nom, le lieu bouge un peu en soirée. Terrasse autour d'un puits à l'extérieur (mais que surplombe une rue bruyante). Accueil chaleureux.

Nota Bene Café Club : *dans le centre culturel, pl. Jagiello, 1. 601-392-077. Face à la poste. Tlj 10h-22h (23h ven-sam, 21h dim).* Un amusant côté salle de bal donné par la forme en rotonde, le parquet, le plafond et le mobilier. Cafés, bières et desserts à petits prix. Soirées musicales le week-end.

À voir

Le pont Saint-Jean : *depuis la rue Kościuszki, prendre la rue Grottgera.* Ce pont gothique agrémenté au XVIIIe s de six belles statues en grès commandées par des notables locaux n'est pas sans évoquer le pont Charles de Prague, en miniature. Les maisons du quartier bas sont joliment colorées et, pour certaines, décorées.

Le Rynek : plus que l'hôtel de ville lui-même (plutôt massif et grisouille), c'est pour la façade de ses maisons que cette place est intéressante. Petit tour d'horizon... Les bâtisses des nos 34, 35 et 36 couvertes de belles couleurs pastel allant du moutarde au vert en passant par le rose. À l'angle de la rue qui descend vers le pont Saint-Jean, au no 4, une vénérable banque a posé son imposant pignon en lieu et place d'une ancienne taverne. Au no 5, une petite statue de cerf met en valeur une très belle façade bleue du XVIIe s, aux encadrements de fenêtres finement stuqués... ce fut la pharmacie du *Cerf d'Or.* Au no 9, un beau bas-relief d'ours agrémente une façade aux pilastres classiques. Et, pour finir ce tour d'horizon, une pharmacie là encore bien ouvragée, qui affiche ses insignes sur les stucs décorant des fenêtres en encorbellement. Il reste à se tourner vers le centre de la place pour admirer une colonne de la peste mettant en scène la Vierge Marie entourée d'angelots dorés.

Kościół Wniebowcięcia NTM *(église de l'Assomption)* **:** *au sud-ouest du* Rynek *par la rue Kościelna.* Surtout remarquable pour son portique baroque, appelé la « porte Noire ».

Ulica Armii Krojowej : *prend naissance à l'angle sud-ouest du* Rynek. La rue principale de cette petite ville respire un passé riche et opulent, au gré d'immeubles des XVI-XVIIe s. Beaucoup ont été bien restaurés, et même les plus décatis ont énormément de charme. Au no 1, on s'arrête d'abord sur une statue d'angle, qui représenterait un soldat romain. La bâtisse arbore aussi un beau portail. Juste en face, six arcades ornementées du XVIe s surlignent les vitrines d'un magasin de bric et de broc. Au no 5, une imposante façade exhibe deux atlantes supportant des fenêtres en encorbellement. Tout en haut, belle corniche ornée de lions grimaçants, en guise de génoise. Au nº 1 de la petite rue Koscielna, à gauche, beau portail sculpté. Retour à la grand-rue. Au nº 11, une façade pas plus haute que ça est très coquettement ornée de pilastres à chapiteaux corinthiens. Ses fenêtres sont maquillées de jolis motifs en entrelacs. La rue Poliskiego, à gauche, mène à l'ancien monastère jésuite, transformé en musée.

***Muzeum Ziemi Kłodzkiej** (musée local) : ul. Łukasiewicza, 4. • muzeum.klodzko.pl • Tlj sf lun 10h-17h (16h oct-avr). Entrée 8 Zl ; gratuit dim (4 Zl pour expos temporaires) ; réduc.* Dans l'ancien monastère jésuite. Belle collection d'horloges silésiennes des XIX-XXe s ainsi que des verreries décorées produites dans la région.

***Twierdza Głowna** (forteresse) : ul. Grodzisko, 1. Au nord-ouest du Rynek. ☎ 74-867-34-68. • twierdza.klodzko.pl • Ouv 9h-18h (15h nov-mars). Entrée : 12 Zl ; billet combiné avec les souterrains 18 Zl ; réduc. Tour guidé ttes les heures.* La forteresse a été érigée au XVIIe s par les Autrichiens, puis modifiée par les Prussiens. Sa forme actuelle, en deux parties, date de la fin du XVIIIe s. Elle a tenu tête à l'armée de Napoléon, grâce à son réseau de souterrains, qui fait sa grande originalité. Les 40 km de tunnels qui courent tout autour servaient d'entrepôt et de moyen de défense. L'ingénieux inventeur de ce premier champ de mines bourrait les galeries de poudre et, quand l'ennemi se trouvait au bon endroit, BOUM ! Le guide vous montrera le système de mise à feu. On peut visiter ces tunnels sur 600 m ; les plus petits sont des boyaux de 50 cm de diamètre, autant dire que les soldats devaient y ramper, et dans le noir, à cause de la poudre qui traînait partout. Pour ceux qui veulent essayer, le guide fait emprunter un petit tunnel de 1 m de haut ; marche des canards sur 15 m.

***Podziemna trasa turystyczna** (passage souterrain) : départ au pied des escaliers menant à la forteresse (ul. Czeska) et arrivée en contrebas du chevet de l'église de l'Assomption (ul. Zawiszy Czarnego, 3). ☎ 74-873-64-77. • podziema.klodzko.pl • Tlj sf lun 9h-18h (15h nov-mars). Entrée 12 Zl ; billet combiné avec la forteresse 18 Zl ; réduc.* Ceux qui en redemandent pourront accomplir un circuit de 600 m dans les caves de la ville. C'est en 1945, quand certains bâtiments se sont effondrés, que ce labyrinthe s'est rappelé au souvenir des historiens locaux. Ils l'ont restauré en brique. Les caves servaient jadis d'entrepôts aux boutiquiers. Lors de leur restauration en 1963, elles furent reliées entre elles pour former un tunnel. Départ au pied de la forteresse, arrivée à côté de l'église. Visite sans encombre, en espérant qu'un plaisantin ne coupe pas l'électricité pendant la visite.

SUDÈTES SPOLIÉS

Nombreux sont les Allemands qui reviennent dans leur ancien territoire d'avant 1945, abandonné par crainte des représailles russes. Chercheurs de trésors nazis ou exilés qui avaient caché des biens précieux (argent, bijoux) dans une grange, dans un champ, ou sous terre, tous ont quelque chose à récupérer. Aujourd'hui encore, chaque année, des familles réclament à l'État polonais leurs biens perdus, leurs anciennes maisons ou leurs terres. Ce dossier des biens immobiliers des Sudètes est toujours un point d'achoppement entre les gouvernements allemand et polonais. Une (Su)dette à régler !

DANS LES ENVIRONS DE KŁODZKO

***Paczków** : à 28 km de Kłodzko, dans la direction de Nysa.*
***Office de tourisme** : ul. Wojska Polskiego, 23 ; ouv lun-ven 9h-17h, w-e 10h-16h.*
Petite ville de 8 500 habitants. Maintes fois fortifiée pour parer aux soubresauts de l'Histoire, elle a conservé ses impressionnants remparts d'un périmètre de 1 km et

d'une hauteur moyenne de 9 m, jalonnés de tours partiellement bien préservées. La cité se visite facilement à pied et constitue une pause divertissante si votre route passe par là. Même l'église du XIVe s ressemble à un château fort, elle servait d'ailleurs de dernier refuge aux habitants en cas de siège, d'où ce puits, dit « tatar », sur son côté. Afin d'avoir une vue d'ensemble, on peut grimper dans la tour de garde, ou éventuellement dans celle de l'hôtel de ville, qui date de 1552.

Bystrzyca Kłodzka : *à 18 km au sud de Kłodzko par la route 381, direction Brno. 6-8 bus/j. depuis Kłodzko.* On s'enfonce dans les Sudètes pour atteindre cette bourgade. On oubliera les bien moches faubourgs, au nord, pour s'intéresser à l'ancienne cité médiévale de forme ovale, en partie entourée de cours d'eau et ayant gardé quelques vestiges de ses anciens remparts. À voir, deux portes d'entrée et des tours, proches du mignon petit *Rynek*. Jolis points de vue sur la ville et ses fortifications depuis la route vers Stronie Śląskie.

➢ ***Les routes de Bystrzyca Kłodzka à Kletno, puis Stronie Śląskie*** sont superbes. Si vous êtes véhiculé et muni d'un bon atlas routier, l'exploration par les petites routes qui furètent au nord ou au sud de cette voie principale réservent leurs surprises : grands corps de ferme, villages aux jardins manucurés derrière leurs barrières de bois, et belles forêts du parc naturel Rudawski. Le ruban de bitume est parfois tout juste assez large pour que deux vélos s'y croisent. Une ambiance de bout du bout.

Kletno : *à env 30 km à l'est de Bystrzyca et à 6 km au sud de Stronie Śląskie. Pour y aller en train, terminus à Stronie Śląskie, puis bus jusqu'à Kletno. En voiture, suivre les indications pour la grotte Jaskinia Niedzwiedzia.* Kletno n'est guère plus qu'un hameau. Ses maisons éparpillées le long d'une étroite route bitumée font corps avec la petite vallée creusée par un torrent qui descend depuis la grotte. Cette grotte de l'ours est réputée dans toute la Pologne. Si la magie opère, c'est parce que ce coin, au cœur du parc naturel, est l'un des plus beaux et des mieux conservés des Sudètes. Entourées de monts qui culminent entre 700 et 1 200 m, de grandes forêts et clairières sont sillonnées de chemins forestiers et sentiers. Les visiteurs viennent y décliner leurs skis de fond en hiver et profiter, en été, des agréables randonnées alentour.

Jaskinia Niedzwiedzia *(grotte de l'Ours) : juste au sud de Kletno. Depuis le grand parking, 1,5 km à pied (ou charrette à cheval) jusqu'à la grotte. ☎ 74-814-29-09. • jaskinianiedzwiedzia.pl • **ATTENTION :** résa impérative sur le site internet ou par tél ! Tlj sf lun (et jeu sept-avr) 9h-16h40 ; fermé 20 déc-20 janv. Visite guidée obligatoire ttes les 20 mn. Durée : 45 mn. Entrée : 20 Zl (14 Zl mars ; 25 Zl juil-août) ; réduc. Droits photos et caméra 10-15 Zl (!). Consigne. Dépliant en français.* Plus grande grotte de Pologne, son nom provient de la découverte, en 1966, des restes d'un ours dans une carrière de marbre située à l'intérieur. Les premières salles, formées par l'écoulement de l'eau sur le marbre (la région en abonde), remonteraient à 50 millions d'années. Sur les 2,5 km de couloirs sur trois niveaux, seul le couloir central est accessible, tandis que les deux autres sont réservés aux spéléologues confirmés. Le guide s'amuse avec l'éclairage dans la salle de Champagne, et c'est assez réussi. Il y a des restes d'ossements de lions, d'hyènes, d'ours bruns... dont certains sont encore bloqués dans la glace, et le squelette d'un ours phytophage, pour ne pas dire végétarien. Il fait évidemment très froid (température intérieure : 6 °C) et c'est très humide. Apportez votre peau d'ours !

– En route vers la grotte, visite possible du petit ***Musée géologique et minéralogique*** *(Muzeum Ziemi Geologiczne Kletno).*

Hôtel-restaurant Willa Pod Jaskinią : *Kletno, 11 à **Kletno.** ☎ 74-814-21-82. • podjaskinia.pl • Sur la droite de la route de Stronie Śląskie, env 2 km avt le parking de la grotte de l'Ours. Double env 160 Zl* *avec petit déj. Plats 20-35 Zl.* Installée sur un terrain ombragé et fleuri, cette auberge joue la carte du charme rustique, avec son look tout bois et ses chambres coquettes et confortables (disposant de balcons). Le rêve dans les Sudètes, certains préféreront même en hiver, quand les monts sont sous la neige ! Niveau restauration, salle ou terrasse sous parasol. Spécialité de truites et cuisine régionale, à mi-chemin entre la Pologne et l'Allemagne (saucisses et pommes de terre sautées, viandes panées, etc.). Accueil sympa.

Muzeum papiernictwa *(moulin à papier historique) : à* ***Dusniki Zdrój.*** *À l'entrée du village, sur la route 8. ☎ 74-862-74-00. • muzpap.pl • Ouv mai-oct 9h-17h (15h dim) ; nov-avr tlj sf lun 9h-15h. Entrée : 11 Zl ; réduc.* Vénérable moulin à papier du XVIIe s, superbement conservé. Dès l'extérieur, ce massif bâtiment exhibe de bien jolies formes avec sa toiture en bois sombre chapeautant un corps de bâtiment rouge et blanc. On entre dans le musée par une tourelle en saillie. L'intérieur expose une intéressante collection d'objets liés au papier (son histoire, sa fabrication artisanale puis mécanisée, son usage), assez peu commentée en anglais. Mais on profite au passage d'un lieu dont l'histoire transpire à chaque passage de porte... À l'étage, deux salles sont superbement couvertes, des murs au plafond, de fresques du XVIIe s. Au rez-de-chaussée, dans la 2e salle, les latrines d'époque du proprio dont cette aile constituait les appartements privés. Un proprio d'ailleurs anobli par le roi de Pologne pour honorer la qualité de son papier. Même Chopin l'utilisait comme papier à lettres, c'est dire. Juste après, on entre dans ce qui fut l'office de la maison. En fin de visite, au sous-sol, on assiste à certaines phases de fabrication du papier, dans un atelier toujours en activité (pour acheter tout cela, boutique dans un bâtiment annexe).

CUL SEC

Le crottin d'éléphant contient de la cellulose, composé principal pour fabriquer la pâte à papier. L'argent n'ayant pas d'odeur, le moulin de Dusniki Zdrój transforme donc les excréments de l'éléphant du zoo de Wrocław en de jolies feuilles blanches. Du papier bien utile en cas de besoin...

Hôtel-restaurant Sonata : *ul. Świerczewskiego, 2. ☎ 74-866-95-04. • sonataduszniki.pl • Au cœur du village. Doubles 160-220 Zl, petit déj inclus. Repas 30-35 Zl.* Dans ce paisible et mignon village bourgeois, la façade de l'hôtel apporte une note d'opulence avec deux atlantes soutenant un balcon. Bel escalier de maître pour accéder chambres, vastes, certes, mais dotées d'un mobilier plus fonctionnel que de bon goût. Le lieu n'en demeure pas moins agréable et l'accueil avenant. Fait aussi restaurant (pas grand-chose d'autre à la ronde).

Kudowa Zdrój : *accessible en train au départ de Kłodzko, mais le bus est plus pratique, car la gare PKP est éloignée du centre.* C'est la plus agréable des nombreuses stations thermales de la région. Belles maisons bourgeoises, parcs urbains, plans d'eau autour desquels se balader...

Kaplica Czaszek : *dans le village de* ***Czermna,*** *à 3 km de Kudowa Zdrój (fléché depuis le centre-ville). Mai-sept, tlj sf lun 9h30-17h15 (en continu juil-sept) ; oct-avr, tlj 10h-16h. Accès : 5 Zl ; parking 7 Zl.* Cette chapelle renferme des crânes et des os humains de victimes de la guerre de Trente Ans, du choléra et de la peste. Le prêtre de l'époque et son fossoyeur se sont ainsi « amusés » à coller quelques-uns de ces restes (3 000 sur les 20 000 que le cimetière contenait) sur les murs et les plafonds, avant qu'on ne fasse de même avec les leurs, maintenant exposés dans une cage de verre. Vision macabre qui illustre les ravages de l'Histoire dans les Sudètes.

Les monts Tabulaires : *à l'ouest de Kłodzko, dans la direction de Kudowa Zdrój vers la frontière tchèque.* • *pngs.com.pl* • Moyennes montagnes de grès coiffées de sommets en forme de table, d'où leur nom, elles sont pour les randonneurs et amateurs de curiosités naturelles le pendant du *paradis de Bohême,* côté tchèque.

➢ Le point de départ des excursions dans les monts Tabulaires se situe au village de ***Karłów,*** à 10 km au nord de Kudowa Zdrój. Au choix, une balade de 1h, dans un labyrinthe de pierres, *Błedne Skały,* où il faut parfois se faire tout mince pour pouvoir passer, ou une autre un peu plus longue, dans les *Szczyniec Wielki,* également très agréable, parmi des blocs de pierre. L'accès à chacun des deux sites coûte 7 Zl, et pour avoir une idée plus claire des parcours, carte au 1/33 000 « Park Narodowy Gor Stolowych » en vente à l'office de tourisme de Kłodzko.

LA GRANDE POLOGNE (WIELKOPOLSKA) ET LA POMÉRANIE

POZNAŃ

546 900 hab.

• Plan *p. 280-281*

Nous voilà au cœur de la Grande Pologne *(Wielkopolska),* berceau historique de la nation polonaise, à 310 km à l'ouest de Varsovie, guère moins de Gdańsk et guère plus de Cracovie, elle se situe aussi sur la route de l'Allemagne, à 285 km seulement de Berlin. Cité au parcours agité, comptant quatre musées consacrés à l'histoire militaire et aux guerres, Poznań s'est développée grâce au savoir, à l'industrie, au commerce international et à la grande plaine qui l'entoure, véritable grenier à blé du pays. Forte de cette situation géographique privilégiée, Poznań attire de nombreuses multinationales qui en font une ville des plus dynamique, comme le démontrent les foires internationales qui s'y tiennent au printemps. Pour faire un autre type de foire, le routard y appréciera une foultitude de bars, cafés et lieux nocturnes animés. Il faut dire que Poznań est une ville universitaire : la troisième de Pologne avec bon an mal an quelque 130 000 étudiants.

La ville est étendue et sans fard, mais le très beau centre historique se découvre facilement à pied, avec en point d'orgue une grand-place qui compte parmi les plus belles de Pologne.

UN PEU D'HISTOIRE

Poznań, en tandem avec Gniezno, fut la première capitale polonaise bien avant Cracovie et Varsovie. La première cathédrale du pays y planta sa croix en 968, bien que la famille royale, les Piast, fût installée à Gniezno. Centre culturel et intellectuel, la ville s'enrichit d'immigrés italiens, écossais, grecs ou arméniens, après la persécution, à la fin du XVIe s, de ses communautés protestantes et juives. En route pour Moscou avec ses armées, Napoléon Bonaparte s'installa dans l'ancien collège des jésuites en 1806. Il y repassera en 1812, le panache en berne, après la débâcle de Russie. Poznań, annexée pendant plus de 100 ans (1815-1918) par les Prussiens, s'appelle alors *Posen*. Le célèbre maréchal von Hindenburg, président de la république de Weimar de 1925 à 1934, en est d'ailleurs natif. La population polonaise résiste économiquement et culturellement à la germanisation, mais se teinte évidemment d'un peu du caractère allemand. Ce mélange est peut-être à l'origine de la réputation des habitants qu'on dit d'esprit particulièrement pratique et de caractère rationnel. Au fil du XIXe s se constitue une ville moderne, plus avancée que les autres cités de Pologne. Le soulèvement de la Grande Pologne lui amène un peu de liberté en 1918, mais l'occupant allemand revient en 1939 et provoque la disparition de la population juive de la ville. En 1945, Poznań est le théâtre de combats acharnés entre la Wehrmacht et l'Armée rouge, qui la détruisent en bonne partie. L'après-guerre est synonyme de reconstruction. L'industrialisation intensive attirera une population ouvrière qui se frottera plusieurs fois aux forces de l'ordre, comme en juin 1956.

UN GOUVERNEUR QUI DEVIENT CHÈVRE

En 1511, lorsque la cloche du beffroi de Poznań fut achevée et en place, le gouverneur de la ville organisa un grand banquet d'inauguration. Or, deux des jeunes boucs destinés à la ripaille prirent la poudre d'escampette et grimpèrent au sommet de la tour. Tout le monde assista ébahi à leurs jeux, tout là-haut : sauts de cabris et coups de cornes. Le gouverneur somma l'horloger de graver cette anecdote dans son mécanisme : des boucs sonnent depuis les 12 coups de midi...

LA BIBLIOTHÈQUE OUBLIÉE DE LA FRANC-MAÇONNERIE

Himmler échafauda la « solution finale » à Poznań, où il ordonna également de cacher des dizaines de milliers de livres sur la franc-maçonnerie. Ces ouvrages, volés par les nazis aux grandes bibliothèques d'Europe, s'y accumulèrent. Après 1945, cette incroyable collection d'environ 80 000 ouvrages resta sur place. Elle est toujours conservée au fonds maçonnique de la bibliothèque universitaire de Poznań, ainsi qu'au château de Ciazen. Un autodafé pour le moins loupé !

Arriver – Quitter

En avion

✈ ***Aéroport de Ławica*** *(hors plan par A1) : à 7 km à l'ouest du centre-ville.* ☎ *61-849-23-43.* • *airport.poznan.com* •

➢ ***Vols intérieurs :*** liaisons quotidiennes pour ***Varsovie*** avec *LOT.*

➢ ***Vols internationaux :*** liaisons régulières pour Beauvais avec *Wizzair.* • *wizzair.com* •

– ***Pour rejoindre Poznań :*** prendre les bus nos 48 ou 59 (terminus rondo Kaponiera, à 500 m au nord de la gare ferroviaire et 1,5 km du *Rynek ; hors plan par A1*). Pour aller de la gare ferroviaire au centre-ville, voir ci-dessous. Compter 4,60 Zl ; 20-30 mn.

En train

Gare ferroviaire PKP *(Dworzec Główny ; hors plan par A2)* **:** *ul. Dworcowa. ☎ 19-757. • pkp.pl • ou • intercity.pl • Pour le centre-ville, bus nº 51 (côté nouvelle gare) ou trams nºs 5 et 8 sur l'av. Roosevelt (à l'opposé des voies, côté ancienne gare).* Un centre municipal d'infos touristiques ***CIM*** *(☎ 61-633-10-16. Lun-ven 8h-21h, w-e 10h-17h)* donne un plan de la ville et vend pas mal de bonnes cartes du pays. Bureau de change (taux correct). Dans le tunnel qui rejoint la sortie ouest, cybercafé ouvert 24h/24, mais il y a aussi un point wifi au niveau des guichets.

➢ ***Cracovie :*** 10 directs/j. Trajet : 5h30-8h (choisissez le bon).
➢ ***Gdańsk :*** 9 trains/j. Trajet : 3h-4h30.
➢ ***Lodż :*** 8 directs/j. Trajet : 3h-4h30.
➢ ***Toruń :*** 4 directs/j. Trajet : 2h-3h30.
➢ ***Varsovie :*** directs ttes les 30 mn à 2h30, 6h-22h25. Trajet : 2h30-3h50.
➢ ***Wrocław :*** 1 train direct env ttes les heures. Trajet : 2h30-3h15.

En bus

Gare routière PKS *(hors plan par A2)* **:** *ul. St. Matyi. ☎ 61-853-09-40. • pks.poznan.pl • À env 20 mn de marche du Stary Rynek.* Gare mitoyenne de la gare ferroviaire et noyée dans une galerie marchande. Consigne automatique.

➢ ***Cracovie :*** 1 bus/j. avec Voyager Transport *(• voyager-transport.pl •)*. Trajet : env 7h15.
➢ ***Gdańsk :*** 3 bus/j. Trajet : env 5h.
➢ ***Łódź :*** env 10 bus/j. (dont 2 de nuit). Trajet : 3h-4h30.
➢ ***Toruń :*** 2 bus/j. Trajet : env 3h.
➢ ***Varsovie :*** 4 bus/j. (dont 2 de nuit), avec *Lux-Express Polska* mais surtout *Polski bus* (arrivée au métro Młociny ; *hors plan général de Varsovie par A1*). Trajet : 4h40-5h30.
➢ ***Wrocław :*** env 5 bus/j. (dont 3 de nuit). Trajet : env 3h30.

– ***Liaisons internationales :*** dans la gare routière, l'***agence Aura*** *(☎ 61-666-26-75. • aura.pl • Lun-sam 8h-20h – 16h sam)* vend les billets internationaux de différentes compagnies, dont *Eurolines.*

➢ ***Paris via Berlin, Liège, Bruxelles et Lille :*** 3 liaisons/sem. Trajet : Berlin 5h, Bruxelles 16h, Lille 18h30, Paris 21h.

En voiture

La ville se visite mieux à pied, d'autant qu'elle est truffée de sens uniques ou interdits. Autant se garer au plus vite. Savoir qu'il y a des parcmètres partout *(gratuit la nuit et le dim)* à moins de s'éloigner du centre, tandis que le prix des parkings d'hôtels peut être très élevé.

– ***Parking de la place Wolności*** *(plan B1)* **:** *souterrain et très pratique pour visiter le centre. Env 4 Zl/h ; 50 Zl/24h.*

Adresses utiles

Informations touristiques

Office de tourisme de Poznań *(plan zoom B1,* ***1****)* **:** *Stary Rynek, 59-60. ☎ 61-852-61-56. • cim.poznan.pl • Mai-oct, tlj 10h-20h (18h w-e et j. fériés) ; en hiver, tlj 10h-18h (17h w-e et j. fériés).* Abondante documentation sur Poznań et sa région, dont le livret ***Poznań in Your Pocket,*** des cartes et listes d'hébergements. Résa possible de guides pour découvrir la ville de façon personnalisée. Une équipe largement francophone, dirigée par Adam Orlicz, francophile et enthousiaste !

City Information Centre *(CIM ; plan A1,* ***2****)* **:** *ul. Ratajczaka, 44. ☎ 61-851-96-45. • cim.poznan.pl • Tlj sf dim 10h-19h (17h sam).* Pas mal de doc à disposition et accueil attentionné. Résa possible de spectacles.

■ ***Poznań Card :*** *en vente dans les bureaux d'infos touristiques. Tarifs (sans ou avec transports) : 30-35 Zl*

Adresses utiles

- 1 Office de tourisme de Poznań (*zoom*)
- 2 City Information Centre
- 3 Pharmacie 24h/24
- 4 Laverie

Où dormir ?

- 20 Centrum Zakwaterowania « Przemysław »
- 21 Camping-Hotel Malta
- 22 Schronisko Młodzieżowe 3 (AJ)
- 23 Poco Loco Hostel
- 24 Melody Hostel (*zoom*)
- 25 Hostel Tey (*zoom*)
- 26 Garden Boutique-Hotel
- 27 Hotel Royal
- 28 Don Prestige Residence

Où manger ?

- 30 Bar Caritas
- 31 Bar Mleczny Apetyt (*zoom*)
- 32 Chłopke Jadło
- 33 Wiejskie Jadło (*zoom*)
- 34 Restauracja Przy Bamberce (*zoom*)
- 35 Ratuszova (*zoom*)

Où boire un café ? Où manger une pâtisserie ?

- 40 Weranda Caffe et Cocorico Café (*zoom*)
- 41 Cafe Misja
- 42 Un Pot (*zoom*)

Où boire un verre ? Où sortir ?

- 50 Proletaryat Klubokawiarnia (*zoom*)
- 52 KontenerArt
- 53 Muchos Potatos
- 54 Pijalnia Wódki i Piwa (*zoom*)

(1 j.), 35-49 Zl (2 j.) et 45-59 Zl (3 j.). Elle inclut les entrées à la quasi-totalité des musées et comprend des réductions dans de nombreux restos. Les sites touristiques nécessitant peu l'usage des transports en commun et les musées de Poznań étant généralement gratuits le samedi, faites vos calculs avant.

– ***Poznań in Your Pocket :*** *• inyourpocket.com • Ts les 2 mois.* Gratuit en anglais comportant un agenda culturel détaillé, des infos sur les sites à visiter et une liste des endroits où manger et où boire un verre. Dispo à l'office de tourisme et dans certains hôtels ou bars.

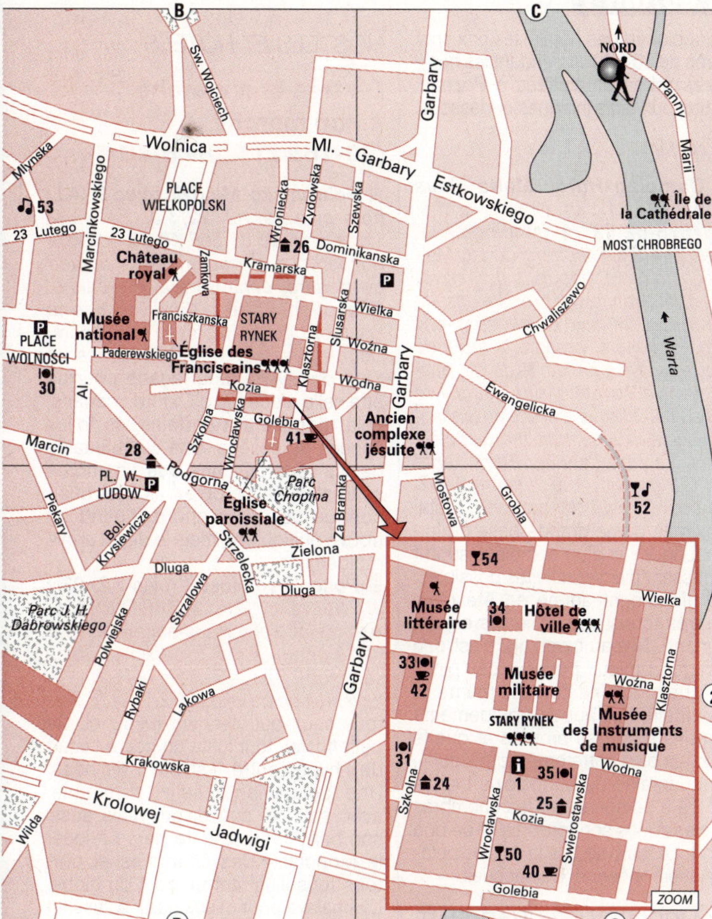

POZNAŃ

Postes et télécommunications

✉ ***Poste*** *(plan A1)* ***:*** *ul. Kościuszki, 77. Lun-ven 7h-20h ; sam 8h-15h.*
@ ***Café Internet : Eurocafe*** *(dans le tunnel de la gare ferroviaire ; tlj 7h-22h)* est le dernier du genre à perdurer (pour combien de temps ?). Par ailleurs, le centre historique est bien couvert par le réseau wifi gratuit de la ville.

Divers

■ ***Pharmacie 24h/24*** *(Apteka Dyżurna ; plan A1,* ***3****)* ***:*** *ul. Św. Marcin, 61.*
■ ***Laverie*** *(plan A1,* ***4****)* ***:*** *ul. Św. Marcin, 39. Tlj 8h-22h.*

Où dormir ?

Dans la plupart des hôtels, les prix sont majorés de 30 à 40 % pendant les nombreuses foires organisées à Poznań. À ajouter aux tarifs indiqués ci-dessous.

CAMPING

Camping-Hotel Malta *(hors plan par C1,* ***21****) : ul. Krańcowa, 98. ☎ 61-876-62-03. • campingmalta.poznan.pl • Situé au nord du lac Maltańskie. Tram n° 6 depuis la gare ferroviaire, arrêt Krańcowa : prendre ensuite la direction du zoo et marcher env 800 m. En voiture, prendre la route de Varsovie ; arrivé à proximité du lac, passer devant le* Novotel Malta, *poursuivre jusqu'au feu, tourner à droite en laissant le zoo sur la gauche, puis tt droit ; c'est en bas. Ouv tte l'année. Empl. tente 65 Zl. Bungalows : 190 Zl (sem)-270 Zl (w-e) pour 2, petit déj compris.* Établi à proximité d'une grande base de loisirs nautiques et d'un complexe sportif garantissant plein d'activités possibles. Particulièrement animé en été mais aussi très touristique (Polonais essentiellement). Niveau camping, c'est peu ombragé et mieux pour les camping-cars que pour les tentes, même si les sanitaires et autres équipements communs sont très propres et que le terrain est bien entretenu. Côté « dur », la cinquantaine de bungalows blancs pour 2 à 5 personnes et les chambres plus classiques sont propres et de bon confort. Le resto sert de la cuisine polonaise et européenne. Bon accueil.

CHAMBRES CHEZ L'HABITANT

Centrum Zakwaterowania « Przemysław » *(hors plan par A2,* ***20****) : ul. Śniadeckich, 28/4. ☎ 61-641-78-84. • przemyslaw.com.pl • Emprunter la sortie ouest de la gare ferroviaire, puis traverser la rue que l'on remonte à gauche sur 300 m. Tourner à droite, le bureau se trouve 300 m plus loin à gauche. Lun-ven 9h-15h. À partir de 60 Zl/pers, petit déj en sus.* Agence spécialisée dans la location de chambres chez l'habitant ; également des studios, apparts, voire des villas à Poznań et dans les environs. Accueil anglophone, très efficace.

HOSTELS *ET HÔTELS*

De très bon marché à bon marché (20-160 Zl / env 5-40 €)

Schronisko Młodzieżowe 3 *(AJ ; hors plan par A2,* ***22****) : ul. Berwinskiego, 2-3. ☎ 61-866-40-40. • zsipo.poznan.pl • À quelques mn à pied de la gare, dans un quartier calme. Réception 7h-9h, 16h-20h. Fermé juil. Dortoirs (2-10 lits) 27-35 Zl/pers. Double avec sdb, env 120 Zl. Pas de petit déj.* Dehors, la façade pourrait être celle d'une fac d'Oxford ; dedans, cela rappellera à certains les folles années du collège. Une cinquantaine de lits répartis dans des chambres spartiates mais propres. Accueil quelconque de prime abord (quand on trouve quelqu'un), mais le dégel arrive rapidement.

Poco Loco Hostel *(plan A2,* ***23****) : ul. Taczaka, 23. 796-230-555. • poco-loco.pl • Au 3e étage. Dortoirs (4-10 pers) 35-55 Zl/pers ; doubles sans sdb 110-130 Zl, petit déj compris. Laverie. Loc de vélos 20 Zl/j.* Pas fous ceux qui viennent jusqu'ici. Ce petit *hostel,* tout juste un peu à l'écart de l'hypercentre, est plein de peps. Une accueillante salle commune, avec sa télé, son divan, mais aussi son baby-foot, histoire de se rejouer le Mondial... Des chambres et dortoirs tous illustrant un coin du globe. L'Himalaya pour mieux partir à l'assaut de son lit gigogne, l'Asie pour passer une nuit zen au côté d'un gros bouddha, et on en passe. Tout est décoré avec goût et un brin de passion de voyageur sportif. Normal, les patronnes Ania et Agnieska ont au compteur près de 60 destinations pour l'une et pléthore de triathlons pour l'autre. Accueil enjoué et très sympa de toute cette petite équipe. On adore !

Melody Hostel *(plan zoom B1,* ***24****) : ul. Kozia, 16. ☎ 61-851-60-60. • melody-hostel.pl • Au 3e étage. Dortoirs 40-70 Zl/pers ; doubles sans ou avec sdb 140-170 Zl, petit déj compris.* Au dernier étage mansardé de cette demeure, la réception occupe la salle commune, grande mais sans lumière directe, ce qui n'est heureusement pas le cas des chambres. Celles-ci portent des noms musicaux (*disco, rock,* etc.), mais ne se distinguent que d'un discret motif ou de quelques variations de couleurs. Qu'importe leur ressemblance, elles sont très bien. Pas de cuisine, mais un réfrigérateur à dispo. Thé et café gratuits 24h/24. Bon accueil.

Hostel Tey *(plan zoom B1,* ***25****) : ul. Świętosławska, 12. ☎ 61-639-34-97. • tey-hostel.pl • Dortoirs 6-8 lits 25-45 Zl/pers ; doubles sans ou avec sdb 100-160 Zl. Petit déj 10 Zl.* Cet *hostel* propose au choix dortoirs ou chambres privées, dont une contenant une baignoire curieusement posée au centre de la pièce. Parquet, déco sobre rehaussée de quelques touches de couleur et surtout un grand salon cosy donnent un certain charme au lieu. Et, pour ne rien gâcher, le *Rynek* est juste à côté.

De chic à plus chic (240-600 Zl / env 60-150 €)

Garden Boutique-Hotel *(plan B1,* ***26****) : ul. Wroniecka, 24. ☎ 61-222-29-99. • gardenhotel.pl • Doubles 280-330 Zl selon confort ; petit déj env 40 Zl.* Le chic à un saut de puce du *Stary Rynek* ! L'immeuble, ancien et élégant, délimite une grande cour très fleurie où le petit déj est servi aux beaux jours. Certaines chambres donnent de ce côté, plus calme que la rue. Réparties sur 3 étages (sans ascenseur), elles sont toutes très confortables et climatisées (sauf au 1er). La déco en jette dans le genre classico-baroque ! Luminaires en cristal, tentures damassées, papiers peints rayés ou piquetés de fleurs, cadres anciens... Chargé peut-être, mais pas bling-bling. Une adresse de charme bien servie par un accueil très courtois.

Hotel Royal *(plan A1,* ***27****) : ul. Św. Marcin, 71. ☎ 61-858-23-00. • hotel-royal.com.pl • Hôtel au fond de la cour. Doubles 260-300 Zl. Petit déj 30 Zl. Parking gratuit.* L'extérieur, avec sa façade très Autriche-Hongrie, tranche avec des intérieurs certes plutôt chic, mais à base d'une décoration moderne, chaude et réussie. Une annexe s'est établie dans l'immeuble sur le front du boulevard. D'un bon confort, même si ça joue des coudes au petit déj pour avoir une place !

Don Prestige Residence *(plan B1-2,* ***28****) : ul. Św. Marcin, 2. ☎ 61-859-05-90. • donprestige.com • Doubles 450-600 Zl (promos sur Internet), petit déj inclus. Parking.* L'immeuble, moderne, est stratégiquement situé en bordure de la vieille ville. Les chambres, de style contemporain, sont spacieuses, lumineuses et très bien équipées (TV, AC, minibar, bouilloire...). Même qualité de confort dans les apparts très bien conçus mais meublés plus sobrement. Et, pour parfaire le tableau, l'accueil est compétent et souriant.

LA GRANDE POLOGNE ET LA POMÉRANIE

Où manger ?

Poznań est réputée pour sa bonne cuisine : vous ferez régime plus tard...

De très bon marché à bon marché (10-40 Zl / env 2,50-10 €)

Bar Caritas *(plan B1,* ***30****) : pl. Wolności, 1. ☎ 61-852-51-30. Tlj 8h (9h sam, 11h dim)-19h30.* Mais non, on ne vous envoie pas à la soupe populaire pour faire des économies ! Certes, cette adresse est liée à une œuvre de bienfaisance catholique (notez l'icône et la croix !). Elle a tout d'un « bar à lait » traditionnel, bien tenu, et attire une clientèle panachée, dont plein d'employés et d'étudiants, peu regardants sur la déco mais attentifs au menu composé de *pierogi,* crêpes et côtelettes de porc.

Bar Mleczny Apetyt *(plan zoom B1,* ***31****) : ul. Szkolna, 4. ☎ 61-852-07-42. Tlj 9h (10h sam, 11h dim)-20h. Plats env 10 Zl ; menus env 15 Zl.* Emplacement stratégique, à deux pas du *Rynek* pour ce « bar à lait » pas glauque pour un sou. Menu en anglais et même une petite terrasse.

De prix moyens à chic (40-100 Zl / env 10-25 €)

Wiejskie Jadło (plan zoom B1, **33**) : *Stary Rynek, 77 (accès par la rue latérale). ☎ 61-853-66-00. Ouv 12h-22h. Plats 25-50 Zl.* Les gros appétits seront comblés entre les murs blanc et lavande de cette salle aménagée comme une cuisine campagnarde ! Faute d'être fins, les plats typiques sont néanmoins goûteux et servis en portions propres à desserrer la ceinture en fin de partie ! Service tranquille et souriant.

Restauracja Przy Bamberce (plan zoom B1, **34**) : *Stary Rynek, 2. ☎ 61-852-99-17. Au centre de la place, dans un passage derrière l'hôtel de ville. Tlj 12h-22h. Plats 35-70 Zl.* Cette mignonne petite maison à colonnade, voisine avec la fontaine Bamberka, se cache dans l'ombre du *ratusz*. Salle claire aux meubles classiques à la suédoise ou ambiance plus rétro au sous-sol avec vitraux Art déco. Terrasse d'été couverte. Tous les plats sont bien présentés et exécutés, depuis les économiques *pierogi* ou *bigos* jusqu'aux belles viandes. N'hésitez pas à choisir le filet de porc « Sakiewka Bamberska » au jambon rôti. Service très gentil.

Ratuszova (plan zoom B1, **35**) : *Stary Rynek, 55. ☎ 61-851-05-13. Tlj 12h-23h. Plats 40-90 Zl (plats végétariens 30 Zl).* Cuisine raffinée, avec une tendance marquée pour les présentations en échafaudage. Terrasse pour les douces soirées d'été, belle cave du XVIe s ou salle au décorum un peu onirique : costumes de théâtre, portraits, vieilles photos, gravures, instruments de musique. Le tout immergé dans une bande-son qui tire vers l'euro-disco. Surprenant ! À gauche, un pub avec les tables faites de tonneaux. De la bière, bien sûr (*Lech* ou *Okocim*), mais aussi du thé, du café et des pâtisseries.

Chłopke Jadło (plan A1, **32**) : *ul. Fredy, 12. 📱 725-100-525. Tlj 11h-22h. Plats 30-65 Zl.* Depuis Cracovie, où elle a établi plusieurs nichées, la gentille poule de cette enseigne a suivi la crête pour faire son nid à Poznań également. La mise en scène est ici bien plus sobre, et même moderne aux entournures. Quant à la carte, elle parcourt les grands classiques polonais, agrémentés également de salades composées.

Où manger chic dans les environs ?

Hacjenda : *ul. Morasko, 38. ☎ 61-812-52-78. À env 10 km au nord de la ville ; 2 km après que la route 11 a croisé la route 92, fléché « Morasko », à droite ; 800 m plus loin, passer le chemin de fer à gauche ; c'est 1,5 km par-delà, à droite ; ouf ! Sinon, trams n°s 12, 14, 15 ou 16 jusqu'au terminus Os Jana III, puis bus n° 902 (arrêt Szklarniówa). En taxi, compter 25 Zl. Tlj sf lun 13h (12h dim)-21h. Plats 35-60 Zl.* On vous le conseille pour un repas gastronomique. Connu et reconnu pour la qualité de sa volaille, notamment le canard, élevé au grain. Mais poissons et autres viandes ne manquent pas non plus de sel. Le seul restaurant de la ville à préparer des spécialités de la Grande Pologne, selon de vieilles recettes. Certes un peu cher, mais un plat suffit à vous gaver comme une oie, généreusement accompagné de salade et légumes variés. C'est succulent et tendre à la fois.

Où boire un café ? Où manger une pâtisserie ?

Weranda Caffe (plan zoom B1, **40**) : *ul. Świętosławska, 10. ☎ 61-853-25-87. Tlj 10h-minuit.* Un monde entre le pays des Merveilles d'Alice et un univers d'origamis, où petites fleurs, coussins et banquettes métalliques virevoltent dans une déco originale en papiers pliés ! Renouvelée régulièrement, elle vous invite comme par magie au fond des océans ou dans la forêt vierge !

Plantes grimpantes, véritables celles-là, dans la paisible arrière-cour, très courue aux beaux jours. Sur fond de jazz et de musiques du monde, ce rendez-vous d'une faune un brin bobo propose un impressionnant choix de cafés, thés, chauds, glacés, des gâteaux gargantuesques et même des petits déj, pour bien commencer la journée.

Cocorico Café *(plan zoom B1,* ***40****)* **:** *ul. Świętosławska, 9. ☎ 61-852-95-29. Tlj 10h-23h.* Voisin du *Weranda Caffe,* celui-ci a une déco francophile, comme son nom le chante. Affiches, accessoires et tableaux de bistrot parisien, planchers et tables en bois ; on y sert un bon café sur un plateau, comme à Vienne. La cour intérieure, pavée et protégée du soleil par une vigoureuse treille, est un vrai délice. Fait également resto.

Cafe Misja *(plan B1,* ***41****)* **:** *ul. Golebia, 1. 531-584-187. Entrée par un porche, à 20 m de l'église des Jésuites. Tlj 10h-23h (24h ven-sam ; 22h dim).* Tables sous les voûtes de l'ancien cloître du collège, qui flanque la magnifique église paroissiale ou dans un bel espace intérieur, sobre et chaleureux. Bien pour prendre un café et un petit gâteau dans l'ambiance apaisée que procurent ces vieux murs.

Un Pot *(plan zoom B1,* ***42****)* **:** *ul. Sieroca, 5-6. 789-537-712. Tlj 8h-minuit.* Les quelques tables coincées entre le comptoir et la vitrine ne sont que la face visible de l'iceberg. Pour approfondir les lieux, on plonge dans un sous-sol qui débouche sur une chouette arrière-courette. L'occasion d'y prendre un pot... certes, mais aussi de grignoter une salade ou une *bruschetta.* Décor bichrome fait de vieilles branches et briques chaulées. Apaisant.

Où boire un verre ? Où sortir ?

Ville étudiante, Poznań est fournie en bars et boîtes, où l'on se presse jusque tard dans la soirée. Il y en a pour tous les goûts, de la salsa à la house en passant par le disco. Voici quelques adresses parmi une foultitude d'autres, mais n'hésitez pas à fureter dans les arrière-cours.

Pijalnia Wódki i Piwa *(plan zoom B1,* ***54****)* **:** *Rynek, 85. 510-766-127. Tlj 24h/24.* Si vous débarquez d'une autre planète, vous ne connaissez pas ce concept... Et si vous venez d'une autre ville polonaise, on vous sent déjà une addiction pour ce genre de lieu. Alors, on récapitule : beaucoup de monde, le jour et la nuit, un tarif unique pour manger un tout petit quelque chose *(8 Zl)* ou boire jusqu'à plus soif une bière pression ou une vodka *(4 Zl),* déclinée ici en plusieurs parfums. Puis on rentre à pied à son hôtel... en marquant une halte en cas de soif subite 300 m plus au sud, dans la seconde adresse de la ville *(ul. Wroclawska, 8).*

Proletaryat Klubokawiarnia *(plan zoom B1,* ***50****)* **:** *ul. Wroclawska, 9. ☎ 61-852-48-58. Tlj 13h (15h dim)-1h (2h w-e).* À deux pas de la place centrale mais à mille lieues de son esprit et de son style, ce bar porte haut les couleurs du réalisme socialiste. Peintures à la gloire de Karl Marx, bustes des héros du Parti des travailleurs, dont Lénine portant une cravate rouge, banderoles et bric-à-brac de propagande « prosoviétique » rappellent ce régime qui prônait officiellement la « dictature du prolétariat ». En sirotant sa mousse dans un confortable sofa de la petite salle, on se dit « ouf, c'est fini ! ».

KontenerArt *(plan C2,* ***52****)* **:** *ul. Ewangelicka, 1-4. Sur la berge de la rivière Warta, accessible par les rues Mostowa et Garbary. Ouv mai-août, tlj 12h-1h (2h30 sam).* Endroit insolite que ce hameau de containers, transformés en studios de musique, espaces d'expos et bar, organisés autour d'une simili-plage avec transats et parasols. Idéal pour lézarder ou pulser au rythme régulier des concerts et soirées. Gentiment alternatif.

Muchos Potatos *(plan B1,* ***53****)* **:** *ul. Nowowiejskiego, 13-15. ☎ 61-851-91-73. • muchos.pl • Lun-sam ; payant jeu-sam.* « Beaucoup de pommes de terre », telle est la traduction insolite du nom de ce grand bar dansant au son des rythmes tropicaux. Mais rassurez-vous, pour accommoder les patates, salsa tous les soirs à 21h.

À voir

LA COQUETTERIE AU PILORI

Devant l'hôtel de ville s'élève une copie du pilori du XVIe s où les coupables étaient exposés à la vindicte publique, et flagellés. Il fut érigé grâce aux amendes infligées aux domestiques ayant porté des habits trop riches pour leur condition. Ces sanctions découlaient d'une règle très précise édictée en 1535 par le Conseil de la ville. Non mais !

☆☆☆ **Ratusz** *(hôtel de ville ; plan zoom B1)* **:** *au centre de la pl. du Vieux-Marché (Stary Rynek).* Construit au XIIIe s, le premier hôtel de ville est détruit par un incendie et remplacé au milieu du XVIe s par cet édifice, l'un des plus remarquables de la Renaissance polonaise. Occupé par les édiles municipaux jusqu'en 1939, le *ratusz* abrite aujourd'hui le musée historique de la ville (voir ci-dessous). La façade principale est percée de 3 étages d'arcades, encadrés des effigies peintes des rois de la dynastie Piast. Au-dessus, une galerie des rois Jagellon et trois clochetons. Celui du milieu abrite de drôles d'habitants : deux boucs qui apparaissent chaque midi au-dessus de l'horloge pour se donner 12 coups de cornes. Divertissant, mais gare au torticolis ! Notez les amusantes gouttières en forme de gargouilles.

☆ ***Muzeum Historii Miasta Poznania*** *(musée d'Histoire de la ville ; plan B1)* **:** *Stary Rynek, 1 ; dans le bâtiment de l'hôtel de ville.* • *mnp.art.pl* • *Mar-jeu 11h-17h (9h-15h hors été), ven 12h-21h, w-e 11h-18h. Entrée : 7 Zl ; réduc ; gratuit sam.* Son intérêt principal réside dans le ***grand vestibule Renaissance*** (1er étage) doté d'un plafond à caissons richement décorés. Une véritable curiosité, tant par sa beauté que par le pan insoupçonné d'histoire qu'il recèle, loin dans ces terres : celui des découvertes outre-mer. Le règne des Jagellons est marqué par l'influence de l'humanisme et sa soif de connaissance universelle. D'où l'omniprésence sur les caissons des thèmes exotiques (scènes animales : ici un éléphant, là un lion...) et antiques (Énée, Saturne, Mars...). Sur les deux colonnes soutenant le plafond, on découvre d'étonnants motifs Renaissance. Une mappemonde de 1688, du Vénitien Vincenzo Coronnelli, donne le change aux fenêtres dont les vitres à rainures rappellent un peu le palais des Doges.
À droite, la *chambre royale,* aux murs roses, dévoile une intéressante collection de portraits des rois polonais du XVIe au XVIIIe s. Malgré un nom alléchant, la *chambre dorée,* au 2e étage, présente nettement moins d'intérêt. Au rez-de-chaussée, actionner la reproduction des boucs querelleurs de l'horloge permet de voir le mécanisme. Pour le reste, explications en polonais et en anglais.

☆☆☆ **Stary Rynek** *(place du Vieux-Marché ; plan zoom B1)* **:** à Poznań, la traditionnelle grand-place est quasiment carrée. Douze rues s'en échappent, trois sur chaque côté. Elle est entourée de maisons des XVe et XVIe s, avec des façades baroques et néoclassiques, reconstruites après la guerre. Au n° 78, le *palais Działyński* se distingue par sa beauté et sa taille.
Deux pavillons modernes enlaidissent le milieu de la place, dont l'un abrite le ***Wiekopolskie Muzeum Wojskowe*** *(Musée militaire de la Grande-Pologne ; plan zoom B1)* **:** *mar-jeu 11h-17h (9h-15h hors été), ven 12h-21h, w-e 11h-18h. Entrée : 7 Zl ; réduc ; gratuit sam.* Armes anciennes, uniformes, insignes et pirogues du Moyen Âge. On trouve aussi, dans l'une des maisons historiques de la place, un ludique (et gourmand) ***musée du Croissant de saint Martin*** *(Roralowe muzeum ; Stary Rynek 41/2 – entrée par ul. Klasztorna, 23 ; tlj sf lun ; démonstrations à 11h10, 12h30, 13h45 – en anglais tlj en été, sinon sam slt – et 15h ; entrée : 16 Zl, réduc).* Ces croissants sont une spécialité locale dont on dévore des yeux la fabrication, avant de laisser jouer sa gourmandise.

La fontaine « Bamberka » *(plan B1)* **:** *dans un passage derrière le* ratusz. Jolie fontaine du début du XIXe s, elle représente une gironde paysanne bavaroise, symbolisant ses compatriotes qui repeuplèrent au XVIIIe s la région de Poznań, ravagée par les guerres et les épidémies. Catholiques, les Bambergers s'intégrèrent rapidement et se détournèrent des Prussiens, au grand respect des gens du cru.

Muzeum Instrumentow Muzycznych *(musée des Instruments de musique ; plan zoom B1)* **:** *Stary Rynek, 45. ☎ 61-856-81-78. • mnp.art.pl • Mar-jeu 11h-17h (9h-15h hors été), ven 12h-21h, 11h-18h w-e. Entrée : 7 Zl ; réduc ; gratuit sam.* Vous pensiez savoir ce qu'est un instrument de musique ? Eh bien, vous en apprendrez encore en visitant ce riche musée. Les quelque 2 000 instruments conservés ici témoignent de la recherche de sons nouveaux à partir du XVIe s, et pour l'essentiel au début du XXe s. Certains sont pour le moins originaux.

- *Au rez-de-chaussée,* la salle à droite est consacrée à quelques phénomènes de foire du monde musical, procédant parfois d'inventions mécaniques géniales : pianola, *harmonipan,* énorme *symphonion* du XIXe s, sorte d'ancêtre du gramophone (n'hésitez pas à demander à le mettre en marche), *herophon,* machine à écrire la musique, etc.
- *Le 1er étage* rassemble des instruments plutôt classiques et parfois de facture régionale : guitares, violes, contrebasses, pianos, épinettes, clavicordes, etc. Quelques fantaisies quand même, comme ce double piano Pleyel, des pianos Lyre, de curieuses *Surdynka* (sorte de violon sans corps, parfois incorporé à une canne, pour les marcheurs mélomanes...). La salle Chopin exhibe le piano à queue qu'il utilisa de 1827 à 1829.
- *Au 2e étage,* place au folklore. La salle polonaise est principalement consacrée aux cornemuses, une autre explore les richesses bulgares, roumaines et ukrainiennes. Suit un riche département ethnique qui possède notamment de très rares instruments lamaïstes provenant d'Himalaya et de Mongolie. On y verra aussi des instruments indiens (superbe *tayuc-mayuri* en forme d'oiseau), thaïs et même un de ces célèbres et énigmatiques tambours de bronze.

Muzeum Henryk Sienkiewicz *(musée littéraire Henryk-Sienkiewicz ; plan zoom B1)* **:** *Stary Rynek, 84. ☎ 61-852-89-71. Tlj sf dim-lun 9h-17h (16h sam). Entrée : 4 Zl ; gratuit sam.* Dans une maison Renaissance autrefois habitée par l'architecte du *ratusz,* ce petit musée se consacre à l'un des écrivains polonais les plus populaires et sans doute les plus traduits dans le monde : Henryk Sienkiewicz (1846-1916), l'auteur de *Quo Vadis ?,* Prix Nobel de littérature en 1905. Les premières pièces de la collection, constituée par un riche commerçant poznanien, Ignacy Mos, lui furent données par le fils de l'écrivain qui les sauva des griffes nazies. Manuscrits, photos, masque mortuaire, traductions de ses ouvrages, etc.

Kościół Franciszkanow *(église des Franciscains ; plan B1)* **:** de style baroque, elle date de la fin du XVIIe s. Si sa façade est moins impressionnante que celle de l'église paroissiale (voir plus loin), l'intérieur n'en est pas moins stupéfiant. Sur le côté gauche du chœur, la chapelle blanc et rose est coiffée d'une superbe coupole, garnie de stucs réalisés en 1700 par un artiste italien. Elle abrite, sur un autel de bois foncé rehaussé d'or, une image de la Sainte Vierge qui fait l'objet d'un culte. Un système ingénieux fait tourner les colonnes qui, elles, font coulisser les deux tableaux au-dessus. Une porte est cachée dans le tableau des prêtres franciscains. La chapelle ouest, de style similaire mais à dominante jaune, regorge également de stucs. À voir encore, dans cet espace saturé de couleurs et de lumière, de nombreuses peintures et de superbes stalles auxquelles l'accès se fait par de beaux marchepieds en forme de dragons chimériques.

Makieta Poznań *(maquettes de l'ancienne ville ; plan B1)* **:** *ul. Ludgardy. ☎ 61-855-14-35. • makieta.poznan.pl • Dans les sous-sols de l'église des Franciscains ; entrée par ul. Lugdardy. Visites-spectacles : 11h-17h (jusqu'à 19h15 juin-août), ttes les 45 mn. Durée : 30 mn. Billets (pour chaque maquette) : 16 Zl ; réduc. Audioguide en français.* C'est par la visite de ces maquettes, mises en scène par des sons et lumières, qu'il faudrait commencer la découverte de Poznań, pour bien appréhender le destin tourmenté de la ville (guerres, incendies, invasions, occupations militaires). La plus populaire, ***Dawnego Poznania,*** est une très belle reconstitution sur plus de 50 m² de la ville en 1618, telle que représentée sur une gravure de Braun Hogenberg. 2 000 pièces de papier, de carton, de plastique et de résine ont été employées. ***Grodu Pierwszych Piastów*** (27 m²) nous ramène au début du XIe s, sous le règne de Boleslas le Vaillant. On imagine la vie des habitants sur cette sorte d'île fortifiée, déjà dominée par la cathédrale. Quant à ***Starego Rynku,*** elle retrace l'histoire de la cité du XIXe s et s'aventure jusqu'en 2016, pour supporter la candidature au titre de Capitale européenne de la culture (Wrocław a été finalement choisie).

Zamek Królewski *(château royal ; plan B1)* **:** *Gora Przemysla, 1. Tlj sf lun 12h30-20h ; 10h30-18h, oct-avr. Tarif : 12 Zl ; réduc ; gratuit mar.* L'ancien château de Przemysław était le palais des starostes, généraux du roi en Grande Pologne. Rebâti après la Seconde Guerre mondiale, sa forme actuelle date de 1783, lorsqu'il fut reconstruit sur les ruines de ce château de 1249 qui reçut la visite régulière des Jagellons et vit le mariage de Casimir le Grand avec Adélaïde de Hessen. On n'en visitait ces dernières années que la tour avec son joli panorama sur la ville, ainsi que le hall du prince Przemysł Ier. Le reste des intérieurs, tout comme le musée des Arts appliqués, actuellement en rénovation « pourraient » – on met des guillemets ! – être rouverts en 2017.

Muzeum Narodowe *(musée national ; plan B1)* **:** *al. Marcinkowskiego, 9. • mnp.art.pl • Mar-jeu 11h-17h (9h-15h hors été), ven 12h-21h, w-e 11h-18h. Entrée : 12 Zl ; gratuit sam.* Dans un grand bâtiment en pierre noircie, prolongé par un corps moderne, une riche galerie de peinture polonaise et européenne. Parmi les maîtres polonais les plus célèbres, on y retrouve Jan Matejko, Jozef Chełmoński, Jacek Malczewski, Stanisław Wyspiański. Peinture néerlandaise du XVIe s, quelques toiles de l'époque du maniérisme, peinture flamande, peinture baroque italienne et peinture espagnole.

Kościół Farny *(église paroissiale ; plan B2)* **:** *ul. Świętosławska. Concert d'orgues sam vers midi.* Approcher cette église depuis le *Rynek* est la meilleure façon de saisir sa dimension théâtrale et son intime imbrication dans le nœud des ruelles. Fondée par les jésuites à la fin du XVIIe s et devenue église paroissiale en 1798, c'est l'un des joyaux baroques de la ville. Au centre de la façade rose, la figure immaculée et triomphale d'Ignace de Loyola se détache devant une sombre alcôve. L'intérieur monumental ne cède en rien à la première impression et révèle d'innombrables fresques, stucs et tableaux d'époque.

UN RETOURNEMENT DE VESTE HÉROÏQUE

À gauche de l'entrée de l'église paroissiale, un portrait de Maria Maximilian Kolbe portant l'habit des détenus d'Auschwitz rappelle qu'il mourut après avoir échangé sa vie contre celle d'un déporté. Symbole du martyre polonais et canonisé après la guerre sous le nom de saint François (Svatek Frantiska), *il faisait pourtant partie, dans les années 1930, des prêtres prônant l'isolation totale des juifs dans les rapports sociaux et professionnels...*

Tout autour de l'église, l'***ancien complexe jésuite*** a marqué une page de l'histoire de ce quartier. Face à l'église paroissiale, l'ancienne école est devenue une école... de danse. Attenant à l'église, le monumental ensemble de l'ancien collège abrite dorénavant l'administration municipale et l'agréable *Cafe Misja* (voir « Où boire un verre ? »).

Stary Browar Shopping Mall *(plan A-B2)* **:** *ul. Półwiejska. À 500 m au sud de l'hypercentre.* Cette ancienne brasserie s'est convertie en centre commercial chic. On l'indique pour les flâneurs du dimanche qui aiment baguenauder et « magaziner ». L'ensemble a été très bien aménagé avec force verrières, lourdes poutres métalliques, vestiges de l'ancienne brasserie...

Ostrów Tumski *(île de la Cathédrale ; plan C1) : trams nos 3, 4, 8 ou 17 depuis l'av. Garbary, au nord du* Rynek. Berceau de la ville, cette île conserve un ensemble architectural d'une grande importance historique. Ici, au IXe s, furent érigées la première enceinte fortifiée ainsi que l'église où eut lieu, au siècle suivant, le baptême de l'empereur. Celle-ci se trouvait sans doute sur l'emplacement de l'actuelle ***cathédrale Saints-Pierre-et-Paul*** : *tlj 9h (15h dim)-18h (16h de mi-nov à mars) ; entrée crypte : 3,50 Zl ; réduc.* Édifiée au XVe s, elle domine l'île de son élan gothique. Entourée de chapelles remaniées dans le style baroque, elle recèle un chœur très profond, occupant presque la moitié de sa longueur. Nombreuses œuvres d'art. Au fond de l'abside, derrière l'autel, ne pas rater la chapelle dorée, avec sa magnifique coupole au Christ et ses niches sculptées. Elle fut bâtie en 1840 dans le style byzantin en hommage aux fondateurs de l'État polonais, Mieszko Ier (vers 922-992) et Boleslas le Vaillant (967-1025).
La crypte se trouve à la base de la tour nord. Elle renferme les vestiges des fondations de l'église romane.

Kościół Św. Jana Jerozolimskiego *(église Saint-Jean-de-Jérusalem ; hors plan par C1) : Świetojańska, 1. À une station de tram après Ostrów Tumski, station Rotunda. Sur la rive nord du lac Malta.* Le mieux est de s'y rendre à pied. La deuxième plus vieille église de Poznań et la plus ancienne encore debout est une construction post-romane du XIIe s en brique rouge, dite « de Silésie ». Ce matériau, utilisé presque exclusivement en Pologne occidentale, lui donne une belle homogénéité architecturale.

Palmiarnia *(hors plan par A2) : serre géante dans le parc Wilsona, côté rue Parkowa. ☎ 61-865-89-07. • palmiarnia.poznan.pl • Tlj sf lun : mars-sept 9h-17h (18h dim mai-sept) ; oct-fév 9h-16h (17h dim). Entrée : 7 Zl.* L'une des plus grandes serres d'Europe. Près de 17 000 plantes tropicales réparties dans huit pavillons, recréant chacun un écosystème particulier.

Muzeum Powstania Poznańskiego Czerwiec 1956 *(musée du Soulèvement-de-Juin-1956 ; plan A1) : Centrum Kultury Zamek, ul. Sw. Marcin, 80-82 ; entrée au niveau des chiffres géants « 1956 ». ☎ 61-852-94-64. • muzeumniepodleglosci.poznan.pl • Tlj sf lun 10h-17h (16h dim en été et autres j. en hiver). Billet : 8 Zl ; réduc.* Installé dans l'ancien château impérial (résidence de l'empereur d'Allemagne entre 1904 et 1910), le musée expose de nombreux documents sur la révolte de juin 1956 et, d'une manière plus large, sur l'opposition du temps de la Pologne communiste. Dont les soulèvements de 1968, 1970, 1976 et 1980, qui donnèrent naissance à Solidarność. Un pied de nez au black-out entretenu par le pouvoir communiste des années durant.
– À l'extérieur, un grand ***monument,*** revendiqué en 1981 durant la période de Solidarność, et érigé en un temps record (2 mois) commémore ce soulèvement historique. Sous la loi martiale (1981-1989), il sera le lieu de toutes les manifestations contre le pouvoir en place. Sous l'aigle au profil martial, les fondements de l'insurrection de 1956, immortalisés : « Pour la liberté, le droit et le pain ».

Manifestations

– ***Festival Poznań Era Jazz-u :*** *en mai.* Dans de nombreux clubs de la ville. Rendez-vous avec les plus grands musiciens au club d'étudiants *Esculap (ul. Przybyszewskiego, 39)* pour les jam-sessions qui durent jusqu'à l'aube.
– ***Festival international du théâtre de rue Malta :*** *fin juin-début juil, sur 10 j. env.* Poznań se transforme en carnaval magique !
– ***Foire de la Saint-Jean :*** *en juin.* Grande fête traditionnelle de l'artisanat, sur le *Rynek.*

DANS LES ENVIRONS DE POZNAŃ

Skansen i Muzeum Pszczelarstwa *(musée de l'Apiculture) : ul. Poznanska, 35,* ***Swarzędz.*** *• muzeum-szreniawa.pl • À env 10 km à l'est de Poznań par la route 92 (panneau très discret à droite de la voie express). ☎ 61-810-76-29.*

Avr-oct, mar-ven 9h-17h (18h w-e) ; nov-mars, tlj sf lun 9h-15h. Groupes slt de déc à mi-fév. Entrée : 12 Zl ; réduc. Assez extravagant (tout comme ses jours d'ouverture... pas toujours respectés), ce petit musée présente des centaines de ruches, des plus simples aux plus inventives.

Pałac Rogalin *(palais de Rogalin) : à 11 km de Kórnik, prendre la route 431 en direction de Mosina. • rogalin.mnp.art.pl • Tlj sf lun 10h (9h30 hors juil-août)-16h (17h w-e mai-juin, et ts les autres j. juil-août). Visite guidée (avec audioguide en anglais) : 15 Zl (palais, 45 mn), 5 Zl (galerie de portraits), 5 Zl (attelages) et 15 Zl (galerie de peinture) ; 35 Zl (billet complet). Parc gratuit.* En arrivant à Rogalin, à gauche de la route, notez le mausolée du comte Raczyński, imitation de la Maison carrée de Nîmes. Le château en lui-même est un palais rococo classique, aux beaux décors intérieurs des XVIe et XIXe s. Dans le parc, environ 1 500 chênes millénaires, dont 860 sont de véritables monuments de la nature, avec une circonférence de 9 à 10 m pour certains. Les trois arbres, appelés Lech (Pologne), Russ et Czech, symboliseraient le partage historique de l'Europe centrale ! Dans un pavillon, une *galerie d'art* accueille des peintures polonaises et européennes des XIXe et XXe s.

UNE PRÉSIDENCE EN SOUFFRANCE

À la fin de la guerre, la Pologne ayant vite été prise en main par la dictature communiste, le gouvernement polonais en exil à Londres perdura. Le président de la République en exil désignait lui-même son successeur. C'est ainsi que le comte Raczyński occupa la charge de 1979 à 1986. Avant de redevenir simple électeur lors du premier vote libre de 1990.

– La route de Kórnik à Rogalin traverse un joli parc naturel très boisé.

Zamek Kórnik (château de Kórnik) *: à 20 km au sud-est de Poznań, par la route 11. ☎ 61-441-00-35. Tlj sf lun 10h-17h (16h, oct-avr) ; dernière entrée 30 mn avt fermeture. Fermé fêtes de fin d'année. Entrée : 15 Zl ; visite séparée de l'arboretum : 7 Zl ; réduc. Droits à photo et vidéo : 10-20 Zl (!). Visites guidées possibles en anglais ou en allemand 65 Zl (livrets-guides en français : 8 Zl). Parking 10 Zl.*
– Accès : en voiture par la route 11 ; sinon, nombreux bus (trajet env 30 mn) depuis la gare PKS de Poznań ; gare ferroviaire peu pratique à Kórnik car située à 4 km du château.
Ceint d'un petit plan d'eau où s'ébattent quelques colverts, ce très beau château mérite la balade, après avoir chaussé les petits patins fournis... Il date à l'origine du XVe s, mais fut reconstruit au XIXe par Tytus Dzialynski, qui le transforma en demeure néogothique. L'ensemble très bien conservé, entouré d'arbres, évoque un manoir de lord anglais, un peu excentrique. Outre les nombreux objets, meubles et peintures qui décorent l'intérieur, il abrite la bibliothèque de l'Académie polonaise des sciences, qui renferme près de 320 000 volumes, certains d'une grande valeur. La salle Mauretanska (de style néomauresque) rassemble une belle collection d'armures. Voir aussi un piano Brodman, sur lequel Chopin aurait joué (mais sur quel piano polonais Chopin n'a-t-il pas joué ?). La visite inclut aussi la salle des attelages et des cabriolets (achetés à Londres au XIXe s).
– Le château s'entoure d'un parc de style anglais, qui est aussi un arboretum comptant plus de 3 000 essences d'arbres et d'arbustes d'Europe, d'Asie et d'Amérique. À l'extérieur du parc, face au portail d'entrée, une collection de trois voitures *Wozownia,* dont une « Dormeuse » (entrée payante). Un lac à proximité où l'on vous proposera de faire un tour de bateau.

GNIEZNO

Gniezno fut la première capitale de la Pologne. Elle perdit ce titre au milieu du XIe s, suite à son pillage par le duc de Bohême, obligeant les rois à se faire couronner à Cracovie. Elle demeure cependant le siège ecclésiastique du pays et est célèbre pour sa cathédrale.

➢ ***Accès :*** *à env 50 km au nord-est de Poznań, par la route 5. Bus (trajet 1h20) et trains (trajet 40 mn) ttes les heures depuis la gare de Poznań, puis 1,5 km à pied.*

L'AIGLE BLANC DE POLOGNE

Selon une vieille légende slave, trois frères, Lech, Szech et Russ (fondateurs mythiques des nations polonaise, tchèque et russe), vinrent en ces lieux avec leurs tribus. C'est là que Lech aperçut sur un chêne le nid d'un aigle blanc. Persuadé que c'était de bon augure, il y fonda une ville et l'appela Gniezno (du mot gniazdo, signifiant « nid » en polonais), et l'aigle devint l'emblème du pays.

Centre d'informations : *derrière la cathédrale, sur le* Rynek. *☎ 61-428-41-00. Tlj sf dim 8h-17h (14h sam ; fermé sam oct-avr).*

Restaurants et cafés : belle brochette d'établissements avec terrasse sur le *Rynek* et dans la rue piétonne qui file à l'opposé de la cathédrale.

Cathédrale : *tlj sf dim 9h-11h45, 13h-17h (16h oct-avr) – sf pdt les offices. Porte de bronze : 2,50 Zl ; crypte : 2,50 Zl ; cathedrale : 1,50 Zl ; tour : 3 Zl ; billetterie au nord-ouest de la nef. Visite guidée slt.*
Bâtie au XIVe s, la cathédrale est célèbre pour la ***porte en bronze*** qui lui est antérieure et dont nul ne connaît l'origine exacte. Réalisée au XIIe s, elle est gravée de 18 scènes de la vie de saint Adalbert, qui est liée à celle de Gniezno. Tout cela est très important pour la patrie polonaise. En effet, Gniezno devint en 999 un archevêché qui sera convoité par Prague, car seul un archevêque pouvait sacrer un roi. Saint Adalbert est longtemps resté l'épicentre d'enjeux culturels et nationaux. Aujourd'hui encore, il possède deux crânes et deux tombeaux, l'un à Gniezno (volé en 1923) et l'autre à Prague !
La lecture de la porte débute en bas du vantail de gauche et s'achève en bas de celui de droite. Né vers 956 en Bohême de l'Est d'une dynastie rivale du roi tchèque (scène 1), Adalbert entame une belle carrière ecclésiastique et devient évêque de Prague (scène 5). Après l'assassinat de ses frères par le roi tchèque Boleslav II, il reçoit la visite d'un ange qui lui révèle sa mission (scène 7), et s'engage dans l'évangélisation des idolâtres prussiens (scènes 11 et 12). L'histoire tourne mal pour Adalbert dont la tête décapitée est exhibée au bout d'une pique (scènes 14 et 15). Finalement, Boleslav le Vaillant, futur roi de Pologne, rachète le corps du martyr pour le prix de son poids en or (scène 16) – l'histoire ne dit pas si la tête était sur la balance ! – et le ramène à la cathédrale de Gniezno (scène 17). Canonisé, Adalbert deviendra plus tard le saint patron de l'Église d'Europe centrale. Juste derrière l'autel, on ne peut louper son tombeau, un magnifique ouvrage du XVe s réalisé en marbre rouge, argent et or, sur le modèle de celui de la basilique Saint-Pierre, dû à Bernini. À de rarissimes exceptions près, la porte est toujours fermée. Elle était à l'origine située au niveau de la cloche, sur la droite.

BISKUPIN

Muzeum Archeologiczne w Biskupinie *(Musée archéologique et Cité préhistorique de Biskupin)* **:** *• biskupin.pl • Continuer la route 5 au nord de Gniezno en direction de Bydgoszcz ; rouler 35 km et tourner à droite au niveau du petit panneau « Muzeum Wykopaliska Biskupinie », juste après l'indication du village de Bozejewice ; continuer ensuite sur env 5 km. ☎ 52-302-54-20. Tlj 8h-18h (jusqu'au crépuscule en hiver). Entrée : 10 Zl ; réduc. Petits guides en français 6 Zl.*

On visite ici la reconstruction d'une cité préhistorique représentant l'un des rares vestiges de la civilisation lusacienne. Il s'agit d'une grande fortification lacustre qui était construite sur une péninsule, ceinte d'un rempart en bois épais de 3 à 8 m. L'ensemble date de 2 700 ans av. J.-C. On suppose qu'à l'intérieur 700 à 1 000 personnes vivaient dans de solides maisons en bois, pratiquement identiques et distribuées symétriquement. Les archéologues ont découvert ici des objets de l'âge de pierre et de l'âge du fer, ainsi que des traces de la civilisation celtique. C'est donc une aventure originale, dans des paysages superbes.
I●I Possibilité de ripailler dans une hutte au toit de paille et au style très « âge de bronze ». Seule déception : pas de rôti de mammouth au menu !

– ***Festival archéologique :*** *3e sem de sept.* ☎ *52-302-54-20. Entrée : 15 Zl.* Banquet « préhistorique », exposition d'art, démonstrations diverses, reconstitution d'un village, figurants en peaux de bête... Mais c'est aussi l'occasion pour les experts internationaux de se réunir et de comparer leurs derniers travaux.

➢ Possibilité de faire une balade de 30 mn sur le lac dans un bateau à l'image de ceux de l'époque du site *(prix : 7 Zl).* On peut aussi faire une balade en petit train touristique, jusqu'à Znin, avec arrêt au *musée du Train de Wenecja (env 6 trains/j. mai-sept).* Trajet à travers bois et vallées.

TORUŃ

203 000 hab.

• Plan *p. 294-295*

Ville polonaise la plus riche en monuments de la fin du Moyen Âge, Toruń est inscrite au Patrimoine mondial de l'Unesco. Comme sa voisine Chełmno, elle appartient à la Route européenne du gothique de brique, qui met en valeur les fleurons de l'architecture médiévale de la Baltique à l'époque de la toute-puissante Ligue hanséatique. C'est dire que ce centre scientifique, culturel et, bien sûr, historique des bords de la Vistule, mérite largement une étape d'au moins une nuit. On s'imagine facilement le petit Nicolas (Copernic, bien sûr !), natif de Toruń, parcourant la rue Żeglarska pour se rendre à l'école ou dégringoler sur les rives du fleuve...
Spécialité de la ville, le fameux pain d'épice *pierniki,* ou *toruń,* y est fabriqué depuis le XIVe s. Mais Toruń ne regarde pas que vers le passé... C'est aussi une grosse ville provinciale animée, fière de son importante population estudiantine. Et, pour ne rien gâcher, on peut laisser sa voiture au vestiaire ; le périmètre de la vieille ville étant assez restreint, il s'apprécie facilement à pied.

UN PEU D'HISTOIRE

L'histoire de Toruń commence véritablement avec l'arrivée des chevaliers Teutoniques. En 1233, ils choisissent l'emplacement stratégique de cette petite cité pour construire un château servant de base à leur conquête et évangélisation de la Prusse. La ville fait son entrée dans la Ligue hanséatique en 1280 et devient un carrefour commercial majeur. Elle est alors une rivale de Gdańsk.
Le 19 février 1473 voit la naissance du plus célèbre enfant de Toruń : Nicolas Copernic, père de la révolution qui « mit la Terre en mouvement et arrêta le Soleil et le ciel », comme le rappelle son monument place de la Vieille-Ville *(Rynek Staromiejski).* À cette époque, la ville vient tout juste de revenir dans le giron polonais avec l'ensemble de la Prusse occidentale. Elle restera cependant très divisée au fil des siècles suivants entre populations germanophone (protestante) et polonophone (catholique).

Arriver – Quitter

En train

Gare ferroviaire Toruń Główny (hors plan par A3) : ul. Kujawska, 1. ☎ 19-757. • intercity.pl • À 2 km du centre-ville, sur la rive orientale de la Vistule. Bus nos 22 et 27, ttes les 12-14 mn ; départ côté nord de la gare, accessible par le passage souterrain. Sur place : distributeur de billets, cafés, station « *Vélib'* »... Il existe une seconde gare *(Toruń Miasto)* plus centrale, mais peu desservie.

➢ **Częstochowa :** env 3 directs/j. Trajet 4h30.

➢ **Gdańsk :** 4 directs/j., 4h50-20h25. Trajet : env 2h30.

➢ **Łodź :** 3-4 directs/j., 8h-minuit. Trajet : 2h40-3h15.

➢ **Poznań :** 4 directs/j. et autant avec changement, 5h50-19h40. Trajet : 1h50-3h30.

➢ **Varsovie :** 9 directs/j., 5h50-19h25. Trajet : 2h25-3h.

En bus

Gare routière (plan B1) : ul. Dabrowskiego, 8.

➢ **Chełmno :** env 26 bus/j., 6h-21h (soit ttes les 30 à 90 mn). Trajet : env 1h.

➢ **Cracovie :** 7 bus/j. avec *Plomiński Travel,* mais surtout *Polski bus.* Trajet 7h-7h50.

➢ **Częstochowa :** env 6 bus/j. Trajet 5h30-5h30.

➢ **Gdańsk :** env 13 bus/j., 7h-21h, la plupart tôt le mat, à la mi-journée ou autour de 17h-18h. Celui de 8h30 dessert l'aéroport de Gdańsk. Trajet : 2h-2h30.

➢ **Golub-Dobrzyń :** ttes les 15 mn à 1h30, 5h30-21h10. Trajet : env 45 mn.

➢ **Łodź :** env 9 bus/j., dont 4 très tard ou dans la nuit (les autres 12h50-20h). Trajet : env 3h.

➢ **Poznań :** 2 bus/j., vers 19h05 et... 3h25 ! Trajet : env 3h.

➢ **Varsovie :** 22 bus/j. avec *PKS* (arrivée à la gare centrale de Varsovie) mais surtout *Polski bus* (arrivée au métro Młociny ; *hors plan général de Varsovie par A1*). Trajet : 3h-3h30.

Adresses et infos utiles

Informations touristiques (plan B2) : Rynek Staromiejski, 25. ☎ 56-621-09-30. • it.torun.pl • En face de l'hôtel de ville. Mai-sept, tlj 9h (10h w-e)-18h ; oct-avr, tlj sf dim 9h-18h (16h sam). Plan de la ville, adresses des chambres universitaires ouvertes en été, visites guidées (en polonais seulement), vente de billets de concerts, etc. Brochure bien faite décrivant les sites historiques en français (payante). Personnel compétent (anglophone).

■ **TRM** (*Toruński Rower Miejski*) : 797-410-620. • trm24.pl • C'est le *Vélib'* local, avec 28 stations réparties en ville et aux abords. Il faut s'enregistrer et payer en ligne (20 Zl) au préalable. Tarifs progressifs (1-7 Zl/h).

■ **Change :** par exemple *Kantor Wymiany Walut (plan B2,* **1**) : ul. Szeroka, 41. Tlj 8h (9h sam)-19h, dim 10h-18h. Aussi ul. Szewska, 10 (plan B2, **2**), tlj 9h-19h (16h w-e).

Poste principale (plan B2) : Rynek Staromiejski, 15. Tlj normalement 24h/24.

@ **Internet Ksero** (plan B2) : ul. Franciszkańska, 5. Lun-ven 7h45-17h (16h été) ; sam 9h-14h.

Où dormir ?

Camping

Camping n° 33 Tramp (hors plan par A3, **11**) : ul. Kujawska, 14. ☎ 56-654-71-87. • mosir.torun.pl • À env 1,5 km du centre et 400 m de la gare (traverser le pont et prendre la 1re à gauche). Empl. tente 58 Zl ; bungalows 140-190 Zl selon type et saison (ouv tte l'année). On ne vous dit pas que le bruit des trains et des voitures passant pas bien

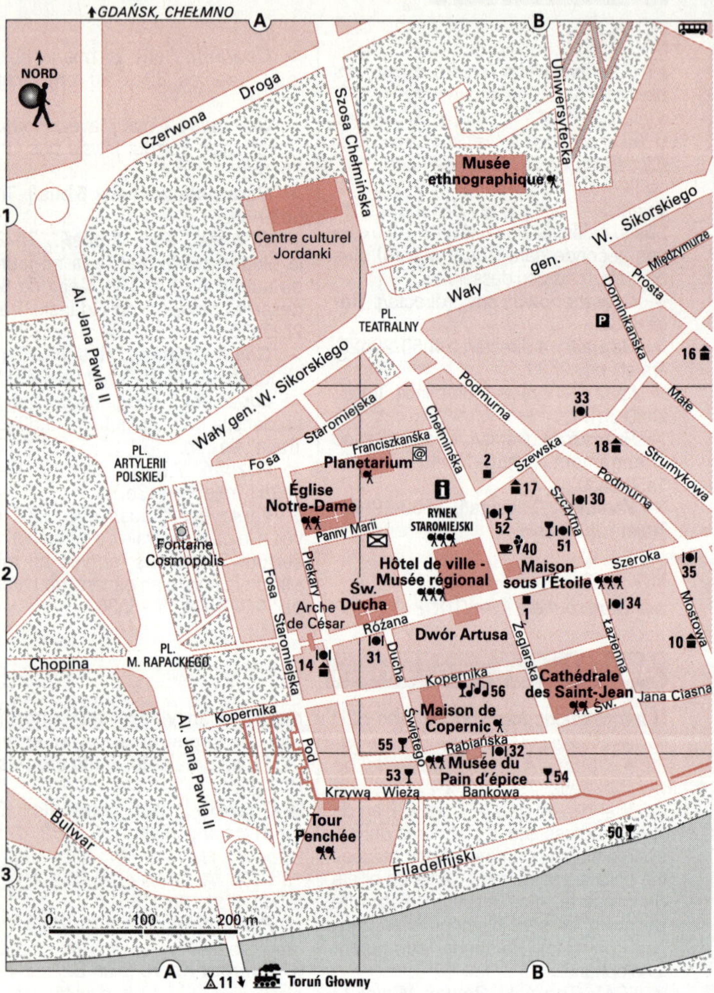

loin vous enchantera, mais le cadre boisé est agréable, les installations bien tenues et le centre-ville pas très éloigné (le pont se traverse à pied). Accueil sympa en anglais, voire avec quelques mots de français.

De très bon marché à bon marché (jusqu'à 160 Zl / env 40 €)

Kulturhauz Hostel *(plan C1,* ***12****)* **:** *ul.*

TORUŃ

Sukiennicza, 24. ☎ *53-655-01-55.* • *kulturhauzhostel.com* • *Compter 35-70 Zl/pers en dortoir (4-6 lits) et chambre privée, petit déj (végétarien) inclus.* Il règne une ambiance sympathique dans cette toute petite AJ (24 lits) pensée à l'origine comme un lieu de réinsertion pour des jeunes sans emploi. Tout ici est récent et bien tenu. Les dortoirs sont assez spacieux, sauf celui sous les toits (le moins cher), où l'on dort sur des matelas juste posés sur des estrades en bois.

Au menu : une salle de bains à chacun des 2 étages, une cuisine, un minipatio à l'arrière pour l'apéro, avec quelques tomates cerises en pot. Bon, parfois, la voisine grince des dents par sa fenêtre quand ça fait trop de bruit... En prime : le tour gratos de la vieille ville en rickshaw avec le sympathique gérant !

Orange Hostel (plan B1, **16**) : *ul. Prosta, 19. ☎ 56-652-00-33. • hostelorange.pl • Dortoirs (3-12 lits) 35-50 Zl/pers en saison ; doubles 90-110 Zl selon saison.* Voici une bonne adresse, propre, bien tenue et à petits prix, où l'on est très bien accueillis. Les dortoirs de 2, 3 et 12 lits sont impeccables, avec sanitaires sur le palier et casiers individuels. Bon, d'accord, les chambres privées sont toutes petites, les lits ont tendance à grincer et l'ambiance n'est pas délirante... Cuisine et laverie (gratuite) à disposition. Pas loin, l'***Orange Hostel Plus*** *(plan C1, **23** ; ul. Jęczmienna, 11 ; ☎ 56-651-84-57 ; mêmes tarifs ;)* propose chambres et dortoirs de la même veine au même prix.

Green Hostel (plan C2, **13**) : *ul. Małe Garbary, 10. ☎ 58-714-11-30. • greenhostel.eu • Doubles 80-100 Zl ; quadruples 140-200 Zl.* Pas de dortoirs ici malgré le nom, mais des petites chambres simples avec parquet flottant et salle de bains partagée, d'un très bon rapport qualité-prix. Face à la réception (1er étage), vous trouverez une petite cuisine à votre disposition, avec thé et café en libre-service. Au ***Green Hostel II*** *(plan B2, **17** ; ul. Szewska, 13 ; ☎ 52-561-40-00 ; doubles 100-120 Zl ;)*, un peu plus à l'ouest, à l'orée du *Rynek*, les chambres ont toutes leur propre salle de bains. En été, réservez 1 à 2 semaines à l'avance !

Ja Piernicze (plan C2, **19**) : *ul. Podmurna, 25. 535-920-324. • facebook.com/japierniczee • Nuit en dortoir avec petit déj 35-50 Zl.* Ce n'est pas vraiment une AJ, juste une maisonnette toute mignonne à la façade fleurie, en plein cœur de la vieille ville, où les jeunes proprios ont ouvert un café au rez-de-chaussée (avec vente de pain d'épice) et 2 dortoirs – l'un de 4 lits (idéal pour une famille), l'autre de 10. L'été, il n'est pas rare que les journées se terminent en musique sur le trottoir...

Prix moyens (160-240 Zl / env 40-60 €)

Hotel Pod Orłem (plan B2, **10**) : *ul. Mostowa, 17. ☎ 56-622-50-25. • podorlemtorun.pl • Doubles 185-210 Zl selon confort et saison ; petit déj 19 Zl.* Côté cour, des chambres simples, sombres, plus petites et un peu datées, mais calmes. Côté rue, plus cher, lumière, espace et grands lits ! Les proprios disposent aussi d'apparts sur la rue Szeroka (n° 38), certains avec leurs plafonds Renaissance peints d'origine ! Bon accueil.

Hotel Legenda (plan C2, **20**) : *rynek Nowomiejski, 3. ☎ 56-652-80-13. • hotellegenda.pl • Double env 200 Zl en été, (bon) petit déj inclus.* La vieille ville n'est qu'à 2 mn à pied et l'hôtel, derrière sa façade grise, ne manque pas de charme avec ses plafonds peints du XVIIIe s coiffant la réception. Rien d'ostentatoire, juste une vieille demeure proposant une poignée de chambres bien actuelles avec moquette, TV et salle de bains récente. Celles de l'arrière sont particulièrement calmes. L'ensemble est propre et l'accueil vraiment sympathique.

Signalons l'existence, pour les adeptes des chaînes, d'un ***Hotel B & B*** récent implanté à la limite de la ville nouvelle, à 5 grosses minutes à pied du centre *(plan C1, **21** ; ul. Szumana, 8 ; ☎ 56-621-81-00. • hotelbb.pl • Doubles env 140-175 Zl).*

Chic (240-400 Zl / env 60-100 €)

Hotel Petite Fleur (plan A2, **14**) : *ul. Piekary, 25. ☎ 56-621-51-00. • petitefleur.pl • Doubles 210-290 Zl selon saison et confort, petit déj inclus. Plats 26-46 Zl. Réduc de 20 % au resto pour les résidents.* Une petite fleur pleine de charme que cet hôtel de la vieille ville. Seulement 6 chambres comme autant de pétales, bien équipées (AC, bouilloire, sèche-cheveux...) et meublées avec autant de goût que de simplicité. On y accède par un escalier en bois aussi beau que raide. Le resto maison, sur le trottoir opposé, propose une petite carte bien ficelée, aux touches françaises affirmées. Bon, les vieilles rengaines qui passent en boucle peuvent être lassantes... Autre bémol : le manque de parking, mais l'accueil (en français) est soigné.

Apartamenty Toruń (plan B2, **18**) : *ul. Strumykowa, 15. 535-200-220. • hotele-torun.com • Réservez bien à l'avance ! Studios 2 pers 265-325 Zl selon j. de la sem et saison. Parking 20 Zl.* L'immeuble, ancien, totalement et superbement rénové, recèle une dizaine d'appartements (35-50 m²). Tous très bien équipés de la cuisine à la salle de bains en passant par les lits *king size* et l'AC, ils laissent intelligemment paraître plein de détails de l'architecture ancienne, allient brique brute ou chaulée, bois foncé et sols soignés. Une courette commune permet de prendre le frais. Et si on a la flemme de préparer son petit déj, on peut le prendre sur place sur résa *(20 Zl/pers)*. Une belle réalisation. Bravo !

Hotel Spichrz (plan C2-3, **15**) : *ul. Mostowa, 1. ☎ 56-657-11-40. • spichrz.pl • Doubles 290-310 Zl selon saison, petit déj (très complet) compris ; également des studios et apparts jusqu'à 4 pers 340-540 Zl.* Voici un emplacement insolite : l'hôtel occupe un ex-entrepôt à grains suédois de 1719, rattaché aux remparts sud de la ville. Résultat : certains des chambres et appartements sont enchâssés à même le tour de garde de la porte attenante, offrant une vue superbe sur la Vistule. Tous sont spacieux et laissent une grande place au bois, mais peuvent s'avérer assez sombres. Le resto se la joue vieille auberge campagnarde, avec ours empaillé et tout le toutim, mais les prix sont surévalués pour la qualité. Parking gratuit à côté (payant dans la cour).

Hotel 1231 (plan C2, **22**) : *ul. Przedzamcze, 6. ☎ 56-619-09-10. • hotel1231.pl • Doubles 360-400 Zl selon j. de la sem, excellent petit déj inclus.* Voici l'adresse la plus élégante de Toruń. Au centre, mais dans un coin tranquille bercé par une cascatelle, l'hôtel, occupant une belle bâtisse aux volets mi-turquoise mi-bordeaux, fait face à une porte médiévale reliant le vieux château à la tour avancée des anciennes latrines. Ses 22 chambres affirment un confort douillet (AC, minibar, TV satellite, etc.), à l'image du service, impeccable, et de l'excellent restaurant – aux tables nichées le long du ru et jusqu'au pied de la porte.

Où manger ?

De très bon marché à bon marché (moins de 40 Zl / env 10 €)

Bar mleczny Pod Arkadami (plan B2, **31**) : *ul. Różana, 1. ☎ 56-622-24-28. Lun-ven 9h-19h, w-e 10h-17h. Plats 10-20 Zl.* Fondée au lendemain de l'avènement communiste (1950), cette cantine locale au cadre rajeuni et pas désagréable aligne un grand choix de plats et d'assiettes bien remplies pour caler lycéens et ouvriers (menu en polonais seulement). Le midi en semaine, il vaut mieux se décider vite fait, vu la queue qui s'allonge derrière soi (mais c'est meilleur que le week-end) ! Bons *naleśniki* (crêpes). Sur le côté, les habitués attendent pour les gaufres à la chantilly.

Bar mleczny Małgośka (plan B2, **30**) : *ul. Szczytna, 10-12. Tlj sf dim 9h-19h (16h sam).* Service rapide (au comptoir, c'est le principe) dans la grande salle de cet autre « bar à lait » modernisé et presque guilleret. Plats locaux façon *pierogi*, soupes, viandes et *naleśniki*. Comptoir à gaufres et terrasse à l'extérieur.

Oberża (plan B2-3, **32**) : *ul. Rabiańska, 9. ☎ 56-622-00-22. Tlj 11h-22h (23h15 en été, sf dim 21h). Plats env 10 Zl jusqu'à 17h, 15 Zl au-delà.* L'établissement, qui applique le concept et les tarifs riquiqui d'un bar à lait, a su créer un beau décor rustique. Si l'entrée tire sur le kitsch, l'intérieur (un peu sombre) aligne poutres, vieux outils et recoins pour planter la fourchette. Les plats se commandent et s'enlèvent au comptoir : on tape dans le registre des recettes de la ménagère polonaise. C'est copieux, roboratif, et tout tourne rond comme la Terre après Copernic.

Pierogarnia Stary Toruń (plan B2, **33**) : ul. Most Pauliński, 2/10. ☎ 56-621-10-46. Tlj 11h-23h. Plats 13-25 Zl. Beaucoup de voyageurs s'entichent des *pierogi,* ces raviolis dont le rendu s'approche plus du modèle chinois que de l'italien. Cette *pierogarnia* leur est presque exclusivement consacrée, à quelques soupes, salades et galettes de pommes de terre près. Petit précis pour passer commande : 1) définir sa cuisson, traditionnelle (à l'eau) ou au four ; 2) fixer le nombre de *pierogi* (5 ou 9) ; 3) choisir la garniture (une vingtaine d'options, dont des végétariennes et des sucrées), tout en sachant que vous avez le droit de panacher ; 4) sélectionner une sauce ; 5) patienter avec une corbeille de pain, gracieusement offerte avec son ramequin de saindoux et de cornichons ! Tout ça sur 2 étages néorustiques et une grande terrasse, patrouillés par une équipe (généralement) efficace et agréable. Soyez un peu patient, les *pierogi* sont préparés à la commande ; d'ailleurs, c'est indiqué au menu : « temps d'attente moyen : 27 mn ». Appartenant aux mêmes et proposant la même carte, la **Pierogarnia Stary Młyn** (plan B2, **34** ; ul. Łazienna, 28/1 ; ☎ 56-621-03-09) s'en différencie uniquement par sa salle (bien) plus petite et sa terrasse couverte sur rue.

De prix moyens à chic (40-100 Zl / env 10-25 €)

Szeroka nº 9 (plan B2, **35**) : ul. Szeroka, 9. ☎ 56-622-84-24. Tlj 10h-23h. Plats 20-80 Zl. S'il ne fallait en citer qu'un à Toruń pour un dîner en amoureux, ce serait probablement celui-ci. Service soigné (en anglais), belle terrasse sur rue piétonne, intérieur design et classe, le cadre est aussi recommandable que l'assiette – où s'alanguissent avec élégance poisson-chat fumé (en salade), agneau, lapin et autres bons produits du terroir polonais, revus et corrigés sur des notes d'une innovante légèreté. Bon, le tout n'est pas forcément très copieux...

Pour ceux qui sont en manque de spécialités françaises, ne pas oublier le resto de l'hôtel **Petite Fleur** (plan A2, **14**) – voir plus haut dans « Où dormir ? ».

Où déguster une bonne glace ou une pâtisserie ?

Lenkiewicz (plan B2, **40**) : Rynek Staromiejski, 33-34. Tlj 9h-23h (minuit ven-sam). Vous avez le choix entre la splendide terrasse d'arrière-cour, la salle vitrée attenante et la terrasse « bâchée » de la rue. On vient ici avant tout pour les (bonnes) glaces maison, par exemple celles au *piernik* (pain d'épice) ou à la *smetana* (crème fraîche). Sélection de cafés, thés (chauds ou glacés) et pâtisseries pour compléter.

Où boire un verre ? Où sortir ?

Le *Rynek Staromiejski* (place centrale) et les rues adjacentes sont colonisés par les terrasses (parfois chauffées) de nombreux bars et pubs ; les étudiants de la ville y mettent souvent l'ambiance !

Bars sur le quai de la Vistule (plan B3, **50**) : Bulwar Filadelfijski, au débouché des rues Żeglarska et Łazienna. Tlj 14h-23h (2h-3h du mat ven-sam). L'été venu, les 2 bateaux amarrés au quai font le plein de promeneurs et noctambules (de champ'). Le plus achalandé des deux, au pont supérieur semé de nacelles, répond au doux nom de *ZPPB-4052.* Bonne musique.

Jan Olbracht Browar (plan B2, **51**) : ul. Szczytna, 15. 797-903-333. Tlj 11h-minuit (2h ven-sam). Bières 9-12 Zl. Plats 25-58 Zl. On pourrait résumer d'une formule un peu laconique : « bonnes bières, bonne bouffe » ! Cette microbrasserie sert de vrais demis de 500 ml et des *tasting sets* de 4 verres de 125 ml (blonde, blanche, spéciale et « pain d'épice ») pour essayer les différentes spécialités liquides maison. Idéal à descendre avec des rillettes d'oie au raifort et confiture de groseille – même si les prix se font un peu mousser... Agréable terrasse.

Kuranty (plan B2, **52**) : *Rynek Staromiejski, 29. 601-422-373. Tlj 10h-1h. Plats 30-50 Zl.* Impossible de rater le très beau portail orné de chérubins baroques. Ce pub rétro, aux fauteuils Chesterfield, tapisseries à rayures rouges piquées de petits tableaux et télés encadrées de bois (!), attire comme un aimant les buveurs de bière et consorts. La collection de chopes au-dessus du bar en témoigne. Ceux qui ont un creux font un sort à la *pub food* maison (très correcte), servie jusque tard. Également une terrasse chauffée. Service assez aléatoire.

Piwnica (plan B3, **53**) : *Ducha Swiętego 1. 666-359-210.* On aime beaucoup ce micro-pub de quartier très relax à la terrasse nichée dans les fleurs. Le boss y propose un bel éventail de whiskies et bières artisanales, à siroter sur fond jazzy ou bluesy. L'hiver, la cheminée et les bibelots réchauffent les âmes.

Kadr (plan B3, **54**) : *Żeglarska, 5. ☎ 56-621-14-33. Tlj 14h-3h.* Il règne une ambiance bon enfant dans ce club pour étudiants situé pile poil face au théâtre musical. La bière coule à flot sur la terrasse épousant la douce pente de la rue et plusieurs petites salles en brique intimes pénètrent dans le sous-sol comme dans un gruyère médiéval – parfait pour les froids hivers.

Coffee & Whisky House (plan B2-3, **55**) : *Św. Ducha, 3, angle Rabianska. 533-985-144. Tlj 11h (10h w-e)-minuit (2h ven-sam, 22h dim).* Les statistiques sont formelles : en Pologne, le whisky détrône la vodka chez les moins de 40 ans. Preuve en est ce bar élégant aux hauts plafonds et murs de brique, proposant, sous la garde d'un atlante, un très bel assortiment de *single* et *blended* malts. Visez un peu la lampe en moules à gâteaux et le vieux poêle en faïence... La musique est douce, l'ambiance feutrée et les mains se rapprochent. Un petit creux ? Les desserts sont simplement ex-cel-lents.

Lizard (plan B2, **56**) : *ul. Kopernika, 3. ☎ 56-621-02-34. • lizardking-torun.pl • ticketpro.pl • Mar-jeu 18h jusqu'au dernier client, ven-sam jusqu'à 4h, dim-lun selon programmation. Entrée 30-50 Zl les soirs de concert.* Cette grande salle accueille le top de la scène musicale locale, surtout polonaise : hard rock, punk, néo-folk, acoustique, électro... votre oreille y prendra son pied. Attention, vendredi-samedi c'est plutôt *dance party,* avec une clientèle jeune qui a tendance à beaucoup boire.

À voir

Les 50 ha de la vieille ville sont inscrits au Patrimoine mondial de l'Unesco : quelque 350 bâtiments témoignent fidèlement de l'essor de Toruń à la fin du Moyen Âge.

Ratusz Staromiejski – Muzeum okręgowe (hôtel de ville – Musée régional ; plan B2) : *au centre du Rynek Staromiejski. ☎ 56-660-56-12. • muzeum.torun.pl • Accès gratuit à la cour. Musée : tlj sf lun 10h-18h (16h oct-avr) ; 11 Zl, réduc ; gratuit mer (sf expos temporaires, 7 Zl). Tour : tlj 10h-20h (18h avr et oct, 16h nov-mars) ; 11 Zl, réduc. Billet combiné 17 Zl.*
De style gothique (fin XIVe s), l'hôtel de ville symbolise la richesse passée de Toruń. Ce petit bijou de l'architecture bourgeoise polonaise réunit longtemps un ensemble de maisons d'artisans et de commerçants – drapiers, boulangers, cavistes... On y trouvait aussi une balance publique. Les rois de passage y séjournaient dans l'aile est, dont Jan Olbracht, qui y mourut en 1501. L'édifice a été remanié dans le style maniériste au XVIIe s et s'est vu adjoindre des frontons baroques en 1703. De la **tour,** haute de 40 m (167 hautes marches !), une belle vue panoramique s'offre sur la ville et tout particulièrement sur le *Rynek.* Le **Musée régional** occupe deux étages. Au rez-de-chaussée, la première galerie présente un bel ensemble d'œuvres des XIVe-XVe s (statuaire et tableaux religieux, vitraux, mobilier...)

et la seconde des objets davantage liés au quotidien (céramiques, clés et serrures, collection de moules aux formes originales pour la fabrication du célèbre pain d'épice de Toruń, sans oublier deux jolies portes en bois sculpté). À l'étage, le portrait de Copernic trône parmi d'autres notables locaux, dans la grande salle à manger. On y découvre aussi peinture, orfèvrerie, bijoux et argenterie.

Rynek Staromiejski *(plan B2)* **:** marché, tournois, exécutions, pilori... la grand-place de Toruń en a vu de belles ! D'une richesse architecturale remarquable, elle décline un ensemble d'édifices du gothique au baroque. Au n° 35, la ***maison sous l'Étoile*** *(Kamienica pod Gwiazda)*, un temps habitée par Callimaque, précepteur italien des fils du roi Jagellon, dresse l'une des plus belles façades (fin XVIIe s), couverte de stucs floraux. Elle abrite aujourd'hui un *musée d'Art asiatique* *(tlj sf lun 10h-18h ; entrée 8 Zl ; réduc)* de qualité, avec mini-jardin zen à l'arrière ! Entrez-y au moins le temps de jeter un coup d'œil à son magnifique escalier en colimaçon baroque (1697) gardé par lion et soldat – doublé par un bel escalier en fer forgé de type Eiffel. Au n° 29, remarquez l'entrée baroque de la ***maison sous l'Ange*** (où s'est installé le *pub Kuranty* – voir « Où boire un verre ?) et, côté sud, le ***Dwór Artusa,*** ancien centre névralgique de la vie sociale locale, rebâti en 1891 dans un style néo-Renaissance.
Sur le *Rynek* même, la ***statue de Copernic*** jouxte la ***fontaine aux grenouilles,*** qui représente un jeune garçon jouant du violon. La légende raconte qu'une méchante sorcière aurait lancé un sort à la ville... envahie par les batraciens. Le maire aurait promis sa fille à celui qui réussirait à les faire fuir – ce fut le jeune musicien, qui les charma de ses airs. En face, se dresse l'***église Św. Ducha*** (1754-1756), au mobilier rococo, et la ***poste*** néobyzantine. Si vous cherchez bien, sur le côté, une plaque en français précise : « Napoléon séjourna dans la maison qui se trouvait ici. »

UNE ÉGLISE TOUTE TOURNEBOULÉE

Savoir qui tourne autour de qui, de la Terre ou de l'Univers, est un vieux débat... Aristarque de Samos (IIe s av J.-C.) avait déjà échafaudé une théorie héliocentrique (la Terre tourne autour du Soleil) reprise plus tard par Plutarque (Ier s) puis par Archimède (IIIe s) et... par Copernic au XVe s. L'Église catholique, elle, attendra le milieu du XVIIIe s pour accepter l'idée, brûlant au passage Giordano Bruno (XVIe s) et obligeant Galilée (XVIIe s) à se dédire tout haut, en pensant tout bas... « Et pourtant, elle tourne » !

Kościół Mariacki *(église Notre-Dame ; plan A2)* **:** *à l'angle des rues Panny Marii et Piekary. Tlj 8h-18h.* Cette église-halle élevée dans la seconde moitié du XIVe s fut un temps la plus grande basilique en brique de Pologne. Sa nef atteint 28 m de haut. Construite par les Franciscains, elle reflète extérieurement leur idéal de modestie et d'humilité : pas de tour et une façade très dépouillée. Sous les voûtes nervurées gothiques, l'histoire se lit dans l'ornementation : grandes fresques de 1380 (mur sud), stalles gothiques du chœur et autel rococo assez inhabituel, vitraux d'une hauteur invraisemblable (15 m !), confessionnaux baroques (ouverts à la vue de tous) au nord de la nef, buffet d'orgues en bois précieux finement ciselé, et on en passe.

Katedra śś. Janów *(cathédrale des Saint-Jean ; plan B2)* **:** *ul. Kopernika. Tlj 8h-18h. « Donation » 3 Zl. Accès tour : avr-oct ; 7 Zl.* Cet édifice en brique rouge bâti pour

VERTIGO

Mais comment les anciens ont-ils réussi à hisser la grosse cloche de 7,5 t de la cathédrale des Saint-Jean jusqu'à son poste haut perché ? En construisant une large rampe de 800 m par-dessus les toits de la ville et en la tractant à l'aide de 7 bœufs !

l'essentiel entre la fin du XIIIe s et 1330 est dédié à Saint-Jean l'Évangéliste et Saint-Jean le Baptiste ; le petit Nicolas Copernic y fut baptisé. L'intérieur compte trois nefs, du type halle, avec une voûte en étoile lumineuse de belle facture, sous laquelle chaque pilier s'orne d'un autel baroque ou rococo bien doré, foisonnant d'angelots joufflus et potelés. Le maître-autel date, lui, des années 1502-1506. La tour haute de 40 m (1407) abrite de grosses cloches, dont la 2e de Pologne par la taille : coulée en 1500 et surnommée « la trompe de Dieu », elle mesure 2,17 m de diamètre et pèse 7,5 t.

Dom Kopernika *(maison de Copernic ; plan B2)* **:** *ul. Kopernika, 17. Tlj sf lun 10h-18h (16h oct-avr). Entrée : 11 Zl ; réduc ; gratuit le mer. Explications en anglais et allemand.* Ces deux élégantes maisons de brique des XIVe-XVe s, aux pignons en escaliers, appartenaient à la famille Copernic : le savant y naquit probablement le 19 février 1473. Poutres peintes du XVIe s et mobilier ancien (belles pièces, dont une splendide armoire gothique) évoquent le style et l'atmosphère des habitations bourgeoises de l'époque, tandis que de petites mises en scène, souvenirs, documents et ouvrages évoquent l'illustre astronome (voir la rubrique « Personnages » au chapitre « Hommes, culture, environnement » en fin de guide) et le contexte historique. Rien de vraiment transcendant, même si le lieu reste incontournable.

L'ancienne ville médiévale* :** tout un ensemble de murs, remparts et portes fortifiées délimitent encore le vieux centre du côté de la Vistule. De la maison de Copernic, rejoignez-les par la rue Ducha Świętego ; en tournant à droite dans Krzywa Wieża, vous tomberez sur un vieux grenier à blé bien restauré, face à la célèbre ***tour penchée de Toruń, un beffroi de défense élevé vers 1400, qui dévie de la verticale d'environ 1,40 m ! Ce n'est pas le sol argileux trop mou mais, dit la légende, le poids des péchés des chevaliers Teutoniques qui la fait s'incliner ainsi... En longeant les murailles dans le sens opposé, on rejoint finalement la rue Podmurna (« sous-les-murs »), au bout de laquelle se dresse la ***cour des Bourgeois*** *(Dwor Mieszczánski),* une tour du XVe s où siégeait jadis la Confrérie de Saint-Georges (le Rotary de l'époque !). À mi-hauteur de la rue, un passage permet de traverser les anciennes douves et de rejoindre les ruines du ***château des chevaliers Teutoniques*** *(Zamek Krzyżacki ; plan C2 ; tlj 10h-17h45 ; 9 Zl, réduc).* Construit au XIIIe s, celui-ci fut détruit en 1454 lors d'une révolte des bourgeois de la ville. On n'y voit guère que quelques instruments de siège reconstitués et la tour des anciennes latrines, à laquelle on accède par un long passage couvert surélevé – une particularité architecturale teutonique classique. Un dimanche par an, en mai, le site s'anime de concours et de compétitions, comme le tournoi du roi du coq du clocher, qui désigne le meilleur tireur.

Kośćiół św. Jakuba *(église Saint-Jacques ; plan C1-2)* **:** *à l'angle du Rynek Nowomiejski. Horaires irréguliers. « Donation » obligatoire 5 Zl.* De style gothique, elle fut bâtie de 1309 à 1424 à l'initiative des chevaliers Teutoniques, qui en firent l'église paroissiale de la nouvelle ville. Ses décorations extérieures en céramique et brique rouge font notamment écho à la déco intérieure, comptant des fresques d'origine, un cordon de chapelles et d'autels tapissés de peintures baroques, un orgue Renaissance, un impressionnant arc triomphal de 1733, un fourmillant tableau représentant un chemin de croix de la fin du XVe s placé dans le chœur, etc.

UN PRÉSENT ÉPICÉ

À une époque, les épices coûtaient fort cher. Le pain d'épice, cadeau apprécié, était un symbole de statut social. Raison pour laquelle on lui sculpta des moules d'une beauté de plus en plus extravagante... au point que le pierniki, de friandise, devint aussi objet de décoration !

Muzeum Toruńskiego Piernika *(musée du Pain d'épice de Toruń ; plan C2)* **:** *ul. Strumykowa, 4. ☎ 56-656-70-87. Tlj sf lun 10h-18h (16h oct-avr). Entrée : 7 Zl ; réduc. Entrée avec cours de fabrication de pain d'épice : 22 Zl. Visite guidée en*

LA GRANDE POLOGNE ET LA POMÉRANIE

anglais possible. Installé dans une ancienne fabrique de *pierniki,* ce musée se consacre au célèbre pain d'épice local. Au sous-sol, collections de moules anciens et chaîne de montage moderne mettent en lumière l'importance de cette très ancienne tradition. Au 1er étage, salons, boutique et bureau de directeur d'usine rétro reconstituent le cadre de vie du *pierniki* au fil des âges. On y trouve même un coin de réalité virtuelle pour s'amuser à s'habiller en costume d'époque ! Passons sur la seconde louche de moules exposés au 2e étage, pour se concentrer sur les cours de cuisine, dispensés dans une salle de classe avec établi et rouleau à pâtisserie pour chacun. Voilà ce que l'on appelle mettre la main à la pâte.

Muzeum Piernika *(musée du Pain d'épice ; plan B2-3)* **:** *ul. Rabiańska, 9. ☎ 56-663-66-17. • muzeumpiernika.pl • Visites-ateliers ttes les heures en polonais, 10h-17h ; 2/j. en anglais (13h et 16h théoriquement) ; durée env 1h. Entrée : 14 Zl ; réduc. Résa à l'avance, sur place ou par Internet (au moins la veille en été).* Alter ego du musée municipal du pain d'épice, ce musée privé aborde avant tout la tradition du *pierniki* sous l'aspect ludique : on apprend à les confectionner et à les décorer soi-même, avant de repartir avec ! L'atelier se passe en deux temps : présentation et pétrissage puis, après un stop par la boutique le temps de la cuisson (bien joué !), glaçage à l'étage dans une ambiance 1900 assez germanique. Les enfants adorent, et les adultes s'amusent aussi.

Planetarium *(plan A-B2)* **:** *ul. Franciszkańska, 15-21. ☎ 56-622-50-66. • planetarium.torun.pl • 2-3 séances d'astronomie/j. en anglais en été, tlj sf lun (d'autres en espagnol, allemand et russe) ; w-e slt le reste de l'année. Programme du moment sur Internet ou à l'accueil. Entrée : 16 Zl, Geodium/Orbitarium 9 Zl ; réduc.* Dans une ex-usine de gaz en brique reconvertie, les passionnés d'astronomie scruteront le même ciel que Copernic et se laisseront mener dans l'espace par la projection de films en anglais. Les salles ***Geodium*** et ***Orbitarium*** (billets en sus) présentent des expositions interactives sur les mystères de l'Univers.

Muzem Etnograficzne *(Musée ethnographique ; plan B1)* **:** *Wały Generała Władysława Sikorskiego, 19. Au nord du centre. ☎ 56-622-80-91. • etnomuzeum.pl • Tlj sf lun. De mi-avr à juin, mar et jeu 9h-17h, mer et ven 9h-16h, w-e 10h-18h. Juil-sept, mar, jeu et w-e 10h-18h, mer et ven 9h-16h ; le reste de l'année, mar-dim 9h (10h w-e)-16h. Entrée au parc : 9 Zl. Expos permanente et temporaire : 5 Zl/expo ; billet combiné : 14 Zl ; réduc ; gratuit mer pour les expos permanentes.* L'expo permanente est consacrée à la vie quotidienne en Poméranie entre 1850 et 1950. Pour prolonger l'incursion, on visite ensuite une dizaine d'édifices datant du XVIIIe s au début du XXe s transplantés ici, dont deux moulins.

Fêtes et manifestations

- ***Dni Torunia :*** *autour du 24 juin.* C'est la grande fête de la Saint-Jean, avec concerts, spectacles, ateliers et feux d'artifice, notamment sur les rives de la Vistule.
- ***Grand tournoi de chevalerie :*** *en juil. Dans la ville de* ***Golub-Dobrzyń.*** *☎ 56-683-24-55.* Voir « Dans les environs de Toruń ».
- ***Rétrospective de la musique folklorique :*** *en été, au Musée ethnographique.* Au programme : musique et danse de Pologne mais aussi d'autres pays.
- ***Festival de théâtre de rue :*** *en juil-août, le w-e.*
- ***Festival Musique & Architecture :*** *en juil-août. ☎ 56-622-88-05. • tos.art.pl •* Série de concerts classiques organisés le week-end dans différents monuments de la ville et au nouveau centre culturel Jordanki (également des projections de films).
- ***Festival de musiques de films et ballades :*** *début août. • piosenkafilmowa.pl •*
- ***Journée du pain d'épice :*** *à priori mi-août, mais parfois célébrée en juin et sept.*
- ***Bella Skyway Festival :*** *dernière sem d'août. • bellaskyway.pl/en •* Les monuments de la vieille ville sont joliment mis en lumière pendant que des spectacles sont organisés sur les rives de la Vistule.

DANS LES ENVIRONS DE TORUŃ

Golub-Dobrzyń : *à env 40 km vers l'est, par la route 52 jusqu'à Kowalewo-Pomorski, puis à droite par la 554.* Fusion de deux villages situés de part et d'autre de la rivière, Golub-Dobrzyń est célèbre pour son grand tournoi de chevalerie annuel (début juillet). C'est le plus important de Pologne, avec des joutes à cheval et tout le toutim. En dehors de cet événement, on fait une halte agréable au château qui surplombe le site.

– **Zamek Golubski** (le château) **:** *☎ 56-683-24-55. • zamekgolub.pl • Tlj 9h-18h (15h oct-avr) ; visite guidée (obligatoire) ttes les heures à heure pile (durée env 45 mn). Entrée : 10 Zl ; réduc. Parking : 5 Zl.* Fait de brique, il domine joliment la Drweca et le village de Golub. Fondé en 1421, il fut de nombreuses fois détruit, notamment lors de la guerre avec la Suède. Il connut une résurrection quand le roi Sigismond III Vasa le donna, au début du XVIIe s, à sa sœur Anne Wazówna, qui le fit reconstruire en style Renaissance. Cela dit, la visite n'est guère intéressante...

Hotel Zamek Golubski : *mêmes coordonnées. Double 230 Zl, dortoirs 4-6 lits 200-300 Zl (même groupe slt), petit déj compris. Plats 20-50 Zl.* L'étage supérieur du château a été converti en hôtel. Les chambres sont de tailles variables, pas délirantes mais équipées au goût du jour avec salle de bains et TV. Les caves voûtées abritent le restaurant.

MALBORK

38 650 hab.

Malbork, petite ville à 60 km au sud-est de Gdańsk et à 138 km au nord de Toruń, n'existe touristiquement que grâce à son spectaculaire château médiéval des chevaliers Teutoniques, inscrit au Patrimoine mondial de l'Unesco. Surnommé la « plus grande montagne de brique au nord des Alpes », il est aussi hallucinant de puissance que la cité qui l'entoure est falote ! Il faut dire que les Russes s'acharnèrent à détruire l'ensemble à la fin de la guerre, peut-être parce que le château était devenu un symbole du nazisme. On peut visiter le château dans la journée, depuis Gdańsk, mais il n'est pas pour autant désagréable de passer une nuit ici.

DIEU RÈGNE AU CIEL ET L'ARGENT SUR LA TERRE (proverbe allemand)

C'est bien peu glorieusement que les fiers chevaliers Teutoniques ont perdu leur siège de Marienburg (Malbork). En 1457, à cours d'argent pour payer leurs mercenaires pendant la guerre de Treize Ans, qui les oppose aux Polonais, ils sont contraints de leur céder le château... aussitôt revendu à leurs ennemis !

Arriver – Quitter

En train : *gare ferroviaire, à env 1 km à l'est du centre. • intercity.pl •*

➢ **Gdańsk :** ttes les 20 mn à 2h, 5h30-22h30. Trajet : 25-50 mn.

➢ **Varsovie :** ttes les 30 mn à 2h, 5h20-20h20. Trajet : 2h20-3h30.

➢ **Frombork :** le plus simple, c'est de rejoindre Elbląg en train, puis de continuer en bus (4 connexions/j., 8h45-12h).

➢ **Mazurie :** 2 directs/j. pour Giżycko (par Kętrzyn), vers 8h45 et 16h45 (trajet : env 4h). Pour Mikołajki, il faut d'abord rejoindre Olsztyn ou Ostróda en train, puis continuer en bus.

En bus : *gare routière, à côté de la gare ferroviaire.* 1-2 bus/j. pour ***Gdańsk*** et ***Elbląg.*** Le train est décidément moins cher, bien plus fréquent et rapide.

Adresse utile

Office de tourisme : *ul. Kosciuszki, 54. ☎ 55-647-47-47. • visitmalbork.pl • Mai-août, lun-mar 8h-16h, jeu-ven 8h-18h, sam 9h-17h, dim 11h-16h ; reste de l'année lun-ven 8h-16h. (possibilité d'impression).* Belle demeure du XIXe s aux murs saumon et blanc. Carte de la ville et brochure très complète des visites. Bon accueil en anglais. *Succursale à côté des caisses du château, mai-août slt, tlj 9h-19h.*

Où dormir ?

L'été, chaque maison ou presque se transforme en chambre d'hôtes... Beaucoup se trouvent dans les quartiers résidentiels de la rive gauche de la Nogat, d'où l'on rejoint aisément le château par la passerelle piétonne franchissant la rivière.

Camping

Camping Parkowy n° 197 : *ul. Parkowa, 3. ☎ 55-272-24-13. • caw.malbork.pl • À env 1 km au nord du château. De la route 22, tourner vers le centre à la station* Neste *(fléché). Réception à l'hôtel* Parkowy. *Ouv mai-sept. Selon saison : empl. tente 40-60 Zl ; bungalows pour 4 120-160 Zl.* Voilà un grand terrain agréable, calme et ombragé, aux emplacements herbeux spacieux, séparés par de petites haies. Sanitaires récents très propres et terrains de sport (2 courts de tennis). Les bungalows sont assez bien équipés (salle de bains, TV). Bar-restaurant.

Auberges de jeunesse

Dom Wycieczkowy Saturn : *ul. Słowackiego, 75. ☎ 55-273-29-50. 600-913-749. • tanienoclegimalbork.pl • À 800 m du château. Depuis l'axe principal (route 22), en allant vers le pont, prendre à gauche au niveau de la tour octogonale ; entrée sur l'arrière, derrière le kiosque. Lits en dortoirs à partir de 30 Zl. Parking.* Immeuble à l'ancienne, dans une rue calme, abritant chambres pour 1-4 personnes et dortoirs basiques à prix sages.

Schronisko Młodzieżowe : *ul. Żeromskiego, 45. ☎ 55-272-24-08. • schroniskomalbork.com • De la route 22, en allant vers le pont, prendre à gauche ul. 17 Marca (au niveau de la poste), puis la 2e à droite. Accueil 17h-21h slt et départ obligatoire avt 9h. Compter 28-30 Zl/pers (35-37 Zl avec draps) ; réduc étudiants.* C'est un grand bâtiment à l'ancienne, froid, sans âme, aux dortoirs de 4 à 16 lits recevant essentiellement des groupes scolaires. Il y a aussi 2 doubles partageant les mêmes salles de bains communes. Cuisine bien équipée.

Bon marché (80-160 Zl / env 20-40 €)

Gosciniec Pod Markizami : *ul. Porzeczkowa, 1. ☎ 55-272-45-61. • gosciniecpodmarkizami.pl • Du centre, direction Gdańsk, tourner à droite après le pont (rue Wałowa), puis à gauche sur Glowna et Tczewska, enfin à droite sur Kościelna que l'on suit jusqu'au bout. Doubles 110-120 Zl, petit déj 15 Zl.* À 700 m du château, dans un quartier résidentiel au calme, cette grosse maison très bien tenue (avec jardin) conviendra bien aux motorisés. Les chambres (2-6 personnes) ne sont pas très sexy, mais toutes ont salle de bains privée, frigo, TV, bouilloire et ventilo. Bon accueil en anglais, allemand ou russe (mieux qu'un audioguide !). Plein d'autres chambres d'hôtes se multiplient dans le coin.

De prix moyens à chic (160-400 Zl / env 40-100 €)

Villa Piast : *ul. Piastowska, 3. ☎ 55-272-25-25. • hotelpiast.malbork.pl • En plein centre, en face du* McDo. *Doubles 250-300 Zl selon confort, petit déj 20 Zl.* Difficile de faire plus central. Récent, propre et bien tenu, cet hôtel de gamme intermédiaire dispose de belles chambres plus ou moins spacieuses (2 catégories) aux lits confortables, mobilier en bois cérusé et salle de bains dernier cri ; certaines ont un balcon. Parking limité.

Hotel Stary Malbork : *ul. 17 Marca, 26-27. ☎ 55-647-24-00. • hotelstarymalbork.com.pl • À 700 m du château. Depuis la route 22, en allant vers le pont, prendre à gauche au niveau de la poste. Doubles 300-360 Zl selon taille et saison, petit déj inclus. Parking gratuit.* La façade verte de cette grande demeure de 3 étages cache un établissement plaisant où le personnel arbore la croix des chevaliers sur sa tenue. Les intérieurs soignés témoignent d'une rénovation attentive, quoique confinant parfois au kitsch côté couleurs... Les chambres, bien nettes, sont confortables et généreuses en taille, surtout les « Deluxe ».

Où manger ? Où boire un café ? Où boire un verre ?

Przystanek Patrzałkowie : *ul. Kościuszki, 25. 601-690-903. Au bout de la rue de l'office de tourisme finissant en impasse. Tlj 10h-22h. Plats 15-22 Zl.* Salades (certaines originales), focaccia maison, pâtes, mais aussi plats polonais *(pierogi, naleśniki)* sortent ici du lot des offres touristiques – évitez juste les pizzas, pas remarquables. En prime, le petit déj est servi toute la journée ! Salle agréable et terrasse (mais 4-voies à côté). En sous-sol le **Retro Cafe** *(tlj 11h-20h, sf ven-sam et en été jusqu'à 22h),* petit frère du *Retro* de Gdańsk, propose cafés et sélection de thés dans l'air du temps (grosses théières !) pour accompagner des parts de gâteaux. Malgré sa situation, le lieu, reposant et feutré, est agréable avec ses canapés en velours, sofas et éclairages tamisés.

Bar Bis : *ul. Dworcowa, 24 (angle route 22). ☎ 55-273-48-64. À 150 m de la gare. Lun-ven 9h-18h, sam 10h-17h, dim 12h-17h en été (sinon sur résa).* On vous l'accorde : sa situation n'est pas extra, avec la double voie et le pont d'un côté, une rue de l'autre et la voie de chemin de fer pour fermer le triangle... Cela étant, ceux qui arrivent en train (ou repartent) y trouveront de bons *pierogi,* soupes, plats traditionnels (copieux) et menu du jour faits maison à prix canon, dans une atmosphère plus « travailleurs du coin » que « touristes en vacances ». On recommande.

U Flisaka : *ul. Wałowa. 509-800-645. À l'extrémité de la passerelle du château. Tlj 8h-22h (11h-20h oct-avr). Plats 18-64 Zl.* Le grand scoubidou en carton posté sur le pont ne fait pas le meilleur effet... Cela dit, cette péniche amarrée sur les berges de la rivière Nogat offre une vue imprenable sur le château – superbe au soleil couchant. Petits plats correctement troussés, façon sandre aux pommes de terre bouillies et porc aux chanterelles. Les prix jouent un peu sur la situation, mais rien de délirant.

Gothic Café et Restaurant : *dans la cour du château moyen (à la sortie du musée de l'Ambre). ☎ 55-647-08-89. Tlj 9h-20h (16h avr et oct-déc). Fermé janv-mars. Salades 39 Zl ; plats 40-65 Zl ; menu déj 49 Zl.* On aimerait bien manger dans sa belle salle voûtée mais, l'été, à défaut de résa, on se retrouve souvent chassé au profit des groupes organisés... Le reste du temps, on peut espérer tester une jolie cuisine polonaise de tradition : simples *pierogi,* salades, voire joue de bœuf ou *królik* (lapin) servi avec ses *kopytka* (sortes de gnocchi). Service dynamique et soigné.

Piwniczka : *dans la cour du château moyen. ☎ 55-273-36-68. En été,* *accès possible par l'extérieur de l'enceinte, près de la passerelle sur la rivière Nogat. Tlj en saison à partir de 10h. Plats 25-35 Zl.* Les 3 salles voûtées dans les soubassements du château débordent en terrasse dans la douve l'été. Comme au *Gothic,* impossible d'y manger en saison sans résa, même si la qualité est ici moindre. Au menu : plats typiques, principalement à base de poulet, brochettes de bœuf, porc roulé au camembert et confiture de cerise, truite, saumon et autre chou farci à la *kasza.*

À voir

Le château des chevaliers Teutoniques : *au bord de la rivière Nogat. ☎ 55-647-08-00. • zamek.malbork.pl • Intérieurs : tlj sf lun 9h-19h (10h-15h d'oct à mi-avr) ; extérieurs : tlj 9h-20h (10h-16h d'oct à mi-avr). La billetterie ouvre 30 mn plus tôt, mais on ne peut pas retirer son audioguide avt 9h. Achat aussi possible en ligne : • bilety.zamek.malbork.pl • Entrée : env 40 Zl, audioguide en français ou guide (polonais, anglais, allemand ou russe) compris ; env 30 Zl à partir de 17h15 en été et 13h15 hors saison ; réduc. Accès aux extérieurs gratuit lun (sf audioguide 8 Zl). Prévoir 3h de visite min.* L'audioguide, très bien conçu, est fourni avec un plan numéroté très didactique qui suit un parcours illustrant bien l'histoire de l'ordre et du château. De mai à mi-septembre, spectacle son et lumière *(tlj sf jeu-ven 20h-22h selon le mois ; résa jusqu'à 6 mois à l'avance ; compter 20 mn et 20 Zl, réduc).* Également des visites nocturnes du château en anglais *(ven juil-août ; 40 Zl, réduc).*

Un peu d'histoire

L'ordre des chevaliers de l'hôpital de Sainte-Marie-des-Allemands, plus connus sous le nom de « chevaliers Teutoniques », naît vers 1127-1128 en Terre sainte pour venir en aide aux pèlerins germaniques malades ou blessés, avant de s'imposer comme ordre religieux et militaire sur le modèle des Templiers en 1191 - lorsqu'il est placé sous l'unique autorité du pape.

En 1229, ces moines-soldats répondent à l'appel de Conrad de Mazovie qui leur attribue la ville de Chełmno comme base pour anéantir (et convertir...) les Prussiens païens. Mais les chevaliers Teutoniques s'approprient les terres prussiennes en exterminant totalement la population d'origine balte ; leurs croisades les voient même remonter jusqu'à l'actuelle Estonie. Ayant créé un véritable État théocratique au bord de la Baltique, ils établissent leur capitale à Marienburg (Malbork) et entament la construction de leur gigantesque château-monastère. Leur expansionnisme les pousse naturellement à affronter les rois polonais, qui mettent finalement un terme à leurs ambitions en 1410, lors de la bataille de Grunwald. Le château, qui compte alors 1 000 occupants (domestiques et mercenaires venus de toute l'Europe), ne tombe pourtant pas malgré deux mois de siège ; l'ordre ne quittera les lieux que 40 ans plus tard, pour s'installer à Königsberg (Kaliningrad).

Le château reste entre les mains des rois polonais jusqu'en 1772, date du premier partage de la Pologne. Il retourne alors dans l'orbite germanique des Prussiens qui

UNE RÉPUTATION SULFUREUSE

L'ordre hospitalier et militaire, adepte de la règle de saint Augustin, a eu comme but principal d'assurer les soins et le salut des blessés allemands. Les chevaliers à la croix noire se sont forgé une réputation en noir et blanc ! En noir, la brutalité et la cruauté avec lesquelles ils imposaient leur foi, tout en prêchant la paix et l'amour du prochain. En blanc, leurs compétences en agriculture qui aidaient les pays dévastés à se reconstituer et les pays pauvres à se développer.

revendiquent l'héritage teutonique. Utilisé pour la propagande cinématographique par les nazis, Malbork est en grande partie détruit par les Russes, puis reconstruit. Basé à Vienne, l'ordre des chevaliers Teutoniques existe toujours et se consacre aux œuvres caritatives.

Le château aujourd'hui

On distingue trois parties :
– l'avant-château, avec l'arsenal et l'église Saint-Laurent. Sa fonction était surtout économique ;
– le château moyen, siège des activités séculières et des échanges avec l'extérieur. L'aile ouest (sur la droite) abritait les appartements du grand maître ;
– le château haut, le plus ancien. Monastique, il était exclusivement réservé aux membres de l'Ordre.

Il y eut deux périodes de construction : 1280-1330 pour la partie monastère (château haut) et 1330-1457 pour le château moyen et l'avant-château. On distingue plusieurs époques de restauration : début XIXe s (romantique), de la fin XIXe s jusqu'à l'avant-guerre (dite « scientifique »), puis après-guerre une totale reconstruction qui s'est achevée en 2016 par le retour de la colossale statue de la Vierge à l'Enfant (8 m) au chevet oriental de l'église Notre-Dame – 60 % des quelque 300 000 tesselles rouges, bleues et dorées qui la revêtaient à l'origine ont pu être récupérées. Si tous ces travaux ont fortement modifié l'aspect extérieur et intérieur du château, l'impression de faire un voyage dans le temps jusqu'à l'époque médiévale reste forte, de par le triple rang de murailles, la profusion de tours, les fossés et ponts suspendus. Au total, le château occupe pas moins de 21 ha !

CROIX DE BOIS, CROIX DE FER

La croix des chevaliers Teutoniques a inspiré la fameuse Croix de fer, distinction suprême de l'armée allemande créée par Frédéric-Guillaume III de Prusse (qui plagiait au passage la Légion d'honneur inventée par Napoléon). Ces deux distinctions sont les premières en Europe attribuées sans distinction de grade ni de rang social...

La visite

Vu la grande qualité de l'audioguide, nous vous présentons ici juste les temps forts de la visite en suivant le parcours numéroté.
– De la billetterie, on rejoint l'entrée en passant par la Nouvelle Porte *(Brama Nowa),* relevée en 2013. Plus avant, après avoir franchi le pont couvert en bois et la grande herse, on débouche dans la cour du château moyen.

Le château moyen

On se trouve dans l'espace de vie de l'Ordre, là où étaient reçus les invités, les artisans, le reste du monde en somme.
– On débute la visite par l'aile ouest avec l'***infirmerie,*** les anciennes ***cuisines*** (foyer colossal), puis l'immense ***réfectoire,*** plus vaste pièce du château (450 m²), avec chauffage au sol (!), où le grand maître donnait ses banquets. On accède ensuite à ses ***appartements privés*** où l'on

CHAUFFE QUI PEUT

Le sol de plusieurs grandes salles du château de Malbork est constellé de trous bouchés par des opercules de cuivre – on en compte 36 dans le seul grand réfectoire. Que cachent-ils ? Un très ancien système de chauffage central. Des fours placés dans la pièce située en dessous réchauffaient des lits de pierre, qui diffusaient ensuite la chaleur accumulée par ces orifices !

voit encore deux autres réfectoires, l'un utilisé en été, aux généreuses baies percées sur trois côtés, l'autre en hiver (belles tapisseries). En 1410, lors du siège de Malbork, un traître renseigna Ladislas Jagellon sur les horaires de réunion des grosses huiles. À l'instant convenu, l'assaillant fit donner le canon, comme en atteste encore le boulet fiché au-dessus de la cheminée, qui aurait dû faire s'écrouler la voûte !
– On redescend pour parcourir la ***chancellerie de l'Ordre,*** avec ses beaux coffres peints et ses documents authentifiés par des myriades de sceaux en cire.
– Dans l'aile orientale, le ***musée de l'Ambre*** exhibe de multiples exemples bruts et façonnés (du plus vieux au plus récent) de cette résine fossilisée de la mer Baltique. Son commerce représentait la moitié du chiffre d'affaires de l'Ordre, qui en avait le monopole et alla jusqu'à conquérir Gdańsk pour en contrôler les débouchés.
– À l'étage, on s'attardera surtout sur les ***salles militaires,*** qui rassemblent une riche collection d'armes et d'armures, certaines provenant de la bataille de Grunwald, d'autres orientales. Parmi les plus inhabituelles : des marteaux de guerre. Ouïe !

Le château haut

– On y accède par un pont-levis franchissant les douves.
– L'audioguide invite à parcourir d'abord les ***lices,*** par lesquelles on accède à la ***chapelle Sainte-Anne,*** dernière demeure de douze des grands maîtres (seuls trois tombeaux ont survécu). Son portail nord, finement sculpté, est superbe avec ses polychromies retrouvées. Au-delà du cimetière, on atteint le ***rosarium,*** où le grand maître venait se reposer, puis le moulin à céréales reconstitué.
– C'est alors, seulement, que l'on entre dans le cœur du château haut, par une porte surmontée d'un bas-relief du grand maître à cheval. La superbe ***cour intérieure*** est entourée de deux étages d'arcades. Au milieu, le puits est surmonté d'un pélican nourrissant ses petits de son propre sang – symbole du sacrifice du Christ. Les pièces du *rez-de-chaussée* avaient une vocation avant tout usuelle, avec la boulangerie et de grandes ***cuisines*** où les cuistots de l'Ordre produisaient une douzaine de bières différentes ainsi que du vin (réservé au grand maître)... Une salle accueille une exposition d'anciens vitraux et outils propres à cet art.
– Au *1er étage*, on découvre le cœur du pouvoir de l'Ordre. La « ***salle capitulaire*** », où était élu le grand maître et étaient prises les grandes décisions, révèle un remarquable plafond à la voûte en palmier reposant sur trois colonnes, image des trois vœux pieux (chasteté, pauvreté et obéissance). Suivent le ***trésor*** et les quartiers privés du trésorier (un sacré veinard, les autres étaient logés dans des dortoirs !), la ***tour des latrines*** détachée côté rivière, où l'on remarquera l'ancêtre du papier toilette (des feuilles de chou !), puis les anciens dortoirs, qui accueillent désormais une belle ***expo de sculpture religieuse*** (essentiellement gothique). En sortant, visez le bel escalier à vis en bois sculpté.
– L'un des chefs-d'œuvre du château, la ***Porte d'or,*** est sculpté de motifs polychromes d'origine (XIVe s), magnifiques et très rares dans l'iconographie médiévale. Elle permet d'accéder à l'***église Sainte-Marie,*** quasiment détruite par les bombardements russes et dont la restauration ne s'est achevée qu'en 2016. Le triptyque du *Couronnement de la Vierge* y occupe une place centrale.
– Un escalier en colimaçon permet d'accéder à plusieurs salles, d'où l'on grimpe à la ***tour de l'église*** *(supplément 8 Zl ; réduc)* : une ascension à ne pas manquer pour profiter de la vue exceptionnelle sur le château léché par les eaux de la rivière Nogat.
– Encore une volée de salles, et vous voilà sorti !
– Une fois votre visite terminée, n'hésitez pas à aller vous promener sur les berges de la Nogat, au pied du château, ou à la contourner : partout, de superbes photos vous attendent !

Manifestation

– ***Le Siège de Malbork*** (Oblężenie Malborka) **:** *vers le 22-24 juil, autour et dans le château.* • *oblezenie.zamek.malbork.pl* • Reconstitution historique en costumes d'époque du siège du château teutonique en 1410 par les Polonais.

DANS LES ENVIRONS DE MALBORK

FROMBORK

À 68 km au nord-est de Malbork, via Elbląg. En chemin vers la poche russe de Kaliningrad (l'ex-Königsberg), la région de la Varmie s'étend entre une côte bordée par l'immense lagune de la Vistule et un hinterland semé de lacs. Proche du littoral, Frombork est attaché au souvenir de Nicolas Copernic, qui fut chanoine de Varmie de 1497 jusqu'à sa mort en 1543 et y résida de nombreuses années. Il rédigea ici son célèbre *De revolutionibus orbium coelestium,* fruit de longues soirées d'observation au sommet de la tour de la citadelle locale – tout du moins quand le ciel souvent ennuagé de la région voulait bien se dégager...

UN ADN ÉTOURDISSANT

Durant près de 200 ans, les recherches se sont succédé pour déterminer quelle sépulture de la cathédrale de Frombork était celle de Copernic. En 2005, l'ADN de cheveux retrouvés dans un livre utilisé par Copernic, comparé à des ossements de la cathédrale, a permis de certifier duquel de ces crânes brillants était issue la théorie sur la rotation de la Terre.

¶¶ ***La cathédrale de l'Assomption et de Saint-André :*** *731-798-371. Mai-sept, lun-sam 9h-17h ; dim 9h-10h45 et 12h10-17h. Dernière entrée 30 mn avt fermeture. Visites suspendues pdt les concerts d'orgue. Tarif : 8 Zl ; réduc ou 12 Zl avec concert.* Joliment juchée sur un tertre fortifié, à l'abri de hautes murailles. Datant du XIVe s, elle prend la forme typique d'une église-halle du temps des chevaliers Teutoniques, surmontée de flèches graciles et ornée d'un beau maître-autel de 1504. Mais on vient ici voir avant tout la stèle en marbre noir au pied de laquelle les ossements de Copernic sont inhumés. Des concerts d'orgue sont proposés en juillet et en août *(3/j. mar-sam 11h30-15h, dim à 13h ; 12 Zl ; réduc).*

¶¶ ***La tour Dzwonnica*** *(achat des billets sous la porte Południowa ; juste à côté (à droite du portail d'accès à la citadelle. ☎ 55-244-00-75 ; mai-sept, tlj 9h30-17h ; dernière entrée 30 mn avt fermeture ; 8 Zl ; réduc).* Plus précisément, on se hisse au sommet pour profiter du splendide panorama sur la cathédrale et la lagune de la Vistule en arrière-plan, en jetant un coup d'œil au passage au pendule de Foucault. Le bâtiment abrite un ***planétarium*** *(mai-août, 6-9 séances/j., 9h50-16h30 ; 10 Zl ; réduc ; durée 30 mn).*

– En vis-à-vis, la ***tour de Copernic,*** reconstruite à l'identique après les ravages de la Seconde Guerre mondiale, abrite le cabinet reconstitué de l'astronome ; c'est là qu'il résidait.

– Au fond de la citadelle, l'ancien palais épiscopal abrite, lui, le ***Muzeum Mikołaja Kopernika*** *(tlj sf lun 9h-16h30 ; dernière entrée 30 mn avt fermeture ; 6 Zl ; réduc).* Une exposition y est naturellement consacrée à l'astronome, mais on peut aussi voir des lunettes et télescopes ainsi que des vitraux de la cathédrale. On peut également accéder, en dehors de l'enceinte, à l'***hôpital Św. Ducha*** *(tlj sf lun 9h30-17h ; dernière entrée 30 mn avt fermeture ; 6 Zl ; réduc).*

GDAŃSK

462 000 hab.

• Plan *p. 314-315*

Alignées en rang serré sur la côte baltique, Gdańsk, la balnéaire Sopot et l'industrieuse Gdynia défilent du sud au nord. Regroupées sous l'appellation

Trójmiasto, la « Tricité », elles regroupent plus de 1 million d'habitants. Indéniablement, Gdańsk tient la première place du podium par sa richesse architecturale, son site sur le delta de la Vistule, son passé lointain et récent, si intense. Ce prospère comptoir de la Hanse, rasé de près par les bombardements de la Seconde Guerre mondiale, doit à une méticuleuse reconstruction d'avoir retrouvé sa superbe, que les années ont patinée : les maisons à pignons surmontées de statues, les façades couvertes de fresques Renaissance, les perrons encadrés de gargouilles en pierre (des dragons qui crachent l'eau plus que le feu). Ce décor de théâtre a tout de la carte postale. Mais, plus que tout, Gdańsk (en allemand, Dantzig) a un esprit, une âme. Cosmopolite, elle a fait durant toute son histoire cohabiter diverses nationalités et croyances. Il s'en dégage cette atmosphère particulière qu'on retrouve seulement dans les villes portuaires. Et cette capacité à générer des idées nouvelles ou à être à l'avant-garde des mouvements sociaux les plus décisifs – l'émergence de Solidarność au sein de ses chantiers navals en témoigne. Gdańsk est gaie, bonne vivante, rabelaisienne même à ses heures, dans un cocktail détonnant d'intellectuels et de matelots, d'ouvriers et de touristes, d'eau douce et d'eau de mer. C'est sûr : la « perle de la Baltique » est une ville qui ne manque pas de caractère.

LE DUC N'ÉTAIT PAS CHOCOLAT

En 1807, le maréchal Lefèvre s'empare de Gdańsk avec fougue et se voit convoqué par Napoléon, qui lui demande s'il aime le chocolat. Lefèvre répond par l'affirmative, et l'Empereur lui remet pour toute récompense une boîte censée en contenir... Déconfit, le maréchal rentre chez lui pour s'apercevoir qu'en plus des friandises le paquet contient la coquette somme de 300 000 francs et les titres le faisant duc de Dantzig. L'histoire a donné jour à une expression dans l'armée : le « chocolat de Dantzig », désignant un petit cadeau.

UN PEU D'HISTOIRE

Les origines de Gdańsk remontent aux Xe-XIe s. Siège d'un duché, la ville se développe grâce au commerce sur la Baltique, avant de tomber aux mains des ***chevaliers Teutoniques*** en 1308. En plein essor après son intégration formelle dans la ***Ligue hanséatique*** en 1361, elle demeure entre leurs mains jusqu'à la défaite finale de l'Ordre sanctionnée par le traité de Toruń en 1466. Tout l'est de la Poméranie orientale, Gdańsk inclus, intègre la Pologne.

L'âge d'or d'un port hanséatique

Versant un tribut annuel au roi de Pologne et le reconnaissant comme juge suprême de ses tribunaux, la ville obtient en échange de nombreux privilèges : le ***monopole du commerce*** sur la Vistule, le contrôle du port et des prix, l'autonomie législative. Les installations portuaires sont agrandies. Les odeurs de blé, de charbon, de miel et de bois expédiés dans tous les grands ports d'Europe se mêlent aux parfums du vin, des épices et du café transitant par les ports hollandais. Aux XVIe et XVIIe s, pas moins de 2 000 bateaux font annuellement relâche dans le port de Gdańsk, ville alors trois fois plus grande que Varsovie !

Carrefour des nations

Dès le XVIe s, Gdańsk devient une ***terre d'asile*** pour les Néerlandais, les Flamands, les Bourguignons et les Écossais fuyant les persécutions religieuses. Le ***luthéranisme*** s'implante durablement. Au début du siècle suivant, la cité fait appel aux paysans hollandais pour assécher les marais au nord de la ville et permettre son développement.

Quant aux Écossais, dont certains font fortune dans le commerce des armes à feu et de la fourrure, leur communauté atteindra 30 000 âmes au XVIIe s.
La ville donne de grands noms à la science : l'astronome Johannes Hevelius ; le physicien Fahrenheit, père du système de mesure de la température ; le naturaliste Georg Foster, qui accompagna Cook dans son second voyage dans le Pacifique ; et bientôt le philosophe Schopenhauer, fils typique de Gdańsk, puisque né d'une mère allemande et d'un père d'ascendance néerlandaise.
À cette époque, déjà, le développement des grandes puissances coloniales européennes réoriente les priorités commerciales. La Ligue hanséatique sombre dans l'oubli et ***Gdańsk souffre des guerres.*** Les partages de la Pologne la voient ***intégrée au royaume de Prusse*** malgré l'opposition de ses habitants, désireux de demeurer sous le giron polonais. Le court épisode napoléonien (1807-1814) n'y change finalement rien et le XIXe s s'écoule sous la tutelle prussienne, jusqu'à son intégration à l'Empire allemand en 1871. La ville connaît alors un certain essor industriel et voit des revendications grandissantes de la minorité polonaise.

Une ville libre anéantie

En 1920, Gdańsk et sa région (1 966 km^2 en tout) redeviennent « ***ville libre*** » sous le nom allemand de Dantzig – un statut bâtard qui lie l'enclave à la Pologne, garanti par la Société des Nations mais rejeté par la majorité germanophone (environ 85 % de la population). Gdańsk-Dantzig devient alors bicéphale, avec postes allemande et polonaise, autorités locales germanophones et tutelle polonaise... La ville connaît un certain rayonnement mais, avec l'arrivée au pouvoir de Hitler, qui revendique l'intégration de Gdańsk à l'Allemagne, les litiges se multiplient. En 1933, le parti nazi local remporte 50 % des sièges au Parlement local ; les juifs fuient. Le 1er septembre 1939, le coup de canon donné à partir du cuirassé ***Schleswig-Holstein*** qui, quelques jours plus tôt, était amarré à Gdańsk pour – officiellement – rendre hommage aux morts de la Première Guerre mondiale, marque le début tonitruant de la Seconde Guerre mondiale.
Détruite par les ***bombardements aériens*** incessants de 1941 à 1945, achevée par l'Armée rouge, Gdańsk est presque complètement anéantie à la fin de la guerre. Mais pierre par pierre, maison après maison, l'essentiel de la ville va se redresser – sur un modèle plus fantasmé que vraiment fidèle. Pendant ce temps, la population germanophone est expulsée (1945-1950).

NE PAS MOURIR POUR DANTZIG

Cette expression est entrée dans le langage courant de la langue française en référence à l'article paru en août 1939 dans L'Œuvre *sous le titre : « Faut-il mourir pour Dantzig ? » sous la plume de Marcel Déat, pacifiste de l'entre-deux-guerres, puis collabo pendant l'Occupation. En d'autres mots : fallait-il déclarer la guerre à Hitler pour l'empêcher d'annexer Dantzig ?*

Des premiers troubles à Solidarność : le combat pour la liberté

Suit la sombre période du stalinisme et les affres d'une nouvelle dictature – fût-elle du « peuple »... En décembre 1970, les ouvriers des villes côtières protestent contre les hausses de prix subites des produits de première nécessité : une quarantaine de grévistes perd la vie dans une sanglante répression.
Dix ans plus tard, Gdańsk se rebiffe à nouveau. Mais cette fois-ci, la lutte est plus sage, plus expérimentée. Les ouvriers des chantiers navals font appel à toute la Pologne, aux mineurs de Silésie, aux intellectuels de Cracovie. Le mot d'ordre : ***SOLIDARNOŚĆ.*** Nous sommes en août 1980. Le monde découvre

l'électricien *Lech Wałęsa.* Pour la première fois depuis la guerre, les Polonais marchent tous ensemble pour une aspiration commune.
Fort de 10 millions de membres (près du quart de la population polonaise), le syndicat Solidarité *(Solidarność)* est légalisé par le pouvoir communiste en septembre 1980. Gdańsk, sous la conduite de ***Lech Wałęsa,*** vient d'imposer à l'ensemble du bloc de l'Est le premier syndicat indépendant de son histoire. Ce succès est balayé par l'instauration, dès 1981, de l'état de siège par le général Jaruzelski, sur pression de Moscou. Solidarité est dissous et Lech Wałęsa emprisonné. Finalement libéré avant de recevoir le prix Nobel de la paix en octobre 1983, il fait à nouveau plier le pouvoir communiste en déclenchant des grèves massives en 1988 depuis Gdańsk. Ce seront les dernières : au printemps 1989, avec la fin du régime communiste, Gdańsk a offert à la Pologne sa ***liberté.***

Arriver – Quitter

En avion

✈ ***Aéroport Lech Wałęsa*** *(port Lotniczy Gdańsk Im. Lecha Wałęsy ; hors plan par A1)* **:** *à* ***Rębiechowo,*** *8 km à l'ouest de Gdańsk. ☎ 0801-066-808 (depuis un fixe). 📱 525-673-531 (depuis un portable). • airport.gdansk.pl •* Il compte 2 terminaux (vols intra-Schengen ou en dehors) et dispose des services habituels : location de voitures, change (faites-en un minimum, meilleurs taux en centre-ville), distributeurs de billets, poste, guichet d'informations touristiques *(tlj aux horaires des vols ; ☎ 58-348-13-68),* etc.
➢ ***Vols internationaux :*** 2 vols/sem pour ***Paris-Beauvais, Grenoble*** et ***Bruxelles-Charleroi*** avec *Wizz Air (• wizzair.com •).*
➢ ***Vols intérieurs :*** liaisons directes avec **Cracovie** et **Varsovie** avec *LOT* et *Ryanair.*

Pour rejoindre la Tricité

➢ ***En train SKM (Szybka Kolej Miejska) :*** *• skm.pkp.pl •* Ttes les 15-20 mn en journée pour la gare centrale de Gdańsk. Les billets s'achèvent au distributeur.
➢ ***En bus ZTM (Zarząd Transportu Miejskiego) :*** *• ztm.gda.pl • Station à gauche en sortant du terminal.*
– Bus n° 210, direction Gościnna : s'arrête à la gare ferroviaire centrale de Gdańsk *(Dworzec główny ; plan A1).* Attention, ce n'est pas le terminus ! Ttes les 30-40 mn en sem et ttes les heures le w-e, 4h50-22h20. La nuit, il est remplacé par le bus N3.
– Bus n° 122 pour Sopot, ttes les 40-70 mn, 5h40 (7h05 le w-e)-22h05.
– Les bus *Arriva (• arrivabus.pl •)* proposent des directs de/vers Toruń (avec arrêt en chemin à la gare ferroviaire).
➢ ***En taxi :*** de jour, en sem, compter env 70-80 Zl pour Gdańsk et 80-90 Zl pour Sopot.

En train

🚂 ***Gare ferroviaire centrale*** *(Dworzec główny ; plan A1)* **:** *ul. Podwale Grodzkie. ☎ 19-757. • intercity.pl • Consignes automatiques 8-15 Zl pour 24h selon taille, ou manuelle (au 1er sous-sol) 7-11 Zl, tlj 8h-22h.* Pour les tramways (devant la gare), trains de banlieue *SKM* et bus, la vente des billets se fait au guichet à l'extrémité du passage souterrain, côté gare – *tlj 6h (7h dim et j. fériés)-22h (21h w-e)* – sinon distributeurs sur les quais.
➢ ***Malbork :*** directs ttes les 20 mn à 2h, 4h55-19h50, puis un dernier à 23h30. Trajet : 25-45 mn.
➢ ***Poznań :*** 9 directs/j., 6h20-22h20. Trajet : 3h-3h30.
➢ ***Toruń :*** 4 directs/j., 5h30-21h, et quelques autres avec changement. Trajet : 2h20-3h10.
➢ ***Varsovie :*** directs ttes les heures env, 4h55-19h50. Trajet : 2h40-5h35 (choisissez le bon !).
➢ ***Wrocław :*** env 3 directs/j. Trajet : 6h30-7h30.

En bus

🚌 ***Gare routière*** *(Dworzec PKS ; plan A1)* **:** *ul. 3 Maja, à l'arrière de la gare*

LA GRANDE POLOGNE ET LA POMÉRANIE

centrale. ☎ *58-302-15-32.* Centre d'informations dans le bâtiment principal *(tlj sf dim 8h30-17h – 16h sam),* sinon les horaires sont affichés sur un panneau jaune. Consignes.

➢ ***Giżycko (Mazurie) :*** 3 bus/j. Plus d'options en changeant à ***Elbląg*** (15-18 bus/j., 7h40-21h15).

➢ ***Łodź et Cracovie via Toruń :*** env 12 bus/j. (5 slt continuent jusqu'à Łodź et Cracovie ; 2 passent par ***Częstochowa***), 5h45-23h30. Trajet : 2-2h30 pour Toruń et 5-7h pour Łodź.

➢ ***Poznań :*** 3 bus/j. Trajet : env 5h.

➢ ***Varsovie :*** 5-7 bus/j. avec *PKS* (arrivée à la gare centrale) et *Polski bus* (arrivée au métro Młociny ; *hors plan général de Varsovie par A1*), 6h-15h45 (23h15 juil-août). Trajet : 4h30.

➢ ***Wrocław :*** 2 bus/j (un 3e les w-e d'été).

➢ Également des liaisons vers ***Berlin, Brno, Kaliningrad, Prague,*** l'***Ukraine*** et ***Vilnius.***

En voiture

Attention, la vieille ville est inaccessible : garez-vous *(parcmètres lun-ven 9-17h, env 3 Zl/h)* et hardi les Pataugas.

En bateau

Embarcadère Nowy Port *(hors plan par A1) : à 9,5 km au nord-est de la ville. Gare SKM Nowy Port à 500 m ou bus nº 606.*

Polferries : *ul. Mjr. Sucharskiego, 70.* ☎ *0801-003-171 (depuis une ligne fixe) ou 58-343-18-87 (d'un portable).* • *polferries.com* •. Liaisons avec la Suède (Nynäshamn, près de Stockholm), 6-16 fois/mois selon la période de l'année. Trajet env 18h.

Stena Line : *ul. Kwiatkowskiego, 60 ; à* ***Gdynia.*** ☎ *58-660-92-00.* • *stenaline.com* • Traversées entre Gdynia et le port suédois de Karlskrona (1-3 départs/j. ; env 12h30 de trajet).

Se déplacer à Gdańsk et dans la « Tricité »

Trains, trams, bus, voire bateaux en saison relient étroitement Gdańsk, Sopot et Gdynia. • *ztm.gda.pl* • Sinon, il y a une jolie piste cyclable et pédestre entre Gdańsk et Sopot.

En train

Train de banlieue SKM (Szybka Kolej Miejska) : sorte de RER qui relie Gdańsk à Sopot et Gdynia 24h/24, ttes les 10-15 mn en journée (30 mn en soirée et 4-5 trains au cœur de la nuit). C'est le moyen de transport le plus efficace et économique (4 Zl pour Sopot). Les vélos voyagent gratuitement (wagon spécial).

En bus et trams

Ils ne vous seront utiles que si vous sortez de la vieille ville de Gdańsk – pour aller à Oliva ou Sopot par exemple. Les lignes de jour fonctionnent de 5h à 23h environ, mais il existe des services restreints la nuit (lignes N). Trajet direct : 3,20 Zl ; 4,20 Zl pour les express et nocturnes ; réduc. Billet illimité 1h : 3,80 Zl de jour, 4,80 Zl la nuit ; 24h, 13 Zl, réduc ; compostage obligatoire. Les billets sont vendus dans des distributeurs placés aux arrêts, à bord (avoir la monnaie exacte) ou dans les kiosques. Il existe aussi des *pass* de 24h comprenant bus, trams et trains *SKM* valables dans toute la Tricité pour seulement 23 Zl (réduc) – c'est cette option qui est incluse dans la *Tourist Card* avec transport (voir plus loin).

En bateaux

Les transports urbains comprennent deux lignes maritimes, qui fonctionnent de mai à septembre (10 Zl ; réduc). La F5, la plus intéressante, relie Żabi Kruk à ***Westerplatte*** en marquant des arrêts face à la porte Verte (à la hauteur de Długi Targ), face à Targ Rybny (Hilton) et à la forteresse de Gdańsk. Elle circule 3 fois/j., passant à Targ Rybny vers 9h50, 12h30 et 15h35 ; retours de Westerplatte dans la foulée. La compagnie ***Żegluga Gdańska*** *(plan C3,* ***6*** *;* ☎ *58-301-49-26.* • *zegluga.pl* •*)* dessert la même ligne avec ses bateaux touristiques, à raison de 1 liaison/h, 10h-18h en été ; retours 11h-19h. En

Adresses utiles

1 Gdańska Organizacja Turystyczna (centre)
2 Gdańska Organizacja Turystyczna (gare)
3 Pomorskie Centrum Informacji Turystucznej
4 PTTK
@ Jazz'n'Java
5 Opera Bałtycka
6 Bateaux Żegluga Gdańska
7 Polska Filharmonia Bałtycka
8 Xamax Change
9 Hôpital Copernicus
10 Avis
11 Hertz
12 Budget

Où dormir ?

20 Schronisko Młodzieżowe Wałowa (AJ)
21 Hostel Midtown
22 Schronisko Młodzieżowe Grunwaldzka (AJ)
23 World Hostel
24 Dom Aktora
25 Hotel Hanza
26 4 Friends Hostel
27 Kamienica Gotyk
28 Riverside Hostel
29 Five Point Hostel
30 Hostel 22
31 Dom Muzyka
32 Hotel Stay Inn
33 Liberum
34 Hotel Bonum
35 Hotel Podewils

Où manger ?

40 Bar Turystyczny
41 Pierogarnia Mandu
42 Jadalnia Pod Zielonym Smokiem
43 Bar Pod Rybą
44 Czerwone Drzwi (Red Inn)
45 Tawerna Mestwin
46 Rybka na Wartkiej et Prologue
47 Targ Rybny
48 Original Burger
49 Cała Naprzód
51 Pod Łososiem

Où boire un café ? Où manger une pâtisserie ou une glace ?

25 Kawiarnia de l'Hotel Hanza
60 Cukiernia Sowa
61 Café Kamienica
62 Retro Cafe

Où boire un verre ? Où sortir ?

65 Wine Bar Literacka
66 Café Absinthe
67 Piwnica Irish Pub
68 Flisak '76
69 Józef K
70 Browar Piwna
71 No to Cyk
72 Pub Pułapka□ Lawendowa □ et Café Lamus
73 Bunkier Klubogaleria
74 Gazeta Rock Cafe
75 Polskie Kino
76 Red Light Pub

Achats

90 Styl Galeria
91 Produkty Benedyktyńskie

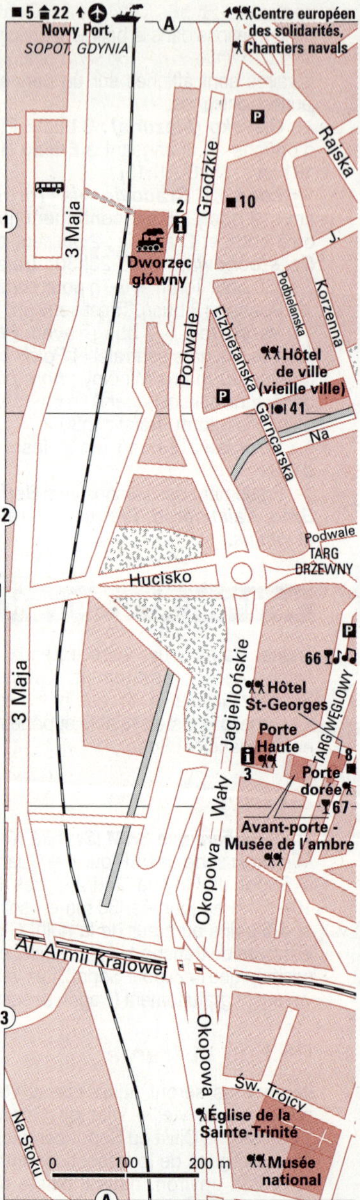

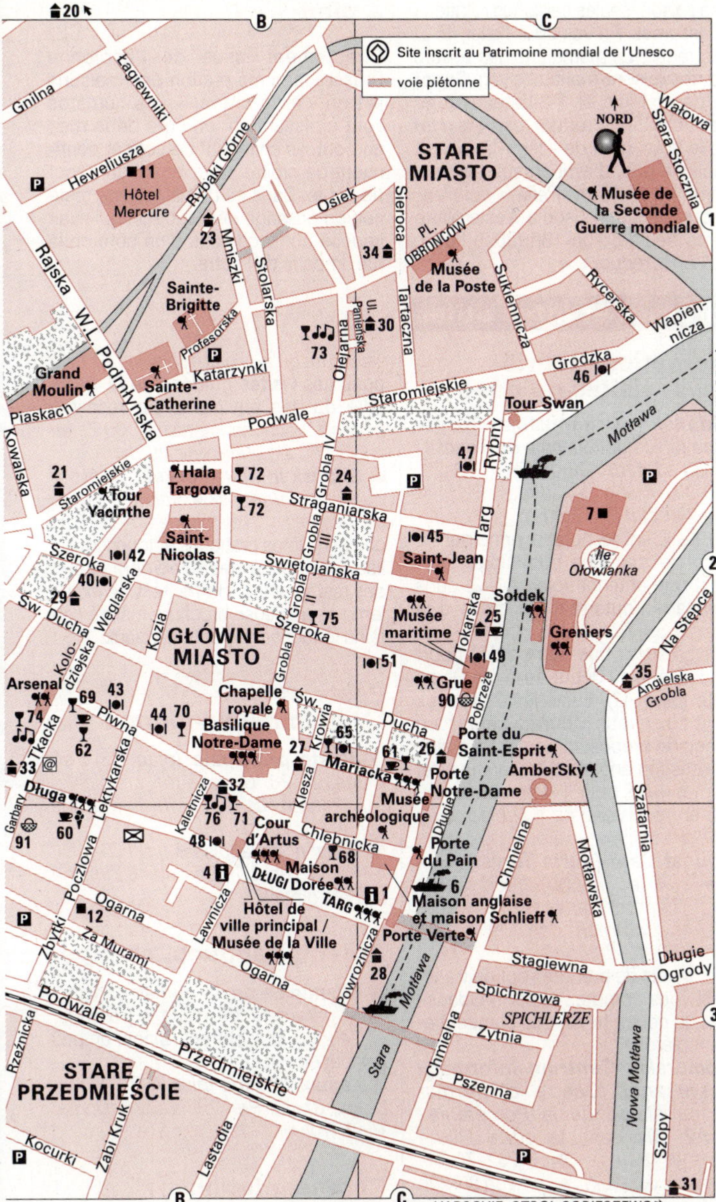
Site inscrit au Patrimoine mondial de l'Unesco
voie piétonne
NORD
STARE MIASTO
GŁÓWNE MIASTO
STARE PRZEDMIEŚCIE
Hôtel Mercure
Grand Moulin
Sainte-Brigitte
Sainte-Catherine
Musée de la Poste
Musée de la Seconde Guerre mondiale
Hala Targowa
Tour Yacinthe
Saint-Nicolas
Saint-Jean
Tour Swan
Sołdek
Musée maritime
Greniers
Île Ołowianka
Grue
Chapelle royale
Basilique Notre-Dame
Arsenal
Porte du Saint-Esprit
AmberSky
Porte Notre-Dame
Musée archéologique
Cour d'Artus
Maison Dorée
Porte du Pain
Maison anglaise et maison Schlieff
Hôtel de ville principal / Musée de la Ville
Porte Verte
SPICHLERZE
WESTERPLATTE
VARSOVIE, STOGI, SOBIESZEWO

GDAŃSK

basse saison, seules certaines rotations sont assurées. Prévoir 30 Zl l'aller, 45 Zl l'A/R ; réduc. Le même *Żegluga* assure aussi des liaisons maritimes vers ***Sopot*** (w-e de mai-juin et 1-3 bateaux/j. en juil-août ; 35 Zl, réduc) et vers ***Hel*** sous le doux nom de « ferry-tram ». Et n'oublions pas, d'avril à sept, les faux galions *Lew* et *Czarna Perła* (*• perlalew.pl •*) qui vont aussi jusqu'à Westerplatte ttes les heures, 10h-19h (30 Zl l'aller, 40 Zl l'A/R ; réduc).

À pied

Directement issue de l'ancienne Prusse, la numérotation des maisons est en « fer à cheval » : les numéros vont croissant sur un côté de la rue ; au bout, ils changent de côté et continuent de croître en revenant au début de la rue. Dans ce domaine, il ne reste rien du passage de Napoléon qui avait imposé numéros pairs d'un côté de la rue, impairs de l'autre.

Adresses et infos utiles

Informations touristiques, visites guidées

■ ***Gdańska Organizacja Turystyczna*** *(office de tourisme de Gdańsk ; plan C3,* ***1****)* **:** *ul. Długi Targ, 28-29. ☎ 58-301-43-55. • visitgdansk.com • gdansk4u.pl • Tlj 9h-17h (19h mai-sept).* 💻 C'est le bureau principal de l'office de tourisme municipal. Également une antenne *(plan A1,* ***2****)* dans le passage souterrain qui mène à la gare *(☎ 58-721-32-77 ; tlj 9h-17h – 19h juil-août),* une autre à l'aéroport et un kiosque au début de la rue Długa en été *(plan A2).* Dans les 2 bureaux principaux, vous pourrez retirer un audioguide proposant une quarantaine de visites (en anglais) à travers la ville. Compter 4-8 € pour 1-4 personnes ou 3-7 € en réservant sur *• audioguidegdansk.pl •*

■ ***Tourist Card (Karta Turysty) :*** *en vente dans les points d'infos touristiques. Compter (sans ou avec transports en commun dans la Tricité inclus) : 60-83 Zl/24h, 90-136 Zl/72h ; réduc.* Inutile de prendre l'option transport si vous comptez rester à Gdańsk même, le centre historique étant entièrement piéton.

■ ***Pomorskie Centrum Informacji Turystucznej*** *(Centre d'information touristique de la Poméranie ; plan A2,* ***3****)* **:** *dans la porte Haute (Brama Wyżynna). ☎ 58-732-70-41. • pomorskie.travel/fr • Lun-ven 9h-20h (18h w-e).* C'est l'office de tourisme de la région.

■ ***Bureau PTTK*** *(plan B3,* ***4****)* **:** *ul. Długa, 45. ☎ 58-301-60-96. • pttkgdansk.pl • Juin-sept, tlj 9h-20h (hors saison jusqu'à 17h et 15h w-e).* 💻 Propose des ***visites guidées de la vieille ville*** ou des environs : sur résa *(en français, espagnol ou italien 100 Zl, en anglais 80 Zl ; durée env 2h-2h30).*

■ ***Gdańsk in Your Pocket :*** *• inyourpocket.com/gdansk • Version papier gratuite très bien distribuée en ville.* Plan couleurs, infos pratiques et touristiques, liste et critique des hébergements et des restaurants de la Tricité. Une excellente et précieuse brochure malgré certains rédactionnels commerciaux.

Poste et télécommunications

✉ ***Poste principale*** *(plan B3)* **:** *ul. Długa, 23-28. Dans la rue principale. Ouv 24h/24. La nuit (21h-6h), entrée par ul. Pocztowa.*

@ ***Jazz' n' Java*** *(plan B2)* **:** *ul. Tkacka, 17-18. Tlj 10h-22h. Compter 6 Zl/h, thé ou café gratuit.*

Argent, banques, change

■ ***Change :*** *à droite du hall principal de la gare centrale, dans le passage. Tlj 24h/24.* Taux correct. Sinon, un peu partout en ville.

■ ***Xamax Change*** *(plan A-B2,* ***8****)* **:** *ul. Długa, 81-83. Près de la porte Dorée. Tlj 9h (10h dim)-19h (18h w-e).*

Représentation consulaire

■ ***Consulat honoraire de France :*** *ul. Wrocławska, 82, à* ***Gdynia.*** *📱 602-751-411. Lun-ven 8h-16h.*

Santé, urgences

Hôpital Copernicus (Copernicus Podmiot Leczniczy ; hors plan par A2, **9**) : ul. Nowe Ogrody, 1/6. ☎ 58-764-01-00.

Centre de santé Lux-Med Wrzeszcz (hors plan par A1) : al. Zwycięstwa, 49. ☎ 22-332-28-88. Service d'urgences (privés) 24h/24, avec des médecins parlant l'anglais.

■ **Pharmacie** (apteka) : **Apteka Dr. Max,** dans le hall principal de la gare centrale (plan A1). Ouv 24h/24.

■ **Police touristique :** 608-599-999.

Transports

Compagnie aérienne

■ **LOT :** à l'aéroport. ☎ 58-341-25-89 ou 0801-703-703. • lot.com •

Location de voitures

■ **Avis** (plan A1, **10**) : ul. Podwale Grodzkie, 9 (Scandic Hotel). ☎ 58-300-60-05. • avis.pl • Près de la gare ferroviaire. Tlj 9h-17h (13h w-e). À l'aéroport : ☎ 58-348-12-89 ; tlj 6h-minuit.

■ **Budget** (plan B3, **12**) : ul. Ogarna, 15-19B. ☎ 58-305-61-55. • budget.com.pl • Lun-ven 9h-16h. À l'aéroport : ☎ 58-348-12-98 ; tlj 8h-22h.

■ **Hertz** (plan B1, **11**) : ul. Heweliusza, 22 (hôtel Mercure). ☎ 58-301-40-45. 605-150-429. Lun-ven 8h-16h. À l'aéroport : ☎ 58-349-48-08. • hertz.com.pl • Tlj 8h-23h.

Culture, concerts

■ **Polska Filharmonia Bałtycka – im. Fryderyka Chopina** (Orchestre philarmonique polonais de la Baltique – salle Frédéric-Chopin ; plan C2, **7**) : ul. Ołowianka, 1 (sur l'île d'Ołowianka). ☎ 58-320-62-62. • filharmonia.gda.pl/en • Billetterie mar 9h30-16h, mer-ven 10h30-18h, et 4h avt concert. Musique symphonique et de chambre.

■ **Opera Bałtycka** (opéra de la Baltique ; hors plan par A1, **5**) : al. Zwycięstwa, 15. ☎ 58-763-49-12/13. • operabaltycka.pl • À proximité de la station de train Gdańsk Politechnika, au nord du centre-ville. Billetterie mar-ven 12h (14h sam)-19h ; et 2h avt le spectacle. Compter 35-100 Zl/place. Ballets, concerts et opéras.

Où dormir ?

CAMPINGS

Voir également notre adresse à Sopot.

Camping Stogi nº 218 : ul. Wydmy, 9, à **Stogi.** ☎ 58-307-39-15. • camping-gdansk.pl • À 10 km au nord-est de Gdańsk. Suivre la direction Stogi. Tram nº 8 devant la gare (ttes les 10-30 mn) jusqu'au terminus. Ouv fin avr-début oct. Empl. env 52-57 Zl selon taille de la tente ; bungalows pour 2, 70-100 Zl. (capricieux). Après avoir traversé un environnement peu glamour, on atteint un agréable terrain sablonneux et ombragé de pins où l'on s'installe un peu à la louche. Malgré son éloignement du centre, ce grand camping présente l'avantage d'être accessible en tram, de n'être qu'à 350 m de la plage et d'avoir presque toujours de la place. Sanitaires corrects, machine à laver, billard, ping-pong.

Camping nº 69 Orlinek : ul. Lazurowa, 5, à **Sobieszewo.** ☎ 58-308-07-39. • camping69.com • À env 23 km à l'est de Gdańsk. Une fois franchi le pont menant à l'île de Sobieszewo, continuer la route 501 sur 3 km ; fléché à gauche. Ouv 15 avr-15 oct. Empl. tente 46 Zl. ; chalets en bois (2-8 pers) 130-280 Zl. Dans une forêt de pins à 300 m d'une belle plage de sable, vous trouverez ici des emplacements ombragés calmes, mais pas toujours très plats, et une ambiance familiale. Billard, ping-pong, buvette.

AUBERGES DE JEUNESSE

Schronisko Młodzieżowe Grunwaldzka (AJ ; hors plan par A1, **22**) : al. Grunwaldzka, 244. ☎ 58-341-33-06. • ssm.gda.pl • À 8 km au nord-ouest, à côté de l'université, en allant vers Oliwa. Train de banlieue SKM, arrêt Gdańsk Zaspa, ou trams nºs 6, 11 *ou 20 depuis la gare, puis 500 m à pied (20-30 mn). Dortoir 38 Zl/pers ; double avec sdb 124 Zl ; réduc de 10 % nov-mars ; draps (obligatoires) 5 Zl ; repas 7-13 Zl.* Dans un bâtiment moderne récent avec complexe sportif attenant, cette AJ institutionnelle a l'avantage de disposer de nombreuses douches et de dortoirs de seulement 4 lits ; les chambres sont meublées très simplement. Côté bémols : le couvre-feu à minuit et le manque d'insonorisation. Il existe 2 autres AJ du même style, en plus ancien et moins souriant, ul. Wałowa 21 *(AJ ; hors plan par B1, **20**)* et ul. Kartuska 245b (à 4 km au sud-ouest du centre), dont l'intérêt essentiel est d'offrir une nuitée moins chère que dans les *hostels* (24-42 Zl/lit). Mais attention, il est interdit d'y rester entre 10h et 17h !

HOSTELS

De très bon marché à prix moyens (45-280 Zl / env 11-70 €)

Hostel Midtown *(plan B2, **21**) : ul. Podwale Staromiejskie, 105-106 lok. 1 (entrée par le portail au nº 108). ☎ 58-710-50-57. • midtownhostel.pl • Dortoirs 4-6 lits 45-80 Zl/pers ; doubles 115-215 Zl selon saison et confort ; petit déj inclus.* Le 1er étage de cet immeuble de brique accueille dortoirs et petites chambres (salles de bains communes) à la déco ancrée dans le XXIe s. Les équipements sont modernes et bien pensés, le tout très clair (même la chambre sans fenêtre !) et nickel... d'ailleurs, on se déchausse dès l'entrée. Agréable salon TV ou terrasse pour prendre son frichti préparé dans la cuisine. Location de serviettes (y compris pour les doubles), vélos et... sèche-cheveux.

World Hostel *(plan B1, **23**) : ul. Brygidki, 14. 504-973-953. • worldhostel.pl • Dortoirs 4-6 lits 75-95 Zl/pers, double 280 Zl, petit déj inclus.* Dans une maison mignonette cachée à l'arrière du Grand Moulin et à l'orée d'un quartier d'immeubles, cette AJ de luxe joue la carte du confort, tendance cocooning. Ses chambres et dortoirs, impeccablement conçus et finis, sont tous décorés de grandes images de villes du monde. On apprécie le calme, la propreté, le thé et le café à volonté, les locations de vélos sur place, mais ne vous attendez pas, en revanche, à un lieu très festif. On approche l'hôtel plus que l'AJ.

Riverside Hostel *(plan C3, **28**) : ul. Powroźnicza, 18-24. ☎ 58-718-38-54. • riverside-hostel.pl • Dortoirs 6-10 lits 50-70 Zl/pers selon saison et capacité ; doubles 140-240 Zl ; petit déj inclus.* Ne le confondez pas avec les appartements du même nom, situés sur la même rue. Au cœur de la ville, à une encablure de la porte Verte, voilà un *hostel* bien nommé : du haut des lits superposés, vue sur la Motława pour 3 des 4 dortoirs (pas celui de 8, mais lui dispose de sa propre salle de bains). Il manque juste des rideaux pour ne pas se réveiller à 4h en été ! Peu de dortoirs, donc, guère plus de chambres (3), ce qui donne une atmosphère chaleureuse au lieu, renforcée par la déco de vieux bouquins et les tons bleus. Cuisinette.

4 Friends Hostel *(plan C2, **26**) : ul. Długie Pobrzeże, 16 (entrée ul. Mydlarska). 539-599-009. • 4-friendshostel.com.pl • Dortoirs 4-5 lits 55-75 Zl/pers selon taille et saison ; doubles sans ou avec sdb 120-230 Zl.* Les (petits) dortoirs et les chambres les moins chères (riquiqui) partagent les mêmes sanitaires et... la même vue frontale sur la Motława ! Rien d'extravagant, mais l'essentiel est là (dont une cuisine) et les prix sont bons pour une si belle situation.

Five Point Hostel *(plan B2, **29**) : ul. Podmurze, 2. 882-703-070. • 5point.pl • Dortoirs 4-8 lits 50-75 Zl/pers selon taille et saison ; double env 160 Zl ; petit déj 15 Zl/pers.* Cette petite AJ récente est située dans la vieille ville, au-dessus d'un notaire. L'ensemble, dans l'air du temps, est bien conçu et bien tenu, avec une agréable salle commune-cuisine sous les toits (hamac) et des dortoirs parfois un peu exigus mais aux lits superposés massifs à l'épreuve des séismes ! Les chambres sont fraîches et cosy avec leurs coffres en bois en déco. Thé et café en libre service, location de serviettes (5 Zl) et vélos.

HÔTELS

De prix moyens à chic (160-400 Zl / env 40-100 €)

■ ***Kamienica Gotyk*** *(plan B2, **27**) : ul. Mariacka, 1. ☎ 58-301-85-67. • gotykhouse.eu • Selon saison, doubles 220-310 Zl, petit déj inclus.* Au bout de la plus jolie rue de la ville et au dos de la cathédrale Sainte-Marie, cette étroite maison gothique en brique est la plus vieille de Gdańsk, bâtie en 1451. Anna Schilling y aurait discrètement reçu son amant, un certain Nicolas Copernic ! Les chambres, plutôt petites, sont claires, bien équipées (TV, bouilloire) et décorées avec goût. Quelques tableaux et bibelots anciens rappellent le passé médiéval de la bâtisse, sans excès. Très bon accueil souriant et serviable. Une excellente adresse.

■ ***Hostel 22*** *(plan C1, **30**) : ul. Panieńska, 22. ☎ 58-718-06-17. • hostel22.pl • Double env 220 Zl ; petit déj 15 Zl/pers. Parking gratuit devant (quelques places slt).* Ne vous fiez pas au nom d'*hostel*. Il s'agit d'un petit hôtel simple, situé aux marges du vieux centre et d'un quartier résidentiel d'immeubles. Ses doubles et appartements (2 chambres, cuisine), récents, sont assez spacieux et sont tous dotés de parquets flottants, bons matelas et couette, TV grand écran et salles de bains privées. La plupart ont même une fresque de personnages en noir et blanc ! Bon accueil en anglais, mais la réception n'est ouverte que de 8h à 20h. Un bon rapport qualité-prix.

■ ***Hotel Stay Inn*** *(plan B2, **32**) : ul. Piwna, 28-31. ☎ 58-354-15-43. • stayinngdansk.com • Doubles 180-440 Zl selon taille et saison.* Idéalement situé sur le flanc de la cathédrale, ce 3-étoiles récent a adopté un style urbain scandinave de bon aloi, piqueté de touches vert olive et bleu acier. Les chambres *Superior* sont assez spacieuses, les *Economic* plutôt riquiqui (9 m^2), mais toutes sont accueillantes, douillettes même. On adore la miniterrasse perchée sur le toit, avec son unique table entourée d'un canapé et de 2 fauteuils. Accueil souriant et pro.

■ ***Liberum*** *(plan B2, **33**) : ul. Długa, 84-85. 📱 729-199-099. • liberumgdansk.pl • Entrée par la ruelle latérale (ou le resto). Doubles 200-400 Zl ; petit déj 35 Zl/pers.* Amarré tout contre la porte Dorée, ce petit boutique-hôtel surfe sur l'air du temps avec ses murs en briques apparentes, ses bons lits confortables et sa déco tout droit sortie d'un magazine. L'accueil (en anglais) est parfaitement professionnel. Seuls bémols : certaines chambres un peu petites (vieille bâtisse oblige) et le bruit de la foule et des musiciens sur la rue Długa lors des longues soirées d'été.

■ ***Dom Aktora*** *(plan B2, **24**) : ul. Straganiarska, 55-56. ☎ 58-301-59-01. • domaktora.pl • Doubles 220-380 Zl selon confort et saison, apparts (2-6 pers) 320-640 Zl ; petit déj, 4-heures et parking compris.* La façade grise de ce petit immeuble n'est guère engageante. Ses atouts sont le calme de la rue, l'accueil très aimable (et anglophone) et ses chambres, de petits appartements meublés comme un chez-soi polonais : cuisinette, 1 ou 2 chambres à coucher, salon avec canapés-lits et TV.

■ ***Dom Muzyka*** *(plan C3, **31**) : ul. Łąkowa, 1-2. ☎ 58-326-06-00. • dommuzyka.pl • Doubles 180-380 Zl selon confort et saison, petit déj inclus (promos sur Internet en réservant à l'avance). Parking payant.* Cette vaste bâtisse au charme d'une caserne militaire prussienne (ce qu'elle fut avant de recevoir l'Académie de musique) abrite aussi un gros hôtel. Certes, le mobilier n'est pas transcendant, mais les chambres sont spacieuses, de bon confort, et les salles de bains sont récentes. De grandes fenêtres donnent sur la grande cour (calme) ou... sur la voie rapide. Le centre est à moins de 10 mn à pied.

■ ***Hotel Bonum*** *(plan C1, **34**) : ul. Sieroca, 3. ☎ 58-304-78-10. • hotelbonum.pl • Selon confort et saison, doubles 240-500 Zl avec ou sans petit déj. Parking gratuit (non gardé).* Cet hôtel de la chaîne *Best Western* a été aménagé dans 3 vieilles maisons contiguës, dans un quartier calme encore assez central mais qui a l'air un peu à l'abandon... Ses chambres, de tailles variables, affichent des parquets laminés foncés et, parfois, des murs de briques apparentes. Elles sont immaculées et bien dotées : coffre, bouilloire, TV satellite. L'accueil est pro mais assez froid et si les tarifs sont une bonne affaire hors saison, ils sont tout de même bien élevés au cœur de l'été.

De chic à plus chic (240-600 Zl / env 60-150 €)

Hotel Hanza (plan C2, **25**) : *ul. Tokarska, 6. ☎ 58-305-34-27. • hotelhanza.pl • Doubles 280-640 Zl selon saison. Parking gardé.* Cet hôtel à taille humaine est superbement situé le long de la promenade des quais de la Motława. Les chambres, avec vue sur le canal ou la vieille ville, sont calmes, très agréables et parfaitement dotées : AC, TV satellite, frigo ; attention, toutefois, certaines n'ont qu'une fenêtre de toit. Au rez-de-chaussée, bar et resto stylés (voir « Où boire un café ? »). Excellent petit déj et, en prime, un spa (avec sauna) au sous-sol.

Hotel Podewils (plan C2, **35**) : *ul. Szafarnia, 2. ☎ 58-300-95-60. • podewils.pl • Doubles 430-690 Zl selon saison, avec petit déj.* Des envies de grandeur ? Derrière sa façade joliment fleurie de géraniums, ce petit palais baroque de 1729, ancré sur le flanc oriental de la Motława, appartient au réseau des *Historic Hotels of Europe.* On y entre comme dans un musée, ou presque, avant d'être conduit dans l'une des 10 chambres, toutes parées de papiers peints rétro, riches et lourds rideaux et salle de bains en marbre. L'écusson en forme de cœur à la tête d'Africain au-dessus de l'entrée ? Une allusion au surnom du proprio, le « garçon noir », tailleur de pierre de talent, longtemps rejeté et enrichi par le miracle du mariage...

Où manger ?

Très bon marché (moins de 20 Zl / env 5 €)

Bar Turystyczny (plan B2, **40**) : *à l'angle des rues Węglarska et Szeroka. Lun-ven 8h-19h (20h en été), w-e 9h-18h. Plats 5-14 Zl.* Fondée en 1956, cette petite cantine (typique des « bars à lait ») met un point d'honneur à perpétuer son savoir-faire : alimenter ses habitués en larges portions de plats roboratifs à prix modiques – sous l'œil sévère de la caissière en polo vert. Au cœur de l'été, la queue s'allonge parfois sur 50 km (euh... mètres) !

Jadalnia Pod Zielonym Smokiem (plan B2, **42**) : *ul. Szeroka, 125. ☎ 58-320-78-65. Entrée par ul. Pańska. Tlj 10h (12h dim)-23h. Plats 13-24 Zl ; lun-ven midi, soupe et plats du jour 7,50-10 Zl. Commande au comptoir.* Dans le sous-sol du dragon vert, l'ambiance est décontractée bien qu'un peu bruyante, quand les nombreux étudiants fréquentant les lieux se lancent dans des discussions. Jusque tard le soir, on y vient pour un petit plat polonais sans chichis, façon *bar mleczny* – roulade ou jarret de porc, *naleśniki,* pâtes au saumon... à arroser d'une bière pas chère.

Bon marché (20-40 Zl / env 5-10 €)

Pierogarnia Mandu (plan A1-2, **41**) : *ul. Elżbietańska, 4-8. ☎ 58-300-00-00. Tlj 12h-21h (22h ven-sam). Plats 13,50-27,50 Zl.* Paradis des amateurs de *pierogi* (raviolis à la polonaise), *Mandu* réinvente le concept sur des notes actuelles et dans un cadre 100 % moderne – en exhibant ses cuisinières en fichu derrière l'une de ses façades vitrées ! Il y a les classiques polonais, les *new wave* (oie à la confiture, miam), les russes, les géorgiens, les végétariens (c'est quel pays, ça ?) et même les coréens ! Ils sont préparés à la commande (30-40 mn d'attente), alors adoptez le slogan des T-shirts des jeunes et dynamiques serveuses : *keep calm and eat pierogi.* Excellente limonade à la framboise. *Autre adresse à Oliwa, ul. Kaprów 19D (☎ 58-340-55-44).*

🍴 ***Original Burger*** *(plan B3, **48**) : ul. Długa, 47-49. ☎ 58-306-77-63. Tlj 12h30-23h (minuit jeu, 0h30 ven-sam, 22h30 dim). Burgers 18-26 Zl, menus 24-32 Zl.* Touristes et locaux se retrouvent dans la salle décalée aux chaises dépareillées et vieux fauteuils de bus pour happer goulûment un des bons burgers maison – à choisir sur un menu en forme de 33-tours. Les produits sont de qualité et la terrasse sur rue la bienvenue l'été. En option : salades, brownie et *sundae* pour se la jouer 100 % ricain.

🍴 ***Bar Pod Rybą*** *(plan B2, **43**) : ul. Piwna, 61-63. ☎ 58-305-13-07. Tlj 10h-22h. Plats 9-48 Zl.* On vient ici par amour pour la reine de la cuisine polonaise : la pomme de terre. Au menu, une patate au four, servie avec une quarantaine d'accompagnements au choix : fromage seul, hareng et *gurk* (gros cornichons doux), saucisses, gouda et bacon, bœuf épicé, chanterelles à la crème... C'est copieux, roboratif même. Bon. Simple. Simplement bon. Asticotez les serveuses si elles traînent un peu la patte.

🍴 ***Tawerna Mestwin*** *(plan C2, **45**) : ul. Straganiarska, 20-23. ☎ 58-301-78-82. Tlj 11h-22h (18h lun). Plats 17-30 Zl.* Repérable au drapeau jaune et noir de la Cachoubie (voir « Au nord et à l'ouest de la "Tricité" »), cette taverne au cadre rustique célèbre ce pays de l'intérieur, pétri par le métissage germano-polonais : bouquets d'herbes séchées, artisanat (en vente), musique folklorique en boucle et cuisine de terroir roborative d'un bon rapport qualité-prix. En vedette : poissons, pommes de terre, boulettes de viande, lard, etc. Service sans fioritures, avec quelques mots d'anglais. Pour vous entraîner au cachoube, essayez donc de prononcer le nom du restaurant dans sa traduction régionale : *Mscëwòj !*

🍴 ***Rybka na Wartkiej*** *(plan C1, **46**) : ul. Wartka, 5. ☎ 58-526-27-43. Poisson 16-21 Zl, frites 8,50 Zl.* Dans ce *fish & chips,* on apprécie la terrasse le long du quai de la Motława et les généreuses portions de sole et de flétan à accompagner de frites maison. Si la pluie menace, la salle intérieure prend agréablement le relais avec ses murs chaulés et son bois clair.

Prix moyens (40-70 Zl / env 10-17,50 €)

🍴 ***Czerwone Drzwi*** *(Red Inn; plan B2, **44**) : ul. Piwna, 52-53. ☎ 58-301-57-64. Tlj 12h-21h. Plats 20-58 Zl.* Dans une ancienne maison à perron, la « Porte Rouge » est tout le contraire du tape-à-l'œil. Voilà un lieu chaleureux, fleurant bon le salon de grand-mère avec ses hauts plafonds, buffet et piano. Pour ne pas faire affront au cadre, on se nourrit de *bigos* (ragoût au chou) et d'excellents *pierogi* mettant bien en valeur les goûts de chaque ingrédient. Pour faire passer le tout, du vin au verre abordable.

🍴 ***Cała Naprzód*** *(plan C2, **49**) : ul. Tokarska, 21-25. ☎ 58-329-87-25. Tlj 11h (10h w-e)-22h (brunch w-e 10h-12h). Plats 22-69 Zl ; menu le midi 31 Zl.* C'est le resto du Musée maritime, perché au 4e et dernier étage – et prolongé d'une superbe petite terrasse offrant une vue sans partage sur la Motława. La cuisine réexplore la tradition polonaise à la table en l'allégeant un peu. Notre conseil : privilégiez le menu, d'un bon rapport qualité-prix. Service pro.

De chic à plus chic (70-100 Zl / env 17,50-25 €)

🍴 ***Prologue*** *(plan C1, **46**) : ul. Grodzka, 9. ☎ 58-526-59-09. Tlj 13h-22h (minuit ven-sam). Plats 57-92 Zl.* Difficile de ne pas succomber à l'élégante terrasse épousant les berges de la Motława. Parmi les tout meilleurs restaurants de la ville, *Prologue* navigue d'un continent à l'autre, entre viandes argentines d'une tendreté assurée, spécialités italiennes selon l'inspiration du chef et classiques polonais revisités en fonction des produits de saison. Dans tout les cas, la fraîcheur est là, notamment côté légumes. Le service, en anglais, est précis et amical à la fois.

On regrettera juste des portions parfois un peu chiches pour les prix.

Targ Rybny (Fishmarkt ; plan C2, **47**) : *ul. Targ Rybny, 6c. ☎ 58-320-90-11. Tlj 12h-23h. Plats 39-97 Zl ; 1 kg de gambas à partager 230 Zl.* Situé à l'emplacement de l'ex-marché aux poissons, à un jet de crustacé de la Motława, ce resto bien établi est apprécié de tous pour sa cuisine cachoube à base de produits de la mer. Certes, les prix ne sont pas tendres, mais la terrasse en véranda est très agréable en soirée. Les maquettes de bateaux et nappes à carreaux bleus et blancs tissent un joli filet dans lequel on n'a pas déplaisir à se laisser prendre. Votre mari cale sur les arêtes ? Dites-lui qu'il y a aussi de bons gros steaks argentins !

Pod Łososiem (plan C2, **51**) : *ul. Szeroka, 52-54. ☎ 58-301-76-52. Tlj 13h-22h (23h ven-sam). Plats 60-110 Zl.* Fondée en 1598 (si, si !), cette institution culinaire occupe un hôtel particulier du XVIIe s reconstruit à l'identique après la guerre (et souvent filmé). Dans ses impressionnants salons aux fenêtres à vitraux, tableaux, miroirs dorés et lourd mobilier, tout respire la puissance de l'ancienne cité commerciale qu'était Gdańsk. À la carte, le poisson tient la vedette, en particulier le saumon saupoudré de feuille d'or (!) qui a donné son nom au resto. La cuisine traditionnelle n'est pas mal, mais ses prix sont gonflés par la notoriété et par le service très chic (comprenez : distant) !

Où boire un café ? Où manger une pâtisserie ou une glace ?

Cukiernia Sowa (plan B3, **60**) : *ul. Długa, 13-17. ☎ 58-300-01-41. Tlj 9h-22h (23h ven-sam).* Dans l'une des belles demeures de la rue, les tables s'alignent en terrasse – à moins de préférer les alcôves avec banquette face aux fenêtres. On s'y installe pour déguster une bonne pâtisserie, un marbré, un roulé ou une crème brûlée. Les recettes tiennent la route : la maison a été fondée en 1946 à Bydgoszcz.

Retro Cafe (plan B2, **62**) : *ul. Piwna, 5-6. 665-217-965. Tlj 10h-23h (minuit ven-sam).* Quelques vieux téléphones, un phonographe, un poste de radio à lampes... histoire de coller au nom de l'enseigne. Canapé capitonné ? Sofa ? Voltaire ? Bergère ? Dans lequel de ces fauteuils vous engoncerez-vous pour déguster votre thé (option 1,3 l pour les amateurs !) et votre part de gâteau ? Côté son, on est dans les vieux crooners et, côté boisson, dans les cocktails vintage et limonades maison.

Kawiarnia de l'Hotel Hanza (plan C2, **25**) : *ul. Tokarska, 6. Sur les quais après la porte Verte. 661-511-811. Tlj 9h-21h.* Envie de luxe sobre pour lire au calme votre journal, tout en regardant les promeneurs défiler sur les quais ? Alors, ce bar et sa terrasse au joli mobilier de jardin italien et gros coussins sont les vôtres. Comme l'hôtel qui l'abrite, il bénéficie du décor élégant d'une architecture moderne un peu décalée – avec notamment une moquette qui imite pavés et plaques d'égouts !

Café Kamienica (plan C2, **61**) : *ul. Mariacka, 37-39. Tlj 11h-22h (minuit ven-sam).* On y fait halte avant tout pour prendre un café ou une bière sur son superbe perron surélevé commandant une bien belle vue de la plus jolie rue de Gdańsk – à moins de s'installer sur l'une des tables et chaises en fer forgé courant jusqu'à l'angle de la rue. Service malheureusement inégal.

Où boire un verre ? Où sortir ?

On espère que vous avez l'esprit festif : Gdańsk regorge de cafés, bars, boîtes et autres lieux de débauche (si l'on ose dire). Et ça ne date pas d'hier : au XVIe s, on y compta jusqu'à 400 brasseries !

Wine Bar Literacka (plan B2, **65**) : ul. Mariacka, 50-52. 500-431-451. Tlj à partir de 10h. Plats 29-85 Zl. On a hésité à le classer ici ou dans « Où manger ? ». Situé au début de la très belle rue Mariacka, fleuron du vieux Gdańsk, la maison répartit ses tables sur son haut perron (avec vue) et jusque dans les recoins cachés d'une micromezzanine surplombant une salle lie-de-vin aux murs couverts de bouteilles. On y sirote de bons et grands crus (attention à la note quand même !), à accompagner d'un choix de salades et de bons desserts plus abordables. La bande son, elle, plonge au cœur de l'Amérique des crooners.

Browar Piwna (plan B2, **70**) : ul. Piwna, 50-51. ☎ 58-301-39-24. Tlj 12h (11h en été)-minuit (1h ven-sam). Cette microbrasserie parmi les plus réputées de Gdańsk s'est établie à même l'historique *rue des Brasseurs,* dans un cadre au look d'usine où règnent aciers inoxydables et galvanisés. Galvanisé, vous le serez certainement par la bière produite et servie ici : *lager, pils,* blanche, stout classique ou brune au caramel, au blé, ambrée, noire... Bonne nouvelle, il y a aussi de quoi éponger.

Józef K (plan B2, **69**) : ul. Piwna, 1-2. 572-161-512. Tlj 10h-minuit (4h ven-sam). Comment ne pas tomber sous le charme ? Des bouquins partout, aux murs, en haut, en bas, à droite, à gauche, tout un tas de mobilier éclectique, 2 vieux projos de ciné, du métal tendance industrielle, des canapés tendres à la fesse, des serveuses souriantes, des bières pression bien fraîches, du cidre de groseilles à maquereau, du thé, du café, de quoi manger, de la zik' ben cool, bref un joli cocktail branché-vintage.

Piwnica Irish Pub (plan A2-3, **67**) : ul. Garbary. ☎ 58-305-91-39. Pas dans la rue Garbary même, mais sur une petite place arborée, au bout d'une ruelle filant à gauche, juste avt la porte Złota en venant de Długa ; entrée par une maisonnette de briques. Tlj sf lun 12h-minuit (2h ven-sam). Drôle de cave voûtée... En fait, il s'agit d'anciennes toilettes publiques, où l'on vient aujourd'hui consciencieusement lever le coude en regardant les matchs sur grand écran ! Bon, il n'y a pas grand-chose d'irlandais... L'été, les proprios installent une terrasse en surface, très appréciée des jeunes qui se planquent derrière son mur de végétation.

Cap sur l'angle des rues Lawendowa et Straganiarska, à quatre pâtés de maisons au nord de la cathédrale *(plan B2,* ***72****)*. Là, dans un mouchoir de poche, un trio de pubs voit graviter chaque soir son lot de gentils buveurs et de hipsters : ***Pub Pułapka, Lawendowa 8*** et ***Café Lamus.*** Nous, on préfère un peu le *Lamus,* tout petit, avec sa déco rétro aux papiers peints psychédéliques et ses tables en tourets de câble (une idée reprise au *Lawendowa 8,* alias le « 8 »). Mais à vous de butiner pour vous faire votre idée.

Polskie Kino (plan B2, **75**) : ul Szeroka, 97. 506-407-718. Tlj 15h (12h été)-2h (3h ven-sam, 1h dim). Rouge, vert, marron... les shots de vodka fraise, kiwi ou chocolat vous en feront voir de toutes les couleurs pour quelques *złotys* seulement. Un arc-en-ciel qu'accompagnent à ravir les fauteuils en skaï framboise, les eaux-de-vie aux fruits multicolores, la bière pas chère et les vieilles affiches qui s'ingénient à affirmer un thème « cinéma polonais ». Pas sûr que vous connaissiez déjà la fin du film...

Flisak '76 (plan B3, **68**) : ul. Chlebnicka, 9-10. 509-994-854. Tlj 18h-1h (3h ven-sam). Le lieu est trendy. Non, pardon, en avance sur trendy. Élu il y a quelque temps « bar de l'année », le *Flisak* se terre sous les pavés pour distiller dans la pénombre ses bières artisanales (en bouteilles) et ses cocktails parfois surprenants, réputés auprès de la jeunesse locale.

No to Cyk (plan B2-3, **71**) : ul. Chlebnicka, 2. Tlj 14h-2h (4h ven). Boisson 4 Zl ; plat 8 Zl. Il y a le franglais et il y a l'anglorusse (comment qu'on dit ?). *No to Cyk,* c'est « non au jus » et, par extension, oui aux boissons d'homme, dans le droit fil des *zakąski-przekąski,* littéralement les « apéros-snacks » – ou comment siffler une vodka tout en grignotant un caquelon de *bigos* à prix démocratiques. On tente ici de trouver un peu d'espace pour lever le coude et activer sa dérisoire fourchette. À la deuxième tournée, on sympathise avec le mannequin militaire de la vitrine, avant d'enfourcher (mentalement) la mob perchée au mur. *Before, after,* c'est toujours l'heure de passer chez *No to Cyk.*

Red Light Pub *(plan B2-3, **76**) : ul. Piwna, 28-31 (entrée sur ul. Kaletnicza). 505-785-095. Tlj 14h-3h (4h ven-sam).* Les locaux apprécient ce pub pas vraiment timide (quoiqu'un peu caché) où canapé, lampes et objets de déco (baroque) voient rouge. La bière (artisanale) et les cocktails ne sont pas très chers, le cidre de poire goûtu, et il y a même une petite piste de danse en sous-sol pour ceux qui sont encore frais comme une rose.

Café Absinthe *(plan A2, **66**) : ul. Sw Ducha, 2. ☎ 58-320-37-84. Dans le bâtiment du* Teatr Wybrzeze. *Ouv 14h-4h (6h ven-sam).* L'un des cœurs animés de la nuit, l'*Absinthe* combine l'atmosphère club-banquette à celle d'un troquet alternatif. Du coup, il ratisse large parmi les noctambules, qui y boivent un verre le temps d'atterrir ou avant de voler vers d'autres horizons. Programmation musicale éclectique et de qualité, service cool. Le lieu a les horaires de fermeture les plus tardifs de Gdańsk.

Bunkier Klubogaleria *(plan B1, **73**) : ul. Olejarna, 3. 531-711-207. • bunkierclub.pl • Tlj 17h-1h (5h ven-sam). Entrée 10-20 Zl. À partir de 24 ans (!).* Le béton brut de cet ancien gigantesque abri allemand réserve bien des surprises. Sur quatre niveaux, les solutions de tir sont multiples pour boire une mousse, danser, écouter du rock, de la pop, de l'électro : un néo-pub, d'autres bars, deux pistes, des alvéoles aux couleurs du monde et même des cellules, des sacs de sable et des caisses de munitions ! Un lieu alternatif très explosif, où se produisent quelques DJs ou groupes béton. Des jeunes de 24 à 77 ans viennent y *gdańsker* et le week-end, c'est même blindé !

Gazeta Rock Cafe *(plan B2, **74**) : ul. Tkacka, 7-8. ☎ 58-320-24-34. Ven-sam slt 21h-5h. Entrée gratuite.* Une boîte à musique toute rouge à l'intérieur avec videurs en noir à l'extérieur. Noirs comme les vinyles agrafés aux murs. Il y a bien longtemps que les guitares accrochées au plafond ne donnent plus et laissent faire celles de la sono ou de la scène qui versent dans le rock à fond les ballons. Un classique des nuits de Gdańsk qui a su faire son microsillon dans le cœur des jeunes et moins jeunes.

Achats

– ***L'ambre :*** avec ses innombrables bijoutiers et vendeurs, sa bourse spécialisée et sa poignée d'ateliers, Gdańsk s'impose comme la première ville au monde pour l'ambre. Autant dire que vous n'aurez que l'embarras du choix ! L'office du tourisme édite une brochure dédiée signalant les ateliers les plus réputés, notamment la ***Styl Galeria*** *(plan C2, **90** ; ul. Długie Pobrzeże, 31 ; ☎ 58-301-43-80 ; • amberstyl.pl •).* Plusieurs types de certificats existent : assurez-vous d'en bénéficier. Sinon, impossible de manquer les boutiques de la ***rue Mariacka*** *(plan B-C2)* où l'on trouve également lainages, feutre, vitraux et autres.

Produkty Benedyktkyńskie *(plan B3, **91**) : ul. Garbary, 5. Lun-sam 10h-18h (14h sam).* Un joli choix de produits issus de monastères bénédictins du monde entier : miel, biscuits, fromage. Pas d'eau bénite, ne poussons pas, mais bière et vin, oui !

À voir

Le Gdańsk historique est formé de différents ensembles urbains :

– ***Główne Miasto*** (ou *Śródmieście*) **:** la « ville principale » correspond à l'hypercentre. Détruite à près de 90 % en 1940-1945, elle a bénéficié du programme de reconstruction et de restauration à l'identique lancé, fait rarissime, par un régime communiste. La réussite est telle qu'avec la patine des années

on la prend pour une véritable « vieille ville ». Réservez-lui une bonne journée, ou deux. Chaque maison ou presque recèle des détails intéressants.
– ***Stare Miasto,*** la « ville ancienne », au nord de l'avenue Podwale Staromiejskie, et ***Stare Przedmieście,*** le « vieux faubourg », au sud de l'avenue Podwale Przedmiejskie, font malheureusement mentir leur nom : rasés eux aussi pendant la guerre, ils n'ont pas été rebâtis dans le style ancien et regroupent une majorité d'immeubles résidentiels de l'époque communiste.

➢ Les principaux sites et musées *(historique, de l'Ambre, hôtel de ville, cour Artus, Dom Uphagena, de la Poste)* offrent l'entrée gratuite le mardi de mi-septembre à mi-juin. • *mhmg.pl* •
➢ ***Free Walking Tour :*** *513-875-814. • freewalkingtour.com/Gdansk • D'avr à mi-nov, visite guidée gratuite de la ville principale en anglais, tlj à 10h30 et 15h30 (durée : 1h30-2h) ; nov-mars, mer, ven et w-e slt à 10h30. Également visite sur le thème de Solidarność (durée : 2h30) ; consulter le calendrier en ligne. Dans les 2 cas, rdv face à la porte Dorée, côté musée de l'Ambre (plan A2).* C'est gratuit, mais le pourboire est naturellement sous-entendu !

LA VILLE PRINCIPALE *(GŁÓWNE MIASTO)*

Le quartier, fondé en 1343, s'articule le long d'un axe central composé d'ulica Długa (rue Longue) et de Długi Targ (le Long-Marché), la place qui la prolonge, véritable cœur battant de la cité. Il débute à l'ouest à la porte Dorée et s'achève à l'est à la porte Verte, face aux quais de la Motława. Cette voie dite « royale » *(Królewska Droga)* était autrefois empruntée par les cortèges. De part et d'autre courent d'autres rues parallèles, débouchant toutes à l'est sur la rivière par des portes monumentales.
La reconstruction, basée sur les archives de la ville, s'est faite par priorités : de 1949 à 1959, c'est la rue Długa qui a été redressée et, dans les années 1960, les artères parallèles. Les quais ont vu venir leur tour dans les années 1990. Le programme est encore en cours et s'attaque désormais à l'île de Spichlerze !

L'ancienne voie royale, d'ouest en est

★★ ***Brama Wyżynna*** *(porte Haute ; plan A2)* **:** elle ouvre la voie royale à l'ouest. Construite au XVIe s, elle faisait partie de l'enceinte Renaissance, édifiée en avant-poste des fortifications médiévales. Son attique porte les armoiries de la Pologne (anges), de la Prusse royale (licorne) et de Gdańsk (lions), une œuvre du Flamand Willem Van den Blocke qui résume à elle seule l'histoire mouvementée de la ville. Puisque vous êtes là, jetez un coup d'œil (à droite en regardant la vieille ville) aux imposantes cariatides de la ***Narodowy Bank Polski*** (Banque nationale de Pologne).

★★ ***Przedbramie – Muzeum Bursztynu*** *(avant-porte – musée de l'Ambre ; plan A2)* **:** *ul. Targ Węglowy, 26, juste derrière la porte Haute. ☎ 58-301-47-33. De mi-juin à mi-sept, lun 9h-13h (gratuit), mar-dim 10h-18h ; hors*

QUAND L'AMBRE SE FAIT DE L'OMBRE

Au Moyen Âge, les chevaliers de l'ordre Teutonique imposent que tout morceau d'ambre trouvé sur les côtes de la mer Baltique doit leur être remis, sous peine de mort. L'ambre est alors rare, donc précieux. Or, à la fin du XIXe s, deux Prussiens inventent une nouvelle méthode d'extraction très efficace. Résultat ? Entre 1875 et 1914, leur entreprise remonte chaque année entre 225 000 et 500 000 t d'ambre. Sa valeur chute au point que les plus petites pièces sont fondues pour en faire du vernis...

saison, tlj sf lun 10h-16h ; dernière entrée 30 mn avt fermeture. Entrée : 12 Zl ; réduc ; accès à la tour : 5 Zl en sus. Panneaux explicatifs en anglais.
Remontant au XVe s, l'ancienne avant-porte est dominée par une tour gothique, utilisée jusqu'au XIXe s comme prison. À l'origine, un canal passait devant et un autre derrière.
Profitant du cadre restauré avec respect, le musée, de conception agréable, rassemble tout ce qui touche à l'ambre – né, selon la légende, des larmes des victimes du Déluge. On découvre ainsi ses origines et formation, sa palette de couleurs (du laiteux au rouge), des inclusions animales et végétales, l'histoire de son commerce et de ses utilisations médicinales, etc. On y voit une multitude de pièces allant d'amulettes néolithiques aux plus folles créations contemporaines, en passant par des bijoux, autels portatifs, coffrets... et même de délirantes choppes à bière ! Au passage, on apprend que le principal gisement d'ambre se trouve sur ces rivages de la Baltique, particulièrement dans l'enclave russe voisine de Kaliningrad, où les tempêtes automnales le font resurgir.
Dans un second temps, une exposition se penche sur l'histoire du bâtiment, avec anciennes cellules et salle de torture. Et pour finir on peut grimper à la terrasse pour la vue *(5 Zl ; été slt).*

Złota Brama *(porte Dorée ; plan A2)* **:** succédant à l'ancienne avant-porte, elle constitue la véritable entrée de la voie royale. Édifiée au début du XVIIe s, sa fonction était plus ornementale que défensive. Elle tire son nom des statues allégoriques, soulignées de dorures, qui couronnent sa balustrade : la Paix, la Liberté, la Richesse, la Gloire, en éternelle opposition avec la Sagesse, la Piété, la Justice et la Concorde. Les devises latines gravées sur ses faces illustrent l'éthique de la ville comme l'axiome : « Les petites républiques croissent dans la concorde, les grandes disparaissent dans la discorde. »

Dwór Bracta Św. Jerzego *(hôtel Saint-Georges ; plan A2)* **:** *à gauche de la porte Dorée quand on regarde la vieille ville.* Ce magnifique palais du XVe s a été bâti pour cette confrérie secrète qui regroupait les plus riches bourgeois de la ville. Sa tour du XVIe s est dominée par la statue de saint Georges et du dragon.

La rue Długa *(plan B2-3)* s'ouvre sur l'un des plus beaux alignements de façades peintes de Pologne. Ces maisons patriciennes, surmontées de pignons sculptés et richement décorées de portails imposants, sont typiques de l'architecture des villes hanséatiques.
– Au n° 12, le ***Dom Uphagena,*** palais rococo de l'échevin Jan Uphagen, Flamand à l'origine d'une lignée de marchands et d'armateurs très influente jusqu'au XIXe s, se distingue par sa façade framboise. Pillé par les nazis et entièrement détruit pendant la guerre, il fut l'un des premiers à être reconstruits à l'identique. Il abrite le ***musée des Appartements bourgeois*** : ☎ *58-301-23-71. De mi-juin à mi-sept, lun 9h-13h (gratuit), mar-dim 10h-18h ; hors saison, tlj sf lun 10h-16h ; dernière entrée 30 mn avt fermeture. Entrée : 10 Zl ; réduc.* Les décors ont été scrupuleusement reconstitués, du petit cabinet asiatique de l'entresol jusqu'aux salons d'apparat et de musique, en passant par la salle à manger du 1er étage. Les portes et boiseries aux moulures délicates sont remarquables pour leurs peintures évoquant tour à tour le lointain Orient, la mythologie ou la nature, avec une succession d'insectes, fleurs et oiseaux. Tentures, poêles en faïence et mobilier d'époque restituent bien l'ambiance d'une maison patricienne. Expos temporaires au 2e étage.
– Au n° 28, le palais Renaissance du bourgmestre Feber est décoré de motifs italiens du XVIe s.
– Au n° 29, la maison baroque du maire Czirenberg, du XVIIe s.
– Au n° 35, le plus beau de tous, le château du Lion *(zamek Lwi),* un palais Renaissance dû à l'architecte de la porte Dorée, où les nobles de la ville donnèrent au XVIIe s un festin en l'honneur du roi Ladislas IV.
– Au n° 47, une maison gothique de la seconde moitié du XVe s.

Ratusz Glównego Miasta *(hôtel de ville principal ; plan B3)* **:** *ul. Długa, 46-47, à l'orée de Długi Targ.* Construit en 1328, cet édifice a hérité de ses transformations successives un beau mélange de styles gothique, Renaissance et baroque. Réduit à un tas de décombres en 1945, il fut magnifiquement rebâti sous la pression des habitants. C'était le troisième incendie de son histoire. Sur la tourelle d'angle, le cadran solaire du XVIIe s est le seul élément extérieur d'origine. Son **beffroi** *(entrée : 5 Zl ; réduc)* domine les toits de ses 82 m. Il renferme un carillon de 37 cloches, réputé pour son timbre cristallin, qui joue un hymne patriotique *(Rota),* à 20h les jeudis de début juillet à mi-août et les deux premiers lundis d'août. Au sommet trône la statue dorée du roi Sigismond Auguste, un cadeau des habitants du XVIe s pour le remercier d'avoir établi l'égalité des droits entre protestants et catholiques. L'hôtel de ville abrite aujourd'hui le **Muzeum Historyczne Miasta Gdańska** *(musée historique de la Ville). ☎ 58-767-91-61. De mi-juin à mi-sept, lun 9h-13h (gratuit), mar-dim 10h-18h ; hors saison, tlj sf lun 10h-16h ; dernière entrée 30 mn avt fermeture. Entrée : 12 Zl ; réduc.* La visite s'ouvre par l'imposant portail baroque aux armes de Gdańsk, gardé par deux lions tournés vers la porte Dorée en l'honneur des cortèges royaux. Sur la gauche, l'ancienne salle du trésor municipal, qui servait de coffre-fort à l'argent déposé par les bateaux ancrés dans le port, est devenue un restaurant.
Dans le hall d'entrée, l'escalier en colimaçon à double révolution, superbement sculpté, conduisait autrefois aux salles d'apparat, mais on se contente aujourd'hui de le regarder. On passe dans la *sala Weta* (salle blanche ou salle du Grand Conseil) peuplée de portraits royaux d'exécution récente et de lustres géants, pour s'attarder dans la **salle Rouge** *(sala Czerwona),* qui s'ouvre à gauche par une porte très ouvragée. La décoration de cette pièce où se réunissait le Grand Conseil, inspirée de la Chambre des sénateurs du palais des Doges, est somptueuse. Œuvre d'artistes flamands de la fin du XVIe s et du début du XVIIe s, elle affirme un style maniériste caractéristique de cette époque. La cheminée rehaussée d'or, ses armoiries et les bancs marquetés frappent l'œil par la richesse du travail d'exécution. Les peintures flamandes des murs et du plafond exhortent les vertus ; la plus connue est le panneau ovale central intitulé la *Glorification du rattachement de Gdańsk à la Pologne,* qui représente le panorama de la ville dominée par un arc de triomphe. Tout ce décor, qui ne servait aux échevins qu'en été, fut démonté en 1943 par les nazis eux-mêmes pour être mis à l'abri.
On traverse ensuite une série de petites salles au 2e étage, réunissant meubles, peintures et collections diverses. Le 3e étage transporte soudain le visiteur dans la Dantzig des années 1920-1930, grâce à des photos d'époque et des reconstitutions de logements et d'échoppes. De là, on accède au beffroi par une longue série de 191 marches pour une vue splendide. On ressort par les caves, occupées par d'autres petites expos.

Długi Targ *(Long-Marché ; plan B-C3)* **:** prolongeant la rue Długa, la place, épicentre du pouvoir économique et politique, a vu les marchands se faire construire de prestigieuses demeures témoignant de leurs rang et fortune. Beaucoup de ces demeures, à la différence de celles de la rue Długa, ont conservé leur noble et grand perron. L'ensemble est proprement superbe.

Dwór Artusa *(cour d'Artus ; plan B3)* **:** *Długi Targ, 43-44. ☎ 58-767-91-86. De mi-juin à mi-sept, lun 9h-13h (gratuit), mar-dim 10h-18h ; hors saison, tlj sf lun 10h-16h (13h mar, 18h jeu) ; dernière entrée 30 mn avt fermeture. Entrée : 10 Zl ; réduc.* Un indice de la vocation de l'édifice est donné par la statue d'Hermès qui se dresse devant sa façade : la présence ici du dieu protecteur des voyageurs, des marchands et... des voleurs n'est pas un hasard ! L'histoire de la cour d'Artus commence au début du XIVe, lorsque de riches négociants, réunis au sein de la confrérie de Saint-Georges, fondent leur propre cour d'arbitrage, inspirée par les chevaliers de la Table ronde du légendaire roi Arthur (d'où « Artus »). Son objectif : régler les différends avec impartialité et humanité. Pendant plus de 2 siècles, malgré un incendie qui la voit rebâtie en 1481, elle est l'institution clé de la ville et exerce son influence dans toute l'Europe du Nord. Les guildes se multiplient.

Pour illustrer cet âge d'or, une nouvelle façade maniériste est ajoutée en 1617. Au-dessus du portail encadré des médaillons du roi Sigismond III Vasa et de son fils Ladislas, on y voit des figures d'empereurs romains et les personnifications de la Force et de la Justice, dans deux niches. Au XVIIIe s, le déclin du port de Gdańsk est amorcé. Les confréries se dissolvent et la cour devient une bourse aux céréales. Si les murs ont été totalement détruits pendant la guerre, les trois quarts de la riche ornementation, mise à l'abri en 1943, ont été sauvés. L'intérieur se présente aujourd'hui comme une vaste salle couverte d'une voûte en palmier gothique semée d'étoiles, soutenue par quatre colonnes de granit. Admirez les superbes maquettes de navires qui y sont suspendues et le gigantesque poêle pyramidal de 11 m de haut, chef-d'œuvre de la Renaissance (1545), chargé autrefois d'adoucir les rudes mois d'hiver. Chacun de ses carreaux de faïence est orné de portraits de présidents des guildes, rois et grands personnages européens, tant catholiques que protestants – témoignage de l'ouverture de la ville aux idées réformées (la nonne buvant du vin au pied du poêle est un autre indice !). À côté se trouve un remarquable saint Georges combattant le dragon en bois sculpté du XVe s. La cour d'Artus communique avec la *Nouvelle Maison des échevins* ou *Vestibule de Gdańsk.* Dans son décor baroque (XVIe-XVIIe s), on remarque un escalier en bois sculpté similaire à celui de l'hôtel de ville.

Sur la place, la jolie ***Fontana Neptuna*** *(fontaine de Neptune)* a été dessinée en 1633 par Abraham Van den Block pour s'harmoniser avec la façade de la cour d'Artus, dont il est aussi l'auteur. La statue de Neptune, symbole de la ville, rappelle que sa principale source de richesses est la mer. Démontée et cachée pendant la guerre, elle a été épargnée par les destructions.

CE N'EST PAS DE LA PETITE BIÈRE

Une légende locale affirme que, après une soirée bien arrosée, les membres de la cour d'Artus auraient jadis jeté par bravade leurs bagues en or dans les eaux de la fontaine de Neptune. Le lendemain, dessoûlés, ils cherchèrent à les récupérer... mais durant la nuit Neptune avait mélangé l'eau et l'or pour en tirer une liqueur toujours vendue à Gdańsk : la Gold Wasser *: de la vodka mélangée à de la limaille d'or.*

Złota Kamienica *(maison Dorée ; plan B3)* **:** *ul. Długa, 41.* Édifiée pour un riche marchand entre 1609 et 1617 dans le style Renaissance, elle se singularise par les nombreuses frises de sa façade. Les bustes sont ceux des rois polonais, tandis que les quatre personnages au sommet de la balustrade sont plus exotiques : Cléopâtre, Œdipe, Achille et Antigone.

Zielona Brama *(porte Verte ; plan C3)* **:** fermant Długi Targ à l'est, elle clôt la voie royale. Bâtie au XVIe s en remplacement d'une porte défensive gothique, elle a été conçue comme un palais pour héberger la cour royale lors de ses visites en ville, mais seule Marie Gonzague de Nevers honora de sa présence ces glacials appartements lorsqu'elle vint épouser Ladislas IV. Sur la façade, les briques foncées sont d'origine ; il y en a beaucoup, l'édifice n'ayant été détruit qu'à 20 % pendant la guerre. Les armes de la Pologne, de Gdańsk et de la Prusse ornent les quatre portiques. Des expos temporaires y sont présentées *(tlj sf lun 10h-17h).*

Les quais de la Motława

La porte Verte marque le début de la promenade qui remonte vers le nord en longeant la rivière Motława. Les quais sont rythmés par une succession de portes défensives qui ferment la perspective des rues parallèles qui y débouchent. À vos pieds, *Długie Pobrzeże (Long-Quai),* où accostaient jadis les navires marchands.

Face à la porte Verte, sur la rive opposée s'étend ***Spichlerze,*** l'île des Greniers, qui compta jusqu'à 300 entrepôts au plus fort de l'activité portuaire. La quasi-intégralité a été ravagée durant les guerres des deux derniers siècles et la reconstruction reste timide, d'où l'impression de désolation qui règne ici. C'est là, cependant, à la pointe nord de l'île, qu'a été dressé le « Gdansk Eye », la grande roue de l'***AmberSky*** (son vrai nom), qui tournoie au-dessus de la vieille ville, offrant un beau panorama *(lun-jeu 11h-23h, ven-sam 11h-minuit, dim 10h-22h ; entrée : 25 Zl ; réduc).*

Brama Chlebnicka *(porte du Pain ; plan C3)* **:** juste au nord de la porte Verte, elle fut édifiée au milieu du XVe s. Pour marquer le rattachement de Gdańsk à la Pologne, Kazimierz IV fit ajouter en 1457 la couronne royale aux armoiries laissées par les chevaliers Teutoniques.

Dom Angielski *(Maison anglaise ; plan C3)* **:** *ul. Chlebnicka, 13-16.* Datant de 1569, c'était la plus grande de son époque, haute de 7 étages (30 m). Désormais occupée par les étudiants de l'Académie des beaux-arts, elle témoigne de l'intensité du commerce d'alors entre Gdańsk et l'Angleterre. Au XVIIIe s, la ville comptait 300 familles anglaises. Juste à droite, la ***maison Schlieff*** *(ul. Chlebnicka, 14),* d'un beau gothique tardif de 1520, est une copie de l'originale, achetée par l'empereur de Prusse Guillaume III en 1822 et démontée pour être réinstallée près de sa résidence de Potsdam – où on peut toujours l'admirer.

La rue Mariacka *(plan B-C2)* **:** entre la porte homonyme bâtie à la fin du XVe s et la cathédrale Notre-Dame, cette rue est la seule à avoir conservé tous ses perrons, véritables avant-seuils, où s'alignent des boutiques de souvenirs et d'ambre. On y respire encore l'ambiance du vieux Gdańsk. Les jolies grilles de fer forgé, les parapets de pierre sculptée, les grosses gargouilles à têtes de lion, de dragon ou de monstre marin affirment par leurs fastes la réussite commerciale de leur propriétaire. Message : « Je suis un partenaire fiable. » Les aigles polonais, les emblèmes royaux ornant les grilles se voulaient, eux, des gages d'amitié et de respect de la part des commerçants, en majorité allemands, à l'égard des Polonais avec qui ils traitaient. De nombreux films allemands et polonais ont été tournés dans Mariacka. Sa spécialité : les scènes romantiques. Ça vous étonne ?

Muzeum archeologiczne *(Musée archéologique ; plan C2-3)* **:** *attenant à la porte Mariacka. Entrée par ul. Mariacka, 25-26. ☎ 58-322-21-00. • archeologia.pl • Juil-août tlj sf lun 9h (10h w-e)-17h ; reste de l'année tlj sf lun 8h (9h mer, 10h w-e)-16h (17h mer). Entrée : 8 Zl ; réduc ; gratuit sam.* Ce musée à l'ancienne couvre toute la période s'étendant entre l'époque des mammouths et la Vieille-Prusse. Si les vitrines datent, on peut y voir quelques objets notables : sceptre de bronze, urnes funéraires cachoubes en forme de maisonnettes, salle d'ambre, céramiques, outils et objets quotidiens du Moyen Âge, dont une grande barque de pêche médiévale, etc. On peut aussi accéder à la ***tour*** qui domine la Motława *(mêmes horaires, plus lun 9h-16h).*

Brama Św. Ducha *(porte du Saint-Esprit ; plan C2)* **:** elle date du XVe s et a été entièrement rebâtie après la guerre.

Narodowe Muzeum morskie *(Musée national maritime)* **:** *☎ 58-301-86-11. • nmm.pl • Explications en anglais.* Ce très riche musée maritime ravira les amoureux de la mer et même les jeunes moussaillons. Il comprend plusieurs sites : un Centre culturel maritime, où l'on achète les billets, la grue médiévale voisine et, en face, sur l'île d'Ołowianka (atteinte par un petit ferry), 3 greniers Renaissance et le bateau-musée *Sołdek*. *Billet groupé : 23 Zl ; réduc ; ferry pour Ołowianka inclus. Forfait comprenant grue, grenier et bateau-musée Sołdek : 18 Zl ; réduc.*

– ***Ośrodek Kultury Morskiej*** *(Centre culturel maritime ; plan C2)* **:** *ul. Tokarska, 21-25 (sur le quai, bâtiment vitré). Juil-août, tlj 10h-19h ; reste de l'année, tlj sf lun 10h-16h (18h w-e) ; caisse fermée 1h avt. Entrée : 6-8 Zl selon sections choisies ; réduc. Espace interactif : parfois jusqu'à 2h d'attente en pleine affluence*

(max 55 pers/h). Commençons la visite par l'expo temporaire (3e), avant de descendre voir les « Bateaux des peuples du monde » au 2e étage. Y sont exposées des petites embarcations du monde entier, type canoë canadien en écorce de bouleau, pirogues polynésienne et cuna, coracle rond en cuir et radeau en balsa péruvien. Des objets ethno et des écrans tactiles en anglais complètent l'approche. Les enfants, eux, apprécient tout particulièrement l'espace ludique du 1er étage *(non inclus dans la Tourist Card),* auquel ils peuvent accéder d'une drôle de manière... Au programme : atelier nœuds marins, pilote de bathyscaphe, chargement de porte-containers (n'en mettez pas trop, sinon le bateau coule !) ou voiliers télécommandés dans un minibassin soumis aux courants et aux alizés.
- ***Żuraw Gdański*** *(grue de Gdańsk ; plan C2)* **:** *ul. Szeroka, 67-68. Sept-nov, tlj sf lun 10h-16h (15h déc) ; dernière entrée 30 mn avt fermeture. Entrée : 8 Zl ; réduc ; gratuit mer.* Figure emblématique de la ville, il s'agit de la plus grande grue de l'Europe médiévale – elle aussi rebâtie après-guerre. Elle était actionnée par deux roues, propulsées par des hommes marchant à l'intérieur, tels des hamsters en cage ! La plus basse, visible de l'extérieur, servait à vider les cargaisons des navires, tandis que la plus haute permettait de monter et de fixer les mâts sur les bateaux. La visite permet d'admirer et de comprendre le mécanisme, impressionnant de gigantisme. Elle se fait sur fond de maquettes, de reconstitutions, d'expos consacrées à la bagarre pour le contrôle de la Baltique et contre l'enlisement, la production de cordes, de voiles...
- ***Spichlerze na Ołowiance*** *(greniers de l'île Ołowianka ; plan C2)* **:** *ul. Ołowianka, 9-13 (le quai d'en face). En été, tlj 10h-18h ; sept-nov tlj sf lun 10h-16h (15h déc) ; dernière entrée 45 mn avt fermeture. Entrée : 8 Zl ; réduc. Accès à l'île Ołowianka par traversier : tte l'année tant que la rivière n'est pas gelée, ttes les 15 mn, tlj 10h-18h en juil-août, sinon tlj sf lun 10h-16h ; 1,5 Zl.* Sur la rive orientale de la Motława, trois anciens entrepôts abritent l'exposition intitulée « Les Polonais sur les océans du monde », qui rassemble une foultitude de (superbes) maquettes de bateaux et de ports, d'instruments de navigation, de tableaux, de cartes et d'objets découverts sur des épaves par l'équipe d'archéologie marine du musée. Les huit salles sont arrangées de manière globalement chronologique, depuis les premières cultures slaves jusqu'à la navigation contemporaine, en passant par le flottage du bois sur les fleuves et les bisbilles entre nations pour le contrôle de la Baltique. La visite s'achève par un coup d'œil à un alignement de canons de bronze de la flotte suédoise, coulée lors du siège de Gdańsk en 1650-1660.
- ***Bateau Sołdek*** *(plan C2)* **:** *avr-oct slt, tlj sf lun 10h-16h ; dernière entrée 30 mn avt fermeture. Entrée : 8 Zl ; réduc.* Amarré à côté des greniers, il fut le premier navire à sortir des chantiers navals de Gdańsk après la Seconde Guerre mondiale et navigua jusqu'en 1980. À l'intérieur, une expo un peu austère évoque l'évolution de la construction navale et de la vie à bord sur fond de projection de vieux films et maquettes. Plus rigolo : le tour dans la salle des machines (un quatre-cylindres vapeur et ses impressionnants fourneaux), les cabines de l'équipage, du commandement et de pilotage.

★ ***Les quais au-delà du Musée maritime*** offrent deux autres portes plus modestes : ***brama Świętojańska*** (XVe s) et ***brama Straganiarska*** (fin du XVe), portant les armes de Pologne, de Gdańsk et de Prusse. Dans ce secteur, l'atmosphère finit par être un peu moins touristique. Un peu plus loin, la ***tour Swan*** *(plan C2),* sur la place Targ Rybny (ex-marché aux poissons), faisait partie des défenses nord de l'enceinte gothique médiévale.

Au nord de la voie royale

★★★ ***Bazylika Mariacka*** *(basilique Notre-Dame ; plan B2)* **:** *ul. Piwna. ● en.bazylikamariacka.gdansk.pl ● Lun-sam 8h30-17h30 (18h30 mai-sept) ; dim 11h-12h, 13h-17h30 (18h30 mai-sept). Gratuit déc-mars ; 4 Zl avr-nov ; réduc.*

Voici ***la plus grande église de Pologne*** et l'une des plus grandes églises en brique du monde : 105 m de long, 66 m de large au niveau du transept, 27 à 29 m de haut, 5 000 m² au sol, 8 000 m² de toitures, 30 chapelles, 37 fenêtres dont un vitrail de 127 m², 7 portes d'entrée, 82 m pour sa tour quadrangulaire et une capacité d'accueil estimée à 25 000 personnes ! En volume, cette église gothique est comparable à Notre-Dame de Paris.
Sa construction demanda 159 ans, de 1343 à 1502. Située sur un terrain marécageux, elle fut bâtie sur des pilotis en bois de chêne. Finie peu avant les prémices de la Réforme, Notre-Dame a accueilli à la fois catholiques et protestants de 1529 à 1572, avant d'être définitivement attribuée à ces derniers. Les catholiques spoliés se firent ériger à côté la chapelle royale. Depuis 1945, elle est à nouveau catholique. La dernière guerre l'a laissée à moitié détruite, et c'est progressivement qu'elle retrouve sa décoration intérieure, pour partie mise à l'abri. Les fresques qui couvraient ses murs sont cependant définitivement perdues.
Composé de trois nefs sous une voûte gothique étoilée, son volume blanc est dominé par un superbe maître-autel orné d'un ***magnifique triptyque gothique*** du début du XVIe s dû à Michel d'Augsbourg, représentant à l'intérieur le couronnement de la Vierge et, à l'extérieur, des épisodes de la vie de Marie et de Jésus. Les vitraux, réalisés à Toruń, sont des copies des années 1960. Le plus grand mesure 27m de haut ! Sur le côté du transept nord, la chapelle Saint-Reinhold abrite la Madone de Gdańsk (1420), habillée d'or, ainsi qu'une copie du *Jugement dernier,* célèbre triptyque exécuté en 1472 par **Hans Memling,** dont l'original est exposé au Musée national de Gdańsk (voir plus loin).
Mais le bien le plus précieux est définitivement la ***gigantesque horloge astronomique*** du transept nord. Réalisée entre 1464 et 1470, elle est, comme l'église, à inscrire au livre des records du Moyen Âge, avec ses 14 m de hauteur et 6 mécanismes indépendants les uns des autres. Indiquer l'heure, le jour, le mois et l'année ne lui suffit pas : il faut encore qu'elle donne les phases de la Lune et la position du Soleil et de la Lune par rapport au calendrier des saints et du zodiaque. Hans Düringer, son concepteur, l'a réalisée en trois parties : en bas, l'horloge de 2,70 m de diamètre avec un calendrier ; au-dessus, un planétarium ; et en haut, Adam et Ève qui sonnent les heures en tapant sur la cloche accrochée au cou d'une femme-serpent... Les orgues baroques résonnent, elles, chaque vendredi soir d'été *(juil-début sept).*
– ***La tour :*** *tlj fin mars-nov 9h-17h30 (18h30 mai-juin et sept ; 21h juin-août) ; déc-fin mars, accès possible selon météo 10h30-15h30. Accès : 6 Zl ; réduc.* Avant de quitter l'édifice, une petite grimpette s'impose : 409 marches au total. Au sommet, une petite plate-forme offre une vue d'aigle sur la ville. À noter toutefois : pour les enfants et les adultes de moins de 1,80 m, la visibilité est réduite.

GDAŃSK, VILLE DE LA LIBERTÉ

Gdańsk a toujours été connue pour sa tolérance et son amour de la liberté. Déjà, au temps des bûchers médiévaux, la ville constituait un abri pour tous ceux qui osaient penser différemment. Elle fut ouverte aux vagues de réfugiés et persécutés : les mennonites néerlandais, les Écossais, les calvinistes français vinrent y trouver refuge, ainsi que des Anglais, des Suédois et des juifs.

Kaplica Królewska *(chapelle royale ; plan B2)* **:** *à côté de l'église Notre-Dame, sur ul. Św. Ducha. Rarement ouv.* Édifiée entre 1678 et 1683 avec les deniers royaux et ceux du primat de Pologne, qui souhaitait compenser la perte de l'église Notre-Dame occupée par les luthériens, c'est la seule église baroque de la ville. Résistance du conseil municipal protestant, manque de fonds... la chapelle fut finalement logée au 1er étage du presbytère de Notre-Dame. Seule sa façade, prestigieuse, donne une illusion d'unicité. Son architecture est signée Tylman Van Gameren, l'auteur des principaux palais de Varsovie. Derrière la chapelle, la rue Św. Ducha, où le philosophe allemand Arthur Schopenhauer vit le jour le 22 février 1788 (sa maison n'existe plus).

Wielka Zbrojownia *(Arsenal ; plan B2)* **:** *ul. Tkacka, à l'angle d'ul. Piwna.* Au lendemain de la guerre, il ne restait que quelques pans de murs de cette œuvre maîtresse de l'architecture maniériste flamande du XVIIe s – très présente à Gdańsk –, tout en brique, ornements de grès et dorures. Encadrée par deux tours, sa grande façade reconstruite multiplie les motifs militaires, tandis que les blasons de Gdańsk, tenus par des lions, ornent les portes. La façade tournée sur la place Targ Węglowy (marché au Charbon) est à peine plus modeste. L'été, l'édifice accueille la biennale des étudiants de l'école des beaux-arts de Gdańsk *(entrée libre)* ; l'occasion d'une pause dans son agréable bar.

Kościół Św. Mikołaja *(église Saint-Nicolas ; plan B2)* **:** *à l'angle d'ul. Pańska et d'ul. Świętojańska. Tlj 8h-19h.* Cette église gothique en brique du XIVe s, assise sur un millier de pieux en bois, est la seule à être sortie presque indemne de la guerre. La succession d'autels baroques adossés à chaque pilier blanc de la nef fait écho à un magnifique maître-autel de 1647, une Vierge à l'Enfant gothique (dans la nef), le riche enclos des fonts baptismaux et les belles orgues du XVIIe s qui ornent la tribune.

Côté nord, la ***Hala Targowa*** *(plan B2 ; lun-sam 9h-18h – 15h sam),* datant de 1896, a elle aussi réchappé à la guerre. Elle a retrouvé sa vocation commerciale. Juste devant, la ***Baszta Jacek*** *(tour octogonale Yacinthe ; plan B2),* du XVe s, faisait partie des fortifications médiévales et servait de tour de guet. On ne peut pas y monter.

Kościół Św. Jana *(église Saint-Jean ; plan C2)* **:** *ul. Świętojańska, 50. • centrumswjana.pl • Tlj 10h-18h.* À la différence de l'église Saint-Nicolas, ce bel édifice gothique des XIVe et XVe s porte toujours les stigmates de la guerre. Le toit a été refait mais, sur les hauts murs de brique, seuls quelques tableaux ont été réinstallés. Expos temporaires et concerts.

LA VIEILLE VILLE (STARE MIASTO)

Son aspect principalement moderne, dû aux ravages de la guerre, contraste avec le faste de la *Główne Miasto.* Étendue au nord de la rue Staromiejskie, la vieille ville devint simple faubourg de la ville principale au XIVe s, sous le règne des chevaliers Teutoniques. Les riches marchands allemands y refoulaient la population polonaise la plus pauvre. Cette différence de destin se retrouva après la guerre, lorsqu'elle fut négligée par l'effort de reconstruction, celui-ci se bornant à n'y rebâtir que les monuments les plus représentatifs.

Ratusz staromiejski *(hôtel de ville de la vieille ville ; plan A1)* **:** *ul. Korzenna, 33-35. Tlj sf dim 10h-18h. GRATUIT.* Antoon Van Opberghen, l'architecte du Grand Arsenal, donna à la ville cet autre bijou de la Renaissance flamande, relativement épargné par la guerre. L'astronome Jean Hevelius, qui y siégea, est honoré par une statue sur la place voisine et un bas-relief sur la façade, ornée de surcroît des blasons de Pologne, de Prusse et de Gdańsk. Au début du XXe s, elle s'est vu greffer des éléments provenant de maisons de la rue Długa, notamment son portail et, à l'étage, les peintures XVIIe s du plafond à caissons et la triple arcade avec frise romaine (1560). L'édifice héberge aujourd'hui le Centre culturel balte, grâce auquel on peut les admirer – ainsi que le bel escalier de bois et les faïences néerlandaises de Delft. Des concerts ont lieu dans la grande salle aux cheminées Renaissance.

Wielki Młyn *(Grand Moulin ; plan B1)* **:** *ul. Wielkie Młyny, à l'angle d'ul. Na Piaskach. Lun-sam 10h-19h.* Construit en 1350 par les chevaliers Teutoniques, c'était le plus grand moulin de l'Europe médiévale : 40 m de long, 26 m de haut sur 9 étages. Ses 18 roues à aubes pouvaient moudre 200 t de farine par jour. Toujours en activité à la veille de la Seconde Guerre mondiale, il fut totalement détruit après une carrière de 600 ans. Seule la carcasse du bâtiment (déjà très impressionnante) a été reconstruite. Elle abrite aujourd'hui une galerie commerciale assez glauque.

Kościół Św. Katarzyny *(église Sainte-Catherine ; plan B1)* **:** *ul. Podmłyńska, face au Grand Moulin. Lun-sam 7h-18h ; dim et j. fériés 8h-10h, 12h-18h.* Parmi les plus anciennes de la ville (XIVe s), cette église gothique abrite la dépouille de Jean Hevelius (1611-1687), le plus grand astronome de Pologne avec Copernic. En 2006, un incendie accidentel a entraîné l'effondrement de son toit et de considérables dégâts matériels. Récemment rouverte au public, elle accueille des concerts entre ses murs de brique nus. On y verra surtout le baptistère en marqueterie de bois. La tour (51 m), couronnée d'un dôme baroque au XVIIe s, a, elle, déjà retrouvé son allure d'antan. Son carillon de 17 t, emporté par les nazis dans une église de Lübeck, a été reconstruit en 1989 et résonne à nouveau *(ts les jeu 18h, de juil à mi-août et les 2 premiers lun d'août).* Il constitue la pièce maîtresse du *Muzeum Zegarów Wieżowych (de mi-juin à août tlj 11h-19h ; reste de l'année 10h-15h ; entrée : 10 Zl ; réduc),* qui regroupe une cinquantaine de mécanismes d'horloges remontant pour les plus anciens aux XIVe-XVe s. Clic-clac, ding-dong... la plupart sont en état de fonctionnement ! Au sommet du clocher, la vue s'étend jusqu'aux chantiers navals.

Kościół Św. Brygidy *(église Sainte-Brigitte ; plan B1)* **:** *derrière l'église Sainte-Catherine. Lun-sam 10h-15h, 16h40-18h ; dim 13h30-18h. Entrée : 2 Zl ; réduc.* Totalement ravagée pendant la guerre, elle a retrouvé sa forme gothique des XIVe-XVe s, mais il ne reste rien de sa décoration intérieure. Cette église a été le bastion du syndicat Solidarność durant les grèves des années 1980, grâce au soutien de son curé, le père Henryk Jankowski, qui devint par la suite un proche de Lech Wałęsa. Au fond, à droite, une chapelle dédiée au syndicat rassemble des croix utilisées pendant les grèves, ainsi qu'un gisant émouvant du corps supplicié de Jerzy Popiełuszko. Jeune aumônier de Solidarność, il disparut mystérieusement le 19 octobre 1984 et fut retrouvé quelques jours plus tard dans la Vistule, tabassé à mort par la police politique communiste. Il a été béatifié en juin 2010. Ne manquez pas non plus le nouvel autel du sanctuaire, réalisé tout en ambre !

Muzeum Poczty Polskiej *(musée de la Poste ; plan C1)* **:** *ul. Obrońców Poczty Polskiej, 1-2. ☎ 58-301-76-11. Lun 9h-13h (gratuit), mar 10h-13h, mer-sam 10h-16h, dim 11h-16h ; dernière entrée 30 mn avt fermeture. Entrée : 10 Zl ; réduc.* En septembre 1939, 50 postiers opposèrent dans cette vieille poste une résistance désespérée aux forces allemandes. Ils réussirent à tenir 14h, malgré la faiblesse de leur armement. Les quelques survivants furent tous exécutés. Le musée leur réserve une petite section, le reste des salles étant consacré à l'histoire de la poste locale – et à travers elle de la communauté polonaise – dans les années 1920-1939.

Muzeum II Wojny Światowej *(Musée de la Seconde Guerre mondiale ; plan C1)* **:** *ul. Długa 81-83. ☎ 58-323-75-20. • muzeum1939.pl • OUV PRÉVUE EN MILIEU D'ANNÉE 2017.* Ce musée prend une place naturelle à Gdańsk (ex-Dantzig), point de départ de la Seconde Guerre mondiale. Le bâtiment modern(ist)e accueillera des collections encore sous le coup de tergiversations politiques (on n'ose parler de guéguerre...) au moment de l'impression de ce guide : comme si l'histoire d'un pays et d'une guerre mondiale pouvaient dépendre du résultat des dernières élections ! Date d'ouverture annoncée entre mars et juin 2017...

SUR LES TRACES DE SOLIDARNOŚĆ

En quittant la vieille ville vers le nord par ulica Rajska, on se retrouve face au siège local du syndicat Solidarność, banderole et drapeau flottant au vent. Inexorablement vos pas vous porteront à l'emblématique grille des chantiers navals.

Europejskie Centrum Solidarności *(Centre européen des solidarités ; hors plan par A1)* **:** *pl. Solidarności, 1. ☎ 58-772-40-00. • ecs.gda.pl • ♿ Tlj 10h-20h (18h oct-avr), dernier accès 1h avt. Entrée : 17 Zl ; réduc ; audioguide en français inclus (instructions compliquées !).* Difficile de rater ce monumental bâtiment d'acier rouillé planté juste à côté de la fameuse grille des chantiers navals de Gdańsk. Comme son nom l'indique, ce centre, gratifié du prix du Musée de l'année par le Conseil de l'Europe en 2016, est un hymne au combat mené par le syndicat Solidarność pour les droits des travailleurs et du peuple polonais sous le joug communiste. Et c'est bien sur ce terrain que se place l'exposition permanente. Répartie sur deux étages, six espaces et pas moins de 3 000 m², elle vous dira tout de la grève initiale d'août 1980, de la naissance du syndicat et de son ascension : les espoirs, les petites victoires, le retour de bâton de la loi martiale, la clandestinité et la résistance. Panneaux, banderoles, cars de police, casques de métalos, retransmissions télévisées d'époque, affiches et documents divers racontent à leur manière (un peu confuse par moments) cette tranche d'histoire, jusqu'à la chute finale du gouvernement Jaruzelski et du bloc de l'Est. Ouf, une *happy end* !
Le centre accueille en parallèle de grandes expositions temporaires de qualité *(petites gratuites, grandes 10 Zl ; réduc).*

Pomnik Poległych Stoczniowców *(monument aux morts des ouvriers du chantier naval ; hors plan par A1)* **:** *pl. Solidarności. Devant l'entrée du musée et du chantier naval.* Ces trois croix géantes de 40 m de haut furent inaugurées le 16 décembre 1980 par le Parti communiste, en présence de l'Église et des leaders de l'opposition. C'était la première fois qu'un Parti communiste érigeait un monument à la mémoire de ses propres victimes : les ouvriers des chantiers tombés sous les balles de l'armée, lors des émeutes de 1970, déclenchées par l'augmentation du prix des denrées de base. Le monument marque aussi la première victoire politique du syndicat Solidarność : pendant toute une décennie, les ouvriers ont apporté chaque jour une pierre pour former un monticule de plus en plus grand, vite emporté par la milice pendant la nuit. En 1987, le pape Jean-Paul II est venu bénir le monument. À côté, sur le mur d'enceinte du chantier naval, des plaques commémoratives pour les autres victimes du communisme tombées depuis 1970.

Stocznia Gdańska *(chantiers navals de Gdańsk ; hors plan par A1)* **:** *pl. Solidarności. GRATUIT.* On y pénètre par une ***grille d'entrée*** métallique, symbole du combat pour la liberté, de l'espoir et de la souffrance. Des bouquets de fleurs, des drapeaux polonais, du Vatican et de Solidarność, un portrait de Jean-Paul II y sont accrochés, tels des ex-voto, en hommage à ces années terribles mais décisives pour le peuple polonais et l'Europe entière. Jusqu'en 1980, on parlait du « chantier Lénine ». Déclaré en faillite en 1996, il a été privatisé, repris un temps par un groupe métallurgique russe puis ukrainien, partiellement reconverti en centre de production d'éoliennes pour une société allemande. Il emploie aujourd'hui à peine 2 000 ouvriers, contre 15 000 en 1980. À 150 m de l'entrée, la ***salle du BHP*** *(☎ 58-308-42-24 ; • salabhp.pl • ; tlj 10h-18h ; GRATUIT),* l'équivalent du CHSCT (Comité d'hygiène, de sécurité et des conditions de travail) français, se visite. C'est là que furent signés, le 31 août 1980, les fameux accords de Gdańsk entre les syndicalistes et les représentants de l'État communiste. Qu'y voit-on ? Des maquettes de navires issues des chantiers, des banderoles (certaines à l'effigie de la Vierge), de vieilles photos et quelques objets, comme ces boîtes de conserves remplies de minilivres interdits importés de l'Ouest... Le café de l'entrée, baigné de vieux souvenirs, invite aussi à l'escale. Pour le reste, le quartier devrait s'effacer dans les années à venir devant un immense projet de réaménagement urbain. En attendant, les bateaux qui vont à Westerplatte et Sopot offrent une vue d'ensemble sur les installations survivantes.

LE VIEUX FAUBOURG (STARE PRZEDMIEŚCIE)

Muzeum Narodowe *(Musée national – département des Arts précoces ; plan A3)* **:** *ul. Toruńska, 1. ☎ 58-301-70-61. • mng.gda.pl • Mai-sept, mar-dim 10h-17h (12h-19h, jeu juin-août) ; reste de l'année tlj sf lun 9h-16h (10h-17h dim). Entrée : 10 Zl ; réduc ; gratuit ven (sf expos temporaires).* Abrité dans un ancien monastère franciscain, ce musée présente au rez-de-chaussée plusieurs sections d'arts décoratifs, principalement de céramiques (beaucoup de Delft) et d'argenterie, ainsi que des expositions temporaires. L'étage est, lui, consacré à la gravure (*Apocalypse* de Dürer) et à la peinture, avec un imposant département pour les seules œuvres néerlandaises et flamandes, témoin des étroites relations passées entre Gdańsk et les Pays-Bas. On y note la présence de deux Van Dyck et d'un petit Bruegel le Jeune (pas majeurs), mais la pièce vedette est le triptyque du ***Jugement dernier*** de Hans Memling (1471), acquis de drôle de façon (voir encadré) – et dont une copie se trouve dans l'église Notre-Dame. La représentation des damnés aux visages grimaçants tombant dans les flammes de l'enfer est si prenante qu'on lui a attribué une vague de conversions ! Au verso sont représentés le commanditaire Angelo Tani et son épouse Catarina. Toujours au même étage, deux intérieurs bourgeois ont été reconstitués.

LES TRIBULATIONS D'UN TABLEAU

Avant de couler des jours tranquilles, le Jugement dernier *de Hans Memling a vécu une véritable épopée. Voguant vers l'Italie à bord d'un bateau bourguignon aux côtés d'autres biens destinés aux Médicis, il est capturé au large de Gravelines par un corsaire de Gdańsk... Malgré les interventions du pape et du duc de Bourgogne, le retable n'est jamais rendu. À Gdańsk, il est plus tard subtilisé par Napoléon, puis récupéré à Paris par les Prussiens. Les nazis le cachent dans un abri, où l'Armée rouge finit par le retrouver et le transfère à l'Ermitage. Il a été rendu à Gdańsk en 1956.*

Kościół Św. Trójcy *(église de la Sainte-Trinité ; plan A3)* **:** attenante au musée, elle se présente comme un bel édifice gothique de la fin du XVe s. À l'intérieur, une magnifique chaire gothique, un maître-autel composé de plusieurs triptyques, dont un attribué à Isaac Van der Blocke, et un superbe buffet d'orgues. Ne ratez pas la ***crèche*** naïve inspirée de la vie à Gdańsk, avec son petit Jésus tout blond, son pêcheur, sa grande grue et ses personnages historiques, Jean-Paul II inclus !

Les vestiges des anciennes fortifications du XVIIe s subsistent encore, bien visibles un peu plus au sud, notamment grâce au tracé des douves, qui n'ont pas été comblées.

Fêtes et manifestations

- ***Festival Feta de théâtre de rue :*** *mi-juil. • feta.pl •* Des mises en scène improvisées dans la rue animent le centre-ville.
- ***Foire dominicaine*** *(Jarmark Dominikański)* **:** *3 sem fin juil-août. • jarmarkdominika.pl •* Remontant à l'an 1260, cet immense marché essaime dans le cœur historique échoppes d'artisans, tréteaux de bateleurs et d'artistes de rue.
- ***Festival international d'orgue :*** *les mar et ven de juil-août, sous les voûtes de la cathédrale d'Oliwa.* Des artistes prestigieux de toute l'Europe mettent en valeur ces orgues uniques au monde.

– **Mozartiana :** *fin août-début sept, en la cathédrale et au parc d'Oliwa, ainsi qu'au Dom Uphagena de Gdańsk. • mozartiana.pl •* Festival dédié à la musique de Mozart.
– **Foire de Saint-Nicolas** (Jarmark Mikołaja) **:** *de la Saint-Nicolas à la veille de Noël.* Un remake hivernal de la grande foire dominicaine.

DANS LES ENVIRONS DE GDAŃSK

Westerplatte : *à env 9,5 km au nord-est du centre. Accès le plus agréable en bateau depuis le quai Długie Pobrzeże (plan C3, **6**), voir « Se déplacer à Gdańsk » en début de chapitre. Sinon, bus depuis la gare ferroviaire : nos 106 (8-11 fois/j., plus lent, dernier retour vers 19h), 138 (12/j. lun-ven, 4 le w-e ; dernier retour vers 22h) ou 606 (exprès, 3 le mat lun-ven, 6/j. le w-e, avr-oct slt).* Vaste presqu'île protégeant l'entrée du port de Gdańsk, Westerplatte est l'occasion de prendre un bon bol d'air de Baltique sur un lieu hautement symbolique, puisqu'il fut le théâtre des premiers coups de canon de la Seconde Guerre mondiale.
Deux parkings s'étendent de part et d'autre de la route. Côté droit, une série de grands panneaux (en anglais) rappelle les origines balnéaires de Westerplatte et le contexte politique qui conduisit au début de la guerre. Des vestiges de bunkers émergent à proximité. Côté gauche, on rejoint le ***musée du Corps de garde n° 1*** *(☎ 58-767-91-87 ; • mhmg.pl • Mai-sept slt, tlj 9h-16h (18h juin-août) ; entrée : 5 Zl),* où quelques photos d'archives et armes évoquent la vie au sein de ce poste de garde et ceux qui y officiaient. Plus avant se dresse le bâtiment en ruine d'une caserne, laissée en l'état, aux murs éventrés criblés d'impacts de balles. Enfin, on atteint, au bout de la péninsule, le grand ***monument*** de 240 blocs de granit élevé sur un tertre, en 1966, à la mémoire des soldats. Il est gravé des noms des grandes batailles de la Seconde Guerre mondiale (dont, bien sûr, celle de Westerplatte).
– Si le sujet vous intéresse, vous pourrez visiter, théoriquement en 2017, à Stare Miasto (ul. Stara Stoczna ; *plan C1*), le *Muzeum II Wojny Światowej,* entièrement consacré à la Seconde Guerre mondiale *(• muzeum1939.pl •).*

1939-1945, LE DÉBUT DU CONFLIT

Le 1er septembre 1939, à 4h47 du matin, le cuirassé allemand Schleswig-Holstein *ouvre le feu, 7 mn durant, sur la petite garnison polonaise (88 hommes autorisés par la Société des Nations) établie sur la presqu'île de Westerplatte. À cette époque, elle était le seul territoire polonais officiel de Gdańsk, celle-ci ayant le statut de ville libre depuis le traité de Versailles. Les 200 soldats polonais résistèrent 7 jours durant à l'assaut combiné de l'aviation, de l'artillerie et des 4 000 hommes des troupes allemandes. Héroïques Polonais !*

Twierdza Wisłoujście (forteresse de Gdańsk) **:** *ul. Stara Twierdza, 1, à 7,5 km au nord, sur la rive droite de la Vistule, un peu avt Westerplatte. Mêmes bus (nos 106, 138 ou 606). ☎ 58-767-91-87. • mhmg.pl • Ouv mai-sept slt. Tlj 10h-16h (18h juil-août), dernière entrée 40 mn avt fermeture. Visite guidée en anglais, longue (env 1h30). Entrée : 12 Zl ; réduc.* Cette puissante forteresse garde depuis 1480 l'embouchure de la Vistule. Formant une île entourée par les eaux du fleuve (un petit port s'y niche), elle est composée d'un donjon entouré d'une première enceinte ronde, à l'intérieur de laquelle s'alignent les maisons à pignons des officiers, et d'une seconde, extérieure, à quatre pointes symétriques. Elle était initialement située en bordure de la côte, mais l'ensablement progressif de l'estuaire lui a donné son actuelle situation dans un coude de la Vistule ! Elle a néanmoins conservé au cours des siècles son importance stratégique de défense du port, tout en servant aussi de phare, de poste de douane, de prison politique sous les

Prussiens et de lazaret sous les nazis ! Les communistes, qui bâtirent une grande usine de soufre à proximité, l'ont relevée un peu hâtivement après-guerre. Un petit musée occupe les anciens appartements du gouverneur.

OLIWA

À 9 km au nord-ouest de Gdańsk.

Archikatedra Oliwa *(cathédrale d'Oliwa)* **:** *ul. Biskupa Edmunda Nowickiego, 5. ☎ 58-552-47-65. • archikatedraoliwa.pl • Depuis la grande al. Grunwaldzka, fléché à gauche. Train de banlieue SKM, ttes les 15-30 mn, arrêt Gdańsk-Oliwa. Tram nos 6, 11 ou 12 puis 500 m à pied. Tlj 9h (14h dim)-17h30 (15h sam, 18h dim). Min 1 concert d'orgues par jour tte l'année : lun-sam à 12h ; dim à 15h ; jusqu'à 7 en juil-août. GRATUIT (sf concert 4,50 Zl).*
Cette magnifique église aux deux tours symétriques mérite le déplacement pour son exceptionnel jeu d'orgues, un pur joyau du XVIIIe s. Il faut absolument assister à l'un de ses concerts.
Le premier édifice roman, érigé en 1186 aux côtés d'une abbaye cistercienne, fut ravagé deux fois par les chevaliers Teutoniques et victime d'un incendie avant d'être reconstruit dans son style gothique actuel. Après la signature en 1660 du traité de paix avec la Suède, ici même à Oliwa, l'abbaye connut une prospérité à l'origine de ses fastes. Elle fut érigée en cathédrale en 1925.
Dès le premier regard, l'édifice impose sa singularité : une étroite façade baroque, prise en étau entre deux hautes tours gothiques identiques coiffées de flèches Renaissance. C'est la plus longue église de Pologne : 107 m de long, soit 1,50 m de plus que la basilique Notre-Dame de Gdańsk. La nef centrale, large de seulement 8,50 m, donne par contraste l'impression d'un long couloir. Au centre, sous les voûtes nervurées gothiques, trône un somptueux maître-autel baroque du XVIIe s, aux colonnes noires et chapiteaux or, surmonté par la « voûte de cristal », un ciel de stuc rococo habité par une colonie d'anges. L'ancien autel Renaissance, magnifiquement sculpté, a été placé dans le transept nord.
Mais la vedette incontestée reste le grand buffet d'orgue baroque, à l'exubérante ornementation de motifs en rocaille, volutes et drapés qui englobe le vitrail marial du portail et déborde sur les murs latéraux. Pendant plus de 1 siècle, ces orgues ont pu se prévaloir d'être ***les plus grandes d'Europe.*** Elles ont été réalisées par le jeune facteur d'orgues ***Jan Wulf,*** qui leur accorda 25 ans de sa vie, entre 1763 et 1788, après avoir déjà fabriqué un premier petit jeu d'orgues dans le transept sud – bien modeste en comparaison ! Le résultat est plus qu'imposant : 83 registres de sons distincts (étendus à 110 aujourd'hui) et 5 100 (7 900) tuyaux, dont le plus petit a la taille d'un crayon et le plus grand 10 m de longueur. Agrémenté d'anges automates qui sonnent triomphalement cloches et trompettes, et de soleils mécaniques qui tournent, il a le pouvoir d'imiter les sons de divers instruments : flûte, clarinette, violon, contrebasse, ainsi que le bruit du vent, les cris des animaux, le chant des oiseaux, le coassement des grenouilles et même la voix humaine ! Faut-il s'étonner alors que pendant ce travail titanesque Jan Wulf tombât en plein mysticisme et devînt frère Michel ? Généralement, le grand orgue joue en canon avec le petit orgue du transept, créant ainsi un effet d'écho remarquable.

Muzeum Etnograficzne *(Musée ethnographique)* **:** *ul. Cystersów, 19,* ***Oliwa.*** *Mai-sept, mar-dim 10h-17h (12h-19h jeu, juin-août) ; le reste de l'année, mar-ven 9h-16h, w-e 10h-17h. Entrée : 8 Zl (gratuit ven) ; réduc.* À l'entrée du parc Oliwski, derrière la cathédrale, l'ancien grenier à blé du palais épiscopal présente objets et ustensiles artisanaux de la région (pêche, agriculture...), ainsi qu'une petite section d'art populaire de Cachoubie.

Pałac Opatów – Oddział Sztuki Nowoczesnej *(palais des Abbés – département d'Art moderne)* **:** *ul. Cystersów, 18,* ***Oliwa.*** *☎ 58-552-12-71. Mêmes horaires*

LA GRANDE POLOGNE ET LA POMÉRANIE

que le Musée ethnographique. Entrée : 10 Zl (gratuit ven) ; réduc. Ce palais, édifié en 1756 par l'abbé commanditaire du grand orgue, abrite aujourd'hui une annexe du Musée national de Gdańsk. Outre de grandes expos temporaires, il présente une collection d'art moderne polonais, avec une large section consacrée à la peinture pop. Marquées par le contexte de la dissidence, les œuvres des années 1970-1980 témoignent d'une grande spiritualité et d'une inventivité graphique assurée. À noter : la très agréable terrasse du café-resto situé devant, en été.

– On peut compléter la visite ou repartir au tram en traversant le ***parc Oliwski,*** l'ancien parc du palais, devenu public, avec ses essences exotiques, son jardin à la française, ses nombreuses pièces d'eau et ses écureuils qui batifolent.

SOPOT

39 900 hab.

• Plan *p. 339*

C'est Georges Haffner, un ancien médecin militaire français de l'armée de Napoléon, qui eut l'idée de créer Sopot en 1823. Après être tombé amoureux du site (et d'une Polonaise ?) avec ses quelques huttes de pêcheurs, il eut l'idée de fonder la première station polonaise de bains de mer. Il y investit tous ses biens et fut récompensé par un succès presque immédiat.

Rattachée à Gdańsk après la Première Guerre mondiale, la Deauville polonaise connut ses heures de gloire dans les années 1920 et devint la station la plus chic de la Baltique. Il lui reste de cette époque sa célèbre jetée en bois *(molo)* de 512 m, la plus longue de ce côté-ci de l'Europe, son grand hôtel et un centre qui, rénové, a retrouvé l'éclat de sa jeunesse replaçant la dynamique station balnéaire sur le devant de la scène.

POISSONS DE LA BALTIQUE

Harengs, anguilles, saumons et maquereaux sont les espèces majoritaires dans les eaux de la Baltique. Au niveau de Sopot, la pêche repose sur une douzaine de bateaux seulement, qui pratiquent leur activité la nuit à une vingtaine de kilomètres au large des côtes. Les pêcheurs remontent leurs modestes embarcations sur le sable de la plage, car il n'y a pas vraiment de port de pêche. Le poisson acheté par les restaurateurs est donc frais. Bon appétit !

Comment y aller ?

Voir le chapitre « Se déplacer à Gdańsk et dans la “Tricité” ».

Gare de Sopot *(plan A2)* **:** *ul. Dworcova, 9.* Prendre la sortie à gauche pour rejoindre le centre. Selon la localisation de votre hébergement, préférez un arrêt avant (gare de Wyścigi) ou un arrêt après (gare de Kamienny Potok).

Ferries : liaisons avec Gdynia et Hel (voir « Arriver – Quitter » à Gdańsk et les chapitres consacrés à ces lieux).

Adresses utiles

Centrum Informacji Turystycznej *(office de tourisme de Sopot ; plan zoom B1,* ***1*****)** **:** *sur la gauche du molo en allant vers la mer.* ☎ *790-280-884.* • *sts.sopot.pl* • *Tlj, tte l'année 10h-18h.* Cartes, brochures... une équipe

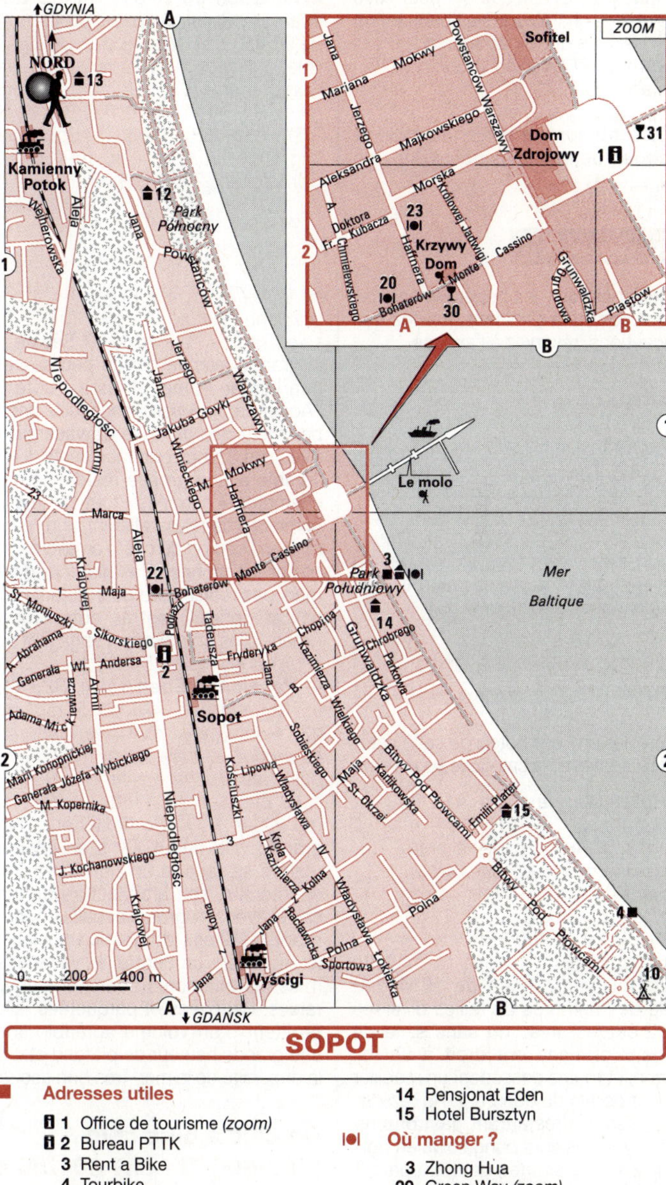

SOPOT

■ Adresses utiles

- 1 Office de tourisme *(zoom)*
- 2 Bureau PTTK
- 3 Rent a Bike
- 4 Tourbike

Où dormir ?

- 3 Hotel Zhong Hua
- 10 Park 45
- 12 Hotel Maryla
- 13 Hotel Miramar
- 14 Pensjonat Eden
- 15 Hotel Bursztyn

Où manger ?

- 3 Zhong Hua
- 20 Green Way *(zoom)*
- 22 Cyrano et Roxanne
- 23 Rucola *(zoom)*

Où boire un verre ? Où sortir ?

- 30 Błękitny Pudel *(zoom)*
- 31 Laguna Smaku *(zoom)*

sympathique et efficace qui peut vous trouver une chambre chez l'habitant ou un lit dans un dortoir saisonnier.

Bureau PTTK *(plan A2, **2**) : al. Niepodległości, 771. ☎ 58-551-06-18. • sopot.pttk.pl • Lun-ven 9h-17h.*

■ **Distributeurs de billets, banque et change :** de multiples possibilités en ville.

■ ***Location de vélos : Rent a Bike*** *(plan B2, **3**), ul. Wojska Polskiego, 1. 798-463-551. Voisin de l'hôtel Zhong Hua. Juil-sept, tlj 9h-21h (22h en été). Compter env 10 Zl/h, 50 Zl/j.* ***Tourbike*** *(plan B2, **4**) : ul. Wojska Polskiego. 518-518-458. Proche du Sopot Sailing Club. Juil-sept slt, tlj 10h-19h. Compter env 20 Zl/h ou 60 Zl/j.*

Où dormir ?

En juillet et août, les hébergements de Sopot sont pris d'assaut. Prenez vos précautions, réservez à l'avance.

Camping

Park 45 *(plan B2, **10**) : ul. Bitwy Pod Płowcami, 73. 690-27-38-10. • park45.pl • À env 1,5 km au sud de la jetée, non loin de la plage. Bus n° 143. Train* SKM, *arrêt Wyścigi, puis 2 km à pied. Ouv de mi-juin à août. Empl. tente 65 Zl.* Terrain arboré et gazonné, assez grand et bien équipé. Accès gardé jour et nuit.

De prix moyens à chic (160-400 Zl / env 40-100 €)

En été, les prix des hôtels de cette catégorie flirtent avec la catégorie supérieure.

Hotel Maryla *(plan A1, **12**) : ul. Sępia, 22. ☎ 58-551-00-34. • hotel.sopot.pl • Au nord de la plage, sur une petite colline dans un bel environnement de verdure, près de l'av. Niepodległości. Train* SKM, *arrêt Kamienny Potok. Doubles 180-320 Zl selon taille et saison ; petit déj compris.* Cette belle villa patricienne de 1914 dispose de chambres de tailles diverses sur 2 étages, avec ou sans salle de bains. Certaines ont droit à un joli balcon, et toutes possèdent un mobilier contemporain de bon goût. Au rez-de-chaussée, un restaurant gastronomique. Il y a plusieurs bungalows en bois pour 2 à 4 personnes dans un parc à la douce pelouse verte, un petit étang, une plage et la forêt juste à côté.

Hotel Miramar *(plan A1, **13**) : ul. Zamkowa Góra, 25. ☎ 58-550-00-11. • hotelmiramar.pl • Au nord de la ville en limite de voie rapide. Train* SKM, *arrêt Kamienny Potok. Doubles 150-350 Zl selon saison. Parking.* Séparé de la grande avenue par un peu de vert, non loin de la mer et juste à côté de l'Aquaparc, le *Miramar* accueille principalement des groupes de vacanciers. Avec ses 2 blocs communicants, il ressemble à une grosse résidence. Les chambres, « normées » tout comme les communs carrelés, reflètent bien l'esprit maison : confort de cité U amélioré, propre et fonctionnel. Pas glamour donc, mais pas rédhibitoire pour autant dans sa catégorie. Quant au côté « mira » « mare », les promesses n'engagent que ceux qui les croient !

Pensjonat Eden *(plan B2, **14**) : ul. Kordeckiego, 4-6. ☎ 58-551-15-03. • hotel-eden.pl • Très bien situé au sud de la jetée, à env 100 m de la plage et proche du centre. Doubles sans ou avec sdb 180-300 Zl ; petit déj inclus.* De l'extérieur, cette grande villa début XXe s en impose, malgré sa façade un peu défraîchie. À l'intérieur, son architecture de plan carré avec un grand escalier central rappelle 40 ans de gestion socialiste (c'était alors un centre de vacances), mais les chambres sont très acceptables. Rénovées et parquetées, elles profitent d'un volume agréable sous une grande hauteur de plafond et... de la proximité de la mer. Très bon accueil.

De chic à plus chic (240-600 Zl / env 60-150 €)

Hotel Bursztyn *(plan B2, **15**) : ul. E. Plater, 19. ☎ 58-551-40-68. • hotelbursztyn.pl • Au fond d'un terrain arboré proche de la mer. Train* SKM, *arrêt Wyścigi, puis 1,5 km à pied. Selon saison et confort, doubles 240-550 Zl, petit déj compris ; studios 4 pers 520-1 300 Zl.* Cette construction grise de 2 étages baptisée du doux nom « Ambre Hôtel » est à l'origine le centre de vacances d'un combinat métallurgique. Contradictoire ? Non, puisque les chambres blanches parquetées ou moquettées sont claires et bien tenues. Bon accueil.

Hotel Zhong Hua *(plan B2,* ***3****) : al. Wojska Polskiego, 1.* ☎ *58-550-20-20.* • *hotelchinski.pl* • *Sur une placette, à 300 m au sud de la jetée. Doubles 380-650 Zl selon saison, petit déj compris.* La reconversion de ces bains 1900 en établissement chinois est un habile tour de passe-passe puisque l'architecture de bois d'origine, aux multiples ailes et tourelles, n'était pas sans évoquer celle d'un temple asiatique. Meubles laqués et incrustés de nacre donnent aux couloirs et chambres un léger parfum d'exotisme, sans forcer la note. Équipement standard. Les chambres qui disposent d'une terrasse sur la plage sont naturellement les plus prisées. Ce complexe inclut également une immense salle de resto qui se félicite de présenter les meilleures spécialités de l'empire du Milieu ainsi qu'un bar, une salle de billard et un café avec terrasse. On regrette quand même les prix excessifs de l'hôtel en été.

Où manger ?

Rue Monte Cassino : de la voie rapide à la jetée *(molo),* cet axe piéton et ombragé concentre l'animation de la station. On y trouve la plupart des bars et des restos ouverts tard le soir. *Steakhouse,* pizzeria, restaurants japonais, végétarien, traditionnel, lounge et boîtes. Il y en a pour toutes les envies et toutes les bourses.

Très bon marché (moins de 20 Zl / env 5 €)

Green Way *(plan zoom A2,* ***20****) : ul. Bohaterów Monte Cassino, 47.* ☎ *58-340-47-23. Tlj 10h-21h (22h ven-sam) en été, ferme 1h avt hors saison. Plats 10-16 Zl.* Cette « *success story* » polonaise a démarré pile ici. Elle se sent toujours parfaitement à l'aise, dans ce cadre coloré et branché, pour décliner ses fondamentaux : du végétarien et bio, adapté à la culture et aux appétits locaux, avec une touche d'exotisme. Commander au comptoir puis y récupérer son plat. Propositions du jour à l'ardoise. Pas de grande subtilité culinaire mais une garantie d'honnêteté des ingrédients et de portions généreuses. Idem pour les boissons.

De prix moyens à chic (40-100 Zl / env 10-25 €)

Cyrano et Roxanne *(plan A2,* ***22****) : ul. Bohaterów Monte Cassino, 11.* *660-759-594. Au bord de la voie ferrée. Tlj 13h-22h. Plats 45-75 Zl.* On dirait la petite gare d'un bled d'Occitanie, transportée au bord de la Baltique pour servir d'ambassade aux saveurs d'un riche terroir... À savoir : confit de canard du Périgord, aile de raie aux girolles, foie gras maison, soupe au pistou, planchettes de fromages affinés, de pâtés et de charcuteries. Derrière cette sélection de plats sans fausse note, vous trouverez un charmant couple franco-polonais. Avec sourire et passion, ils vous guideront également dans leur jolie carte des vins, composée au fil d'escapades dans les caves du sud de la Loire !

Rucola *(plan zoom A2,* ***23****) : ul. Haffnera, 6.* ☎ *58-555-53-55. Dans la Krzyvy Dom (rubrique « À voir »). Tlj 14h-22h (23h sam). Plats 25-60 Zl.* Franchi l'étrange seuil de la maison courbe, vous découvrirez, au fond du passage, un îlot d'exotisme dans ce resto aux allures de tente orientale. Malgré son nom italien, la cuisine fusionne les saveurs marocaines, indiennes ou thaïes, sans trop épicer les palais. Interprétation un brin déconcertante du tajine, mais bons plats et nans indiens. Ambiance feutrée, entretenue par un service délicat. Vu l'heure d'ouverture, on vient ici plutôt en soirée.

Zhong Hua *(plan B2,* ***3****) : al. Wojska Polskiego, 1.* ☎ *58-550-20-20. Voir « Où dormir ? ». Tlj 13h-23h. Plats 30-40 (cuisine occidentale), 40-75 Zl* *(cuisine chinoise).* Comme l'hôtel qui l'abrite, il affiche le charme d'une salle immense faiblement éclairée sous un beau plafond de poutres anciennes. Des lampions élégants ajoutent de la solennité à la procession de tables noires face à la capitainerie du bar. Larges baies vitrées et terrasse avec vue sur la mer. Bonne carte de spécialités chinoises et plats polonais à prix pimentés.

Où boire un verre ? Où sortir ?

Błękitny Pudel *(plan zoom A2, **30**) : ul. Bohaterów Monte Cassino, 44. ☎ 58-551-16-72. Tlj 9h-3h (5h ven-sam).* Le « Caniche Bleu », tel est son nom, n'est pas bien grand, mais la créativité de son décorateur est sans limite. Il a réussi à multiplier les ambiances, en aménageant des recoins avec chaque fois une identité différente. Vous aurez le choix entre un miniboudoir début XIXe s, un petit salon-fumoir anglais années 1940 et un bistrot années 1950. Ajoutez à cela des petits trésors de brocante et vous aurez la sensation de vous trouver dans le grand salon d'un aristocrate devenu artiste.

Laguna Smaku *(plan zoom B1, **31**) : au début de la jetée* (molo), *à droite. ☎ 58-555-01-03. Tlj 10h-21h (minuit en saison).* Confortables fauteuils en (faux) osier, qui permettent de goûter au soleil couchant ou salle à l'étage bien aménagée.

À voir

Autour de la rue Monte Cassino *(plan zoom A2)*, d'anciens ***hôtels particuliers*** témoignent par leurs styles variés (maisons à bow-windows en bois ou à colombages) de la grandeur passée de Sopot.

Krzywy Dom *(Maison courbe ; plan zoom A2)* **:** *ul. Monte Cassino.* Le site le plus photographié de Sopot. Bon, rien d'historique ni de transcendant ! Mais à voir, car les habitants la considèrent comme leur mascotte. Et puis elle est plutôt marrante, cette maison tordue et sortie tout droit d'un film de Walt Disney. Les enfants apprécieront !

La plage et la jetée (molo *; plan B1)* **:** *accès au molo 7,50 Zl avr-sept ; 5 Zl à partir de 20h ou 23h selon saison.* Principales si ce n'est uniques attractions de la ville, reconnaissons que les plages se suffisent à elles-mêmes. Quant à l'orgueilleuse jetée en bois de Sibérie, datant de 1928, très photogénique, elle fend la mer sur un demi-kilomètre et projette de petits pontons annexes. Lieu privilégié de promenade et de parade pour les touristes et les gens du cru, le *molo* commande, depuis son extrémité marine, un panorama remarquable sur la côte : aux lignes boisées de l'ancien établissement de bains 1900 (hôtel *Zhong Hua*), l'écho ostentatoire et minéral du *Grand Hotel,* axé sur sa rotonde.

Balade le long de la côte à pied ou à vélo : par l'aleja Wojska Polskiego, piste qui rejoint Gdańsk, isolée par une bande de végétation et ponctuée de guinguettes maritimes, on y trouve tout au bout, au sud de la ville, quelques vieilles ***maisons de pêcheurs,*** du début du XXe s.

Festivals

– ***Festival international de la chanson :*** *2de quinzaine d'août. ☎ 58-555-84-40.* • *bart.sopot.pl* • Chansons tous azimuts dans le grand opéra de verdure de la ville. Ce festival, qui réunit les pointures locales et certaines grandes vedettes internationales, est doublé d'un Festival de musique classique et de folklore de la Baltique.

– ***Festival de jazz :*** *en oct. ☎ 58-555-84-40.* • *sopotjazz.pl* • Reçoit les grandes pointures du genre.

DANS LES ENVIRONS DE SOPOT

Orłowo : *à env 4 km en direction de Gdynia.* Petite station balnéaire coincée entre les deux cités, qui a conservé son calme résidentiel. Les falaises de Gdynia, qui commencent ici, confèrent au coin un bel arrière-plan, enrichi de quelques cabanes de pêcheurs rappelant l'histoire de la côte et d'un joli *molo* (jetée) en bois de 180 m de long.

GDYNIA

250 000 hab.

Après le faste architectural de Gdańsk et les plaisirs balnéaires de Sopot, on vient trouver à Gdynia, ville portuaire et industrielle, l'animation autour de sa grande jetée. C'est là que sont amarrés de fiers trois-mâts. Pas forcément nécessaire que vous y jetiez l'ancre : la balade est faisable depuis Gdańsk dans la journée.

LE PLUS SLAVE DES ÉCRIVAINS BRITANNIQUES

Monstre sacré de la littérature, Joseph Korzeniowski, plus connu sous le nom de Joseph Conrad, a passé son enfance et sa jeunesse en Pologne, dans la solitude (il fut orphelin très jeune), avant d'émigrer en France, puis de se fixer en Angleterre. Éternel déraciné, il fut longtemps marin et sillonna toutes les mers du globe. Il ne revint qu'une fois dans sa vie en Pologne, mais ses origines polonaises, sa vision grave du monde et son génie slave marquent son œuvre en profondeur.

UN PEU D'HISTOIRE

Au lendemain de la Première Guerre mondiale, à la suite de la perte de Gdańsk déclarée ville libre, les autorités polonaises transformèrent en un temps record le petit village qu'était encore Gdynia en la plus grande installation portuaire du pays. L'objectif était de doter à nouveau la Pologne d'un débouché maritime. En à peine 10 ans, les travaux (débutés en 1923) firent naître du néant un port qui, dès 1937, absorbait la majorité du trafic de la Baltique. Le premier geste des Allemands fut d'annexer Gdynia en septembre 1939 et de la rebaptiser Gotenhafen, pour en faire l'une des bases majeures de la Kriegsmarine. Elle servit notamment de tête de pont pour envahir la Norvège. Les installations portuaires et les chantiers navals devinrent des camps de travail alimentés par les déportés. La fin de la guerre se solda par l'entière destruction du port. Ensuite, de nouveaux travaux titanesques aboutirent à l'actuelle cité. On ne peut dès lors que se montrer indulgent pour son aspect gris et triste.

Comment y aller ?

Se reporter à la rubrique « Se déplacer à Gdańsk et dans la "Tricité" ».

Gare de Gdynia *(Gdynia główna Osobowa) : au bout de la rue Lutego 10, dont l'autre extrémité aboutit à la jetée (molo). Consigne.*

Ferries : liaisons avec Sopot et Hel (voir « Arriver – Quitter » à Gdańsk et les chapitres consacrés à ces lieux).

Adresses utiles

Centrum Infomacji Turystycznej *(office de tourisme) : ul. 10 Lutego, 24. ☎ 622-37-66. • gdyniaturystyczna.pl • Au sud-est de la gare, à gauche de l'av. qui la relie au molo. Mai-sept, tlj 9h-18h (16h w-e) ; oct-avr, lun-sam 9h-17h (15h sam).* Sympathiques et amoureux de leur ville, les employés de l'office de tourisme municipal se feront un plaisir de vous dépanner. Un autre bureau au bout de la jetée (horaires plus restreints).

■ ***Change et distributeurs :*** *sur l'ul. 10 Lutego (entre la gare et le port),* nombre de distributeurs et banques. L'ul. Abrahama (qui part à gauche de celle-ci) offre pléthore de ***kantors*** *(tlj 8h-20h).*

Où dormir ? Où manger ? Où s'offrir une douceur ?

Pepperland Hostel : *ul. Hryniewieckiego, 6. 793-376-667. • pepperlandhostel.com • Cabines simples 70-100 Zl selon vue et j. de la sem ; sanitaires à partager ; petit déj compris.* Ambiance marinière dans cette péniche convertie en auberge, amarrée à proximité de la jetée et des musées. On ne fera pas la moule pour autant dans les cabines, à cause de leur volume mesuré (sofa limite pour les couchages additionnels, à éviter) et de leur caractère rudimentaire. Il en va de même pour les sanitaires. Reste le pittoresque des hublots donnant sur le port, le minisalon-café en poupe et le banc à la proue...

Pokoje Przy Plaży : *ul. Sędzickiego, 14. 517-554-504. • pokojeprzy plazy.global.pl • Double avec sdb env 100 Zl, petit déj compris.* Si vous tombez amoureux de la ville et désirez y séjourner une nuit (tous les goûts sont dans la nature !), gravissez donc la rue à l'arrière du Musée maritime. Sur une butte résidentielle, cette pension est si proche de la plage qu'elle en a pris le nom. Les chambres sont petites et les lits pas bien grands, mais toutes ont bouilloire et TV. Certaines jouissent d'une vue, voire d'un balcon, donnant sur le large. Accueil gentil et ambiance familiale.

Polski Smak : *ul. 10 Lutego, 6. ☎ 58-719-56-03. À l'angle d'ul. Abrahama ; à mi-chemin entre la gare et le port. Repérer l'abri en bois qui protège l'escalier. Tlj 11h-21h (12h-20h dim). Plats 25-40 Zl.* La bonne surprise, un resto en sous-sol qui soulage de l'environnement urbain et qui soigne d'authentiques recettes du pays. Le « Goût Polonais » (son nom) le fait sans prétention mais avec certitude. Ah ! le goulasch présenté dans son petit chaudron. Miam ! Et les *pierogi* aux champignons fondants accompagnés d'une sauce délicate ! Servis avec le sourire, en plus.

Cukiernia Justynka : *ul. Abrahama, 14. ☎ 58-661-27-97. Tlj 8h-19h.* Un grand choix de pâtisseries et de glaces (essayer absolument celle à la liqueur d'œuf). On se laisse guider par sa gourmandise, on commande à la caisse avec les mains avant de s'asseoir en salle. Et voilà !

À voir. À faire

L'intérêt de la ville se concentre sur la grande jetée *(molo Południowe),* que l'on gagne facilement en descendant l'avenue 10 Lutego depuis la gare. Plusieurs navires y mouillent, dont deux transformés en musées et l'inévitable galion-taverne :

Muzeum Błyskawica *(destroyer)* **:** *☎ 58-620-13-81. • muzeummw.pl • Tlj sf lun 10h-12h30, 14h-18h (17h hors saison). Les caisses ferment 45 mn avt. Entrée : 12 Zl ; réduc.* Ce vétéran de la Seconde Guerre mondiale a été bâti en 1937 dans les chantiers navals anglais. À cette époque, c'était le bateau le plus rapide de la Baltique. Son nom signifie d'ailleurs « L'Éclair ». Sa visite permet de découvrir ses installations, ainsi qu'une petite expo sur la flotte polonaise.

Statek Muzeum Dar Pomorza *(navire école)* **:** *☎ 58-620-23-71. • nmm.pl • Mai-oct tlj sf lun 10h-16h ; dernière entrée 30 mn avt.* Ce superbe trois-mâts de 91 m mouille habituellement ici entre deux voyages. Depuis sa construction en 1909 à Hambourg, il a navigué sous pavillon allemand puis français, avant d'être racheté en 1930 par l'école navale de Gdynia. Découverte de son intérieur, conservé dans l'état originel.

Dar Młodzieży : autre bateau-école appartenant à l'école navale, il est souvent en mer et ne se visite pas, mais vous aurez peut-être la chance de le trouver à quai, à côté du *Dar Pomorza.* Frégate de trois mâts comme son voisin, sa voilure atteint les 3 000 m². Il peut accueillir 45 hommes d'équipage et 150 étudiants.

Le monument Joseph-Conrad : *au bout de la jetée.* Élevé à la mémoire du célèbre écrivain et marin polonais, il ne pourrait être mieux placé.

Muzeum Oceanograficzne i Akwarium Morskie *(Musée océanographique et aquarium)* **:** *al. Pawla II, 1. Au bout, à droite de la jetée. ☎ 58-732-66-01. • akwarium.gdynia.pl • Avr-sept, tlj 9h-19h (20h juin ; 21h juil-août) ; oct-mars, tlj 10h-17h. Entrée : 24 Zl, 16 Zl pour les 4-18 ans ; réduc.* De nombreux aquariums garnis de spécimens de la faune maritime mais aussi fluviale, allant bien au-delà de nos contrées. Pas mal d'habitants multicolores des récifs coralliens et un étage amazonien réussi, où nagent d'inquiétants piranhas, ondule l'anguille électrique, s'aplatit la raie de rivière et où se promène une vedette sympathique, la bande attendrissante d'axolotls, ces poissons dotés de pattes et de branchies extérieures. Quant aux nautiles, ils sont fidèles à leurs principes de flottaison très particulière depuis 300 millions d'années... Dommage, l'absence de traduction en dehors de quelques noms anglais et scientifiques gâche la lecture des panneaux, coupes, naturalisations et modèles réduits d'organismes marins de tout acabit qui composent la partie muséale.

La plage municipale : en suivant le bord de mer vers le sud depuis la jetée. Baignade et sports nautiques.

Festival

– ***Festival Open'er de Gdynia :*** *pdt 4 j., fin juin-début juil. • opener.pl •* Le plus grand de ce style en Pologne. Chaque été, des stars internationales de la musique électro, rock et rap attirent des milliers de Polonais. À titre d'exemple, dans les cuvées précédentes : Moby, Franz Ferdinand, Placebo, Manu Chao...

LA CACHOUBIE

Cette microrégion, large d'une trentaine de kilomètres, s'étend en écharpe sur une grosse centaine de kilomètres, depuis la presqu'île de Hel en direction de l'intérieur de Poméranie, au sud-ouest de la Tricité (qui en fait historiquement partie). Forts d'environ 200 000 âmes, les Cachoubes sont un peuple slave aux traditions culturelles spécifiques. Leur langue possède son propre alphabet, qui témoigne de nombreux emprunts allemands. Les inscriptions sont souvent ici bilingues (polonais-cachoube). Les Cachoubes bénéficient d'une image très positive dans le pays. Réputés honnêtes et bons catholiques, ils passent pour être des Polonais modèles ! Les nazis essayèrent pourtant d'en faire de bons Allemands, avant de se rendre compte qu'ils n'y parviendraient pas...
Les habitants de Gdańsk sont très attachés à cette région voisine réputée pour ses nombreux lacs. La cuisine locale, costaude, est à base de poisson, de lard et de pommes de terre, sans oublier une mystérieuse soupe noire... Mais plus encore que l'hinterland (arrière-pays, quoi !), c'est le littoral de la Baltique qui attire foule, l'été venu, en particulier la presqu'île de Hel.
Rurale et peu desservie par les transports en commun, la Cachoubie s'explore idéalement en voiture.

À voir. À faire

La presqu'île de Hel : *à 1h30 (2h30 en été) de route au nord de Gdańsk (94 km). La compagnie Zegluga (• zegluga.pl •) dessert en bateau la petite ville de Hel, à la pointe de la presqu'île. De Gdańsk et Sopot, 1-3 bateaux/j. le w-e mai-juin et tlj juil-août ; compter respectivement 1h50 et 1h30 de trajet. De Gdynia (1h), 1-3 traversées/j. mai-sept. Même prix pour ts : 70 Zl A/R. Sinon, trains ou bus directs assez fréquents depuis Gdynia (env 1h30).* Longue de 35 km, cette incroyable péninsule, large par endroits de seulement 200 m, est formée par un long, très long cordon sablonneux fermant la baie de Gdańsk par le nord. L'ensemble, classé parc naturel, est planté de pins et bordé, côté Baltique, d'un interminable ruban de plages. Ce serait le paradis si, l'été, la Pologne entière n'y débarquait pas avec bouées et bagages, créant de gigantesques embouteillages... Toute une panoplie d'attractions familiales s'est développée du côté de Władysławowo et pas mal de campings essaiment au long de la presqu'île. Tout au bout, Hel est une petite ville doublée d'un port de pêche et d'une station balnéaire – où les dernières bicoques en bois et maisons à colombages se sont reconverties au tourisme. Son église gothique a été reconvertie en musée des Pêcheries *(Muzeum Rybołówstwa ; tlj 10h-18h en été ; dernière entrée 30 mn avt fermeture ; 10 Zl, réduc)*, dépendance du Musée maritime de Gdańsk. Un lieu intéressant avec une jolie collection de barques autour de l'édifice – remarquez ces drôles de cahutes aménagées à partir de demi-barques de pêche de réforme !

Narodowy Park Słowiński *(parc national de Słowiński)* **:** *en lisière ouest de la Cachoubie, à env 135 km au nord-ouest de Gdańsk via Lębork et Łeba. • slowinskipn.pl • Ouv de l'aube au crépuscule. Accès (payant mai-sept slt) : 6 Zl ; réduc ; forfaits selon durée ; musée en sus 4 Zl, réduc. Parking (selon site) : 5 Zl/h ou 6 Zl/j. De Gdańsk, env 8 liaisons par train jusqu'à Lębork et bus en correspondance vers Łeba (env 3h de trajet) ; de là, on rejoint le parc en vélo (loc).* Classé réserve de la biosphère par l'Unesco, ce parc national (327 km2) englobe une très vaste lagune, des lacs, marais et tourbières et, surtout, un large cordon littoral couvert de pins où s'arrondissent par endroits d'immenses dunes mouvantes. Pour atteindre le secteur le plus emblématique depuis l'entrée de Łeba, on peut marcher le long de la côte (environ 1h30) ou emprunter le chemin passant dans les terres – à vélo *(loc : 9 Zl/h)* ou, en saison, par des navettes électriques *(15 Zl/trajet)*. Nous, on vous conseille la marche à l'aller et la navette au retour !

Camping Ambre nº 41 : *ul. Nadmorska, 9, à* ***Łeba.*** *☎ 59-866-24-72. • ambre.leba.info • Ouv mai-sept. Empl. tente 52 Zl. Bungalows et chalets (2-6 pers) 160-520 Zl selon taille et saison.* Des différents campings de Łeba, celui-ci, situé à 100 m de la plage et au cœur d'un bois, dispose d'emplacements assez espacés, d'une zone dédiée aux tentes, de sanitaires bien tenus et de « chalets » aux airs de vraies maisons (les plus chers avec cheminée). Épicerie, resto-bar, jeux pour enfants, machine à laver, etc. Accueil sympa.

Karczma Slowińska Wydma : *à l'entrée principale du parc. 724-724-708. Plats 13-35 Zl.* Avec sa terrasse et son agréable intérieur en bois clair, voici un lieu idéal pour se réchauffer ou manger un morceau – *pierogi, naleśniki* ou *wydma,* sorte de poêlée de pommes de terre, saumon et champignons.

LA MAZURIE ET LA PODLACHIE

• Carte *p. 349*

Au nord-est de la Pologne, la Mazurie est une contrée qui ravira les routards amateurs de nature : des champs, des bois, des étangs aux eaux claires comme s'il en pleuvait ! Ces lacs postglaciaires, reliés les uns aux autres par un système complexe de canaux et de petites rivières, donnent à la région une physionomie et un caractère uniques en leur genre.
Voici un pays à découvrir en voiture ou à vélo au fil des petites routes de campagne, ou bien à pied par les chemins (600 km balisés) ombragés de tilleuls et de bouleaux. Mieux encore : adoptez le kayak ou le canoë pour glisser entre les roseaux, dans un silence tout juste troublé par l'écho du cri des oiseaux aquatiques et le plongeon des (rares) loutres, ou suivez les voies d'eau en voilier et enfilez les perles des grands lacs à votre collier. Ici, le bateau est souvent prioritaire, notamment à Giżycko, où le trafic automobile se fige face à l'un des derniers ponts tournants d'Europe pour laisser passer les embarcations !
• *mazury.travel/fr* •

Comment y aller ?

La voiture est le moyen le plus pratique pour sillonner cette vaste région. Côté transports publics, le réseau ferré est bien impuissant sur les liaisons transversales et cède plutôt la priorité au bus. Sur place, faites appel aux bateaux réguliers ou au vélo.

GIŻYCKO

29 400 hab.

Dites « guijetsko » ! Cette petite ville immergée dans la région des grands lacs masures ne déborde pas de charme. Une impression générale pourtant

joliment adoucie par son site boisé, au confluent de deux grands lacs eux-mêmes reliés par un canal que rythme le va-et-vient des bateaux. C'est un centre nautique et une base de plaisance réputés. Trois brèmes d'argent représentent l'emblème de Giżycko, car ici le poisson est roi !

Arriver – Quitter

Gare ferroviaire PKP : *pl. Dworcowy, un peu à l'est du centre-ville, au bord du lac Niegocin. ☎ 19-757.*

➢ ***Gdańsk :*** 2 directs/j., mat et ap-m. Trajet : env 4h10.

➢ ***Augustów :*** 1 train/j. vers 12h40, via Białystok.

➢ ***Varsovie :*** 4 trains/j., 7h40-15h40, avec changement à Olsztyn ou Białystok. Trajet : 4h30-5h20. Préférer le bus.

Arrêt de bus : *à côté de la gare PKP. ☎ 87-428-50-87.*

➢ ***Gdańsk :*** 1-4 bus/j. selon la saison avec *PKS (• mobilis.pl •),* via Kętrzyn, Mrągowo et Olsztyn. Trajet : env 5h.

➢ ***Mikołajki :*** env 8 bus/j., 7h30-15h20.

➢ ***Ryn :*** ttes les 15 mn à 1h, 4h-17h45, surtout avec *PKS* et *Express Bus.* Trajet : env 30-35 mn.

➢ ***Suwałki (par Augustów) :*** 1-3 bus/j. avec *PKS.*

➢ ***Varsovie :*** 3-8 bus/j. (le maximum en été) avec *PKS,* dont l'un continue vers Cracovie, 4 avec *Arriva (• arrivabus.pl •),* 3 avec *Gigabus (• gigabus.pl •).* Trajet : 3h40-5h.

Adresses utiles

Office de tourisme : *ul. Wyzwolenia, 2. ☎ 87-428-52-65. • gizycko.turystyka.pl • Lun-ven 8h (9h mai-août)-17h (18h fin juin-août, 16h nov-avr) ; w-e 10h-14h (16h fin juin-août).* Accueil anglophone.

■ ***Change et distributeurs :*** *nombreux kantors au début d'ul. Warszawska, juste après la pl. Grunwaldski et distributeurs sur la place même.*

■ ***Location de vélos – Wama-Tour :*** *ul. Konarskiego, 1. ☎ 87-429-30-79. À 100 m au nord de l'office de tourisme (à gauche de l'hôtel* Wodnik*). Mai-août, tlj 9h (10h dim)-19h ; reste de l'année lun-sam 9h-17h. Compter env 8 Zl/h ou 35 Zl/j. (selon durée de loc).* Très bon accueil en anglais ou allemand. On vous prêtera même une carte si vous demandez gentiment !

■ ***Location de canoës :*** *au* Camping Lok. *Du centre, traverser le pont mobile, prendre la 1re à gauche, puis passer la ligne de chemin de fer tt au fond. Compter 20 Zl/h.*

Où dormir ?

Dopées par l'afflux touristique estival, les possibilités sont nombreuses, ici comme dans le reste de la région. Cela étant, si les campings et chambres chez l'habitant pullulent, beaucoup affichent complet en juillet-août et certains ferment juste après.

CAMPING

Camping de l'hôtel St Bruno : *ul. Sw. Brunona, 1. ☎ 87-732-65-15. Juste à gauche après avoir passé le pont mobile, derrière l'hôtel* Zamek. *Réception à l'hôtel* St Bruno *voisin.* Il partage son gazon avec un mini-port plein de charme relié au canal. Un super endroit avec tout juste 15 emplacements, sans doute un peu plus adaptés aux camping-cars. Les sanitaires (douches incluses) sont un poil datés, mais propres. Jeux pour enfants.

HÔTELS

De bon marché à prix moyens (80-240 Zl / env 20-60 €)

Gościniec Jantar : *ul. Warszawska, 10. ☎ 87-428-54-15. 734-440-291. • jantar-gizycko.eu • Dans la rue principale, peu après avoir dépassé la*

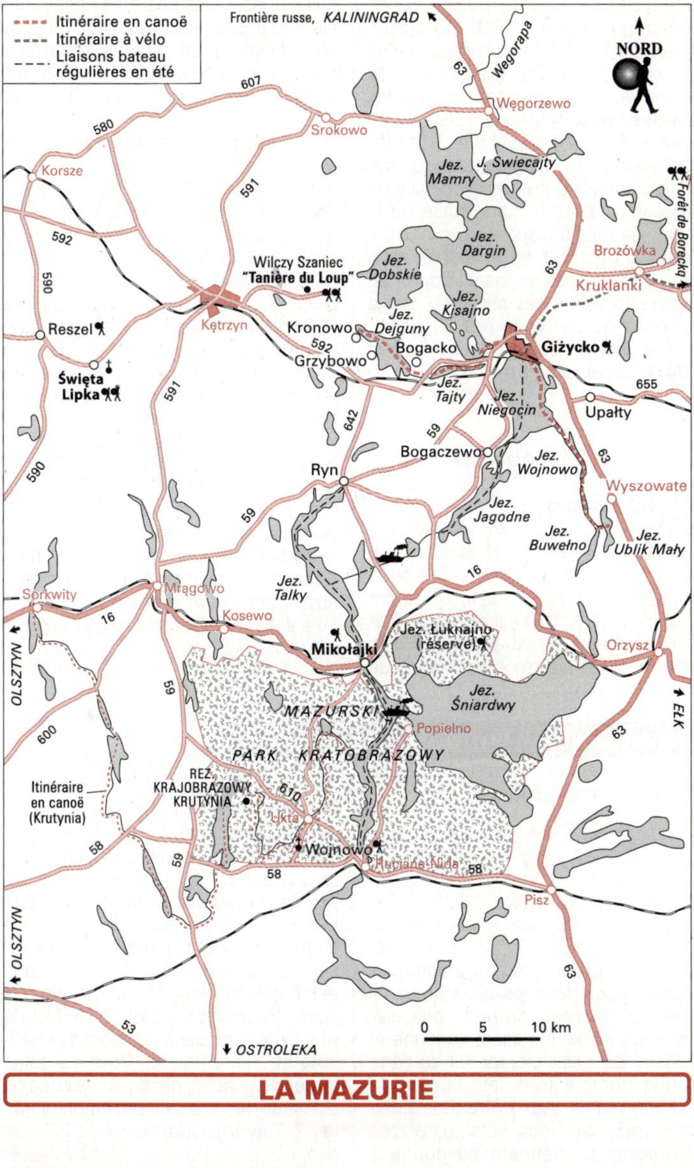

LA MAZURIE

pl. centrale. Doubles 120-150 Zl selon saison. Parking. Pas de réception ici, mais des chambres au-dessus d'une pizzeria, impeccables au demeurant. Toutes avec salle de bains privée, murs blancs et bois clair, elles donnent soit sur rue (passante), soit sur l'arrière (plus claires et calmes, certaines avec balcon). Prévenez si vous arrivez après 20h.

Hotel Zamek : *ul. Sw. Brunona, 1. ☎ 87-732-65-00. Juste à gauche* *après avoir passé le pont mobile. Réception à l'hôtel* St Bruno *voisin. Doubles 160-230 Zl selon saison, petit déj inclus.* On dirait une sorte de motel, avec garages au rez-de-chaussée et chambres au-dessus. Au nombre de 18, elles sont d'un bon rapport qualité-prix malgré leur moquette un peu ancienne, toutes avec salle de bains et vue sur le parc boisé ou le canal – la moitié dispose d'un balcon. Certes le bâtiment est tristounet, mais il jouxte un 4-étoiles installé dans un ancien château (très restauré), qui a la bonté de partager ses services : piscine, personnel aimable et très bon petit déjeuner (si on y met le prix).

Chic (240-400 Zl / env 60-100 €)

Hotel Masovia : *ul. Dąbrowskiego, 8. ☎ 87-737-13-22. • hotelmasovia.pl • Longer le lac par ul. Kolejowa et tourner à gauche un peu avt la gare. Doubles 220-320 Zl selon saison, petit déj inclus.* C'est un noble édifice bourgeois du XIXe s que voilà, en briques et pierres enchâssées de chiens-assis. Les chambres sont spacieuses et bien équipées, avec de bons lits – même si certaines sont un peu biscornues. L'accueil, en anglais, est agréable, et le lac n'est qu'à 100 m de là, avec sa marina.

Stanica Wodna Stranda : *ul. Pierkunowo, 36. 501-122-610. • stranda.pl • Du centre, passer le pont mobile, puis tourner à droite sur al. Wojska Polskiego ; c'est presque au bout à gauche. Compter 180-835 Zl pour 2-5 pers selon taille et saison.* Quelle belle situation ! Les 10 apparts (1-2 chambres), partageant 3 gros bungalows, s'alignent en front de lac, face à une marina. La promiscuité des logements déplaira peut-être à ceux pour qui l'intimité est essentielle, mais leur qualité et leur côté spacieux compensent : salon tout en pin avec poêle à bois et kitchenette, porche pour prendre le frais avec salon de jardin. Un bémol toutefois : les soirées avec DJ au resto-bar voisin peuvent s'avérer envahissantes certains soirs d'été... On peut aussi camper sur le grand terrain situé à l'entrée *(45-60 Zl ; douches payantes 12 Zl).*

Où manger ? Où boire un verre ?

De bon marché à prix moyens (20-70 Zl / env 4-17,50 €)

Papryka : *ul. Olsztyńska, 16A. ☎ 87-428-58-42. Face au pont mobile, sur la rue. Tlj 12h-23h (1h sam). Plats 12-35 Zl.* Juste à l'orée du béton mais déjà les yeux dans les eaux du canal et le vert du parc, ce resto pas dispendieux attire une clientèle jeune et profuse, qui vient picorer sur sa carte longue comme tous les canaux de Mazurie réunis. Aux côtés des poissons frais des lacs voisins, pizzas et burgers se tiennent au coude à coude, avec leurs grosses portions de frites servies dans des minifriteuses... À savourer, l'été, sur la petite terrasse sur rue.

Tawerna Siwa Czapla : *ul. Nadbrzeżna, 11. ☎ 87-428-34-40. Tlj 9h-minuit. Plats 15-49 Zl.* Il y a d'abord le cadre : une belle bâtisse à colombages de 1928 nappée de vigne vierge, dressée là où le canal débouche dans le lac, sur un quai piéton. L'été, on profite du panorama depuis la vaste terrasse. Les prix sont un poil élevés (comme partout ici), mais l'accueil est sympathique, le pain maison très bon et les spécialités de Mazurie et Warmie aussi. Parmi les classiques : le filet de perche et le goulasch de porc aux haricots et crème fraîche. Pour les petits appétits, salades, pierogi et galettes de pommes de terre suffiront amplement.

Tawerna Marina : *port Ekomarina, ul. Dąbrowskiego, 14. ☎ 87-428-47-34. Entre le port et la gare, en bordure du lac. Tlj 12h-20h (minuit ven-sam). Plats 14-47 Zl.* La salle, bleu et blanc, canapés inclus, ne renie pas son agréable proximité avec les flots et les bateaux – sublimée l'été par une grande terrasse accueillante. On y sirote un cocktail le soir, ou l'on s'attable devant un poisson du lac, des *pierogi* aux chanterelles ou des *placki ziemniaczane* (galettes de pomme de terre) à la perche et aux bolets. À la belle saison, le lieu s'ouvre aussi aux petits déj dès 9h. Deux bémols : le service et les prix, un poil élevés.

Où dormir ? Où manger dans les environs ?

CAMPINGS

Camping Nadleśnictwo : *à 8 km au sud de Giżycko et 4 km de Wilkasy par la route 643 en direction de Mikołajki (juste au sud de Strzelce, sur la gauche, panneau discret « miejsce biwakowania »). Arrêt de bus au début du chemin (puis 500 m). Ouv mai-sept. Empl. tente 39 Zl.* Voici un joli camping nature, très calme, occupant un terrain boisé et herbeux enveloppant les rives du lac Boczne, avec tables de pique-nique couvertes, pontons et jeux pour enfants. Douches payantes.

Camping Rusałka : *ul. 3 Maja, 2, à 22 km au nord de Giżycko, peu avt Węgorzewo (route 63), fléché à gauche par un agréable chemin dans la forêt. ☎ 87-427-21-91. • cmazur.pl/camping-rusalka.html • Bus depuis Giżycko, arrêt sur demande. Ouv mai-sept. Bungalows (2-4 pers) sans ou avec sdb 157-200 Zl ; empl. tente 40-55 Zl selon période.* Merveilleusement situé au bord du lac Święcajty, dans un site isolé et calme, voici un grand terrain boisé, aux infrastructures un peu datées mais bien entretenues. Sur place : resto-épicerie, ping-pong, location de kayaks *(45 Zl/j. le kayak double)*, windsurf, petits bateaux et embarcations à pédales, bref tout pour se jeter à l'eau ! Accueil très gentil... en polonais.

HÔTELS

Hotel Myśliwski Jäger : *ul. Wyszowate, 44. ☎ 87-421-15-50. • hotelmysliwski.pl • À 20 km de Giżycko. Prendre la direction d'Orzysz, tourner à droite dans le village de Wyszowate vers Ublik, puis 3 km de piste. Doubles 220-250 Zl selon taille, petit déj compris ; quelques apparts.* En plein milieu de la Mazurie, voici une grosse pension familiale avec un jardin et une jetée en bois avançant sur les eaux du lac Buwełno. Les 16 chambres, carrelées, sans véritable style, sont néanmoins spacieuses, claires et avec salles de bains impeccables ; certaines ont une terrasse avec vue sur la forêt et le lac. Au resto, les murs se parent de massacres de cerfs, que l'on retrouve, entre autres spécialités, à la carte. La famille, qui parle l'anglais, loue barques, kayaks et vélos.

Pension Rybaczowka : *Bogaczewo, 32c. 504-004-727. • rybaczowkamazury.pl • À 11 km au sud-ouest de Giżycko, direction Mikołajki. Ouv avr-sept. Doubles 170-220 Zl en été.* On aime beaucoup sa terrasse les pieds dans l'herbe, face au lac Boczne, une plagette et un petit ponton de bois. On y prend un café et une part de tarte, ou on déjeune d'un bon poisson du lac – tanche, brochet, gardons ou même saumon sauvage de la Baltique. Le lieu vous séduit ? Les chambres ne sont pas en reste, modernes et confortables, surtout les 2 avec terrasse pile poil face à l'eau (à réserver bien à l'avance à la belle saison) !

Karczma Stary Młyn : *Upałty, 2. ☎ 87-429-27-18. • karczma-upalty.com • À 8 km au sud-est de Giżycko. Prendre la route d'Orzysz ; à 7 km, tourner à gauche, direction Suwałki ; c'est 2 km plus loin (fléché). Doubles 120-170 Zl, petit déj inclus. Plats 11-35 Zl.* Voici un aimable vieux moulin à eau transformé en auberge à la campagne, entre route, champs et étang paisible. On y fait avant tout escale pour déjeuner sur l'herbe, d'une cuisine mazurienne savoureuse et copieuse – servie aux mauvais jours dans une salle rustique. Dommage que le service soit aussi peu empressé... Les chambres, boisées, mignonnes, sont cosy et d'un bon rapport qualité-prix malgré certains lits un peu durs au dos.

À voir. À faire

La tour d'observation Wieża Cisnien : *Warszawska, 37 ; à l'angle avec ul. Wodociągowa. ☎ 87-428-51-70 • wieza-gizycko.pl • Tlj 10h-22h (18h hors saison). Entrée : 10 Zl ; réduc.* Cet ancien château d'eau transformé en tour d'observation (ascenseur) offre une vue panoramique sur la ville et le lac. Petite cafétéria.

➢ ***Balades en canoë :*** les itinéraires sont bien aménagés. En voici trois à effectuer à partir de Giżycko (voir le tracé sur la carte Mazurie-Podlachie).
- ***Autour de l'île de Giżycko :*** *8 km (env 2h).* On fait le tour de la péninsule boisée de Giżycko en empruntant les canaux Niegociński et Łuczański. Simple et plaisant.
- ***De Giżycko au lac Ublik Mały :*** une course de 14 km vers le sud, plutôt facile, parfaite avec des enfants, à travers le grand lac Niegocin et une succession de plusieurs plans d'eau et chenaux. Terminus au lac Ublik Mały (campings).
- ***De Giżycko au lac Dejguny :*** *32 km A/R.* On commence en suivant le canal Łuczański jusqu'au lac Kisajno, avant de rejoindre celui de Tajty par le canal de Piękna Góra. Enfin, un cours d'eau étroit et peu profond (parfois un peu à sec en été) conduit au lac Dejguny, baigné par plusieurs villages (Grzybowo, Bogacko, Kronowo). Retour par le même itinéraire.
- Pour plus de détails, procurez-vous la brochure *Canoeing Trails* à l'office de tourisme et achetez une carte détaillée (12 Zl).

➢ ***Balades en bateau :*** avec ***Żegluga Mazurska*** *(sur le port ; ☎ 87-428-25-78 ; • zeglugamazurska.com.pl • ; compter 25-112 Zl/pers).* L'occasion, en été, de sillonner lacs petits et grands et l'ingénieux système mazurien de canaux et de digues, bâti aux XVIIIe-XIXe s. Attention, parfois, le nombre de touristes est insuffisant pour remplir un des deux gros bateaux, et la croisière est annulée. Une bonne manière aussi de rejoindre Mikołajki *(tlj à 9h et 15h ; trajet 3h-3h20 ; compter 72 Zl l'aller, 112 Zl l'A/R ; réduc),* avec continuation possible jusqu'à Ruciane-Nida par le bateau du matin.

➢ ***Balades à vélo :*** trois grands parcours balisés de 61, 67 et 69 km (vert, bleu, rouge) partent de la ville, dont deux décrivent une boucle. Brochure dédiée (avec carte) disponible à l'office de tourisme. Le bleu, bien agréable, fait le tour du ***lac Kisajno*** au cœur de paysages boisés. Le vert passe par le village de Sołtmany, d'où l'on peut faire un détour (environ 20 km aller-retour) ***jusqu'à la forêt de Borecka,*** site d'un ancien centre européen de reproduction du bison européen *(à Wolisko ; mai-août, tlj 9h-11h, 16h-18h ; sept, mat slt ; entrée : 4 Zl, réduc),* où 80-90 animaux évoluent en liberté dans une zone enclose. Le rouge, enfin, ne fait pas de boucle : il mène à l'église baroque de ***Święta Lipka*** (voir plus loin).

Manifestations

- ***Mrągowo,*** à 42 km au sud-ouest de Giżycko, se transforme fin juillet en une sorte de Nashville polonais grâce à son prestigieux ***Piknik Country & Folk Festival*** *(• festiwalpiknikcountry.pl •),* attirant groupes polonais comme étrangers.
- ***Festivals de musique :*** à Giżycko même, vous ne vous coucherez pas tôt en été, au gré de concerts de toute sorte et même d'un concours de chansons de marins *(mi-juil).* Certains *events* ont lieu dans le fort Boyen, construit au XIXe s afin de défendre la Prusse orientale contre la Russie. Aujourd'hui à l'abandon, il a trouvé un tout autre usage... genre fort Boyard.

LA TANIÈRE DU LOUP

À 8 km à l'est de Kętrzyn et 25 km à l'ouest de Giżycko, cette incroyable ville fantôme occupe 650 ha d'une forêt épaisse, sous les frondaisons de laquelle s'éparpillent les ruines de plusieurs dizaines de bâtiments : d'énormes bunkers surtout, mais aussi d'anciens cinéma et salon de thé ! C'est dans ce lieu retiré de l'ancienne Prusse orientale que Hitler établit son quartier général, d'abord pour diriger l'invasion de l'URSS, puis bientôt l'ensemble des opérations de la Seconde Guerre mondiale, jusqu'au génocide des juifs. Il y passa près de 3 ans et demi, du 24 juin 1941 au 20 novembre 1944, entouré de près de 500 officiers nazis, 1 500 soldats et environ 500 civils. Mussolini y est venu en visite pas moins de trois fois.
Sentiment étrange pour un visiteur de découvrir ce qui fut le centre névralgique du IIIe Reich en guerre. La Tanière du Loup était à la fois le QG, le cerveau et le moteur de la machinerie infernale nazie. Maintes fois survolé par les avions alliés, le complexe n'a jamais été découvert, car il était trop bien enfoui dans la forêt. D'autres cachettes stratégiques plus modestes s'éparpillaient dans la région, à Ryn, Giżycko, Sztynort (palais de Ribbentrop) et Pozezdrze (bunker de Himmler).

➢ ***Accès :*** *de Giżycko, 1 train/j. ou bus réguliers (30 mn) pour Kętrzyn ; de là, 7 bus/j. (avec Arriva) pour Gierłoż ; arrêt devant l'entrée du site.* ***En voiture,*** *de Giżycko, prendre la route 592 vers Kętrzyn, puis à droite (vers Gierłoż) un peu avt d'y parvenir.*
– ***Séjourner sur place :*** *à l'entrée du site, on trouve l'ancien* ***hôtel-resto des officiers,*** *ouv tte l'année. ☎ 87-752-44-29. Double 120 Zl avec petit déj.* Chambres pas bien sexy mais propres et pas chères (1 seule avec 1 lit double). Juste en face, les campeurs et camping-cars peuvent s'installer à l'orée de la forêt et du parking *(empl. tente 50 Zl) ;* douches et w-c au resto *(tlj 8h-18h).* Distributeur de billets.

La Tanière du Loup *(Wilczy Szaniec ou Wolfsschanze)* **:** *• wolfsschanze.pl • Ouv de 8h à la tombée de la nuit. Entrée : 15 Zl ; réduc. Parking : 10 Zl. À l'entrée, guides anglophones, germanophones, voire francophones (compter 60-70 Zl). Carte du site légendée en français en vente à l'accueil de l'hôtel-resto (5 Zl) : elle est essentielle pour se repérer sans guide !*
En accédant au site, on traverse les rails de la ligne de chemin de fer secrète utilisée par Hitler et les officiers nazis pour se rendre sur place (mais il y avait aussi un petit aéroport à 6 km de là).
Mais que voit-on dans ce repaire ? Au gré de chemins sous les futaies d'une belle forêt de chênes, de hêtres et de bouleaux, on suit une sorte de circuit enchaînant les édifices, plus ou moins bien numérotées (de 1 à 34). Au programme de ce film de guerre qui finit mal pour les « méchants », des amas de béton fracassé mangé par la mousse, des ruines sinistres et imposantes d'énormes bunkers, que les nazis ont dynamités dans leur fuite en 1945 avant l'arrivée des Soviétiques – à raison de 10 t d'explosif chaque ! Tous, ou presque, ont été érigés hors-sol. Rien ici n'était enterré, sauf les 54 000 mines laissées en héritage par les nazis...
Attention, les bâtiments sont crevassés en profondeur et il est formellement déconseillé de monter dessus ou d'y entrer.
Parmi les édifices numérotés, voici les plus remarquables :
– n° 3 : c'est ici que se trouvait la baraque en bois où s'est produit l'attentat manqué contre Hitler le 20 juillet 1944 ;
– n° 6 : bunker des visiteurs, de 45 m de long pour 27 m de large. Mussolini, le roi de Bulgarie Boris ou encore le Slovaque Tiso y résidèrent ;
– n° 7 : bâtiment des sténographes. La communication étant l'un des nerfs de la guerre, les fenêtres étaient protégées par des volets métalliques et l'ensemble était entouré de fils barbelés. Juste à côté se trouvait le bureau de poste ;

– n° 11 : le bunker de Martin Bormann, éminence grise de Hitler, aux murs très épais ; il devait servir de refuge en cas d'attaque aérienne. En face se trouvait un sauna !
– n° 13 : le ***bunker de Hitler.*** Le plus imposant de tous, à la mesure et... à la démesure de la paranoïa du dictateur, il dresse des murs hauts de 10 m et épais de 6 m (le toit fait 8,50 m...) ! Hitler disposait de 600 m^2 (appartement et salles de conférence) ;
– n° 16 : plus loin, le bunker de Göring, bien massif aussi, et son logement à proximité immédiate.

LA BARAKA DE HITLER

Le 20 juillet 1944, lors du célèbre attentat, 4 personnes parmi les 24 présentes ont été tuées. Hitler n'a dû sa survie qu'à l'épaisseur des pieds de la table sur laquelle il étudiait des cartes et au fait que la serviette contenant l'explosif avait été déplacée de l'autre côté du pied de table par un aide de camp qu'elle gênait... En outre, Claus von Stauffenberg (organisateur de cette « opération Walkyrie ») devait amorcer une seconde bombe, mais a été dérangé et n'a pu le faire. La répression, elle, a fait 200 victimes en lien avec la conspiration.

RESZEL

À 25 km à l'ouest de la Tanière du Loup, Reszel est une agréable petite bourgade au cœur préservé. L'habituel *Rynek* y est planté d'un hôtel de ville du XIXe s et entouré de quelques belles demeures anciennes. À deux pas, l'église Saints-Pierre-et-Paul (XIVe s) se distingue surtout par son imposant clocher et son chevet en brique ouvragé. Quant au tout proche château, érigé par les chevaliers Teutoniques dans la seconde moitié du XIVe s, il en impose avec ses massives tours encadrant une cour intérieure. Une de ses ailes abrite une galerie d'art sur deux étages. On peut aussi gravir la tour de garde et se promener sur un micropan de l'ancien chemin de ronde *(entrée : 3 Zl ; réduc).*

Zamek Reszel : *ul. Podzamcze, 3. ☎ 897-55-01-09. • zamek-reszel.com • Double 280 Zl, petit déj inclus. Resto tlj 8h-23h ; plats env 30 Zl.* De bien vieux escaliers grimpent jusqu'à des chambres assez récemment rénovées, spacieuses, avec poutres et pierres apparentes, mais dont l'aménagement ne sera pas forcément au goût de tous... Côté resto, on choisit entre la salle de taverne à la voûte en ogive et, l'été, la terrasse disposée dans la cour, face au vieux puits en pierre.

Święta Lipka : *à 5 km à l'est de Reszel. Tlj 7h-20h en été et horaires graduellement réduits en basse saison. Concerts d'orgue 2-8/j. selon j. et saison. GRATUIT.*
Adossée à la forêt, cette belle église baroque possède sa légende médiévale. Elle évoque un condamné à mort repentant, gracié pour avoir sculpté une splendide Vierge à l'Enfant la veille de son exécution. Installée sur un tilleul éternellement vert (d'où le nom de l'église « Saint-Tilleul »), elle fut à l'origine de guérisons miraculeuses, attirant moult pèlerins. Au XVIIe s, les jésuites firent édifier l'actuel sanctuaire, entouré d'un enclos rectangulaire aux galeries à l'italienne. Si beaucoup de leurs fresques ont malheureusement disparu, certaines ont pu être restaurées de part et d'autre du portail principal. Elles ont été réalisées par un peintre polonais ayant fait ses classes en Italie, mort avant d'avoir pu terminer.
L'intérieur de l'église déborde, lui, de décors baroques assez exceptionnels : plafonds peints, chœur étincelant de richesses, orgues monumentaux du XVIIIe s particulièrement foisonnants, tout en bleu et or. Lors des concerts, donnés plusieurs fois par jour, des figurines animées sous l'impulsion de la musique illustrent la scène de l'Annonciation. Dans la nef centrale, vous verrez en outre une représentation du fameux tilleul miraculeux.

RYN

Sur un isthme de terre coincé entre deux lacs, cette grosse bourgade sans histoire occupe le cœur du triangle délimité par Giżycko (21 km), la Tanière du Loup et Mikołajki (18 km). Un lieu très central donc pour séjourner au calme tout en se ménageant des excursions vers les centres d'intérêt de la région.

Où dormir ? Où manger ?

Agroturystyka Dworek u Pelców : *Kolonia Krzyżany, 27. ☎ 87-421-86-75. • pelc.oit.pl • De Ryn, prendre la route de Mrągowo sur 2 km, puis la piste forestière à droite face à un grand parking (fléché) ; c'est à 1,5 km. Doubles 150-200 Zl selon saison, petit déj inclus. Réserver. Repas 30-40 Zl.* Retiré de tout, ce bout de campagne entouré par la forêt séduira les bucoliques avec son étang et ses chevaux (balades). Dans une ferme bien retapée, on établit le nid dans des doubles, triples ou quadruples toutes dotées d'un balcon, aménagées dans l'ancienne étable. Les plus agréables donnent sur la piscine, joliment étendue sur son lit de gazon. Les plus aventuriers opteront pour des baraquements plus simples. En été, espace barbecue en libre-service ou resto dans un corps de bâtiment très « retour à la terre ». Mais ce côté rustique n'exclut pas de profiter aussi de 2 courts de tennis en terre battue !

Hotel Zamek Ryn : *plac Wolności, 2. ☎ 87-429-70-00. • zamekryn.pl • Au centre, sur sa butte. Resto tlj 12h-23h. Visites guidées tlj à 13h et 15h, juil-août (polonais slt) ! Doubles 360-650 Zl selon j. et saison, petit déj inclus.* Membre des Historic Hotels of Europe, ce 4-étoiles occupe un château des chevaliers Teutoniques (XIVe s) passablement retapé. Ses 167 chambres (pas géantes) et suites se déclinent en 4 sections à thème, comme dans l'aile dite des « chasseurs », avec trophée de daim à l'entrée de chaque piaule et moquette montrant un chasseur embrochant un ours... Rigolo (ou kitsch, c'est selon), surtout quand on croise le même en taille réelle devant l'ascenseur ! Le confort est bon mais le mobilier un peu daté. En toile de fond : lobby avec armes et tapis, billard et bowling dans l'ancienne armurerie, activités et concerts en été, discothèque et resto de qualité à l'élégante salle voûtée – mais au service assez empesé (certains diront : chichiteux).

Où acheter de bons produits locaux ?

Smaki Mazur : *ul. Sawickiej, 3. 📱 787-888-426. En contrebas de la place du château. En été, tlj 10h-18h (20h ven-sam).* Cette boutique aménagée dans un moulin (très) retapé offre une belle vitrine des produits de Mazurie : champignons marinés, limonade de tilleul, eaux-de-vie, vodka et miel, etc.

MIKOŁAJKI

3 940 hab.

À 36 km au sud de Giżycko, Mikołajki s'éveille quand l'été arrive et s'assoupit avec la chute des feuilles. Beaucoup plus petite que sa grande sœur, elle n'en est pas moins très fréquentée aux beaux jours, attirant alors une foule de campeurs, marcheurs, familles et plaisanciers. Amarrée entre le long lac de Tałty (le plus profond de Mazurie) et celui de Mikołajskie, elle n'est

qu'à quelques encablures de l'immense Śniardwy, le plus grand plan d'eau de Pologne (113,8 km²). Côté sud s'étend la très vaste Puszcza Piska, une superbe et dense forêt de pins et d'épicéas, de bouleaux, chênes, érables et aulnes, où cohabitent renards, sangliers, martres et de discrets loups et lynx. Plus près encore, le petit lac Łuknajno est le refuge de la plus importante colonie de cygnes muets d'Europe. Bref, le coin ne manque pas d'intérêt. Mikołajki offre aussi l'occasion de balades à pied ou à vélo par les chemins dans de champêtres paysages piquetés de nids de cigognes. Charmant !

– Parking payant dans tte la ville mai-sept.

Arriver – Quitter

Arrêt des bus : *pl. Kościelny, contre la route 16, à la hauteur du centre, au pied du pont. ☎ 19-757.*

➢ ***Gdańsk :*** min 1 changement à Mrągowo ou Olsztyn.

➢ ***Giżycko :*** env 6-8 bus directs/j., 6h40-17h45, avec *PKS* et surtout *RIK* *(● rikbus.pl ●)* ; 3 autres avec changement. Attention, rotations très réduites les dim et j. fériés.

➢ ***Mrągowo :*** 10-12 bus/j., 6h-17h (19h juil-août).

➢ ***Ryn :*** aucun direct, changement nécessaire à Giżycko, Mrągowo ou Marcinkowo.

➢ ***Augustów :*** express les lun et ven-dim vers 16h50, sf juil-août ; sinon, rejoindre d'abord Giżycko ou Mrągowo.

➢ ***Varsovie :*** tte l'année lun-sam à 6h20 et ven-dim à 14h avec *Agawa (résa au 📱 698-256-928),* sinon mat et soir en juil-août avec *PKS* (le 2e jusqu'à Cracovie et Zakopane).

Adresses utiles

Informacja Turystyczna : *pl. Wolności, 7. ☎ 87-421-68-50. ● mikolajki.pl ● Avr-oct, tlj 10h-18h (17h30 dim) ; le reste de l'année, s'adresser à la mairie (lun-ven 8h-15h).*

■ ***Change et distributeurs :*** *bureaux de change* (kantors) *ul. 3 Maja (rue principale entre le pont et la place).*

■ ***Location de vélos :*** ***Pensjonat Mikołajki,*** *ul. Kajki, 18. ☎ 87-421-64-37. Compter 10 Zl/h.*

Où dormir ?

CAMPING

Wagabunda : *ul. Leśna, 2. ☎ 87-421-60-18. ● wagabunda-mikolajki.pl ● À la sortie de la ville, direction Ukta, sur la gauche. Empl. tente 60 Zl ; bungalows 2-6 pers 160-350 Zl.* Au cœur de l'été, les lieux prennent un caractère industriel... Reste un terrain d'herbe rase bien tenu pour planter la tente, des chambres neuves et accueillantes au-dessus de la réception et plein de bungalows plus ou moins récents, tous avec leur propre salle de bains – les plus chers ont une cuisine, les autres juste frigo, bouilloire et barbecue. Les mieux placés bénéficient d'une vue sur le lac à distance. Location de vélos à proximité *(8 Zl/h ou 35 Zl/j.).*

HÔTELS

De bon marché à prix moyens (80-240 Zl / env 20-60 €)

Le village dispose de nombreuses chambres chez l'habitant, qui pratiquent des tarifs un peu inférieurs aux hôtels.

Pensjonat Mikołajki : *ul. Michala Kajki, 18. ☎ 87-421-64-37. ● pensjonatmikolajki.pl ● Sur la rue principale, un peu à l'est de la pl. centrale (Wolności). Doubles 160-200 Zl selon période et vue, petit déj inclus (servi en terrasse l'été) ; réduc à partir de 4 nuits.* Voici une bonne grosse demeure fleurie, posée entre rue et lac. On préférera naturellement les chambres tournées vers les flots (avec balcon), à réserver bien à l'avance en été. Celles avec parquet sont plus agréables que celles avec moquette, plus datées. Billard et location de vélos (pas tout neufs).

Relax : *os. Na Górce, 3. ☎ 87-421-98-45. 609-219-383. • apartho telmikolajki.pl • À la sortie de la ville, direction Ukta, sur la droite. Selon taille et saison, doubles avec balcon 180-200 Zl, apparts (2-4 pers) 240-450 Zl.* Cette grosse pension établie dans une maison fleurie en bord de route est appréciée des familles pour sa piscine hors-sol, ses jeux pour moutards et son kiosque avec barbecue. Tout cela est bien (trop ?) policé. Attention, certaines chambres sont aménagées sous combles.

Chic (240-400 Zl / env 60-100 €)

Przechowalnia Marzeń : *os. Na Górce, 29. 691-894-747 ou 608-865-459. • przechowalniamarzen.com • Tt près du précédent, prendre la rue qui monte, puis la 1re à droite, c'est tt au bout, dans le virage. Doubles 280-350 Zl, petit déj inclus. Pour les non-résidents, petit déj 8h-12h, 20 Zl hors boissons.* Le contraste est saisissant. Dans cette chambre d'hôtes, tenue par les accueillants Karolina et Marek (anglophones), pas de trace de formica : au « magasin des rêves », tout est moderne, épuré et de bon goût – avec, ici, de vieilles portes en guise de tête de lit et des lampadaires à la japonaise, là, des bois de cerfs et du papier peint forêt. Les 4 chambres sont petites, sachez-le, mais le super petit déj servi dans le délicieux jardin-verger vaut carrément le détour. D'ailleurs, pas besoin de loger sur place pour venir en profiter !

Willa Mazur : *pl. Wolności, 6. ☎ 87-428-28-99. • hotelmazur.pl • Sur la pl. principale. Doubles 290-390 Zl selon saison, petit déj inclus. Parking 5 Zl.* Derrière une façade qui toise le *Rynek* du haut de son XIXe s se dissimule un hôtel à l'âme bien provinciale. Ses chambres, bien tenues, sont fonctionnelles et petites, au mobilier en pin sans chichis. Pour goûter aux plats locaux, on s'attable dans une salle lambrissée de chêne clair, au chic un rien désuet. Affûtez votre polonais !

Où manger ?

Naleśnikarnia na Hamaku : *ul. 3 Maja, 3. 509-164-994. Sur le quai, tt au bout de la pl. Wolności en allant vers le pont. Tlj 8h-21h en été. Plats 13-19 Zl.* Des « crêpes dans un hamac » ? Non, mais un hamac et un fauteuil œuf pour se balancer sur la terrasse, face au port, et des naleśniki sucrés ou salés préparés avec de bons produits frais pour se caler sans se ruiner. Seul hic : menu et service sont 100 % en polonais !

Spiżarnia : *pl. Handlowy, 14. ☎ 87-421-52-18. Tlj 10h-22h. Plats 15-65 Zl ; pizzas 12-48 Zl.* Des guirlandes d'ail, des pots de confiture et conserves maison sur les étagères, un insert pour les soirées d'hiver (qui commence tôt et finit tard, ici), une terrasse pour l'été (qui commence tard et finit tôt, ici)... Vous l'aurez compris, le cadre est accueillant, chaleureux – et baigné par des airs dans l'air du temps. La cuisine, copieuse, ratisse large : la carte (en anglais) tient du roman, avec une panoplie de chapitres décrivant salades, *pierogi,* pizzas et poissons. Une belle petite adresse aux prix tenus et au service sympa.

Przystan : *pl. Wolności, 13. ☎ 87-428-20-66. Plats 15-52 Zl.* C'est la brasserie du coin, où l'on picore parmi une carte sans fin où se côtoient poissons du lac, pierogi, salades, burgers, pâtes, pizzas et autres galettes de pommes de terre. La salle est chaleureuse, mais l'été c'est surtout la grande terrasse protégée donnant sur les eaux miroitantes du Mikołajskie qui attire la foule.

Et n'oubliez pas le super petit déj de **Przechowalnia Marzeń** servi l'été dans le verger de la maison (voir « Où dormir ? »).

Où dormir ? Où manger dans les environs ?

Folwark Łuknajno : *Łuknajno, 1-2. ☎ 87-421-68-62. • luknajno.pl • À 5 km à l'est de Mikołajki. Ouv avr-oct ; resto tlj 10h-21h. Empl. tente 30 Zl ; douche 10 Zl. Doubles 160-185 Zl, petit déj inclus. Plats 14-45 Zl.* Il faudrait être un urbain indécrottable pour ne pas tomber sous le charme de cette solide bâtisse jaune du début du XXe s aux airs de villa, posée en solitaire à 100 m des berges du lac Łuknajno (voir plus loin). L'accueil en anglais, l'ambiance boisée de vieille auberge – comme un saut dans le temps –, la bonne cuisine mazurienne, le réveil au chant des petits oiseaux, l'accès gratuit à la tour d'observation (pour voir les cygnes muets), tout concourt à faire apprécier l'endroit. On peut même y planter la tente. Location de vélos et kayaks *(8 Zl/h ou 30 Zl/j.).*

À faire

➢ ***Balades à vélo :*** les possibilités sont nombreuses. Pour un aperçu complet, demandez à l'office de tourisme la carte des environs avec les itinéraires indiqués. Vous y trouverez cent occasions d'explorer la forêt de Piska et ses lacs – dont une partie est protégée au sein du Mazurski Park Krajobrazowy.

➢ ***Balades en bateau :*** *avec **Żeluga Mazurska** (sur le port, contre la pl. Wolności ; ☎ 87-421-61-02 ; • zeglugamazurska.com.pl • ; compter 35-112 Zl/pers). Tlj d'été, à 10h30 et 15h, bateau pour Giżycko (3h de traversée) ; compter 72 Zl l'aller, 112 Zl l'A/R.* La compagnie propose également des croisières plus ou moins longues sur le proche lac Śniardwy (plusieurs fois par jour) et permet de rallier Ryn en bateau (départ 11h, arrivée 12h40).

➢ ***Balades en canoë :*** le plus célèbre itinéraire de Mazurie, sur la ***rivière Krutynia,*** traverse une vingtaine de petits lacs et la partie nord de la grande forêt de Piska. Étiré sur 116 km dans sa version intégrale (5 à 9 jours selon le débit), il est plus généralement réduit à 72 km, entre le point de mise à l'eau à Sorkwity, à 12 km à l'ouest de Mrągowo, et Ruciane-Nida. Pas de rapides ici, juste de jolies descentes au fil de l'eau dans des paysages vierges. Contactez par exemple : *• kajaki-mazury.pl •* (en allemand ; locations ou organisation complète) ou *• mazursyrenka.com •* (en anglais). L'hébergement se fait en tente, chez l'habitant et/ou en hôtel. Des sorties à la journée sont bien sûr possibles, notamment depuis le village de Krutyń et celui d'Ukta, à 16 km au sud de Mikołajki.

DANS LES ENVIRONS DE MIKOŁAJKI

Le lac Łuknajno : *à 3 km à l'est de Mikołajki. Prendre la direction de l'école (ul. Skolna) et du terrain de foot, puis la piste (fléché).* Classé zone RAMSAR et réserve de la biosphère, ce petit lac abrite l'une des plus importantes colonies nicheuses de cygnes muets d'Europe (environ 2 000 oiseaux en été). Deux points d'accès avec tour d'observation permettent de s'en approcher. Le 1er, à 3 km, est atteint en 10-15 mn à pied depuis un parking ; le 2d, à 5 km, est facilement accessible depuis l'hôtel *Folwark Łuknajno* (voir « Où dormir ? Où manger dans les environs ? »), auquel il appartient, mais l'accès est payant *(30 Zl, déduits en cas de repas au resto).* N'oubliez pas vos jumelles : il n'est pas possible d'approcher le plan d'eau mais, faute de les entendre, on peut apercevoir les cygnes à distance. Quelque 175 espèces d'oiseaux fréquentent le secteur, dont le majestueux pygargue à queue blanche et le mignon panure à moustaches, de la taille d'une mésange (écoutez ses « ping ping »).

Le monastère de Wojnowo : *à 20 km au sud de Mikołajki. Prendre la direction de Ruciane-Nida, puis à droite à la sortie d'Ukta après avoir traversé la rivière Krutynia. Panneau « Zabytkowy Klasztor Starowierów ». ☎ 87-425-70-30. • klasztor.info • Tlj 9h-18h30 en été ; en hiver, téléphoner avt.* Retiré du village, entre forêt et lac, ce minimonastère ressemble à une ferme, mis à part l'église repeinte de frais. Ce n'est pas qu'il soit très intéressant, mais son histoire est surprenante. Il est attaché à la communauté des « vieux croyants », venus de Russie au XIXe s. Mis à l'index pour s'être opposés aux réformes adoptées par l'Église orthodoxe au XVIIe s, persécutés, beaucoup émigrèrent, de la Sibérie à l'Estonie en passant par la Mazurie. Café.

AUGUSTÓW

30 730 hab.

Si la ville, nommée Augustów en hommage au roi Sigismond Auguste, n'a rien de passionnant (quelques maisons anciennes en bois éparpillées ici et là), sa région, moins fréquentée que celle de Giżycko, s'entoure de sacrés pans de nature. Pas bien loin de la Lituanie et de la Biélorussie, on se trouve ici à l'extrémité orientale de la Mazurie et à l'orée de la Podlachie, entre lacs et forêts profondes – protégées par deux grands parcs nationaux. On y vient pour randonner (à pied, à VTT) ou se balader sur l'eau (en canoë, en kayak).

Arriver – Quitter

Il y a deux ***gares* PKP,** toutes deux à 4 km du centre : la principale au nord-est (bus n°s 1, 2 ou 4, ttes les 10-30 mn) ; l'autre, Augustów-Port, au nord, passé l'hotel *Warszawa,* où s'arrêtent moins de trains. Les guichets ont été fermés : il faut acheter son billet sur Internet et l'imprimer auparavant.

➢ ***Varsovie :*** 2 directs/j., vers 5h10 et 16h10. Trajet : env 4h.

➢ ***Giżycko :*** 2 trains/j. via Białystok ; seul celui du mat (5h10) permet une correspondance sans trop d'attente (trajet total : 6h).

Gare routière PKS : *sur le* Rynek. *☎ 87-566-27-63 ou 703-302-505. Guichets ouv lun-ven 5h30-18h30 ; fermés w-e.*

➢ ***Varsovie :*** 13 bus/j., avec *PKS* ou *Żak Express (• zakexpress.com.pl •),* qui dessert le centre et l'aéroport Chopin (wifi à bord et écran vidéo perso). Trajet : 4h20-5h.

➢ ***Giżycko :*** 7 bus/j. avec changement obligatoire à Ełk ou Suwałki, certains en combinaison avec le train. Trajet : 2h15-3h20.

➢ ***Riga, Vilnius, Tallinn, Minsk, Moscou et Saint-Pétersbourg :*** 1-2 bus/j. avec *Ecolines (• ecolines.net •).* Il y a même une liaison bihebdomadaire vers Kiev et Odessa.

Adresses utiles

Office de tourisme : *Rynek Zygmunta Augusta, 44. ☎ 87-643-28-83. • augustow.pl • En plein milieu de la pl. principale. Mai et sept lun-ven 8h-17h, w-e 10h-15h ; juin tlj 8h (10h w-e)-18h ; juil-août, tlj 8h (9h w-e)-20h ; reste de l'année, lun-ven 8h-16h.* Liste de pensions chez l'habitant, plan de la ville, etc. Bien équipés et efficaces ; accueil en anglais ou russe.

Agence touristique SZOT : *ul. Konwaliowa, 2. ☎ 87-643-43-99. • szot.pl • Tlj 7h30-22h.* Le spécialiste du kayak : locations et circuits accompagnés de 2h-3h à... 1 mois. Ses forfaits comprennent au choix hébergement en camping, agrotourisme ou hôtel – d'ailleurs, à cette adresse vous trouverez aussi une pension.

■ ***Change et distributeurs :*** *autour du Rynek et sur ul. 3 Maja.*

■ ***Location de vélos – Pensjonat Żagielek :*** *sur le port.* ☎ *87-643-49-84. Compter 35 Zl/j. (9h-20h).*

Où dormir ?

CAMPING

Camping Necko : *route 8.* *603-378-903.* • *necko.pl* • *À 3 km du centre-ville, en direction de Suwałki (fléché). Ouv fin mai-fin sept. Empl. tente 42 Zl.* Le terrain, plat, occupe une clairière pas très loin de la route 8 (qui ne s'entend pas), à 500 m du lac. L'ensemble n'est plus de première jeunesse, mais propre. Location de vélos *(6-9 Zl/h ou 25-35 Zl/j.).*

AUBERGE DE JEUNESSE

Międzyszkolny Ośrodek Sportowy (MOS) : *ul. Zarzecze, 1 (face au cimetière, sur la rive nord de la Netta).* ☎ *87-643-32-04.* • *mosaugustow.szkolnastrona.pl* • *Résa obligatoire. Compter 30-37 Zl/pers sans ou avec sdb.* Ce centre sportif attenant à une toute petite marina dispose de 45 lits en chambres récentes de 2 à 4 personnes d'un bon rapport qualité-prix. Les draps sont fournis, mais apportez votre serviette.

HÔTELS

Bon marché (80-160 Zl / env 20-40 €)

Pensjonat U Marianny : *ul. Rajgrodzka, 98.* ☎ *87-644-57-11.* • *umarianny.pl* • *Direction Olsztyn, puis à droite route 664 vers Raczki sur env 1,5 km. Double 140 Zl.* À 3,5 km du centre, cette pension-hôtel moderne et très bien tenue s'implante juste en retrait d'un lac aux rives boisées. Ses chambres impeccables, spacieuses et calmes, ont toutes frigo, TV, bouilloire et sèche-cheveux. Le boss parle le russe, les enfants l'anglais. En prime : ponton privé, sauna et tennis, le luxe pour ce prix ! Dîner sur réservation la veille.

Hotelik Karmel : *ul. Zarzecze, 5.* ☎ *87-643-57-62.* • *karmel.augustow.pl* • *Du rynek, prendre la rue Mostowa, passer le pont sur la Netta et tourner à gauche (le long du cimetière). Doubles avec sdb 110 Zl, 140 Zl avec petit déj. Repas : 20-25 Zl.* Situé presque à l'embouchure du canal, ce petit hôtel populaire, constitué d'un ensemble de bâtiments assez disparate, oublierait presque la ville pas jojo, pourtant toute proche. Côté hébergement, ce n'est pas le grand luxe, avec moquettes un peu défraîchies et lits disposés à l'ancienne (pas bien cosy, donc), mais les petits prix ont aussi leur charme ! On peut également camper *(empl. tente 40 Zl).*

De prix moyens à chic (160-400 Zl / env 40-100 €)

Hotel Wojciech : *ul. Wojciech, 8.* ☎ *87-644-72-37.* • *hotelwojciech.pl* • *À 10 km à l'est d'Augustów. Suivre la route de Sejny sur 6 km, juste après un virage, c'est fléché à gauche (1 km de piste forestière). Doubles 300-350 Zl, avec petit déj.* Situé au bord d'un lac et noyé dans la forêt, cet hôtel moderne de bon confort a l'avantage et l'inconvénient de sa situation : un peu loin de tout, mais plongé dans une belle nature. La moitié de ses chambres a vue sur le lac (balcon) pour le même prix ! L'ensemble est plutôt sophistiqué et harmonieux. Au resto, bonne cuisine locale, mais on reste un peu sur sa faim. Pour se divertir : sauna, ping-pong et locations de vélos *(5 Zl/h)*, barques et kayaks *(8 Zl/h).*

Hotel Warszawa : *ul. Zdrojowa, 1.* ☎ *87-643-85-00.* • *hotelwarszawa.pl* • *À 2 km au nord du centre, bien fléché à gauche depuis la route de Suwałki. Doubles 220-475 Zl selon confort et saison, suites plus chères, petit déj inclus sf promos.* Planté dans la forêt à 2 km du centre-ville, c'est l'hôtel de luxe du coin. Les chambres sont d'un chic discret, grandes, bien équipées et bien au calme.

On apprécie le jacuzzi et le sauna, mêmes s'ils ne sont accessibles que de 15h à 22h en semaine. Côté couvert, la salle jouit d'une belle véranda-cathédrale ouvrant sur le lac au travers des arbres. Le petit déjeuner qui y est servi est carrément fabuleux, avec framboises fraîches en saison ! Pour le reste, les prix sont un peu surévalués. Autre retenue : le parking gratuit étant riquiqui, on est souvent obligé de payer le parking gardé *(35 Zl)...*

Où manger ?

Naleśniki BA : *ul. Rynek Zygmunta Augusta, 10. 510-810-454. En été, tlj 10h (11h dim)-22h. Plats 4-14 Zl.* Voici l'adresse à ne pas manquer pour manger à petits prix ! On commande et l'on paie au comptoir ses crêpes salées ou sucrées (les plus grandes larges faisant 40 cm !), avant d'aller s'asseoir dans l'une des 3 petites salles de pierre ou de brique glissées en sous-sol du Rynek. La déco et la musique nostalgiques de l'Amérique des années 1960 (hello Elvis !) attirent paradoxalement pas mal de jeunes. L'accueil (tout en polonais) est sympa et le café, le meilleur de la ville !

Szuflada Cafe : *ul. Ks Skorupki, 2c. ☎ 87-644-63-15. Tlj 12h-22h (dès 8h juil-sept). Plats 13-32 Zl.* À trois pas (de biche) du Rynek, cet accueillant café, partagé entre 2 salles cosy sur 2 niveaux, sert une jolie cuisine polonaise, façon saucisses de daim aux betteraves et ail sauvage, ou côtes levées de bœuf au beurre de genièvre. Ajoutez le bruit du perco en haut et un petit fond jazzy. Pour être honnête, on n'en attendait pas tant ! Une envie pressante ? Repérez la cravate pour les hommes et le sac à main pour les dames...

Pod Jabloniami : *ul. Rybacka, 3. 516-025-606. Tlj 12h-22h (bar jusqu'à minuit).* Les autres adresses vous ont plu ? Celle-ci vous enchantera. Ambiance animée de bandes de copains, cuisine copieuse et de qualité, accueil attentionné de la patronne, prix plus que tenus, voici la référence en ville. On n'y a pas vu de pommiers (comme son nom le laisserait supposer), mais de belles photos de vergers et de voyage aux tonalités africaines, sans oublier une séduisante terrasse donnant sur l'eau. Salades, pizzas, burgers, steaks, rien n'est vraiment polonais, mais tout est bon.

Voir également les restaurants des hôtels ci-dessus.

Où manger une bonne pâtisserie ou une glace ?

Zabajka : *ul. 3 Maja, 11. ☎ 87-643-31-94. À 50 m à l'est du* Rynek *sur la rue principale. Tlj 10h-20h.* Très classique dans ses atours, ce salon de thé cosy invite à déguster de bons gâteaux chocolatés et crémeux avec un latte, dans l'une ou l'autre de ses 2 petites salles aux fauteuils en skaï rouge et lampes calebasses. Il y a aussi des gaufres et de très bonnes glaces. Miam !

À voir. À faire

Muzeum Ziemi Augustowskiej *(Le Musée ethnographique)* **:** *ul. Hoża, 7 (extrémité sud). Tlj sf lun 9h-16h. Entrée : 5 Zl.* Dans le bâtiment de la bibliothèque, d'anciens objets de la région sont exposés dans deux petites salles (tissage, poterie, apiculture...).

Muzeum Kanału Augustowskiego *(Le musée du Canal)* **:** *ul. 29 Listopada, 5a. Dans une petite maison en bois dans le parc. Mar-dim 9h-16h. Entrée : 5 Zl ; réduc.* Il retrace l'histoire de la construction du canal Augustowski dans les années 1820-1830, qui permit la jonction entre le bassin du Niemen et celui de la Vistule.

C'est le tsar Alexandre Ier, initiateur du projet, que les 7 000 hommes qui aplanirent le terrain à la pelle sur 40 km (sur un total de 103 km) doivent remercier !

➢ ***Balades en bateau :*** *avec* ***Żegluga Augustówska,*** *ul. 29 Listopada, 7. ☎ 87-643-21-52. • zeglugaaugustowska.pl • Sur le port. Avr-oct (selon météo), 1-7 départs/j. Durée : 1h15-2h30/3h. Billet : 30-45 Zl ; réduc.* Profitez de l'air sain de la région pour vous promener en bateau le long du canal Augustowski et sur les lacs des environs. Deux circuits sont proposés.

DANS LES ENVIRONS D'AUGUSTÓW

Le parc national de Biebrza : *à env 30 km au sud d'Augustów. • biebrza.org.pl • Accès : 6 Zl/j. ou forfaits longues durées.* Délimité au sud par la rivière du même nom, le parc national de Biebrza, le plus grand (592 km²) de Pologne, protège de vastes zones de forêts, de prairies et, surtout, de marais. Étape vitale pour les oiseaux migrateurs (canards, oies, grues cendrées, bécassines, courlis et autres échassiers...), il abrite aussi loups, élans, loutres, visons et castors.

Parcouru par plus de 500 km de sentiers balisés pour randonneurs et cyclistes, il est aussi sillonné par de nombreux itinéraires en kayak, dont le plus long, au fil de la rivière Biebrza, s'étire sur 145,7 km ! On parle là de vraies expéditions dans un environnement aussi hostile que sauvage, où pullulent les moustiques en été. Il est possible de pêcher avec un permis et préférable de faire appel à un guide.

■ ***Centre d'information :*** *ul. Osowiec Twierdza, 8, à* ***Goniądz.*** *☎ 85-738-06-20. Fin avr-10 sept, tlj 8h-17h ; lun-ven 7h30-15h30 le reste de l'année.* On y acquitte le droit d'entrée. Informations générales sur le parc en anglais ou allemand. Possibilités de logement, camping, location d'embarcations...

■ ***Biebrza Eco-Travel :*** *ul. Kościuszki, 26-11 à* ***Goniądz.*** *☎ 85-738-07-85. • biebrza.com/en •* Organise des programmes à la carte plus ou moins longs : observation d'oiseaux ou d'élans, pistage des loups, excursions de nuit, mais aussi rafting, montgolfière...

WIGRY

À environ 35 km au nord d'Augustów et 16 km à l'est de Suwałki, ce village s'ancre joliment entre marais, lac et forêt, aux portes du parc national éponyme. Les bus Suwałki-Sejny vous déposeront sur la route principale, à 3 km.

Le parc national de Wigry : *☎ 87-563-25-62. • wigry.org.pl • Entrée 5 Zl/j ; forfaits longues durées. Droit de pêche 11 Zl/j.* Étendu sur 150 ha, le parc, centré autour du grand lac de Wigry, a été modelé par les glaciations du Quaternaire. Plus ondulé au nord, plus plat au sud, il est semé de 42 plans d'eau entourés de tourbières et couvert aux deux tiers par la forêt – hantée notamment par lynx, loups, chevreuils, élans et blaireaux. Le castor, réinstallé naturellement dans les années 1940 après avoir disparu du secteur, compte aujourd'hui quelque 250 individus ! C'est beaucoup, disent les naturalistes, pour l'espace disponible.

■ ***Centre d'information du parc :*** ***Krzywe,*** *82, à 5 km à l'est de Suwałki sur la route de Sejny. Lun-ven 7h-15h (16h mai-sept) ; 9h-16h w-e en été slt.* On y acquitte le droit d'accès. Informations en anglais ou allemand sur le parc, logements, campings et locations de VTT. Il existe en tout cinq centres d'info dans le parc, tous situés au départ de différents sentiers.

Pokamedulski Klasztor *(monastère des Camaldules)* ***:*** *à Wigry (fléché depuis la route 653). • wigry.org • Tlj 9h-17h. Accès gratuit ; crypte, tour* *d'observation et appartements papaux 8 Zl ; réduc.* En 1667, le roi Jan II Casimir offrit à l'ordre religieux des Camaldules (proche des bénédictins) un pavillon de chasse sur la presqu'île de Wigry. Revenu à la vie religieuse en 2010, le monastère conserve son église d'origine, très baroque, avec une crypte où sont conservés les ossements d'ermites. Depuis la tour d'observation, panorama sur le lac de Wigry. On peut jeter un œil aux appartements où Jean-Paul II résida lors de sa visite en 1999 (d'un intérêt des plus anecdotique)...

U Haliny : *Wigry, 12. ☎ 87-563-70-42. 506-324-298. • halina_000@op.pl • Dans le hameau, face au monastère. Empl. tente 24 Zl ; double 100 Zl.* Sur un petit terrain sommaire occupant une bute face au lac et au monastère, de l'*agroturystyczne* pur jus qui propose aussi quelques chambres simples au parquet stratifié, des dessus-de-lit roses et une toute petite salle de bains privée. Repas sur demande. La proprio comprend un peu l'anglais.

L'hostellerie du monastère : *Wigry, 11. ☎ 87-566-24-99. • wigry.org • Compter 80 Zl/pers, petit déj inclus. Menu 18 Zl.* On investit soit des maisonnettes blanches (ex-ermitages) avec chambre toute simple au parquet en bois, douche et jardinet privé, alignées comme des moines dans un chœur d'église, soit des chambres dans un corps de bâtiment séparé. Resto dans une salle voûtée longue comme un jour de carême.

LES VILLAGES TATARS

Entre Augustów et Białowieża, aux confins du pays, tout près de la frontière biélorusse, se concentre une petite communauté tatare. Ces nomades turco-mongols ont d'abord envahi une partie de la Pologne au XIIIe s, puis la patrie les remercia d'avoir participé aux batailles de Grunwald en 1410 et de Vienne en 1683 (au siège de la ville par les Turcs) en leur offrant des terres, où ils purent s'installer et construire des mosquées. Il reste, comme vestige de ce passé, leurs lieux de culte et cimetières, et une communauté qui revendique désormais son héritage. Outre l'originalité de ces enclaves musulmanes en terre bigrement chrétienne, la région dégage un joli charme bucolique.

IL ÉTAIT UNE FOIS DANS L'EST

Les Tatars, de confession musulmane, se sont établis à l'époque de Gengis Khan entre Pologne, Biélorussie et Pays baltes. Ils sont moins de 14 000 aujourd'hui (environ 1 900 en Pologne). Seul représentant célèbre de la communauté, Karol Dionizy Buczynski, alias Charles Bronson, né d'un père tatar lituanien !

La mosquée de Bohoniki : *à* ***Bohoniki.*** *À 81 km au sud-est d'Augustów, via Sokółka. Suivre « szlak tatarski Bohoniki » depuis la route 674. Entrée : 5 Zl.* Cerné de fleurs en été, ce petit édifice à base carrée en bois, surmonté d'un toit à quatre pentes et d'un court minaret, semble un peu perdu dans la campagne. Si vous traînez un peu à proximité, la gardienne devrait apparaître : elle filera chez elle enfiler un beau fichu pour vous faire les honneurs des lieux. À l'intérieur, tous les attributs d'une mosquée classique sont là, en bois jusqu'au sommet du minbar. Seules quatre familles tatares vivent encore à Bohoniki, dont une tient l'*agroturystyka* située juste en face de la mosquée. Jetez aussi un coup d'œil au cimetière situé à la sortie du village (piste à gauche).

La mosquée et le cimetière de Kruszyniany : *502-543-871 (Dżemil Gembicki). • kruszyniany.pl • À 112 km au sud-est d'Augustów ; depuis Bohoniki (à 37 km), continuer la route 674 jusqu'à Krynki, puis fléché à droite, plein sud. Tlj mai-sept 9h-19h. Entrée : 5 Zl (visite guidée, possible en anglais).* Kruszyniany a été offert à un colonel tatar en 1679 pour le remercier de ses bons et loyaux services – il aurait, dit-on, sauvé le roi Jan Sobieski durant une bataille.

Aux beaux jours, le village retrouve une centaine de résidents tatars, parfaitement intégrés. La mosquée (fin XVIIIe s), tout en bois, est joliment chapeautée de deux clochetons. Ne fussent les croissants qui surmontent l'ensemble, on croirait une église orthodoxe. L'intérieur est tout petit et respecte les canons avec sa tribune pour les jeunes, son arrière-salle voilée de dentelles pour les femmes et sa petite salle de prière réservée aux hommes avec minbar et mihrab. À 200 m de là, en pleine forêt, le cimetière (de 1699) aligne ses plaques funéraires : notez l'évolution entre les plus vieilles tombes juste marquées d'une stèle, et les plus récentes, plus proches des sépultures chrétiennes. Beaucoup de noms ont une racine tatare et une terminaison « polonisée »...

BIAŁOWIEŻA

1 830 hab.

Voici le plus ancien parc national du pays (1921). À cheval entre Pologne et Biélorussie, Białowieża est le vestige d'une immense forêt primaire de conifères et de feuillus qui remonte à la nuit des temps. Des chênes, des érables, des tilleuls, des frênes, des charmes et, couronnant le tout, des pins et épicéas qui atteignent couramment 50, voire 55 m de haut ! Cet écosystème n'est pas, comme on aimerait le croire, totalement vierge : le secteur fut la réserve de chasse des rois de Pologne, des princes lituaniens, des tsars russes et de Hermann Göring... Tranquille depuis cette époque (70 ans tout de même), il n'en conserve pas moins une étonnante biodiversité, qui lui a valu d'être classé au Patrimoine mondial de l'humanité.

Le parc national, étendu sur 10 500 ha côté polonais, se prolonge en Biélorussie sur quelque 85 000 ha, et s'entoure de part et d'autre d'une zone tampon qui double la superficie totale de la zone protégée, pour la porter à près de 1 800 km². Outre l'intérêt qu'il présente aux yeux des scientifiques et mycologues (1 400 espèces de champignons y ont été répertoriées), il a la caractéristique exceptionnelle de cacher en son sein les plus importants troupeaux de bisons sauvages du Vieux Continent : ils seraient environ 600. N'espérez pas trop les voir, à moins de vous organiser spécialement pour. En revanche, les promenades à pied, à vélo, en calèche ou, l'hiver, en traîneau, vous laisseront de bien jolis souvenirs.

On retrouve ici les images des confins de la Pologne orientale, avec ses petites maisons en bois et ses églises orthodoxes à bulbes. Bourgade éparpillée de 1 800 âmes, Białowieża, « la Tour blanche », prend à la belle saison des allures de villégiature. Les tsars de Russie en avaient fait le lieu de l'une de leurs résidences, mais il n'en reste que le parc et la gare restaurée, baignée de souvenirs nostalgiques.

Arriver – Quitter

➢ ***En voiture :*** de Varsovie, prendre la route de Białystok (route 18) sur env 200 km, puis bifurquer à droite (route 19) direction Bielsk Podlaski, puis, à l'est, route 689 vers Hajnówka, pour enfin atteindre la forêt de Białowieża, à la frontière biélorusse. Compter 200 km en venant d'Augustów, plus si on suit le chemin des écoliers en traversant les villages tatars (voir plus haut « Dans les environs d'Augustów »).

La compagnie *Arriva* (● *arrivabus.pl/en* ●) assure 2 liaisons en bus/j. pour ***Varsovie,*** une le mat, l'autre le soir. Compter 4h-4h30 de trajet. Pour ***Augustów,*** changement à Białystok (3 liaisons/j.). Pour aller voir les mosquées tatares, il faut avoir une voiture.

Adresses et infos utiles

■ ***Bureau PTTK :*** *ul. Kolejowa, 17. ☎ 85-681-22-95. 📱 692-959-995. • pttk.bialowieza.pl • Tlj 8h-16h.* Accueil en allemand ou anglais. On peut y louer les services d'un guide pour parcourir la zone strictement protégée *(env 225 Zl pour 3h, à partager entre 6 pers max),* ou aller en quête des bisons en dehors *(550 Zl pour 6h avec sa propre voiture, pas de partage possible ; départ en été vers 4h du mat).* Plusieurs guides parlent l'anglais, un seul le français. Organise aussi, les samedis d'été, de courtes visites en Biélorussie sans visa, mais il faut réserver à l'avance. Vente de cartes de la Puszcza Białowieska au 1/50 000 et location de jumelles (y compris à vision nocturne).

■ ***Pygmy Owl :*** *ul. Kolejowa, 1. 📱 604-450-035. • bialowiezaforest.eu • Compter 300 Zl pour la balade à pied de 3h dans la zone exclusive, à partager selon nombre de participants et 400-550 Zl pour 3h pour essayer de voir les bisons, sans/avec véhicule fourni (départ vers 3h30 en été).* Organise aussi des visites à thème plus spécifiques pour amateurs d'oiseaux, théoriquement possibles en français, italien et espagnol.

■ ***Guide francophone : Żejmo Wiesław,*** *📱 698-832-265. • slavezejmo@gmail.com • Compter 50 € pour 3h.* Indépendant, Żejmo est l'un des deux seuls guides francophones du parc. Il connaît le coin comme sa poche et parle parfaitement notre langue. Précisez tout de même bien vos envies.

■ ***Location de vélos :*** les loueurs affichent tous à peu près les mêmes tarifs *(5 Zl/h, 30 Zl/j.).* Préférez le *Bike Cafe* pour son accueil en anglais sympa et ses VTT récents (juste avant le *PTTK*). Sinon, on peut s'adresser à la pension *Gawra (25 Zl/j.).*

■ ***Distributeur de billets :*** le seul *Bankomat* se trouve sur la façade de l'hôtel *Żubrówka.*

■ ***Bank Spółdzielezy w Hajnówce :*** *à côté de l'église orthodoxe. Lun-ven 7h45-15h.* Seule solution de change en dehors de certains hôtels (les plus chic).

■ ***Téléphones portables :*** attention si vous êtes en *roaming,* les portables captent plus aisément les émetteurs biélorusses que polonais et la minute passe de 6 centimes à 1,50 €...

Où dormir ?

Il est préférable de réserver pour les week-ends des vacances scolaires, même s'il existe de très nombreuses chambres chez l'habitant *(compter env 50 Zl/pers).* Face à la concurrence exacerbée, en période creuse, les tarifs sont bas.

CAMPING

⛺ ***Camping U Michała :*** *ul. Krzyze, 11. ☎ 85-681-27-03. À l'entrée de Białowieża en venant d'Hajnowka ; bien indiqué. Ouv mai-sept. Empl. tente 50 Zl.* Caché derrière une maison, le terrain, à l'herbe rase, n'est pas bien grand et les parcelles ne sont pas délimitées, mais il est rare qu'il soit envahi. Sanitaires (eau chaude et froide) très corrects. Très bon accueil avec quelques mots d'allemand ou de russe.

HÔTELS ET PENSIONS

De bon marché à prix moyens (80-240 Zl / env 20-60 €)

🏠 ***Bajeczny Domek Noclegowy :*** *ul. A. Waszkiewicza, 90. ☎ 85-681-22-27. • bajeczny1@onet.pl • Env 300 m après l'église orthodoxe, passé le parc du Palais. Doubles avec sdb 70-80 Zl ; pas de petit déj.* Une dame accueillante (qui parle l'allemand) propose ici des chambres avec salle de bains privée d'un excellent rapport qualité-prix. Ajoutons une cuisine à disposition, quelques arbres fruitiers dans le jardinet, le chat Mucka, et le tour est joué.

🏠 ***Pokoje Gościnne CEM BPN :*** *ul. Park Palacowy, 11. ☎ 85-682-97-29. • noclegi.bpn.com.pl • À côté* *de l'accueil du parc national. Doubles 120-220 Zl selon catégorie et période.* Les 17 chambres doubles de cet hôtel, toutes avec salle de bains privée et 2 petits lits (faciles à rapprocher !), n'ont pas de charme particulier, mais sont impeccables. Et quelle situation, avec le parc du Palais autour (et qui gère l'hôtel) ! Les 2 Lux ne sont pas très différentes, juste plus grandes et avec un frigo – pas de quoi justifier un tarif presque double. Bon accueil en anglais.

Zajazd Gawra : *ul. Gen. pil. M. Polecha, 2.* ☎ *85-681-28-04.* • *gawra.bialowieza.pl* • *Derrière l'hôtel Żubrówka. Doubles avec sdb 100-190 Zl selon confort et saison ; petit déj 20 Zl.* Il y a d'abord eu la pension en bois, puis maintenant un second bâtiment moderne attenant – soit une trentaine de chambres en tout. Elles sont toutes bien, tendance déco rustique d'un côté, avec peaux de bêtes aux murs, et plus fonctionnelle de l'autre, avec frigo et même poêle en faïence pour les plus chanceux. La plupart ont un canapé-lit en plus. Le resto est actif uniquement en haute saison. Location de vélos à pas cher *(25 Zl/j.)*.

Pensjonat-restauracja Unikat : *ul. Waszkiewicza, 39.* ☎ *85-681-21-09.* • *unikat.bialowieza.pl* • *Env 100 m après l'église orthodoxe. Ouv 14h-22h. Doubles 150-200 Zl selon catégorie, petit déj compris. Plats 15-25 Zl.* Cette sorte de motel en bois dispose d'une trentaine de chambres avec salles de bains, très bien tenues. Le resto vous initiera au gibier local, sanglier, biche et surtout bison, en goulasch ou boulettes – sans oublier quelques plats végétariens pour ceux qui préféreraient l'herbe au bison.

Agroturystyka Pod Stavami : *ul. Mostowa, 21.* ☎ *85-681-22-48.* • *mostwidmo.republika.pl* • *Vers le bout du village, une ruelle partant à droite de la rue principale. Double avec sdb env 100 Zl ; petit déj 25 Zl. Repas 35 Zl.* L'intérieur de cette maison au jardin propret ne renie pas le côté giboyeux des environs, bien au contraire : une profusion de peaux et trophées d'animaux ornent les murs ou font tapis au sol. Les chambres alignent un confort simple mais très correct. Cuisine à disposition.

De chic à plus chic (240-600 Zl / env 60-150 €)

Stoczek 1929 : *ul. Waszkiewicza, 72-74.* ☎ *85-730-32-09.* • *stoczek1929.pl* • *Double 260 Zl, appartements (2-4 pers) 300-450 Zl, petit déj inclus. Resto tlj 12h-22h. Plats 18-90 Zl.* Autant la plupart des hôtels de Białowieża manquent de professionnalisme, autant le *Stoczek* en déborde. Difficile de dire ce que l'on y préfère... Les 4 chambres et appartements nichés dans une petite maison en bois vert d'eau comme tirée d'un vieux conte polonais ? Ils sont clairs, mignons comme tout avec leurs tapis et armoire de grand-mère suintant une nostalgie bien orchestrée. Le restaurant ? Son service impeccable ? Imaginez une agréable salle prolongée par une véranda lumineuse, aux nappes brodées, où l'on déguste d'excellents bortschs ukrainiens, selle de daim, agneau de Podlachie et autre escalope de bison aux champignons de la forêt... Côté liquides, les tisanes de fruits et plantes locales font écho aux limonades lituaniennes et liqueurs artisanales. Et n'oublions pas les desserts... tout juste sublimes !

Carska : *ul. Stacja Towarowa, 4.* ☎ *85-681-21-19.* • *carska.pl* • *Env 2 km à l'est du centre. Tlj 10h-23h. Suites slt, 360-560 Zl. Plats 30-90 Zl.* S'il y a bien longtemps que le train ne s'arrête plus à Białowieża, le temps semble, lui, s'être suspendu dans cette gare bâtie jadis pour le bon plaisir du tsar. On dort dans l'ancien château d'eau magnifiquement aménagé en appartements impériaux, dans une dépendance en brique ou, le must, dans de luxueuses voitures du train de Nicolas II. Baignoires, lits et tentures fleurent bon les ors de l'Empire russe. Quant au restaurant, il occupe le bâtiment de la gare même. Élégants salons, éléments décoratifs raffinés, mobilier stylé, musique rétro, tout évoque cette fin de règne... jusqu'aux tables placées *sur* les rails, définitivement hors d'usage. Au menu, les œufs de saumon fumé sur leurs blinis, les pirojki, la biche et le sanglier, finement cuisinés et apprêtés, font la nique à l'esturgeon (gras comme bestiole). On les fait glisser d'un verre de *kwas* (bière de pain fermenté), servi directement au tonneau. En voiture, s'il vous plaît !

Où manger ? Où boire un verre à Białowieża et dans les environs ?

Voir ci-dessus ***Stoczek 1929, Carska*** et éventuellement ***Pensjonat-restauracja Unikat.***

Restauracja Pokusa : *ul. Olgi Gabiec, 15. 692-136-469. Tlj 11h-22h. Presque en face de l'hôtel Żubrówka. Plats 17-38 Zl.* Très centrale, l'adresse est fréquentée pour sa cuisine du terroir qui tient la route : ragoût de biche, sanglier rôti, perche frite, canard braisé au cidre... La salle se veut un peu pimpante, avec ses lourds rideaux, mais ce qui cloche, ici, c'est le service – froid, au point d'en paraître presque désagréable. Dommage.

Walizka : *ul. Waszkiewicza, 148. Au bout de la rue principale, env 1 km après l'église orthodoxe. En été, tlj 12h (14h lun-mer)-20h.* Une valise posée à même l'escalier de cette bicoque en brique donne le ton de ce café façon maison de poupée : dentelles sur les tables, mobilier hétéroclite, de bonnes pâtisseries maison, une jolie gamme de thé (mais les amateurs de bières ne sortiront pas assoiffés non plus) et le tour est joué au gré d'un accueil à la fois féminin, sympa et cool. On aime !

À voir. À faire

Tout le monde vient pour eux, mais très peu ont la chance de les voir en liberté : les fameux ***bisons*** (*żubr* en polonais) se laissent surtout entrevoir à l'aube naissante, en septembre-octobre, quand ils se regroupent pour le rut, ou mieux encore au début du printemps, lorsqu'ils viennent brouter l'herbe tendre des pâturages étendus juste aux portes de la zone strictement protégée. À cette même période, les oiseaux reviennent en nombre.

Park Pałacowy *(parc du Palais) : au centre de Białowieża. Ouv du lever au coucher du soleil.* C'est dans ce vaste parc boisé, dessiné en 1889-1894 pour les tsars de Russie autour de leur résidence (détruite en 1944), que s'est établi le QG du parc national, passage obligé de tous les visiteurs (achat du billet d'entrée). Juste à côté, on peut voir un des seuls vestiges de l'époque : la porte du Palais en brique rouge. L'église orthodoxe, située à l'entrée est du parc, date elle aussi du temps du tsar (1894).

Muzeum Przyrodniczo-Leśne *(musée d'Histoire naturelle) : dans le parc du Palais, contre le bureau du parc national. • muzeum.bpn.com.pl • De mi-avr à mi-oct, tlj 9h-16h30 (17h w-e) ; hors saison, tlj sf lun 9h-16h ; dernière entrée 30 mn avt fermeture. Entrée : 15 Zl, incluant audioguide en français et guide polonais obligatoire ; réduc. Expositions temporaires et tour d'observation slt : 8 Zl (guide facultatif).* Le musée offre une visite interactive passionnante et vivante pour découvrir la faune et la flore du parc. Des tranches de vie de la forêt s'illuminent au fur et à mesure du parcours, de jour, de nuit, tandis qu'un guide vous explique tout. On apprend plein de choses, de l'architecture souterraine des rongeurs à la vie du loup, en passant par des grossissements saisissants d'insectes. C'est fou tout ce qui peut vivre dans un arbre ! Une séance vidéo montre l'évolution de la forêt et de ses bruits à chaque saison.

Białowieski Park Narodowy *(parc naturel national de Białowieża) : au nord de Białowieża. ☎ 85-682-90-07. • bpn.com.pl •* Le parc se divise en deux zones bien distinctes.

– ***La zone strictement protégée :*** *accessible par le parc du Palais, elle n'est ouv à la visite qu'en compagnie d'un guide assermenté (cher), dont il faut réserver* *les services au moins la veille (voir « Adresses et infos utiles »). Tlj de l'aube au crépuscule. Accès : 6 Zl ; réduc.* On circule ici à pied, à vélo, en calèche ou en traîneau, à travers une superbe forêt aux grands arbres. Les balades guidées durent classiquement 3h (10 km) et se penchent sur l'écologie des lieux. N'espérez pas trop voir d'animaux, en dehors d'écureuils, de pics et autres oiseaux. Au printemps, toutefois, il arrive que les bisons broutent dans la prairie située juste avant l'entrée (portail en bois) de la zone protégée : on peut donc essayer d'aller voir par soi-même, en contournant le parc du Palais par le nord-ouest.

– ***La partie nord :*** *accès libre par la piste en direction de Narewka. Se munir d'une carte.* L'essentiel du parc national de Białowieża se trouve là, loin des regards. Y vivent près de 600 bisons, 5 meutes de loups, quelque 160 espèces d'oiseaux, dont 10 de pics (!), des rares cigognes noires (le long de la rivière Narewka) et nombre de rapaces. On n'y compte plus les sangliers et les ongulés, biches, cerfs, élans. C'est dans ce secteur que les guides vous emmèneront voir (peut-être) les bisons vers 3h-4h du matin en été ; reste à y mettre le prix et à croiser les doigts...

Rezerwat Pokazowy Zubrów *(réserve de bisons) : à 4 km du bourg, sur la route d'Hajnówka. De mi-avr à mi-oct, tlj 9h-17h ; le reste de l'année, tlj sf lun 8h-16h. Entrée : 10 Zl. Compter 1h30 de visite.* Ne vous laissez pas abuser par le qualificatif de « réserve » : c'est en fait un grand zoo, où une poignée de bisons, une meute de loups et des tas de sangliers s'ébattent dans de vastes enclos. Ce n'est pas la nature, mais c'est mieux que de ne rien voir ! On croise aussi des petits chevaux proches des tarpans – espèce disparue dont on dit qu'elle a donné naissance à tous les chevaux.

LE BISON, UN REVENANT

Très répandu en Europe jusqu'au Moyen Âge, le bison a failli disparaître, victime des chasses royales pléthoriques. Puis... décimé par les coups de tromblon et de fourchette des troufions et habitants affamés, il n'en restait aucun à Białowieża après la guerre de 1914-1918. Pour repeupler le parc, les autorités firent alors venir des bisons issus de différents zoos. Le premier bébé est né en 1957, et la suite est une longue collection de faire-part... au point que certains bisons locaux ont été exportés jusque dans des parcs animaliers français.

Stara Białowieża : *à 5 km du bourg, par la route de Teremiski, puis à droite sur 500 m en direction de Narewka (piste). Ouv de 9h au coucher du soleil. Entrée : 6 Zl ; réduc.* Plutôt que de vous ruiner à parcourir avec un guide la zone strictement protégée, on vous conseille de venir ici. Certes, vous ne bénéficierez pas des explications, mais vous pourrez y voir, au gré d'une boucle de 30 mn, un sacrément beau bouquet de chênes centenaires, âgés pour les plus vieux de 400-450 ans. Ils portent tous le nom de rois.

Białowieża Skansen : *à la sortie du bourg sur la route de Narewka. Mai-oct, tlj 10h-18h. Entrée ; 6 Zl ; réduc.* Ce petit *skansen* regroupe un ensemble de bâtiments de fermes anciens, moulin et drôles de ruches à chapeau de paille taillées dans des troncs !

Fête

– ***Fête de la Transfiguration :*** *à* ***Grabarka.*** *À 70 km au sud d'Hajnówka, vers Siemiatycze. Dans la nuit du 18 août.* C'est le pèlerinage orthodoxe le plus important du pays. Les croyants gravissent la colline avec leurs croix, qu'ils plantent tout autour de l'église. L'eau de la source qui sert aux ablutions est considérée sacrée et miraculeuse.

HOMMES, CULTURE, ENVIRONNEMENT

BOISSONS

Vodka

La vodka ne date pas d'hier. Les annales permettent d'affirmer qu'elle était déjà présente au VIIIe s. C'est en 1534, toutefois, que paraît le premier traité du bien-distiller – un texte qui affirme le rôle bénéfique de la vodka sur la fertilité et... « l'éveil du désir » ! Aux XVIIIe et XIXe s, le pays passe à la distillerie industrielle et adopte la patate. Ce sont les nobles, alors, qui, en vertu d'un édit de 1652, bénéficient du monopole de la distillation. Repris à son compte par l'État en 1925, celui-ci passe ensuite au pouvoir communiste, qui produit à grande échelle à travers l'entreprise d'État Polmos. Bouteilles de vodka et d'eau minérale sont alors vendues au même prix ! Depuis la chute du mur, les choses ont notablement évolué : si l'État contrôle encore cinq entreprises productrices, le reste est repassé entre des mains privées – notamment celles de Pernod-Ricard, qui a racheté la marque *Wyborowa.* La priorité est désormais à la qualité. Et, après avoir goûté les saveurs des meilleures vodkas polonaises, il y a fort à parier que vous ferez la fine bouche sur les pâles versions, succédanés qui se vendent dans les linéaires des supermarchés ouest-européens.

PROVERBES POLONAIS

« Bois aujourd'hui pour étancher ta soif de demain. » – « Il faut boire de la vodka en deux occasions seulement : quand on mange et quand on ne mange pas. » – « L'appétit vient en mangeant, la soif s'en va en buvant. » – « Il est préférable de noyer son chagrin dans la vodka ; on est sûr que ça ne remontera pas à la surface. »

Élaboration

En Pologne, on ne dénombre pas moins de ***80 types différents*** de vodkas. Tout commence par une collecte de blé, ou de pommes de terre, ou de seigle, ou d'orge, ou d'avoine, ou de betteraves, ou encore de triticale (hybride blé-avoine) : tout y passe ! Le nœud gordien de l'élaboration de la vodka, l'élément sur lequel se portent toutes les attentions, c'est qualité de l'eau qui entre dans le processus de distillation. À la sortie de l'alambic, l'esprit de l'alcool titre 90-92°. C'est alors qu'interviennent les chimistes. Leur job : faire de cet alcool neutre un esprit rectifié, en le stockant pendant un mois et demi dans de gigantesques cuves à 5-25 °C. Jour après jour, ils contrôlent la lente décrue du degré d'alcool des liquides.
Débarrasser le distillat de ses impuretés est une opération loin d'être anodine, car même en quantité limitée, celles-ci altéreront le goût. Dans un dernier temps, les meilleures vodkas sont stockées dans des fûts de chêne. Certaines sont parfumées de tout un éventail d'essences naturelles, dont la teneur relève du secret de fabrication. Résultat, on trouve des vodkas à tout, ou presque : à la cerise (excellente), au miel, au citron, aux baies, etc.

La jungle des marques

La plus fameuse (au propre comme au figuré) est la *Żubrówka,* la ***vodka à l'herbe de bison,*** produite à Białowieża. Comme sa cousine la *Wisent* produite à Łancut, chaque

bouteille intègre un brin de cette herbe des steppes – parfumée, disent les mauvaises langues, à l'urine de l'animal... Avis aux amateurs de cocktails : ses notes de vanille et d'amande légères (de cannelle pour la *Wisent*) se marient très bien au jus de pomme. La *Biała Dama* (« dame blanche ») de Polmos Łańcut fait allusion au fantôme de Julia Potocka, l'une des plus belles femmes du XVIIIe s, morte de tuberculose à 30 ans. La vodka coule dans les veines de la famille depuis plus de 2 siècles, et la *Potocki,* reprise par un descendant, reste aujourd'hui une marque de référence, très appréciée de la jet-set ! Outre la *Wyborowa* (plus connue à l'export) et la *Luksusowa,* citons aussi la *Żołądkowa Gorzka* produite à Lublin, une vodka aux herbes, épices et fruits séchés idéalement servie en digestif. Plus eau-de-vie que vodka, la *Śliwowica,* rappelant la rakia d'Europe du Sud, est une liqueur de prune qui titre 70-80°. Enfin, il y a mieux (ou pire !) : le *Spirytus Rektifikowany* (alcool rectifié) qui titre jusqu'à 95° et que certains ont la mauvaise idée de boire en l'état...
En tout état de cause, sachez que, en milieu urbain, la vodka tend de plus en plus à être supplantée par des alcools importés (éminemment plus chic et bien plus chers en Pologne), en particulier le whisky.

SAOUL COMME UN POLONAIS

Au temps des guerres napoléoniennes, un camp militaire de plusieurs régiments français et polonais se fit attaquer par des Cosaques, alors que la consommation d'eau-de-vie battait son plein. Seuls les Polonais opposèrent une résistance acharnée. Le lendemain, Napoléon, furieux, rabroua ses soldats : « Messieurs, soyez saouls, mais soyez saouls comme des Polonais. » Ce qui signifiait que seuls les Polonais gardent leur lucidité malgré l'alcool. Cet adage est donc plutôt un éloge.

Vin

La production de vin polonais est limitée, et pourtant, au XIIe s, les collines du château de Wawel, à Cracovie, étaient couvertes de vignes... Depuis une dizaine d'années, on assiste toutefois à une renaissance de la viticulture dans le pays, en particulier dans le Sud-Ouest, autour de Zielona Góra et, dans une moindre mesure, en Petite Pologne. Avec des conditions climatiques rigoureuses, les viticulteurs polonais ont dû sélectionner les cépages les moins fragiles (dont le *jutrzenka,* exclusivement polonais). Cela dit, dans les magasins comme au restaurant, on trouve plus facilement des vins étrangers. Même l'ex-Premier ministre, Donald Tusk, avait déclaré préférer un bon vin hongrois à une bouteille polonaise... Ça vous donne une idée du chemin qu'il reste à parcourir ! Au resto, compter 2,50 € le verre de vin « maison ».

Bière

Les Polonais aiment la bière et en consomment de plus en plus : ils se placent désormais au 5e rang des buveurs de bière européens. Le pays produit surtout de la blonde, et le choix s'avère assez vaste. Trois grands groupes se partagent 85 % du marché : Piwowarska avec les marques *Lech, Tyskie* et *Żubr,* Heineken avec la très populaire *Żywiec,* la *Warka* et la *Tatra* (excellente et bien plus forte) et Carlsberg avec

LE PARTI POLONAIS DES AMIS DE LA BIÈRE (PPPP)

À l'origine, ce parti satyrique fondé par un humoriste avait pour vocation de promouvoir la bière pour lutter contre l'alcoolisme dû à la vodka. Entré en politique, ce PPPP était une sorte de pied de nez au sérieux PPP (parti du travail). La population désabusée par la politique porta le « P » et installa 16 députés du PPPP à la chambre basse du Parlement lors des élections de 1991, avant que le parti ne se scinde en deux : la « petit bière » et la « grande bière », puis ne s'évapore définitivement...

les bières *Okocim* et *Kasztelan.* Si vous en trouvez, la *Łomza* est une bière non filtrée de qualité. Généralement bons, tous ces breuvages sont rafraîchissants et bon marché comparés aux marques étrangères. Les aficionados opineront de la chope en apprenant qu'il existe aussi de plus en plus de microbrasseries (sans doute un millier dans tout le pays !) qui produisent de véritables bonnes surprises déclinées en blondes, rousses, brunes, voire en blanches et autre bière au gingembre...

Thé et café

- ***Le thé*** *(herbata)* est une institution, plus sous forme de tisanes que de thé à proprement parler. Partout où vous irez, on vous en proposera. Les salons de thé *(kawiarna)* sont très populaires ; on y sert également des petits gâteaux et quelques plats salés.
- Quant au ***café,*** il est rarement servi à la turque... mais quand ça arrive sans crier gare, ça surprend !

CUISINE

Imaginez une cuisine de terroir, riche et savoureuse, qui tient au corps et sait merveilleusement sublimer les champignons. Sur ces solides bases traditionnelles, en ville, de jeunes chefs développent une créativité et une légèreté nouvelles, sans représenter pour autant une véritable « révolution de palais »...

Les repas

Le petit déjeuner est copieux et solide – des œufs, des saucisses, du jambon, du fromage –, car les Polonais doivent tenir avec cela une grande partie de la journée. En effet, ils travaillent d'un trait, de 7h ou 8h jusqu'à 15h ou 16h. Ils prennent un second petit déj vers 11h. Le repas principal a lieu après le travail, vers 16h : il comprend de la soupe, un plat principal, un dessert et tout et tout. Le dîner est habituellement moins copieux, souvent ce sont des sandwichs ou un petit plat réchauffé vite fait.
Qu'on ne s'y trompe pas, l'art de la table est ici une tradition nationale. Et c'est plutôt une bonne surprise !
La viande la plus couramment consommée est le porc, suivi par le bœuf et le veau. Elle est toujours bien cuite, jamais saignante, très souvent accompagnée de sauces bien épaisses à base de farine et de crème fraîche. Généralement, la carte mentionne « viande » sans préciser de quelle sorte il s'agit. Le pays est traversé par de nombreux cours d'eau, et les Polonais aiment la pêche, ainsi peut-on se régaler en poissons de rivière ou d'étang, comme la tanche, la truite, la carpe et l'anguille, toujours un peu plus chère. En bord de mer (et partout ailleurs), le hareng *(śledź)* est très présent.
La pomme de terre reste le légume vedette incontestable. Elle accompagne presque tous les plats, le plus souvent cuite à l'eau ou sous la forme de frites, mais peut être déclinée en 1 001 recettes (galettes, boulettes, soupe...). On trouve aussi très souvent betterave, chou *(kapusta),* concombre *(ogórki)* et salade verte.

Les soupes

- ***Barszcz :*** bouillon de betteraves, souvent servi avec un *pasztecik,* un friand à la viande. Son goût aigre-doux en déconcerte plus d'un, mais quand il est maison, il est souvent délicieux. Même si son nom ressemble, il est très différent du bortch russe.
- ***Grochówka :*** soupe aux pois, bien épaisse, avec des lardons et des morceaux de viande épicée. Excellent l'hiver pour se réchauffer.
- ***Żurek :*** soupe aigre à la farine de seigle, avec des morceaux de saucisse ou lardons et divers légumes. Les purs et durs la dégustent avec un œuf dur. On la sert souvent dans une miche de pain évidée.
- ***Flaki :*** soupe aux tripes, très bourrative.

Les hors-d'œuvre

– ***Śledź :*** hareng, en général mariné, servi au choix dans de l'huile, avec de la crème fraîche, des oignons ou des tomates. On l'accompagne d'un petit verre de vodka bien glacée qui aiguise l'appétit. Les meilleurs *śledź* sont très tendres.
– ***Tatar :*** steak tartare, servi avec des cornichons salés, un œuf et un oignon tout finement haché. À vous de l'assaisonner selon votre goût. À éviter pendant la période estivale.
– ***Surówka :*** chou rouge, chou blanc et carottes râpés. Un tiercé presque systématiquement gagnant !

Les plats

– ***Bigos :*** la choucroute polonaise, à goûter absolument. Chou, viande, assortiment de charcuterie, haricots, champignons, tomates et pruneaux secs. Plus il a reposé, plus il est savoureux.
– ***Golonko :*** jambonneau mariné aux aromates ou à la bière, puis mijoté ou cuit au bouillon.
– ***Gołąbki :*** entendez littéralement « tourtereaux ». Mais si cela en a (globalement) l'aspect, ce n'est pas du pigeon. Il s'agit de feuilles de chou garnies d'une farce faite de porc (parfois du bœuf), de riz et d'oignon.
– ***Kaczka z jabłkami :*** canard farci de pommes, souvent servi avec des *pyzys,* grosses boulettes de pomme de terre râpée cuites à la vapeur (assez spongieuses). On trempe les morceaux de *pyzy* dans le jus de canard.
– ***Karp :*** carpe. Mille façons de la préparer, à la polonaise, à la juive, en gelée, toujours excellente.
– ***Kotlet schabowy :*** côte de porc panée. C'est le plat de viande le plus populaire en Pologne.
– ***Naleśniki :*** ce sont des crêpes fourrées à toutes sortes de bonnes choses salées (épinards, entre autres). Existe aussi en dessert, au fromage frais, avec de la chantilly. Comme il y a en France des crêperies, la Pologne compte ses *nalesnikarnie.*
– ***Pierogi :*** formidables et économiques, ces grosses ravioles sont généralement fourrées aux pommes de terre et fromage blanc *(pierogi ruskie)* ou au chou *(pierogi z kapustą)* et/ou champignons, plus rarement à la viande. Existe aussi en version sucrée (myrtilles, fraises...). Les nouvelles *pierogarnie* jouent désormais la carte de l'inventivité et les déclinent à toutes les sauces. Attention de différencier la version classique, à la vapeur, de la version au four, plus dense, qui évoque davantage un chausson.
– ***Zraz zawijany :*** viande de bœuf battue et roulée avec de la poitrine fumée et des cornichons salés à l'intérieur. Excellent, souvent servi avec du *kasza gryczana* (sarrasin).

Les pâtisseries

Les amateurs de pâtisserie viennoise vont être gâtés.
– ***Sernik :*** gâteau au fromage blanc (du cheese-cake, quoi...).
– ***Makowiec :*** un gâteau roulé à la pâte de pavot et fruits secs stupéfiant (on plaisante...).
– ***Jabłecznik :*** petit cousin de la ***szarlotka,*** un gâteau aux pommes servi avec de la crème fraîche. La recette originelle est l'œuvre du mal nommé confiseur Marie-Antoine Carême (français de son état), qui créa cette douceur en l'honneur de la future impératrice Charlotte (*Szarlotka* en polonais) de Russie.
– ***Chrusty :*** beignets de carnaval rappelant les bugnes lyonnaises. Plus gros, on les appelle *faworki.* Les beignets classiques (ronds) se nomment pour leur part *ponchki.*

À grignoter

– ***Słonecznik :*** graines de tournesol. On en trouve dans les petites épiceries.

Restaurants

Les restaurants, même les plus chers, restent assez abordables pour un budget d'Européen de l'Ouest. Profitez-en !

- ***La formule déjeuner :*** servie en semaine jusqu'à 16h, elle comprend généralement une soupe, un plat du jour et une *kompot* (boisson à base de fruits). C'est l'occasion de déjeuner pour pas très cher dans certaines adresses chic.
- ***Horaires :*** la plupart des cuisines de restos fonctionnent sans interruption de midi... jusqu'au dernier client de la soirée, vers 22h. Exception notable, les ***bar mleczny*** (voir plus loin) surtout ouverts en semaine, voire le samedi, qui ferment à 18h-19h.
- ***La carte :*** parfois étonnamment longue. Ne soyez pas trop impressionné, car dans la liste des plats, on énumère aussi les pommes de terre, frites, pâtes, riz... En effet, les viandes ne sont pas toujours accompagnées de légumes, qu'il faut choisir à part.
- ***Le prix à payer :*** la fourchette des prix est très large. Dans les restos un peu chic, il est très fréquent de voir des plats aussi bien à 10 Zl qu'à 80 Zl. N'hésitez donc pas à les fréquenter car, en étant vigilant, vous vous en tirerez pour une poignée de *złotys* tout en profitant du cadre et de la qualité de la cuisine. Attention, il arrive que les plats soient facturés au poids, en particulier les poissons, donc méfiez-vous d'une carpe à 5 Zl. C'est le prix pour 100 g, et une carpe moyenne pèse au moins 600 g !
- ***World food ou tradition ?*** Les pizzerias, restos de sushis et autres *döner kebabs* foisonnent, mais les petites adresses traditionnelles mènent une jolie résistance, avec une prédisposition pour les décors très scénarisés (des croquignolets intérieurs de fermes au cœur des villes). Dans les grandes villes, de plus en plus de restaurants mitonnent une jolie cuisine polonaise revisitée sur des notes inventives et allégées.

Les *bar mleczny*

Les « bars à lait » sont des cafétérias populaires qui servent une cuisine simple et subventionnée pour les bourses modestes. On les trouve davantage dans les villes. Longtemps soupe populaire de la Pologne communiste, au décor d'hospice, c'est assurément la façon la plus routarde de s'initier à la gastronomie nationale. Enfin un héritage positif. Même repeints, modernisés ou rebaptisés, les bars à lait gardent leurs atours et usages traditionnels : plats affichés sur un panneau de la taille d'un indicateur de chemin de fer (généralement tout en polonais), cantinières souvent taciturnes, plateau à débarrasser soi-même, assiettes servies à la louche sans trop se soucier si ça dégouline... On fait la queue jusqu'à la caisse où on passe et règle sa commande. Le service est immédiat si le plat est prêt, sinon on s'attable et on attend d'être appelé. Difficile de dépenser plus de 30 Zl pour un repas complet, mais venez tôt, car les meilleurs plats partent vite !

Les *zakąski przekąski*

Très à la mode chez les jeunes (mais les moins jeunes ne se gênent pas pour y pointer le nez), ces bars de nuit très animés proposent des boissons et une (toute) petite restauration à prix modique. En général, c'est 4 Zl la bière ou le verre de vodka et 8 Zl la portion à manger (du hamburger pas très polonais au *żurek* et autre *tatar* bien d'ici). On y vient boire l'apéro, et comme la fermeture est très tardive, on y repasse au fil de la soirée lorsqu'on a un petit creux liquide ou solide.

CURIEUX, NON ?

- ***Santé !*** Si vous êtes invité par des Polonais, il est de bon ton de boire cul sec *(do dna)* le premier verre, après s'être souhaité une bonne santé *(na zdrowie).* Si ça arrache un peu trop, chopez un *ogórka* (gros cornichon) qui doit traîner sur la table de vos hôtes et dévorez-le sans attendre après chaque gorgée. C'est censé calmer le feu de l'alcool.

– ***Prêts pour la douche du lundi de Pâques ?*** Le Christ ressuscité, le Carême enterré, les Polonais se laissent ce jour-là aller à la joie. C'est ce qu'on appelle *Śmigus Dyngus !* Dans les rues, on se bombarde d'eau pour un rien. On dégaine de gentilles armes : bombes ou pistolets à eau. Un voisin vous lance un seau à la tête ou vous vise de son tuyau d'arrosage... La tradition remonte, dit-on, à un vieux rite païen qui voulait que les jeunes hommes arrosent les jeunes filles à marier pour favoriser leur fertilité. Les curés ont juste béni l'eau et le tour était joué. Très amusant, sauf qu'à Pâques, en Pologne, il fait encore pas mal froid !
– ***En mai, fais ce qu'il te plaît ?*** Pas vraiment : en Pologne se marier au mois de mai porte la poisse.
– ***Les Polonais adorent les diminutifs :*** votre cousine polonaise s'appelle Joana ? Sans doute, mais seul l'état-civil s'adresse à elle de cette manière. Pour ses proches, elle sera Asia. Et pour son amoureux : Aska. Quant à sa fille, répondant au doux nom d'Alexandra, dites plutôt Ola et, plus tendrement, Olenka. Elżbieta (Élisabeth), elle, devient Ela pour les intimes. Les garçons ne sont pas en reste et derrière un Tadeusz se cache un sympathique Tadek.
– ***Le paradis des cigognes :*** certains villages de Pologne comptent plus de cigognes que d'humains ! C'est notamment le cas au village de Żywkowo, en Warmie du Nord, habité par 30 personnes, où l'on a recensé 42 nids et 160 cigognes (ce sont bien elles qui livrent les bambins ?).
– ***Happy birthday !*** Après l'âge de 18 ans, on a plutôt coutume de souhaiter à un proche sa fête *(imienini)* que son anniversaire.
– ***La folie de la Toussaint :*** en Pologne, la Toussaint, c'est sacré. Le 2 novembre (et pas le 1er), dans les cimetières, on gratte, on jardine, on fleurit les tombes des proches, mais aussi des cousins plus éloignés, des amis, des voisins... qui foisonnent bientôt d'innombrables photophores. De nuit, c'est magique.
– ***Vous descendez à quel étage ?*** Attention, en Pologne, le rez-de-chaussée est le niveau 1... Donc le premier étage le « 2 » et ainsi de suite. Pensez-y en appuyant sur le bouton de l'ascenseur !
– ***À chaque occasion son petit cadeau :*** les Polonais s'offrent beaucoup de petits présents (fleurs, chocolats, cosmétiques...) pour les retrouvailles, les adieux et autres fêtes individuelles. Comme il y a quatre saints Andrzej et deux saintes Agnieszka par an, les fleuristes sont florissants ! Quant à offrir des fleurs pour la Saint-Valentin *(Walentynki)*, cela a valeur de déclaration : gaffe !

ÉCONOMIE

La Pologne a été le premier pays d'Europe de l'Est à avoir retrouvé, en 1995, son niveau de production de 1989, avant de connaître un fort développement économique dans la seconde moitié des années 1990. L'économie a bénéficié, durant cette période, d'une véritable « thérapie de choc », et elle affiche, depuis, des taux de croissance inégalés chez ses voisins. Certes, il y avait du retard à rattraper après les destructions massives de la Seconde Guerre mondiale et les 50 sombres années de communisme qui ont suivi.
Depuis 2005, le pays connaît une expansion économique forte. La Pologne est d'ailleurs le seul pays européen n'ayant pas connu de récession au plus fort de la crise entre 2008 et 2010 – le taux de croissance faiblissant dans les années suivantes à 1,7 %, avant de rebondir à 3,4 % en 2014 et 3,5 % en 2015 (idem prévu en 2016). La demande intérieure est forte (les Polonais s'enrichissent), les exportations tournent, mais c'est l'investissement public qui reste le plus gros pourvoyeur d'emploi (chômage à 7,5 %), notamment à travers les grands projets d'infrastructures financés par des fonds de l'UE (une manne de 67 milliards d'euros pour la période 2010-2013, à laquelle s'ajoutent 82,5 milliards pour 2014-2020). Ces derniers sont crédités d'un surcroît de croissance de 1 % par an !
Forte de ces résultats, de sa lutte assez efficace contre la corruption et de son retour du déficit public aux fameux 3 % de Maastricht (contre 7,9 % en 2010),

la Pologne ambitionne de plus en plus de passer de la deuxième division de l'Europe à la première. Le niveau de sa dette extérieure fait, lui aussi, pâlir d'envie ses partenaires : il n'est « que » de 51,3 %.
Au vu des critères d'éligibilité, la Pologne pourrait théoriquement adhérer à l'euro. Mais après la crise de confiance de la monnaie européenne, les Polonais sont devenus frileux. L'opinion, plutôt favorable il y a une décennie, y est aujourd'hui carrément opposée (jusqu'à 75 % de « contre » dans certains sondages !). On peut d'ailleurs douter que le pouvoir politique conservateur et eurosceptique, sorti des urnes en 2015, se précipite...

Un quotidien pas toujours rose

En évitant de trop vivre au-dessus de ses moyens, la Pologne a eu le mérite de pratiquer une certaine rigueur budgétaire qui a porté ses fruits. Cela n'empêche pas 2 à 2,5 millions de Polonais, la plupart âgés de moins de 35 ans et originaires des provinces orientales, d'avoir fait le choix de partir ailleurs en Europe pour améliorer leur situation. Beaucoup se sont installés en Suède, en Irlande et, plus encore, en Grande-Bretagne (où les agressions xénophobes à leur encontre se multiplient ces derniers temps).
Les dernières statistiques affirment que 15,5 % des Polonais vivent encore en dessous du seuil de pauvreté. Ce sont pour l'essentiel les laissés-pour-compte de la transition économique, habitants de petites communes isolées où l'emploi se fait rare depuis la fermeture des entreprises d'État. Ceux vivant dans l'extrême pauvreté ont même vu leur nombre progresser, de 5,8 % de la population en 2010 à 6,5 % en 2015. Plus globalement, le quart des Polonais déclare avoir des difficultés à boucler ses fins de mois... Une réalité portée par la faiblesse des salaires, que ne parvient pas à dissimuler la multiplication des voitures de luxe.

Libéralisme

Les jeunes Polonais urbains consomment sans états d'âme et accèdent au crédit là où leurs aînés avaient encore le réflexe du bas de laine. Ils voyagent, gâtent leurs enfants, achètent de bons vins. Les hausses de salaire et la réforme fiscale réduisant à 32 % le taux maximal de l'imposition ont d'autre part renforcé le pouvoir d'achat ouvrant grandes les vannes de la consommation. Les ventes de détail progressent d'ailleurs de 3 à 4 % par an. Et même les immeubles encore délabrés cachent souvent des appartements modernisés et désormais bien équipés...

ENVIRONNEMENT

Jusqu'à ces dernières années, la dégradation continue du milieu naturel en Pologne ne résultait pas du manque d'une législation appropriée, mais de l'impossibilité de la faire respecter. Le manque d'implication des autorités et populations locales fait écho à une sensibilité écologique limitée. Pour nombre de Polonais, la dégradation de l'environnement est, aujourd'hui encore, perçue comme un prix à payer pour le développement économique – un héritage de la période communiste, qui accordait la priorité absolue au développement de l'industrie (notamment lourde).
Malgré un début de prise de conscience dans les années 1970, rien n'a vraiment bougé jusqu'à l'adhésion du pays à l'UE. D'ailleurs, même avant cela, la Pologne en contestait les normes en matière d'environnement, jugées trop rigides ! Les consciences ont doucement évolué depuis une décennie et, en ville au moins, les écologistes commencent à faire entendre leur voix et les gens à recycler, à limiter leur consommation d'eau et d'énergie.
Au niveau étatique, c'est moins sûr... Pour preuve, l'opposition insensée et sans cesse renforcée des gouvernements polonais successifs aux instances européennes pour retarder l'application des règles destinées à lutter contre le réchauffement

de la planète. Ce fut d'abord l'engagement de feu le président Kaszyński contre le PEC (Paquet énergie-climat), puis celui du Premier ministre Donald Tusk (actuel président du Conseil européen), estimant que ce dispositif « conduirait à augmenter le prix de l'électricité de 90 % » et à accroître la dépendance du pays au gaz russe. Résultat, 90 % de l'électricité polonaise est issue de centrales à charbon. Fin 2008, les 27 ont entériné un accord autorisant la Pologne à déroger provisoirement aux obligations environnementales de l'UE. En 2012, le pays a mis son veto à la directive sur les émissions de gaz à effet de serre. En 2013, le ministre de l'Environnement polonais, en plein exercice de directeur de la COP 19, est tout bonnement débarqué de son poste par le Premier ministre d'alors, Donald Tusk.
À l'été 2015, le pays, pourtant très catholique, est même témoin d'un miracle : une encyclique du pape sur l'écologie, prônant entre autres le remplacement des industries fossiles polluantes (dont le charbon), est vertement critiquée par les édiles polonais de tous bords. Certains qualifiant l'encyclique d'antipolonaise (ah, le bon temps de Jean-Paul II !). En 2015, toujours, l'écologie est un enjeu totalement absent des débats lors des élections législatives. Certains politiciens qualifiant même le réchauffement climatique de simple supputation...
Et, à l'automne 2016, le chantage repart de plus belle, dans la perspective de la ratification des accords de Paris par l'Union. Pour signer, la Pologne exige que lui soit reconnue la « nécessité de construire de nouvelles centrales à charbon »...
Qu'espérer de ce gouvernement qui, en mars 2016, autorisera le quintuplement de l'abattage d'arbres dans la zone périphérique du parc national de Białowieża, sous couvert de lutter contre des insectes envahissants ? Les recours des écologistes devant la Cour européenne sont certes généralement victorieux, mais ce sont de bien petites victoires... Seule consolation pour les écolos : l'eldorado supposé du gaz de schiste (gros enjeu pour s'affranchir du polluant charbon et du gaz russe...) semble bien vouloir ne pas se matérialiser. Les exploitants potentiels renonçant les uns après les autres à leur licence (voir encadré).

UNE AMBITION QUI FAIT PSCHISTE !

En 2012, une étude scientifique a fait chavirer les espoirs du gouvernement polonais de devenir l'eldorado du gaz de schiste en Europe... Le sous-sol du pays en renfermerait au mieux 2 000 milliards de mètres cubes... beaucoup moins que les 5 300 milliards de mètres cubes annoncés par l'agence américaine EIA en 2011. Faudra leur offrir une baguette de sourcier pour Noël !

FAUNE ET FLORE

Les ***23 parcs nationaux*** de Pologne et les quelque 1 500 réserves et parcs naturels couvrent une superficie combinée d'à peine 1 % du territoire national. Il faut toutefois leur adjoindre quelque 70 000 km^2 de zones de protection légère, où les activités ne sont pas interdites, mais orientées vers le développement touristique. Dans tous ces lieux, on peut encore trouver des terrains qui n'ont pratiquement pas été transformés par l'activité humaine. Citons notamment les *Bieszczady,* sauvages et dépeuplées, avec leurs prés de hautes montagnes appelés *połonina,* ou les étendues marécageuses et difficilement accessibles de Biebrza, où vivent de nombreuses espèces d'oiseaux rares. Parmi les bijoux de la flore polonaise figure *Rogalin,* la plus grande forêt de chênes centenaires du pays, près de Poznań. Chaque Polonais connaît le nom du ***chêne Bartek,*** dans la forêt de Kielce, au pied duquel Casimir le Grand aurait exercé la justice au XIVe s ! L'arbre le plus âgé du pays est cependant l'if de *Henryków Lubański,* au nord-ouest de *Jelenia Gora,* qui aurait environ 1 260 ans – davantage, donc, que l'État polonais. Et n'oublions pas la forêt de Białowieża, avec ses épicéas de 55 m et ses chênes séculaires.

Petit bestiaire polonais

Bien des espèces disparues dans le reste du continent européen coulent encore ici des jours heureux. C'est le cas du ***bison,*** le plus grand animal européen, sauvé in extremis de l'extinction, et qui peuple à nouveau par centaines le forêt de Białowieża. Dans les Tatras vivent également les grands ***ours bruns,*** et dans les Bieszczady, on peut observer les rois du ciel, les ***pygargues à queue blanche*** et les ***aigles royaux,*** les plus grands rapaces du pays.

Si l'aigle blanc est l'emblème de la Pologne, le pays se révèle être le paradis des ***cigognes.*** Le quart des cigognes blanches d'Europe y nidifie, particulièrement au nord-est du pays, riche en proies grâce à sa multitude de lacs et étangs. Outre arbres, cheminées et toits, les nids s'amarrent aussi au sommet des poteaux électriques ou sur des plates-formes en bois intentionnellement installées pour elles par les habitants et même par les entreprises. Avoir une cigogne, c'est la chance assurée !

Le ***cheval,*** quant à lui, tient une place particulière dans le cœur des Polonais depuis l'époque des tribus slaves. C'est d'ailleurs ici que vit le *konik polski,* le plus proche descendant du cheval sauvage d'autrefois (appelé tarpan). On ne s'étonnera plus, après ça, que les Polonais soient d'excellents cavaliers, et l'équitation une tradition nationale.

QUAND LA CIGOGNE FAIT LE PIED DE GRUE

Un couple de cigognes utilise le même nid pendant plusieurs années en y effectuant, parfois aidé par l'homme, les réparations nécessaires. Le mâle revient toujours le premier et il attend quelquefois une longue semaine sa partenaire. Mais si elle tarde à pointer son bec, il n'est pas rare qu'il cède aux avances d'une autre !

UNE NATION CAVALIÈRE

Les charges de la cavalerie polonaise à Kircholm ou lors du siège de Vienne par les Turcs (1683) ont marqué l'histoire de l'Europe. Cette réputation d'excellence du cavalier polonais ne s'est pas limitée à la Pologne. Le général Pulaski, émigré polonais, a participé à la guerre d'Indépendance des États-Unis et est devenu un héros national américain ; il est considéré comme le père de l'US Cavalry. Encore plus osé (mais pas très futé), la cavalerie polonaise a même chargé les escadrons blindés de panzers en 1939 !

GÉOGRAPHIE

Avec plus de 312 000 km^2, la Pologne est l'un des plus grands États d'Europe. À peine un peu moins que l'Allemagne, avec laquelle elle partage sa plus longue frontière. Les côtes de la Baltique totalisent 528 km, et le point culminant se trouve à la frontière slovaque, dans les monts Tatras, au ***mont Rysy*** (2 499 m). Les trois quarts du territoire sont situés en dessous de 200 m. Les montagnes du Sud, contre la Slovaquie et l'Ukraine, font partie du massif des anciennes Carpates et, à l'ouest, les monts Sudètes bordent la frontière de la République tchèque. La Vistule, dont le cours se trouve entièrement en Pologne, totalise 1 047 km et passe par Cracovie et Varsovie, puis baigne les plaines du Nord avant de se jeter dans la Baltique.

HISTOIRE

Les débuts

Il suffit de regarder la carte de l'Europe pour comprendre l'histoire de la Pologne. Coincée entre deux puissances, dépourvue de frontières naturelles, elle se débat 10 siècles durant pour survivre aux invasions successives. Même les débuts de l'État sont liés à cette fatalité. Menacé par les catholiques allemands et tchèques, ***Mieszko Ier*** évite à la Pologne les guerres religieuses en se convertissant en 966. Il éloigne ses favorites, séduisantes, certes, mais païennes, pour faire un mariage de raison avec la pieuse Dobrawa. Cette union scelle une paix durable avec les voisins tchèques.

Leur fils, ***Boleslas le Vaillant,*** devient le premier roi de Pologne, couronné juste avant sa mort, en 1025. Il donne libre cours à son tempérament et conquiert de nouveaux territoires à l'est comme à l'ouest. Mais Boleslas II, un de ses successeurs au caractère emporté, provoque bien des désordres. Sous l'emprise d'une colère noire, il fait assassiner saint Stanislas, évêque de Cracovie. C'en est trop, il est chassé du pays en 1079 par les magnats (nobles) indignés.

Ladislas Herman, qui prend sa place, est tout le contraire de son frère. Doux et délicat, mais incapable de gouverner. Il rate tout durant son règne : la Couronne, la conquête de nouveaux territoires, l'unité nationale. N'arrivant pas à concilier sa progéniture, il morcelle le pays en plusieurs duchés. Commence alors une période de 200 ans de luttes fratricides, de crises majeures et mineures, d'invasions incessantes... Le chaos.

MAGNATS

Du latin magnus, *ce titre était donné aux membres de l'aristocratie polonaise ou hongroise, qui disposaient d'une grande puissance économique. Propriétaires terriens, ils possédaient souvent châteaux, villages et terres agricoles. Le terme est resté.*

Impuissant à en finir avec les païens prussiens, l'arrière-petit-fils de l'impulsif Boleslas II, Conrad, duc de Mazovie, a recours à la main-d'œuvre étrangère. Il fait venir, en 1226, les ***chevaliers Teutoniques.*** Pleins d'enthousiasme, ces moines guerriers, au chômage depuis leur retour de Terre sainte, outrepassent très vite leurs prérogatives et deviennent des hôtes encombrants. Le 14 novembre 1308, par temps brumeux, ils s'introduisent dans la ville de Gdańsk, déguisés en honnêtes marchands, et massacrent 10 000 habitants pour s'emparer de la « perle de la Baltique ».

Il faut la main d'acier de ***Ladislas Petite-Coudée*** pour mettre fin à cette anarchie et rassembler le pays. Il se fait couronner à Cracovie, en 1320. Son fils, Casimir le Grand, est plutôt du genre pacifiste. Menant une politique de conciliation, il renonce à ces incessantes batailles et se met au travail. Pendant son règne, il instaure la monnaie, organise le fonctionnement de l'État, de la justice, et développe le commerce. Amoureux de la belle Esterka, il ouvre les frontières aux juifs. Selon la formule consacrée, ***Casimir le Grand*** avait trouvé la Pologne en bois, il laisse une Pologne en brique. Malheureusement, très occupé, il n'a pas le temps de faire des enfants. La dynastie, dite « des Piast », s'éteint à sa mort.

C'est un Hongrois, par ailleurs neveu du défunt Casimir, qui lui succède. N'ayant pas de progéniture masculine, il accorde de nombreux privilèges (notamment fiscaux) aux nobles afin d'assurer la Couronne à sa fille, ***Hedwige.*** Ne sachant où donner de la tête devant tous ses nouveaux devoirs, elle sacrifie son amour pour Guillaume, le tendre duc d'Autriche, et épouse, en 1386, le grand-duc de Lituanie. Un an auparavant, l'union de Krewo avait réuni librement les deux États, polonais et lituanien, sous l'autorité d'un seul roi. Elle porte la culotte, mais l'heureux élu, ***Ladislas Jagellon,*** commence par faire le ménage. En 1410, il porte un coup décisif aux chevaliers Teutoniques à la célèbre ***bataille de Grunwald.*** Grâce à l'union avec la Lituanie, la Pologne devient une puissance régionale respectable, qui parvient à garantir la paix à ses citoyens pendant plus de 250 ans, alors que les pays voisins, comme l'Allemagne,

MADAME LE ROI

La belle Hedwige devient... roi à l'âge de 13 ans. Car, en Pologne, la reine est juste la femme du roi. Homme ou femme, le roi de Pologne, c'est le roi de Pologne !

se déchirent dans des conflits religieux. Hedwige, tout roi qu'elle est, n'échappe pas à la malédiction des femmes et meurt après avoir mis sa fille au monde. Jean-Paul II l'a canonisée en 1997.

Le siècle d'or

Au XVIe s, la Pologne connaît une grande prospérité. La dynastie Jagellon fait marcher le commerce. Le territoire national s'étend considérablement, les châteaux poussent comme des champignons après la pluie, l'art et la culture atteignent des sommets. Cette époque est aussi marquée par l'accroissement des privilèges de la noblesse, la célèbre *szlachta.* Derrière l'impression d'un pays en proie au chaos et dépourvu d'un État digne de ce nom, la république qui a unifié Pologne, Biélorussie, Ukraine et Lituanie entre 1569 (union de Lublin) et 1793 (partage de la Pologne) est une fédération européenne avant la lettre, dotée d'un régime à caractère quasi démocratique. Cette fédération nobiliaire, multiethnique et anti-absolutiste, radicalement opposée à la Russie des tsars, mais aussi à l'Autriche des Habsbourg et à la Prusse des Hohenzollern, a été unique en Europe.
À lire sur le sujet, *Une histoire de la Pologne,* de Michal Tymowski (Les Éditions Noir sur Blanc).

La république des nobles

La dynastie Jagellon s'éteint à la mort de Sigismond Auguste (1572). On adopte alors, sous la pression de la noblesse, le principe plus démocratique de l'élection du roi. À chaque élection, les candidats, voulant s'assurer la victoire, accordent de nouveaux privilèges aux nobles. Le premier à gagner le gros lot est ***Henri de Valois,*** fils d'Henri II. Après sa fuite (voir l'encadré), poursuivi par la Diète (Parlement polonais) qui lui demande des comptes, il refuse toute idée de retour en Pologne. ***Jan Kazimierz*** (Jean Casimir) essaie alors de limiter la pagaille et tente en vain de réformer l'État. Découragé, il démissionne et se réfugie aussi en France. La noblesse impose alors le principe *nihil novi,* qui interdit au roi d'établir de nouvelles lois sans l'accord de la Diète, et le *liberum veto,* qui permet à un seul opposant d'empêcher le vote d'une décision. L'anarchie règne. Du coup, les voisins de la Pologne se frottent les mains et encouragent les frictions en soutenant les factions les unes contre les autres pour affaiblir encore la Pologne et renforcer leur influence.

HENRI D'ANJOU… FEU ROI DE POLOGNE

Henri d'Anjou, fils préféré de Catherine de Médicis, apprend en 1573 son élection au trône de Pologne. Avant son départ, il se fait assurer par son frère Charles IX qu'il lui succédera sur le trône de France à sa mort. Henri est reçu à Cracovie en février 1574, avec tous les honneurs. Sous le nom d'Henri Ier, il entame sans entrain un règne qui durera 6 mois à peine. Car, apprenant la mort de son frère le 14 juin, il file à l'anglaise, de nuit, emportant avec lui les bijoux de la Couronne… Les Polonais les réclament encore.

Les partages et les insurrections

Le dernier roi de Pologne, ***Stanislas II Auguste Poniatowski,*** amant de Catherine II de Russie, est élu à la fin du XVIIIe s avec l'aide de 40 000 baïonnettes russes. Par chance, c'est un homme cultivé et patriote. Il tente une ultime fois de réformer l'État et de renforcer le pouvoir royal. Mais la Russie, la Prusse et l'Autriche ne veulent pas d'une Pologne forte et se posent « en garants des libertés nationales », qui sont précisément une des causes de sa faiblesse. Finalement, en 1772, les trois puissances procèdent au ***premier partage de la Pologne,*** l'amputant d'un tiers

de son territoire. La Diète polonaise tient session pendant 4 ans, au terme desquels elle accouche d'un paquet de lois et d'une nouvelle Constitution, dite « du 3 mai 1791 ». Il s'agit de la deuxième Constitution au monde, très peu de temps après celle des États-Unis, qui servira de modèle aux républicains français.
Mais il est trop tard. Encore une fois, un groupe de magnats, menacés dans leurs privilèges et libertés, se groupe en *confédération de Targowica* et obtient l'aide de l'armée russe pour s'opposer aux réformes. Le ***deuxième partage de la Pologne*** a lieu en 1795.

L'HYMNE POLONAIS SE CORSE

Le gâteau polonais que se partagent la Russie, l'Autriche et la Prusse est digéré en 1795 : la Pologne n'existe plus. Persuadés qu'il est le seul capable de leur rendre leur pays, plusieurs milliers de Polonais rejoignent Napoléon Bonaparte en Italie pour lutter contre l'Autriche. Un chant, inspiré par les victoires, s'élève parmi eux et rend hommage au futur Empereur : « Bonaparte nous a montré, comment nous devons vaincre. » La Pologne fera de ce chant son hymne national en 1927.

S'ensuivent alors 140 ans d'une longue période de soumission, d'insurrections incessantes, toujours suivies par des vagues de répression, de condamnations, d'émigrations. La première révolte éclate en 1794, conduite par ***Tadeusz Kościuszko.*** Son échec provoque le ***troisième partage.*** La Pologne disparaît alors de la carte d'Europe. Chaque nouvelle génération, une fois l'âge du biberon passé, descend dans les caves pour conspirer et préparer une nouvelle insurrection suicidaire. Les Polonais font un apprentissage approfondi de toutes les techniques de résistance, de lutte armée, d'opposition passive et active contre l'occupant. Cela devient un trait caractéristique de ce peuple, qui excelle à déjouer toutes les tentatives d'anéantissement, pour en sortir plus fort et plus déterminé.
L'Église joue un rôle majeur dans le maintien de la conscience et de la culture nationales. Comptant sur Bonaparte pour défaire les Austro-Hongrois, et idéalisant qu'il libérera la Pologne, les Polonais placent également un espoir (parfois aveugle) en lui, en s'enrôlant à ses côtés. Napoléon utilisera la force de leur désespoir pour mener ses campagnes en Europe mais aussi pour assurer le rétablissement de l'esclavage à Saint-Domingue où le bilan est désastreux (maladies, combats, désertions, peu de ces Polonais rentreront en Europe). La défaite finale de Napoléon en 1815 et son exil à Sainte-Hélène marqueront le retour d'un régime dur en Pologne.
Toutes les tentatives de ce peuple, qui réussit décidément mieux à se mobiliser pour la guerre que pour préserver la paix, restent irrémédiablement vaines.

La reconstitution

À l'issue de la Première Guerre mondiale, le traité de Versailles rend à la Pologne sa place sur la carte d'Europe, lui octroyant au passage la moitié de l'actuelle Lituanie. Belle réussite sur le papier, mais en réalité une victoire à la (pa) Pyrrhus si l'on juge ce qui advint deux décennies plus tard. Pendant 20 ans, le pays se développe très vite, surmontant même la crise économique qui sévit alors en Europe. Mais 19 ans plus tard, l'essor est stoppé net. La Pologne ne résiste pas longtemps aux offensives allemandes dont la stratégie innovante repose sur l'intervention massive des chars et de l'aviation. Malgré les efforts des diplomates polonais, les Soviétiques se lancent dans une campagne de presse faisant état de mauvais traitements infligés aux Ukrainiens et Biélorusses par les Polonais. De quoi justifier le coup de couteau dans le dos. Les Soviétiques, liés par une clause secrète du ***pacte germano-soviétique,*** prétextent la crise politique interne du gouvernement polonais pour envahir la Pologne presque simultanément avec le Reich. À deux, ils procèdent au ***quatrième partage de la Pologne.*** Les deux puissances se répartissent alors les terres fertiles du pays, avec les rivières Pissa, Narew, Bug et San comme ligne de démarcation. La Galicie et la Lituanie tombent ainsi dans l'escarcelle de l'Union soviétique.

La Seconde Guerre mondiale

On l'appellera pour toujours la *Blitzkrieg*, une révélation pour le monde. Une première frappe soudaine et dévastatrice, venant de nulle part, avant que les alliés supposés de la Pologne aient pu faire un geste. Elle fut la plus terrible des guerres. Les nazis étaient bien décidés à en finir une bonne fois pour toutes avec « ce bâtard de l'Europe », comme disait Hitler. Considérant les Polonais comme une race inférieure, ils entreprennent l'anéantissement systématique de la nation. Les Soviétiques, de leur côté, commencent par l'assassinat de 4 500 officiers et intellectuels, d'une balle dans la nuque, à ***Katyń,*** en mai et juin 1940, et par la déportation de centaines de milliers de Polonais en Sibérie. Après quoi, ils procèdent à des élections, favorables à 100 % à des formations à leur solde. Malgré tout, la collaboration avec les nazis est faible et la résistance s'organise à partir du gouvernement polonais en exil à Londres, qui, après 1941, signe un accord avec l'URSS pour lever une armée régulière sur les territoires soviétiques. Un moindre mal pour se débarrasser des nazis. En outre, le décryptage de l'Enigma – une machine allemande de chiffrage – fut un exploit des cryptographes polonais réfugiés à Londres et de leurs collègues britanniques du centre ultrasecret de Blentchley Park. Il influença le cours de la guerre, livrant les dates des bombardements aériens pendant la bataille d'Angleterre et les mouvements des U-boot et de la Kriegsmarine. Il facilita aussi l'encerclement de Rommel en Afrique et les opérations des Alliés. Les informations transmises aux Américains concernant l'équivalent japonais de l'Enigma déjouèrent les plans d'attaque sur Midway. Les Allemands ont employé Enigma jusqu'en 1945, sûrs de l'inviolabilité de leur système de code secret.

UNE VICTOIRE ÉNIGMA-TIQUE

En 1929, une machine Enigma *atterrit par erreur dans un bureau de poste... polonais. Les services secrets polonais la copient aussitôt, et la renvoient (comme s'ils n'avaient rien vu) aux Allemands. En 1939, redoutant l'invasion allemande, ils remettent à leurs homologues français et anglais deux répliques de l'engin. Celle destinée à Londres traversera la Manche dans les bagages de Sacha Guitry et d'Yvonne Printemps pour leurrer les espions allemands présents dans les ports. Elle servira à percer le mode de cryptage des messages de guerre que le Reich croyait inviolable.*

La fin de la guerre est marquée par l'énorme tragédie de l'***insurrection de Varsovie,*** qui coûte la vie à 200 000 civils et provoque une destruction quasi totale de la capitale, sous les yeux passifs des troupes soviétiques qui sont alors cantonnées sur l'autre rive de la Vistule. L'espoir des insurgés, la résistance polonaise sortie de l'ombre, est impitoyablement écrasé : la Pologne n'échappera pas au joug du stalinisme..., et l'Occident (rappelons que la France et la Grande-Bretagne avaient déclaré la guerre à l'Allemagne suite à l'invasion de la Pologne) laissera faire cette nouvelle forme d'annexion du pays. Six millions de Polonais ont péri de 1939 à 1945.

De Staline à Jaruzelski (1945-1989)

L'armée soviétique apporte la victoire mais impose aussi un nouveau régime. Les accords passés en décembre 1944 entre Churchill et Staline laissent la Pologne dans la zone d'influence soviétique. En 1948, les communistes viennent à bout de l'opposition. Le vice-Premier ministre Mikołajczyk, ancien membre du gouvernement de Londres, s'enfuit brusquement dans le coffre de la voiture de l'ambassadeur américain, et le Parti socialiste ressent une soudaine et irrésistible envie de se fondre dans le Parti ouvrier. Quelques arrestations suivies de procès sommaires complètent le tour de passe-passe. Commence alors la période sombre du stalinisme, marquée par les répressions visant les anciens résistants de l'armée nationale, non communistes, pourchassés et emprisonnés comme de simples criminels.

Après la mort de Staline, l'étau se desserre d'un cran. En 1956, les ouvriers de Poznań se révoltent. Bierut, alors premier secrétaire du Parti, se rend à Moscou pour des négociations et meurt là-bas, terrassé par... une grippe soudaine. ***Gomułka*** prend le pouvoir et libéralise le régime pendant une courte période.

LA SURVIE PAR L'HUMOUR

On pouvait, au temps du communisme, se permettre une petite blague sans trop de risque. Une femme entre dans une boucherie. « Bonjour, monsieur le boucher, vous auriez du filet ? – Non, madame la cliente, pas de filet. – Et de l'araignée ? – Non, pas d'araignée. – De la bavette, peut-être ? – Non, pas de bavette non plus. – Alors de la macreuse ? De la joue ? Du faux-filet ? – Non, rien de tout ça. » Et la cliente s'en va. Et le boucher dit à sa femme : « Cette femme, quelle mémoire elle a... »

L'année 1968 est marquée par une ignoble campagne antisémite, orchestrée par le Parti, qui fait fuir de Pologne la plupart des derniers juifs rescapés de la guerre. En 1970, les ouvriers de Gdańsk se révoltent. La manifestation est réprimée dans le sang, mais Gomułka doit démissionner. ***Edward Gierek,*** qui fut mineur en France, devient premier secrétaire du Parti. Il ouvre le pays à l'Occident et développe les relations commerciales. Mais en 1976 un nouveau dérapage se produit : les ouvriers de Radom, qui protestaient contre les hausses de prix, se font tabasser. Le KOR (comité de défense des ouvriers) se constitue, l'opposition se structure et le premier syndicat libre voit le jour.

L'élection à la papauté du cardinal ***Karol Wojtyła*** en 1978, sous le nom de Jean-Paul II, et surtout sa triomphale visite en Pologne l'année suivante sont des épisodes décisifs du changement. Le pouvoir est forcé d'autoriser d'immenses messes-manifestations, diffusées par la télévision. Des millions de Polonais y participent, dans un sentiment de force et d'union. Deux ans plus tard, les ouvriers des chantiers navals de Gdańsk déclenchent la grève qui va donner naissance au syndicat ***Solidarność*** (Solidarité), avec Lech Wałęsa à sa tête. Mais la joie ne dure pas longtemps. Le 13 décembre 1981, le général ***Jaruzelski,*** « le Soudeur », comme le surnomment les Polonais à cause de ses lunettes noires, instaure la loi martiale, dissolvant Solidarność, faisant interner plusieurs milliers de personnes et réprimant très sévèrement toute manifestation (sans oublier arrestations arbitraires, torture, etc.). Plus tard, Jaruzelski tentera de tempérer le mal qu'on peut penser de ce coup de force, en prétextant qu'il avait permis d'éviter une intervention directe des troupes soviétiques. Il faudra attendre 8 ans, la perestroïka en URSS, la chute du mur de Berlin et une situation économique désastreuse pour que les dirigeants cèdent enfin le pouvoir. La table ronde avec l'opposition aboutit aux élections semi-libres. Devant l'ampleur de sa défaite, le Parti communiste rend son tablier. Ouf !

LE CRUCIFIX, LA FAUCILLE ET LE MARTEAU

Jerzy Popiełuzko était simple aumônier de Solidarność et ami de Wałęsa. Après le coup de force de Jaruzelski, il devint vite la bête noire de la junte communiste en célébrant chaque semaine une « messe pour la Patrie », conclue par un sermon franchement hostile au pouvoir. Le chapelet que Jean-Paul II lui envoie en signe d'encouragement l'aura peut-être préservé d'un attentat à la grenade, d'un autre avec une voiture bélier, de multiples incarcérations et interrogatoires, mais pas des tortures de la police politique en octobre 1984, auxquelles il succombera...

Retour à la démocratie

En 1990, ***Lech Wałęsa*** est élu à la présidence de la République, tandis que Tadeusz Mazowiecki devient le premier Premier ministre non communiste à diriger un gouvernement dans un pays de l'Est depuis la guerre. C'est un pays à réinventer qu'ils doivent gérer. Les économistes, juristes et diplomates remplacent les « révolutionnaires » d'hier. Leszek Balcerowicz, le plus controversé des ministres, bouleverse le système économique et ralentit efficacement l'inflation grâce à une thérapie de choc – qui voit une multitude de Polonais pointer au chômage. Petit à petit, la Pologne s'efforce de réduire la distance qui la sépare de l'Union européenne, sur fond de chaos politique. Les communistes gagnent même les élections de 1993, alors que l'Armée rouge s'en va enfin.
En 1995, Lech Wałęsa, celui qui obtint le prix Nobel de la paix en 1983, incarna la résistance au communisme et le triomphe de la démocratie, n'est pas réélu. Victime de l'usure du pouvoir, il n'a pas compris l'évolution de la société et le désarroi des plus faibles livrés au nouveau système libéral. ***Alexandre Kwaśniewski,*** ancien communiste reconverti à la social-démocratie, lui succède ; réélu en 2000, il va conserver le pouvoir durant 10 ans.

La Pologne des années 2000

Débarrassée de la tutelle du « grand frère » russe, la Pologne entre de plain-pied dans les structures euro-atlantiques : elle adhère à l'OCDE en 1996, à l'OTAN en 1999, participe à la guerre d'Irak aux côtés des Américains en 2003, puis adhère à l'Union européenne en 2004 avec une forte majorité de oui (78 %) au référendum (mais seulement 59 % des électeurs inscrits), avant d'intégrer l'espace Schengen en 2007. En ce court laps de temps, le paysage a déjà complètement changé : oubliées les cartes de rationnement et les queues devant les magasins, les façades grises. Lumières et néons clament leurs couleurs, les hypermarchés champignonnent et la consommation décolle, nourrie par une envie irrésistible de rattraper le retard.
« Capitalisme » : un mot magique en 1989. Il rimait alors avec liberté, espoir, mais aussi inconnu, car personne à l'époque en Pologne ne savait vraiment ce dont il s'agissait. Déclarant que l'entrée dans l'Europe est pour lui « un acte de justice historique », le pape Jean-Paul II a lancé aux habitants de son pays natal un appel vibrant à voter oui. La Pologne devient le premier pays d'accueil des investissements étrangers. Les groupes étrangers, notamment français, s'implantent. Alcatel louche sur les télécoms polonaises ; Michelin, Casino, Leclerc (« Léklérk »), Carrefour et Go Sport sont tous là.
L'eldorado serait-il une illusion ? Les gagnants sont les jeunes entre 24 et 32 ans, la génération *Frugo* (du nom d'une boisson gazeuse et rafraîchissante qui a envahi les écrans). Ils gagnent bien leur vie, parlent plusieurs langues, travaillent dans les médias, la pub ou le secteur privé. Mais tout le monde n'a pas son ticket d'entrée dans l'éden du capitalisme. En 2003, plus des deux tiers de la population gagnent moins de 1 500 Zl par mois (375 €), tandis que les prix commencent à s'aligner sur ceux pratiqués à l'Ouest. La grogne des oubliés des réformes s'exprime souvent dans la rue.
Parallèlement, la Pologne s'affirme sur la scène régionale. Le pays se rapproche de ses voisins, tout en continuant de s'abriter sous le parapluie de l'OTAN. Lors de la « révolution orange » en Ukraine, l'ex-président Kwaśniewski joue un rôle de médiateur, en s'efforçant de ne pas froisser pour autant le grand voisin russe.

2005-2007, les frères Kaczyński, la parenthèse homozygote

Les élections de septembre 2005 voient triompher les deux formations de droite, Droit et Justice (PiS), conservateur catholique, et le parti libéral Plate-Forme civique (PO). La gauche s'évapore du paysage politique polonais. La présidentielle de décembre consacre la victoire du candidat conservateur, maire de Varsovie,

Lech Kaczyński. Son jumeau, ***Jarosław,*** l'idéologue du tandem, qui lui ressemble comme une goutte d'eau (un grain de beauté sur la joue en moins), devient Premier ministre en juin 2006.

À de rares nuances près, les deux frangins dessinent le projet d'un retour aux valeurs traditionnelles polonaises : protection sociale au profit des victimes de l'ultralibéralisme, nationalisme farouche face aux voisins redoutés que sont la Russie et l'Allemagne, méfiance aiguë à l'égard des abandons de souveraineté consécutifs à l'adhésion à l'Europe et catholicisme rigide comme rempart à la dissolution des mœurs. L'un des deux affirmera que les homos devraient être écartés du corps enseignant !

La Plate-Forme civique, quant à elle, revendique un libéralisme ouvert sur le monde pour développer le pays, attirer les investisseurs étrangers et rejoindre la Zone euro. Un discours bien reçu par les jeunes, éduqués, urbains et relativement aisés. Son leader, ***Donald Tusk,*** a fait de la lutte contre la corruption l'un de ses thèmes de campagne. Libéraux ou conservateurs ? Entre les deux, le cœur balance.

Les élections anticipées de 2007, considérées comme un référendum sur les deux années de gouvernement « homozygote », mobilisent largement les électeurs. Et c'est un raz-de-marée anti-Kaczyński auquel on assiste, un taux de participation record donnant encore plus de poids à ce rejet : les Polonais votent à plus de 60 % en faveur de partis qui ont fait de l'éjection du PiS leur principal argument de campagne ! Avec 44 % des suffrages, contre 30 % au PiS, la Plate-Forme civique de Donald Tusk sort victorieuse du scrutin en frôlant la majorité absolue à la chambre basse. L'Union européenne pousse un « ouf » de soulagement, espérant une Pologne moins eurosceptique et plus prévisible – le maintien d'un des jumeaux à la tête de l'État en tant que président ne revêtant plus qu'un caractère honorifique. Tusk retire en octobre 2008 les soldats polonais d'Irak, tout en renforçant la présence polonaise en Afghanistan. Les libéraux misent sur l'avenir : ils ont promis de stopper l'hémorragie de l'émigration des jeunes, partis en masse travailler en Grande-Bretagne et en Irlande depuis 2004. En octobre 2009, le président Lech Kaczyński, eurosceptique acharné, est contraint de ratifier le traité de Lisbonne. Mais il s'agit aussi, parallèlement, de solder le passé : un procès s'ouvre contre le général Jaruzelski, accusé d'avoir « dirigé une association criminelle à caractère armé ».

Avril 2010 est marqué par le drame de Smolensk, en Biélorussie. Venu pour la commémoration du massacre de Katyń (l'assassinat des élites polonaises sur ordre de Staline en 1940), le président Kaczyński trouve la mort dans un accident d'avion en compagnie de son épouse, de plusieurs ministres et d'une partie des élites militaires et civiles de la Pologne. Ce nouveau grand deuil national ne manque pas d'alimenter des soupçons dans l'opinion à l'égard de la Russie. Lors de l'élection présidentielle anticipée, organisée dans un climat tendu en juin, le libéral Bronisław Komorowski, représentant de la Plate-forme civique, l'emporte face à Jarosław Kaczyński, le frère jumeau du défunt président. Pour l'anecdote, ce dernier aura gardé secrète la catastrophe aérienne à leur vieille mère (une sorte de remake du film *Good-bye Lénine*), de peur qu'elle n'en succombe !

AVOIR DU BOL

Dans la catastrophe aérienne de Smolensk, en avril 2010, la Pologne a aussi perdu les principaux dirigeants de son armée, qui – ironie de l'Histoire – venaient rendre hommage à leurs aînés massacrés sur ordre de Staline. Un général a cependant échappé au crash : l'ex-général Jaruzelski, qui désirait être du voyage mais avait été éconduit. Qui a dit : « Il n'y a de la veine que pour la canaille » ?

Dernières nouvelles de Pologne

La présidence du peu charismatique Komorowski s'inscrit dans le droit fil de la ligne de Donald Tusk : moins atlantiste et plus européen. Les privatisations se poursuivent, l'âge de la retraite est relevé et l'adoption de l'euro (enfin) sérieusement envisagée.

Longtemps donné favori au scrutin présidentiel de 2015, Komorowski trébuche et voit s'imposer le conservateur Andrzej Duda (PiS), qui l'emporte par 51,5 % des suffrages. Fin octobre, rebelote, les élections législatives font sortir des urnes une majorité absolue de 238 sièges sur 460 au profit de Droit et justice (PiS), dont la tête de liste, Beata Szydło, est nommée Premier ministre par voie de conséquence, même si le vrai maître de la Pologne est Jarosław Kaczyński, dit-on. Une telle majorité est une première depuis la fin du régime communiste en 1989. Autre première : la gauche n'obtient aucun siège, alors que le mouvement antisystème du rocker Paweł Kukiz en décroche 44 !

La scène politique se crispe rapidement. Le nouveau pouvoir, s'illustre dès sa mise en place par des décisions suscitant des polémiques, en particulier la nomination contestée de juges de la Cour constitutionnelle, assimilée à une volonté de mettre à sa main cette très haute juridiction polonaise – soulevant des critiques des États-Unis, mais surtout de l'UE qui engage en janvier 2016 un bras de fer avec le pouvoir polonais quant au respect de l'État de droit : une démarche qui pourrait aboutir au déclenchement de l'article 7 du traité sur l'UE et entraîner des sanctions contre la Pologne. Du jamais vu dans la communauté ! Durant ces bruits d'antichambres du Conseil européen, partout en Pologne les têtes tombent : 13 des 14 dirigeants des plus grandes entreprises nationales sont changés sur ordre du pouvoir, un record, et une purge est menée dans les médias comme dans l'éducation... Nouvelle alerte : en octobre 2016, un projet de loi (heureusement rejeté par les parlementaires) envisage d'interdire totalement l'avortement, même en cas de viol ou de danger pour la mère.

En décembre 2016, nouveaux grincements de dents, de la presse cette fois, autour d'un projet de loi sur sa « liberté ».

La longue histoire d'amour entre la France et la Pologne

Il y a eu et il existe toujours des liens privilégiés entre les deux pays. Rappel des faits : tandis qu'en Europe centrale se développe la puissance de la maison de Habsbourg, la France cherche des alliés à l'est de l'Europe, notamment en Pologne qui, en retour, voit en la France une alliée possible.

Aux XVIIIe et XIXe s, les relations entre les deux pays s'intensifient. En 1738, Louis XV accorde même à ***Stanislas Leszczyński,*** roi de Pologne déchu dont il a fait son beau-père, la jouissance du duché de Lorraine. Celui-ci y laisse, dit-on, le meilleur souvenir... concrétisé sous la forme d'une ***place Stanislas*** à Nancy. La Révolution française est contemporaine des partages de la Pologne. Les pays qui l'occupent sont ennemis de la France, dont la jeune République se fait quelques amitiés parmi les leaders polonais, désireux d'émanciper leur nation. Parallèlement, depuis longtemps, la culture française a influencé la Pologne, aussi bien spirituellement que matériellement, surtout à l'époque de la Renaissance et pendant les partages. La population polonaise cherche instinctivement un contrepoids à la pression culturelle des pays occupants. Dans les grandes familles polonaises, le français est de rigueur au salon.

En 1918, la France signe un traité d'amitié clairement anti-allemand avec la Pologne, qui vient de retrouver son indépendance. Suite à l'invasion du pays par les troupes de Hitler, en 1939, ce traité provoquera d'ailleurs l'entrée en guerre de la France (et par voie de conséquence de son allié britannique) contre l'Allemagne.

N COMME NÉPOTISME

Napoléon Bonaparte, fou amoureux de sa maîtresse polonaise Maria Walewska, met tant de cœur à l'ouvrage qu'un fils voit le jour en mai 1810. Ce « bâtard », Alexandre, fera carrière en France, jusqu'à être nommé en 1855 ministre des Affaires étrangères par Napoléon III, son cousin ! La politique dans le sang...

Après la Seconde Guerre mondiale, la France veut mener une politique indépendante tout en restant dans le bloc occidental. Elle développe des relations privilégiées avec les pays de l'Est, et en particulier avec la Pologne. Résultat : le général de Gaulle donne son nom à l'une des places principales de Varsovie et... lance la mode des casquettes, les *Degołówki* !

Au fil des siècles, les symboles de ces liens particuliers ont été multiples : ***Henri de Valois,*** roi de Pologne puis roi de France ; ***Marie-Louise Gonzague de Nevers,*** devenue, en 1645, reine de Pologne en épousant le roi Władysław IV ; ***Maria Leszczyńska,*** femme de Louis XV, et son père, Stanisław Leszczyński, roi de Pologne puis duc de Lorraine. À l'époque moderne, les grands chefs militaires : ***Józef Poniatowski,*** maréchal de France ; ***Ferdinand Foch,*** maréchal de Pologne ; Jarosław Dąbrowski, général de la Commune de Paris. Également de grands scientifiques, comme ***Marie Skłodowska-Curie.*** De l'union d'un père français et d'une mère polonaise est né ***Frédéric Chopin.*** Le fils de Napoléon Bonaparte et de ***Marie Walewska,*** Aleksander Walewski (voir l'encadré). Le poète ***Apollinaire*** était d'origine polonaise. De Pologne sont jadis parties les familles d'hommes politiques comme Jean-Paul et Gaston Pałewski ou encore Michel Poniatowski.

N'oublions pas non plus l'importante immigration polonaise en France, spécialement dans les mines et aciéries des départements du Nord et du Pas-de-Calais, les Kowalski, les Kulinski, les Kopaszewski... ce dernier étant le nom d'origine de ***Raymond Kopa,*** le grand footballeur des années 1950, qui vécut à Nœuds-les-Mines (59), où son père était mineur. Parmi les syndicalistes, ***Henri Krasucki*** : dirigeant de la CGT dans les années 1980 venu de Pologne à l'âge de 4 ans, avant d'y retourner durant la guerre, en déportation (il est résistant, juif et communiste...).

ASTÉRIX LE POLONAIS !

L'un des deux papas d'Astérix le Gaulois, l'auteur des dialogues les plus exceptionnels de cette saga, porte ses origines polonaises à fleur de nom : goscinny *signifie « accueillant » en polonais.*

Enfin, cette amitié franco-polonaise se traduit aussi dans le domaine économique. Vous noterez, lors de votre voyage, les nombreuses enseignes françaises qui vous rappelleront le pays : *Accor, Veolia, Castorama, Leroy Merlin, Michelin,* etc. Pas de doute, en Pologne, les entreprises françaises s'épanouissent !

Les relations difficiles entre Polonais et juifs

À l'évocation du problème juif, les Polonais sont souvent sur la défensive. Contre-exemple d'un antisémitisme que l'on dit profondément ancré dans la culture polonaise, l'ancien président Lech Wałęsa, Prix Nobel de la paix, demanda pardon dans les années 1990 de l'antisémitisme polonais et a déclaré en 2016 sur sa page Facebook : « Dans ma famille, il n'y avait pas de sang juif, ce que j'accepte avec regret. » Tout commença pourtant plutôt bien. Du XIIe au XVIe s, la Pologne est même l'un des refuges et foyers juifs les plus importants d'Europe – sans pour autant échapper totalement aux pogroms et autres discriminations... Le roi Casimir le Grand a été le premier à initier une législation plus libérale que dans le reste du continent (influencé en cela, dit-on, par ses sentiments pour la belle juive Esterka). À partir du XVe s, nombre de communautés chassées de l'Europe entière trouvent refuge dans la très catholique Pologne, où elles constituent l'embryon de classe moyenne qui manquait jusque-là au pays. Sigismond Ier le Vieux, puis son fils Sigismond II Auguste protègent les juifs. Ils abolissent le port obligatoire d'un signe distinctif, leur accordent le droit de commerce dans tout le royaume, de publier en hébreu et même de s'autoadministrer dans le cadre des *kahals,* des communautés juives autonomes dirigées par un rabbin et un conseil des notables. Le talmudisme se développe, et bientôt le hassidisme. C'est de cette époque que date la maxime faisant de la Pologne le « paradis des juifs ».

Peu à peu, la part de la population juive dans la population augmente : de 0,6 % à la fin du Moyen Âge, elle passe à 2 % vers 1550, 3 % vers 1600, pour atteindre finalement 10 % en 1939. Entre-temps, les pressions communautaires se sont accrues, sur fond de démembrement de l'État polonais. Plus encore qu'avant, les juifs sont accusés de pactiser avec l'ennemi, de vivre en vase clos. Dans la Pologne sous domination russe, le statut des juifs ne s'améliore pas, bien au contraire. Après l'assassinat du tsar Alexandre II en 1881, attribué (par erreur) à un juif, les pogroms se multiplient, avec le consentement implicite des autorités, entraînant une immigration massive vers les États-Unis. La communauté juive s'oppose sur la réaction à adopter : certains se font l'avocat d'une assimilation dans la société dominante, mais la majorité continue de s'accrocher à la lecture religieuse des choses.
La Première Guerre mondiale s'accompagne de pogroms dont l'ampleur reste, aujourd'hui encore, difficile à déterminer avec précision. En 1921, la nouvelle Constitution de l'État polonais accorde aux juifs les mêmes droits qu'aux autres citoyens et garantit la liberté de culte. Ils sont représentés au Parlement à travers des partis politiques qui leur sont propres. La vie culturelle juive est intense, mais tourne en circuit fermé : à cette époque, 85 % des juifs déclarent l'hébreu ou le yiddish comme langue maternelle plutôt que le polonais. Comme dans toute l'Europe, l'antisémitisme monte et se manifeste par boycotts, manifestations, vexations, adoption de quotas, voire violences physiques. Un seul but : pousser les juifs à émigrer.

La Shoah

Dès le déclenchement de la Seconde Guerre mondiale et l'occupation de l'ouest de la Pologne par l'Allemagne, les nazis regroupent les juifs dans les ghettos : ils sont bientôt 380 000 entassés à Varsovie, 160 000 à Łódź, isolés du reste de la ville par de hauts murs. Très vite, on y meurt de faim.
En 1941, après l'invasion avortée de l'URSS, les priorités changent. La Pologne, destinée à devenir une terre de colonisation pour les Allemands, doit être vidée de ses habitants – et des juifs en tout premier lieu. Hans Frank, le gouverneur général de la Pologne occupée, se charge de la tâche. Plusieurs des principaux camps d'extermination nazis sont installés en Pologne. Auschwitz-Birkenau, Majdanek, Chełmno, Belzec, Sobibor, Treblinka entrent peu à peu en fonction entre avril 1940 et juillet 1942. C'est durant ce dernier été que le ghetto de Varsovie est « vidé » de l'essentiel de sa population. Les derniers occupants, confrontés à une mort assurée, se soulèvent en avril-mai 1943 ; très peu survivront.
Le bilan est dramatique : 2,7 millions de juifs polonais ont été exterminés durant la Seconde Guerre mondiale. Des milliers ont péri des mains mêmes des Polonais, notamment à Jedwabne, un village de l'est du pays, où en 1941 de bons catholiques ont brûlé vifs entre 800 et 1 600 de leurs voisins juifs – accusés en bloc d'avoir soutenu l'invasion de la région par l'Armée rouge. Malgré ce terrible bilan, il faut noter que la Pologne a aussi fourni le plus fort contingent de Justes ayant risqué leur vie pour sauver des juifs pendant la guerre (4 900 médailles ont été décernées par le mémorial de Yad Vashem à des Polonais).

Les juifs polonais après la guerre

Les rares survivants (180 000 à 240 000) doivent leur salut à leur engagement dans la Résistance ou la fuite vers l'URSS. Le 4 juillet 1946, un épisode sordide survient : 42 rescapés de l'Holocauste sont massacrés par les habitants de la petite ville de Kielce. Un assassinat collectif que ni la justice ni les historiens ne parviennent encore à expliquer et qui sera étouffé durant près d'un demi-siècle.
Pour en ajouter une louche à l'antisémitisme, d'État cette fois-ci, en 1968 le Parti communiste stigmatise les juifs polonais au travers d'un slogan sans équivoque : « Dehors les juifs ! » Des mesures discriminatoires (exclusion du Parti, interdiction d'enseigner dans les lycées...) pousseront environ 25 000 des 40 000 âmes de cette

communauté à émigrer vers Israël dans les années 1970. Quant à ceux qui choisissent de rester, beaucoup décident tout bonnement de cacher leur confession d'origine. Certains de leurs descendants découvrent aujourd'hui encore leur identité juive. Depuis la fin des années 1990, on note une évolution des mentalités, certes lente mais perceptible. Cela concerne essentiellement la jeune génération et plus la (grande) ville que la campagne. Au final, la communauté juive polonaise s'est étiolée jusqu'à devenir anecdotique : 8 000 à 12 000 pratiquants dans les années 2000, même si ces chiffres sont incertains. L'inauguration du musée Polin à Varsovie, consacré à la culture juive polonaise, témoigne d'une ouverture nouvelle et salutaire.

MÉDIAS

Votre TV en français : TV5MONDE, la première chaîne culturelle francophone mondiale

Presse

Après l'époque communiste où les journalistes furent les « soldats du front idéologique », les médias ont retrouvé la liberté à la chute du régime. En 1989, Solidarność crée le pionnier des journaux libres, ***Gazeta Wyborcza,*** pour les premières élections. En Pologne, les médias sont très polarisés, politisés, et l'ambiance pas vraiment sereine, sur fond de règlements de compte entre journaux et journalistes par plumes interposées. Comme partout, la presse papier, prise en sandwich entre les journaux gratuits et Internet, perd ses lecteurs, et le nombre de quotidiens est en baisse.

La presse quotidienne

– ***Rzeczpospolita*** *(• rp.pl •)* est l'un des titres les plus influents mais ne se place qu'au troisième rang par le tirage. C'est un quotidien d'opinion à thématique générale avec une coloration économique marquée.
– ***Gazeta Wyborcza*** *(• gazeta.pl •)* est le plus grand quotidien polonais. Sa première édition est parue en mai 1989. Elle constitue le tronc du plus grand groupe de médias polonais. Son tirage moyen est de presque 600 000 exemplaires. Depuis sa création, c'est Adam Michnik – militant de l'opposition au pouvoir communiste – qui en est le rédacteur en chef.
– ***Super Express*** *(• se.pl •)* est le deuxième quotidien de Pologne. Ce journal populaire se concentre sur la vie quotidienne du Polonais moyen, sans prétentions intellectuelles. Son tirage s'élève à 450 000 exemplaires.
Les journaux régionaux qui diffusent l'information nationale et internationale en tenant compte des nouvelles régionales tiennent une place importante dans la vie des collectivités locales.

Les hebdomadaires

Les hebdomadaires sociaux et économiques jouissent d'une popularité croissante.
– ***Polityka*** *(• polityka.pl •)* est le plus ancien. Les journalistes polonais les plus connus y travaillent et leurs articles ont un véritable impact sur l'opinion publique.

– La deuxième position revient à l'hebdomadaire populaire ***Wprost*** *(• wprost.pl •),* qui paraît depuis 1982. Il collabore avec les hommes politiques, les économistes ou les juristes les plus éminents.

– ***Tygodnik Powszechny*** *(• onet.pl •),* qui paraît depuis 1945, occupe une place à part parmi les hebdomadaires polonais. Depuis ses débuts, le journal fait partie d'un petit groupe de la presse d'opinion en Pologne. Seul journal sociopolitique indépendant du bloc communiste dans les années de l'après-guerre, il a toujours pris la parole dans les débats les plus importants concernant l'Église catholique, la culture et la société polonaise.

– L'édition polonaise de ***Newsweek*** *(• newsweek.pl •)* est entrée avec succès sur le marché.

– ***The Warsaw Voice*** *(• warsawvoice.pl •),* hebdomadaire anglophone renommé, paraît également en Pologne. Il commente les événements courants de la vie politique, économique, sociale et culturelle en Pologne, mais aussi en Europe centrale et orientale. Ses pages décrivent les plus beaux endroits à visiter. Sur son site internet, *The Warsaw Voice* a inséré de nombreux liens utiles aux visiteurs étrangers en Pologne.

Télévision

La télévision publique

Telewizja Polska (TVP) émet en continu depuis 1956. Depuis 1994, TVP est une société de droit commercial. En tant que télévision publique, elle réalise les missions qui lui sont assignées par la loi : l'information, la présentation du patrimoine culturel et artistique, l'accès à l'enseignement et aux acquis de la science, la vulgarisation de l'éducation civique et le soutien à la création audiovisuelle nationale. Pour de nombreux Polonais, la télévision publique demeure la source principale d'information concernant les événements politiques et la vie publique. Depuis janvier 2016, une loi prévoyant un contrôle du pouvoir politique sur les médias publics suscite bien des inquiétudes. Les directeurs de presse publique ont d'ailleurs été limogés sur-le-champ, et leurs remplaçants nommés par le gouvernement (et non plus une commission équivalente au CSA en France).

La télévision privée

La loi sur la radiodiffusion et la télévision non seulement a rendu possible la transformation de la radio et de la télévision publiques, mais elle a aussi permis d'attribuer des concessions aux stations privées de radio et de télévision par le Conseil national de la radiodiffusion et de la télévision (CNRT). La chaîne Polsat a été la première à profiter de ce droit en obtenant en 1994 une concession pour l'émission à partir d'émetteurs terrestres.

Radio

La radio publique

« Ceci est un test d'émission de la Société radiotechnique polonaise à Varsovie » : c'est par ces mots prononcés le 1er février 1925 par le directeur de PTR, Roman Rudniewski, qu'a débuté l'aventure de la radiophonie polonaise. Aujourd'hui, la radio publique en Pologne est constituée de quatre programmes nationaux, de 17 stations publiques locales et d'une chaîne parlementaire thématique.

Les radios privées

De nombreuses stations de radio indépendantes sont apparues en Pologne au début des années 1990. Celles qui sont parvenues à se maintenir sur ce marché très concurrentiel pullulent aujourd'hui, et la Pologne compte environ 220 stations de radio publiques et privées.

PATRIMOINE

La culture affichée

Depuis 1945, la Pologne excelle dans l'art de l'affiche, et son école a connu son apogée dans les années 1950 et 1960. Les œuvres de Wojciech Fangor illustrant les films d'Andrzej Wajda, *La Cendre et le Diamant* et *Les Magiciens innocents*, font date. Jerzy Skarzyńki se fait connaître par l'affiche annonçant le film de Has : *Le Manuscrit trouvé à Saragosse*. Deux noms, Tadeusz Trepkowski et Henryk Tomaszewski, se détachent de la foule. La métaphore surréaliste de l'un, le dessin intimiste et plein d'humour de l'autre ont conquis nombre de prix. Cette période se distingue par le recours au grotesque et à l'humour.

Les années 1970 marquent le recul de cette créativité, seul Franciszek Starowieyski imposant alors ses affiches pleines d'un érotisme qui frise l'obscénité. Le motif qui revient souvent est une danse endiablée avec la mort.

Dès les années 1980, la crise et le lent déclin de cette forme d'expression artistique est clairement consommée en Pologne.

Pour découvrir cette passionnante histoire, il faut se rendre au musée de l'Affiche du palais Wilanów, près de Varsovie (rubrique « À voir. Au sud du centre, les jardins et autres châteaux de Varsovie » dans le chapitre concernant la capitale). C'est ici que se déroule la Biennale de l'affiche internationale.

PERSONNAGES

– ***Frédéric Chopin*** *(1810-1849)* **:** né à Zelazowa Wola, mort à Paris de la tuberculose. Si sa musique était déjà vénérée par les plus grands artistes de son temps, un culte croissant commence dès sa mort auprès du public et des interprètes. Sa tombe, au cimetière du Père-Lachaise, est encore quotidiennement fleurie. Sa vie a été romancée, portée à l'écran, notamment sa longue liaison avec George Sand. Chopin est salué comme le génie polonais, et ses valses, préludes, polonaises, nocturnes, scherzos et mazurkas font le plaisir des romantiques. Tenu pour le plus grand pianiste de son temps, il a révolutionné la technique du piano. Il aura été l'inventeur des formes, retirant le scherzo de la symphonie ; il crée la ballade instrumentale et ouvre les portes à Debussy, à Ravel, au jazz peut-être. Même s'il n'y a pas de relation avérée entre la fameuse note bleue de Chopin et la *blue note* du blues ou du jazz.

QUAND CHOPIN A LE BLUES

Lors de soirées à Paris, Chopin avait l'habitude d'improviser des pièces musicales : il entamait des arpèges en convergeant vers la note qu'il sentait la plus en phase avec l'ambiance du moment. C'est ce que George Sand appelait la « note bleue »...

– ***Nicolas Copernic*** *(1473-1543)* **:** né à Toruń, Nicolas Copernic n'a que 10 ans lorsque meurt son père, un riche marchand. Élevé par un oncle évêque, il est destiné à une carrière ecclésiastique et étudie la théologie à Cracovie. En 1496, il part en Italie pour suivre les cours des universités de Bologne, Padoue et Ferrare. Il y étudie le grec et le latin, les mathématiques et surtout l'astronomie. Il découvre les auteurs de l'Antiquité, comme Samos, qui envisageait la rotation des planètes autour de la Terre, alors que, à la Renaissance, le système géocentrique de Ptolémée est la règle imposée par l'Église. Trente-six ans d'observations depuis sa tour-observatoire de Frombork, non loin de Malbork, permettent à Copernic de démontrer que la Lune est un satellite de la Terre et que l'axe de la Terre n'est pas fixe. Ébranlant la vision médiévale du monde qui place l'homme au centre de l'Univers, les idées de Copernic ont eu une portée philosophique immense (la révolution copernicienne) et ont suscité des réactions violentes pendant plus de 2 siècles. Ses restes ont été formellement identifiés par analyse d'ADN dans une tombe de la cathédrale de Frombork.

– ***Marie Skłodowska-Curie*** *(1867-1934)* **:** seule femme de ce panthéon « d'hommes » polonais célèbres, mais quelle femme ! Marie est née à Varsovie, qu'elle quittera pour Paris à 24 ans afin de poursuivre ses études supérieures à la Sorbonne. En 1895, elle épouse Pierre Curie, dont elle partagera la vie à la ville comme au labo. Ils recevront conjointement le prix Nobel de physique en 1903, et elle obtiendra en 1911 le Nobel de chimie pour avoir découvert le radium et le polonium. C'est la première et à ce jour la seule femme récompensée deux fois par l'Académie suédoise et la seule à avoir obtenu un Nobel dans deux disciplines scientifiques distinctes. Sa passion aura d'ailleurs raison de sa vie, puisqu'elle tombera gravement malade de son exposition aux éléments radioactifs. Morte en 1934, ses cendres ont été transférées au Panthéon en 1995.

– ***Gabriel Fahrenheit*** *(1686-1736)* **:** né à Gdańsk et fabricant de thermomètres, il est l'inventeur d'une unité de mesure de température encore utilisée de nos jours, essentiellement en Amérique du Nord. Or, on utilise en Pologne le degré Celsius, unité concurrente et bien plus répandue. Nul n'est prophète en son pays !

– ***Bronislaw Geremek*** *(1932-2008)* **:** ancien communiste, professeur d'histoire, spécialiste de l'époque médiévale, il s'investit en politique dans les années 1980 en devenant conseiller de Lech Wałęsa au sein de Solidarność. En 1989, il est élu député avant d'occuper le poste de ministre des Affaires étrangères entre 1997 et 2000 puis il siège au Parlement européen dès 2004. En 2007, il est menacé de perdre son mandat d'eurodéputé pour avoir refusé de signer la déclaration exigée de tout édile polonais, attestant « ne pas avoir collaboré avec la police politique sous le communisme ». Un comble d'exiger ça d'un ancien dissident ! Geremek meurt en juillet 2008 dans un accident de voiture.

UN BONUS POUR CELSIUS

En 1724, le physicien Gabriel Fahrenheit crée une échelle de température qui voit l'eau geler à 32 °F et bouillir à 212 °F. Pas bien pratique. Fahrenheit prit comme 0 la température la plus basse de la ville de Dantzig (l'actuelle Gdańsk) durant le mémorable hiver 1708-1709 et, comme point haut, celle du sang du cheval ! À se demander pourquoi les Américains, pourtant si pragmatiques, utilisent encore cette échelle de fou... En 1742, le Suédois Celsius propose une échelle bien plus simple : quand l'eau gèle, il fera 0 °C, quand elle bout ce sera 100 °C. Personne n'a trouvé mieux.

– ***Wojciech Jaruzelski*** *(1923-2014)* **:** autrement dit le général Jaruzelski. Il fut le dernier chef d'État polonais de la période communiste. Il instaura l'état de guerre en décembre 1981, en réponse à Solidarność, et les yeux du monde se tournèrent vers la Pologne une fois encore meurtrie par ce régime autoritaire.

– ***Tadeusz Kantor*** *(1915-1990)* **:** artiste et homme de théâtre. À l'avant-garde du théâtre, les happenings et « spectacles de la mort » de sa troupe Cricot 2 sont devenus des références. Ses meilleures créations : *La Classe morte* et *Wielopole.*

L'HOMME AUX LUNETTES NOIRES

En 1940, la famille Jaruzelski est déportée en Sibérie par l'Armée rouge. C'est dans ces montagnes enneigées que le jeune Wojciech se « brûlera » les yeux, ainsi condamné à porter des lunettes noires jusqu'à la fin de sa vie. Elles lui vaudront plus tard les surnoms de « la Mouche » ou « le Soudeur ».

– ***Krzysztof Kieślowski*** *(1941-1996)* **:** ce cinéaste polonais commence par des documentaires, puis filme des fictions pour la télévision. Certains de ses films, trop critiques vis-à-vis de la société polonaise, sont interdits, mais il acquiert une réputation mondiale avec *Tu ne tueras point* en 1987. C'est d'abord une série produite pour la télévision qui deviendra, succès critique aidant, *Le Décalogue.* Une illustration moderne des « Dix Commandements », et, pour beaucoup, l'un des films les plus brillants et intelligents des années 1980. Le cinéaste poursuit sa carrière en France, d'abord avec *La Double Vie de Véronique,* puis sa trilogie *Trois couleurs Bleu, Blanc* et *Rouge* en 1994, qui font de lui l'un des plus grands cinéastes de sa génération. Les films de Kieślowski ne se racontent pas, ils vous coupent le souffle.

– ***Jan Matejko*** *(1838-1893)* **:** considéré comme le plus grand peintre historique polonais. Il développa très tôt un talent hors du commun pour les arts plastiques alors qu'il ne maîtrisa jamais de langue étrangère et éprouvait même des difficultés en polonais. Pour cette raison, les apparitions publiques étaient sa hantise. Les défaites subies par la Pologne l'ont poussé à délaisser la peinture religieuse, sa vocation de départ, pour se consacrer à la peinture historique. C'est lui qui a créé de toutes pièces l'imaginaire historique polonais, même si sur ses toiles apparaissent des personnages qui n'ont pas participé aux événements. Qu'importe la vérité tant que l'exaltation du sentiment national a atteint son but ?

– ***Roman Polański*** *(né en 1933)* **:** né à Paris, il a passé son enfance en Pologne. Échappé du ghetto de Cracovie, il perd sa mère dans les camps et ne retrouve son père qu'après la guerre. Traumatisme qui marquera toute son œuvre. Dans les années 1950, il entre à l'école de cinéma de Łódź, où il réalise plusieurs courts-métrages. En 1962, il réalise le très remarqué *Le Couteau dans l'eau.* Nommé pour l'oscar du meilleur film étranger, ce film lui permet de partir en Angleterre, où il réalise *Répulsion,* puis l'étrange *Cul-de-sac* (tous deux avec les sœurs Dorléac) et le désopilant *Bal des vampires.* Ces succès lui permettent de réaliser son premier film hollywoodien en 1968 : le thriller fantastique *Rosemary's Baby.* En 1969, sa femme alors enceinte, Sharon Tate, est assassinée par le tueur en série Charles Manson. C'est en 1974 que Polanski obtient son plus grand succès avec *Chinatown,* un modèle du film noir qui reçoit 11 nominations aux oscars. En 1977, une condamnation pour viol d'une mineure de 13 ans l'amène à fuir les États-Unis pour éviter la prison. Il réalise alors le mélodrame *Tess* (nommé aux oscars) en hommage à sa femme. Dans les années 1980 et 1990, il fait tourner Adjani dans *Le Locataire* et il alterne les films plus commerciaux, à l'image de *Pirates, Frantic* et *La Neuvième Porte.* En 2002, il réalise son film le plus achevé avec *Le Pianiste,* l'histoire d'un survivant du ghetto de Varsovie. Le film est primé notamment par l'oscar du meilleur réalisateur et du meilleur acteur (Adrien Brody). Polański se consacre ensuite à la mise en scène de théâtre et réalise le film *The Ghost Writer,* dont il achève la production alors qu'il est assigné à résidence dans son chalet à Gstaad, sous le coup d'un mandat d'arrêt international (les États-Unis n'ayant pas renoncé à le poursuivre pour le viol de 1977). Après divers rebondissements judiciaires, Roman Polański peut désormais circuler librement en Suisse, en France et en Pologne. Il a, depuis, tourné *Carnage,* d'après l'œuvre de Yasmina Reza, et l'excellent *Vénus à la fourrure,* huis clos avec Emmanuelle Seigner et Mathieu Amalric.

– ***Artur Rubinstein*** *(1887-1982)* **:** né à Łodź, il y fait ses premiers pas de concertiste dès l'âge de 11 ans. La ville est alors sous le gant prussien, Artur part donc assez naturellement à Berlin parfaire son art. Suit une véritable épopée pianistique entre Londres, New York, l'Australie, la Russie... mais sa préférence va à Paris, où il reviendra vivre inlassablement. Il fréquente les grands noms de la musique de ce début de siècle : Ravel, Saint-Saëns, Dukas... Survient la Première Guerre mondiale, à partir de laquelle il refusera jusqu'à sa mort de jouer sur le sol allemand. Élevé au rang de chevalier, puis officier, puis commandeur de la Légion d'honneur, il remporte un oscar en 1969 pour la musique du film *L'Amour de la vie,* entre à l'Académie française en 1971. Il se produira jusqu'en 1976, ses yeux ayant alors raison de ses mains (il devenait inexorablement aveugle) ! On ferma définitivement le clavier bien tempéré de son *Bösendorfer,* sa marque de piano fétiche, un triste 20 décembre 1982 en Suisse. À la question : « Croyez-vous en l'au-delà ? », il avait répondu avec humour : « Non, mais ce serait une bonne surprise... »

– ***Arthur Schopenhauer*** *(1788-1860)* **:** né d'un père néerlandais et d'une mère française à Gdańsk, lorsque la ville était prussienne. Destiné à une carrière de commerçant, il devient philosophe, fréquente Goethe avant d'écrire son œuvre principale *Le Monde comme volonté et comme représentation,* sa philosophie étant axée sur la volonté personnelle, la pitié et l'ennui. Sa pensée pessimiste influença Nietzsche.

– ***Andrzej Wajda*** *(1926-2016)* **:** originaire de Cracovie, orphelin à 13 ans, il travaille très jeune, prend part à la Résistance à Londres, se démarque du Parti communiste et crée le Groupe des autodidactes, partisan d'une peinture barbare et brutale. Touche-à-tout, il entre dans le cinéma en 1952. Le thème national domine son œuvre, et il aspire à ce que le cinéma soit la conscience de la Pologne, d'où des films engagés politiquement. *L'Anneau de crin* (1992), *Korczak* (1990), *L'Homme de marbre* (1977), *L'Homme de fer,* Palme d'or à Cannes en 1981 et... *L'Homme du peuple* en 2013 (dédié au parcours de Lech Wałęsa). Il passera de l'autre côté de la toile en octobre 2016.

– ***Lech Wałęsa*** *(né en 1943)* **:** célèbre électricien qui deviendra syndicaliste, Prix Nobel de la paix en 1983 pour son combat avec le syndicat Solidarność, homme politique et enfin premier président de la République polonaise en 1990. Après tout ça, c'est dur de se trouver un nouveau travail. Sorti de la vie politique, il continue de s'exprimer publiquement sur les questions de son temps. En 2004, on l'a vu venir prêter main-forte au candidat de l'opposition Iouchtchenko lors des élections ukrainiennes. Il est vrai que l'influence polonaise est encore très présente dans la région ouest de ce pays, amputée de la Pologne en 1945. En 2016, le PiS (parti Droit et Justice) le met en cause pour avoir collaboré avec la police politique communiste : un vieux dada des ultraconservateurs polonais.

– ***Karol Wojtyła*** *(1920-2005)* **:** plus communément appelé Jean-Paul II. Le saviez-vous ? La vocation religieuse du célèbre pape est assez tardive. Son premier amour : les planches. Pendant la guerre, il monte d'ailleurs une troupe de théâtre à Cracovie, avant d'intégrer un séminaire clandestin à partir de 1942. Né à Wadowice, dans la banlieue de Cracovie, il est, en 1978, le premier pape non italien depuis 1523. Évidemment, les Polonais étaient fiers de leur pape. Car en plus d'être une référence religieuse, c'était aussi et surtout un pied de nez aux communistes de l'époque. On lui attribue la responsabilité de la chute du rideau de fer, pas moins ! Ce fut aussi un globe-trotter infatigable. Il est mort le 2 avril 2005, non sans avoir repris en main (de fer) l'Église catholique, suite aux « dérives » de Vatican II. Il fut un incontestable artisan de la paix dans le monde et du rapprochement entre les religions, mais sur le plan éthique ses positions ultraconservatrices ont découragé pas mal de catholiques qui rêvaient d'une Église en phase avec les problématiques contemporaines.

LE PAPE DE TOUS LES RECORDS

Sur le podium des pontificats, Jean Paul II rafle quelques médailles : 1er pape polonais, 3e en terme de longévité (plus de 26 ans), 104 voyages à son actif dans 129 pays, près de 18 millions de pèlerins reçus en audience (pas toutes privées, certes !). Et cela continue dans l'au-delà : béatifié (2011) en un temps record, 6 ans après sa mort, 3 ans plus tard, il est sanctifié en un temps canon !

– Et aussi en vrac : le poète ***Czeslaw Milosz*** *(1911-2004),* Prix Nobel de littérature, tout comme ***Henryk Sienkiewicz*** *(1846-1916),* auteur du célèbre *Quo vadis ?,* le dramaturge ***Witold Gombrowicz,*** le compositeur ***Krzysztof Penderecki...***

POPULATION ET RELIGION

Un pays de l'Est qui rêve de l'Ouest

Pays slave par excellence, la Pologne est bel et bien située à l'est de l'Europe, entre l'Allemagne et la Biélorussie, la Lituanie et l'Ukraine, la République tchèque et la Slovaquie. Elle a vécu, grandi et progressé, évolué et souffert à l'Est, mais elle rêve de l'Ouest depuis toujours ! Il suffit de regarder les liens historiques et affinités qui la rapprochent de la France, terre d'exil et de refuge au XIXe s des intellectuels et des patriotes polonais. Même le paysage, qui d'habitude n'a pas de penchants (géo)politiques, hésite entre les deux. Les étendues de Mazovie, à l'est du pays, rappellent autant la plaine germanique qu'elles annoncent les steppes d'Ukraine. Dans les grandes cathédrales du gothique allemand trônent des icônes de la triste madone de Vilnius, capitale lituanienne autrefois ville polonaise. Du côté de la langue, le polonais, aux sonorités bien slaves, emprunte pourtant à l'allemand et au français. Le dilemme d'une double appartenance risque de ne jamais être tranché, car, même aujourd'hui, alors que le rêve de l'Occident se réalise, la nostalgie de l'Orient est toujours là.

Un monothéisme monolithique

La Pologne est un pays où la religion tient une grande place. Elle compte une énorme majorité de catholiques : les chiffres fluctuent entre 92 et 97 % de Polonais se déclarant catholiques, même si tous ne pratiquent pas assidûment. Quant aux autres communautés, elles se composent environs de 1,3 % d'orthodoxes, 0,4 % de protestants, 0,3 % de témoins de Jéhovah. Les juifs tout comme les musulmans seraient juste quelques dizaines de milliers : une goutte d'eau confessionnelle dans un océan largement marqué par la croix du christianisme !

Dans ce contexte, on comprendra que l'élection de Jean-Paul II comme pape ait eu un fort retentissement politique local. Phénomène d'autant plus important que ses positions furent clairement marquées pour soutenir l'Église et le peuple polonais contre la dictature communiste. Son image est aujourd'hui présente partout dans le pays, et pas que dans les églises : portraits, bannières, photos, statues. Un engouement qui confine parfois à l'idolâtrie. Un engouement, aussi, qui jette une ombre sur les relations avec le pape François jugé trop réformateur, presque laxiste. Et ce, par les fidèles comme par le clergé polonais. Les Journées mondiales de la jeunesse organisées en Pologne en 2016, et présidées par François, n'auront guère réchauffé l'ambiance. Même Lech Wałęsa, fervent catholique, aura trouvé une raison pour ne pas répondre à la double invitation que lui avaient lancée l'épiscopat et le gouvernement de participer à l'accueil du pape...

SITES INSCRITS AU PATRIMOINE MONDIAL DE L'UNESCO

Organisation des Nations Unies pour l'éducation, la science et la culture

En coopération avec le centre du patrimoine mondial de l'UNESCO

Pour figurer sur la liste du Patrimoine mondial, les sites doivent avoir une valeur universelle exceptionnelle et satisfaire à au moins un des 10 critères de sélection. La protection, la gestion, l'authenticité et l'intégrité des biens sont également des considérations importantes.

Le patrimoine est l'héritage du passé dont nous profitons aujourd'hui et que nous transmettons aux générations à venir. Nos patrimoines culturel et naturel sont deux sources irremplaçables de vie et d'inspiration. Ces sites appartiennent à tous les peuples du monde, sans tenir compte du territoire sur lequel ils sont situés. Pour plus d'informations : • *whc.unesco.org* •

– ***1978 ; le centre historique de Cracovie :*** une des plus belles villes d'Europe, l'ancienne capitale de la Pologne s'étend au pied de la colline du château royal de Wawel. Ville de marchands datant du XIIIe s, Cracovie recèle la place de marché la plus grande d'Europe, de nombreuses maisons historiques, ainsi que des palais et des églises richement décorés. La cathédrale gothique où sont enterrés les rois de Pologne, les vestiges de remparts du XIVe s, l'université Jagellon et le site médiéval de Kazimierz au sud de la ville, avec ses synagogues, témoignent d'un riche passé.

– ***1978 ; les mines de sel de Wieliczka :*** non loin de Cracovie, le gisement de sel de Wieliczka-Bochnia est connu depuis le XIIIe s. Cette très ancienne exploitation industrielle s'étage sur neuf niveaux et comprend 300 km de galeries où sont sculptés dans le sel des autels, des statues et d'autres œuvres d'art étonnantes.

– ***1979 ; le camp nazi de concentration et d'extermination d'Auschwitz-Birkenau (1940-1945) :*** les enceintes, les barbelés, les miradors, les baraquements, les potences, les chambres à gaz et les fours crématoires de l'ancien camp – le plus vaste du IIIe Reich – attestent des conditions dans lesquelles fonctionnait le génocide organisé. Selon les historiens, 1,1 à 1,5 million de personnes (en grande majorité juives) ont été systématiquement affamées, torturées et assassinées dans ce lieu, devenu le symbole de la cruauté de l'homme envers l'homme.

– ***1979 ; la forêt de Białowieża :*** entre Pologne et Biélorussie, cette vaste forêt comprend à la fois des conifères et des feuillus (chênes) remarquables, et abrite une faune riche, en particulier le loup, le lynx et la loutre, ainsi que quelque 600 bisons d'Europe, descendant d'animaux réintroduits.

– ***1980 ; le centre historique de Varsovie :*** en août 1944, lors du soulèvement de Varsovie, plus de 85 % du centre historique est détruit par les troupes allemandes et les Russes qui les bombardent. Après-guerre s'engage une longue reconstruction à l'identique. Résultat : les églises, palais et la place du Marché de la vieille ville, témoins d'une histoire de 7 siècles (XIIIe-XXe s), resplendissent à nouveau comme jadis.

– ***1992 ; la vieille ville de Zamość :*** fondée au XVIe s par le chancelier Jan Zamoysky sur la route commerciale reliant l'Europe de l'Ouest et du Nord à la mer Noire, cette cité a été conçue par l'architecte italien Bernardo Morando sur le modèle de la ville idéale. Zamość reste l'exemple d'une ville Renaissance de la fin du XVIe s ayant conservé son plan d'origine, ses fortifications et un grand nombre de bâtiments où se mêlent les traditions architecturales de l'Italie et de l'Europe centrale.

– ***1997 ; la ville médiévale de Toruń :*** cette cité doit ses origines à l'ordre des chevaliers Teutoniques, qui y a construit un château au milieu du XIIIe s, pour servir de base à la conquête et à l'évangélisation de la Prusse. Elle a rapidement pris un rôle commercial de premier plan au sein de la Ligue hanséatique, et nombre de ses édifices publics et privés des XIVe et XVe s (dont la maison de Copernic) qui subsistent dans la vieille ville comme dans la ville nouvelle témoignent de cette importance.

– ***1997 ; le château de l'ordre Teutonique de Malbork :*** ce monastère fortifié datant du XIIIe s a été largement agrandi et embelli après 1309, quand le siège du grand maître de l'ordre a été transféré de Venise à Malbork. Exemple parfait du château médiéval en brique, il a été méticuleusement restauré, notamment après les graves dégâts subis en 1939-1945.

– ***2001 ; les églises de la Paix à Jawor et à Świdnica :*** les plus grands édifices religieux à charpente de bois ont été construits dans l'ancienne Silésie au milieu du XVIIe s, lors du conflit religieux qui a suivi la paix de Westphalie. Ils témoignent d'une quête de liberté religieuse en mettant en œuvre des formes architecturales plus généralement associées à l'Église catholique que protestante.

– ***2003 ; les églises en bois du sud de la Petite Pologne et des Carpates :*** illustrant la variété des traditions de construction des églises médiévales dans la culture catholique romaine, elles utilisent la technique des rondins de bois disposés horizontalement, usuelle en Europe du Nord et de l'Est depuis le Moyen Âge. Ces églises ont été bâties par les familles nobles pour des motifs de prestige.

– ***2004 ; le parc de Muskau / parc Muzakowski :*** en partage avec l'Allemagne, ce parc paysager de 560 ha a été créé par le prince Hermann von Pückler-Muskau entre 1815 et 1844. Il inaugure de nouvelles conceptions et a influencé le développement de l'architecture paysagère en Europe et en Amérique. Conçu comme un « tableau de verdure », il ne cherche pas à évoquer un paysage classique, une image de l'Éden ou quelque perfection perdue, mais il exploite les ressources de la flore locale pour magnifier les qualités intrinsèques du paysage existant dans lequel il s'inscrit harmonieusement.

– ***2006 ; la halle du Centenaire à Wrocław :*** bâtie entre 1911 et 1913 par Max Berg au sein du parc des expositions local, cette structure est un exemple précurseur du début de l'architecture et de l'ingénierie moderne, devenue une référence majeure dans l'évolution postérieure des structures en béton armé. Wrocław, alias Breslau, était alors la capitale de la Silésie allemande.

les ROUTARDS sur la FRANCE 2017-2018

(dates de parution sur • **routard.com** •)

Découpage de la FRANCE par le ROUTARD

Autres guides nationaux

- Hébergements insolites en France (mars 2017)
- La Loire à Vélo
- La Vélodyssée (Roscoff-Hendaye)
- Nos meilleurs campings en France
- Nos meilleures chambres d'hôtes en France
- Nos meilleurs restos en France
- Les visites d'entreprises

Autres guides sur Paris

- Paris
- Paris balades
- Restos et bistrots de Paris
- Le Routard des amoureux à Paris
- Week-ends autour de Paris

les ROUTARDS sur l'ÉTRANGER 2017-2018

(dates de parution sur • **routard.com** •)

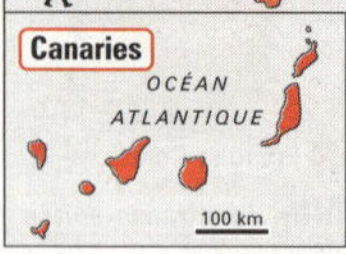

Découpage de l'ESPAGNE par le ROUTARD

Découpage de l'ITALIE par le ROUTARD

Autres pays européens

- Allemagne
- Angleterre, Pays de Galles
- Autriche
- Belgique
- Budapest, Hongrie
- Pays baltes : Tallinn, Riga, Vilnius (nouveauté)
- Crète
- Croatie
- Danemark, Suède
- Écosse
- Finlande
- Grèce continentale
- Îles grecques et Athènes
- Irlande
- Islande
- Madère
- Malte
- Norvège
- Pologne
- Portugal
- République tchèque, Slovaquie
- Roumanie, Bulgarie
- Suisse

Villes européennes

- Amsterdam et ses environs
- Berlin
- Bruxelles
- Copenhague
- Dublin
- Lisbonne
- Londres
- Moscou
- Prague
- Saint-Pétersbourg
- Stockholm
- Vienne

les ROUTARDS sur l'ÉTRANGER 2017-2018

(dates de parution sur • *routard.com* •)

Découpage des ÉTATS-UNIS par le ROUTARD

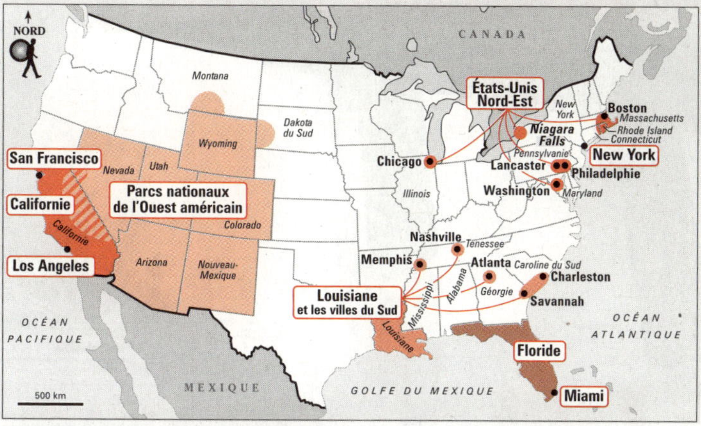

Autres pays d'Amérique

- Argentine
- Brésil
- Canada Ouest
- Chili et île de Pâques
- Costa Rica (nouveauté)
- Équateur et les îles Galápagos
- Guatemala, Yucatán et Chiapas
- Mexique
- Montréal
- Pérou, Bolivie
- Québec, Ontario et Provinces maritimes

Asie et Océanie

- Australie côte est + Red Centre
- Bali, Lombok
- Bangkok
- Birmanie (Myanmar)
- Cambodge, Laos
- Chine
- Hong-Kong, Macao, Canton
- Inde du Nord
- Inde du Sud
- Israël et Palestine
- Istanbul
- Jordanie
- Malaisie, Singapour
- Népal
- Shanghai
- Sri Lanka (Ceylan)
- Thaïlande
- Tokyo, Kyoto et environs
- Turquie
- Vietnam

Afrique

- Afrique du Sud
- Égypte
- Kenya, Tanzanie et Zanzibar
- Maroc
- Marrakech
- Sénégal
- Tunisie

Îles Caraïbes et océan Indien

- Cuba
- Guadeloupe, Saint-Martin, Saint-Barth
- Île Maurice, Rodrigues
- Madagascar
- Martinique
- République dominicaine (Saint-Domingue)
- Réunion

Guides de conversation

- Allemand
- Anglais
- Arabe du Maghreb
- Arabe du Proche-Orient
- Chinois
- Croate
- Espagnol
- Grec
- Italien
- Japonais
- Portugais
- Russe
- G'palémo (conversation par l'image)

Les Routards Express

Amsterdam, Barcelone, Berlin, Bruxelles, Budapest, Dublin, Florence, Istanbul, Lisbonne, Londres, Madrid, Marrakech, New York, Prague, Rome, Venise.

Nos coups de cœur

- Les 50 voyages à faire dans sa vie (nouveauté)
- Nos 52 week-ends dans les plus belles villes d'Europe
- France
- Monde

Espace offert par l'annonceur – Avec le soutien de l'agence EURO RSCG C&O
RÉPARER LES VIES
HANDICAP
INTERNATIONAL

NOS NOUVEAUTÉS

COSTA RICA
(paru)

Costa Rica, littéralement la Côte riche. Ce pays est le royaume de la biodiversité planétaire. Un grand bain de nature, voilà la promesse de cette bande de terre qui s'étend entre la mer des Caraïbes et l'océan Pacifique. Un quart du territoire est classé en parcs nationaux ou zones protégées. Alors ouvrez grand vos yeux pour ne pas en perdre une miette ! De la paisible côte caraïbe aux rouleaux agités du Pacifique, le Costa Rica égrène ses richesses. Plantations de cafés, champs de bananiers, cordillères piquées de volcans, lacs et forêts impénétrables, sans oublier ses plages splendides, Mère Nature dévoile ici toutes ses merveilles. Paresseux, iguanes, oiseaux, tortues ou singes, le pays offre de belles rencontres. Et n'oubliez pas que depuis 1948, le Costa Rica abolit son armée pour investir dans l'éducation et la santé. On adopte vite la maxime locale : *pura vida !*

MADRID
(paru)

Madrid me mata ! Toujours tuante, Madrid, comme le proclamait l'époque Movida ? Oui, de plaisir, et plus que jamais. Madrid se joue des extrêmes. La capitale de l'Espagne aligne des musées stupéfiants et propose aussi des ambiances de village dans chaque quartier, aux identités bien marquées. On plonge dans l'univers de Picasso au Museo Reina Sofia *(Guernica !)* ou une journée d'éblouissement au Prado (Goya, Velázquez, et l'incroyable Jérôme Bosch) ou au Museo Thyssen-Bornemysza, les bars à tapas, traditionnels ou osés. Et la nuit se prolonge souvent : entre deux placettes autour de la plaza Mayor, au long du barrio de Las Letras, en dévalant La Latina et les ruelles cosmopolites de Lavapiés, de Malasaña la rebelle ou du gay-friendly Chueca… Autant de mondes à savourer ! Plus que jamais capitale et dynamique, la ville prend le tournant durable en développant un vaste réseau de pistes cyclables et en aménageant ses rives de bouffées d'espaces verts. À découvrir entre potes, en famille ou en couple, définitivement.

NOS NOUVEAUTÉS

NOS MEILLEURS HÉBERGEMENTS INSOLITES EN FRANCE (mars 2017)

Rien de tel pour retrouver son âme d'enfant que de dormir dans un arbre, ou au milieu d'un lac dans une cabane flottante, ou à six pieds sous terre dans une chambre troglodytique. Il y en a pour tous les goûts avec plus de 200 adresses dénichées en France, les « + » et les « - », mais aussi les activités incontournables à faire en famille ou entre amis à proximité de chaque adresse. Sans oublier la photo de chaque établissement. Le plus dur sera de choisir, entre l'île déserte, la réserve animalière, le phare, la roulotte, le combi VW, la bulle transparente au milieu de la forêt ou le vieux camping-car américain en alu, à deux pas de l'Arc de Triomphe !

PAYS BALTES : TALLINN, RIGA, VILNIUS (avril 2017)

Tallinn, Riga, Vilnius, trois capitales si proches et pourtant si surprenantes. Elles mêlent leurs racines entre des mondes disparates : scandinave, slave et germanique. Estonie, Lettonie, Lituanie, on les mélange souvent, mais très vite, on distingue leurs particularismes. Tallinn, secrète et magique, a gardé le charme d'une cité médiévale. La vieille ville, et son lacis de rues dominées par ses clochers, est classée au Patrimoine mondial de l'Unesco. Même reconnaissance pour le centre historique de Riga, où se mêlent un superbe noyau médiéval à un centre-ville Art nouveau. Après les musées, savourez sa vie nocturne, la plus folle des trois pays. À Vilnius, la baroque au cœur de collines boisées, découvrez le labyrinthe de ruelles étroites et la végétation lui donnant des airs de village. Malgré les 50 ans de présence soviétique, vous serez surpris par la modernité et le dynamisme qui anime leurs habitants.

Nous tenons à remercier tout particulièrement Loup-Maëlle Besançon, Thierry Bessou, Gérard Bouchu, François Chauvin, Grégory Dalex, Fabrice Doumergue, Cédric Fischer, Carole Fouque, Michelle Georget, David Giason, Claude Hervé-Bazin, Emmanuel Juste, Dimitri Lefèvre, Fabrice de Lestang, Romain Meynier, Éric Milet, Pierre Mitrano, Jean-Sébastien Petitdemange et Thomas Rivallain pour leur collaboration régulière.

Emmanuelle Bauquis
Jean-Jacques Bordier-Chêne
Michèle Boucher
Sophie Cachard
Lucie Colombo
Agnès Debiage
Émilie Debur
Jérôme Denoix
Flora Descamps
Louise Desmoulins
Tovi et Ahmet Diler
Clélie Dudon
Sophie Duval
Alain Fisch
Romain Fossurier
Bérénice Glanger
Adrien et Clément Gloaguen
Marie Gustot
Bernard Hilaire
Sébastien Jauffret
Jacques Lemoine
Amélie Mikaelian
Caroline Ollion
Martine Partrat
Odile Paugam et Didier Jehanno
Émilie Pujol
Prakit Saiporn
Jean-Luc et Antigone Schilling
Caroline Vallano

Direction : Nathalie Bloch-Pujo
Contrôle de gestion : Jérôme Boulingre et Adeline Cazabat Barrere
Secrétariat : Catherine Maîtrepierre
Direction éditoriale : Catherine Julhe
Édition : Matthieu Devaux, Olga Krokhina, Gia-Quy Tran, Julie Dupré, Emmanuelle Michon, Sarah Favaron, Ludmilla Guillet, Coralie Piron, Flora Sallot, Elvire Tandjaoui, Quentin Tenneson, Clémence Toublanc et Sandra Vavdin
Préparation-lecture : Marie Sanson
Cartographie : Frédéric Clémençon et Aurélie Huot
Fabrication : Nathalie Lautout et Audrey Detournay
Relations presse France : COM'PROD, Fred Papet. ☎ 01-70-69-04-69.
• *info@comprod.fr* •
Direction marketing : Adrien de Bizemont, Clémence de Boisfleury et Charlotte Brou
Contacts partenariats : André Magniez (EMD). • *andremagniez@gmail.com* •
Édition des partenariats : Élise Ernest
Informatique éditoriale : Lionel Barth
Couverture : Clément Gloaguen et Seenk
Maquette intérieure : le-bureau-des-affaires-graphiques.com, Thibault Reumaux et npeg.fr
Relations presse : Martine Levens (Belgique) et Maureen Browne (Suisse)
Régie publicitaire : Florence Brunel-Jars

INDEX GÉNÉRAL

INDEX GÉNÉRAL

LISTE DES CARTES ET PLANS

Remarque importante aux hôteliers et restaurateurs

Les enquêteurs du *Routard* travaillent dans le plus strict anonymat. Aucune réduction, aucun avantage quelconque, aucune rétribution n'est jamais demandé en contrepartie. Face aux aigrefins, la loi autorise les hôteliers et restaurateurs à porter plainte.

Avis aux lecteurs

Le Routard, ce n'est pas comme le bon vin, il vieillit mal. On ne veut pas pousser à la consommation, mais évitez de partir avec une édition ancienne. Les modifications sont souvent importantes.
Les réductions accordées à nos lecteurs ne sont jamais demandées par nos rédacteurs afin de préserver leur indépendance. Les hôteliers et restaurateurs sont sollicités par une société de mailing, totalement indépendante de la rédaction, qui reste donc libre de ses choix. De même pour les autocollants et plaques émaillées.

Avec routard.com, choisissez, organisez, réservez et partagez vos voyages !

✓ Rejoignez la plus grande communauté francophone de voyageurs : plus de **2 millions** de visiteurs !

✓ Échangez avec les routarnautes : forums, photos, avis d'hôtels.

✓ Retrouvez aussi toutes les informations actualisées pour choisir et préparer vos voyages : plus de 200 fiches pays, une centaine de dossiers pratiques et un magazine en ligne pour découvrir tous les secrets de votre destination.

✓ Enfin, comparez les offres pour organiser et réserver votre voyage au meilleur prix.

Les **Routards** *parlent aux* **Routards**

Faites-nous part de vos expériences, de vos découvertes, de vos tuyaux. Indiquez-nous les renseignements périmés. Aidez-nous à remettre l'ouvrage à jour. Faites profiter les autres de vos adresses nouvelles, combines géniales... On adresse un exemplaire gratuit de la prochaine édition à ceux qui nous envoient les lettres les meilleures, pour la qualité et la pertinence des informations. Quelques conseils cependant :
– Envoyez-nous votre courrier le plus tôt possible afin que l'on puisse insérer vos tuyaux sur la prochaine édition.
– N'oubliez pas de préciser l'ouvrage que vous désirez recevoir, ainsi que votre adresse postale.
– Vérifiez que vos remarques concernent l'édition en cours et notez les pages du guide concernées par vos observations.
– Quand vous indiquez des hôtels ou des restaurants, pensez à signaler leur adresse précise et, pour les grandes villes, les moyens de transport pour y aller. Si vous le pouvez, joignez la carte de visite de l'hôtel ou du resto décrit.
– N'écrivez si possible que d'un côté de la lettre (et non recto verso).
– Bien sûr, on s'arrache moins les yeux sur les lettres dactylographiées ou correctement écrites !
En tout état de cause, merci pour vos nombreuses lettres.

122, rue du Moulin-des-Prés, 75013 Paris

• *guide@routard.com* • *routard.com* •

Routard Assurance *2017*

Née du partenariat entre *AVI International* et le *Routard*, *Routard Assurance* est une assurance voyage complète qui offre toutes les prestations d'assistance indispensables à l'étranger : dépenses médicales, pharmacie, frais d'hôpital, rapatriement médical, caution et défense pénale, responsabilité civile vie privée et bagages. Présent dans le monde entier, le plateau d'assistance d'*AVI International* donne accès à un vaste réseau de médecins et d'hôpitaux. Pas besoin d'avancer les frais d'hospitalisation ou de rapatriement. Numéro d'appel gratuit, disponible 24h/24. *AVI International* dispose par ailleurs d'une filiale aux États-Unis qui permet d'intervenir plus rapidement auprès des hôpitaux locaux. À noter, *Routard Assurance Famille* couvre jusqu'à 7 personnes, et *Routard Assurance Longue Durée Marco Polo* couvre les voyages de plus de 2 mois dans le monde entier. *AVI International* est une équipe d'experts qui répondra à toutes vos questions par téléphone : ☎ 01-44-63-51-00 ou par mail • *routard@avi-international.com* • Conditions et souscription sur • *avi-international.com* •

Édité par Hachette Livre (58, rue Jean-Bleuzen, CS 70007, 92178 Vanves Cedex, France)
Photocomposé par Jouve (45770 Saran, France)
Imprimé par Jouve 2 (Quai n° 2, 733, rue Saint-Léonard, BP 3, 53101 Mayenne Cedex, France)
Achevé d'imprimer le 24 mars 2017
Collection n° 13 - Édition n° 01
84-9435-3
I.S.B.N. 978-2-01-279959-2
Dépôt légal : mars 2017

PAPIER À BASE DE FIBRES CERTIFIÉES